本书出版得到浙江师范大学人文学院学科建设经费资助,特此致谢。

聂志平 著

现代汉语词汇研究
——以白话文经典作家老舍作品语言为例

中国社会科学出版社

图书在版编目（CIP）数据

现代汉语词汇研究：以白话文经典作家老舍作品语言为例 / 聂志平著. -- 北京：中国社会科学出版社，2024. 7. -- ISBN 978-7-5227-3869-7

Ⅰ. H136；I206.6

中国国家版本馆 CIP 数据核字第 2024BL8619 号

出 版 人	赵剑英
责任编辑	郭晓鸿
特约编辑	杜若佳
责任校对	师敏革
责任印制	戴　宽

出　　版	中国社会科学出版社
社　　址	北京鼓楼西大街甲 158 号
邮　　编	100720
网　　址	http：//www.csspw.cn
发 行 部	010-84083685
门 市 部	010-84029450
经　　销	新华书店及其他书店

印　　刷	北京明恒达印务有限公司
装　　订	廊坊市广阳区广增装订厂
版　　次	2024 年 7 月第 1 版
印　　次	2024 年 7 月第 1 次印刷

开　　本	710×1000　1/16
印　　张	42
插　　页	2
字　　数	648 千字
定　　价	239.00 元

凡购买中国社会科学出版社图书，如有质量问题请与本社营销中心联系调换
电话：010-84083683
版权所有　侵权必究

目 录

第一章 现代汉语中的词 ……………………………………（1）
　第一节　什么是词:关于语言单位的同一性问题 …………（1）
　第二节　词类、词性与兼类问题 ……………………………（19）
　第三节　语言词和言语词
　　　　　——从经典作家语言运用看言语词 ……………（37）

第二章 老舍作品语言的经典示范作用 ……………………（53）
　第一节　老舍的履历背景 ……………………………………（53）
　第二节　关于老舍的语言风格 ………………………………（56）
　第三节　老舍的语言基础与语言能力 ………………………（67）
　第四节　老舍创作的语言策略和语言自觉 …………………（72）
　第五节　老舍作品语言对现代汉民族共同语具有
　　　　　经典示范意义 ………………………………………（84）

第三章 状态词研究 …………………………………………（90）
　第一节　XA、Axy 等几类偏正及附加式状态词 …………（90）
　第二节　ABB 式状态词 ……………………………………（107）
　第三节　AABB 式状态词 …………………………………（151）

第四章 后附式谓词研究 ……………………………………（187）
　第一节　后附式双音谓词 …………………………………（187）

    第二节 "X得慌"式感知动词 …………………………………（228）
    第三节 "vv着"式状态动词 …………………………………（248）

第五章 四字格研究（上）………………………………………（278）
    第一节 一种含双助词"着"的特殊四字格
          "…着…着" ……………………………………（279）
    第二节 一种含双儿化的特殊四字格"…儿…儿" …………（292）
    第三节 含有双"吧"和双"的"的两种四字格 ……………（313）
    第四节 含有双"又"的"又…又…"结构 …………………（332）
    第五节 含有双"一"的四字格"一…一…" ………………（344）

第六章 四字格研究（下）………………………………………（364）
    第一节 含有"来""去"的四字格"…来…去" ……………（364）
    第二节 含有"连""带"的四字格"连…带…" ……………（374）
    第三节 含有两个"有"或"没"的两种四字格 ……………（387）
    第四节 含有"有"和"无/没"的三种四字格
          "有…无/没…" ………………………………（405）
    第五节 含有"半"和"不"的两种四字格"半…半…"与
          "半…不半…" …………………………………（420）

第七章 离合词研究
    ——以老舍经典名著《四世同堂》为例 ………………（436）
    第一节 老舍经典名著《四世同堂》中的离合词概说 ……（436）
    第二节 《四世同堂》中离合词的类型 ……………………（446）
    第三节 《四世同堂》中离合词离析形式的功能 …………（476）

第八章 老舍作品语言中的北京方言词语 ……………………（488）
    第一节 老舍作品语言中的名物类北京方言词语 …………（490）
    第二节 老舍作品语言中的行为类北京方言词语 …………（511）
    第三节 老舍作品语言中的性状类北京方言词语 …………（527）

附录一	关于"X得很"中"很"的性质	(543)
附录二	白话文经典作家老舍作品中为什么有"起去"?	(553)
附录三	《儿女英雄传》中的ABB式状态词及其在现代汉语中的继承与发展	(579)
附录四	萧红作品中ABB式状态词结构、功能及语言风格初探	(597)
附录五	现代汉语ABB式状态词说略	(618)
附录六	《金瓶梅词话》中指人他称的语用功能	(637)
附录七	现代汉语四字词语缩略的制约条件	(651)

后　记 ………………………………………………………(663)

第一章　现代汉语中的词

第一节　什么是词:关于语言单位的同一性问题

一　什么是词

词是语言中最基本也是最重要的单位,然而也是一个不好下定义的语言单位。以下是影响比较大的工具书、教材和学者对词所下的比较典型的一些定义。

1. 工具书系统

《现代汉语词典》(第7版):

> 语言里最小的、可以自由运用的单位。[①]

《辞海》(第6版):

> 语言结构中的基本单位,能独立运用,具有声音、意义和语法功能。[②]

《中国大百科全书·语言文字》:

[①] 中国社会科学院语言研究所词典编辑室编:《现代汉语词典》(第7版),商务印书馆2016年版,第212页。

[②] 辞海编辑委员会编:《辞海》(第6版),上海辞书出版社2019年版,第651页。

词是比词素高一层的单位,由一个或一个以上的词素组成。词可以定义为最小的自由形式,……。对于词的定义,语法学家历来争论很多,这里所提是一个大致可行的定义。词是非常重要也是非常繁忙的一个层次。(许国璋:语法学)①

2. 语法学家
黎锦熙《新著国语文法》:

词就是说话的时候表示思想中一个观念的语词。②

王力《中国现代语法》:

词是语言的最小意义单位。③

赵元任《汉语口语语法》:

"词",也就是语言学的词,我管它叫句法词……④
我们不要求词是一个可以单独说的单位,我们只要求它是最小的能够填进某些功能框架里的空位的单位。⑤
一个(自由或粘着的)词是能够跟某一个或几个形式类结合、不受限制的最小形式。……
我们把句法词定义为最小的停顿群。⑥

朱德熙《语法讲义》:

---

① 中国大百科全书总编辑委员会《语言文字》编辑委员会、中国大百科全书出版社编辑部编:《中国大百科全书·语言文字》,中国大百科全书出版社1982年版,第473页。
② 黎锦熙:《新著国语文法》(汉语语法丛书本),商务印书馆1992年版,第15页。
③ 王力:《中国现代语法》(汉语语法丛书本),商务印书馆1985年版,第11页。
④ 赵元任:《汉语口语语法》,吕叔湘译,商务印书馆1979年版,第79页。
⑤ 赵元任:《汉语口语语法》,吕叔湘译,商务印书馆1979年版,第86页。
⑥ 赵元任:《汉语口语语法》,吕叔湘译,商务印书馆1979年版,第97页。

词是最小的能自由活动的有意义的语言成分。①

吕叔湘《语法学习》：

语言的最小的独立运用的单位。②

吕叔湘《汉语语法分析问题》：

词的定义很难下，一般说它是"最小的自由活动的语言片段"，这仍然不明确。③

3. 词汇学家

周祖谟《汉语词汇讲话》：

词是语言中一种音义结合的定型结构，是最小的可以独立运用的造句单位。④

孙常叙《汉语词汇》：

词是一种形式和内容统一起来的语言最小单位。⑤

张永言《词汇学简论》：

词不仅是词汇的基本单位，而且是作为整体的语言的基本单位。因为一方面词已经包着语言的一般本质特征，这就是说，它

---

① 朱德熙：《语法讲义》，商务印书馆1982年版，第11页。
② 吕叔湘：《语法学习》，中国青年出版社1953年版，第2页。
③ 吕叔湘：《汉语语法分析问题》，商务印书馆1979年版，第15页。
④ 周祖谟：《汉语词汇讲话》，外语教学与研究出版社2006年版，第2页。
⑤ 孙常叙：《汉语词汇》，商务印书馆2006年版，第21页。

同时具备外部的声音方面和内部的意义方面；另一方面词不是言语里临时组合创造出来的东西，而是语言里现成的东西……①

武占坤、王勤《现代汉语词汇概要》：

词是称谓上和造句上独立运用的最小单位。②

符淮青《现代汉语词汇》：

我们把词看作是语言中有意义的能单说或用来造句的最小单位，它一般具有固定的语音形式。③

刘叔新《汉语描写词汇学》：

词最根本的性质，或者说充作词汇单位的实质，就表现在它是完整、定型的最小语言建筑材料单位。④

葛本仪《现代汉语词汇学》：

词是语言中一种音义结合的定型结构，是最小的可以独立运用的造句单位。⑤

曹炜《现代汉语词汇研究》：

词是最小的有相对固定的语音形式和适度词长的能独立运用

---

① 张永言：《词汇学简论》，华中工学院出版社1982年版，第19页。
② 武占坤、王勤：《现代汉语词汇概要》，内蒙古人民出版社1983年版，第6—7页。
③ 符淮青：《现代汉语词汇》（增订本），北京大学出版社2004年版，第1页。
④ 刘叔新：《汉语描写词汇学》（重排本），商务印书馆2005年版，第30页。
⑤ 葛本仪：《现代汉语词汇学》（第3版），商务印书馆2014年版，第28页。

的语言单位。①

4. 现代汉语教科书

胡裕树主编《现代汉语》：

> 词是代表一定的意义、具有固定的语音形式、可以独立运用的最小结构单位。②

黄伯荣、廖序东主编《现代汉语》：

> 词是语言中最小能够独立运用的有音有义语言单位。③
> 是构成短语和句子的备用单位。④

邵敬敏主编《现代汉语通论》：

> 词是能够独立运用的音义结合的最小语言单位。⑤

从中也可以看出，不同学科领域对词这个问题的认识也有差别：语法学家比较侧重"独立运用"，而词汇学家比较强调"定型性"。

著名语言学家吕叔湘曾有专文讨论这个问题。⑥ "词是能够自由运用的最小的语法单位"，这是普遍使用的关于词的定义。然而这只是一个从语法学的角度对词的定义。词不仅是最重要的语法单位，同时也是最重要的词汇单位，当然也可以从词汇学角度来下定义。冯胜利

---

① 曹炜：《现代汉语词汇研究》（修订本），暨南大学出版社2010年版，第5页。
② 胡裕树主编：《现代汉语》（重订本），上海教育出版社1995年版，第203页。
③ 黄伯荣、廖序东主编：《现代汉语》（第5版），高等教育出版社2011年版，上册第207页。
④ 黄伯荣、廖序东主编：《现代汉语》（第5版），高等教育出版社2011年版，下册第4页。
⑤ 邵敬敏主编：《现代汉语通论》（第三版），上海教育出版社2016年版，上册第87页。
⑥ 吕叔湘：《汉语里"词"问题概述》，原文为苏联《语言学问题》纪念中华人民共和国成立十周年而作，俄文刊于该刊1959年第5期。中文载吕叔湘《汉语语法论文集》，商务印书馆1984年版，第359—369页。

还从韵律角度来定义过汉语的词。①

可以这样来理解汉语中的词：在话语里，处于两个可能的最小的自然停顿之间，具有完整的意义和固定语音形式，不仅能够出现在这个话语里也能出现在别的话语里，亦即具有复呈性，能够作为一个独立单位使用的最小造句单位，就是一个词。②

词在形式上具有定型性，有着固定的语音形式，因此词中不能有停顿，停顿只能出现在词与词之间，或者说，在词语音形式的开始和结束的地方。词的意义不是其构成成分的简单相加，因此具有整体的综合性。例如，"骨肉"就不是｛骨头｝+｛肉｝，"便衣"不是｛方便的衣服｝，也不是与"制服"相对的衣服，而是｛（与军、警制服相对的）平常人穿的衣服｝和｛穿着便衣执行任务的军人、警察等｝③。一般现代汉语教科书在说明"的"时说它有一个功能是与其他词组合构成"的"字结构或"的"字短语，如老舍小说中出现的"拉车的""打小鼓儿的""卖烧饼的"这些一般看作"的"字结构的东西，我们都把它处理成一个词，因为它表示一种比较低贱的职业或身份，有固定的意义和固定的语音形式。一个词不仅可以出现在这句话中，也可以出现在另外一句话中，可以作为一个单位而且只能作为一个单位，独立地重复使用。词的活动空间是句子，它是造句的最小单位。这样理解的词，是对具体话语中所使用的词语的概括。或者说，在不同的说话者的具体话语中，出现的最小的话语构成单位是 A′、A″、A‴……，这些形式可能由于具体说话者的发音而出现音色（口音）的差异，或在具体语言使用环境中意思有所不同，但说话者把它们当作一个单位使用，而听话者也都把它当作一个单位来理解，也就是根据语音形式相同、意思相同或相近，把不同话语中出现的这些形式概括为一个单位 A，也把它当作一个单位来使用、理解。这个概括的形式

---

① 冯胜利：《论汉语的"韵律词"》，载《中国社会科学》1996 年第 1 期。
② 聂志平：《从同一性理论看词的分隶》，《通化师范学院学报》（人文社会科学版）2016 年第 2 期。
③ 中国社会科学院语言研究所词典编辑室编：《现代汉语词典》（第 7 版），商务印书馆 2016 年版，第 82 页。

A，就是语言中的一个词汇、语法单位，称为词位。而具体话语中的A′、A″、A‴这些形式，是这个词位 A 在不同话语中的具体表现，是词位的变体，简称"词体"。我们一般所说的"词"，指的就是这种从话语中概括出来的概括词，也就是词位。

对具体话语中所使用的词语的概括原则，是词的同一性。词的同一性的说法，来自现代语言学的主要奠基者索绪尔，在由其学生根据听课笔记整理出版的《普通语言学教程》中，索绪尔认为语言要素的确定，是由语言要素彼此之间的相互对立、相互区别来决定的，是系统或关系决定了其构成要素自身的价值，它不是由它是什么，而是由它不是什么来决定的；"语言像任何符号系统一样，使一个符号区别于其它符号的一切，就构成了该符号。差别造成特征"。[1] 为了说明语言要素（单位）的同一性，索绪尔还用两班"晚上八时四十五分日内瓦－巴黎"相隔二十四小时开出的列车来比喻说明：车厢、人员都可能不同，沿途的建筑也许会有变化，但是它仍是同一次列车；索绪尔认为语言单位的同一性，是这种列车的同一性。"语言机构整个是在同一性和差别性上面打转的，后者只是前者的相对面。"[2]

一般理解词的同一性原则包括两个方面：一是语音的同一、语义的同一，二是功能的同一，也就是语音形式相同、意义相同或相近，以及语法功能的相同或相近。作为书面语，还包括书写形式相同，当然，这一点不是必要条件。这种对同一性的理解，实际上还是以该词语与其他词语的对立、区别，亦即不同，为潜在的参照系的；只不过不同的人对同一性的把握是不同的。

二 词的创造之一：异体符号

作为符号大家庭中的一个类别，语言符号具有与其他符号共同的特点，也有与其他符号相区别的自身特点。国内高校的语言学概论教

---

[1] ［瑞士］德·索绪尔：《普通语言学教程》，高名凯译，商务印书馆1980年版，第168页。
[2] ［瑞士］德·索绪尔：《普通语言学教程》，高名凯译，商务印书馆1980年版，第153页。

科书和一般理论著作在谈语言符号的特点时，一般都会谈到语言符号具有两个特点：任意性和线条性。这种说法，来自现代语言学和符号学奠基者索绪尔的《普通语言学教程》。①但按索绪尔对符号的理解，任意性是符号的本质特点，也就是所有的符号都有任意性，那么它就不是语言符号与其他符号相区别的自身特点。我们认为语言符号有五个特点：（1）以语音为能指；（2）线条性；（3）多义性；（4）历史承传性；（5）层级性。②这些特点构成了语言符号与其他符号的区别。

人类交际以传递信息为目的，而所要传递的信息是无限的，但人类记忆又具有有限性；这种有限与无限的矛盾，必然使语言符号具有多义性，这便体现为语言的经济机制。与此相对，不是作为人类自然交际工具的其他符号，都是单义的。具体学科中所使用的符号、公式，都是单义的，它们具有学科性，相同的书写形式，在不同的学科中表示不同的意义，是不同的符号，比如"N"，在语言学中，表示"名词"；在物理学中，表示力的单位"牛顿"；而在化学中，则表示一种元素"氮"。这也是自然语言这种符号系统与为了某一特殊目的而创造的人工符号系统的显著区别。国外有些学者，如苏联著名语言学家兹维金采夫（В. А. Зве-гинцев，1910.10-1988.4）认为符号是单义的，不具有表情性、能产性和体系性，据此认为语言不是符号。③这是错误的。产生这种错误的关键，是没有考虑到语言最重要的功能——交际功能——给语言符号带来的影响。

词语是语言符号，作为符号的一种，词的语音形式和语义内容之间没有自然联系，或者说，具有任意性。社会发展，产生了新的事物和现象，社会就要创造新的词语，或使原有的词语增加义项，来指称这些新的事物和现象，满足社会交际的需要。词语的创造，并非空穴

---

① ［瑞士］德·索绪尔：《普通语言学教程》，高名凯译，商务印书馆1980年版，第102—106页。

② 聂志平：《语言符号论》，载《东南大学学报》（哲学社会科学版）2012年第4期；也参见聂志平《索绪尔语言学理论研究》"附录二"，中国社会科学出版社2023年版。

③ 见其《语言的符号性问题》，江月治译，载中国科学院语言研究所编《语言学论文选译》（第七辑），中华书局1958年版，第65—95页。也参见兹维金采夫《普通语言学纲要》，伍铁平译，商务印书馆1981年版，第42—50页。

来风，而是有根据的。这种根据来自两个方面：一个是事物本身的特点，一个是语言系统中已有的构词规则和词或语素。根据事物某方面或某几方面的特点，找到汉语中能够代表这个或这些特点的词或语素，运用汉语中已有的构词规则，把它们组合起来给事物命名。比如，有一种事物，它是：

  由电子元器件及其他设备构成的自动计算装置，能对输入的数据或信息非常迅速、精确地进行运算和处理。①

在现代汉语中，从该事物所具有的特点中，选取"由电子元器件构成""具有计算功能"和"机械装置"三个方面的特点，在汉语中找到"电子""计算"和"机"（机械）三个词或语素，组成"电子计算机"这个词语来代表这种事物，作为这种事物的名称。从中我们可以看到，"由电子元器件构成""具有计算功能"和"机械装置"，是这种事物的部分属性或特点，是其组成部分；而汉语中的"电子""计算"和"机"（机械）是代表这三个特点的词（"电子""计算"）或语素（"机"），与这三个特点（语义）的联系是汉语这种语言约定俗成的，固定地代表这三个特点；而这三个词或语素，与"电子计算机"具有构成关系。这种由其构成部分组合而成而形式上又不等于其构成成分的符号，可以称为"异体符号"。异体符号是新创符号的主要部分。这说明，用"电子计算机"来给这种事物命名创造词语，是有根据的、有道理可讲的，具有理据性。尽管"电子""计算"两个词和"机"（机械）这个不成词语素，与它们所代表的事物特点之间没有必然联系，具有任意性，"电子计算机"与这种事物之间没有必然联系，或者说具有任意性，但正是因为语音形式与语义内容之间的关系具有任意性，两者之间的联系是由使用该语言的社会成员约定俗成的，所以人们有建立两者联系的角度的不同选择的自由，同一个事物，不同的社会群体可以从不同角度

---

① 中国社会科学院语言研究所词典编辑室编：《现代汉语词典》（第7版），商务印书馆2016年版，第296页。

选择该事物不同的特点，从不同的角度创造不同的词语来给事物命名。在我们大陆称作"电子计算机"的这种事物，由于还有以电作为能源，具有运算和处理信息的功能等特点，而运算和处理信息也是人类大脑的功能，台湾地区就从这两个角度，运用比喻造词法，称这种事物为"电脑"。由于这种名称简洁、形象，在两岸文化交流中被引入大陆，也被大陆民众接受，经过一段时间与"电子计算机"的并行使用，现在已成为中国大陆日常生活中一个常用词语，而"电子计算机"反而用得越来越少，甚至有退出日常应用的趋势。

由此可见，给事物起名字，要有根据，要根据事物某方面或某些方面的特点，在汉语中选择固有的、能够代表这些特点的词或语素，运用汉语的构词方法，来创造词语作为该事物的名称，亦即给事物命名和创造词语，要有理据性；而对事物特点以及构词成分的选择，则有一定的自由，这也体现语言符号的任意性。语言符号，就是任意性与理据性的统一，而其基础，是符号的任意性。这是"约定俗成"的本质。

三　词的创造之二：同体符号

指称事物，除了根据事物特点、在语言中选择代表这些特点的词或语素，组合起来构成一个词语来代表这种事物，还可以借用语言中已有的代表其他事物的词语来指称它。比如，"出台"本是梨园行用语，表示｛演员出场｝，后来也用来表示｛公开出面活动｝以及｛政策、措施公布或予以实施｝，这就使本来是指称单一事物现象的"出台"，可以指称三个事物现象。由演员在演出场合由未出现到出现，再指称其他类型的由未出现到出现的现象，后者与前者有相似性，把后者比喻作前者，这样的用法固定下来，就使一个词语"出台"由｛演员上场｝，继而产生了｛比喻公开出面活动｝和｛（政策或措施等）予以公布或实施｝[①]。这种词语新的义位的产生，来自事物之间的相似

[①] 中国社会科学院语言研究所词典编辑室编：《现代汉语词典》（第7版），商务印书馆2016年版，第191页。

性和词语的比喻用法，一般称为比喻义。从认知心理学角度来看，它代表着认知的两种类型之一：隐喻。这种借用语言中已有的指称某一事物的词语形式来表示与该事物相似的另外事物，可以称为"同体符号"；它也是符号创造的一种形式。

再如，一种从国外引进的水果，根据它原来的名称发音，在汉语中把它称为"蘋蔢"，后来简化，又类化，写作"苹果"，并把生长这种水果的树也称为"苹果"，这样就出现以下说法同时存在的现象：

（1）我家今年收了五千多斤苹果。
（2）我家种了三百棵苹果，一百棵樱桃。

听话者听到例（1）、（2）两句话后不会产生任何误解。"苹果"是树上生长的，果实与生长这种果实的树木有部分与整体的关系，那么，也就可以用指称部分的词语，来指称这个部分所从属的整体：用这种果实的名称"苹果"，来指称生长苹果的树木。一般表示水果的词语都有这种用法，因为我们关注的是这种树的果实，树的整体处于关注中心之外，是次要的。这种用某事物的名称来指称其他与之相关的事物的做法，是很普遍的，比如用产地来指称产品（如"茅台"等），用著名生产者来指称产品（如王致和［臭豆腐］、王麻子［剪刀］等），用代表性图案指称具有该图案的事物（如"大团结"［十元钱］、袁大头［民国年间流行的一元面值的银元］），还可以用某种事物指称与其相关的动作行为，这样就有了下边的说法：

（3）两个小时给孩子喂一次奶。
（4）她自己奶孩子，不喂奶粉。

例（3）中"奶"指｛乳汁｝，表示一种事物；例（4）中前一个"奶"表示｛用乳汁喂食｝，指一种动作；而后一个"奶"不能独立使用，它总与其他成分组合在一起，表示｛用乳汁制成（某产品）｝。还有用表示某种动作行为的词语指称做这种动作行为的人（如"导演、编辑"等)。

这种词语的创造使用,来自事物之间的相关性。这也是认知的另外一种类型:转喻。

词语的这种演化,同样也是来自词语创造的理据性,一般称为词义引申。无论是创造新词,还是使用原有词语引申产生新的词义来指称新的事物,都促进了词汇的丰富和发展,提高了语言的表达能力。

四 词的分隶:词的同一性与分离性

词位,或者一般所说的词,是具有完整定型性和复呈性的语言单位,而且是最小的、具有完整定型性的造句单位。因此,如果话语中的一个语言片段中间有停顿,则不是词;停顿只能出现在词的语音形式开始和结束的两端,这样才能保证词作为一个整体被使用。词是在语言使用过程中,在与其他词语的相互对比关系中,被分析出来和确定下来的。按照苏联著名语言学家斯米尔尼茨基的观点,词位的确定,既包括同一性,也包括分离性。[1] 同一性,是根据语音形式相同(或有条件地相近)、意义的相同或相近,以及用法(语法功能)的相同或相近,把出现在不同句子以及句子的不同位置的语言片段合并为一个词位(词);而分离性,是把这一个语言片段与其他语言片段分离开,亦即把词语分开,确定为不同的词位(词)。对于确定词位来说,同一性和分离性,是一个问题的两个方面。

因此,理解和确定词,还要遇到一个"词的分隶"的问题。

所谓"词的分隶",是指表示某一个意思的语音形式,与表示意义有联系的另一个同音形式,——在汉语中还包括字形相同,是分开作为两个不同的词位,还是合并为同一个词位,亦即词的分合问题。看下边三组引自现代汉民族共同语白话文经典作家老舍著名长篇小说

---

[1] [苏] А. И. 斯米尔尼茨基:《关于词的问题(词的分离性)》,王福庭译,载陆志韦等《汉语的构词法》,科学出版社1957年版,第134—148页;[苏] А. И. 斯米尔尼茨基:《关于词的问题(词的同一性)》,常宝儒、吕凡译,载《语言学译丛》1959年第1期。

《四世同堂》中的例句：

(5) 今天不要走，明天吃碗寿面再出城！（《四世同堂》十五）
(6) 生命是延续，是进步，是活在今天而关切着明天的人类福利。（《四世同堂》六十四）
(7) 他自己不糊涂，可是他给国家作了什么呢？（《四世同堂》三十九）
(8) 他没脸看街上的人，尽管街上走着许多糊糊涂涂去到北海看热闹的人。（《四世同堂》三十九）
(9) 假如蓝先生在完全清醒了之后，而改变了态度，事情就该从新另想一番了。（《四世同堂》二十五）
(10) 见高亦陀来到，招弟开始往脸上拍粉，重新抹口红，作出毫不在乎的样子。（《四世同堂》四十四）
(11) 他的话还很硬，可是并没有为难野求的意思。（《四世同堂》二十一）
(12) 这么一来，瑞宣和韵梅就更为了难，因老二的客气原是为向兄嫂要点零钱，好买烟卷儿什么的。（《四世同堂》二十九）

例（5）中的"明天"，是{今天的下一天}，例（6）是{不远的将来}，① 两者有相似性；例（7）中的"糊涂"是{不明事理；对事物的认识模糊混乱}，例（8）中的"糊糊涂涂"表示{程度加深的糊涂状态}，与"糊涂"相比增加程度深的量的意义；例（9）中的"从新"与例（10）中的"重新"，读音不同：前者读平舌音，后者读翘舌音。每组例句中有下加点的形式，是同一个词，还是不同的词呢？跟例（11）中的"为难"相比，例（12）中插入"了"后形成的

---

① 中国社会科学院语言研究所词典编辑室编：《现代汉语词典》（第7版），商务印书馆2016年版，第915页。

"为了难",真的像汉语学界普遍认为的那样,是一个包含三个词的词组吗?

例(5)、(6)中的下加点形式,读音相同,书写形式一致,意义有相似性关联,所以《现代汉语词典》把它们放到同一个词条下,看作是同一个词,"明天"是多义词。例(7)、(8)中的下加点形式,主要意思相同,只是有程度差别,但语音形式不同,有的学者把后者看作是前者的重叠形式,认为是一种类似形态变化的语法手段。我们认为,作为一种语法手段,应该具有普遍性,能够类推,但双音节形容词的重叠,并不具有普遍性,不能类推,所以应该把"糊糊涂涂"看作是与"糊涂"不同的一个词语。尽管北京方言中平舌音与翘舌音相对立,而例(9)、(10)中的下加点形式平翘不同,但意思完全一样,因为这种情况极为少见,可以看作一种特例,把它们看作同一个词位的两个语音变体。对于"为了难"这种形式,我们认为,"为"和"难"不像一般词那样,具有普遍的独立运用能力和表意的完整性,而是一种临时内嵌的言语词,是"为难"的一个变体言语词。

对语言单位同一性的理解和掌握不同,对具体词语现象的处理也会不同。我们认为,作为词语的内容,词语包括词汇意义和语法意义。词汇意义来自对词语所反映对象的概括和语义系统的制约,它所概括的是事物的本质特征或区别性特征,前者是词义中的专门意义或科学意义,是随着认识的进步而不断深化的意义,而对事物区别性特征的认识,能够把事物区别开,与受教育程度与认识深度无关,是每个使用该语言的人都能够理解和使用的意思。语法意义也是词义的核心部分,表现为词性,它规定了词语的搭配和造句能力。基于这种考虑,我们认为,"苹果"作为果实的意义和作为生长这种水果的树的意义,都表示的是事物,更主要的是同音、同形,有部分与整体的关系,并且语法功能相同,因此可以看作同一个词,"苹果"是包含果实和生长该果实的树木两种意思的多义词。但对于上节中提到的"喂一次奶"和"奶孩子"中的"奶",我们却认为应该分开,看作两个不同的词,因为两者的词性不同,前者是名词,表示事物,后者是动词,表示一种动作行为,两者语法功能不同,它们分别属于不同的语法范畴,表示不同的意义，所以不应该归纳为同一个词。

比较常用的词，很多都是多义词。苏新春通过对中国社会科学院语言研究所词典编辑室所编的权威词典《现代汉语词典》第 2 版和第 3 版的统计，发现平均每个词条有 1.2 个义项。[①] 作为交际工具，语言传递信息的无限性与人类记忆的有限性这种矛盾，决定了语言最基本的单位——词——的多义性。这也是我们所理解的语言符号区别于其他符号的特点之一。[②] 苏新春的研究成果，为我们的观点提供了统计学的依据。

在《现代汉语词典》（第 7 版）第 30 页中作为单音节词条收录了 3 个"摆"：

【摆¹】①动 安放；排列。②动 数说；列举。③动 显示；炫耀。④动 摇动；摇摆。⑤名 从一个固定的点用细线悬挂的能做往复运动的重锤的装置。⑥名 钟表或精密仪器上用来控制摆动频率的机械装置。⑦名 姓。

【摆²】名 长袍、上衣、衬衫等的最下端部分：衣~｜下~。

【摆³】名 傣族地区佛教仪式或庆祝丰收、物质交流、文艺演出等群众性的集会。

把"摆³"单列为一个词与其他词分开是合理的，因为它是同音外来词；但从对意义的说明来看，《现代汉语词典》（第 7 版）"摆¹""摆²"的分隶，以及把若干义位合并为多义词"摆¹"，就不够合理了。因为"摆¹"中的义位④｛摇动；摇摆｝与前 3 个义位明显不同；而"摆²"的意思明显是从"摆¹"中的义位④｛摇动；摇摆｝

---

① 苏新春：《关于〈现代汉语词典〉词汇计量研究的思考》，载《世界汉语教学》2001 年第 4 期。
② 聂志平：《语言符号论》，载《东南大学学报》（哲学社会科学版）2012 年第 4 期。也见聂志平《索绪尔语言学理论研究》附录二。

来的。而把作为姓氏的"摆"也合并到作为语文词语的"摆¹"中，也是明显不合理的。因为在我们中华民族的认知中，姓氏是一种很重要的民族、文化以及血缘的区别特征，是人的一种符号；作为我们中国人的一种姓氏的"长孙"，与作为｛长子的长子，现在也指排行最大的孙子｝①的"长孙"，尽管同音同形，但也应该看作不同的词。所以，词典中姓氏以单列为宜。因此，对于"摆"的词位分隶，可以考虑做如下调整：

【摆¹】 动 ①安放；排列。②数说；列举。③显示；炫耀。

【摆²】 动 摇动；摇摆。

【摆³】 名 ①从一个固定的点用细线悬挂的能做往复运动的重锤的装置。②钟表或精密仪器上用来控制摆动频率的机械装置。

【摆⁴】 名 长袍、上衣、衬衫等的最下端部分。

【摆⁵】 名 姓。

【摆⁶】 名 傣族地区佛教仪式或庆祝丰收、物质交流、文艺演出等群众性的集会。

我们之所以把名词"摆³"、"摆⁴"与动词"摆²"分隶，单独列为一个独立的词位，是基于以下考虑：词语组合构成句子，不是随意的，而是有一定的规律；具有相同组合能力的词语必然有其内在的一致性；作为语言符号的所指，词义不仅包括词汇意义，还包括语法意义；语法意义使词语表现出不同的词性，规定了词语组合的高度抽象的选择限制性。我们认为，词类作为语法范畴，是表示不同语法意义的类别；形态、分布或句法功能等，不过是不同语法意义或者说语法范畴的外部的、形式化的表现而已。"摆³""摆⁴"代表某种事物的名

---

① 中国社会科学院语言研究所词典编辑室编：《现代汉语词典》（第7版），商务印书馆2016年版，第1651页。

称，属于事物语法范畴，而"摆²"代表某种动作，属于动作行为语法范畴，两种语法范畴差别很大，因此应该分开，作为两个不同的词位。

再如，"不"和"好"都可以单独作为一个单位来造句，那么它们的组合形式"不好"是不是一个词呢？如果"不好"形成了独立完整的意思，这个意思不等于"不"和"好"的相加，那么，我们就可以认为"不好"是一个词，反之就是一个词组（短语）。"不好"的意思等于 {不} + {好}，没有形成完整而独立的意义，没有以一个独立完整的意义作为一个单位来造句，因此"不好"不是词。与此相对比，"行"和"不行"（我们姑且把它当作一个单位来看待）也是很常用的语言现象，我们来看《现代汉语词典》（第 7 版）中对"不行"以及相关"行"的解释：

【不行】① 动 不可以；不被允许：开玩笑可以，欺负人可~。② 形 不中用：你知道，我在工程技术方面是~的。③ 动 接近于死亡。老太太病重，眼看~了。④ 形 不好。这件衣服的手工~。⑤ 动 表示程度极深；不得了（用在"得"后做补语）：累得~。①

【行】⑨ 动 可以：~，咱们就照这样办吧。｜你不去不~。⑩ 形 能干；不错：他样样都会，真~！｜这篇文章写得还~。②

《现代汉语词典》（第 7 版）是把表示以上 5 个意思的"不行"都当作一个词来看待的。

而从词典的义位分列和解释中，我们可以看到，"不行"的动词义位① {不可以；不被允许} 与"行"的动词义位⑨ {可以}（实际也包含 {允许} 义）相对应，"不行"的形容词义位② {不中用}、④ {不

---

① 中国社会科学院语言研究所词典编辑室编：《现代汉语词典》（第 7 版），商务印书馆 2016 年版，第 112 页。
② 中国社会科学院语言研究所词典编辑室编：《现代汉语词典》（第 7 版），商务印书馆 2016 年版，第 1465 页。

好} 与"行"的形容词义位⑩ {能干;不错} 相对应。也就是说,"不行"的意思等于"不"的意思和"行"的意思的相加:{不行} = {不} + {行}。根据这一点,我们可以把《现代汉语词典》(第 7 版)上的例句作一点点小小的修改(相同部分用下画线标出),通过表格形式来加以对比,就能更清楚些(见表 1-1)。

表 1-1　　　　　　　　"行"与"不行"对比

	词语【行】及其义位	词语【不行】及其义位	两者之间的关系	略作修改的对比例句
动	【行】⑨ {可以}（实际也包含 {允许} 义)	【不行】① {不可以;不被允许}	【不行】=【不】+【行】	开玩笑行,欺负人可不行。
形	【行】⑩ {能干;不错}	【不行】② {不中用}	【不行】=【不】+【行】	我在工程技术方面不行,他行。
		【不行】④ {不好}	【不行】=【不】+【行】	你这篇文章写得还行,我那篇不行。

而作为形容词义位 {不中用}、{不好} 的"不行"如果表示程度意义,口语中还常有这种用法:

(13) 我在工程技术方面不太行,他行。
(14) 你这篇文章写得还行,我那篇不太行。

这也可以看作对《现代汉语词典》(第 7 版)用例的一点改造,这种对应性是非常明显的。正因为有这种一致性,所以在《现代汉语词典》(第 7 版)"行"动词义位⑨ {可以} 中举例,竟然也出现了"你不去不~"这样的例句。① 这说明,"不行"动词义位① {不可以} 和形容词义位② {不中用}、④ {不好} 不是独立完整的意义,因此《现代汉语词典》(第 7 版)中这些意思上的"不行"不是一个独立的词,而是一个词组。

---

① 中国社会科学院语言研究所词典编辑室编:《现代汉语词典》(第 7 版),商务印书馆 2016 年版,第 1465 页。

这样，我们认为，从具有"完整定型性"及"最小"两个角度来看，作为词的"不行"应该排除其余，只包含两个义位：

【不行】动①婉辞，接近于死亡。②表示程度极深；不得了。

也就是说，《现代汉语词典》（第7版）"不行"词条中所列的其他意义都不是义位，或者说，除了｛婉辞，接近于死亡｝和｛表示程度极深；不得了｝两个义位的用法，其他用法的"不行"都不是词，而是词组或短语。

综上所述，我们把词理解为：在话语中，处于两个可能的最小的自然停顿之间，具有完整的意义和固定语音形式，具有复呈性，能够作为一个独立单位使用的最小的造句单位。

对词的确定，是根据语言单位的同一性原则；语言单位的同一性，是由语言单位与其他语言单位以相互对立、相互区别所建立的相互关系所确定的，是源于语言系统中语言单位之间的关系的同一性；这种同一性，表现为语音形式、语义内容的同一，也表现为语法功能的同一，因为作为语法功能的内涵，语法意义也是词义的核心部分，语义内容的同一，既包括词汇意义的同一，也包括语法意义的同一，而功能的同一，不过是这种语法意义同一的外部表现。

第二节 词类、词性与兼类问题

一 怎样理解现代汉语的词类

关于词类，一般的理解是，词类是根据词的语法功能对词所做的分类。这几乎是一种常识性的认识。我们不同意这种观点。

我们认为，词类是一种语法范畴，不同的词类代表不同的语法范畴，表示不同的语法意义。语法意义是词类的本质，形态、功能等是词类的语法形式，是语法意义的外部表现。词类的本质是语法意义的类别，是以语法意义为基础对词所做的分类；而选择不同的具体的分类标准，是根据语法意义的外部表现形式（语法功能等）对词进行分类时所运用的实际操作手段。

我们大体上赞同郭锐在《现代汉语词类研究》中关于词类的本质是语法意义，也就是他所说的"表述功能"的观点。

对于词类划分的标准，有形态、意义和功能三种说法。源于古希腊－罗马的传统语法学，由于所分析的对象是屈折语，有形态特征，因此划分词类是依据词的形态；汉语由于缺乏屈折语那样的形态，所以占主流的观点主要是按意义或按语法功能来划分词类。功能派又可以细分为三个分支。（1）按句子成分（句法成分）来定词类。影响最大的是黎锦熙《新著国语文法》提出的"依句辨品，离句无品"，把词类与句子成分对应起来；即便是结构主义语法学思想完全占统治地位的20世纪80年代，这种观点也没有绝迹，陈爱文于1986年出版的《汉语词类研究和分类实验》，还从做甲种句法成分与不做乙种句法成分的"必要性能"和"不容许性能"等角度来划分实词，与黎锦熙的某种词类单一地对应某种句子成分不同，陈爱文是综合地考察词类做句子成分的可能性。（2）广义形态派。该学派从词语的结合角度来划分词类，其理论来源于索绪尔的组合、聚合理论。20世纪30年代文法革新讨论中，方光焘认为词与词的结合不外乎是一种广义形态，主张据此划分汉语的词类；50年代汉语词类大讨论时，张斌、胡裕树重申了这种观点。（3）结合派。朱德熙认为："一个词的语法功能指的是这个词在语法结构里所能占的语法位置。举例来说，形容词的语法功能有：a. 前加'很'。b. 后加'的'。c. 后加'了'。d. 做谓语。e. 做定语……我们给汉语的词分类，根据的就是这些功能上的异同。"[①] 现在关于语法功能的一般说法，是指词与词的组合能力和做句法成分的能力；人们大多据此来划分汉语的词类。20世纪80年代以来，第三种观点一直居统治地位，基本上成为语法学界的共识。但完

---

① 朱德熙：《语法讲义》，商务印书馆1982年版，第37—38页。

全依据功能仍然不能划分出全部令人满意的词类,比如完全依据分布,陈小荷分出一千多类,[①] 郭锐抽取 60 个词竟划出 57 类[②]。

经过十余年的思考,并进行过对四万三千多词语分类实验后,郭锐认为,如果把词类的本质看作分布,不能确定到底有多少种分布,实际也找不到对内有普遍性对外有排他性的分布,有些词有完全不同的分布却属于同一词类,而选取部分分布不能说明为什么选择这些分布而没有选择另外一些分布作为划类标准。[③]"词类从本质上说不是分布类,因而试图通过寻找对内有普遍性对外有排他性的分布特征来划分汉语词类的做法难以成功。词类从本质上说是词的语法意义的类型,我们把这种语法意义叫做表述功能,即词在组合中的意义类型,如陈述、指称、修饰等大的类型,以及实体、位置、计量单位、数量、指示等小的类型。"[④] "词的语法意义是制约词的分布的主要内在原因,……分布和形态一样,只是词的语法意义的外在表现。……分布反映了词的语法意义,词的语法意义表现为分布。可以根据分布所反映出来的词类性质对词进行分类"[⑤],"词类实际上是以词汇层面的表述功能为内在依据进行的分类"。[⑥]

把词类看作语法意义的类型,并不是全新的观念。在汉语语法学史上,马建忠、吕叔湘和王力等学者所谓的按意义对汉语词语进行分类,实际上就是直觉的语法意义的词类观:"字各有义,而一字有不止一义者,……义不同而其类亦别焉。故字类者,亦类其义焉尔。"[⑦] "汉语的词在形式上无从分辨。但是要讨论文法就非把词分类不可,现在按意义和作用相近的归为一类。"[⑧] "实词的分类,当以概念的种类为依据;虚词的分类,当以其在句中的职务为依据。这是很自然的

---

① 郭锐:《现代汉语词类研究》,商务印书馆 2002 年版,第 68 页。
② 郭锐:《现代汉语词类研究》,商务印书馆 2002 年版,附录 4.1—1。
③ 郭锐:《现代汉语词类研究》,商务印书馆 2002 年版,第 65—72 页。
④ 郭锐:《现代汉语词类研究》,商务印书馆 2002 年版,第 28 页。
⑤ 郭锐:《现代汉语词类研究》,商务印书馆 2002 年版,第 24 页。
⑥ 郭锐:《现代汉语词类研究》,商务印书馆 2002 年版,第 92 页。
⑦ 马建忠:《马氏文通》(汉语语法丛书本),商务印书馆 1983 年版,第 23 页。
⑧ 吕叔湘:《中国文法要略》(汉语语法丛书本),商务印书馆 1982 年版,第 16 页。

标准。实词既然对事物有所指，自然可以拿概念为分类的标准；这种分类，简直可说是逻辑学上或心理学上的分类，完全不以词的形式为凭。正因中国的词不带词类的标志，所以不顾词的形式才是词类区分的正当方法。"① 经过词类问题大讨论，主张汉语没有形态，实词不能划分词类的理论语言学家高名凯，在其普通语法学论著《语法理论》中认为，"词类是语法范畴，而语法范畴是语法意义的概括；……所以，词的结合性只是一种辅助条件，只有在这种结合性能够表示这个词具有名词意义的时候，这种结合性才可以作为名词的一个标志"。②"根据词的语法意义来分类是基本原则，因为词类是语法范畴的问题，亦即语法意义学问题。但是只依据词的语法意义来划分词类而不从这种意义的物质标志入手，既不可能，也不必要，因为意义必须和语法形式结合在一起，脱离了形式，意义也就不存在，有词类的语法意义，自然有词类的语法形式。问题只在于这个语法形式是什么。"③ "词的句法功能或词跟其他词的结合性在理论上也应当被认为可以作为区分词类的标准。不过这种词的句法功能或词跟其他的词结合性必须是词类的语法意义的物质标志。"④ 正是因为词类是词的语法意义的分类，亦即语法范畴，所以无论分类角度怎样变化，关于名词是表示人或事物的名称、动词是表示动作行为变化等对词类的理解还是牢固地存在于人们的一般理解之中，成为一般语法书对某类词的一般性说明。这也是基本符合语言使用者的语感的。而语法学者就是要根据词的功能这些外部表现，选择某些操作手续，使划分出来的类别符合人们的语感。也就是说，我们直觉地知道哪个词是名词、哪个词是动词，语法学家要找到一些具体的操作标准，把它们明确地加以归类。

　　说词类是词的语法意义的分类，并不是说对具体的词语进行分类

---

① 王力：《王力文集》（第一卷：《中国语法理论》），山东教育出版社1984年版，第20—21页。
② 高名凯：《语法理论》，商务印书馆1960年版，第149—150页。
③ 高名凯：《语法理论》，商务印书馆1960年版，第153页。
④ 高名凯：《语法理论》，商务印书馆1960年版，第151页。

时以语法意义为标准;语法意义是词类的本质,而分类则是一种具体的操作手续。两者不是一回事儿。按语法功能对词语进行分类,总的原则并没有错。因为在语段中,词语的搭配不是随意的,有相互选择的限制;有相同组合功能的词往往有某种共同的特点,形成某种聚合类别,这也符合人们的语感。但由于汉语词类与句法成分之间的关系异常复杂,因此在分类的操作以及具体判定某词属于哪个词类时,关键是要处理好词类与句法成分的关系问题。

同意词类本质上是词的语法意义的类别,并不意味着我们完全赞同郭锐的说法。我们不用"表述功能"这样的说法,而直接采用肇始于《马氏文通》而迄今在汉语语法学中还基本适用的对词类的通俗说法:

> 名词是表示事物名称的语法范畴;
> 动词是表示动作行为变化的语法范畴;
> 形容词是表示性质的语法范畴;
> 状态词是表示状态的语法范畴;
> 区别词是表示属性的语法范畴;
> 数词是表示数量的语法范畴;
> ……

我们认为,"名词是表示人或事物的名称"之类的说法,并不是一般人所说的对词义的说明,因为它不是对具体词语所概括的意义的说明,而是对该类词中所有的词都具有的意义的概括,亦即该类词的类别意义。这种类别意义,本质上就是语法意义。只有这样,才能理解词类是语法范畴的含义。

二 词性与词义

第一节论述的我们所理解的"词的同一性",是从语音、语义(包括词汇意义和语法意义,亦即词性)的角度考虑的,或者通俗地说，是从语音、语义（词汇意义）和语法三个方面综合考虑的；以此为基础，我们所理解的"词位"（一般所谓的词）也是从语音、语义和语法三个方面综合考虑而后界定的。再看下面一组例子：

(1) 房子后边的那棵大杨树死了。
(2) 他睡得太死，外边有人敲门都没听见。
(3) 她心眼儿太死，一根筋，不会变通。
(4) 出发的时间定死了，不能再变了。
(5) 你能来，我高兴死了！
(6) 你这样对待我，我就是不说，死扛着！

在以上6个例子中，例（1）中的"死"表示｛(生物)失去生命（跟"活"相对)｝，例（2）中的"死"表示｛像死一样｝，例（3）中的"死"表示｛死板｝，例（4）中的"死"表示｛固定，不活动｝，例（5）中的"死"表示｛程度达到极点｝，例（6）中的"死"表示｛不顾性命，拼死（表示态度坚决)｝。在这些例子中，从词汇意义角度来看，例（2）、(3)、(4)、(5)、(6)中的"死"都是例（1）中的"死"的隐喻，在意义上有相似性，（义位分立及释义我们与《现代汉语词典》第1238页中的内容不完全一致）但从语法意义角度看，例（1）中的"死"属于动作变化范畴，是动词，例（2）、(3)、(4)、(5)中的"死"都属于性质状态范畴，是形容词，而例（6）中的"死"表示情貌范畴，是副词。在汉语中，动词、形容词语法范畴近似，因此语法功能相近，都能做谓语，有近一半的形容词与动词一样，可以带体助词"了"和"过"；而表示情貌范畴的副词只能做状语，语法功能与动词、形容词相去甚远，所以，从词的"词义的同一性"角度，我们把"死"划分为两个词：例（1）、(2)、(3)、(4)、(5)中的5个"死"代表的意思作为不同的义位，归入同一个词，把它标作"死^1"；而例（6）中"死"代表的意思单列，作为另一个义位，这是另外一个词"死^2"。"死^1"是个多义词，而"死^2"是个单义词。

【死¹】①动（生物）失去生命（跟"活"相对）。②形像死一样。③形死板。④形固定，不活动。⑤形程度达到极点。

【死²】副不顾性命，拼死（表示态度坚决）。

这样，我们所理解的"词的同一性"，指的是语音形式的同一和意义的同一；其中意义的同一性包括词汇意义的同一和语法意义（语法范畴即词性）的同一两个方面。同时，我们认为，作为交际工具，多义性是语言符号与其他符号相互区别的一个突出特点；无论哪一种语言，无论语言发展的哪一个阶段，语言符号的多义性，都是客观存在的；词汇意义的多义性，受控于语法范畴的相同或近似（属于同一大类）；如果语法范畴不同或不相似，由于隐喻或转喻而形成的有相似或相关联系的义位，则应分隶属于不同的词位（即一般所说的"词"），不构成多义词。只有语法范畴相同或相似，才会构成多义词。而兼类现象，产生的原因与多义词一样，是交际中表意的无限性与记忆的有限性这对永恒的矛盾，在交际功能的控制下所形成的语言的经济机制在语言符号系统中的反映，是一种被固定下来、与词汇意义的多样性相对应、相伴随的词语的语法意义的多样性，或者说多功能性（或简称"多能性"）。这种多能性，是词语的固定性质，属于词位本身。兼类现象可以说是词语语法意义方面多义性的一种反映；这样，兼类词尽管数量很少，却是各种语言的一种普遍现象。从这一角度来看，汉语语法学的奠基者马建忠在《马氏文通》中的观点，也是有道理的："字各有义，而一字有不止一义者，古人所谓'望文生义'者此也。义不同而其类亦别焉。故字类者，亦类其义焉耳"；"字有一字一义者，亦有一字数义者。……凡字有数义者，未能拘于一类，必须相其句中所处之位，乃可类焉"；"字无定义，故无定类，而欲知其类，当先知上下之文义何如耳"。[①]

基于这种认识，我们不同意胡明扬先生的说法："兼类问题之所

---

① 马建忠：《马氏文通》（汉语语法丛书本），商务印书馆1983年版，第23—24页。

以长期解决不了在很大程度上就是因为现代汉语目前这种兼类现象不是汉语固有的，而是一种欧化现象。要把一种异质的欧化语法现象有机地纳入汉语语法体系实在是太难了。"①

三　怎样理解兼类

在通行的《现代汉语》教材中，除刘叔新主编的《现代汉语理论教程》没有兼类外，其余对于兼类问题的看法基本是相同的，即认为：（1）兼类是一个词表现出两类或两类以上的语法功能，分属于两个或两个以上的词类；（2）属于兼类的词，在意义上有密切关联，是同一个词；（3）兼类是词语经常的固定用法，与临时性的活用、借用以及同音现象不同。这也是汉语语法学界对兼类问题的共识。但到底有哪些兼类，哪些词是兼类，则有不同的看法。而之所以会对具体兼类处理不同，问题主要出在对什么是"一个词"（即"词的同一性"）的理解的差异上。我们基于对"词的同一性"的理解，对最近三十年来通行现代汉语教材和代表性学者所谓的兼类现象进行分析。

（一）关于动词与名词的兼类

一般认为属于动名兼类的有"锁、锯、病、锈、药、电、尿、死、伤、活、领导、代表、指示、教练、指导、指挥、翻译、编辑、导演、通知、总结、建议、决定、工作、报告、申请、检查、生活、战斗、组织"等。例如：

【锁】（i）这把锁锈住了，打不开。　（ii）我锁了门去上班。
【代表】（i）他代表我们组发言。　（ii）他是我们班的代表。

上列两个词语中，"锁"在（i）中表示｛安在门窗、器物等的开合处或连接处，使人不能随便打开的金属器具，要用钥匙、密码、磁

---

① 胡明扬：《现代汉语词类研究综述》，载胡明扬主编《词类问题考察》，北京语言文化大学出版社1996年版，第48页。

卡等才能打开},在(ii)中表示{用锁把门窗、器物等的开合处关住或拴住},前者是名词,后者是动词。①"代表"在(i)中表示{代替个人或集体办事或表达意见},在(ii)中表示{选举出来替选举人办事或表达意见的人},前者是动词,后者是名词。②除了北大本③外,其他教材都把这类现象看作兼类。胡明扬把它们看作"用法和意义有差别,但语义上有明显联系,一般处理成一个词的不同义项",是兼类词;④郭锐把它们看作词汇化转指,是两个不同的词,是兼类。朱德熙(1982)、徐枢⑤、陆俭明⑥认为它们意义不同,是不同的词,不是兼类。我们同意朱德熙、徐枢、陆俭明的看法,不把它们看作兼类词,但理由与朱、徐、陆三位先生不同:意义不同但有关联,也是可以把(i)(ii)中的"锁"、(i)(ii)中的"代表"分别归为同一个词的;我们之所以没有归为同一个词,是因为我们对"词的同一性"的理解,我们把语法意义看作词义的一个组成部分,名词和动词是两种分属于不同大类的语法范畴,因此把它们看作不同的词。不同的词无所谓兼类。这种现象,朱德熙把它们看作"名动词"。⑦

(二)关于形容词与名词的兼类

一般认为属于形名兼类的有"科学、现代、标准、经济、道德、困难、理想、累赘、方便、困难、错误、麻烦、秘密、热情、威风、内行、外行、经济、民主、矛盾"等。例如:

---

① 中国社会科学院语言研究所词典编辑室编:《现代汉语词典》(第7版),商务印书馆2016年版,第1258页。
② 中国社会科学院语言研究所词典编辑室编:《现代汉语词典》(第7版),商务印书馆2016年版,第249页。
③ 北京大学中文系现代汉语教研室编《现代汉语》(增订本)(商务印书馆2012年版,第297页)认为,在"锁(动词)上门"和"买把锁(名词)"中,"两个'锁'在语源上是有关系的,但发展到今天,意义已经不同(一指动作,一指实物),语法功能也不一样……应看成不同的词,即同音词,不能看成一词兼类"。
④ 胡明扬:《兼类问题》,载胡明扬主编《词类问题考察》,北京语言文化大学出版社1996年版,第215—257页。
⑤ 徐枢:《兼类与处理兼类时遇到的一些问题》,载中国语文杂志社编《语法研究和探索》(五),语文出版社1991年版,第42—53页。
⑥ 陆俭明:《关于词的兼类问题》,《中国语文》1994年第1期。
⑦ 朱德熙:《语法答问》,商务印书馆1985年版,第24—26页。

【科学】（i）逻辑学是研究思维形式和规律的科学。
　　　　（ii）这种做法很科学。
【困难】（i）我们有五个困难需要克服。
　　　　（ii）这件事做起来很困难。

"科学"在（i）中表示｛反映自然、社会、思维等客观规律的分科的知识体系｝，在（ii）中表示｛合乎科学的｝，[①] 前者属于事物范畴，是名词；后者属于性质范畴，是形容词。在现代汉语中先有名词用法，后来才有｛合乎科学的｝这种形容词用法，是转喻用法，属于词义引申。"困难"在（i）中表示｛工作、生活中遇到的不容易解决的问题或障碍｝，在（ii）中表示｛事情复杂，阻碍多｝，[②] 前者属于事物范畴，是名词；后者属于性质范畴，是形容词。两者之间也是转喻关系。上述现象，通行现代汉语教材和一般学者都把它们看作兼类，朱德熙把它们称为"名形词"。尽管（i）和（ii）意义有联系，但因为（i）表示的语法意义属于事物范畴，（ii）所表示的语法意义属于性质范畴，它们分别属于差别比较大的两个不同的大类，前者属于体词，后者属于谓词，我们认为，名词与形容词语法意义差别比较大，应该归入两个完全不同的语法范畴，所以，根据同一性原则，我们把它们看作不同的词，不属于兼类。

（三）关于动词与介词兼类

介词由动词演化而来，因此介词与动词在汉语语法学上始终存在纠葛。一般认为它们之间最主要的区别是包含这个词的短语在句中是否作谓语：如果作谓语，那么这个词是动词，否则是介词。如果一个词具有两种功能，那么就是动词介词兼类。一般认为属于动介兼类的有"在、对、给、到、向、朝、跟、同、比"等。例如：

[①] 中国社会科学院语言研究所词典编辑室编：《现代汉语词典》（第7版），商务印书馆2016年版，第735页。

[②] 中国社会科学院语言研究所词典编辑室编：《现代汉语词典》（第7版），商务印书馆2016年版，第766页。

【在】（i）他在家。　　　　　（ii）他在家看书。
【朝】（i）大门朝南。　　　　（ii）大门朝南开。

关于"在"，《现代汉语词典》第1629页与之相关的解释是："② 动 表示人或事物的位置。⑦ 介 表示时间、处所、范围、条件等。"关于"朝"的解释是："⑤ 动 面对着；向。⑥ 介 表示动作的方向。"实际上即便是参照词典，我们也说不出（i）（ii）中的"在"、（i）（ii）中的"朝"在意义上有什么区别；而单就"在家"和"朝南"来说，也分不出动词和介词两种不同的词性来，它的性质不应该由于有无后续动词性成分而改变。很明显，这是一种完全人为的区别，就是为了贯彻介词与动词区分的理论标准。我们认为，这种区别是不合理的。

陈昌来在"现代汉语介词一览表"中共列出159个介词，[①] 而动介兼类词就有119个，占介词总量的74.84%。从公认的判定兼类的原则——兼类词不能占该类词太大比例——来看，明显是不合理的。

以上两个"不合理"加起来，我们就有充分的理由怀疑动介兼类存在的合理性。还有一点重要的补充，就是"词的同一性"原则。马庆株以"我们在教室里"和"我们在教室里上课"为例，认为"两个'在'有同一性，意义相同，都是动词，不应把后一句中的'在'分析成介词"。[②] 依据本章第一节和第二节对同一性的理解，我们认为，动词和介词分属于不同的语法范畴，语法意义相差太大，不具有同一性，应该分属于两种不同的词类，也不应该有兼类现象。

基于以上三点，我们主张取消动介兼类的说法；所谓动介兼类词语，都应看作动词（如"在""到""朝""比"等）。汉语中并不是所有的动宾短语都作谓语，为什么就不能容忍把这类短语叫作动宾短语，把上述的词语看作动词呢？

[①] 陈昌来：《介词与介引功能》，安徽教育出版社2002年版，第50—51页。
[②] 马庆株：《影响词类划分的因素和汉语词类定义的原则》，载中国语文杂志社编《语法研究和探索》（五），语文出版社1991年版，第133页。

（四）关于区别词（属性词）与副词的兼类

副词的功能是作状语而不能作其他句法成分；区别词能作定语而不能作其他句法成分，可以后加"的"作"是"的宾语。有的词既可以作定语，又可以作状语。所谓区别词和副词兼类，比较有代表性的是下列词语（见表1-2）。

表1-2　　　　　　　　"行"与"不行"对比

	共同	基本	临时	高速	定期	额外
做定语	~愿望	~原则	~政府	~公路	~刊物	~负担
做状语	~努力	~合格	~借用	~发展	~召开	~增加一百元钱

对这些词，《现代汉语词典》（第7版）的处理是不同的。

"共同、基本"作定语时标的是"属性词"，作状语时标的是"副词"：

【共同】①形 属性词。属于大家的，彼此都具有的。~点｜~语言｜搞好经济建设是全国人民的~心愿。②副 大家一起（做）：~努力。①

【基本】②形 属性词。根本的：~矛盾｜~原理。③形 属性词。主要的：~条件｜~群众。④副 大体上：质量~合格｜大坝工程已经~完成。②

我们认为，"共同、基本"作定语与作状语的意思词汇意义差别比较大，应该分别看作不同的词；这样"共同、基本"就不属于区别词和副词的兼类，而是同音同形词。

"临时、高速、定期、额外"在《现代汉语词典》（第7版）上只

---

① 中国社会科学院语言研究所词典编辑室编：《现代汉语词典》（第7版），商务印书馆2016年版，第485页。

② 中国社会科学院语言研究所词典编辑室编：《现代汉语词典》（第7版），商务印书馆2016年版，第603页。

标了"属性词":

【临时】②形 属性词。暂时的；短期的：~工｜~政府｜~借用一下。①

【高速】形 属性词。高速度的：~发展｜~公路。②

【定期】②形 属性词。有一定周期的，有一定限期的：~刊物｜~召开代表大会。③

【额外】形 属性词。超出规定数量或范围的：~负担｜~开支。④

从《现代汉语词典》（第7版）的释义及举例来看，作定语和作状语两种用法在意义上没有多大区别，可以看做是同一个义位。对于这种现象，可以有两种处理办法：（1）承认是兼类；（2）看作区别词，并对区别词加以说明：少数区别词除了作定语，还可以作状语。按照本文关于词的同一性的理解，我们认为，区别词与副词语法意义差别较大。所以对于上列现象，我们倾向于第二种处理办法，即不把"临时、高速、定期、额外"等看作区别词与副词的兼类，而是看作有副词特殊用法的区别词。

（五）关于形容词与动词的兼类

形容词与动词的兼类是指有些词语可以受"很"类程度副词修饰，也可以不受"很"修饰而带宾语。常见的有"忙、冷、热、饿、破、端正、方便、热闹、巩固、集中、坦白、负责、肯定、密切、严

---

① 中国社会科学院语言研究所词典编辑室编：《现代汉语词典》（第7版），商务印书馆2016年版，第825页。
② 中国社会科学院语言研究所词典编辑室编：《现代汉语词典》（第7版），商务印书馆2016年版，第433页。
③ 中国社会科学院语言研究所词典编辑室编：《现代汉语词典》（第7版），商务印书馆2016年版，第308页。
④ 中国社会科学院语言研究所词典编辑室编：《现代汉语词典》（第7版），商务印书馆2016年版，第340页。

密、统一、公开、明确、努力、严肃、严格、满足、丰富、繁荣、暴露、明白"等。例如：

【端正】（i）学习态度很~。　　（ii）~学习态度。
【负责】（i）他对工作很~。　　（ii）他~后勤工作。
【小】　（i）他岁数很~。　　　（ii）他~我二十岁。

按《现代汉语词典》第325页上的解释，"端正"在（i）中表示｛物体不歪斜；物体各部分保持应有的平衡状态｝，在（ii）中表示｛使端正｝；第408页"负责"在（i）中表示｛（工作）尽到应尽的责任；认真踏实｝，在（ii）中表示｛担负责任｝。前一个义位标作形容词，后一个义项标作动词。《现代汉语词典》第1439页对与（i），（ii）有关的"小"的解释是："形在体积、面积、数量、力量、强度等方面不及一般或不及比较的对象（跟'大'相对）。"

对于"端正、负责"类，一般都看作动词形容词兼类。徐枢、陆俭明把（i）（ii）两种意思和用法看作同一个词，郭锐认为是两个概括词。徐枢（举的例子是"丰富"）认为是同一个词，是基于认为两个意思有联系；陆俭明（举的例子是"方便"）认为是同一个词，因为他把动词用法产生的意思，看作结构带来的；郭锐（举的例子是"丰富"）认为作动词用法的意义是词自身的意义，把形容词意义和用法与动词意义和用法分开，看作不同的概括词（词）。我们从对词同一性的认识和语言符号多义性的认识出发，不同意郭锐把它们分作两个词的观点，也不完全同意陆俭明认为动词义来自结构，而认为它们是包含两个义位、分别有形容词和动词功能的多义词。我们的结论与徐枢相同，但理论依据并不完全相同：我们在"词的同一性"的理解中，不仅注重词汇意义的相同或相近，也把语法意义看作语义同一的重要组成部分；只有在词汇意义相同或相近，同时语法意义也相同或相近，属于同一大类（比如同属于谓词，或者同属于体词），才看作具有语义的同一性。"端正"是形容词兼动词，"负责"是动词兼形容词。

"小"类的（i）、（ii）两种用法，一般现代汉语教材中没有提及；郭锐认为是可以用规则说明的，是由结构差异带来的，是同一个概括词，不看作兼类。① 我们同意李泉的观点，把（ii）中的"小"看作动词，因为从整体角度来看，能带宾语的形容词只占形容词总数的14%，"处理成兼类不会影响动词和形容词的分类"，反之，"会给动、形分类带来更多的不便，因为那样等于取消了区分动、形的一个重要标准——动词能带宾语，形容词不能带宾语，而这一标准却是适合于绝大多数动词和形容词的"。②

汉语语法学者对于形容词与动词兼类现象的看法有些差异，但大都同意是兼类。我们赞同形动兼类说，不仅是基于词汇意义的同一性，更是基于语法意义的同一性，就是认为形容词和动词属于相近的语法范畴，同属于谓词这一上位语法范畴，因此才把这些词看作意义上密切相关、各有形容词和动词不同用法的两类义位的多义词。

（六）关于介词与连词的兼类

一般所说的介词与连词的兼类是指下列现象：

【和】（i）他～大家讲他过去的经历。
　　　（ii）工人～农民都是国家的主人。
【因为】（i）他～这件事受到了处分。
　　　　（ii）～今天事情多，所以没去成。

实际上这两个词情况并不相同。

《现代汉语词典》（第7版）第526页对（i）中"和"的解释是"介引进相关或比较的对象"，对（ii）中"和"的解释是"连表示并列关系"；第1558页对（i）中"因为"的解释是"介表示接在后

---

① 郭锐：《现代汉语词类研究》，商务印书馆2002年版，第36页。
② 李泉：《"形+宾"现象考察》，载胡明扬主编《词类问题考察》，北京语言文化大学出版社1996年版，第184页。

边的部分是原因",对（ii）中"因为"的解释是"连常跟'所以'搭配,表示因果关系"。我们认为,"和"在（i）、（ii）中意义上没有关联,可以看作同音词,是不同的词;"因为"在（i）、（ii）中表示相同的意思,是具有两种用法的同一个词,是介词和连词的兼类现象。

《现代汉语八百词》（增订本）[①]中列出的介词、连词兼类有"和、跟、管、与、同、以、因、因为、鉴于、凭、由于"11个词,占该词典所列举的107个连词（含与其他词类的兼类）中的10.28%。

从语法意义的角度来看,介词和连词都表示关系意义,语法范畴相近,可以存在兼类现象。

（七）名量兼类现象

通行的现代汉语教材中没有列出名词与量词兼类这种类型,但《现代汉语词典》（第7版）、《现代汉语八百词》（增订本）和《兼类词辨析词典》[②]中列有这种类型。郭锐《现代汉语词类研究》根据优先同型策略,不处理成名词和量词的兼类。

名词和量词的兼类,是指以下情况:

【瓣】(~儿) (i) 梅花有五个~。　(ii) 梅花有五~花瓣儿。
【床】　　 (i) 一张铁~。　　　(ii) 两~被子。
【队】　　 (i) 请排好~。　　　(ii) 一~人马。
【块】(~儿) (i) 把肉切成~儿。　(ii) 一~（儿）桌布。

在《现代汉语词典》（第7版）第39页中,"瓣儿"在（i）的解释是"名花瓣",在（ii）中的解释是"量用于花瓣、叶片或种子、果实、球茎分开的小块";在第204页中,"床"在（i）中的解释是"名供人躺在上边睡觉的家具",在（ii）中的解释是"量用于被褥等";在第329页中,"队"在（i）中的解释是"名行列",在（ii）

[①] 吕叔湘主编:《现代汉语八百词》（增订本）,商务印书馆1999年版。
[②] 陈庆武:《兼类词辨析词典》,福建人民出版社1990年版。

中的解释是"⃞量用于成队的人或动物";在第 752 页中,"块"(~儿)在(i)中的解释是"⃞名成疙瘩或成团儿的东西",在(ii)中的解释是"⃞量用于块状或某些片状的东西"。可见,在(i)中是名词,在(ii)中是量词;从词语使用角度看,(ii)的所指对象与(i)的所指对象相关或相似,是一种认知心理学上的转喻或换喻,在意义上相近,联系密切。这种现象,在第 7 版《现代汉语词典》中共有 74 个词条,具体条目如下:

埯(~儿);班;版;瓣;包;本;笔;部;茬;串(儿);床;担;刀;道;等;点¹;点²;顶;斗;段;队;墩;垛;幅;行;号;环;家;角;卷(~儿);口;款;捆(~儿);块(~儿);类;路;门;面;名;目;年;派;盘;撇(~儿);日;勺(儿);身(~儿);升;声;时;手;水;丝;所;台;摊/摊子;天;挑(~儿);条;桶;头;团;丸;味;窝;席;线;夜;枝;纸;指;种;轴;桌

汉语的量词,是一种后来形成的词类,古汉语中没有独立的量词,我国最早的语法学著作《马氏文通》因为是以古汉语为研究对象,所以没有量词这一词类。现代汉语中的名量词绝大多数来自名词,少部分来自动词(如"包""捆"等)。在第 7 版《现代汉语词典》中,尽管没有将"碗""盆"之类可以出现在数词和名词之间的用法看作量词,但在 274 个量词结合项中,还有 74 个名词义位与量词义位或结合项①处于同一个词条之下,并且在意义上有与"瓣""床""队""块"类似的联系。

"瓣""床""队""块"之类的词,名词义与量词义有密切的联

---

① 因为汉语的量词与名词有互选性,我们把"口"既可以用于人(如"一家五口人")也可以用于某些家畜或器物等(如"三口猪""一口钢刀")这种不同的用法,看作两个不同的结合项,即两个不同的义位,处理成两个不同的词。

系，在语法意义上相近，都属于体词这一个大的类别，根据我们所理解的同一性原则，我们把它们看作同一个词，看作具有名词和量词两个义位的同一个词。我们以结合项为考察单位，这种名词与量词的兼类，占量词（结合项）总数的27%。

吕叔湘先生关于兼类只能是少数词的观点，[①] 是汉语语法学界公认的处理兼类问题的一个基本原则，我们也赞同这一原则。陆俭明、郭锐赞同朱德熙"名动词"的说法的主要根据，是这类词占动词的31%。我们的统计以结合项为单位，并且也同《现代汉语词典》（第7版）一样把"碗""盆"之类表示容器的词语只看作名词而没有量词义项，名量兼类仍占到量词的27%，如果把表示容具的词语也看作名量兼类，那么名量兼类肯定会超过动名词在动词中所占的比例。那么，应该如何看待这种情况呢？

我们认为，"名量兼类"和"动形兼类""介连兼类"是现代汉语中真正意义上的兼类。但是，"兼类"现象作为一种特殊的词类跨界现象，也是一种动态的语言现象。因为词类本身并不是一个固定的集合，它会随着语言的运用而发生变化。名词与量词兼类达27%的这一高比例，说明现代汉语中名量词这一量词的次类还处于形成的进程中，目前存在着部分名词向名量词"漂移"的现象，名量词具有进一步扩大的趋势。这种漂移是通过词语义位的专用而实现的，比如，国际上石油、汽油等用固定容积的桶来盛装，"桶"就有了作计量单位的这种固化的用法，衍生出计量义位；酒席、饭菜等一般要摆放在桌子上，"桌"或"桌子"便成了酒席、饭菜固定分类标志，也就衍生出量词义位来了。这种由于事物之间的相关性而形成的词语的比较固定的搭配，从认知心理角度上说就是转喻，促使量词义从名词义的基础上产生，形成词义的不完全分化，从而造成这种高比例的兼类现象。

综上所述，关于汉语词类的兼类问题，我们可以得出以下基本认识。

（1）一般所谓的动名兼类、形名兼类不是兼类，而是不同的词。

---

① 吕叔湘：《关于汉语词类划分的一些原则问题》，《中国语文》1954年9月号。

(2）一般所谓的动介兼类不是兼类，而应归为动词；而不属于所谓动介兼类的介词，则是纯粹的介词（如"把""被""从""对于""关于"等）。换言之，动词和介词的语法意义相差较大，属于不同的语法范畴，不具有同一性，应该分属于两种不同的词类。

（3）至于一般所谓的区别词与副词的兼类也不宜看作兼类，有的应视为同音词，有的则应看作区别词的一种特殊用法。

（4）真正的兼类只有动形兼类、介连兼类、名量兼类三种类型。

需要强调是，上述认识是建立在语法学界关于兼类的两个基本原则——"词的同一性原则"和"兼类词只能是少数的原则"——的基础之上的。

第三节 语言词和言语词

——从经典作家语言运用看言语词

一 语言和言语的区分是现代语言学的理论基础之一

现代语言学的理论基础之一，是对语言和言语的区分。这种区分，是索绪尔在《普通语言学教程》中明确提出来的。

索绪尔把人们通过说话进行交际、传递信息的活动，称为"言语活动"。在言语活动中区分出语言和言语："言语活动有个人的一面，又有社会的一面；没有这一面就无从设想另一面"，语言"是言语活动的社会部分，个人以外的东西；个人独立不能创造语言，也不能改变语言，它只凭社会的成员间通过一种契约而存在"；[1] 语言是一种约定俗成的符号系统，"是通过言语实践存放在某一社会集团全体成员中的宝库，一个潜存在每一个人的脑子里，或者说得更确切些，潜存在一群人的脑子里的语法体系；因为在任何人的脑子里，语言都是不

---

[1] ［瑞士］德·索绪尔：《普通语言学教程》，高名凯译，商务印书馆1996年版，第36页。

完备的，它只有在集体中才能存在"①，"语言以许多储存于每个人脑子里的印迹的形式存在于集体中，有点像把同样的词典分发给每个人使用，所以，语言是每个人都具有的东西，同时对任何人又都是共同的东西，而且是储存在人的意志之外的。语言的这种存在方式可表以如下的公式：1＋1＋1＋……＝1（集体模型）"②。

从意思到语音传递，"个人永远是它的主人；我们管它叫言语"，"言语却是个人的意志和智能的行为"③，"它是人们所说的话的总和，其中包括：(a) 以说话人的意志为转移的个人的组合，(b) 实现这些组合所必需的同样是与意志有关的发音行为"，"所以在言语中没有任何东西是集体的；它的表现是个人的和暂时的。在这里只有许多特殊情况的总和，其公式如下：(1＋1'＋1"＋1'"……)"④。

在第三次普通语言学课程中（1911年4月28日），索绪尔曾用图 1-1 来说明语言和言语的区别：⑤

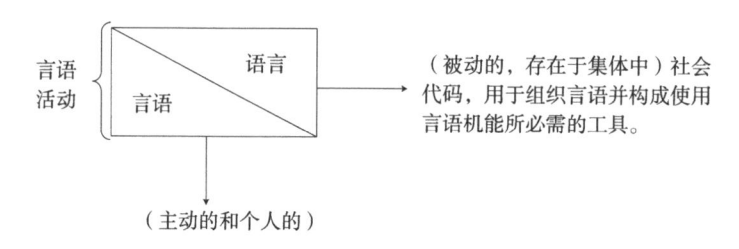

图 1-1　言语活动、语言、言语关系图示

索绪尔认为言语是"(1) 一般以言语的产生（发音等）为目的的机能的使用；(2) 也包括为表达个人思想个人对语言代码的使用"。

索绪尔认为，区分了语言和言语，就区分开了社会的和个人的，主要的和从属的。对于语言和言语的关系，索绪尔认为它们"是紧密

---

① ［瑞士］德·索绪尔：《普通语言学教程》，高名凯译，商务印书馆1996年版，第35页。
② ［瑞士］德·索绪尔：《普通语言学教程》，高名凯译，商务印书馆1996年版，第41页。
③ ［瑞士］德·索绪尔：《普通语言学教程》，高名凯译，商务印书馆1996年版，第35页。
④ ［瑞士］德·索绪尔：《普通语言学教程》，高名凯译，商务印书馆1996年版，第42页。
⑤ ［瑞士］德·索绪尔：《1910—1911索绪尔第三度讲授普通语言学教程》，张绍杰译，湖南教育出版社2001年版，第77页。

联系而且互为前提的：要言语为人所理解，并产生它的一切效果，必须有语言；但是要使语言能够建立，也必须有言语。从历史上看，言语的事实总是在前的……我们总是听见别人说话才学会自己的母语的；……最后，促使语言演变的是言语；听别人说话所获得的印象改变着我们的语言习惯。由此可见，语言和言语是互相依存的；语言既是言语的工具，又是言语的产物"。① 索绪尔还用交响乐和演奏以及莫尔斯电码和发报机来比喻两者之间的关系：语言是交响乐的乐章，言语是对这个乐章的演奏；语言是莫尔斯电码，言语是用发报机发电报的行为。

在语言学史上，对于索绪尔的区分一直有不同的看法，争论不休。20世纪60年代和21世纪初，我国语言学界曾有两次规模较大的讨论。在对言语的阐述上，由于索绪尔使用概念不够严密，为后世的争论埋下了纷争的种子，但语言和言语的区分仍是对语言学理论的巨大贡献，成为现代语言学的一个基本理论。我们认为，索绪尔提出的言语概念，实际上包括两个内容：（1）从执行者角度与作为交际工具的语言符号系统相对的，作为个人行为的言语；（2）作为语言的客观的外在的存在，亦即人们对语言使用和所产生的话语的总和的言语。即：

$$言语活动\begin{cases}语言\\言语①\end{cases} \qquad 言语②\begin{cases}语言\\言语主体的个人特征\end{cases}②$$

其中"言语①"是"作为个人行为的言语"，而"言语②"就是我们现在一般所理解的言语："人们使用语言进行交际的行为和这种行为的结果——话语——的总和"，③ 这也是索绪尔在论述语言和言语关系时所使用的关于言语的概念。我们认为，很多人认为索绪尔在社会性

---

① ［瑞士］德·索绪尔：《普通语言学教程》，高名凯译，商务印书馆1996年版，第41页。
② 聂志平：《异质中的同质区分——论索绪尔语言理论中言语、语言的区分及正确理解》，《兰州大学学报》（社会科学版）1987年第4期；又载《语言文字学》1988年第1期。也见聂志平《索绪尔语言学理论研究》第七章，中国社会科学出版社2023年版。
③ 聂志平：《异质中的同质区分——论索绪尔语言理论中言语、语言的区分及正确理解》，《兰州大学学报》（社会科学版）1987年第4期；又载《语言文字学》1988年第1期。也见聂志平《索绪尔语言学理论研究》第七章，中国社会科学出版社2023年版。

这个问题上将语言和言语对立起来所产生的所谓的"索绪尔式矛盾",是不存在的;这也是索绪尔的语言、言语理论尽管遭到很多人批判,但在现代语言学中对这个问题的论述上,仍然摆脱不了索绪尔理论的真正原因。①

索绪尔语言和言语区分的理论,对我国语言学的影响,除 20 世纪 60 年代和 21 世纪初的争论,在具体学科研究方面的影响,主要有以下三个方面。

(1) 在普通语言学领域,高名凯在我国第一部系统的语言理论著作《语言论》中,将语言和言语的区分作为一个基本的理论问题论述,并在语言的各分支系流中全面贯彻"位"(一般性的)与"素"(个别性的或具体表现的)的划分。

(2) 在汉语语法研究领域,吕叔湘在 1979 年出版的《汉语语法分析问题》中,区分了语言的静态单位和动态单位,认为"语言的静态单位是:语素,词,短语(包括主谓短语),以及介乎词和短语之间的短语词,其中语素是基本单位。语言的动态单位是:小句,句子(一个或几个小句),小句是基本单位"。② 该书是 20 世纪汉语学界最重要的汉语语法理论著作。同年发表的吕冀平的长文《两个平面,两种性质:词组和句子的分析》,认为汉语句法分析一些引起麻烦和尚未解决的问题都与对词组和句子性质的认识有关,"在进行句法分析时,有必要把区分语言和言语这个观念引进来,并且贯彻到具体的实践中去","静态的、尚未体现交际功能的,是语言单位。动态的、已经体现交际功能的,是言语单位",③ 词组和句子是不同平面、不同性质的东西,前者是语言单位,后者是言语单位。这两篇文献,是汉语语法研究进一步深入的理论标志。④

---

① 聂志平:《再论语言、言语的区分》,《语言与翻译》2004 年第 4 期。也见聂志平《索绪尔语言学理论研究》第七章,中国社会科学出版社 2023 年版。
② 吕叔湘:《汉语语法分析问题》,商务印书馆 1979 年版,第 24 页。
③ 吕冀平:《两个平面,两种性质:词组和句子的分析》,《学习与探索》1979 年第 4 期。
④ 聂志平:《20 世纪国内索绪尔语言理论研究述评》(上),《通化师范学院学报》(人文社会科学版)2014 年第 2 期。也见聂志平《索绪尔语言学理论学研究》"下编",中国社会科学出版社 2023 年版。

（3）继1983年发表论文《语言的语法分析和言语的语法分析》提出汉语语法研究应该区别语言的语法研究和言语的语法研究后，王希杰在20世纪八九十年代至21世纪初发表系列论文，主张在汉语语法、词汇、修辞、语义等领域，全面区分语言的研究和言语的研究。[①] 这种观点也反映在他2018年出版的《汉语词汇学》（商务印书馆）中。

二 现代汉语词汇学的对象

在20世纪50年代，周祖谟《汉语词汇讲话》[②] 的发表，标志着现代汉语词汇学的开端；而孙常叙《汉语词汇》（吉林人民出版社1957年版）、周祖谟《汉语词汇讲话》（人民教育出版社1959年版）、王勤和武占坤《现代汉语词汇》（湖南人民出版社1959年版）的出版，标志着现代汉语词汇学的形成。从20世纪50年代至今的70多年间，对于现代汉语词汇学对象的认识基本一致：研究现代汉语中的词或词汇；"词汇"则是语言中的词和相当于词的固定语的总汇。对于现代汉语，一般理解为普通话，这样，除专门的方言研究外，现代汉语词汇学基本上都是以普通话为研究对象，其他不符合普通话标准的词语现象，多被看作生造词之类的需要规范的对象，而诸如"拿来主义、送去主义"之类的，都被放到修辞学中去，作为一种修辞格——仿词——来研究。但现代汉语词汇，真的只能以普通话规范词语作为研究对象吗？有哪一部作品，能够只使用权威的中型规范词典《现代汉语词典》（第7版）中收录的词语呢？出现在有影响的作品中而没

[①] 参见王希杰《语言的语法分析和言语的语法分析》，载《南京大学学报》（哲学社会版）1983年第4期，又载中国语文杂志社编《语法研究和探索》（二），北京大学出版社1984年版；《略论语言的词汇和言语的词汇》，载《杭州大学学报》（哲学社会科学版）1993年第1期；《抽象的词和句与具体的词和句》，载《广西师范大学学报》（哲学社会科学版）1993年第3期；《语法研究中的静态和动态》，载《语言教学与研究》1993年第3期，又载《语法研究和探索》（七），商务印书馆1995年版；《论显句和潜句》，载《语法研究和探索》（八），商务印书馆1997年版；《语言的规范化和言语的得体性》，载《语言教学与研究》1998年第1期。

[②] 周祖谟：《汉语词汇讲话》，《语文学习》1955年第4期至1957年第10期连载。

有被《现代汉语词典》(第 7 版)收录的形式,就不应该被关注吗?看下边一段文字:

(1) <u>刘四爷</u>是虎相。快七十了,腰板不弯,<u>拿起腿</u>还走个十里二十里的。两只大圆眼,大鼻头,方嘴,一对大虎牙,一张口就像个老虎。个子几乎与<u>祥子</u>一边儿高,头剃得很亮,没留胡子。他自居老虎,可惜没有儿子,只有个三十七八岁的<u>虎女</u>——知道刘四爷的就必也知道<u>虎妞</u>。她也长得虎头虎脑,因此吓住了男人,帮助父亲办事是把好手,可是没人敢娶她作太太。(《骆驼祥子》四)

(2) <u>祥子</u>没动,心中忽然感觉到一点说不出来的亲热。一向他拿<u>人和厂</u>当作家:<u>拉包月</u>,主人常换;<u>拉散座</u>,座儿一会儿一改;只有这里老让他住,老有人跟他说些闲话儿。现在刚<u>逃出命来</u>,又回到熟人这里来,还让他吃饭,他几乎要怀疑他们是否要欺弄他,可是也几乎<u>落下泪来</u>。(《骆驼祥子》四)

上边(1)、(2)这两段文字,读后没有不懂的,但有下画线的文字形式,就不会出现在词典里,不会出现在说汉语的人们的日常语文生活中。"刘四爷、虎妞、祥子、人和厂、骆驼祥子"这些形式,在这部小说中,有特殊的指称对象,与老舍以外的其他人也会使用的形式(没有下画线的部分)组合在一起,构成一句句完整的话语,对《骆驼祥子》这部小说中的三个人物做了介绍。通过这段文字,我们在脑中就会形成它们代表什么对象的印象,尽管它们所代表的对象,我们并没有见过;它们是老舍想象、描述的,是只存在于这部作品中的,但是,很明显,它们具有固定的语音形式、文字形式,具有指称性,是小说《骆驼祥子》中人物和事物的名称,毫无疑问,是符号;但同时,它们又不符合一般人对语言系统中词的理解:因为话语是由词语组合而成的,但如果把上列"刘四爷"等形式去掉,每句话表意就不完整了;而有了这些形式,人们就能够完整地理解这些话语了。"拉、包、月、散、座"这些词我们知道,也会用到它们,但"拉包月"

"拉散座""座儿"是什么意思？我们就需要对照上下文思索一番，才能明白。"拿起"是手的动作，为什么"走个十里二十里"需要"拿起腿来"？把腿"拿起"，怎么走？而"逃命""落泪"词典中有，但词典上并没有"逃出命来""落下泪来"这样的形式。这种依据上下文对话语成分的理解，在中国传统语言学中叫作"随文释义"。这种随文释义，被看作不严谨、不科学且不系统的词义研究，但它的最大好处是实用、方便，能够使我们理解字义、句义，实现读懂的需要。按我们的理解，这种随文释义，实际上就是对言语词的释义性研究。

这些我们以前没有见过、只出现在小说中的文字形式，这些在词典中没有收录的文字形式，它们是汉语中的词吗？在小说中，它们使用了汉语的语音结构，使用了汉字，与前后其他词语组合形成完整表意的话语，有能指、有所指，我们读这些话语，知道它们表示什么意思，因此，这些有下画线的部分，我们还是应该承认它们也是语言符号，也是词，只不过不是我们一般所理解的词，也不会被语文词典所收录，它们是作家创造出来的，属于作家，属于这部作品。既然"言语是人们使用语言进行交际的行为和这种行为产生的结果"，作家通过这些形式的创造来写小说、讲故事，它们自然是表意单位，自然是话语的构成成分。跟大众普遍使用的词相对比，我们可以把它们叫作"言语词"。

不仅作家创作会产生言语词，普通民众的日常语文活动，也会产生言语词，广大民众是言语词创造的主体。在具体的交际过程中，作为交际主体的个人，可以根据交际的需要，创造出一些语言系统中没有的词语，或使用一些没有得到社会普遍认可的词语，前者如在小品《打工奇遇》中，赵丽蓉扮演的角色模仿"医托儿"等词语，利用"托儿"造出了"饭托儿"；后者如在鞋店中男、女皮鞋的价格标识牌写的"男皮""女皮"；等等。这些词语没有被社会大众普遍接受和使用，没有进入语言的词汇系统，只能算作言语中的词语：言语词。

最常见的言语词是只出现在言语作品中，而大众在日常语文生活中不会普遍使用到的形式。但离开这些言语词，文学作品必然是不完整的；离开了对这些言语词的分析，也不能完整、准确地理解作品。

我们也可以进一步说，离开了对言语词的分析，词汇学也是不完整的，有缺憾的。同时，我们也应该看到，同一般语文生活中一样，这种存在于文学作品中，代表作品中的人物、对象的言语词，也有转化为全社会共同理解和使用的语言成分的可能；作为典型形象的名称，鲁迅小说中的"阿Q"被作为一个词语收入权威的中型规范词典《现代汉语词典》，从1973年印行的试用本到现在通行的第7版这一事实，就是一个明证。

另外，我们可以想象，同样的内容，作为北京人、出身于满族下层旗人市民阶层的作家老舍在给我们讲这样的故事，与出身于没落官宦家庭的汉族绍兴人鲁迅肯定不同，至少每个汉字的发音会有些差别，也就是说，写下来的汉字是一样的，但它们的发音会有所不同，语音形态不同，具体的意思也可能会有一点差异，那么，它们是同一个东西吗？在现实的语文生活中，人们在不同的话语中所使用的话语成分是 A′、A″、A‴……，但在语言意识中，则都把它们看作同一个 A，这个 A 会以固定的读音、固定的意思被人们所理解、使用。因此，我们可以说这个 A，是语言中的一个词。而在现实的具体语文生活中，不同的人所使用的不同的 A′、A″、A‴……，这些具体形式，又是什么呢？这种 A 在现实语文生活的不同话语里的具体运用，这种词语的具体表现，我们也可以把它称作"言语词"。它是不同的具体的人，在具体的交际中，在不同的话语里，所使用的实实在在的具体的表意形式。而作为 A′、A″、A‴等共同的、概括的或者说抽象的语言符号 A，我们称为"语言词"。这种抽象的、概括的语言词，被词典学者收录进词典，作为人们语文生活的一种共同的参照。也可以这样说，在千千万万的不同的语言使用者心目中，在词典的编辑者心目中，尽管有种种不同的言语词 A′、A″、A‴等，但还是有一个共同的语言词 A。

对于 A′、A″、A‴……进行抽象概括形成了作为语言使用者的人们头脑中的普遍心理实体 A，亦即对于具有社会性的语言词的描写来自具有个人性的言语词，那么，合乎逻辑的结论只能是：**现代汉语词汇学的真正基点，应该是言语词；通过收集、观察现实语文生活中实实**

在在的、具体的言语词，抽象概括出语言词，把它整理出来，找出规律，为语言研究和大众的语文生活提供帮助。

三 经典作家对言语词的创造

经典作家的作品，从语言使用的角度来说，是人们语文生活中学习、模仿的对象；"文学是语言的艺术"这种耳熟能详的说法说明，作家是语言文字表述能力强的人，而真正的经典作家，则是语言艺术家；语言运用得好，才能成为人们语文生活的模仿对象。这种"好"，体现在语言运用的各个方面，也包括词语的运用、词语的创造。

在日常语文生活中，可以说"闹病""闹情绪"，在诗人那里，却可以"红杏枝头春意闹"。为了表情达意的需要，作家在写作时，常常需要创造一些日常语言生活中没有出现的形式。在这方面，鲁迅是高手。以下是几则鲁迅作品①中的例子：

（3）一个阔人说要读经，嗡的一阵一群狭人也说要读经。

（《华盖集·读经与读史》）

（4）中国一向是所谓"闭关主义"，自己不去，别人也不许来。自从给枪炮打破了大门之后，又碰了一串钉子，到现在，成了什么都是"送去主义"了。

（《且介亭杂文·拿来主义》）

（5）后烈实在前进得快，二十五年前的事，就已经茫然了，可谓美史也已。

（《三闲集·"革命军马前卒"和"落伍者"》）

例（3）是对照本句内部前边小句中出现的词语"阔人"，而临时仿造出一个"狭人"；例（4）是对照文外的一些思想体系名称，如"马克思主义""共产主义"等，造出了"闭关主义""送去主义""拿来主

---

① 鲁迅：《鲁迅全集》（18卷本），人民文学出版社 2005 年版。

义";例（5）中的"后烈",则是对照文章开头句子中出现的"先烈":"西湖博览会上要设先烈博物馆了,在征求遗物。这是不可少的盛举,没有先烈,现在还拖着辫子也说不定的,更哪能如此自在。""狭人、闭关主义、送去主义、后烈"等,都是参照语言中已有的形式和材料,使用汉语中已有的构词方式和构词材料构成的;正如索绪尔所说的:"类比创新都是表面上的,而不是实实在在的。语言好像一件袍子,上面缀满了从本身剪下来的布料制成的补丁。"① 之所以会给人以新奇感,就是因为这些形式以前没有出现、没有被人使用,而例（4）所在的文章,由于影响很大,作为文章题目的"拿来主义"被大众所接受,成为流传甚广的一个词语;如前文所述的鲁迅《阿Q正传》中主人公的名字"阿Q"成为"精神胜利法"的代名词,这两个形式都被收录进《现代汉语词典》,成为现代汉语中的两个词语。

作家这种词语创造或创造性使用词语,不应该只是修辞学的研究对象,因为这些形式无疑是言语作品中句子的构成成分,也是词,只是由于新产生或新运用,而使人感到新奇,没有被普遍接受、普遍使用,还没有进入语言系统而已。换用王希杰的说法,是潜词的显词化。② 现代汉语词汇学研究,实在不应该画地为牢,把它们排斥在自己的研究范围之外。词汇学也应该观察这种鲜活的语言生活,关注动态的词汇现象,从中提取研究素材,就会发现许许多多被规范词典所掩盖或遗漏的词汇现象,从而推动词汇学的发展。

四 言语词研究的三重意义

（一）言语词研究的语言学意义

言语词研究首先具有语言学,或者具体说,词汇学意义。道理很明显,对语言现象的研究,必须而且只能从言语现象入手,因为我们

---

① ［瑞士］德·索绪尔:《普通语言学教程》,高名凯译,商务印书馆1996年版,第241页。
② 王希杰:《论潜词和潜义》,《河南大学学报》（哲学社会科学版）1990年第2期。

所直接面对的不是现成的语言单位，而是需要从话语中、从言语作品中，剥离出来构成话语的最小表意符号，这些形成话语的最小单位，也就是言语词。对言语词进行分析概括，抽象出一般性的、在社会中被人们普遍使用和理解的成分，亦即语言词。语言词，是"在话语里，处于两个可能的最小的自然停顿之间，具有完整的意义和固定语音形式，不仅能够出现在这个话语里也能出现在别的话语里，亦即具有复呈性，能够作为一个独立单位使用的最小造句单位"。① 这是整个语言社会全体成员共同的财富，是进行交际传递信息的最基本的符号。这种语言词也是进行语言教育的基础，无论是针对本族儿童的语言教学，还是针对外民族语言学习者的语言教学，这都是应该学习、掌握的东西。

社会民众的语言交际活动，或者说言语活动，与民众生活紧密结合在一起，充满了勃勃生机，是变动的；从对言语活动中的言语词的观察，可以看出语言的流变。"在任何时候，言语活动既包含一个已定的系统，又包含一种演变；在任何时候，它都是现行制度和过去的产物"，②"从历史上看，言语的事实总是在前的。……我们总是听见别人说话才学会自己的母语的；……最后，促使语言演变的是言语：听别人说话所获得的印象改变着我们的语言习惯"③。言语活动、言语词，是观察语言演变、词汇演变的窗口。

区分语言词和言语词，对于观察、处理具体语言现象，尤其是词汇现象，具有理论上的指导意义。比如处理离合词问题。"高兴""后悔"两个形式，在意义上有整体性、在语音形式上有完整性，中间不能有语音停顿，符合一般对词的理解，《现代汉语词典》从试用本到第 7 版都将其作为一个词收录，但在白话文经典作品老舍长篇小说《四世同堂》中却有下边这种用法：

---

① 聂志平：《从同一性理论看词的分隶》，《通化师范学院学报》（人文社会科学版）2016 年第 2 期。也参见本章第一节。
② ［瑞士］德·索绪尔：《普通语言学教程》，高名凯译，商务印书馆 1980 年版，第 29 页。
③ ［瑞士］德·索绪尔：《普通语言学教程》，高名凯译，商务印书馆 1980 年版，第 41 页。

(6) 紧走了几步以后，他后了悔。(《四世同堂》十四)

(7) 看见老二，他不由的高了兴。(《四世同堂》七十六)

尽管中间插入"了"使"高兴"和"后悔"中前后两个字被隔开，但在意义上还必须作为一个整体来理解，"宾不离动、动不离宾"，否则在意义上就说不通了。如依"合则为词离为短语"的判定标准，那么势必也要相应承认，同样的"高""兴"，在"高兴"中是构词语素，而在"高了兴"中分别是词；"后""悔"在"后悔"中是构词语素，而在"后了悔"中是独立的词；这样无疑会破坏语言学理论中的一个重要原则——语言单位同一性原则。只有区分语言词和言语词，才能正确认识这种离合词现象，亦即在现代汉语口语中，有时同一个语言词"后悔""高兴"存在两个言语词变体："后悔"和"后…悔"，以及"高兴"和"高…兴"。有的语言词"AB"在口语中甚至存在更多的变体，如"AB""A…B""AAB""A 了 AB""A—AB""BA""B…A"等，如在《现代汉语词典》(第 7 版) 中标为离合词的"皱眉"[①]：

(8) 瑞丰停止了皱眉，挤眼。(《四世同堂》十九)

(9) 揣着手，低着头，皱着眉，他在院中来回的走。(《四世同堂》五十四)

(10) 说到这里，瑞宣进来了，提起给祖父作寿的事。父亲皱了皱眉。(《四世同堂》八)

(11) 我等着好了，死到临头，我得大大方方的，皱皱眉就不算练过工夫。(《火车集·杀狗》)

(12) 刘师傅的脸板得很紧，眉皱着一点。(《四世同堂》四十)

[①] 中国社会科学院语言研究所词典编辑室编：《现代汉语词典》(第 7 版)，商务印书馆 2016 年版，第 1706 页。

在《现代汉语词典》（第7版）中标为离合词的词语就有4000多个。

(二) 言语词研究的文学意义

刘勰在《文心雕龙·章句》中说："夫人之立言，因字而生句，积句而成章，积章而成篇。篇之彪炳，章无疵也；章之明靡，句无玷也；句之清英，字不妄也。"① 词语是构成话语继而构成篇章的基础。作为语言艺术的体现，没有一个作家会忽视词语的运用。贾岛、韩愈"推敲"的故事，就来自对词语使用的斟酌。经典作家对言语词的创造，特别是作为作品人物名字的专名语的创造、对已有语言词的运用，无不隐含着作家的良苦用心。比如对《金瓶梅》《红楼梦》人物名字的分析，以及为了考证作者而对《红楼梦》词语使用的统计，等等。因此，词语的使用、创造，无疑是作品分析、理解的一个非常重要的角度。

小说以讲故事、刻画人物为主，处于中心位置的人物叫"主人公"，故事也是围绕主人公展开的。如果有人问，老舍的长篇小说《四世同堂》的主人公，或者问得更细致一些：第一主人公是谁？第二、第三主人公又是谁？第一个问题还好回答一些："祁瑞宣"。那么第二个问题呢？实际上，从词语统计角度来分析，这个问题也是比较容易回答的，第二主人公是"冠晓荷"，第三主人公是"祁瑞丰"。根据《老舍全集》（修订本）② 第4卷、第5卷，其中第5卷排除马小弥从美国英文版翻译回来的第八十八至第一百章，除去"老大、老二"之类的排序称谓，请看表1-3中出现300例次以上的专名对比。

表1-3　《四世同堂》中出现300例次以上的人物称谓对比

人物	姓名		名		尊称		其他	合计
祁瑞宣	祁瑞宣	19	瑞宣	1328	祁先生	45		1405
					祁大爷	13		

---

① 周振甫：《文心雕龙今译》，中华书局1986年版，第306页。
② 老舍：《老舍全集》（修订本），人民文学出版社2013年版。

续表

人物	姓名		名		尊称		其他	合计
冠晓荷	冠晓荷	226	晓荷	519	冠先生	223		970
					晓翁	1		
					荷老	1		
祁瑞丰	祁瑞丰	18	瑞丰	727	祁科长	12	老祁2,丰1	760
大赤包					冠太太	16	大赤包(绰号)533	668
					冠所长	12		
					所长	107		
钱默吟	钱默吟	29	默吟	107	钱默吟先生	15	钱诗人30	588
					钱先生	407		
蓝东阳	蓝东阳	116	东阳	282	蓝先生	37	蓝诗人2	446
	蓝紫阳	1	紫阳	3	蓝处长	5		
招弟			招弟	376	二小姐	13		389
李四爷					李四爷	283		385
					四大爷	37		
					四爷	65		
小崔					崔爷	6	小崔361	367
程长顺	程长顺	39	长顺	307				346
高第			高第	327	大小姐	5		332
祁老人					祁老太爷	15	祁老人311	326
韵梅			韵梅	251			小顺儿的妈71	322

上列13个专名,从尊称角度来看,可分5类:"先生""爷""小姐""老"和官职。被称"先生"次数最多的,是钱默吟,有422次,因为他是真正的诗人、隐士,文化地位高;第二位是冠晓荷,223次,原因在于他当过官,有钱,家里有用人,社会地位较高,所以还有两个旧时代官僚的尊称形式"名中一个字+老/翁";第三位是祁瑞宣,45次,第四位是蓝东阳,37次。后两者被称为先生,是因为做(或做过)中学教师,有一定的社会地位,蓝东阳还写狗屁诗。

被称"爷"的,次数最多的是李四爷,多达385例次,而且只有这种称谓,这是因为他人品好、乐于助人,而且辈分高;第二位是祁老人,15次;第三位是祁瑞宣,13次。祁家祖孙次数差不多,称

"爷"比例不到李四爷的4%，可见小羊圈民众对李四爷的爱戴。

高第、招弟，因为是富人家的女儿，所以被尊称为"大小姐""二小姐"。

被称官职最多的是大赤包，有119次；第二位是祁瑞丰，当过科长，12次，第三位是蓝东阳，5次。

其他称谓有五种：绰号、文化身份、"小+姓"、年龄段称谓和参照称谓。

最引人注目的是"大赤包"，这个绰号称谓竟被使用了533次，占表中总排行的第四位；在历史上或故事中，以绰号成名的，都是江湖人士，如《水浒传》里边的梁山好汉都有绰号，近现代土匪之类的都有名号，作者老舍常用外号来称呼这个人物，大概是想从绰号角度突出她"女光棍"的形象。以年龄段称谓的只有"祁老人"，这是他最主要的特征。作为家里的媳妇，韵梅还有一个以孩子为参照的称谓："小顺儿的妈"。

没有尊称的有两个人：韵梅和程长顺。韵梅是中年家庭妇女，程长顺属于孩子辈，两者社会地位都很低。而有一定社会地位、有官职尊称而没有其他尊称的，只有祁瑞丰，这也反映了作者对这个人物的极端厌恶，甚至都不愿意把他作为讽刺的对象。

(三) 言语词研究的社会学意义

从对表1-3的分析中我们也可看出，称谓语的使用，实际上也是对其所代表的人物的社会性评价的反映，因此，言语词的研究，也是社会公共评价取向这种社会学研究的一个方面。

言语词的另一个突出表现，是流行语现象。流行语是指报刊、广播电视和网络这些媒体形式上流行的或使用频率较高的词语，它反映了一个国家、一个地区在某一时期人们普遍关注的问题和事物。新事物、新现象引起人们的普遍关注，代表这些新事物、新现象的词语使用频率逐渐提高，就成了流行词语。因此，不同时期的流行语是不同的，它既反映了人们对社会现象的关注，也反映着社会的变化。因此，对流行语的研究，更有社会学的意义。

以近几年的流行语为例，有的是词语的新义、新用法，如：

囧、怼、油腻、锦鲤、神兽、飒

但更多都是新产生的形式：

打 call、尬聊、杠精、skr、佛系、官宣、C 位、土味情话、皮一下、内卷、直播带货、洪荒之力、友谊的小船、定个小目标、吃瓜群众、葛优躺、辣眼睛、全是套路、老司机、厉害了我的哥、确认过眼神

对这种流行语的跟踪、分析，应该摒弃在词汇学者的研究范围之外吗？肯定不是。流行语反映了一般民众的关注、情感、态度和智慧，它们来自语言文字约定俗成的用法，有些有了引申、变化。比如，"囧"本来表示{光明}，但在网络用语中表示"窘""不好意思"；call 是"电话"，但是作为网络流行语"打 call"却不是"打电话"，而表示为某人或某事加油、呐喊，对其表示赞同和支持；"神兽"本指神话传说中的神异之兽，作为流行语指"因疫情延期而开学在家上网课的可爱又顽皮的孩子"；"内卷"作为流行语，不表示"发展停滞或不能转化为更高级模式"的社会学意译外来词意义，而表示"行业内部非理性竞争"；再如，"怼"本义为{怨恨}，而作为网络流行语表示"用言语回应或用行动反击"，反映出新一代年轻人勇于表达想法、敢于说出不满的人生态度。这种引申与一般词义的引申，如出一辙。

第二章　老舍作品语言的经典示范作用

第一节　老舍的履历背景

　　清光绪二十四年十二月二十三日（1899年2月3日），老舍出生在京兆宛平县小羊圈（今北京新街口南大街小杨家胡同8号）一个皇城护军家中，属于满洲正红旗。在老舍出生第二年，父亲在保卫北京与八国联军的战斗中牺牲，全家靠成色越来越差的三两饷银（寡妇饷银和哥哥的饷银）以及母亲给人缝补洗作和在小学做佣工的收入艰难度日。1905年，老舍6岁时，得到父辈友人刘寿绵资助入私塾学习，后入京师公立第二两等小学堂，与同是满族、后来成为著名语言学家的罗常培同学，并成为终身好友。老舍小学毕业后考入京师公立第三中学校，因家庭贫困，半年后退学。老舍1913年考入免费的北京师范学校，1918年以优异成绩毕业，被派到京师公立第十七高等小学校及国民学校任校长。因学校管理成绩突出，两年之后，老舍被提升为京师学务局郊外北区劝学员，由于不甘沉沦、与旧实力同流合污，1922年辞职，先后到天津南开中学、北京一中任语文教员。

　　老舍1922年受洗加入基督教，曾任缸瓦市伦敦会福音堂（后改名"缸瓦市中华基督教会"）知事，积极参加教会的社会服务和中国化改建工作。1924年被他所认识的来自英国伦敦传教会并在燕京大学神学院任教的易文思教授推荐，被聘到英国伦敦大学东方学院任中国语言和文学讲师，同年与英国教师合作编写了汉语教材《言语声片》①，并灌制了最早的对外汉语教学唱片，教材由英国灵格风出版社出版。

在伦敦任教期间，老舍开始文学创作并帮助合租的英国友人艾支顿翻译中国文学名著《金瓶梅》。老舍1926年发表长篇小说《老张的哲学》，1927年发表长篇小说《赵子曰》，1929年发表长篇小说《二马》。这三篇小说奠定了老舍在中国现代文学史上的地位。1929年老舍结束伦敦大学东方学院的教学聘任，在欧洲旅行3个月，同年夏启程回国，期间曾在新加坡停驻半年，开始创作反映儿童生活的长篇小说《小坡的生日》，1930年于上海完稿，1931年发表。1930年7月至1934年6月底，老舍受聘在济南齐鲁大学任国学研究所文学主任兼文学院文学教授，讲授"文学概论""文学批评""文艺思潮""近代文艺批评""小说及作法""世界文艺名著"等课程，②同时继续写作；1930年10月至1932年6月，还曾作为编辑部主任主持编辑《齐大月刊》。1934年9月老舍受聘任青岛国立山东大学讲师，讲授"小说作法""文艺批评""高级作文""欧洲文学概论""文艺思潮"等课程。③1935年9月，他被聘为教授，开设"文艺思潮""高级作文""欧洲文艺概论""欧洲通史"等课程。④1936年7月，他辞去教职专门从事写作，9月至1937年10月长篇小说《骆驼祥子》在《宇宙风》上连载发表。1937年8月，老舍任齐鲁大学文学院国文系主任，因日军占领山东，11月逃难至武汉，任冯玉祥秘书。1938年，中华全国文艺界抗敌协会（后文简称"文协"）成立，在冯玉祥、周恩来的安排下，无党派、很有人缘的老舍被选为常务理事、总务部主任，主持文

---

① 以《灵格风汉语教材》为题收入《老舍全集》（修订本），第19卷，人民文学出版社2013年版，第283—496页。后以《言语声片》为名收入刘云主编的"早期北京话珍稀文献集成"，丛书为两卷影印本，著者题"[英]爱德华·丹尼森·罗斯主编，老舍等编著"，北京大学出版社2017年版。

② 《老舍年谱》，载《老舍全集》（修订本），第19卷，人民文学出版社2013年版，第509、520、524页。

③ 《老舍年谱》，载《老舍全集》（修订本），第19卷，人民文学出版社2013年版，第520页。

④ 《老舍年谱》，载《老舍全集》（修订本），第19卷，人民文学出版社2013年版，第524页。

协日常事务；7月，随文协西迁重庆。在文协繁忙的工作期间，为了宣传抗战、鼓舞民众，老舍创作了大量通俗文艺和剧本。1944年老舍创作、发表《四世同堂》第一部《惶惑》。1946年与曹禺受美国国务院邀请赴美讲学，出版《四世同堂》第一部《惶惑》、第二部《偷生》。在美期间，老舍创作了长篇小说《鼓书艺人》和《四世同堂》第三部《饥荒》，同时与浦爱德合作，把自己的小说《四世同堂》翻译成英文出版。

1949年，文艺界的三十余位友人接受政务院总理周恩来指示，联名写信邀请他回国，老舍11月回到国内。1950年，他创作了反映刚刚成立的中华人民共和国首都北京社会巨变的话剧《龙须沟》，任中国民间文艺研究会副理事长、北京文联主席、《北京文艺》主编；1951年任《说说唱唱》主编，因话剧《龙须沟》演出获得巨大成功，而获得"人民艺术家"称号；1953年老舍任中国文联副主席、中国作协副主席，全国人大常委会常委、全国政协常委；1956年任中央推广普通话工作委员会副主任委员（主任委员为陈毅元帅）；1957年创作、发表中国戏剧史上的经典话剧《茶馆》；1961年底开始创作自传体长篇小说《正红旗下》，1962年初停笔。"文革"中，因受批斗、毒打，老舍于1966年8月24日在北京太平湖投水自尽。

1979年，人民文学出版社出版两卷本（三部）长篇小说《四世同堂》，这是中华人民共和国成立后首次出版《四世同堂》（丁聪插图本）；1980年开始出版《老舍文集》16卷，而收入《老舍文集》第4卷和第5卷（1984年）的《四世同堂》因中文本最后13章遗失，是取自马小弥根据经美国纽约出版社自行删改的英文版《黄色风暴》最后13章的回译；这部分文本发表在《十月》1982年第2期上[①]。1999年，人民文学出版社出版《老舍全集》19卷，约955万字；2013年出版《老舍全集》修订本。

---

① 这部分文本，近年来还有赵武平根据在美国新发现的、经老舍定稿的英译本，翻译的《四世同堂》第三部《饥荒》最后部分（二十一至三十六章）。赵武平的译文，以及说明《〈四世同堂〉英译本全稿的发现和〈饥荒〉的回译》，载《收获》2017年第1期。

从老舍的履历来看，他具有多种身份。

北京人，满族旗人，下层平民，师范学校学生，中小学教员，小学校长，教育官员，基督教徒，伦敦大学对外汉语和古典文学讲师，大学文学教授，小说作家，剧作家，曲艺作家，散文家，杂文家，诗人（古体诗、新诗），中华全国文艺界抗敌协会总干事（总务部主任），中国文联副主席，中国作协副主席，中国民间文艺研究会副理事长，北京文联主席，中央推广普通话工作委员会副主任委员……

丰富的人生阅历、多种身份或社会角色，形成了老舍丰富多彩的语言基础与语言能力。

第二节 关于老舍的语言风格

一 舒乙对老舍文学语言风格的分期

毫无疑问，老舍是语言天才。但老舍小说创作的语言风格不是一下子形成的，而是有变化的。

老舍的长子舒乙，曾写过许多回忆和研究老舍的文章，出版过老舍传记，对老舍及其作品有着比较透彻的理解。在《老舍文学语言发展的六个阶段》一文中，舒乙把老舍文学语言发展分为六个阶段：文言阶段（师范学校时期）、拼命学写白话文、初期口语体、白话文万能论、发展土语文学和使用普通话。[①] 第一个是文言阶段，处于师范学校学习时期；第二个阶段是拼命学写白话文，是在师范毕业后到出国之前，作品三件：白话新诗《海外新声》（1921）、白话小小说《她的失败》（1921）、白话小说《小玲儿》（1923）；第三个阶段是初期口语体，是20世纪20年代在英国期间写作发表的三部小说《老张的哲学》（1926）、《赵子曰》（1927）、《二马》（1929）；第四个阶段是白话文万能论，主要作品有小说《小坡的生日》《离婚》《骆驼祥子》

---

① 舒乙：《老舍文学语言发展的六个阶段》，《语文建设》1994年第5期。

《月牙儿》《我这一辈子》《四世同堂》；第五个阶段是发展土语文学，代表作小说《骆驼祥子》、话剧《龙须沟》；第六个阶段是使用普通话，代表作品是话剧《茶馆》和未完成的自传体长篇小说《正红旗下》。"时期"或"阶段"是时间概念，而前边的限定性词语，是"时期"或"阶段"的时间以外的主要特点；但是文学作品的语言特点，既与作家的语言表达习惯有关，也与作家的语言策略有关。因此，在作品的时期划分上，舒乙也有失周全。比如所谓的"发展土语文学"阶段的两部作品，《骆驼祥子》创作、出版于30年代，而《龙须沟》创作于50年代，属于"白话文万能论"阶段的中篇小说《我这一辈子》和史诗性的长篇小说《四世同堂》却隔开了"发展土语文学"阶段的两部作品。再如，把同样口语性较强的《二马》与《小坡的生日》《离婚》分作两个阶段，也不合适。老舍自己说得也很明确："《二马》之后，我就完全用白话文来写了"，①"在写《离婚》时，我……尽量用接近生活的语言来表达"②。

二　崔燕对老舍文学语言风格的认识

2015年，崔燕根据2009年通过答辩的英文博士论文出版《老舍的文学语言风格与发展》，通过抽取一些词语现象进行分析概括，认为老舍小说语言的文学风格有口语风格、北京话风格、文言书面语风格、欧化风格、南方方言风格、难见词使用风格等八种风格特点，不同时期八种风格特点有不同的比例。她抽取词语进行统计，计算出数据并作出图表，形象、直观，让人印象深刻；但如果抽取的词语随意性比较大，词语统计比例的参照对象有问题，那么这种统计数据以及图表的可信度，就有问题了。比如，她根据许宝华、宫田一郎的《汉语方言大词典》认为"晓得""静寂"这两个词属于南方方言，就判断老舍小说"具有南方方言风格"特点，并引用胡明扬先生"可以说

---

① 老舍：《老舍全集》（修订本），第17卷，人民文学出版社2013年版，第426页。
② 老舍：《老舍全集》（修订本），第17卷，人民文学出版社2013年版，第493页。

没有一部作品是纯粹用一种方言写成的"后，说"笔者的调查显示：老舍有时也用'知道'一词，但用的次数比'晓得'少得多"。① 这个结论实在是过于大胆，也过于想当然了。首先，认为一个没有到过南方的作家使用南方方言词语，而且在进行创作的40年里一贯如此，这真是神一般的思维。其次，对于"知道"一词，老舍真的是"有时也用"吗？我们根据《老舍全集》小说部分即第1卷至第8卷自制250万字老舍中文小说语料库进行检索统计，其中《老舍全集》第4卷和第5卷是《四世同堂》，考虑到语料的纯粹性和系统性，排除马小弥从美国英译版回译的第三部《饥荒》的最后13章（即总章数第八十八至一百章，收入《老舍全集》第5卷）；第6卷只取《无名高地有了名》，不取马小弥从英译本回译的《鼓书艺人》；将第8卷中创作于1962年到1963年初的《正红旗下》提出单独检索，因此以"卷八"为标题的部分不含《正红旗下》，其余作品创作时间都是20世纪30—40年代。根据老舍全部中文小说语料库统计的结果，我们制成表2-1。

表2-1　　"晓得""知道""静寂""寂静"出现情况对比

	卷1	卷2	卷3	卷7	卷8	四世同堂	无名高地有了名	正红旗下	合计
晓得	9	69	117	105	81	249	13	10	653
知道	374	494	392	469	279	974	96	76	3154
晓得/知道	1/41.56	1/7.16	1/3.35	1/4.47	1/3.44	1/3.91	1/7.38	1/7.6	1/4.83
静寂	6	13	11	10	87	20	2	1	150
寂静	0	0	0	0	0	0	0	0	0

从表2-1可以看出，崔燕作为依据认为老舍有"南方方言风格"的这两个词语，尤其是"晓得"的使用情况，完全不是她所说的那样。

我们认为，第一，老舍"知道"用得更多，总数平均是"晓得"的4.83倍，而不是比"晓得"少，尤其是20年代离开故乡北京到英国伦敦任教期创作的长篇小说，"知道"使用的竟是"晓得"的41.56

---

① 崔燕：《老舍的文学语言风格与发展》，复旦大学出版社2015年版，第151—153页。

倍；第二，同义词是普遍存在的，为什么不允许"知道"和"晓得"同时使用呢？无论是作为1947年版《国语辞典》（1937—1943年初版）的删改本、申明"只保留作为原书特点的北京话词汇和有翻检必要的古汉语资料"的《汉语词典》（1957），还是《现代汉语词典》，都同时收录了"知道"和"晓得",① 如果没有语言基础，是不会出现这种情况的。从近代汉语角度来看，在《红楼梦》和《儿女英雄传》中，这两个词语都在使用，只是所占比例不同。另外，老舍只用"静寂"而不用"寂静"，而《红楼梦》《儿女英雄传》只用"寂静"，不用"静寂"。我们认为这是一种作家的语言习惯问题。"寂静"和"静寂"，《汉语词典》都没有收录。

我们认为，风格是整体的观感，而不是零碎的配比、杂糅；变化的大的方面是语言策略，微观方面，是词语、句式的局部调整；对作家作品语言的分析，应该在这个基点上进行。

三 石小寒对老舍文学语言的认识

石小寒在《老舍创作的语言变化与现代汉语规范化》[②]中认为，老舍创作语言发生过两次明显的变化，矫正过三个错误；第一次变化发生在中华人民共和国成立前，矫正了"乱用"方言土语和文白相间的"错"，第二个变化是20世纪五六十年代，矫正运用方言土语的"错"，践行普通话规范化。

我们对老舍的语言运用有着不同的理解，不同意石小寒的观点。

（一）关于老舍矫正的第一个错误

石小寒引用老舍的原话来立论："老舍矫正的第一个'错'是'撒开巴掌利用白话，而不知如何组织与如何控制'。"这一立论，不

---

① 参见《汉语词典》（原名"国语辞典"），商务印书馆1957年版，第643页（"晓得"）、第714页（"知道"），关于收词说明见其卷首版权页后的《重要说明》；《现代汉语词典》（试用本），商务印书馆1973年版，第1133页（"晓得"）、第1320页（"知道"）；《现代汉语词典》（第7版），商务印书馆2016年版，第1445页（"晓得"）、第1678页（"知道"）。

② 石小寒：《老舍创作的语言变化与现代汉语规范化》，《民族文学研究》2020年第4期。

仅与"内容提要"中的"'乱用'方言土语"不同,也与具体论证不合:在具体论证中石小寒认为,"老舍的问题在于过分倚重方言土语,……老舍乐此不疲","毋庸置疑,老舍创作的确有过于倚重和信赖方言土语、既不加工筛选也不知道组织控制、信手拈来、随心所欲的时候;有为招笑而招笑,幽默了再幽默,致使描写过度夸张,方言影响阅读理解、土语土得掉渣,而无助于艺术表现等弊端"。

这里有两个问题。

第一,"白话"与"方言土语"是两个完全不同的语言学概念。"白话"(或"白话文")与"文言"(或"文言文")相对。白话是"汉语书面语的一种。它是唐宋以来在口语的基础上形成的,起初主要用于通俗文学,到五四运动以后才在社会上普遍应用,成为现代汉语(普通话)的书面形式"。[1] 而"方言"或"方言土语",是民族语言的地域变体,如现代汉语有吴方言、湘方言、粤方言等十大方言,而北京话是北京官话的一支。老舍说自己"撒开巴掌利用白话",而不是说自己"撒开巴掌利用方言土语",那么,"过分倚重方言土语"就不是"老舍的问题"了。老舍在师范学校接受过5年近代教育,阅读过大量古典文学作品,对《水浒传》《金瓶梅》《红楼梦》等古代白话小说非常熟悉,有很强的汉语书面语(文言、白话)能力,而确立其现代文学大家地位的小说创作,就是采用与日常口语很接近的白话来创作的。老舍在20世纪20年代,作为伦敦大学东方学院中国官话和古典文学讲师,在30年代作为齐鲁大学、山东大学的讲师、教授,如果创作真的是"过于倚重和信赖方言土语、既不加工筛选也不知道组织控制、信手拈来、随心所欲",那么在备受鲁迅、瞿秋白批评的"五四新文言"[2] 横行时期,其作品如何能够受到人们的推崇,在20

---

[1] 中国社会科学院语言研究所词典编辑室编:《现代汉语词典》(第7版),商务印书馆2016年版,第24页。

[2] 瞿秋白在《大众文艺问题》一文中认为,"所谓白话的新文言",是"完全不顾口头上的中国言语的习惯,而采用许多古文法,欧洲文的文法,日本文的文法,写成一种读不出来的所谓白话,即使读得出来,也是听不懂的所谓白话","五四式的新文言,是中国文言文法,欧洲文法,日本文法和现代白话以及古代白话杂凑起来的一种文字,根本是口头上读不出来的文字"。[瞿秋白:《瞿秋白文集》(第三卷),人民文学出版社1989年版,第14—16页。]

世纪 30 年代就成为"宣传纯正国语的教本"[①] 呢？老舍作品中有"京味儿"不假，但仍然被那时的人们看作"纯正国语"而不是"土语"，所以不能过于夸大其对北京方言土语的运用。即便是中华人民共和国成立前被认为使用北京话成分最多的小说《骆驼祥子》，其北京话成分的使用其实也是很有限的。以时间词语为例，"今天、明天、什么时候"等是白话文书面语的用法，"今儿、明儿、几儿"等是北京话方言土语的用法，《骆驼祥子》中两种成分的使用对比见表 2-2。

表 2-2 《骆驼祥子》（1936—1937 年）书面通用时间词与方言词对比[②]

	今~	明~	昨~	前~	后~	什么时候	合计	
~天	27	35	2	0	4	什么时候 8	76	
~儿	0	8	0	0	0	几儿 2	10	19
~儿个	5	4	0	0	0	——	9	
比例	5.4∶1	2.92∶1	2∶0		4∶0	4∶1	4∶1	

书面通用时间词的运用次数是方言词的 4 倍。

方言时间词的使用情况如下：

"今儿个" 5 例次：祥子 1 次，车夫 2 次（俗语：今儿个就是今儿个啦）、虎妞 1 次、高妈（曹家女佣）1 次

"明儿" 8 例次：虎妞、高妈、老马（老年车夫）、小马（少年车夫，老马的孙子）、老者、妓女各 1 次，另外两个车夫各 1 次

"明儿个" 4 例次：祥子 2 次，老马、小马各 1 次

"几儿" 2 例次：祥子 2 次

从中可以看出，方言土语的使用仅限于祥子、虎妞、高妈以及车夫、妓女等这些下层民众的话语中。因此，从作品中所体现出来的语

---

① 张清常：《北京话化入普通话的轨迹——老舍作品语言研究的新途径之一》，《语言教学与研究》1992 年第 4 期。

② 本文作为统计对象的文本，取自《老舍全集》（修订本）第 3 卷，人民文学出版社 2013 年版。

言运用策略来看，老舍在作品中的方言土语运用，主要是从语言使用者的社会分层角度来考虑的。老舍于20世纪50年代初所著的名剧《龙须沟》被认为是老舍使用北京方言土语比例最高的作品，其中一个最主要原因，就是剧中所描写的是北京最底层的市民社会，剧中的人物是北京最最底层的穷苦市民，他们只掌握北京方言土语这一种语言形式。

第二，来自北京下层市民旗人家庭的老舍，受过近代中等教育，做过5年英国伦敦大学东方学院汉语教师，有8年多的时间任济南大学、山东大学教授，有三教九流众多的朋友，抗战期间担任全国文艺界抗敌协会总务处主任，会说相声、打快板，会唱京剧、大鼓，中华人民共和国成立前在文学界有着很高地位，有来自骨子里的达观、幽默，不仅有对外在事物的调侃，还有自我贬抑或者说"自黑"——自恋、自傲的人是幽默不起来的；对于自己作品的评价，老舍始终是贬抑多于褒扬。因此，对老舍作品的认知，还是应该建立在对其作品的分析上，而不能以老舍的自我评价作为依据。如果没有这种认识的话，我们就不能理解，老舍自认为一无是处的《猫城记》，为什么会在中国现代文学史上，也有它特殊的地位。因此，老舍说自己"撒开巴掌利用白话，而不知如何组织与如何控制"，不足为凭。

(二) 关于老舍矫正的第二个错误

石小寒认为，"老舍纠正的第二个'错'是文白相间"。对于吸收文言成分，老舍有三种解释：（1）"赶到弄不转白话的时候，我就求助于文言"；[①]（2）"我在《老张》和《赵子曰》里往往把文言和白话夹裹在一处；文字不一致多少能帮助一点矛盾气，好使人发笑"；（3）"……想把文言溶解在白话里，以提高白话，使白话成为雅俗共赏的东西"[②]。第一点是说白话不够用时可以向文言借用，第三点是把文言溶解在白话里来提高白话的表达效果。我们认为，这种语言运用策略

[①] 老舍：《我怎样学习语言》，载《老舍全集》（修订本），第17卷，人民文学出版社2013年版，第573页。

[②] 老舍：《我怎样写〈二马〉》，载《老舍全集》（修订本），第16卷，人民文学出版社2013年版，第171页。

无疑是正确的。老舍在《文学语言问题》中说："我们应该学习一点古人的语言。我们是使用语言的人，语言是历史上遗留下来的，……另一方面，今天我们的词汇贫乏，语言单调，是因为我们缺乏对古典作品的涉猎。古人留下来的东西总是经过千锤百炼的。我们从这里学习，可以使我们认识我们语言的特质"，"我们在古典文学中看出它概括的力量美、声音美、对仗美、音乐美。……这些东西可以作为我们研究语言的参考"。① 毛泽东在延安整风纲领性文献之一的《反对党八股》中，专门谈过语言学习问题："因为语言这东西，不是随便可以学好的，非下苦功不可。"他提出三点："第一、要向人民群众学习语言"，"第二、要从外国语言中吸取我们所需要的成分"，"第三、我们还要学习古人语言中有生命的东西"。② 老舍的语言策略和语言实践，与毛泽东关于语言学习的第三点，基本上是一致的。

至于老舍所说的第二点，如在《老张的哲学》开篇介绍老张后，用下列文字作为总结：

（1）营商，为钱；当兵，为钱；办学堂，也为钱！同时教书营商又当兵，<u>则</u>财通四海利达三江<u>矣</u>！<u>此之谓</u>"三位一体"；<u>此之谓</u>"钱本位而三位一体"。③

这样，老舍通过词语的语码转换造成一种反差，形成幽默的效果。不过，这种情况在老舍作品中并不多。通过语码转换造成特殊的语用效果，在中外文学史上都有所反映，如中国古代白话小说中，有些性描写的部分通过词或曲的形式委婉描写，来避免过度的感官刺激，艾支顿在老舍帮助下翻译出版《金瓶梅》英文版时把性描写部分译成拉丁文来实现避讳，也是采取同一种语言策略。在20世纪20年代中国现代文学的早期语言探索中，老舍的这种语言实践，是很有意义的。

---

① 老舍：《文学语言问题》，载《老舍全集》（修订本），第17卷，人民文学出版社2013年版，第710—715页。
② 毛泽东：《毛泽东选集》（第三卷），第二版，人民出版社1991年版，第837页。
③ 老舍：《老舍全集》（修订本），第1卷，人民文学出版社2013年版，第8页。

(三) 关于老舍矫正的第三个错误

石小寒认为,"祛方言土语,践行普通话规范化"是老舍矫正的第三个错误;但这是"政治热情作用下的错位认知",因为"'北京话''京味儿''北京特色'是老舍语言的金字招牌。其创作,凡符合这一语用特点者如《离婚》《骆驼祥子》《四世同堂》《茶馆》……都具有巨大的语言魅力和艺术生命力;而疏离这一语用习惯者如《猫城记》《文博士》《火葬》《青年突击队》《西望长安》《无名高地有了名》等,则语言生涩呆板,缺乏表现力和生命力","《西望长安》按照规范化要求弃用方言土语,作品语言平淡无奇,人物缺少个性和生命"。① 但我们认为,最主要的原因并不是语言的问题,而是作家对他所描写的对象熟悉与否的问题。老舍能够写出描写车夫命运的《骆驼祥子》,"因为我有许多朋友是以拉车为生的。我知道他们怎么活着,所以我会写出他们的语言","若专从语言上找他的特点,我们便会失望,因为他的行话并不很多","明白了车夫的生活,才能发现车夫的品质、思想";② 而老舍如果没有"曾花半年以上的时间,亲身到拉洋车的家里去看他们的生活,到各个茶馆里去听他们的语言",③ 是做不到这一点的。没有与艺人的几十年的交往,没有与京韵大鼓艺人山药蛋富少舫交往、向他学习唱大鼓、给他写鼓词,甚至富家有家庭矛盾都找老舍帮忙调节的亲密关系④,老舍是写不出《鼓书艺人》《方珍珠》这类描写旧中国艺人的作品的。关于这一点老舍在《语言与生活》中说得非常明确,"语言脱离了生活就是死的。语言是生命和生活的声音";⑤ 在《戏剧语言》中老舍说,"我的确认识《茶馆》里的那些人,好像我给他们批过'八字儿'与婚书,还知道他们的家谱。因此,他们在《茶馆》里那几十分钟里所说的那几句话都是从生命和

---

① 石小寒:《老舍创作的语言变化与现代汉语规范化》,《民族文学研究》2020年第4期。
② 老舍:《老舍全集》(修订本),第17卷,人民文学出版社2013年版,第576页。
③ 老舍:《老舍全集》(修订本),第17卷,人民文学出版社2013年版,第425页。
④ 徐昌霖:《没有泪水的悼念》,载舒乙编《老舍和朋友们》,生活·读书·新知三联书店1991年版,第315页。
⑤ 老舍:《老舍全集》(修订本),第16卷,人民文学出版社2013年版,第605页。

生活的根源上流出来的。反之，在《青年突击队》里，人物所说的差不多都是我临时在工地上借来的，我没有给他们批过'八字儿'。那些话只是话，没有生命的话，没有性格的话"，所以是最失败的戏。① 老舍作品中被公认的出色的篇章，都是有很深的生活积淀和人生感悟；而石小寒所列举的不是很出色的作品，其所描写的内容，都是老舍所不熟悉的。没有来自生活的感悟，怎么指望只是到抗美援朝前线进行慰问的老舍所写的《无名高地有了名》，能够像《离婚》《骆驼祥子》那样在现代文学史上有崇高的地位呢！如果少用或不用方言土语就写不出好作品的话，那么，为什么方言土语少的《茶馆》在中国戏剧史上的地位远远高于方言词语使用多的《龙须沟》，而成为北京人艺的经典剧目呢？所以，《西望长安》的不成功，不是"与追求规范化、克制方言土语大有关系"②，而是老舍只看过材料、只旁听过庭审，在人生阅历中不熟悉骗子李万铭这类人物。

此外，语言的书面表达不同于口头表达，即便是非常口语化的表达，写下来也会与直接说有所区别，关于这一点，从我们发手机短信或微信，与直接打电话语言使用肯定有所不同上，也可以体会得出来。石小寒认为，规范化压抑了老舍的《正红旗下》的语言表达，"'儿化'是北京方言的重要特征，也是老舍重要的语用习惯。老舍的语言魅力固不仰仗儿化，但儿化语多寡却是他坚持自己的语言与否的重要表现，作品中'儿化'字减少也是不争的事实。而随着儿化词语的减少，作品韵味锐减，感情表达也受到很大影响"，为老舍《正红旗下》"味道清淡感到遗憾"。③ 但从老舍实际语言的运用角度来看，并不是这样。在北京话口语中，作为动词的"玩"，只有儿化词读音，但在书面语言运用上，却常常写作"玩"而不是完全依据口头语言写作"玩儿"，形容词"好玩"、名词"玩艺"④ 也是儿化词，如完全依据

---

① 老舍：《老舍全集》（修订本），第 16 卷，人民文学出版社 2013 年版，第 531—532 页。
② 石小寒：《老舍创作的语言变化与现代汉语规范化》，《民族文学研究》2020 年第 4 期。
③ 石小寒：《老舍创作的语言变化与现代汉语规范化》，《民族文学研究》2020 年第 4 期。
④ 中国社会科学院语言研究所词典编辑室编：《现代汉语词典》（第 7 版），商务印书馆 2016 年版，第 1347 页收录的词形为"玩意"。

口头语言，应该写作"好玩儿""玩艺儿"或"玩儿艺儿"。在《正红旗下》中，作为动词的"玩"出现28例次，后边都没有"儿"；形容词"好玩"出现2例次，后边有"儿"无"儿"各1例次；名词"玩艺"出现5例次，都写作"玩艺儿"。但在被公认北京话成分最多、写作于1936—1937年完全没有规范化提法时期的长篇小说《骆驼祥子》中，作为动词，"玩"出现32例次，同样没有一例次带"儿"字；形容词"好玩"出现1例次，后边没有"儿"；"玩艺"出现13例次，只有2例次写作"玩艺儿"。如第20章中虎妞死后祥子收拾东西要离开时，穷苦车夫二强子喝醉后回来看到小福子在祥子屋里，骂两个人的话语①：

（2）"你卖还卖不够，还得白教祥子玩？你个不要脸的东西！"
（3）"我说祥子，你还算人吗？你占谁的便宜也罢，单占她的便宜？什么玩艺！"

因此，仅仅从书面用字角度来看，我们的结论就同石小寒的看法正好相反，《正红旗下》中的儿化词的使用还高于《骆驼祥子》。我们认为，不能以老舍作品语言在书面上"玩"不带"儿"，就认为在老舍作品语言中"玩"在北京话中说"wán"而不是说"wánr"；同理，也不能以"儿"字出现的增减作为依据，来判断儿化词的增减。

另外，石小寒认为，"祛方言土语，践行普通话规范化"是老舍"政治热情作用下的错位认知"，那么2001年1月1日开始施行的《中华人民共和国国家通用语言文字法》中的"第十一条　汉语文出版物应当符合国家通用语言文字的规范和标准"②，规定汉语出版物使用普通话（国家通用语言）、使用规范汉字（国家通用文字），难道也仅仅是"政治热情"？难道也是"错位认知"？

---

① 老舍：《老舍全集》（修订本），第3卷，人民文学出版社2013年版，第174页。
② 《中华人民共和国通用语言文字法》，法律出版社2000年版，第5页。

第三节　老舍的语言基础与语言能力

一　古典文学修养：文言与白话

　　25岁以前只有半年时间离开北京在天津任中学教员的老舍，说一口纯熟的北京话。同时，他在北京师范学校5年的学习期间，接受了比较严格的近代教育与文言训练，能够写一手熟练的文言与旧体诗。目前发现的老舍最早的作品，是发表在1919年4月出版的《北京师范校友杂志》上的10篇作品，其中文言散文一篇，五言律诗一首，七言律诗七首，而七言长诗《野外演战纪实》竟有一百余行，表现出深厚的古文功底。[①] 旧体诗创作始终是老舍的爱好之一，在《老舍全集》中共收录老舍创作的旧体格律诗178首。[②]

　　老舍有很深厚的中国古典文学和文言文修养，阅读过大量古代白话小说，并对中国古典小说做过专门研究，做过"唐代的爱情小说"（1926）之类的讲座。在谈创作体会时，曾多次引用中国古典名著的例子，并认为青年作家语言能力不强、词汇贫乏，主要由于古典文学修养差。在谈创作的语言问题时，老舍多次举《三国演义》《水浒传》《红楼梦》等古典小说的例子，比如，《言语与风格》中讲短句足以表现迅速的动作，举了一段《水浒传》"血溅鸳鸯楼"的描写；[③] 在《语言、人物、戏剧》中谈到语言的地方化时，引用了《红楼梦》第39回刘姥姥进大观园与贾母的一大段对话[④]。老舍从中国古典文学中吸取大量营养，作品词语丰富，大量使用成语、四字格等语言形式，自然贴切，不给人生涩感。在《老张的哲学》《赵子曰》《四世同堂》

[①] 舒乙：《老舍文学语言发展的六个阶段》，《语文建设》1994年第5期。
[②] 笔者根据《老舍全集》（修订本）统计。旧体诗收入《老舍全集》（修订本）第13卷，人民文学出版社2013年版，第547—715页。
[③] 老舍：《老舍全集》（修订本），第16卷，人民文学出版社2013年版，第229页。
[④] 老舍：《老舍全集》（修订本），第16卷，人民文学出版社2013年版，第230页。

等书面性比较强的作品中,老舍还使用"之""者""于"之类的文言虚词以及少量的文言句式,"在《老张的哲学》和《赵子曰》里面,我是把文言和白话夹在一起的。当时我有一个奇怪的念头,想把文言溶解在白话里,以提高白话,使白话成为雅俗共赏的东西"①。实际上这种情况不仅存在于老舍早期小说中,也存在于其他时期:例(1)、(2)是老舍早期作品(20世纪20年代),例(3)至例(5)是中期(20世纪三四十年代)作品:

(1)同时教书营商又当兵,则财通四海利达三江矣!此之谓"三位一体";此之谓"钱本位而三位一体"。(《老张的哲学》第一)②

(2)所谓"逛"者就是"挤",挤得出了一身汗,"逛"之目的达矣。(《赵子曰》第七)

(3)再说呢,假若他娶了亲,刘老头子手里那点钱就必定要不回来;虎妞岂肯轻饶了他呢!(《骆驼祥子》七)

(4)历史上将无以名之,而只能很勉强的把他们比作黄鼬或老鼠。(《四世同堂》九)

(5)他们以为汉奸们的确是中国人的代表,所以汉奸一登台,人民必定乐意服从,而大事定矣。(《四世同堂》五十一)

二 英语修养

老舍在师范时开始学习英语,1922年进入缸瓦市伦敦会英文夜校补习,同年受洗成为基督教徒,后来又经易文思介绍业余到燕京大学旁听英语,同年12月在《生命》第3卷第3期上发表他的第一篇译文《基督教的大同主义》。老舍一生发表的英文演讲稿、讲座稿、学术论文以

---

① 老舍:《老舍全集》(修订本),第17卷,人民文学出版社2013年版,第425页。
② 本书例句均引自修订本《老舍全集》,长篇小说和未完成作品标卷数、小说名和章数,中短篇小说标卷数、文集名和小说名;因长篇小说《四世同堂》为《老舍全集》第4卷、第5卷,故不标卷数。

及从英语翻译过来的译作，有二十几万字。老舍到英国伦敦大学任教的5年期间，阅读了大量英语小说，与合租英国友人克利孟特·艾支顿互教语言，并协助后者翻译《金瓶梅》（1939年出版，在扉页上写着："献给我的朋友——舒庆春")[①]。40年代在美国讲学时，老舍与美国学者浦爱德合作翻译（因浦爱德能听懂汉语但看不懂中文）[②]自己的长篇小说《四世同堂》（删节本，1951年出版），协助美籍华人作家、翻译家郭镜秋女士翻译《离婚》《鼓书艺人》，并创作三幕英文话剧《五虎断魂枪》和一篇英语小说《唐人街》[③]。20年代在英国伦敦大学、40年代在美国，老舍还做过"唐代的爱情小说"（英国）、"中国现代小说"（美国）等多次英语学术报告。在全国文艺界抗敌协会武汉时期同办《抗战文艺》的老舍友人锡金回忆道：

  在一次欢迎四个外国女作家的招待会上，原来由叶君健担任多种语言的翻译，——不知道为什么，当时在坐的并无法国人，但他还翻译了法语，——他渐渐地疲劳了，精神有点接济不上了。老舍说：把英语让给我翻译罢。我这才知道，老舍的英语说得漂亮极了，原来他在伦敦大学教过汉语的。[④]

1946年受美国国务院邀请同去美国讲学的曹禺，与老舍相处中"还吃惊地发现，老舍的英文比我水平高，他的英语象他的中文一样简洁、亲切、富有感情和表现力"。[⑤]

  应该说，老舍有很强的英语运用能力。这种语言背景，也使老舍作品的语言表达杂有正句在前偏句在后、人称代词和人名前加修饰语、句中夹注之类的欧化句法形式，这种现象出现在老舍各阶段的作品中，

[①] 舒乙：《我的思念——关于老舍先生》，中国广播电视出版社1999年版，第207页。
[②] 舒乙：《我的思念——关于老舍先生》，中国广播电视出版社1999年版，第205页。
[③] 舒乙：《我的思念——关于老舍先生》，中国广播电视出版社1999年版，第207页。
[④] 锡金：《严肃·勤恳·诚笃——追念老舍同志》，《新文学史料》1978年第1辑，第139页。这段内容在舒乙编的《老舍和朋友们》（生活·读书·新知三联书店1991年版）中被删去。
[⑤] 克莹、侯堉中：《老舍在美国——曹禺访问记》，《新文学史料》1985年第1辑，第120页。

例（6）、例（7）、例（10）是20世纪20年代的作品，例（8）、例（9）、例（11）是三四十年代的作品：

（6）铺子决不会比去年赚的少，虽然还没结账！（《老张的哲学》第四）

（7）不但没有看一看伦敦，北京什么样儿也有点记不清了，虽然才离开了四五十天的工夫。（《二马》第二段）

（8）他的手中永远没有宽裕过，因为他永远不算账，不记账。（《四世同堂》二）

（9）她已不止是前两天的她，而是她与所长之"和"了！（《四世同堂》三十）

（10）李应看了看老张，又看了看小四的父亲——孙八爷——一语未发，走出去。（《老张的哲学》第二）

（11）在这里，二十岁以下的——有的从十一二岁就干这行儿——很少能到二十岁以后改变成漂亮的车夫的，因为在幼年受了伤，很难健壮起来。（《骆驼祥子》一）

三　北京话母语：口语与方言

老舍以京味作家著称，作品中不仅使用口语，也使用北京方言词语。老舍在《〈北京话语汇〉小序》中说："我生在北京，一直到二十岁才去糊口四方。因此，在我写小说和剧本的时候，总难免用些自幼儿用惯了的北京方言中的语汇。"[①] 实际上，对于北京市民来说，口语和方言是一体的；只不过有些语言成分使用得不够普遍或者只在北京使用，这些成分被看作"北京方言"。由于老舍小说大部分是描写北京下层市民生活的，而人物的语言又是人物一种特殊标志，所以老舍作品中的"口语化"，也是北京市民地域性语言口语——北京方言——的反映和提炼。所以，只要作品语言口语化程

[①] 老舍：《老舍全集》（修订本），第18卷，人民文学出版社2013年版，第255页。

度高一点，无论作品中的人物是哪里人、什么层次，其语言都会"京化"，例如：

(12) 那个丫头片子，比谁也坏！入了高中了，哭天喊地非搬到学校住不可。脑袋上也烫得卷毛鸡似的！可是，那个小旁影，唉，真好看！小苹果脸，上面蓬蓬着黑头发；也别说，新打扮要是长得俊，也好看。(《离婚》三)

(13) "太太，他这下子可是摔得够瞧的。"高妈唯恐太太看不出来，忙着往脸盆里倒凉水，更忙着说话："我就早知道吗，他一跑起来就不顾命，早晚是得出点岔儿。果不其然！还不快洗洗哪？洗完好上点药，真！"(《骆驼祥子》七)

(14) "拿破仑，宝贝儿，来！帮助我跟她抬杠！"温都太太拍着手叫拿破仑："她没事儿去听些臭议论，回家来跟咱们露精细！是不是？宝贝儿？"(《二马》第三段)

(15) "这又是打那里听来的，跟我显排？"温都太太问。(《二马》第三段)

例 (12) 是张大嫂的话，(13) 是曹宅老妈子高妈的话，说话者都是北京市民中的中年家庭妇女，例 (14)、(15) 是二马的女房东，一个英国伦敦中年家庭妇女的话，但如果把说话者隐去，我们看不出语言上的差别——都是含有方言词语的北京市民口语。

四　规范的现代汉民族共同语：普通话（国语）

老舍作品中北京方言的使用并不均衡，不同时期以及不同作品呈现出不同的面貌。在老舍作品中，比较公认的使用北京方言成分多的作品是《骆驼祥子》(1936) 和《龙须沟》(1950)。1951 年焦菊隐导演的使用大量北京方言、反映中华人民共和国首都北京城市面貌变化的话剧《龙须沟》在北京公演，获得巨大成功，老舍也因此获得北京市政府的"人民艺术家"称号；但《龙须沟》走出北京到全国各处公演,并没有获得在北京演出般的轰动,其主要原因是北京话影响了观众的理解欣赏。这件事给老舍极大的触动。同时,20世纪50年代中期,全国开始大规模推广普通话,老舍担任中央推广普通话工作委员会副主任,处于普通话推广的前沿,在创作上的语言反思和推广普通话的大背景下,老舍多次写文章、讲话,大力提倡使用普通话而不使用方言土语,① 老舍主张:"我们顶好用普通话写文章,少用或不用土语。我们全国都正在进行推广普通话的运动,所以我们写文章也该用普通话。"② 老舍在创作实践中身体力行,写作于《龙须沟》之后的作品,语言的规范性进一步提高,尽可能不使用北京方言,即便是描写清末北京满族旗人生活的口语化程度较高的自传体长篇小说《正红旗下》(未完稿),也是如此。

可以这样说,老舍的语言基础与语言能力是四位一体的:

北京话(母语) + 汉语书面语(文言、白话) + 普通话(国语) + 英语

多样的语言基础与语言能力,为老舍作品语言风格的形成提供了丰富的语言表达资源。

第四节 老舍创作的语言策略和语言自觉

一 老舍创作的语言运用策略

老舍是语言天才,具有"北京话(母语) + 汉语书面语(文

---

① 参见《老舍全集》(修订本)第14卷中的《拥护文字改革和推广普通话——汉民族共同语》(1955)、《我拥护大力推行民族共同语》(1955)、《大力推广普通话》(1955),第16卷中的《和工人同志们谈写作》(1954)、《关于文学的语言问题》(1954)、《打倒洋八股》(1958)、《人物、语言及其他》(1959)、《喜剧的语言》(1961)、《戏剧语言》(1962),第17卷中的《怎样运用口语》(1951)、《关于语言规范化》(1956)、《关于文学创作中的语言问题》(1956)、《文学语言问题》(1957),第18卷中的《土话与普通话》(1959)、《相声语言的革新》(1959)等15篇杂文、论文及讲话。

② 老舍:《老舍全集》(修订本),第16卷,第424—425页。

言、白话）+普通话（国语）+英语"四位一体的多样的语言基础与语言能力，同时，老舍也善于多方面地吸收语言营养，非常用心地对自己的语言表达进行加工、提炼。这造就了老舍作品语言的典范性。

（一）以大众口语为基础吸收汉语书面语、英语表达习惯以及北京方言对语言加工、提炼

1. 中国古典文学营养的吸收与运用：文言与白话

老舍受过正规的近代教育，熟练掌握文言文，而且喜欢作古体诗，喜爱中国古典文学，对《三国演义》《水浒传》《红楼梦》等古典文学名著非常熟悉。在1946年发表于纽约《学术建国丛刊》第七卷第一期的《中国现代小说》（英文稿）中，老舍认为对中国现代小说影响最大的是上述三部作品和《金瓶梅》这四部古代小说，他非常推崇《金瓶梅》，认为"明朝最出名的是《金瓶梅》，……这部小说在本文作者看来，无疑是中国最伟大的作品之一"。[①] 老舍阅读过大量白话小说，包括文言、白话在内的汉语书面语，无疑会成为老舍作品语言的一种重要来源，连老舍自己都说过，他早期的小说创作是在白话里边加上了文言。尽管后来老舍说接受友人、语言学家白涤洲的批评，在《二马》之后"就完全用白话文来写"，但实际上对文言成分以及古代小说语言成分的吸收，一直持续到老舍最后一部未完成的长篇小说《正红旗下》：

（16）去行人情，岂能光拿着礼金礼品，而腰中空空如也呢。（《正红旗下》二）[文言]

（17）为省钱，他打了很少的酒，所以得设法使这一点酒取之不尽，用之不竭。（《正红旗下》四）[文言]

（18）多甫还没把事情完全听明白，就怒从心中起，恶向胆边生。（《正红旗下》九）[话本小说]

[①] 老舍：《老舍全集》（修订本），第16卷，人民文学出版社2013年版，第478页。

这不是硬性的添加，而是自然的流淌，并没有让人感到生涩。老舍在《文学语言问题》中说："我们应该学习一点古人的语言。我们是使用语言的人，语言是历史上遗留下来的，……另一方面，今天我们的词汇贫乏，语言单调，是因为我们缺乏对古典作品的涉猎。古人留下来的东西总是经过千锤百炼的。我们从这里学习，可以使我们认识我们语言的特质"，"我们在古典文学中看出它概括的力量美、声音美、对仗美、音乐美。……这些东西可以作为我们研究语言的参考"。[①]

2. 英语表达习惯的吸收与运用

在伦敦期间，为了更好地掌握英语，老舍阅读了大量英语小说。英语不同于汉语的表达习惯，毫无疑问会影响到老舍的语言表达，比如前边提到的正句在前偏句在后、人称代词前加修饰语、句中夹注之类的欧化句法形式，在老舍 40 年的小说创作中时有所见。除了前文列举的《四世同堂》《骆驼祥子》的例子，在《正红旗下》中也在使用：

（19）是的，若是当初大姐婆婆知道二哥的底细，大舅作媒能否成功便大有问题了，虽然他的失败也不见得对大姐有什么不利。（《正红旗下》三）

（20）提着那对鸡——打了个很体面的蒲包，上面盖着红纸黑字的门票，也鲜艳可喜——他不由地笑了笑，心里说：这算干什么玩呢！（《正红旗下》十）

老舍认为："'五四'传统有它好的一面，它吸收了外国的语法，丰富了我们语法，使语言结构上复杂一些，使说理的文字更精密一些。……在写理论文字时，可以采用。"[②]

3. 母语北京方言的运用

1930 年回国后，老舍曾在山东青岛和济南生活、工作 7 年半，后

[①] 老舍：《老舍全集》（修订本），第 17 卷，人民文学出版社 2013 年版，第 710—715 页。
[②] 老舍：《老舍全集》（修订本），第 17 卷，人民文学出版社 2013 年版，第 373 页。

来又在武汉、重庆生活了 8 年，但始终使用自己的母语。时任全国文艺界抗敌协会总务处唯一的驻会干事、老舍的助手萧伯青，在《老舍在武汉、重庆》中回忆道：

> 老舍在山东的济南、青岛两地住过七八年（一九三〇年至一九三七年），山东话不曾影响他的口音。山东话刚硬难学，倒也不奇。老舍在四川的重庆、北碚也住过七八年（一九三八年至一九四六年），四川话，他也偏偏一句不会说。环境在四川，一个人说北京话，众人都说四川话，并且这个阵势对垒了七八年，寡不敌众，时候长了话音总该受点影响的吧。况说四川话调低，最容易学。抗战期间，外省人纷纷入川，他们都是一进夔门，就"啥子""要得"地说起川话来了。差不多外省人人人都会说四川话。老舍却始终不说四川话。你说他不会说，却也不是。他在剧本中不是还曾安排过专说四川话的脚色么？都是写成文字叫演员去说的，不是他说。他自己绝对不说四川话。周遭的朋友们都是四川话与普通话乱说，或见什么人说什么话，跟非四川人说普通话，跟四川人说四川话。在北碚时一天我忽然觉察出老舍不说四川话，仔细观察，认为我的发现是果然如此。他为什么这么严格地绝口不说四川话？我现在猜着是为了保持他口中语言的纯洁性。他的创作自始至终以用北京话为特点，他为了忠于自己的创作，便要保持自己在实际生活上说纯粹的北京话。他如果把语言弄成南腔北调，以致影响到自己创作用语，那岂不是大错！不过，这个我不曾当面请问过他，不知他是否这个意思？[①]

这是在众多老舍回忆文章中极为罕见的对老舍在武汉、重庆、四

[①] 萧伯青：《老舍在武汉、重庆》，《新文学史料》1986 年第 2 辑。在舒乙编的《老舍和朋友们》（生活·读书·新知三联书店 1991 年版）中，将《老舍在武汉、重庆》与萧伯青另外一篇回忆文章《老舍在北碚》合并为《老舍在武汉、重庆、北碚》，文末出处标作"《新文学史料》1979 年第 2 辑"，这是错误的，它只是后者的出处；在发表时间上，前者发表时间晚于后者 7 年。

川期间日常语言面貌的描述。

老舍是北京人，主要作品都是描写北京市民尤其是下层市民生活的，自然离不开代表北京风物、民俗、世态人情的北京市民语言形式；但老舍尽可能使用通俗口语化的语言形式，因为口语是活的语言，念起来顺口，听起来易懂，用口语写出来的东西生动活泼，使人感到亲切有味。除了例（12）、例（13）、例（14）中所列举的"丫头片子、够瞧的、真、露精细"之类的方言词语之外，老舍作品中具有北京方言口语色彩的儿化词语和"高了兴"之类的词语离析用法也很多。老舍认为，"不要把语言和生活分开，……现在我们讲语言规范化，不是那样严格的不准用土语，用土语也应该有选择。这个土话的确有表现力，是普通话所没有的，真正有表现力的方言土语是可以用的"。① 对于符合人物身份的特殊语言成分，在人物话语中不得不用的时候，往往使用加注的形式予以说明，而在叙述性语言中则使用通行或有书面语色彩的语言形式。以亲属称谓词"奶奶"为例，在65.3万字的长篇小说《四世同堂》（不含马小弥、赵武平从英文回译的部分）中，"奶奶"出现80例次，其中单用表示｛祖母｝的14例次②，对女性尊称66例次（少奶奶60例次，大奶奶3例次，二奶奶3例次）；在7.2万字的反映旗人生活的自传体未完长篇小说《正红旗下》中，"奶奶"出现16例次，其中"阎王奶奶"3例次，"姑奶奶"7例次，作为解释性的元语言1例次，称呼"母亲"4例次、"婆婆"1例次。其中，称呼"母亲""婆婆"的5例次，"奶奶"以及出嫁女儿的"姑奶奶"，都是满族旗人的用法，所以在老舍描写抗日战争时期北京汉族市民生活的《四世同堂》中没有出现过一次，而只出现在反映满族旗人生活的自传体长篇小说《正红旗下》中，而且只出现在人物的话语（口语）中，从来没有出现在叙述语言中。例如：

---

① 老舍：《老舍全集》（修订本），第17卷，人民文学出版社2013年版，第717页。
② 含骂詈语"日他奶奶的"1例次，俗语"求爷爷告奶奶"1例次，表示高两辈女性尊称"四奶奶"6例次，"父亲的母亲"义6例次。

(21) 回到娘家，她也不肯对母亲说，怕母亲伤心。当母亲追问的时候，她也还是笑着说：没事！真没事！奶奶放心吧！（我们管母亲叫作奶奶。）（《正红旗下》一）[大姐对母亲说]

(22) 待了一会儿，她把泪收起去，用极大的努力把笑意调动到脸上来：奶奶，您看看，我擦得还像一回事儿吗？（《正红旗下》四）[大姐对其婆婆说]

在《正红旗下》叙述性语言中，称"母亲"为"母亲"有104例次，"妈妈"只有1例次，此外，还有话语中称呼别人母亲为"妈妈"1例次，使用在"老妈妈论""老妈妈们"中表示｛老年女性｝各1次，在例（21）中"母亲"与"奶奶"的对立非常明显；而《四世同堂》称"母亲"，无论是人物话语，还是叙述性语言中，都是"妈妈"，作为从孩子角度的称谓，才有"妈"单独与其他成分组合，构成"小顺儿的妈"这种称谓。《正红旗下》中这种叙述语言称谓语"母亲"的用法，可以看作推广普通话的一种影响。

（二）用字、用语以及语法追求通俗、简练

老舍主张用常用的字、俗白易懂的词语和口语化的句法来写作，作品读出来就能够让人听懂，并身体力行："我写东西总是尽量少用字，不乱形容，不乱用修辞，从现成话里掏东西。"[1] 老舍认为，"简单明确的文字是好文字，乱用修辞的文字不是好文字"，[2] "讲究修辞并不是滥用，而是要求语言准确生动"，"语言的创造，是用普通的文字巧妙地安排起来，不要硬造字句"，[3] "一本好的文艺作品，必定是用最简单最有力而最经济的言语，去挖掘人们的真理和报导人生经验。所以一个文艺作家，必须要有丰富的言语，而且会运用它"。[4]

老舍以含有北京方言的口语作为小说的主要语言形式，糅合进汉语书面语的白话、文言成分，欧化句法形式，以及通语的用法，加以

---

[1] 老舍：《老舍全集》（修订本），第16卷，人民文学出版社2013年版，第372页。
[2] 老舍：《老舍全集》（修订本），第17卷，人民文学出版社2013年版，第596页。
[3] 老舍：《老舍全集》（修订本），第16卷，人民文学出版社2013年版，第550页。
[4] 老舍：《老舍全集》（修订本），第17卷，人民文学出版社2013年版，第426页。

提炼所形成的小说语言"既摆脱了当时纯粹按照北京口语比较粗糙的自然状态而卖弄方言土语的毛病,又避免了当时许多作家的学生腔及东洋西洋、洋味十足而超过汉语所能吸收的程度的中国话"[①],同时,在用字、用语以及语法方面追求通俗、简练,语言表达简洁流畅、明白如话,给当时的文坛吹来一股清风,在备受鲁迅、瞿秋白批评的"五四新文言"横行时期,受到人们的推崇,成为"宣传纯正国语的教本",是"提炼过的,艺术性的,有丰富表现力的精粹国语"[②]。这正是老舍作品语言的巨大魅力所在,它对现代汉语的书面表达起到了很好的示范作用,引领了现代白话文的发展方向。正像胡适在《建设的文学革命论》中所说的那样:"有了国语的文学,方才可有文学的国语。有了文学的国语,我们的国语才可算得真正国语。国语没有文学,便没有生命,便没有价值,便不能成立,便不能发达。"[③] 老舍作品语言对现代汉民族共同语(即一般所谓的"文学语言")的形成和发展,起了促进和示范作用。

二 老舍创作语言运用的理性自觉

(一)个案例证:细腻地区别表达——复活北京话中已消失的"起去"

汉语书面语白话和文言的吸收,对于老舍来说,不是简单地拿过来用进去,而是斟酌、提炼,这充分地体现了老舍语言运用的理性自觉。比如在现代汉语中,"来""去"跟"进""出""起"等组合,构成复合趋向动词;一般来说封闭的小类有很强的对称性,这是语言系统性的主要表现,但汉语的复合趋向动词系统,却没有"起去",形成一个缺环,见表2-3。

---

① 张清常:《北京话化入普通话的轨迹——老舍作品语言研究的新途径之一》,《语言教学与研究》1992年第4期。
② 张清常:《北京话化入普通话的轨迹——老舍作品语言研究的新途径之一》,《语言教学与研究》1992年第4期。
③ 胡适:《胡适文存》第1集,首都经济贸易大学出版社2013年版,第40页。

表2-3　　　　　　　　现代汉语复合趋向动词构成

	上	下	进	出	回	过	起
来	上来	下来	进来	出来	回来	过来	起来
去	上去	下去	进去	出去	回去	过去	

（23）母女把多瑞姑姑的礼物收起去，开始忙着预备圣诞的大餐。（《二马》第四段）

（24）况且刘四的话是那么难听，仿佛他办寿，他们就得老鼠似的都藏起去。（《骆驼祥子》十三）

（25）唐先生自己没有什么资格，所以虽然手笔不错，办事也能干，可是始终没能跳腾起去。（《文博士》六）

（26）天上的云并没有散开，乌云在移动着，太阳一阵露出来，一阵又藏起去。（《茶馆》第一幕）

而老舍作品语言中却有这个"起去"：

这个"起去"，北京话口语中没有，其他北京方言区作家作品中也没有。有些学者只是因为老舍作品语言中有这种用法，就认为北京话至少20世纪30—40年代还有"起去"。① 胡明扬认为这种现象是老舍受西南官话的影响。② 邢福义也把老舍的这种语言运用作为依据之一，加上其他方言和近代汉语的依据，主张在现代汉语标准语中应该纳入"起去"。③ 根据我们对近代汉语语言材料检索分析，在北京话作品中，"起去"在《红楼梦》中仅有5例次，而从19世纪20年代的《镜花缘》（初刻本，1817年）开始，就不再使用了；到目前为止出版的12种现代北京方言词典以及北京方言志之

---

① 参见周一民《北京口语语法·词法卷》，语文出版社1998年版，第58页；卢小群《老北京土话语法研究》，中国社会科学出版社2017年版，第257页；北京大学中文系现代汉语教研室编《现代汉语》（增订本），商务印书馆2012年版，第320页。
② 转引自钟兆华《动词"起去"和它的消失》，《中国语文》1988年第5期。
③ 邢福义：《〈西游记〉中的"起去"与相关问题思辨》，《古汉语研究》2005年第3期。

类的图书①中，都没有收录这个词；1947年版《国语辞典》，以及《现代汉语词典》从试用本②到第7版，也都没有收录。老舍使用"起去"的用法，不是来自老舍的母语北京方言；老舍开始创作是在旅居伦敦时期，从那时就开始使用这个词；回国以后，曾多年在山东、武汉、重庆居住，尽管这些方言都使用"起去"，但老舍的用法也不是来自这些方言，老舍对"起去"的使用，也与这些方言有所不同。我们认为，老舍使用"起去"这个词，是从近代汉语白话小说中吸收来的，老舍所推崇的古典文学名著，除文言色彩较浓的《三国演义》以外都有"起去"，用法与"起来"相对；例如《西游记》中"跳起去"（"跳将起去"）和"跳起来"（"跳将起来"）的对立是非常明显的（例句末尾为原书标点）：

(27) 好猴王，将身一纵，跳起去，一路筋斗，直至北下观看，见一座高山，（第1回）

(28) 真个呆子收拾了钉钯，整束了直裰，跳将起去，踏着云，径往东来。（第33回）

(29) 行者一骨鲁跳起来，耳朵里掣出铁棒，要打那些和尚。（第16回）

(30) 长老独坐林中，十分闷倦，只得强打精神，跳将起来，把行李攒在一处。（第28回）

---

① 金受申编：《北京话语汇》，商务印书馆1961年版；杨玉秀编：《老舍作品中的北京话词语例释》，北京大学出版社1984年版；陈刚编：《北京方言词典》，商务印书馆1985年版；宋孝才编：《北京话词语汇释》，北京语言学院出版社1987年版；徐世荣编：《北京土语辞典》，北京出版社1990年版；陈刚、宋孝才、张秀珍编：《现代北京口语词典》，语文出版社1997年版；舒济主编：《老舍文学词典》（《语言卷》，杨玉秀编），北京十月文艺出版社2000年版；齐如山编：《北京土话》，辽宁教育出版社2008年版；董树人编：《新编北京方言词典》，商务印书馆2010年版；北京市地方志编纂委员会：《北京志民俗方言卷方言志》，周一民撰，北京出版社2012年版；高艾军、傅民编：《北京话词典》，中华书局2013年版；俞冲：《京腔儿的前世今生——150年来的北京话》，北京燕山出版社2016年版。

② 《现代汉语词典》由中国科学院语言研究所词典编辑室1958年开始编写，前期主编是吕叔湘先生，后期主编是丁声树先生。1965年印制送审稿，1973年这部送审稿以"试用本"名义正式出版。这是《现代汉语词典》最早发行的版本。

例（27）和例（28）的"跳（将）起去"都表示从地上到天空中，而例（29）和例（30）的"跳（将）起来"还是在地上，没有空间变化；相同的动词加"起去"或"起来"构成述补结构，在表意上构成明显的对立：由地面到空中，有空间变化，只用"跳（将）起去"，而不用"跳（将）起来"；没有空间变化，只用"跳（将）起来"，而不用"跳（将）起去"。老舍使用"起去"这个词，扩大了它的搭配使用范围，但仍严格遵守它表示［位移］［进入另一空间］的意思，与"起来"相对立。在同一部经典名著长篇小说《四世同堂》中，这种对立非常突出：

(31) 为了爱情，哪一个年轻的姑娘都希望自己能飞起去一次。（《四世同堂》三十一）

(32) 一起来，他就看了城墙一眼，他恨不能一伸胳臂就飞起去，飞到城墙那边。（《四世同堂》六十六）

(33) 两只黑鸦在不远的坟头上落着，飞起来，又落下。（《四世同堂》七十八）

(34) 坟头上的一对乌鸦又飞起来，哀叫了两声，再落下。（《四世同堂》七十八）

从对比中可以看出，同样是"飞"，例（31）和例（32）的"飞"后加"起去"，表示离开原来的空间；而加"起来"的例（33）和例（34）表示没有离开原来的空间，所以才会有后续句"又落下""再落下"。这种用法，体现了老舍作为白话文经典作家语言运用的理性自觉。[①]

（二）语言表达技能的有意识自我训练：练习各种文艺形式的写法

在中国现代作家中，老舍可能是写作文体最多的作家，小说（长篇、中篇、短篇）、戏剧（京剧、话剧、评剧、曲剧、歌舞剧等）、散文、杂文、文艺论文、古体诗、新诗、快板、鼓词、相声、电影剧本、

---

① 聂志平：《白话文经典作家老舍作品中为什么有"起去"?》，《中国语文》2018年第4期。

童话、歌词、数来宝、太平歌词、坠子等，其中成就最大的是小说和话剧、散文。老舍在《我怎样学习语言》中说，"为练习运用语言，我不断地学习各种文艺形式的写法。……每一形式都给我练习怎样运用语言的机会。一种形式有一种形式的语言……剧本就教给我怎样写对话，快板教给我怎样运用口语……这样知道了不同的技巧，就增加了运用语言的知识与功力"。[1] 热爱古体诗写作的老舍还认为"不摸摸旧体诗，就没法摸到中国语言的特点和奥妙"。[2] 正是这多种文体的写作锻炼，成就了老舍语言大师的地位。

（三）老舍语言表达加工、提炼的简单诀窍：出声儿地写，朗读——再念再念再念

老舍对自己的语言运用，有着比较明确的认识。老舍说："有人夸奖我，说我的对话写得相当的好。也许是这样吧，因为我在运用语言上用过一番功夫"[3]，"我所做到了的那些就叫人听着有点滋味——既是大白话，又不像日常习用的大白话"[4]。老舍认为，"运用语言表达思想感情的时候，不要忘记了语言的简练，明确，生动，也不要忘了语言的节奏、声音等方面"[5]；"做一个作家，一定要把语言写好，应当精益求精，用提炼出来的语言，有力地把我们要说的思想写清楚。古人说'语不惊人死不休'，我们有责任把自己的语言加工了再加工"[6]；"我的文章写的那样白，那样俗，好像毫不费力。实际上，那不定改了多少遍！有时一千多字要写上两三天。……我写文章，不仅要考虑每个字的意义，还要考虑到每个字的声音……口语不是照抄的，是从生活中提炼的"；[7] "文字的口语化不等于怎么听来就怎么写，不用加工"[8]。

老舍作品的语言，既有对欧化成分、古典文学语言以及方言、口

---

[1] 老舍：《老舍全集》（修订本），第17卷，人民文学出版社2013年版，第575页。
[2] 老舍：《老舍全集》（修订本），第16卷，人民文学出版社2013年版，第551页。
[3] 老舍：《老舍全集》（修订本），第17卷，人民文学出版社2013年版，第567页。
[4] 老舍：《老舍全集》（修订本），第16卷，人民文学出版社2013年版，第659页。
[5] 老舍：《老舍全集》（修订本），第16卷，人民文学出版社2013年版，第543页。
[6] 老舍：《老舍全集》（修订本），第17卷，人民文学出版社2013年版，第691页。
[7] 老舍：《老舍全集》（修订本），第16卷，人民文学出版社2013年版，第365—367页。
[8] 老舍：《老舍全集》（修订本），第16卷，人民文学出版社2013年版，第532页。

语的吸收，更有对语言运用的加工、提炼。老舍对语言的加工、提炼，主要是通过朗读自己的作品，涵泳音韵，体会意味：

> 我总是一面出声儿，念念有词，一面落笔。……我的对话并不比别人写得高明，可是我的确是这么出声儿写的，期望把话写活了。写完之后，我还要朗读许多遍，进行修改。①
>
> 我写作中有一个窍门，一个东西写完了，一定要再念再念再念，念给别人听，看念得顺不顺？别扭不？逻辑性强不？……看看句子是否有不妥当之处。②
>
> 朗读自己的文稿，有很大的好处。词达意确，可以看出来。音调美好与否，必须念出来才晓得。朗读给自己听，不如朗读给别人听……念给别人听，即使听者是最客气的人，也会在不易懂、不悦耳的地方皱皱眉。这大概也就是该加工的地方。③

在老舍朋友以及演出老舍剧作演员的回忆文章中，也多次提到老舍朗诵自己作品，或听别人朗读再自己修改作品的情况。例如老舍朋友郑振铎夫人高君箴曾回忆道：

> 还记得：大约是一九五〇年左右，老舍先生刚从国外回来，那时我们都住在北京饭店，可以说是紧邻了，来往的机会也多了。他是个一天也丢不下笔和纸的人，每当我和振铎到老三楼他的房间里时，总是见他在埋头写呀写的。他那时正在写剧本《方珍珠》。经常有一位女演员坐在他桌旁，他每写完一段，请那位演员朗读一遍，不合口语的就进行修改；修改后，再请那位演员读一遍，再修改；这样反复修改，不厌其烦，有时为了一个词，要推敲数遍，才能定下来。④

---

① 老舍：《老舍全集》（修订本），第 16 卷，人民文学出版社 2013 年版，第 542 页。
② 老舍：《老舍全集》（修订本），第 16 卷，人民文学出版社 2013 年版，第 550 页。
③ 老舍：《老舍全集》（修订本），第 16 卷，人民文学出版社 2013 年版，第 538 页。
④ 高君箴：《一个难忘的人——忆老舍先生》，《新文学史料》1978 年第 1 辑。也见舒乙编《老舍和朋友们》，生活·读书·新知三联书店 1991 年版，第 215 页。

个人的语言不一样,语言运用也肯定是有差别的,我们并不否定个人天分的差异。而从上文的分析来看,老舍有语言方面的天赋,有丰富的个人阅历,有着"北京话(母语)+汉语书面语(文言、白话)+普通话(国语)+英语"四位一体的语言能力或语言基础,但也更有文学创作上的语言运用的理性自觉。文学是语言的艺术,经典作家不是语言的自然使用者,不是语言的搬运工,而是对语言有着很深刻的思考,具有很强的语言策略的语言大师,是自然语言的提炼者、加工者。这也是老舍之所以不同于其他作家,之所以是白话文经典作家,之所以为语言大师的真正原因所在。

因此,尽管在不同时期,老舍作品语言运用可能会有所不同,不同成分互有消长,比如方言词语增多或减少,书面语、文言成分增多或减少,但老舍小说就是老舍小说,它有着自己一贯的风格,这种风格叫作老舍作品语言风格。

第五节 老舍作品语言对现代汉民族共同语具有经典示范意义

普通话是现代汉民族共同语。关于普通话的定义是:"我国国家通用语言,现代汉民族共同语,以北京语音为标准音,以北方话为基础方言,以典范的现代白话文著作为语法规范。"[1] 2001年开始实施《中华人民共和国通用语言文字法》,明确规定普通话是国家通用语言,是公务语言、教育语言、播音语言。

在1948年的著作 *Mandarin Primer* 中,赵元任指出,"狭义的官话就是北京方言";[2] 而在1968年的 *A Grammar of Spoken Chinese* 中,赵元任也持相同观点:"本书所说的汉语口语,是指二十世纪中期的北

---

[1] 中国社会科学院语言研究所词典编辑室编:《现代汉语词典》(第7版),商务印书馆2016年版,第1018页。

[2] 赵元任:《北京口语语法》,李荣编译,开明书店1952年版,第8页。

京方言。……比之于把北京方言称为汉语口语，更有充分理由把北京方言的语法称为汉语口语语法。"① 1987年，朱德熙在《现代汉语语法研究的对象是什么?》中指出："现代书面汉语包含许多不同层次，稳定性和均匀性都远不如北京口语"，认为"北京口语语法的研究是现代汉语语法研究的基础"。② 这说明，赵元任和朱德熙两位汉语语法学大师，都是把北京口语语法看作现代汉语语法的。

陆志韦等著的现代汉语词汇学名著《汉语的构词法》，在序言中开宗明义："本报告的主要内容是现代汉语的构词法。所用的资料是从北京口语的句子里抽出来的字组（包含小部分土话）。"在第一章《构词学的对象和手续》中，关于"收集材料的标准"，作者明确规定为："资料内部的统一性。以北京话能说的小片段为限"，但太土的北京话不收。③

在北京居住三十多年的浙籍语言学家胡明扬（浙江海盐人），在对北京话调查研究的基础上，1987年出版专著《北京话初探》，对普通话与北京话的关系进行了深刻的论述，他认为，"普通话实际上是在现代白话文的影响下，在北京话的基础上形成的，通行于广播、电影、话剧等群众性宣传渠道的汉民族共同语。普通话的基础方言不是哪一个地点方言，也不是泛泛的北方方言，而是一种在现代典范的白话文著作的影响下通行于北京地区知识阶层的社会方言"。④ 胡明扬的这一观点，与王力四十多年前的说法有相似之处："我们所谓中国语法，是以国语为标准的；我国所定的国语，又是以北京曾受教育的人的语言为标准。"⑤ 我们赞同这种观点。

在中国语言学界，赵元任、王力、朱德熙、胡明扬等语言学大家，无论是理论上，还是在研究实践中，都把北京话、"北京曾受教育的人的语言"、"北京知识阶层的社会方言"看作官话、国语以及现代汉

---

① 赵元任:《汉语口语语法》，吕叔湘译，商务印书馆1979年版，第7—8页。
② 朱德熙:《现代汉语语法研究的对象是什么?》，《中国语文》1987年第5期。
③ 陆志韦等:《汉语的构词法》，科学出版社1957年版，第9—10页。
④ 胡明扬:《北京话初探》，商务印书馆1987年版，第14—15页。
⑤ 王力:《中国现代语法》（汉语语法丛书本），商务印书馆1985年版，第3页。

民族共同语——普通话——的标准或基础,"狭义的官话就是北京方言"(赵元任)。而现代汉民族共同语文学语言中,最能代表"典范的现代白话文"的,无疑就是老舍的作品。然而令人遗憾的是,上述这些语言学大家在做相关具体研究时,对老舍作品语言只是当作例证偶尔来引用[1],没有从整体上充分认识到老舍作品语言的典范性在现代汉民族共同语形成中的地位和作用。

曾任中国社会科学院文学研究所所长的学部委员杨义,在《中国现代小说史》中这样评价老舍的语言:"老舍的语言是经过提炼的,却又保持了原色原香的北京话。它经过提炼,所以简净、明快、新鲜、警慧;它又保持原色原香,没有学生腔的苍白,没有戏台语的做作,没有欧化句式的冗长,一切是那样平易、自然、纯净。"[2] 1994 年,《语文建设》为纪念老舍诞辰 95 周年组织专栏《老舍文学语言笔谈》,邀请老舍夫人胡絜青、北京人艺部分表演过老舍话剧的表演艺术家和老舍长子舒乙,从文学语言规范化角度,笔谈老舍的文学语言。他们认为,老舍的语言淳朴、流畅,通俗、精练,基于北京口语,同时也经过提炼,有很浓厚的北京味儿又不用北京话土语,具有规范性,是真正的语言艺术大师。[3] 这个评价是公允的。老舍这种文学语言风格,在 20 世纪 30 年代就形成了。如果说早期的《老张的哲学》《赵子曰》还有文言书面语词汇掺入白话的现象,那么到 20 年代末的《二马》,就更加口语化了。而到 30 年代初以儿童生活为描写对象的《小坡的生日》,则更向通俗化、直白化前进了一大步。

从语言条件讲,老舍非常符合"北京话""北京曾受教育的人的

---

[1] 比较集中的是胡明扬专著《北京话初探·北京话的语气助词和叹词》中把老舍的《老舍剧作选》《骆驼祥子》和《小坡的生日》三部作品作为部分例证来源,但也就是仅此一章,赵元任、朱德熙只是偶尔引用,王力、陆志韦没有用到老舍作品语料。
[2] 杨义:《中国现代小说史》,第 2 卷,人民文学出版社 1998 年版,第 217—218 页。
[3] 发表在《语文建设》1994 年第 5 期《老舍文学语言笔谈》专栏上的文章共有 12 篇:《用人民的语言为人民而写》(胡絜青)、《老舍先生重视文学语言的规范化》(于是之)、《简练、深刻而又大众化》(叶子)、《永远值得学习的语言大师》(夏淳)、《老舍先生的北京话》(郑榕)、《让人民群众好懂》(黎频)、《艺术化而又规范化》(胡宗温)、《从群众口语中提炼出的艺术语言》(李翔)、《老舍先生的幽默语言》(张瞳)、《淳朴、亲切的话剧语言》(李大千)、《老舍先生的京味儿》(李滨)和《老舍文学语言发展的六个阶段》(舒乙)。

语言""北京知识阶层的社会方言"的要求。作为系统地接受过近代教育，有着良好的古典文学修养和很强语言表达能力的老舍，是以"北京话（母语）+汉语书面语（文言、白话）+普通话（国语）+英语"四位一体的语言基础和语言能力，步入文坛的。从书面语角度来看，在中国现代文学史上，老舍是非常罕见的多种语体作家，作品有小说、戏剧（京剧、话剧、曲剧、歌剧、歌舞剧、儿童剧等）、散文、杂文、童话、学术论文、古体诗、新诗、歌词、相声、鼓词、快板、数来宝、太平歌词、坠子等多种体裁；在口头语言方面，老舍具有极为出色的口才，善于演讲、说笑话，能表演京剧清唱、相声、鼓词；在英语方面，能说，能写，能译。而且，老舍又是对自己创作活动反省、总结比较多的作家，生前曾出版《出口成章》《老牛破车》等五个谈创作的文集。同时，作为大学教授的老舍还是文学研究者，有《文学概论》之类的讲义、演讲稿、论文和译文；不仅如此，老舍还多次做报告、讲座、发表文章，专门谈文学作品的语言问题，如《怎样运用口语》（1951）、《关于文学的语言问题》（1954）、《人物、语言及其他》（1959）、《相声语言的革新》（1959）等；[①] 在分类为"文论"的《老舍全集》第16卷、第17卷以及第18卷（部分）总结创作以及文学研究类著述、论文和报告竟有1795页之多。老舍非常善于总结创作，有着强烈的语言策略意识与理性自觉，他追求"读得出来"的语言使用效果，使他的语言运用经过精致的提炼、加工，更具有典型性、示范性。因此，老舍语言的白，不是白开水的白，不是日常生活语言的照搬，而是经过提炼又原色原香，流畅、通俗、精练、隽永。红色经典《林海雪原》的作者曲波向老舍请教语言表达和语法修辞问题，老舍给他讲了自己耳闻目睹的三个农民聊天的生活片段，其中有如下言语表达：

---

① 根据《老舍全集》（修订本）第19卷《老舍年谱》检索，这类谈论文学作品语言的报告、讲座、发言以及论文等竟有37篇。其中，最早的是1936年12月发表于《宇宙风》第31期的《语言与风格》，最晚的是1963年9月发表于《湖南文学》第11月号的《文学创作和语言》，时间跨度长达27年。

>小年轻火起:"我看斗他个争。"
>中年人摇头:"斗他个争？武了点……"
>小年轻:"那就批他个判!"
>小组长:"斗他个争,批他个判,……"
>……
>小组长下了决心:"好!……说批他个评也好,批他个判也好,说斗他个争也好,反正狠改他个造!"

当老舍讲完问曲波的感受时,曲波说:"……感到是活生生的人物在对话,朴实、粗犷的语言,使人感到生动、真实。"[①] 但在老舍自己的小说、戏剧的语言表达中,"斗争""批判""批评""改造"这些较书面的词语,却都没有这种离析用法,这也体现了老舍作品的口语不是有闻必录,而是有所选择、有所提炼的。语言学家张清常认为,在白话文形成的过程中,老舍以北京口语为依据,从人民群众的口头语言中吸取、提炼文学语言,既摆脱了土腔又避免了学生腔、洋腔,在推动中国新时代文学语言表达能力方面做出了伟大贡献,他20世纪二三十年代的小说中带有浓厚乡土气息的北京口语词汇,很大部分在六七十年后化入普通话。[②] 我们在老舍词汇的研究过程中,也有这种感觉,除了比较特殊的词语,老舍作品语言所使用的词语很多都在后来的《现代汉语词典》中被标作口语词("〈口〉"),进入普通话。根据齐美《〈四世同堂〉成语研究》的统计,《成语大词典》收录成语与《四世同堂》相同的有781条之多,其中以《四世同堂》为例句的就有51条;[③] 再以我们做过专题研究的《四世同堂》的离合词为例,老舍20世纪40年代创作的《四世同堂》中出现的507条离合词语,其中有267个在完稿于20世纪60年代中期的《现代汉语词典》

[①] 曲波:《清水流香》,《中国现代文学研究丛刊》1985年第2期。也见舒乙编《老舍和朋友们》,生活·读书·新知三联书店1991年版,第593—594页。

[②] 张清常:《北京话化入普通话的轨迹——老舍作品语言研究的新途径之一》,《语言教学与研究》1992年第4期。

[③] 齐美:《〈四世同堂〉成语研究》,硕士学位论文,兰州大学,2011年,第5页。

送审本①中作为离合词被收录；而50年后，到《现代汉语词典》第7版（2016年），又有63个离合词作为普通话词语被收录。这种现象是十分罕见的，同时也说明老舍在文学语言词语使用方面的经典性。老舍的文学语言，不仅在语法方面，而且在词汇运用方面，都足以扛起现代白话文经典这面大旗。

也正因如此，老舍作品语言因其经典性，而成为汉语母语教学和对外汉语教学最重要的文本来源。老舍作品在20世纪30年代就被选入语文教材，至今一直是中小学语文教材选文的重要来源。多年从事对外汉语教学工作的北京大学教师杨玉秀在20世纪80年代也说过，"就作家来说，选作教材最多的是老舍先生的作品"。② 这也许是最早编写（合作）、录制出版对外汉语教材，做过小学、中学、大学教师的老舍生前所没有想到的吧。

---

① 这本1965年送审本1973年出版，即中国科学院语言研究所词典编辑室编《现代汉语词典》（试用本），商务印书馆1973年版。它体现了现代汉语20世纪五六十年代的词汇面貌。

② 杨玉秀：《老舍作品中的北京话词语例释·后记》，北京大学出版社1984年版，第172页。

第三章　状态词研究

第一节　XA、Axy 等几类偏正及附加式状态词

本节分析白话文经典作家老舍小说作品语言语料库中的 5 类偏正、附加式状态词，包括 XA、Axy、Axyz、ABxy 和 "A 里 AB/BA/BC"。其中大写字母表示实义性语素，小写字母表示附加性语素；含有中缀 "-里-" 的状态词，有 "A 里 AB" "A 里 BA" 和 "A 里 BC" 三种下位形式。词语后的小 5 号数字，为该词语出现的例次数，只出现一次者不标。

一　XA 式状态词

XA 式状态词，是指由中心语素是形容词性语素，前边有修饰、限制性语素构成的双音节状态词，如 "雪白、鲜红" 之类；它本身含有程度这种量的意义，所以前边不能加程度副词之类含有程度意义的词语修饰。

从意义类别角度，可以把 XA 式状态词分作三类。

1. 颜色类（84 个）：

　　雪白，死白，惨白，煞白，傻白，灰白，铅白
　　漆黑，乌黑，深黑

鲜红，通红，深红，血红，油红，飞红，大红，金红，粉红，灰红，黑红，血点红，半红，淡红，桃红，微红，干红

金黄，枯黄，娇黄，焦黄，鹅黄，浅黄，深黄，灰黄，草黄，鲜黄，淡黄，干黄，杏黄，稀黄，米黄，红黄，轻黄，惨黄，微黄，蚕黄，黑黄

翠绿，碧绿，娇绿，深绿，嫩绿，惨绿，暗绿，油绿，葱绿，豆绿，水绿，浅绿，灰绿，淡绿，苍绿，黄绿，蓝绿

天蓝，灰蓝，暗蓝，深蓝，浅蓝，亮蓝，淡蓝，翠蓝，金蓝

浅灰，深灰，银灰，黄灰

雪青，浅粉，浅紫，半紫，瓷青，蓝青

2. 感觉类（22个）：

冰凉，冰冷，灰冷，冰硬，干冷，滚热，滚烫，铁硬，飞快，锈暗，晶亮，油亮，透亮，贼亮，贼滑，贼鬼，生疼，精湿，溜滑，稀软，腥臭，焦甜

3. 一般性质类（16个）：

飞熟，烂熟，晶光，稀烂，稀松，稀嫩，粉嫩，干倔，响晴，溜净，飘轻，笔直，簇新，焦糊，傻好，山响

从中心语素 A 前边的 X 本身角度，可以分作 5 类：（1）实体类；（2）状态类；（3）程度类；（4）复合类；（5）评价类。以下分别说明。

（1）实体类

X 是名词或名词性语素，代表事物。出现在 XA 式状态词中，作为中心语素 A 修饰性成分的表示实体的语素有以下 16 个：

雪、漆、血、油、金、银、鹅、翠、碧、葱、冰、铁、锈、

晶、笔、草

从词法关系角度来看，是 X 修饰后边的 A，但从语义关系角度来看，则通过表示 {A 得像 X} 或者 {像 X 那样的 A} 来体现 XA 的语义性质：

雪白→{像雪那样的白}　　　血红→{像血那样的红}
冰凉→{像冰那样的凉}　　　葱绿→{像葱那样的绿}
金黄→{像金子那样的黄}　　锈暗→{像生锈那样的暗}

例如：

（1）"四圈一散！"赵子曰的酒气比志气还壮，血红的眼睛钉着那张雪白的"白板"。（《赵子曰》第三）

（2）房上有几丛兔儿草，虽然不利于屋顶，可是葱绿可喜。（《正红旗下》七）

（3）马少奶奶拿着一个鲜红的扁萝卜，中间种好一个鹅黄的白菜心，四围种着五六个小蒜瓣，顶着豆绿的嫩芽。（《离婚》第十）

（2）状态类

X 是形容词性语素或动词性语素，代表性质或状态。出现在 XA 式状态词中，作为中心语素 A 修饰性成分的表示状态的语素有以下 19 个：

飞、滚、干、烂、溜、乌、鲜、粉、娇、焦、枯、腥、稀、透、飘、浅、深、大、傻

从词法关系角度来看，是 X 修饰后边的 A，但从语义关系角度来看，则通过表示 {A 像 X 那样} 或者 {像 X 那样 A} 来体现 XA 的语义性质：

飞快→{像飞那样快}　　　滚热→{像翻滚的开水那样热}

烂熟→{像煮烂那样熟}　　　枯黄→{像干枯了那样黄}

例如：

(4) 鸡子儿正便宜，炸蛋角焦黄稀嫩的惹人咽着唾液。(《骆驼祥子》二十四)

(5) 他飘轻的没想走而走了几步，迷迷忽忽的，随着沙土向前去，仿佛他自己也不过是片鸡毛。(《樱海集·老年的浪漫》)

(6) 认清了，他的话像背得烂熟的一首诗似的，由心中涌了出来。(《四世同堂》二十二)

(3) 程度类

X 是副词或副词性语素，代表程度。出现在 XA 式状态词中，作为中心语素 A 修饰性成分的表示程度的语素有以下 5 个：

通、贼、精、响、山

从词法关系角度来看，是 X 修饰后边的 A，从语义关系角度来看，则表示{程度 A}，例如：

通红→{十分红}　　微红→{略红}　　贼鬼→{特别狡猾}
响晴→{特别晴朗}　深灰→{很灰}　　山响→{很响}

例如：

(7) 瑞贞公园的花池子满开着花，深红的绣球，浅蓝的倒挂金钟，还有多少叫不上名儿来的小矮花，都象向着阳光发笑。(《二马》第三段)

(8) 南边的半个天响晴白日，北边的半个天乌云如墨，仿佛有什么大难来临，一切都惊慌失措。(《骆驼祥子》十八)

(9) 弄完，看着一部已经不动的车又能飞快的跑起来，他就感到最大的欣悦。(《四世同堂》七)

(4) 复合类

复合类，前后两个构词成分都是单音节形容词，这样构成的状态词，表示两种颜色的综合，这样的词语在 XA 式状态词中有以下 12 个：

灰白，灰黄，灰红，灰绿，灰蓝，黑红，黑黄，黄灰，黄绿，粉红，蓝青，蓝绿

例如：

(10) 那几位青年也由下面爬上来，脸色已不微红，而稍带着灰绿。(《猫城记》二十二)

(11) 草房的顶子也是灰黄的，可是在她眼中却好像有些和暖的热气与金光。(《火葬》二十五)

(12) 它的上身穿着朱红的袍，从腰以下是翠绿的叶与粉红的花，每一个叶折与花瓣都精心的染上鲜明而匀调的彩色，使绿叶红花都闪闪欲动。(《四世同堂》十四)

(5) 评价类

在 XA 式状态词中，作为中心语素 A 修饰性成分的 X 有以下 4 个：

死、惨、煞、傻

X 修饰 A，表示一种否定性的贬义的主观态度或评价。以下分别说明。

【死白】让人感觉不好、讨厌的白色。在灯光下，伊牧师的脸是死白死白的。(《二马》第五段) | 电灯煤气灯还都亮着，孤寂的亮着，死白的亮着！(《二马》第五段)

【惨白】同普通话。① ①（景色）暗淡而发白。走到了街门，心中还存着那个惨白冷落的桥影，仿佛只隔了一眨眼的工夫似的。(《骆驼祥子》九) ②（面容）苍白。在灯光中，他看见个脸色惨白，眼皮红肿的莲姑娘。(《火葬》二十九) ③头发苍白，呈现老迈状态。惨白的头发在一顶破小帽下杂乱的髽髽着；(《骆驼祥子》十) ｜到头发惨白了的时候，谁也有一个跟头摔死的行市！(《骆驼祥子》十)

【惨绿】暗淡的绿色。十字街口的高杆上悬着一盏大煤汽灯，惨绿的光射出老远。(《火葬》三十一) ｜他偷眼看看，陈先生的脸色还是惨绿的，分明已经十分疲乏。(《四世同堂》十九)

【煞白】同普通话。② 由于恐惧、愤怒或某些疾病等原因，面色极白，没有血色。马威没言语，煞白的脸慢慢红起来。(《二马》第四段)

【傻白】让人感觉有些傻气的白。树木微动，月色更显得微茫；白塔却高耸到云间，傻白傻白的把一切都带得冷寂萧索，整个的三海在人工的雕琢中显出北地的荒寒。(《骆驼祥子》九) ｜土坡上全是蜀菊，细高的梗子，大圆叶子，单片的，一团肉的，傻白的，鹅黄的花，都象抿着嘴说……(《二马》第三段)

【傻好】无原则地厚道。四爷的事，不准告诉二爷；二爷又是那么傻好的人。(《赶集·黑白李》) ｜赵子曰说着引起无限感慨："今天特意来找你，给你们说和说和，傻好的朋友，干什么犯意见呢！"(《赵子曰》第十二)

在当代北京话中，带前加成分"贼""傻"的"贼亮""傻好"之类的说法，已经不大听得到了；前者感觉是东北话，后者感觉是天津话——当代北京话与老舍那个时代相比，已经有了一些变化。

---

① 中国科学院语言研究所词典编辑室编：《现代汉语词典》（试用本），商务印书馆1973年版，第93页；中国社会科学院语言研究所词典编辑室编：《现代汉语词典》（第7版），商务印书馆2016年版，第125页。

② 中国科学院语言研究所词典编辑室编：《现代汉语词典》（试用本），商务印书馆1973年版，第888页；中国社会科学院语言研究所词典编辑室编：《现代汉语词典》（第7版），商务印书馆2016年版，第1134页。

二 Axy 式状态词

所谓 Axy 式状态词是指像"笑不唧"式的状态词语。A 是动词性或形容词性词根语素,承担 Axy 式状态词的主要词汇意义;"不唧"读轻声,有些可以儿化,表示附加的词汇意义;从单独使用的角度来看,Axy 常常带"的",只是从众从俗,在文中我们仍称为"Axy 式状态词"。

在老舍小说语言中,Axy 式状态词共有 15 种,共出现 25 例次;又可以以 x 是否为"-不-"分作两小类。

a. 光出溜4,滑出溜2,鲇出溜2
b. 黄不唧,黑咕咙,灰不溜,灰不噜,灰不拉,僵不吃3,
   懒不唧,软不唧,傻不瞪,笑不唧儿4,直不棱,紫不溜儿

分别说明如下。

【光出溜】光光的,应该有的东西没有。头不像头,球不像球,就那么光出溜的不起美感,只好自比于烫去毛的鸡。(《牛天赐传·七 两种生活》)|像糊好的漂亮纸人还没有安上脚,光出溜的插着两根秫秸秆那样。(《骆驼祥子》七)

【滑出溜】很光滑的感觉。把白板滑出溜的摸在手里,正摸在手里,远远的吹过来一阵花香,你说痛快不痛快?!(《赵子曰》第十六)|他下了车回手一摸,坏了,只摸着了滑出溜的大腿,没带着钱。(《赵子曰》第二十)

【鲇出溜】偷偷地、很快地溜走。赵子曰辞了阎家的馆,给周少濂写了个明信片辞行,鲇出溜的往北京跑。(《赵子曰》第十一)|先生知道李先生是个老实头,他一声也没言语鲇出溜的就搬了。(《赵子曰》第十一)

从中可见,"~出溜"含有{光滑}附加意义,又由此引申为{速度快}。

【黄不唧】浅淡不正的黄色。眼珠上横着些血丝儿,下面还堆着一层黄不唧的瞳。(《二马》第三段)

【黑咕咙】没有光亮,漆黑一片。哎呀!下面敢情是大海!黑咕咙的大海!(《小坡的生日·十八醒了》)

【灰不溜】灰暗。我的眼睛里老灰不溜的带着血丝。(《樱海集·月牙儿》)

【灰不噜】灰并有些脏的颜色。他慢慢的扛起行李，一手高举着车票，一手握着那条灰不噜的毛巾，慢慢的下了车。(《四世同堂》八十二)

【灰不拉】有些浑浊的灰色（略有厌恶色彩）。眼珠不是黄的，也不是黑的，更说不上是蓝的，就那么灰不拉的，瘪瘪着。(《樱海集·柳屯的》)

【僵不吃】僵硬，尴尬，不自然。他僵不吃的立起来，随着她往北走，还是找不到话说，混身都有些发木，像刚被冻醒了似的。(《骆驼祥子》九) | 郝凤鸣笑着，可是笑得僵不吃的。(《火车集·东西》)

【懒不唧】懒懒的又扬扬自得的样子。"当然！"空山懒不唧的，又相当得意的，点了点头。(《四世同堂》四十四)

【软不唧】娇柔、绵软的样子。高亦陀对晓荷软不唧的笑了笑，像说相声的下场时那么轻快的走出去。(《四世同堂》四十三)

【傻不瞪】憨厚呆傻的样子。他不敢走向前去，而傻不瞪的立在门坎内。(《火葬》二十一)

【笑不唧儿】微微露出笑容的样子。老那么笑不唧儿？的，似乎认识你，又似乎不大认识；(《牛天赐传·二 歪打正着》) | 平日他一说话，眼里不是老那么泪汪汪的，笑不唧儿的吗？现在，他还是那么笑不唧儿的，可是不泪汪汪的了。(《四世同堂》三十九)

【直不棱】目光呆滞，或言语生硬。(广东的胖小子) 粗粗的胳臂，胖胖的腿，两眼直不棱的东瞧瞧西看看，真象个混小子。(《小坡的生日·四 花园里》)

【紫不溜儿】让人喜爱的紫色。已经快落太阳了，一片一片的红云彩把绿绒似的草地照成紫不溜儿的。(《二马》第一段)

在上列词语中，"笑不唧儿、懒不唧、光出溜、滑出溜、鲇出溜、紫不溜儿" 6个词语读儿化，有略表喜爱的色彩；"黄不唧、软不唧、灰不噜" 有儿化与不儿化两种读法，意思不同：儿化读法，有表喜爱义；不儿化，则略有厌恶色彩。"僵不吃、直不棱" 等没有儿化读法。

Axy式状态词可以作定语、状语、宾语、补语、谓语和小句，不能作主语。Axy 式状态词句法功能见表 3-1。

表 3-1　　　　　Axy 式状态词句法功能分布

	定语	状语	宾语	补语	谓语	小句	总计
出现例次	5	9	1	1	6	3	25
所占比例（%）	20	36	4	4	24	12	100

此外，Axy 后边都有"的"，严格地说，"Axy 式状态词"应该是"Axy+的"式状态词。

三　Axyz 式与 ABxy 式状态词

（一）Axyz 式状态词

Axyz 式状态词，指第一个成分是表示主要词汇意义并且可以独立成词的语素，后边小写的 xyz 是表示附加意义的附加语素，或者说词缀。在老舍小说语言中，这种 Axyz 式状态词共有 12 个，出现 51 例次（括号内为异形词）：

> 黑咕笼咚3，黑不溜球，灰喁噜嘟，急扯白脸12（急叉白脸1），
> 冒儿咕咚3（冒儿咕冬、冒而咕咚），慢条斯理18（慢条厮理、慢条厮礼），
> 毛腾厮火2，傻拉光鸡，瞎摸合眼3，血丝糊拉3（血丝胡拉2），
> 乌漆巴黑、歪不横楞3（歪脖横狼2）

这些状态词中，《现代汉语词典》收录了"黑咕隆咚""慢条斯理"2 个。

以下分别说明。

【黑咕笼咚】同普通话。[①] 形容没有光亮，漆黑一片。也可以说

[①] 中国科学院语言研究所词典编辑室编：《现代汉语词典》（试用本），商务印书馆 1973 年版，第 408 页；中国社会科学院语言研究所词典编辑室编：《现代汉语词典》（第 7 版），商务印书馆 2016 年版，第 532 页。

"黑咕咙"。① 胡同里虽有煤气灯，可是雾下得很厚，黑咕笼咚的什么也看不见。(《二马》第一段) | 几家在背灯影里，一片黑咕笼咚什么也看不见。(《赵子曰》第二十) | 哎呀！下面敢情是大海！黑咕咙的大海！(《小坡的生日·十八 醒了》)

【黑不溜球】形容黑得难看。楞磕磕的，他瞪着那黑不溜球的怪饼，两手一劲儿哆嗦。(《四世同堂》七十五)

【灰唏噜嘟】有褶皱凸凹不平感让人感觉不舒服的灰色。屋外刚吐绿叶的细高挑儿杨树，经过了雨，树干儿潮润的象刚洗过澡的象腿，又润，又亮，可是灰唏噜嘟的。(《二马》第二段)

【急扯白脸】急躁、发怒脸色难看的样子。我一问他，他急扯白脸的说："人家信中国人都有好几个妻子，为什么不随着他们说，讨他们的喜欢！"(《二马》第三段) | 急叉白脸出了屋门，他还慢条斯理的东张西望，仿佛忘了方向，在那里磨蹭。(《四世同堂》八十二)

【冒儿咕咚】轻率，盲目。不过，对于钱的处置方法，他可不敢冒儿咕咚的就随着她的主意走。(《骆驼祥子》八) | 这回他不再冒儿咕冬的去拜访，必须有些准备。(《文博士》九) | 在这个局面下，冒而咕咚的出来个巡警，够多么不合适呢 (《火车集·我这一辈子》)

【慢条斯理】同普通话。② 行动缓慢，不慌不忙。马老先生两手撒着，大氅后襟往起撅着一点，慢条厮礼的摇晃着。(《二马》第二段) | 出了屋门，他还慢条厮理的东张西望，仿佛忘了方向，在那里磨蹭。(《四世同堂》八十二)

【毛腾厮火】行动慌张、不稳重。小邱，在街坊们眼中，是个毛腾厮火的小伙子。(他走路好像永远脚不贴地，……)(《赶集·热包子》) | 小邱更毛腾厮火了，可是不大爱说话。(《赶集·热包子》)

【傻拉光鸡】很傻的样子。小老虎们看着虽然个子很大，可是岁数

---

① 《现代汉语词典》(第7版)，第532页删除了《现代汉语词典》(试用本)中的"也可以说'黑咕咙'"。

② 中国科学院语言研究所词典编辑室编：《现代汉语词典》(试用本)，商务印书馆1973年版，第684页；中国社会科学院语言研究所词典编辑室编：《现代汉语词典》(第7版)，商务印书馆2016年版，第877页。

都很小，说话行事有些"傻拉光鸡"的。(《小坡的生日·十八 醒了》)

【瞎摸合眼】眼神不好，看不清。说到了这里，她才看见瑞宣："哟！祁大爷呀，你看我这瞎摸合眼的！……"(《四世同堂》八) ｜四大妈……说完，她瞎摸合眼的就往外跑，几乎被门坎绊了一跤。(《四世同堂》二十二)

【血丝糊拉】①血肉模糊。②颜色红得让人感觉不舒服。门前扎起血丝胡拉的一座彩牌，"大减价"每个字有五尺见方，两盏煤气灯，把人们照得脸上发绿。(《蛤藻集·老字号》) ｜从这里，他拿出车票来，然后又掏出个纸卷，从纸卷中检出两张很大，盖有血丝胡拉的红印的纸来。(《集外·番表》) ③让人联想到血腥场面而令人恐惧。青云阁商场所卖的国货，除了竹板包锡的小刀小枪，和血丝糊拉的鬼脸儿，要算茶楼中的"坐打二簧"为最纯粹。(《赵子曰》第二十)

【乌漆巴黑】①没有光线，黑暗。②形容颜色很黑，深黑。花圈中间，有一个大像片，是个乌漆巴黑的瘪嘴老太太。(《小坡的生日·八 逃学》)

【歪不横楞】歪歪斜斜，不当不正。周少濂躺在地上，不留神看好象一条小狗，歪不横楞的卧着。(《赵子曰》第二十三) ｜在大槐树底下，小崔的车歪脖横狼的放着。(《四世同堂》八)

在这些词语中，《现代汉语词典》收录的"黑咕隆咚""慢条斯理"除了"黑""慢"的意思是清楚的，其余三个音节（字）的意思不清楚，所以我们把这个词语看作"Axyz"式状态词。

另外，在《老舍全集》第 2 卷中的长篇小说《小坡的生日》中，老舍还创造一个角色"嗐拉巴唧"，这个词出现 142 例次。尽管在当代北京话中有"苦了吧唧、酸了吧唧"之类状态词形式，尽管老舍不会毫无根据地创造这么一个形式来作为自己小说中一个角色的名字，但在老舍小说中，毕竟没有"A 拉巴唧"这种状态词例证，所以我们还是没有把"嗐拉巴唧"作为状态词的正式词条收录。

（二）ABxy 式状态词

ABxy 式状态词，是指前两个字 A、B 是表示词汇意义并且可以独立成词的语素，后边小写的 xy 是表示附加意义的附加语素，或者说词缀。在老舍小说语言中，这种 ABxy 式状态词共有 12 个，出现 20 例次（括号内为异形词）：

> 困眼巴唧2，愣眼巴唧，楞眼瓜哒，楞眼巴睁3，驴脸瓜嗒，笨手八脚，老实八焦2（老实巴焦），胡子拉碴2，胡闹八光2，破衣拉撒，干净抹腻3，利落抹腻

以下分别说明。

【困眼巴唧】由于困眼睛有些睁不开的样子。温都太太刚吃完了饭，困眼巴唧的，鼻子上的粉也谢了，露着小红鼻子尖儿，象个半熟的山里红；(《二马》第二段）｜门已开了，马威把一个铜子放在小铁桌子上，看门的困眼巴唧的看了他一眼，马威向他说了声"快乐的新年"。(《二马》第四段)

【愣眼巴唧】刚睡醒时神情恍惚的样子。大家全醒过来，愣眼巴唧的看着小虎们。(《小坡的生日·十七 往虎山去》)

【楞眼瓜哒】刚睡醒时睡眼惺忪的样子。"李顺！"赵子曰楞眼瓜哒的坐起来说："把水放下，拿那张戏报子去裱！"(《赵子曰》第十五)

【楞眼巴睁】刚睡醒时眼神呆滞，神情恍惚。他似乎没把话都听明白，楞眼巴睁的走出来，又楞眼巴睁的随着老人往院外走。(《四世同堂》五十一）｜菊子露出点脸来，楞眼巴睁的想笑一笑，而找不到笑的地点。(《四世同堂》五十五)

【驴脸瓜嗒】形容脸色阴沉。至于张大哥呢，长长的脸，并不驴脸瓜搭，(《离婚》第一)

【笨手八脚】动作不灵活。弄了块白布，他自己笨手八脚的拿个大针把钱缝在里面，永远放在贴着肉的地方。(《骆驼祥子》二十)

【老实八焦】形容人老实、本分。咱们平常日子看着莫先生老实八焦的，敢情他要真生气的时候更不好惹！(《赵子曰》第十一）｜像你这么老实巴焦的，安安顿顿的在这儿混些日子，总比满天打油飞去强。(《骆驼祥子》七)

【胡子拉碴】同普通话。[①] 形容满脸胡子未加修饰而显得邋遢的样子。慢慢的把糖水喝完，他又看了大家一眼："哎，劳诸位的驾！"说得非常的温柔亲切，绝不像是由那个胡子拉碴的口中说出来的。(《骆驼祥子》十)｜满脸胡子拉碴，太阳穴与腮都瘪进去，眼是两个深坑，那块疤上有好多皱纹！(《骆驼祥子》十九)

【胡闹八光】胡闹。"八光"为词缀，无具体意义。她不能再激怒了高第，使高第也去胡闹八光。(《四世同堂》四十四)｜多少年了，三合祥除了在灯节才挂上四只官灯，垂着大红穗子；此外，没有任何不合规矩的胡闹八光。(《蛤藻集·老字号》)

【破衣拉撒】衣衫褴褛的样子。看他俩破衣拉撒的样子，他怀疑招弟与瑞丰是否真作了特务。(《四世同堂》七十六)

【干净抹腻】干净整齐的样子。个个干净抹腻，脸上永远是笑着，露着雪白的门牙，头发剪得正好露出青青的头皮儿。(《二马》第一段)｜身上的衣裳穿得干净抹腻，更显得年青一些。(《二马》第二段)｜她不算一百成的好看，可是干净抹腻呢！(《二马》第四段)

【利落抹腻】利落整齐的样子。再说，有了枪，身上也就多了些玩艺儿，皮带，刺刀鞘，子弹袋子，全得弄得利落抹腻，不能像猪八戒挎腰刀那么懈懈松松的，还得打裹腿呢！(《火车集·我这一辈子》)

在上列这 12 个词语中，《现代汉语词典》第 7 版收录了"老实巴交"，标作〈口〉,[②] 而试用本未收。这说明，"老实巴交"是 20 世纪 70 年代以后被吸收进普通话的。

在语义上，上 12 个 Axyz 式状态词和 12 个 ABxy 式状态词，除了"干净抹腻""利落抹腻"，都带有贬义色彩。

[①] 中国科学院语言研究所词典编辑室编：《现代汉语词典》(试用本)，商务印书馆 1973 年版，第 423 页；中国社会科学院语言研究所词典编辑室编：《现代汉语词典》(第 7 版)，商务印书馆 2016 年版，第 550 页。

[②] 中国社会科学院语言研究所词典编辑室编：《现代汉语词典》(第 7 版)，商务印书馆 2016 年版，第 785 页。

在句法功能上，Axyz 式与 ABxy 式状态词可以作定语、状语、宾语、补语、谓语和小句。其中，主要功能是作状语和谓语；作状语占总例次的 45.07%，高出处于第二位作谓语功能 32.39% 的 12.68 个百分点。详见表 3-2。

表 3-2　　　　　Axyz 式与 ABxy 式状态词功能分布

	定语	状语	宾语	补语	谓语	小句	总计
出现例次	9	32	1	2	23	4	71
所占比例（%）	12.68	45.07	1.41	2.82	32.39	5.63	100

另外，Axyz 式状态词和 ABxy 式状态词后边都带"的"，因此，严格地说，应该是"Axyz + 的"式和"ABxy + 的"式状态词。

四　"A 里 AB"式、"A 里 BC"式和"A 里 BA"式状态词

（一）"A 里 AB"式状态词

"A 里 AB"式状态词，是指"糊里糊涂"这种状态词。在老舍小说语言语料库中，"A 里 AB"式状态词共有 9 个，出现 37 例次（括号内为异形词，词语后边的数字为其出现例次数）：

叨哩叨唠，哆哩哆嗦 2，怪里怪气，糊里糊涂 20（胡里胡涂 10），慌里慌张，叽里咕噜 3（唧哩咕噜、叽哩咕噜），唠里唠叨 6，罗哩罗嗦 2，媚里媚气

以下分别说明。

【叨哩叨唠】没完没了地说，让人厌烦。拉车的把车拉起来，嘴中叨哩叨唠的向巷外走去。（《赵子曰》第六）

【哆哩哆嗦】因受外界刺激身体不由自主地颤动。"先生，花儿来了。真新鲜！知道——"说着，哆哩哆嗦的把花交给马老先生。（《二马》第二段）｜莫大年脸也是雪白，哆哩哆嗦的说："快走！（《赵子曰》第二十二）

【怪里怪气】同普通话。①（形状、装束、声音等）奇特，跟一般不同（含贬义）。当她不是这样怪里怪气的时候，她就宁教瑞丰太太陪着她，也不要招弟，因为女儿的年轻貌美天然的给她不少威胁。（《四世同堂》三十七）

【糊里糊涂】①不明事理，对事物认识模糊或混乱。他信马由缰的走到中央公园，糊里糊涂的买了一张门券进去。（《老张的哲学》第三十一）｜马老先生既不知为什么把这些宝贝带来，又不知为什么要上税；把小胡子一撅，糊里糊涂的交了钱完事。（《二马》第二段）②内容混乱的。糊里糊涂的，他从嗓子里挤出两句话来："明天上课。今天，今天，不上了！"（《四世同堂》二十二）

【慌里慌张】不沉着，慌乱。祥子不十分佩服老程，老程跑得很快，可是慌里慌张，而且手老拿不稳车把似的。（《骆驼祥子》十二）

【叽里咕噜】同普通话。② 形容听不清楚或听不懂的说话声，也形容物体滚动的声音。"咱们要菜吧！"欧阳天风的肚子已经叽哩咕噜奏了半天乐。（《赵子曰》十八）｜瑞丰的肚子报告着时间，一定是已经过午了，他的肚子里饿得唧哩咕噜的乱响。（《四世同堂》四十六）

【唠里唠叨】说起话来没完没了，让人厌烦。平常他总以为女人都是唠里唠叨，光动嘴唇，而没有任何识见与意义。（《文博士》八）｜他——曲时人——没看见这个皱眉，仍然热烈的，真诚的，唠里唠叨的给大家介绍：（《蜕》第四）

【罗哩罗嗦】①（言语）繁复；絮叨。他觉得唐先生太罗哩罗嗦，不像个成大事的人。（《文博士》十五）②（事情）琐碎、麻烦。交钱支钱，开个汇票，信个三千五千，全没错儿，而且话到钱来，没有银行那些罗哩罗嗦。（《牛天赐传·二十二 家败人亡》）

【媚里媚气】①有点让人讨厌的娇媚。②谄媚有点让人讨厌。他

---

① 中国社会科学院语言研究所词典编辑室编：《现代汉语词典》（第7版），商务印书馆2016年版，第477页。

② 中国科学院语言研究所词典编辑室编：《现代汉语词典》（试用本），商务印书馆1973年版，第467页；中国社会科学院语言研究所词典编辑室编：《现代汉语词典》（第7版），商务印书馆2016年版，第598页。

向教育局长嘀咕了几句，教育局长眼中媚里媚气的，连连点头，仿佛他十二分的能欣赏，接受，别人的建议。(《蜕》第三)

"A 里 AB"式状态词都有形容词原型 AB；作为"A 里 AB"式状态词原型的形容词 AB 都是表示负向的、具有贬义的性质，如"糊涂、啰嗦、慌张"等，它们的反义词是具有正向、褒义色彩的形容词，如"精明、简练、镇静"等，不能构成"A 里 AB"式状态词：

精明→﹡精里精明　　简练→﹡简里简练　　镇静→﹡镇里镇静

从《现代汉语词典》试用本未收而第 7 版收录这一情况来看，"怪里怪气"应该是后来进入普通话的。

(二) "A 里 BC"式状态词

"A 里 BC"式状态词，老舍小说中有 7 个，共出现 16 例次：

花狸狐哨，嘀哩嘟噜，急里蹦跳 3（激烈蹦跳），唏哩哗啦 3（西嘟哗嘟、唏哩花拉），稀里胡涂 3（稀离糊涂、稀里葫芦），曲里拐弯，紫里蒿青 4（紫里套青）

以下分别说明。

【花狸狐哨】同普通话词语"花里胡哨"。① ①颜色过分鲜艳繁杂(有厌恶义)。大赤包不是无论在什么时节都打扮得花狸狐哨的吗？好，她也得这么办！(《四世同堂》十九)。②浮华而不实在。②

【嘀哩嘟噜】形容说话快，听不清楚或听不懂。孩子们向他嘀哩嘟噜，作为是说洋话。(《牛天赐传·二十四 狗长犄角》)

【急里蹦跳】性格急躁，碰到不称心的事马上激动不安。有时候无心中的被别个车夫给碰伤了一块，他决不急里蹦跳的和人家吵闹，

---

① 中国科学院语言研究所词典编辑室编：《现代汉语词典》(试用本)，商务印书馆 1973 年版，第 429 页；中国社会科学院语言研究所词典编辑室编：《现代汉语词典》(第 7 版)，商务印书馆 2016 年版，第 557 页。

② 有该义位而在老舍小说中未找到用例的，本文均只列出义位。下同。

而极冷静的拉回厂子去,该赔五毛的,他拿出两毛来,完事。(《骆驼祥子》二十一)|街上不知道为什么这么多卖徽子麻花的,也不知道为什么都一个腔调急里蹦跳的喊,这群中国人!(《文博士》四)|别看孙守备激烈蹦跳的说,他心里明白自己的真意。(《老张的哲学》第四十)

【唏哩哗啦】同普通话"稀里哗啦"。① ①拟声 形容雨声、建筑物倒塌声。喊声,吼声,在上面;脚镣唏哩哗啦在下面,当中夹着鞭声与肉声;(《火葬》二十七)|它的车辆,只有笨重的,破旧的,由乡下人赶着的大敞车,走得不快,而西嘟哗啷的乱响。(《四世同堂》六十一)②形 状态词。七零八落或彻底粉碎的样子。

【稀里胡涂】同普通话。② ①形容头脑糊涂(程度略轻)。赵子曰又一屁股坐在床上,用手稀离糊涂的搓着大腿。(《赵子曰》第十七)|那个兵始终没有出一声,就稀里胡涂的断了气。(《贫血集·小木人》)②形容做事马虎,随便。连大棉袍也没脱,就那么稀里胡芦的小跑着。(《骆驼祥子》二十一)

【曲里拐弯】同普通话。③ 弯弯曲曲。其特别的是那两步走法儿:他不走,他曲里拐弯的用身子往前躬。(《樱海集·毛毛虫》)

【紫里蒿青】不正常的青紫色(含有贬义)。小崔由街上回来,没有拉着车,头上有个紫里蒿青的大包。(《四世同堂》二十六)|到他被人家堵在死角落的时候,他会把脖子憋得紫里蒿青的,连连的摇头。(《四世同堂》三十八)

"A 里 BC"式状态词中,"里"后边的 BC 可以成词,如"蹦跳"(急里蹦跳)、"糊涂"(稀离糊涂)、"哗啦"(稀哩哗啦)等。

---

[1] 中国社会科学院语言研究所词典编辑室编:《现代汉语词典》(第7版),商务印书馆2016年版,第1400页。

[2] 中国社会科学院语言研究所词典编辑室编:《现代汉语词典》(第7版),商务印书馆2016年版,第1400页。

[3] 中国科学院语言研究所词典编辑室编:《现代汉语词典》(试用本),商务印书馆1973年版,第842页;中国社会科学院语言研究所词典编辑室编:《现代汉语词典》(第7版),商务印书馆2016年版,第1076页。

从《现代汉语词典》试用本未收而第 7 版收录这一情况来看，"稀里胡涂""唏哩哗啦"是后来进入普通话的。

(三)"A 里 BA"式状态词

"A 里 BA"式状态词，老舍小说中共有 1 个，只出现 1 例次。

【叨里唠叨】没完没了地说，让人厌烦。可是，原谅我的叨里唠叨，你必定得带着建华！怎样？(《文博士》九)

"A 里 BA"式状态词中，AB"叨唠"可以成词，"里"后边的 BA"唠叨"也可以成词，而且"叨唠"与"唠叨"同义。因此，"叨唠"与"唠叨"可以看作异序词，这样就导致含有中缀"－里－"的 3 个构词小类所构成的"叨里叨唠""唠里唠叨""叨里唠叨"3 个状态词同义现象。

"A 里 AB"式状态词、"A 里 BC"式状态词和"A 里 BA"式状态词中，都含有衬音性中缀"里"，都表示不如意的状态，带有贬义倾向，因此，可做统一处理，看作同一种词法构式。在语音上，"－里－"也可变读为 –le–或 –la–，亦即中缀"－里－"有三种读音：–li、–le 和 –la。

在句法功能上，"A 里 AB"式状态词、"A 里 BC"式和"A 里 BA"式状态词可以作谓语、宾语、定语、状语、补语和小句，详见表 3–3。

表 3–3 "A 里 AB"式、"A 里 BC"式和"A 里 BA"式状态词句法分布

	定语	状语	宾语	补语	谓语	小句	总计
出现例次	2	26	4	7	8	7	
所占比例（%）	3.7	48.15	7.41	12.96	14.82	12.96	100

从以上分析来看，三音节及以上的状态词，最主要的功能是作状语，其次是作谓语，不作主语，不大作宾语。这是因为三音节四音节状态词最主要的功能是绘声绘景，起描写作用。

第二节 ABB 式状态词

一般所谓的 ABB 式状态词，是指下列例句中标有着重号的部

分（例句引自《现代汉语词典》第 7 版，括号中数字为例句所在页码）：

(1) 白皑皑的雪铺满原野。(P22)
(2) 文章写得干巴巴的，读着引不起兴趣。(P419)
(3) 他爬上岸来，浑身水淋淋的。(P1226)

这类词语，以前被看作形容词；朱德熙先生在 1956 年发表的论文中把它称为"状态形容词"①，与"大、小"之类的性质形容词相对。在现在的汉语语法学著作中一般被看作一个独立的词类"状态词"，而在教学语法系统以及《现代汉语词典》中，被看作是形容词下属的一个小类。

一 老舍小说语言语料库中 ABB 式状态词的出现情况

有些一眼看去很像 ABB 式状态词的，实际上并不在其列，例如：

(4) 不过有时候巡警叫他"怯八义""傻铛铛"……赵四未免发怒，因为他对于这些名词，完全寻不出意义；而且似乎穷人便可以任意被人呼牛呼马而毫无抵抗力的。(《老张的哲学》第二十九)

(5) "小人！小伙计！吃饱了？睡忽忽了？还不会叫爸呀？真有你的！看这小眼，哟，哟，笑了！"（《牛天赐传·四 钩儿套圈》)

(6) 朋友就得互助，焉知你不升了科长，或是我作了秘书——要不是家里成天瞎嘈嘈，我也不能到如今还是个科员——到那时节，我们不是还得互相照应吗？(《离婚》第十三)

---

① 朱德熙：《现代汉语形容词研究》，《语言研究》1956 年第 1 期。

例（4）中的"傻铛铛"是对黄包车夫的蔑称，是以黄包车上敲击可以发出"铛铛"响的铃铛来指代黄包车夫；例（5）中的"睡忽忽"是模仿儿童语，"忽忽"模拟睡觉发出的声音；例（6）中的"瞎嘈嘈"，是指胡乱吵闹。因此这里列出的几个形式不是本节要讨论的 ABB 重叠形式。

排除"傻铛铛""睡忽忽"这种与 ABB 式状态词类似的词语，在老舍 250 万字的小说语料库中，共搜集到含有 ABB 式状态词的例句 377 个，平均每万字出现 1.51 例次。

通过对 377 例含 ABB 式状态词的句子进行分析，得出 150 个词形；再通过合并异形词，离析出 ABB 式状态词 136 个，每个平均出现 2.77 次。我们这里所说的"异形词"，是指同音（或基本同音）同义而书写形式不同的词语形式。老舍小说中 ABB 式状态词异形词语有以下 13 组（括号内为异形词）：

> 喘吁吁（喘嘘嘘），黄澄澄（黄登登），灰潒潒（灰碌碌），
> 黑糊糊（黑忽忽），咕碌碌（嘈碌碌），绿荫荫（绿阴阴），
> 年轻轻（年青青），笑眯眯（笑迷迷），雄赳赳（雄纠纠），
> 软乎乎（软忽忽），气哼哼（气横横），硬梆梆（硬棒棒），
> 湿漉漉（湿碌碌、湿潒潒）

二 与《现代汉语词典》对比

老舍小说中的 136 个 ABB 式状态词中，《现代汉语词典》试用本收录了 47 个（括号内为老舍小说中同时使用的异形词形式）：

> 白花花，白茫茫，喘吁吁（喘嘘嘘），赤裸裸，臭烘烘，
> 滴溜溜，顶呱呱，恶狠狠，干巴巴，孤零零，光溜溜，
> 光秃秃，红扑扑，活生生，厚墩墩，黑糊糊，黑洞洞，
> 黑黝黝，紧巴巴，静悄悄，懒洋洋，泪汪汪，亮堂堂，
> 绿茸茸，乱蓬蓬，冷清清，冷森森，冷飕飕，麻酥酥，

慢腾腾，明晃晃，怒冲冲，气昂昂，热乎乎，热辣辣，
热腾腾，湿漉漉（湿碌碌/湿渌渌），水汪汪，酸溜溜，
笑嘻嘻，笑眯眯（笑迷迷），香喷喷，羞答答，雄赳赳，
油汪汪，直溜溜，直挺挺

此外，老舍小说中还有4个与《现代汉语词典》试用本规范词形不同的异形词（括号内为老舍小说中同时使用的异形词形式）：

黄澄澄（黄橙橙/黄登登）　　胖乎乎（胖忽忽）
文绉绉（文诌诌）　　　　　硬邦邦（硬梆梆/硬棒棒）

老舍小说中出现的136个ABB式状态词中，为《现代汉语词典》试用本收录的共51个，占老舍小说ABB式状态词的37.5%。《现代汉语词典》试用本共收录ABB式状态词122个（不含标有〈方〉以及被认为是方言词的，如"赤光光""汗津津"），其中在老舍小说中出现的有51个，也就是说，《现代汉语词典》试用本中收录的ABB式状态词中，有41.8%曾在老舍小说中出现。

《现代汉语词典》第7版收录ABB式状态词词形223个，通过合并异形词语，并剔除5个标有"〈方〉"的方言词语"尖溜溜、凶巴巴、硬撅撅、脏兮兮、直撅撅"，得到ABB式状态词208个。其异形词语情况如下：

潮乎乎（潮呼呼），顶呱呱（顶刮刮），黑乎乎（黑糊糊），
黑压压（黑鸦鸦），红通通（红彤彤），金煌煌（金晃晃），
蓝莹莹（蓝盈盈），蔫乎乎（蔫呼呼），暖乎乎（暖呼呼），
清凌凌（清泠泠）

在增收的ABB式状态词中，含有老舍小说中出现过的ABB式状态词12个（括号内为异形词）：

汗淋淋，黑茫茫，凉飕飕，慢吞吞，毛茸茸，胖嘟嘟，傻乎乎，水淋淋，气哼哼（气横横），笑吟吟，圆溜溜，直勾勾

异形词4个（括号内为老舍小说中出现的异形词）：

黏糊糊（粘糊糊），暖乎乎（暖忽忽），油乎乎（油糊糊），直愣愣（直楞楞）

《现代汉语词典》第7版，共收录老舍小说中出现的ABB式状态词67个。

有的词语虽然读音相同，但意义不同，不具有同一性，我们没有将其看作异形词。如老舍小说的"咕碌碌/唔碌碌""绿荫荫/绿阴阴"与《现代汉语词典》"骨碌碌""绿茵茵"语音形式相同，但意义并不相同：

(7) 肚子随着唔碌碌响了几声，把手放在心口上，嗐！深深吸了一口气。（《二马》第三段）

(8) 茶走下去，肚里咕碌碌的响了一阵。（《老张的哲学》第五）

(9) 喝完，他的肚里咕碌碌的响起来，他觉得十分饥饿。（《贫血集·小木头人》）

(10) 有几株大树把这块地遮得绿荫荫的，又凉爽，又隐僻，正好作为战场。（《小坡的生日·七 学校里》）

(11) 夏天，槐树的叶影遮满了地，连人家的街门都显着有点绿阴阴的。（《小人物自述》三）

在老舍小说中，例（7）、例（8）、例（9）中的"咕碌碌/唔碌碌"都是对声音的模拟，与《现代汉语词典》第7版第465页所收录的表示{形容很快转动}的"骨碌碌"不同；而例（10）、例（11）中的"绿荫荫/绿阴阴"，表示{由于绿树掩映而使地面留下暗影}，而《现代汉语词典》第7版第854页中，"绿茵茵"是{形容草地等一片碧

绿｝：~的草坪｜后院的菜地~的。如果从构词的语义角度妄加解释的话，老舍小说中的"绿荫荫/绿阴阴"可以说是因｛绿｝而｛阴｝，而《现代汉语词典》中的"绿茵茵"则是｛绿｝像｛茵｝（席子）。

老舍小说中的 136 个 ABB 式状态词收入《现代汉语词典》者，共 67 个（含异形词），占老舍小说全部 ABB 式状态词的 49.26%，占《现代汉语词典》全部 ABB 式状态词的 30.73%。或者倒过来说，在《现代汉语词典》中，有近三分之一（30.73%）的 ABB 式状态词在老舍小说中出现过，这些词语占老舍小说 ABB 式状态词的近一半（49.26%）。

三 ABB 式状态词的词法分析

（一）ABB 式状态词中 A 的情况

老舍小说的词汇中，能够充当 ABB 式状态词中的 A 的，有以下 5 种情况。

1. A 为形容词

能够进入 ABB 式状态词 A 位置的形容词共有 54 个，具体如下（括号内是它构成的词语数。下同）：

颜色类：

白（5）、红（3）、黄（2）、灰（3）、黑（6）、蓝（1）、绿（4）、紫（2）、青（1）

感知类：

潮（3）、稠（2）、臭（1）、高（1）、干（2）、辣（1）、湿（2）、酸（1）、甜（1）、凉（2）、亮（1）、热（4）、香（2）、羞（2）、痒（1）、麻（1）、暖（1）、冷（4）、粘（1）

一般性质类：

大（1）、毒（1）、短（1）、恶（1）、厚（1）、光₂（2）、尖（1）、静（1）、紧（1）、懒（1）、乱（1）、慢（2）、密（1）、明（3）、嫩（1）、胖（2）、软（2）、傻（1）、疏（1）、稀（2）、鲜（1）、圆（1）、阴（1）、硬（3）、直（4）、整（1）

这 54 个形容词字头占 A 字头总量（81 个）的 66.67%，构成的 ABB 式状态词共有 98 个，占老舍小说词汇中出现的所有（136 个）ABB 式状态词的 72.06%；这 54 个由形容词构成的 ABB 式状态词，在 250 万字的老舍小说中出现 258 例次，占总例次（377 例次）的 68.44%。A 由形容词构成的 ABB 式状态词占这类词语总量的 72%强，以及其出现例次占到 68%强的比例，这两点说明，人们一般把 ABB 式状态词看作由形容词构成的，是有很强的心理基础的。

另外，"水凌凌""鲜伶伶"中的"水凌""鲜伶"，在《现代汉语词典》中写作"水灵"和"鲜灵"。

2. A 为动词

能够进入 ABB 式状态词 A 位置的动词共 10 个，占 ABB 式状态词字头的 12.35%。具体如下：

喘（1）、赤（1）、鼓（1）、活（2）、乐（1）、怒（1）、楞（1）、秃（1）、死（2）、笑（3）

这 10 个动词构成的 ABB 式状态词共有 14 个，全部列举如下（词语后边的数字是该 ABB 式状态词出现的例次，括号内是异形词以及其出现例次。1 例次者不标）：

喘吁吁 4（喘嘘嘘），赤裸裸 8，鼓膨膨 2，活生生 3，活泼泼，乐嘻嘻，楞磕磕，怒冲冲 3，秃碴碴，笑嘻嘻 20，笑吟吟 4，死板板 4，死呆呆，笑眯眯 7（笑迷迷 4）

这 10 个动词构成的 14 个 ABB 式状态词，占老舍小说词汇中出

· 113 ·

现的 136 个 ABB 式状态词的 10.29%；这 14 个由动词构成的 ABB 式状态词，在 250 万字的老舍小说中出现 60 例次，占总 377 例次的 15.92%。

3. A 为名词

能够进入 ABB 式状态词 A 位置的名词共有以下 9 个，占 ABB 式状态词字头 A 的 11.11%。具体如下：

  汗（1）、泪（1）、毛（1）、年（1）、肉（1）、水（3）、气（3）、文（1）、油（3）

这 9 个名词构成的 ABB 式状态词共有 15 个，全部列举如下（词语后边的数字是该 ABB 式状态词出现的例次，1 例次者不标）：

  汗淋淋，泪汪汪 2，毛茸茸，年轻轻 13，
  肉嘟嘟 2，水汪汪，水淋淋，水凌凌，
  气昂昂 4，气喘喘，气哼哼 6（气横横），
  文绉绉，油光光 2，油汪汪 7，油糊糊

由名词构成的 ABB 式状态词，占老舍小说词汇中出现的 136 个 ABB 式状态词的 11.03%；其出现 44 例次，占 ABB 式状态词 377 总例次的 11.67%。

4. 副词

出现 ABB 式状态词 A 位置的副词只有 1 个"顶"，构成一个"顶呱呱"。

5. 其他

归为此类的，都是属于 A 为不成词性成分，或 A 单独来看可以成词，但在该 ABB 式状态词中不成词，只有 AB 才能成词。这种情况共有字头 7 个，占 ABB 式状态词字头的 8.64%。其中可分 3 类（为简洁起见，出现的例次用数字表示，1 例次者不标；AB 成词者用下画线形式标出）：

(1) A 为不成词语素，有 2 个：

雄 [雄赳赳 2（雄纠纠）]、孤（孤零零）

(2) A 为表音成分，且 AB 不成词，只有一个：

滴（滴溜溜 2）

(3) AB 成词

AB = 动词：<u>叨唠唠</u> 2、<u>呜咽咽</u> 2
AB = 形容词：<u>渺茫茫</u>、<u>孤单</u>单
AB = 拟声词：<u>咕碌碌</u> 3（嘈碌碌）

需要做一点说明：AB 是拟声词的"咕碌碌/嘈碌碌"，"咕碌"（gūlu/gúlu）在北京官话中表示动词和拟声词两个单位（此外读 gúlu 时还有名词用法，不过一般写作"轱辘"）；作为动词，表示 {滚动；转动}。由此构成的"咕碌碌"表示 {形容滚动或转动的样子}，这个用法与《现代汉语词典》（第 7 版）是一致的：

【骨碌碌】（～的）形 状态词。形容很快地转动。（P465）

而在老舍小说语言中出现的 3 例次"咕碌碌/嘈碌碌"都是作为对声音的模拟来使用的，见上节例（7）、例（8）、例（9）。

属于"其他类"的字头构成的 ABB 式状态词共有 8 个，占 ABB 式状态词 5.88%；共出现 14 例次，占 ABB 式状态词总出现例次 377 例次的 3.71%。

综上所述，在 ABB 式状态词中，A 可以成词者共有 74 个，占 ABB 式状态词字头 A 的 91.36%；如果再考虑在古代汉语中，"孤""渺"

"雄"都可成词,那么 A 由成词语素构成就可以上升到 95.06%。这说明,A 作为成词语素在构成 ABB 式状态词占绝对优势;一般认为 ABB 式状态词是由词语 A 与重叠形式 BB 构成的,是有很强语言心理基础的。

对以上分析,用表 3-4、表 3-5、表 3-6 概括如下。

表 3-4　　　　　　　　　　A 的情况对比

	A 为形容词	A 为动词	A 为名词	A 为副词	其他	总计
数量	54	10	9	1	7	81
比例 1（%）	66.67	12.35	11.11	1.23	8.64	100
比例 2（%）	91.36				8.64	100

表 3-5　　　　　　由 A 构成的 ABB 情况对比

	A 为形容词	A 为动词	A 为名词	A 为副词	其他	总计
构词数量	98	14	15	1	8	136
所占比例（%）	72.06	10.29	11.03	0.74	5.88	100

表 3-6　　　　　　A 构成的 ABB 出现例次对比

	A 为形容词	A 为动词	A 为名词	A 为副词	其他	总计
出现例次	258	60	44	1	14	377
所占比例（%）	68.44	15.92	11.67	0.26	3.71	100

（二）ABB 式状态词中 BB 的情况

在老舍小说词汇中,出现在 136 个 ABB 式状态词的后项位置的 BB 共 85 个。具体情况如下。

1. ABB 式状态词中 BB 的出现情况

（1）在构成 ABB 式状态词中只出现 1 次者

这种情况下的 BB 共有 64 个,占 BB 总量 85 个的 75.29%;构成 ABB 式状态词 64 个,占 ABB 式状态词词语总量的 47.06%;出现 189 例次,占总例次的 50.13%。具体如下:

白唧唧,　白亮亮16,赤裸裸8,喘吁吁4,臭烘烘,　大咧咧5,

第三章 状态词研究

短撅撅3，　顶呱呱，　叨唠唠2，恶狠狠3，孤单单，　孤零零，
光秃秃，　咕碌碌3，　鼓膨膨，　红扑扑6，黄橙橙2，黄腊腊，
活泼泼，　活生生3，　厚敦敦4，黑洞洞7，黑黝黝，　静悄悄5，
辣蒿蒿4，懒洋洋8，　乱蓬蓬4，冷噤噤，　冷清清5，楞磕磕7，
麻酥酥，　慢吞吞，　年轻轻13，明晃晃4，怒冲冲3，嫩团团，
软津津，　气昂昂4，　气喘喘，　气哼哼6，青虚虚2，死板板4，
死呆呆，　疏落落，　甜梭梭，　秃碴碴，　文诌诌，　呜咽咽2，
稀稜稜，　笑吟吟4，　笑眯眯7，香喷喷2，羞怯怯，　羞答答，
雄赳赳2，油光光2，　阴惨惨，　硬梆梆2，直楞楞，　直勾勾2，
紫红红，　整条条，　明白白，　香柔柔，

（2）BB在构成ABB式状态词中出现2~4次者

这种情况下的BB共有16个，具体如下（括号内数字为出现次数，/后为异形成分，分号后为出现在其前段位置的A）：

- 花花（2；白，毒）　　　　- 淋淋（2；汗，水）
- 凌凌（2，/伶伶；鲜，水）- 嘻嘻（2；乐，笑）
- 堂堂（2；红，亮）　　　　- 润润（2；红，湿）
- 腾腾（2；慢，热）　　　　- 挺挺（2；硬，直）
- 飕飕（2；凉，冷）　　　　- 阴阴（2，/荫荫；潮，绿）
- 巴巴（3；干，紧，硬）　　- 丛丛（3；黑，绿，密）
- 茫茫（4；白，灰，黑，渺）- 森森（3，/渗渗，潮，凉，冷）
- 茸茸（3；毛，绿，紫）　　- 漉漉（3，/渌渌/碌碌；潮，灰，湿）

由这16个BB构成39个ABB式状态词，占ABB式状态词总量136个的28.68%；这39个ABB式状态词出现110例次，占总例次的29.18%。这16个BB平均每个构成ABB式状态词2.44个，平均每个ABB式状态词出现2.82例次。

（3）BB在构成ABB式状态词中出现在5次以上者

这种情况下的BB共有5个，具体如下（括号内为出现次数，/后

为异形成分，分号后为出现在其前段位置的 A)：

- 嘟嘟（5；稠，胖，热，黑，肉）
- 溜溜（6；光，尖，圆，酸，直，滴）
- 刺刺（5，/辣/拉；白，干，热，痒、稀）
- 汪汪（7；灰，蓝，明，绿，泪，水，油）
- 乎乎（9，/忽忽/糊糊；稠，黑，软，傻，胖，暖，热，粘，油）

由这 5 个 BB 构成 32 个 ABB 式状态词，占 ABB 式状态词总量 136 个的 23.53%；这 32 个 ABB 式状态词出现 77 例次，占总例次的 20.42%。这 5 个 BB 平均每个构成 ABB 式状态词 6.4 个，平均每个 ABB 式状态词出现 2.41 例次。

2. ABB 式状态词中 BB 的成词情况

构成 ABB 式状态词后项 BB 的，在北京官话中有 28 个可以直接成词或者加上"的"成词：

呱呱、秃秃、悄悄、生生、哼哼、呆呆、眯眯、狠狠、单单、轻轻、怯怯、亮亮、红红、条条、嘻嘻、飕飕、茸茸、润润、溜溜、嘟嘟、汪汪、柔柔、茫茫、堂堂、吁吁、团团、楞楞、白白

这 28 个词中有 4 个拟声词（呱呱、哼哼、嘻嘻、飕飕），例如：

【呱呱】拟声 形容鸭子、青蛙等的响亮的叫声。①

构成 ABB 式状态词后项的 BB，成词者占 BB 总量的 32.56%。亦

---

① 中国社会科学院语言研究所词典编辑室编：《现代汉语词典》（第 7 版），商务印书馆 2016 年版，第 473 页。

即 ABB 式状态词后项的 BB，有 1/4 在现代汉语中是可以作为词语来使用的。

（三）ABB 式状态词的构成方式

邵敬敏把 ABB 式状态词的构成方式分为 4 种①；我们根据 A 以及 AB 是否可以成词，把 ABB 状态词的构成方式分为 4 种；分类角度有所不同。

1. A 成词，AB 不成词，ABB←A + BB←B + B

例如：

> 白茫茫，黑洞洞，红扑扑，顶呱呱，绿茸茸，明晃晃，麻酥酥，静悄悄，冷飕飕

这种构词方式，是由单音节语素 B 重叠构成重叠形式 BB，再与单音节词语 A 组合构成 ABB。这种方式构成的 ABB 式状态词共有 114 个，占全部 ABB 式状态词的 83.82%。这说明，把 ABB 式状态词看作由成词语素 A 与重叠语素 BB 构成的不完全重叠式词语，是有很强的语言心理基础的。

2. A 成词，AB 也成词，ABB←AB + B←AB

属于这种情况的有以下 16 个：

> 赤裸裸，冷清清，干巴巴，活泼泼，紧巴巴，红润润，年轻轻，明白白，死板板，湿润润，疏落落，水凌凌，羞怯怯，稀稜稜，鲜伶伶，紫红红

3. A 不成词，AB 成词，ABB←AB + B←AB

属于这种情况的有以下 5 个：

> 叨唠唠，孤单单，咕碌碌，渺茫茫，呜咽咽

---

① 邵敬敏：《ABB 式形容词动态研究》，《世界汉语教学》1990 年第 1 期。

这种构词方式，是以双音节词语 AB 为基础，重复构词语素 B 来构成 ABB。这种构词方式构成的 ABB 式状态词有 21 个，占全部 ABB 式状态词的 15.44%。

在这类构词方式中，有拟声词"咕碌碌"，它是由拟声词"咕碌"重叠第二个音节"碌"构成的。在《现代汉语词典》第 7 版中，还收录了两个词"扑簌簌""噗噜噜"（第 1016 页），但都标作拟声词。

4. A 不成词，AB 也不成词，ABB←A + BB←B + B

属于这种情况的只有 1 个：

孤零零

（四）BB 是词缀吗？

对于 ABB 式状态词中 BB 的认识，学界有些分歧，王力①、赵元任②、吕叔湘③、朱德熙④等把它看作叠音词缀，高校《现代汉语》教材也都采用这种观点；有的看作意义有些虚化的重叠的词根语素，邵敬敏把它看作处于向词缀发展过程中的成分，称为"类后缀"或"准后缀"⑤；马庆株将"白皑皑""光闪闪"和"喘吁吁""硬邦邦"中的"皑皑""闪闪""吁吁""邦邦"看作叠音实义成词语素，因为这些形式可以作为一个词来使用，而将其他形式，如"黑乎乎""红通通""羞答答""直瞪瞪"中后边的重叠形式看作词缀⑥。一般认为，词缀具有搭配上的普遍性，不参与理性意义而表示附加色彩意义；而在 ABB 式状态词中，只有一种搭配的 BB 占其总

---

① 王力：《汉语史稿》，中华书局 1980 年版，第 317 页。
② 赵元任：《汉语口语语法》，吕叔湘译，商务印书馆 1979 年版，第 105—112 页。
③ 吕叔湘主编：《现代汉语八百词》（增订本），商务印书馆 1999 年版，第 18、716、722—730 页表二。
④ 朱德熙：《语法讲义》，商务印书馆 1982 年版，第 73 页。
⑤ 邵敬敏：《ABB 式形容词动态研究》，《世界汉语教学》1990 年第 1 期。
⑥ 马庆株：《现代汉语词缀的性质、范围和分类》，载马庆株《汉语语义语法范畴问题》，北京语言文化大学出版社 1998 年版，第 154—202 页。

量的75.58%，BB的平均搭配率只有1.58（136∶86），亦即BB在构词搭配中不具有普遍性，同时，BB参与ABB式状态词理性意义的构成，因此，我们更倾向于认为，BB不是词缀，而是重叠形式的词根语素。

对于这一点，我们也可以通过对比由相同的A构成的ABB式状态词后项的BB，来加以说明。在老舍小说语言中，由"黑"充当A的ABB式状态词有以下6个（括号内异形词）：

黑丛丛3　　　　黑洞洞7　黑嘟嘟2
黑糊糊7（黑忽忽2）黑黝黝　黑茫茫

这6个词语中，《现代汉语词典》试用本收录了"黑洞洞、黑糊糊、黑黝黝"3个①；第7版增收了"黑乎乎"和"黑茫茫"，共4个（其中"黑糊糊"应看作"黑乎乎"的异形词）②：

【黑洞洞】（～的）形状态词。形容黑暗：隧道里～的，伸手不见五指。

【黑乎乎】（～的）形状态词。①形容颜色发黑。②光线昏暗。③人或东西多从远处看模糊不清。

【黑糊糊】同"黑乎乎"。

【黑黝黝】（～的）形状态词。①黑油油。②形容光线昏暗，看不清楚。

【黑茫茫】（～的）形状态词。形容一望无际的黑（多用于夜色）。

---

① 中国科学院语言研究所词典编辑室编：《现代汉语词典》（试用本），商务印书馆1973年版，第408—409页。
② 中国社会科学院语言研究所词典编辑室编：《现代汉语词典》（第7版），商务印书馆2016年版，第532—534页。

在《现代汉语词典》中"黑油油"{形容黑得发亮}。① "黑黝黝"在老舍小说中的语料为:

(12) 皮鞋每晚自己刷油,所以老是黑黝黝的光可鉴人。(《天书代存·马大成致储贯一函》)

这说明,在老舍小说语言中,"黑黝黝"是{形容黑得发亮}的意思。"黑洞洞、黑糊糊(黑忽忽)、黑茫茫"例子如下:

(13) 到了院中,看看南屋黑洞洞的,欧阳天风还没有回来。(《赵子曰》第十五)

(14) 只有睡觉的时候才真有点自由。四外黑洞洞的,没有人来看着你。(《小坡的生日·十二 嘴拉巴唧》)

(15) 一直走到北城根,看见了黑糊糊的城墙,才知道他是活着,而且是走到了"此路不通"的所在。(《离婚》第十六)

(16) 其余的屋子都黑忽忽的,只有北房的西间儿有一点灯光。(《四世同堂》十一)

(17) 浑身是泥,满脸是泥,头上脸上身上全冒着热气。云、雨、山、人、汗、热气,连成黑茫茫的一片,从远处辨不清什么是什么。(《无名高地有了名》十二)

"黑丛丛、黑嘟嘟"的全部语料情况如下:

(18) 两道粗眉连成一线,黑丛丛的遮着两只小猪眼睛。(《老张的哲学》第一)

(19) 马老先生扶着公园的栏杆,往公园里看,黑丛丛的大树都象长了腿儿,前后左右乱动。(《二马》第三段)

---

① 中国社会科学院语言研究所词典编辑室编:《现代汉语词典》(第7版),商务印书馆2016年版,第534页。

（20）运动袜上系了两根豆瓣绿的绸条，绿条上露着黑丛丛的毛腿。（《赵子曰》第三）

（21）烟筒上全冒着烟，有的黑嘟嘟的，有的只是一些白气。（《小坡的生日·九 海岸上》）

（22）紧跟着火光低下去，烟又稠起来，黑嘟嘟的往上乱冒，起得很高，把半天的星斗掩住。（《牛天赐传·二十 红半个天》）

参考《现代汉语词典》第 7 版中对"丛"和"嘟"的解释，"丛"指 {聚集生长在一起的草木}①，"嘟"有 {向前突出，撅着}、{下垂，耷拉} 的意思②，我们对"黑丛丛"和"黑嘟嘟"这两个词语解释如下：

【黑丛丛】（～的）形 状态词。形容黑而像聚集生长在一起的草木的样子。

【黑嘟嘟】（～的）形 状态词。形容浓黑向上翻滚突出的样子。

通过结合《现代汉语词典》对所收词语的解释，我们看到包含相同的形容词"黑"的几个 ABB 式状态词"黑乎乎（黑糊糊）、黑丛丛、黑洞洞、黑黝黝、黑嘟嘟、黑茫茫"，尽管都包含着"黑"的意思，但每个具体的 ABB 式状态词的意义并不相同，其间的意义差别取决于 BB 的意义的不同。比如，"洞"表示 {物体中间的穿通的或凹入较深的部分}③，所以"黑洞洞"只能用来形容某空间的黑；"茫

---

① 中国社会科学院语言研究所词典编辑室编：《现代汉语词典》（第 7 版），商务印书馆 2016 年版，第 219 页。

② 中国社会科学院语言研究所词典编辑室编：《现代汉语词典》（第 7 版），商务印书馆 2016 年版，第 320 页。

③ 中国社会科学院语言研究所词典编辑室编：《现代汉语词典》（第 7 版），商务印书馆 2016 年版，第 315 页。

茫"{形容没有边际，看不清楚}①，所以"黑茫茫"{形容一望无际的黑（多用于夜色）}；"糊"表示{糊状物}②，"糊糊/乎乎/忽忽"{形容模糊不清}，所以，"黑乎乎"表示{①形容颜色发黑。②光线昏暗。③人或东西多从远处看模糊不清}；"嘟"有{向前突出，撅着}、{下垂，耷拉}的意思，所以"黑嘟嘟"用来{形容浓黑向上翻滚突出的样子}。这说明，在 ABB 式状态词中，BB 参与了词汇意义（理性意义）的构成，ABB 的意义 = A 的意义 + BB 的意义。因此，BB 不是词缀，而是重叠的词根语素。

（五）A 与 BB 间的语义关系

1. A 与 BB 在语义上处于相同的语义域，两者之间具有互选性

吕叔湘先生在其主编的《现代汉语八百词》中认为，"单音节形容词 A 与 BB 的搭配是习惯性的"。③ 其实不然。在 ABB 式状态词中，A 与 B 的组合搭配不是完全任意的，而是有一定的互选性。这种互选性，表现在 A 与 B（以及 BB）所表示事物现象，一般是属于同一语义域的。例如（括号内的数字为《现代汉语词典》第 7 版的页码）：

【热辣辣】"热"表示温度高，是一种温度感知，"辣"属于味觉感知，但会带来灼热的刺痛感，因此，与"热"同属于温度感知域。

【明晃晃】"明"，意为{明亮}，属于视觉感知；"晃"表示{光芒闪耀}（P576），都属于视觉感知域。

【喘吁吁】"喘"，意为{呼吸}，"吁吁"是{形容出气的样子}（P1477），两者都属于呼吸动作域。

【泪汪汪】"泪"属于液体，"汪汪"是{形容充满水或眼泪的样子}（P1352），"泪"与"汪汪"都属于液体域。

即便是 A 不成词而 AB 成词，再增加 AB 的构词语素 B，而构成的

---

① 中国社会科学院语言研究所词典编辑室编：《现代汉语词典》（第 7 版），商务印书馆 2016 年版，第 879 页。
② 中国社会科学院语言研究所词典编辑室编：《现代汉语词典》（第 7 版），商务印书馆 2016 年版，第 549 页。
③ 吕叔湘主编：《现代汉语八百词》（增订本），商务印书馆 1999 年版，第 367 页。

ABB 式状态词，A 与 B 所表示的事物也是属于同一语义域。例如：

【赤裸裸】"赤"有｛光着，露着（身体部分）｝、｛空｝义（P177）；"裸"表示｛露出，没有遮盖｝、｛除了自身什么都不附带｝（P862），"赤"与"裸"同义，处于相同的语义域。

【冷清清】"冷"有｛寂静｝义（P792），"清"也有｛寂静｝义（P1064），"冷"与"清"同义，处于相同语义域。

2. BB 与 A 之间是说明性语义关系

关于 BB 与 A 之间的关系，一般认为有三种：并列、主谓和补充。并列式的，如"坦荡荡、静悄悄"等；主谓式的，或说明性的，如"水淋淋、血糊糊"等，A 为名词；补充式的，很常见，如"黑洞洞、红扑扑"等，也有人把"干巴巴、胖乎乎"看作附加式。我们认为，既然 ABB 式是一种词法模式（见下），那么，其构成成分之间的结构、语义关系，应该具有一致性；BB 对 A，是一种描写说明关系。

"水汪汪、水淋淋"类 A 为名词的所谓主谓式，后边的 BB 是对前边 A 的说明（括号内的数字为该词条在《现代汉语词典》第 7 版中的页码。下同）：

【水汪汪】（~的）形 状态词。①形容充满水的样子。②形容眼睛明亮灵活的样子。（P1228）

【泪汪汪】（~的）形 状态词。形容眼里充满泪水。（P790）

【油汪汪】（~的）形 状态词。①形容油多。~的红烧肉。②油光。（P1585）[【油光】形容光亮润泽。（P1584）]

参照《现代汉语词典》对"汪汪"的解释｛形容充满水或眼泪的样子｝（P1352），可见作为 BB，"汪汪"是从｛充满 A 的样子｝来说明 A 的，而②是在①基础上形成的引申义。

作为一般认为的并列式，B 与 A 同义，都是形容词性的词或语素，例如：

【光秃秃】(~的) 形 状态词。形容没有草木、树叶、毛发等盖着的样子。(P487)

【静悄悄】(~的) 形 状态词。形容非常安静没有声响。夜深了，四周~的。(P965)

"静"表示{安定不动}、{没有声响}(P695)，"悄悄"表示{没有声音或声音很低}、{(行动)不让人知道}(P1051)，从意义的角度来说，BB 与 A 的确同义；但从构词所处的地位来看，两者并不相同，我们认为，这里的"悄悄"是从同义角度来对"静"进行说明的。

作为一般认为的补充式的，A 为动词或形容词，BB 是描写说明性语素，例如：

(23) 绿茸茸的树叶左右的摆动，从树叶的隙空，透过那和暖的阳光。(《老张的哲学》第三十七)

(24) 小眼深深的藏在笑纹与白眉中，看去总是笑眯眯的显出和善。(《四世同堂》一)

(25) 晓荷规规矩矩的立着，听一句点一下头，眼睛里不知怎么弄的，湿碌碌的仿佛有点泪。(《四世同堂》三十)

(26) 他说着出了屋门，把茶叶筒卷在大氅里，在腋下一夹；单拿着那个圆溜溜的筒儿，怕人家疑心是瓶酒；传教师的行为是要处处对得起上帝的。(《二马》第二段)

因为"茸茸"义为{(草、毛发等)又短又软又密}(P1105)，所以"绿茸茸"用来描写{碧绿、柔软而稠密的样子}(P854)；因为"眯"表示{眼皮微微合上}(P896)，所以"笑眯眯"{形容微笑时眼皮微微合拢的样子}(P1446)；"湿漉漉"表示{液体往下渗}(P850)，所以"湿漉漉"{形容物体潮湿的样子}(P1180)；因为"溜"有{光滑}义(P834)，所以"圆溜溜"用来{形容非常圆}(P1612)。因此，可以这样理解："茸茸"从质感、视觉方面来说明"绿"，"眯眯"从

· 126 ·

方式角度说明"笑","漉漉"从程度说明"湿",而"溜溜"从触觉来说明"圆"。

我们再参照《现代汉语词典》,来看看三组被认为是典型的附加式亦即 BB 被看作词缀的 ABB 重叠式的情况。

- 巴巴:干巴巴,紧巴巴,硬巴巴
- 乎乎/忽忽/糊糊:稠糊糊,黑乎乎/糊糊/忽忽,软乎乎/忽忽,傻乎乎,胖忽忽,暖忽忽,热乎乎,粘糊糊,油糊糊
- 溜溜:光溜溜,尖溜溜,圆溜溜,酸溜溜,直溜溜,滴溜溜

这三组 ABB 重叠式,《现代汉语词典》或北京话中,除了"稠糊糊、黑乎乎、傻乎乎、油糊糊"外,都有相对应的 AB,而且 B 都读轻声。现代汉语词语中读轻声的不一定是后缀,但后缀肯定读轻声,不读轻声不是后缀;但即便是相对应的 AB 中的 B 读轻声,而 ABB 式状态词中的 BB 都不读轻声而读阴平调,这与后缀不符,而且词义有了变化,试比较:

【干巴】gānba〈口〉 形 ①失去水分而收缩变硬。②缺少脂肪,皮肤干燥。③(文辞等)枯燥,不生动。(P419)
【干巴巴】gānbābā(~的) 形 状态词。①干燥(含厌恶义)。②(语言文字)内容不生动,不丰富。(P419)

在老舍小说中,没有"紧巴、硬巴",而有 4 例次"干巴",其中 3 例次是{干瘦}义,如例(27);1 例次是{枯燥,不生动}义,见例(28):

(27) 老头子的干巴脸上皱起点来,似乎是笑呢。(《蛤藻集·断魂枪》)

(28) 老头子的话与人一样,都那么干巴。(《蛤藻集·断魂枪》)

而"干巴巴"有11例次,只有｛干燥｝义:

(29) 她的头发连一点春气没有,干巴巴的在头上绕着,好象一团死树根儿。(《二马》第五段)

(30) 马路上一个水点也没有,干巴巴的发着些白光。(《骆驼祥子》十八)

这说明,尽管从表面上看,"干巴巴"可以看作是由"干巴"延伸重叠后附成分"巴",但进入 ABB 构词模式,性质就发生了变化,这样就形成了对 A 与 BB 关系的重新分析,"巴巴"是对 A 的描写性说明。

最能被看作后缀的,是"乎乎"。实际上,在 BB 位置读作 hūhū 有"乎乎、忽忽、糊糊"等不同写法的"乎乎",意义并不相同:"稠糊糊、黑糊糊/忽忽、粘糊糊、油糊糊"中的 B"糊"(糊/忽,也写作"乎"),表示｛糊状物｝(P549),引申为｛黏稠｝义,由这个意思再引申为｛模糊不清｝,如"黑糊糊";从｛黏稠｝义引申,黏稠半固体化,有了｛有张力,有弹性｝的意思,这就形成了"软乎乎、胖乎乎";"暖忽忽、热乎乎"中的"乎乎"是"暖和、热和"中后一语素的变音重叠:

【暖乎乎】nuǎnhūhū(~的) 形 状态词。形容暖和。……心里~的。也作"暖呼呼"。(P965)

【暖和】nuǎn.huo 形 ①(气候、环境等)不冷也不太热。②使暖和。(P965)

【暖和】nuǎn.huo〉【暖乎】nuǎnhu

【热乎乎】(热呼呼)rèhūhū(~的) 形 状态词。形容热和(rè.huo)。(P1094)

【热乎】(热呼)rè.hu 形 热和(rè.huo)。(P1094)

【热和】rè.huo 形 ①热(多表满意)②亲热。(P1094)

【热和】rè.huo〉【热乎】(热呼)rè.hu

第三章 状态词研究

而"傻乎乎"则是"傻呵呵"的变读：

> 【傻呵呵】shǎhēhē（~的）形 状态词。形容糊涂不懂事或老实的样子。也说"傻乎乎"。(P1134)
> 【傻乎乎】shǎhūhū（~的）形 状态词。傻呵呵。(P1134)
> 【呵呵】hēhē 拟声 形容笑声：~地笑了起来。(P523)
> 【傻呵呵】shǎhēhē〉【傻乎乎】shǎhūhū

可见，"傻呵呵"是通过"呵呵"的笑声来对前边的"傻"进行描写说明的，后变读为"傻乎乎"。

【光溜溜】（~的）形 状态词。①形容光滑的样子。②形容……没有遮拦的样子。(P486)

【尖溜溜】（~的）〈方〉形 状态词。形容尖细或锋利。(P630)

【圆溜溜】（~的）形 状态词。形容非常圆。~的大眼睛。(P1612)

【酸溜溜】（~的）形 状态词。①形容酸的气味或味道。②轻微酸痛的感觉。③轻微嫉妒或心里难过的感觉。④爱引用古书词句、言谈迂腐。(P1250)

【直溜溜】（~的）形 状态词。形容笔直的样子。(P1681)

【滴溜溜】（~的）形 状态词。形容旋转或流动。(P279)

以上这些词，在北京官话中都有 AB 形式与之相对应，"溜"读轻声，但重叠进入 ABB 式状态词后，"溜溜"读阴平；由于"溜"表示{光滑，平滑}义，可以用来说明前边的"光、尖、圆、直"，而"酸溜溜"中的"溜"则是用{光滑，平滑}的触觉来说明味觉现象，属

· 129 ·

于通感现象。因此"溜溜"也不是词缀,而是形容词重叠形式,用来描写说明前边的形容词。

此外,还有用声音来说明动作,比如用"嘻嘻""呵呵""哈哈"来说明"笑";用表示本体的后移重叠成 BB 来描写说明状态性质 A,构成 ABB 式状态词,这就是 BA→(AB)→(AB+B)→ABB,例如(括号内为后移形成的虚拟形式):

蜡黄→(黄蜡)→黄腊腊　　冰冷→(冷冰)→冷冰冰
喷香→(香喷)→香喷喷　　黝黑→(黑黝)→黑黝黝

综上,我们认为,在 ABB 式状态词中,BB 不是词缀,而是重叠词根语素;BB 与 A 之间,是描写说明性结构语义关系。

(六) ABB 重叠式是一种词法模式

1. 无论原来读什么声调,进入 ABB 式状态词中 BB 位置绝大部分都读阴平

据曹瑞芳对《现代汉语词典》第一版(1978)和《现代汉语词典补编》的研究,两部词典 338 个 ABB 重叠式中的 BB 共有 160 个,本读阴平 95 个,其他声调变为阴平的有 42 个,阴平与其他声调并读的有 11 个,而纯粹不读阴平的只有 12 个,仅占 160 个 BB 的 7.5%。[①] 根据我们对《现代汉语词典》第 7 版的统计,208 个 ABB 式重叠词语中,B 原来读阴平或原来读其他声调但进入 ABB 式中 BB 改读成阴平的,有 163 个,占 ABB 式重叠形式总数的 78.37%;BB 不读阴平的总共有 45 个,占 ABB 式词语总数的 21.63%。老舍小说语言中的 136 个 ABB 式状态词,BB 读阴平的有 114 个,占 83.82%,读其他声调的有 22 个,占 16.18%。有些本来作为 AB 后一部分读轻声,但重叠后进入 ABB 中被重新分析读作阴平,如"乎""巴"等,在 BB 位置绝大部分读成阴平,我们认为,这种现象是词法结构的要求,也就是说,ABB 是一种词法模式。

---

① 曹瑞芳:《普通话 ABB 式形容词的定量分析》,《语文研究》1995 年第 3 期。

2. 无论 A、B 或 BB 是什么词性，ABB 重叠式的性质都是一致的：状态词

在 ABB 重叠式中的 A 主体是形容词，也有动词、名词和不成词的其他形式，B 也有不同的性质，但重叠后与 A 结合，构成 ABB 重叠式，整个 ABB 的性质不等于 A，也不等于 B，而是发生了变化，变成了状态词；它不能做主语，主要做谓语、定语和状语，也可以做补语和小句（见下节）。这从另外一个角度说明，ABB 重叠式是一种词法模式，而不是句法形式；它构成的是词，而不是短语。这与汉语史的早期很不相同：早期产生的 ABB 是短语。① 有的 ABB 相对于 A 甚至意义发生了很大的变化，例如：

（31）"冲一小碗藕粉吧！嘴里老白唧唧的没有味儿！"（《四世同堂》二十二）

（32）毒花花的太阳，把路上的黑土晒得滚热，一阵旱风吹过，粽子，樱桃，桑椹全盖上一层含有马粪的灰尘。（《赵子曰》第十六）

从上下文来看，例（31）中的"白唧唧的"表示｛没有滋味｝的意思，跟"白"单独成词的意思完全不同。例（32）中的"毒花花的"使用了"毒"的一个后起的边缘义｛猛烈｝，而且只用来说明"太阳（光）"。

3. ABB 式状态词具有描写性和表态性

ABB 式状态词与其他状态词一样，表示事物现象的状态，具有描写性，表示某种主观性。ABB 与 AABB、A 里 AB 一样，反映了说话者的情感态度。试比较：

（33）李子荣那小子专会瞎叨唠，叨唠唠，叨唠唠，一天叨唠到晚，今天早去，看他还叨唠什么！（《二马》第三段）

---

① 石锓：《汉语形容词重叠形式的历史发展》，商务印书馆 2010 年版，第 186—187 页。

"叨唠"是一个口语词语，表示｛没完没了地说｝（P263），有一点否定的附加情感意义；"瞎叨唠"是通过词汇手段加大了这种否定情感，而"叨唠唠"则是通过词法手段，通过重复"叨唠"的后一个词根语素"唠"，构成ABB式状态词，具有了描写性，不再能带宾语和时量补语来对"李子荣"进行描写，同时表示否定性的评价。正是因为如此，所以"叨唠唠"不能再加含有否定情感意义的"瞎"。然后再通过重复使用ABB构成一个独词小句这种句法手段，再次放大这种否定性的情感态度。例（33）充分显示了ABB式状态词与一般动词、形容词对立。再比较：

(34) 毒花花的太阳，把路上的黑土晒得滚热，……
太阳毒花花的，把路上的黑土晒得滚热，……
太阳很毒，把路上的黑土晒得滚热，……
＊很毒的太阳，把路上的黑土晒得滚热，……
＊毒的太阳，把路上的黑土晒得滚热，……
＊太阳毒，把路上的黑土晒得滚热，……

ABB式状态词的描写性与A的非描写性的对立，一目了然。

4. ABB式状态词具有一定的言语的创造性和临时性

在《现代汉语词典》中收录的"～汪汪"有"泪汪汪、水汪汪、油汪汪"3个，这几个ABB重叠式状态词老舍在小说语言中也使用；除此之外，老舍小说语言中还有"灰汪汪、明汪汪、绿汪汪2、蓝汪汪4"4个：

(35) 河水灰汪汪的流着，岸上的老树全静悄悄的立着，看着河水的波动。(《二马》第四段)

(36) 小铃儿两只明汪汪的眼睛，看看画片，又看先生。(《集外·小铃儿》)

(37) 头一号买卖，卖夜壶的找不开钱，祥子心中一活便，看那个顶小的小绿夜壶非常有趣，绿汪汪的，也撅着小嘴，"不

用找钱了,我来这么一个!"(《骆驼祥子》八)

(38)抬头看看,天空已不是蓝汪汪的了,而是到处颤动着一些白气。(《四世同堂》七十五)

也就是说,作为汉语规范词典,《现代汉语词典》中收录了"名[常见自然状态液体]+汪汪",但在老舍小说语言运用中还有"形[颜色]+汪汪"的 ABB 式状态词,这种语言现象从老舍 1921 年最早创作的小说《小玲儿》(短篇)到 1947 年的《四世同堂》中都存在。这样,老舍小说语言中 BB 为"汪汪"ABB 式状态词就应该描写为:名[常见自然状态液体]/形[颜色]+汪汪。其语义也应该描写为｛形容充满着 A 的样子｝、｛形容好像反射着 A 亮亮的水光的样子｝。这种用法还不多见。

在北京官话区重要作家萧红写于 1940 年,出版于 1941 年的名著《呼兰河传》中,BB 为"洞洞"的 ABB 式状态词有"金洞洞、黑洞洞3、混洞洞、红洞洞"4 种:

(39)这地方的火烧云变化极多,一会红堂堂的了,一会金洞洞的了,一会半紫半黄的,一会半灰半百合色。

(40)家家户户都是黑洞洞的,家家户户都睡得沉实实的。

(41)天空是发灰的,云彩也失了形状,好像被洗过砚台的水盆,有深有浅,混洞洞的。

(42)那满天红洞洞的,那满天金黄的,满天绛紫的,满天朱砂色的云彩,一齐都没有了,无论早晨或黄昏,天空就再也没有它们了,就再也看不见它们了。

除了"黑洞洞"外,"金洞洞、混洞洞、红洞洞"在老舍小说语言以及《现代汉语词典》中都没有出现过,这也许是萧红在小说中对 BB 为"洞洞"的 ABB 式状态词的创造性言语运用。

四 ABB 式状态词的句法功能

在老舍小说中，ABB 式状态词的句法功能有 6 种：作谓语、作定语、作状语、作补语、作宾语和作小句。其中作谓语、定语和状语，是 ABB 式状态词的常用功能，最低者也近总例次的 28%，而最高者将近总例次的三分之一。以下分别举例说明。

（一）作谓语

在老舍小说语言运用中，这是 ABB 式状态词最主要的功能，在出现 377 例次的 ABB 式状态词中，其作谓语有 122 次，约占总例次的 32.36%。ABB 式状态词作谓语，都是描写性的。例如：

（43）地上潮阴阴的，只印着一些赶着城门进来的猪羊的蹄痕，显出大地上并不是没有生物。（《老张的哲学》第三十八）

（44）还是别跑紧了，一咬牙就咳嗽，心口窝辣蒿蒿的！（《骆驼祥子》十六）

（45）其余的屋子都黑忽忽的，只有北房的西间儿有一点灯光。（《四世同堂》十一）

（46）喝了四两，烧卖脸上红扑扑的，他进了便宜坊。（《正红旗下》八）

（二）作定语

ABB 式状态词作定语有 107 例次，占总例次的 28.38%，所占比例较高。例如：

（47）绿茸茸的树叶左右的摆动，从树叶的隙空，透过那和暖的阳光。（《老张的哲学》第三十七）

（48）天还相当的冷，刮着尖溜溜的北风。（《火葬》七）

（49）老人眼盯着报纸，而看见的却是活生生的小文，若霞，与尤桐芳。（《四世同堂》六十三）

(50) 小铃儿两只明汪汪的眼睛，看看画片，又看先生。（《集外·小铃儿》）

（三）作状语

ABB 式状态词作状语有 106 例次，与作定语比例相近，占总例次的 28.12%。例如：

(51) 老张怒冲冲的走进教室，学生又小石桩一般的坐好。（《老张的哲学》第四）

(52) 紧跟着火光低下去，烟又稠起来，黑嘟嘟的往上乱冒，起得很高，把半天的星斗掩住。（《牛天赐传·二十 红半个天》）

(53) 焦委员没看那封介绍信，只懒洋洋的打量了文博士一番，（《文博士》二）

(54) 四排以后，我进去一看，全空着呢。两廊稀稜稜的有些人，楼上左右的包厢全空着。（《火车集·兔》）

ABB 式状态词作状语，从语义上来看，都指向施事者，也可以看作对主语的描述，有些甚至可以看作前谓语，如上列 4 例。

（四）作补语

从统计角度来看，在 250 万字符的老舍小说中，ABB 式状态词作补语的很少，只有 10 例次，占总例次的 2.65%，不到作状语或定语的十分之一。这种情况与状态词的另一种类型 AABB 形成鲜明的对比。ABB 重叠式作补语，只有放在结构助词"得"后充当组合式述补结构的补语这一种用法，表示因述语表示的性质或动作而形成的状态，例如：

(55) 乱了半点多钟，大家累得气喘喘的才把票写好。（《老张的哲学》第十六）

(56) 两个人一气走了三哩，走得喘吁吁的。（《二马》第五段）

(57) 他们的手，脚，脊梁，都非常的柔软，细腻，光滑；

虽然是黑一点儿，可是黑得油汪汪的好看。(《小坡的生日·四花园里》)

（58）她只看见了火光，红得热辣辣的火光，由她的心中烧到她的口，她的眼，她的解了冻的脚踵。(《四世同堂》六十九)

在这种情况下，"得"前的述语是动词或形容词。作补语的 ABB 重叠式还有"喘嘘嘘、亮堂堂、冷森森、青虚虚"，其中"油汪汪"出现 2 例次。需要说明的是，作补语的不是单独的 ABB 重叠式，而是"ABB 重叠式 + 的"。

（五）作宾语

ABB 重叠式作宾语，在 250 万字的老舍小说中，只有以下 8 个形式"红扑扑的、蓝汪汪的、凉飕飕的、冷飕飕的、软忽忽的、笑嘻嘻的、水淋淋的、紫茸茸的"，共 8 例次，占总例次的 2.12%：

（59）脸上大概擦了胭脂，至少是腮上显着红扑扑的，把那点绿色掩住。(《文博士》十三)

（60）抬头看看，天空已不是蓝汪汪的了，而是到处颤动着一些白气。(《四世同堂》七十五)

（61）特别是那几位本族的，在牛太太的视线外，鼻子老出着凉气，这些凉气会使她觉得凉飕飕的，好像开着电扇。(《牛天赐传·三 子孙万代》)

（62）会场宽大，坐定之后，赵子曰觉得有些冷飕飕的。(《赵子曰》第十三)

（63）杨老太太的脸色好像秋月的银光。脸上并不胖，可是似乎里面没有什么骨头，那一层像月色的光儿仿佛由皮肤上射出，不胖而显着软忽忽的，既不富泰，又不削瘦，似乎透明而不单薄。(《文博士》十一)

（64）温都太太看着女儿这么好看，心中又高了兴，把撅着的小嘴改成笑嘻嘻的，轻轻的在女儿的脑门上吻了一下。(《二马》第四段)

(65) 每个人的衣服都外边被雨打湿，里面被汗淹透；浑身上下里外全是水淋淋的，分不出哪是水，哪是汗。(《无名高地有了名》十二)

(66) 那大片的黑暗包着稀疏的几点灯光，非常的安静。黑得仿佛有些近于紫茸茸的，好像包藏着一点捉摸不定而可爱的什么意思或消息，像古诗那么纯朴，静恬，含着点只能领略而道不出的意思。(《火车集·杀狗》)

以上这8个作宾语的形式，在老舍小说中能同时作谓语和定语的有"红扑扑的、蓝汪汪的、凉飕飕的、冷飕飕的"，能同时作定语和宾语的有"软忽忽的"，能同时作状语、谓语、小句的是"笑嘻嘻的"；"水淋淋的、紫茸茸的"只出现了作宾语的用法。但在实际言语运用中，"水淋淋的、紫茸茸的"也可以作其他句法成分或小句。这8个形式在语感中都需要带"的"，亦即作宾语的不是ABB，而是"ABB的"。

这8个作宾语的形式，前边的述语为"是""觉得""显着"各2例次，"改成"和"近于"各1例次。从这些动词后边都可支配谓词性宾语，尤其是"觉得、显着"只能后接谓词性宾语、"近于"多后接谓词性宾语的情况推断，作宾语的"ABB"并没有因后附"的"而变成名词性成分，再加上没有"ABB"或"ABB的"作主语的情况，因此可以进一步推断，作宾语的"ABB的"仍旧是谓词性的。

(六) 作小句

在250万字的老舍小说中，ABB重叠式作小句有24例次，占总例次的6.37%。例如：

(67) 楞磕磕的，他瞪着那黑不溜球的怪饼，两手一劲儿哆嗦。(《四世同堂》七十五)

(68) "唉，唉，年轻轻的，可不能不讲信义！"(《四世同堂》六十二)

(69) 小通讯员轻声地唱着："雄赳赳，气昂昂……"(《无名

高地有了名》六)

(70) 他一哎哟，刺刀可就把我围上了，都白亮亮的，硬梆梆的，我看着他们，不动，也不出声。(《火车集·杀狗》)

ABB 式状态词，没有出现作主语的用法。

从上文说明可以看出，ABB 重叠式的几种句法功能，并不是均匀分布的，而是有很大差异的。其分布见表 3-7。

表 3-7　　　　　ABB 重叠式句法功能分布

	主语	谓语	定语	状语	补语	宾语	小句	合计
例次	0	122	107	106	10	8	24	377
所占比例（%）	0	32.36	28.38	28.12	2.65	2.12	6.37	100

五　作为语言单位被使用的是"ABB"还是"ABB+的"?

对于本书讨论的语言现象，学界一般看作"ABB 式状态词"，对其所做的说明是：有时或有的 ABB 式状态词可以带"的"。本书使用"ABB 式状态词"这种说法，只是为了表达简洁而从众。而要搞清这种语言形式的性质，就不能回避这个问题，亦即作为语言单位而被使用的状态词，到底是"ABB 重叠式"，还是"ABB 重叠式+的"? 或者换个说法：这个词语形式的整体，是否包括可以看作后缀的"的"?

无论是作为常用字，还是常用词的统计，毫无疑问，"的"都是现代汉语中使用频率最高的成分。也许是因为使用频率太高，"的"在人们的语言意识中有着超强的独立性，以至于朱德熙先生根据结构主义语法学理论把"的"的性质三分，在语法学界引起很大论争。有一种通俗说法流传甚广："的"是定语的标志，"地"是补语的标志，"得"是补语的标志。但在书面上还常常有人分不清该用"地"还是"的"而更多地写作"的"。即便是高校的现代汉语教科书，也都把"卖菜的"这类形式看作由结构助词"的"构成的"的字结构"，无论是结构助词、语气助词还是体助词，"的"都是被看作助词的。而从我们上节的统计分析来看，ABB 重叠式做定语占总出现例次的 28.38%，状语占 28.12%，两者之和达 56.5%——也就是说近 57% 的用法是作状语和作定语，后边要加"的"或"地"；而作谓语、作补语、作宾语和作小句，都处于停顿前，其后的"的"又可以看作语气助词。这样，把 ABB 后边的"的"看作助词，把能够作为一个单位被使用的成分看作 ABB 自身，就顺理成章了。

但实际情况真的如此吗？我们可以从权威工具书《现代汉语八百词》（增订本）、《现代汉语词典》（第 7 版）和作为典范的现代白话文著作的老舍小说语言运用三个角度来分析。

（一）《现代汉语八百词》（增订本）对 ABB 式状态词的描写

《现代汉语八百词》是著名语言学家吕叔湘先生带领语言研究所部分学者编写的一部以虚词为主的参考语法词典，以对语言现象观察的细致、描写全面、释义科学而被语言学界广泛称道。该词典收录的 ABB 式词语比《现代汉语词典》多 89 个，在含有 297 个词语形式的《形容词生动形式表》中，谈到 ABB 式构成时，是这样说的：

2. 单音节形容词 A + BB→ABB 的
红通通的｜圆乎乎的｜慢腾腾的｜绿油油的
a) 北京口语中 BB 常读阴平调。
　　慢腾腾的　màntēngtēng·de
　　沉甸甸的　chéndiāndiān·de
b) 单音节形容词 A 与 BB 的搭配是习惯性的。……
c) 同一个 BB 的汉字写法常有不同。……
d) 单音节形容词 A 加上不同的 BB，常使词义或词的色彩有所不同……
e) ABB 中的 A 大部分是形容词，但少数名词和动词也能带 BB 构成 ABB 式……[1]

---

[1] 吕叔湘主编：《现代汉语八百词》（增订本），商务印书馆 1999 年版，第 716—717 页。

在描写形容词生动形式的功能时，该书讲了5点（例子从略）：

1. 修饰名词性成分。无论哪种形式一般都必须带"的"。放在受数量修饰的名词前，可不带"的"（BABA 式除外）。

2. 修饰动词短语。一般带"地"。少数 AA 式和 AABB 式修饰动词可以不带"地"。

3. 作谓语。一般带"的"。

4. 在"得"后作补语。AABB 式可省"的"，其他各式不能。

5. 前面加上指数量短语或数量短语可作主语和宾语，必带"的"。①

从中可以看出作者的看法是有些犹豫与矛盾的：从构词角度来说，作者认为所构成的形容词生动形式是"ABB 的"，但从分析语法功能角度来看，又说作某种句法成分带不带"的"或"地"，亦即认为形容词的生动形式是 ABB（以及 AA、ABAB、BABA），而不是"ABB 的"（以及 AA 的、ABAB 的、BABA 的）。

（二）《现代汉语词典》（第7版）对 ABB 式状态词的描写

《现代汉语词典》从第5版开始，对所收录的词语标明词性。对于所有单列词条的 ABB 式状态词，《现代汉语词典》都是这样标注的：

【×××】（~的）形 状态词。

声母为 b 的词条中，所有的 ABB 重叠式词条是这样解释说明的（括号内是该词条在《现代汉语词典》第7版中出现的页码）：

【白皑皑】bái'ái'ái（~的）形 状态词。形容霜、雪等洁白：~的白雪铺满了田野。（P23）

---

① 吕叔湘主编：《现代汉语八百词》（增订本），商务印书馆1999年版，第719—720页。

【白花花】báihuāhuā（～的）形状态词。白得耀眼：～的银子｜收棉季节，地里一片～的。(P24)

【白晃晃】báihuǎnghuǎng（～的）形状态词。白而亮：～的照明弹。(P24)

【白茫茫】báimángmáng（～的）形状态词。形容一望无边的白（用于云、雾、雪、大水等）：雾很大，四下里～的｜辽阔的田野上铺满了积雪，～的一眼望不到尽头。(P25)

【白蒙蒙】báiméngméng（～的）形状态词。形容烟、雾、蒸汽等白茫茫一片，模糊不清：海面上雾气腾腾，～的什么也看不清。(P25)

【碧油油】bìyóuyóu（～的）形状态词。绿油油：～的麦苗。(P73)

【病恹恹】bìngyàn yàn（～的）形状态词。形容病体衰弱无力、精神萎靡的样子。(P96)

整部第 7 版《现代汉语词典》，都是依这个体例，对 ABB 式状态词进行解释说明的。从中我们可以看出以下 4 个特点。

（1）后边的重叠成分不读轻声；即便是被看作后缀重叠的"乎乎"也标有声调，不读轻声，如"潮乎乎"(P154)、"臭乎乎"(P187)。

（2）后边有"的"，而且所举的例子中 ABB 重叠式后边都有"的"（含作定语后边的"的"）；按着《现代汉语词典·凡例》中的说明："状态形容词或某些重叠式在口语中经常带'的'或'儿的'，条目中一般不加'的'或'儿的'，只在释义前面加'（～的）'或'（～儿的）'。"同时，如果把"的"去掉，就会显得别扭或不能说：

白皑皑的白雪铺满了田野～～*白皑皑白雪铺满了田野
白花花的银子～～*白花花银子
收棉季节，地里一片白花花的～～*收棉季节，地里一片白花花

· 141 ·

白晃晃的照明弹～～＊白晃晃照明弹
　　碧油油的麦苗～～＊碧油油麦苗

（3）词性标注的都是形容词的下位词类状态词。

（4）在对词义的说明上，如果有与之相对应的词语，就用对应的词语或词语组合来解释，否则用"形容……"的方式解释，《现代汉语词典》中收录的该类词语，绝大部分使用这种模式解词。

（三）老舍小说中对 ABB 重叠式的运用情况

对老舍小说中 ABB 重叠式的使用，我们先用表 3-8、表 3-9 来说明。

表 3-8　　　　ABB 重叠式后有无"的"的情况

	后有"的"	后无"的"	合计
出现例次	356	21	377
所占比例（%）	94.43	5.57	100

表 3-9　　　　不同语法功能 ABB 重叠式后有无"的"的情况对比

	后有"的"	后无"的"	合计
ABB 重叠式作谓语	110	12	122
所占比例（%）	90.16	9.84	100
ABB 重叠式作小句	17	7	24
所占比例（%）	70.83	29.17	100
ABB 重叠式作状语	104	2	106
所占比例（%）	98.11	1.89	100
ABB 重叠式作定语	107	0	107
所占比例（%）	100	0	100
ABB 重叠式作补语	10	0	10
所占比例（%）	100	0	100
ABB 重叠式作宾语	8	0	8
所占比例（%）	100	0	100
ABB 重叠式合计	356	21	377

老舍小说中具体的 ABB 重叠式后边没有"的"的情况如下。

(1) 老舍小说中可带可不带"的"的 ABB 重叠式有 10 个，共出现 11 例次：

白亮亮（1/16，小句），黑糊糊（2/7，谓语），黑洞洞（1/7，谓语），静悄悄（1/5，谓语），冷森森（1/3，小句），冷飕飕（1/4，谓语），笑迷迷（1/4，小句），呜咽咽（1/2，状语），油汪汪（1/7，谓语），气昂昂（1/4，歌曲中的小句）

(2) 老舍小说中完全不带"的"的 ABB 重叠式有 9 个，共出现 10 例次：

叨唠唠（2，小句），顶呱呱［1，小句（状中短语中心）］，汗淋淋（1，后谓），灰茫茫（1，前谓），乐嘻嘻［1，前状语（联合短语做状语），后状语后有"的"］，嚼碌碌（1，前谓），慢吞吞（1，状语），雄赳赳（1，歌曲中的小句），阴惨惨（1，前谓）

括号内是该词语句法功能实现的情况，"/"或逗号前的数字是不带"的"的出现次数，"/"后边的数字是该词语出现的总例次数，逗号后边的"小句""谓语"等字样，表示不带"的"的 ABB 重叠式在例句中所实现的句法功能，谓语由联合短语构成，其前段我们称为"前谓"，状语由联合短语构成，其前段我们称为"前状"。例如"冷森森（1/3，小句）""白亮亮（1/16，小句）""黑糊糊（2/7，谓语）"：

(71) 白光追下来，黑影躲到地面上，爬伏着不动。一道白光，又一道白光，又一道白光，十几条白光一齐射出，旋转，交叉，并行，冷森森，白亮亮，上面遮住了星光，下面闪扫着楼房山树，……（《火车集·杀狗》）["冷森森""白亮亮"在话语中的功能是包含在复句中的小句]

(72) 眼前黑糊糊好象一个小钱包。（《老张的哲学》第四十

一)["黑糊糊" 在句中作谓语（前谓语）]

（73）挣钱少，因为你俩眼儿黑糊糊，不认识人哪！（《四世同堂》十九）["黑糊糊" 在句中作谓语]

对此我们做如下说明与分析。

（1）我们对"的"的统计，不区分定语后边的"的"和状语后边的"地"，因为：（a）在20世纪50年代以前，老舍在定语和状语后都用"的"，基本不用"地"；（b）50年代以后，老舍在状语后用"地"，也不一定能说明作状语时ABB重叠式后边的"地"是助词还是词缀；（c）在提倡汉语规范化之前，写作于1954年，发表、出版于1955年的《无名高地有了名》，甚至极个别地出现过矫枉过正现象，例如：

（74）一个人背一个呢，既省人力，又快当。可是，光溜溜地背不行啊，背的费力，伤员也不好受。（《无名高地有了名》八）

（75）四面的山峰，失去了积雪，看着就不再那么严峻可畏了；虽然光秃秃地，却显着朴实干净。（《无名高地有了名》十六）

例（74）中的"光溜溜地"是状语，而例（75）中"光秃秃地"是与连词"虽然"组合作小句。

（2）在作为典范的现代白话文著作的老舍小说的语言运用中，ABB重叠式后边带"的"的出现频率占94.43%，在统计上占绝对优势。

（3）ABB重叠式后边不用"的"，与语体有关。比如，"雄赳赳"（雄纠纠）出现2例次，"气昂昂"出现4例次，两者各有1例次后边不用"的"，都是出现在同一句歌词里：

（76）小通讯员轻声地唱着："雄赳赳，气昂昂……"（《无名高地有了名》六）

（4）ABB重叠式后边不用"的"，与充当某种句法成分的功能有关。其中，作小句时 ABB 重叠式后边不用"的"的比例最高，出现 7 次，占 29.17%；作谓语时出现 12 例次，占 9.84%，但有 5 例次是在联合谓语作谓语、1 例次作后谓语（合计 6 例次）；作状语时出现 2 例次，占比 1.89；而作定语、补语和宾语时，都是带有"的"的形式。

（5）ABB 重叠式后边带"的"与不带"的"并存的形式，如都是作状语的"呜咽咽"：

（77）"小鸡！"窗外呜咽咽的哭起来。（《老张的哲学》第五）

（78）她不能再支持了，呜咽咽哭起来。（《老张的哲学》第二十三）

除了"呜咽咽"外，带"的"的 ABB 重叠式比例高，为常态。

（6）在完全不带"的"的 ABB 重叠式 9 个词共 10 例次中，排除作联合谓语中的前谓语或后谓语，和联合状语中的前状语（后状语带有"的"，例如：我隔壁住的马君倒是一位可做典型的健美大学的学生。每天总是乐嘻嘻无忧无虑的打发日子。《天书代存·牛天赐致赵浮萍函》），以及在歌词中的运用之外，完全不带"的"的 ABB 重叠式只有以下"叨唠唠、顶呱呱、慢吞吞"3 个形式，共出现 4 例次：

（79）李子荣那小子专会瞎叨唠，叨唠唠，叨唠唠，一天叨唠到晚，今天早去，看他还叨唠什么！（《二马》第三段）

（80）"小赵儿呀，有个未婚妻儿，压根儿顶呱呱，呱呱叫！"（《离婚》第十二）

（81）早上太阳老高的才起，慢吞吞洗完脸，喝着十个子儿一包的茶叶，冲着院子坐等吃饭，饭后没有女朋友来，他就睡午觉。（《天书代存·牛天赐致赵浮萍函》）

从整体情况来看，"叨唠唠"在老舍小说中只出现在例（79）这个句子里，而且出现前后都有"叨唠"这个动词的语境，这说明"叨唠唠"是对动词"叨唠"中后一个语素的重复而形成的用法，这个"叨唠"的拉长形式，有了因增量而厌烦的附加意义，从动作变成了状态。"叨唠唠"可以看作根据 ABB 词法形式临时造成的 ABB 式状态词。

例（80）中的"顶呱呱"，是作状中短语的中心语，共同构成感叹性小句，而且为了与后边"呱呱叫"形成对比关联，当然不能加上"的"；而例（81）作为陈述句，就没有这种限制，试对比：

(80)"小赵儿呀，有个未婚妻儿，压根儿顶呱呱，呱呱叫！"
*"小赵儿呀，有个未婚妻儿，压根儿顶呱呱的，呱呱叫！"
(81) *早上太阳老高的才起，慢吞吞洗完脸，喝着十个子儿一包的茶叶……
*早上太阳老高的才起，慢吞吞的洗完脸，喝着十个子儿一包的茶叶……

在《现代汉语词典》（第 7 版）中，"顶呱呱"和"慢吞吞"都可以带"的"（词条后括号内数字为该词条页码）：

【顶呱呱】（～的）形 状态词。形容最好。也作顶刮刮。(P306)
【顶刮刮】同"顶呱呱"。(P306)
【慢吞吞】（～的）形 状态词。慢腾腾。(P877)

在北京大学中国语言学研究中心 CCL 语料库检索系统[①]中，剔除作为《现代汉语词典》和《现代汉语逆序词典》两部工具书的词条，我们检索到"顶呱呱"共出现 68 例次，其中"顶呱呱的"36 例次，"顶呱呱"32 例次；"顶刮刮"10 例次，其中"顶刮刮的"8 例次，"顶刮刮"2 例次。我们发现：（1）作为异形词，"顶刮刮"的使用率

---

① http：//ccl. pku. edu. cn：8080/ccl_ corpus/index. jsp? dir = xiandai.

仅是"顶呱呱"的1/7强，而"顶呱呱"更为常用；（2）进行合并后，"顶呱呱的"的使用率占总例次的56.41%，"顶呱呱"（顶刮刮）占43.59%，带"的"的用法更高些。用同样的方法，检索到"慢吞吞"64例次，"慢吞吞的"91例次，"慢吞吞地"296例次，这说明：（1）"慢吞吞"带"的"（"地"）的用法占451总例次的91.66%；（2）这个词语主要作状语，占总例次的65.63%。这个统计可以作为《现代汉语词典》（第7版）对"顶呱呱"和"慢吞吞"解释的补充和我们分析的旁证。

除这两个词（我们把"顶刮刮"看作"顶呱呱"的异形词）以外，其余7个ABB重叠式，《现代汉语词典》收录的"汗淋淋、唧碌碌、雄赳赳"在《现代汉语词典》中标注"（～的）形状态词"，亦即带"的"；《现代汉语词典》未收的"灰茫茫、乐嘻嘻、阴惨惨"，其中"乐嘻嘻"是作为由联合短语构成的状语中的前一部分（前状语）而使用的：

（82）我隔壁住的马君倒是一位可做典型的健美大学的学生。每天总是乐嘻嘻无忧无虑的打发日子。（《天书代存·牛天赐致赵浮萍函》）

作为联合短语构成的状语，去掉其中的哪一部分都不影响成句，试对比：

$$\begin{cases}……每天总是乐嘻嘻无忧无虑的打发日子。\\……每天总是无忧无虑的打发日子。\\……每天总是乐嘻嘻的打发日子。\end{cases}$$

"灰茫茫、阴惨惨"在《老舍作品里的北京话词语例释》[①]《现代北京

---

① 杨玉秀编：《老舍作品里的北京话词语例释》，北京大学出版社1984年版。

口语词典》①《北京话词典》②《新编北京方言词典》③ 几种北京话词典中未收，但在我们语感中是可以带"的"的，试将老舍原例句与加"的"改造后的句子进行对比：

(83) 风，土，雨，混在一处，联成一片，横着竖着都灰茫茫冷飕飕，一切的东西都被裹在里面，辨不清哪是树，哪是地，哪是云，四面八方全乱，全响，全迷糊。（《骆驼祥子》十八）

……横着竖着都灰茫茫冷飕飕的……
……横着竖着都灰茫茫的，冷飕飕的……
……横着竖着都灰茫茫的……

(84) 走到北新桥，往东看黑洞洞的城楼一声不发的好象一个活腻了的老看护妇，半打着盹儿看着这群吃多了闹肚子的病人，嗡——嗡——雍和宫的号声，阴惨惨好似在地狱里吹给鬼们听。（《赵子曰》第七）

……阴惨惨的好似在地狱里吹给鬼们听。

在北京大学中国语言学研究中心 CCL 语料库检索系统中，去掉老舍作品的例子，我们检索到"乐嘻嘻"3 个（带"地"）、"灰茫茫"7 个（带"的"5 个）、"阴惨惨"27 个（带"的"24 个），带"的"的比例分别为 100%、71.43% 和 88.89%，可以作为我们说法的旁证。

（四）小结

综上所述，无论是从权威工具书《现代汉语词典》的词语解释说明，还是从作为典范的现代白话文著作的老舍小说语言运用角度来分析，我们都认为：作为语言单位被使用的状态词不是重叠式 ABB，实际上是"ABB 的"，"的"是附加性的构词语素，即词缀。

---

① 陈刚、宋孝才、张秀珍编：《现代北京口语词典》，语文出版社 1997 年版。
② 高艾军、傅民编：《北京话词典》，中华书局 2013 年版。
③ 董树人：《新编北京方言词典》，商务印书馆 2010 年版。

附：老舍中文小说语言中的"ABB 的"式状态词词表

（例次，150 个词形，136 个词语。有下画直线者为《现代汉语词典》所收录，下画双曲线者为字形不同于《现代汉语词典》的异形词语；词语后边的数字为词语出现的例次和异形词及其例次，出现 1 例次者不标。从简洁角度考虑，以下词表中的"ABB 的"式状态词，均省去词缀"的"。）

B

白花花 6　白唧唧　白辣辣　白亮亮 16

白茫茫

C

潮阴阴　潮渗渗　潮湨湨 2

喘吁吁 4（喘嘘嘘）　赤裸裸 8　稠糊糊

稠嘟嘟 2　臭烘烘

D

大咧咧 5　叨唠唠 2　毒花花 5　短撅撅 3

滴溜溜 2　顶呱呱

E

恶狠狠 3

G

干巴巴 11　干辣辣 2　高朗朗

咕碌碌 3（唃碌碌）　孤单单　孤零零 3

鼓膨膨 2　光溜溜　光秃秃

H

汗淋淋　红润润　红扑扑 9　红堂堂

黄腊蜡　黄橙橙 2（黄登登）　活泼泼

活生生 3　灰汪汪　灰茫茫

灰湨湨 6（灰碌碌 2）　厚敦敦 4　黑丛丛 3

黑糊糊9（黑忽忽2）　　黑洞洞7　　黑黝黝

黑嘟嘟2　　黑茫茫

J

尖溜溜4　　紧巴巴　　静悄悄5

L

辣蒿蒿4　　蓝汪汪4　　懒洋洋8　　乐嘻嘻

泪汪汪2　　凉渗渗　　凉飕飕3　　亮堂堂

绿丛丛2　　绿汪汪2　　绿荫荫2（绿阴阴）

绿茸茸　　乱蓬蓬4　　冷噤噤　　冷清清5

冷森森3　　冷飕飕4　　楞磕磕7

M

麻酥酥　　慢腾腾3　　慢吞吞　　毛茸茸

密丛丛　　明晃晃4　　明汪汪　　明白白

渺茫茫

N

年轻轻13（年青青）　　粘糊糊2　　怒冲冲3

暖忽忽　　嫩团团

P

胖嘟嘟　　胖忽忽

Q

气昂昂4　　气喘喘　　气哼哼6（气横横）

青虚虚2

R

热辣辣9　　热乎乎　　热嘟嘟　　热腾腾3

肉嘟嘟2　　软津津　　软乎乎4（软忽忽2）

S

傻乎乎4　　死呆呆　　死板板4　　水凌凌

水汪汪　　水淋淋　　湿漉漉6（湿碌碌3，湿渌渌2）

湿润润　　疏落落　　酸溜溜2

· 150 ·

T
秃磕磕　甜梭梭
W
呜咽咽 2　文诌诌
X
稀棱棱　稀拉拉　　笑嘻嘻 20　笑眯眯 7（笑迷迷 4）　笑吟吟 4
鲜伶伶　香喷喷 2　香柔柔　　羞答答　羞怯怯
雄赳赳 2（雄纠纠）
Y
圆溜溜　油光光 2　油汪汪 7　油糊糊
痒刺刺　阴惨惨　硬梆梆 2（硬棒棒）
硬巴巴　硬挺挺
Z
直楞楞　直溜溜 3　直勾勾 4　直挺挺
紫红红　紫茸茸　整条条

第三节　AABB 式状态词

本节以老舍全部中文小说语言中的 AABB 重叠式词语作为研究对象，属于以现代汉语经典作家作品的较大规模的同质语料库作为语料来源的定量与定性相结合的综合研究。

一般所谓的 AABB 重叠式，是指下列例句中标有着重号的部分：

(1) 你高高兴兴地去了，可别弄得灰头土脸地回来。
(2) 他喝了二两酒，走道儿就跌跌撞撞的了。
(3) 她们一天总叽叽喳喳说个不停。

对于 AABB 重叠式，学界有不同的认识，有的将其看作一种构形形式，是汉语的形态之一，表示 AB 的增量语法意义；有的将其看作

· 151 ·

构词形式。作为中型规范词典,《现代汉语词典》收词比较严格,没有收录例(1)中有 AB 原型而词汇意义相关的"高高兴兴"类 AABB 式。第 7 版《现代汉语词典》收词六万六千个左右,其中收录四音节词语 6140 条,约占全部词语 9.3%;而 AABB 式收录 97 条(含异形词语 7 条),占四音节词语的 1.58%。本书为了便于说明,先将其称为"AABB 式词语",然后再论证其性质。

一 老舍小说中 AABB 式词语的出现情况

在老舍 250 万字的中文小说语言语料库中,共出现含有 AABB 式词语的例句 1096 个,平均每万字出现 4.38 例次。通过对 1096 例含 AABB 式词语的句子进行分析,合并异形词,离析出 AABB 式词语 247 个(种)。我们这里所说的"异形词",是指同音(或基本同音)同义而书写形式不同的词语形式。老舍小说中 AABB 式异形词语有以下 16 组(种)(括号内为异形词):

叮叮当当(叮叮唠唠)　　疯疯癫癫(疯疯颠颠)
寥寥落落(寥寥劳劳)　　昏昏沉沉(昏昏沈沈)
昏昏忽忽(昏昏糊糊)　　糊糊涂涂(胡胡涂涂)
唧唧咕咕(咕咕咕咕)　　麻麻酥酥(麻麻苏苏)
婆婆妈妈(婆婆慢慢)　　念念叨叨(念念道道)
傻傻糊糊(傻傻忽忽)　　懈懈松松(歇歇松松)
马马虎虎(麻麻胡胡、马马糊糊)
迷迷糊糊(迷迷忽忽、迷迷胡胡)
痒痒出出(痒痒触触)　　影影绰绰(影影抄抄、隐隐绰绰)

有的异形词用字,单字读音有别,但处于词末尾读轻声时则读音相同,如"寥寥落落——寥寥劳劳"中的"落"(lào)与"劳"、"念念叨叨——念念道道"中的"叨"与"道"、"痒痒出出——痒痒触触"中的"出"与"触";有的有有无鼻音或前后鼻音之别,前者如"婆婆妈妈——婆婆慢慢"中的"妈"和"慢",后者如"影影绰绰——隐隐绰绰"里的"影"和"隐";还有单字读音不同,但由于语流变调而变得相同,如"马马虎虎——麻麻胡胡"中的"马"与"麻";有的声韵相同而声调有所差异,如"懈懈松松——歇歇松松"中的"懈"与"歇";此外还有由于新旧字形而形成的异形词,如"昏昏沉沉——昏昏沈沈"。在异形词中我们没有包括倒序词,而把倒序词看成不同的词,尽管从意义角度几乎看不出差别,因为语素的排列顺序是一种重要的词法手段。例如:

(4) 矮个子,相当的胖,一嘴油光水滑的乌牙,他长得那么厚厚敦敦的可爱。(《四世同堂》二)

(5) 身量不高,全身都那么敦敦厚厚的。(《无名高地有了名》九)

属于这种情况的有:

吵吵闹闹——闹闹吵吵　　缝缝洗洗——洗洗缝缝
厚厚敦敦——敦敦厚厚　　松松歇歇——歇歇松松(懈懈松松)
弯弯曲曲——曲曲弯弯

从表面上看,平均每种AABB重叠式使用4.44例次,但实际不同的AABB重叠式使用有很大差别,有111个AABB重叠式仅出现1例次,32个出现2例次,出现次数最多的AABB重叠式共出现52例次。其分布情况见表3-10。

表3-10　　　　　AABB重叠式出现例次占比统计

出现例次	1	2	3—9	10—19	20—29	30—39	40—49	>50	合计
词数	111	32	78	17	3	2	3	1	247
所占比例(%)	44.94	12.96	31.58	6.88	1.21	0.81	1.21	0.41	100

从表3-10中至少可以看出以下两点。

(1) AABB 重叠式具有一定的偶发性

有 111 个 AABB 重叠式只出现 1 例次，占所有 AABB 式重叠式的近 45%，平均每万字仅出现 0.45 例次；老舍作品中甚至使用某些一般看来不能成立的 AABB 重叠式，如"乖乖宝宝、鸡鸡嘹嘹、嘛嘛是是、怎怎么么、资资本本、种种样样"：

(6) 我不能教爱弥耳在母乳旁乞求生命，乖乖宝宝的被女人吻着玩着，像个小肥哈巴狗。(《集外·新爱弥耳》)

(7) 离开池畔，他简直不愿再看任何东西。……那些张着嘴放葱味的黄牙男子们，那些鸡鸡嘹嘹的左嗓子歌女们，那些红着脸乱喊的小贩们！(《文博士》三)

(8) 不管他说什么，即使是叫他们去挖祖坟，他们也嘛嘛是是地答应着。(《正红旗下》十)

(9) 只要你穿着大衫，拿出印着官衔的名片，就可以命令他们，丝毫不用顾忌警律上怎怎么么。(《老张的哲学》第九)

(10) 哪能都象商二狗，资资本本地看着？(《樱海集·上任》)

(11) 他见客，他作代表，他没意见，他没的可泄露，他老笑着，他有四棱脑袋，种种样样他都合适。(《蛤藻集·听来的故事》)

这 6 个 AABB 重叠式，明显是老舍根据小说表意需要临时创造出来的。这种生造形式的存在，说明 AABB 重叠式是一种有很强可类推性的词语创造形式，下文也称其为"AABB 式词语"。这是我们从另外一个角度的考察，得出了与任海波"能产性"[1] 相似的结论。

(2) 出现频率与词语数量成反比关联

老舍小说中出现 10 次以上（含 10 次）的 AABB 式词语共有 26 个，它们是（词后数字为出现例次。下同）：

迷迷糊糊 52　　老老实实 48　　马马虎虎 42

---

[1] 任海波：《现代汉语 AABB 重叠式词构成基础的统计分析》，《中国语文》2001 年第 4 期。

规规矩矩 40	痛痛快快 37	清清楚楚 33
大大方方 22	自自然然 22	口口声声 21
干干净净 19	稳稳当当 18	高高兴兴 17
婆婆妈妈 17	时时刻刻 17	舒舒服服 17
糊糊涂涂 14	整整齐齐 13	和和气气 12
委委屈屈 12	晃晃悠悠 11	明明白白 11
平平安安 11	病病歪歪 10	来来往往 10
千千万万 10	堂堂正正 10	

这 26 个词语只占 AABB 式词语的 10.53%，却出现 546 例次，出现次数约占总例次的一半（49.82%）。

二 与《现代汉语词典》对比

1965 年编写完成的《现代汉语词典》试用本[①]收录 AABB 式词语 64 条，其中"唧唧喳喳"与"叽叽喳喳"读音完全相同，可以合并为同一个词（词位），这样，《现代汉语词典》试用本实收 AABB 式词语 63 个。第 7 版《现代汉语词典》收 AABB 式词语 97 条，其中有 7 条是异形词［括号内是《现代汉语词典》（第 7 版）的释义词条的词形，亦即推荐词形］：

唧唧歪歪（叽叽歪歪）　　叽叽喳喳（唧唧喳喳）
叽叽嘎嘎（唧唧嘎嘎）　　喊喊嚓嚓（喊喊喳喳）
神神叨叨（神神道道）　　元元本本、源源本本（原原本本）

经此合并，《现代汉语词典》（第 7 版）实收 AABB 式词语 90 个。250 万字的老舍中文小说语言语料库中共出现 247 个 AABB 式词

[①] 中国科学院语言研究所词典编辑室编：《现代汉语词典》（试用本），商务印书馆 1973 年版。

语，与《现代汉语词典》所收的 AABB 式词语词形相同的有 25 个（下画线者同为试用本收录）：

<u>病病歪歪</u>　吃吃喝喝　<u>疯疯癫癫</u>　<u>鼓鼓囊囊</u>
花花绿绿　唧唧喳喳　口口声声　马马虎虎
<u>骂骂咧咧</u>　<u>密密层层</u>　密密匝匝　<u>哭哭啼啼</u>
<u>男男女女</u>　<u>婆婆妈妈</u>　喊喊喳喳　<u>曲曲弯弯</u>
<u>三三两两</u>　<u>堂堂正正</u>　<u>偷偷摸摸</u>　吞吞吐吐
稀稀拉拉　<u>嘻嘻哈哈</u>　<u>影影绰绰</u>　<u>源源本本</u>①
战战兢兢

异形词 2 个（括号内为《现代汉语词典》中的词形。下同）：

疙疙疸疸（疙疙瘩瘩）　　唧唧嘈嘈（吱吱嘈嘈②）

两者合计，《现代汉语词典》试用本中的 AABB 式词语与老舍小说语言中相同者共有 23 个，第 7 版与之相同者共有 27 个。

此外，老舍小说语言中还有 5 个与《现代汉语词典》相似的 AABB 式词语：

a. 续续断断（断断续续）、点点星星（星星点点）
b. 沟沟道道、坑坑坎坎（沟沟坎坎）
c. 歪歪拧拧（歪歪扭扭）

其中 a 组可以看作《现代汉语词典》相关词语的倒序词，c 组是语音半同半近词语，而 b 组则是构词语素半同半近词语。

---

① 中国科学院语言研究所词典编辑室编：《现代汉语词典》（试用本）第 1126 页写作"源源本本"。
② 中国科学院语言研究所词典编辑室编：《现代汉语词典》（试用本）未收录这个词。

上列 5 个词语，《现代汉语词典》试用本只收"断断续续"。

统计分析显示，《现代汉语词典》试用本中的 AABB 式词语，与老舍中文小说语言一致率为 36.51%，第 7 版与之一致率为 30%，相似率 5.56%。也可以倒过来，从老舍语言角度来看，老舍中文小说语言中的 AABB 式词语有 9.31% 与 1965 年编写的《现代汉语词典》试用本相同，有 10.93% 与 2016 年的第 7 版《现代汉语词典》相同——经过半个多世纪（51 年），与《现代汉语词典》的一致率提高了 1.67 个百分点。

三 AABB 式词语的构成成分分析

（一）有无相对应的 AB 基式词语

一般的感觉是，AABB 式词语都有 AB 基式词语；很多相关研究，也都以对比 AB 基式词语来说明 AABB 式，因此，把 AABB 式看作 AB 式的重叠，看作后者的形态变化，有很强的心理基础，尽管也有学者关注到有大量的 AABB 式词语没有相对应的 AB 基式词语，或者说与之相对应构成 AABB 的基式 AB 不成词的现象。关于这一点，在较近的研究中，任海波也利用从一亿字语料库提取出来的 2734 个 AABB 式词语，与《现代汉语词典》（1978 年版）、《信息处理用现代汉语分词词表》（1999 年内部交流版）以下简称《分词词表》的词语比较，以及频率与 AB 是否成词的关联等三个角度，考察 AB 成词情况；得出参照《现代汉语词典》，AABB 式词语中有 AB 基式的占 44%，与《分词词表》相参照，有 AB 基式的占 48.4%，"从总体上看，AB 不是词的 AABB 要比 AB 是词的 AABB 多"，以及 "AB 的成词率与 AABB 的出现率呈现一种正向协同关系" 两个结论。[①]

考察 AABB 式词语有无 AB 基式之间的关联，我们加上方言和词义两个因素做综合考虑。亦即从《现代汉语词典》角度看没有相应的

---

① 任海波：《现代汉语 AABB 重叠式词构成基础的统计分析》，《中国语文》2001 年第 4 期。

AB 式词语，但如果北京方言中有相应的 AB 式词语，也算有 AB 基式，因为老舍是使用加工、提炼过的北京方言口语来写作的。属于这种情况的有（括号内箭头号右侧的双音节词语属于北京方言）：

迷迷瞪瞪（←迷瞪）	毛毛咕咕（←毛咕）
平平正正（←平正）	胖胖大大（←胖大）
胖胖实实（←胖实）	肉肉头头（←肉头）
晕晕忽忽（←晕忽）	藏藏躲躲（←藏躲）
麻麻酥酥（←麻酥）	花花搭搭（←花搭）
黑黑忽忽［←黑乎（乎/的）］	傻傻糊糊←［傻乎（乎/的）］
偷偷摸摸［←偷摸（儿）］	窝窝瘪瘪（←窝憋）
呜呜囔囔（←呜囔）	消消停停（←消停）
懈懈松松（←懈松）	鸡鸡喳喳（←鸡喳）

考虑词义因素，是指如果有 AB 式，看这个 AB 式词语与 A、B，以及 AABB 式词语有无直接的词义关联；如果没有直接的词义关联，即便有词语 AB，也不认为 AABB 有基式 AB。这方面，与我们收集的 AABB 式词语相关的有"长短、吃喝儿、敦厚、千万"4 个词语（词条后边的数字是《现代汉语词典》中该词所在的页码。例子略去。）：

【长短】①（~儿）|名|长短的程度。②|名|意外的灾祸、事故（多指生命的危险）。③|名|是非、好坏。④|方|表示无论如何。（P145）

【吃喝儿】〈口〉|名|指饮食。（P172）

【敦厚】|形|忠厚。（P333）

【千万】|副|务必（表示恳切叮咛）。（P1037）

很明显，作为名词的"长短"与形容词"长""短"以及"长长短短"词义上无直接关联；名词"吃喝儿"与动词"吃""喝"以及"吃吃喝喝"词义相差较大；表示{忠厚}的"敦厚"与老舍小说中表示{粗短、显得有些肥胖}意思的"敦敦厚厚"以及同义的倒序词"厚厚敦敦"没有明显的词义关联；表示{务必}义的副词"千万"，与表示数量的"千""万"以及"千千万万"无明显的词义关联：

（12）屋里点上了灯，瑞全才看到自己的四围都是长长短短的，黑糊糊的花丛。（《四世同堂》五）

（13）如果把他们约到一处吃吃喝喝，李景纯，设若他真来了，冷言冷语，就许当场又开了交手仗。（《赵子曰》第十二）

（14）身量不高，全身都那么敦敦厚厚的。（《无名高地有了名》第九）

（15）自己那位太太，何必再想，她与千千万万的妇女一样的可怜。（《离婚》第十二）

这种情况的AB，我们不认为是AABB式词语的基式，亦即"长长短短、吃吃喝喝、敦敦厚厚、千千万万"没有与之相对应的AB基式词语。

加上方言因素和词义因素，我们对于AABB式词语相对应的AB基式词的确定，相对严格一些。

按我们的统计，在老舍小说247个AABB式词语中，有AB基式词语对应的有177个，占AABB式词语总量的71.66%，它们出现887例次，占总例次的80.93%；而无AB基式词语对应的AABB式词语，有70个，只占28.34%，出现209例次，占总例次的19.07%。在这一点上，我们的统计结果与任海波的结论完全相反。

至于任海波的"AB的成词率与AABB的出现率呈现一种正向协同关系"，我们通过对250万字的老舍中文小说语言语料库进行统计分析，比如从出现量高低两级来看，这个结论大体是正确的：出现1例次的 AABB 式词语有 111 个，其中有 AB 对应基式的有 77 个，所占比例为 69.37%；出现 10 例次以上的词语有 26 个，有 AB 基式对应的有 21 个，所占比例为 80.77%；但关于 AABB 式词语对应 AB 基式的比例，以及局部比例的统计，我们的统计与任海波的相比还是有很大差别的，详见表 3-11。

表 3-11　以 25 个为单位的例次高低序号词语与有 AB 基式构词者占比统计

例次高低序号	1—25	26—50	51—75	76—100	101—125
有 AB 基式	21	18	18	20	18
所占比例（%）	84	72	72	80	72
例次高低序号	126—150	151—175	176—200	201—225	226—247
有 AB 基式	20	16	18	18	10
所占比例（%）	80	64	72	72	45.45

实际上，从序号 137—247 的词语，都是只出现 1 例次的，但有 AB 对应基式的比例却不一致；而出现例次排序 26—75 号的词语，却与 151—200 号的词语相同。

再换个角度，从出现例次角度考察，我们发现，出现 1—10（及以上）例次的词语与 AB 基式对应也并不平衡，详见表 3-12。

表 3-12　以例次为基准的 AABB 式词语与有 AB 基式构词者占比统计

出现例次	1	2	3	4	5	6	7	8	9	≥10
词语数量	111	32	29	11	11	13	6	3	5	26
有 AB 基式	77	27	21	7	8	9	4	3	5	21
所占比例（%）	69.37	84.38	72.41	63.64	72.73	69.23	66.67	100	100	80.77

这说明，AABB 式词语的出现率与有无 AB 对应基式，并无必然的关联。

（二）构词成分分析

1. 构词成分的词性

老舍小说中，构成 AABB 式词语的构成成分，有形容词、动词、名词、拟声词、数词、副词、代词、量词 8 类词语，不同类的词构词能力有很大差异；其中构词能力最强的是形容词，构成 AABB 式词语的 60% 强，一般认为 AABB 式是形容词的重叠形式，是有很强的语感心理依据的。各类词构成 AABB 式词语的情况，详见表 3-13、表 3-14。

表 3-13　　　　　AABB 式词语内部构成成分统计分析

统计＼成分	形容词	动词	名词	拟声词	数词	副词	代词	量词	合计
构词	149	54	19	16	3	2	2	2	247
所占比例（%）	60.32	21.86	7.69	6.48	1.22	0.81	0.81	0.81	100

表 3-14　　不同构成成分的 AABB 式词语出现例次统计分析

统计＼成分	形容词	动词	名词	拟声词	数词	副词	代词	量词	合计
例次	764	167	66	25	22	26	4	22	1096
所占比例（%）	69.71	15.24	6.02	2.28	2.01	2.37	0.36	2.01	100

上面作为统计分析对象的构词成分，可以是 A、B，也可以是作为一个词的 AB，后者也包括由一个语素构成的联绵词，如"马虎"和"嘟囔"；"马马虎虎"可以看作由形容词"马虎"、"嘟嘟囔囔"可以看作由动词"嘟囔"通过音节重叠而构成的。这里没有区分一个词语是由几个语素构成的。

以表 3-13、表 3-14，至少说明三个问题。

（1）由形容词构成的 AABB 式词语，占该类词语的 60% 强，是构词比例处于第二位的动词的近三倍。

（2）由形容词构成的 AABB 式词语，出现率最高，超过总例次的 2/3。

（3）人们一般认为 AABB 式词语是形容词的重叠式，从我们的统计来看，是有很强的心理语感基础的。

以下对 AABB 式构成分别举例说明（数量在 20 及以下者列出全部词语）。"AABB←AB"和"AABB←［AA←A］+［BB←B］"是 AABB 式词语的两种构词模式，前者指 AABB 式词语是通过 AB 基式重叠构成的，后者指没有 AB 基式而由 A、B 分别重叠而后再组合构成的。

形容词构成的 AABB 式词语（149 个）：
AABB←AB，例如：

  高高兴兴 痛痛快快 舒舒服服 大大方方
  自自然然 马马虎虎 晕晕忽忽 胖胖实实
  肉肉头头 迷迷糊糊

AABB←［AA←A］+［BB←B］，例如：

  堂堂正正 离离光光 影影绰绰 战战兢兢
  密密层层 红红绿绿

动词构成的 AABB 式词语（54 个）：
AABB←AB，例如：

  来来往往 指指点点 说说笑笑 结结巴巴
  毛毛咕咕 絮絮叨叨

AABB←［AA←A］+［BB←B］，例如：

  病病歪歪 蹦蹦跳跳 哭哭啼啼 扣扣摸摸
  缝缝补补 藏藏掩掩

名词构成的 AABB 式词语（19 个）：
AABB←AB

  斑斑块块 斑斑点点 疙疙疸疸 男男女女
  里里外外 前前后后 事事物物 源源本本
  子子孙孙 资资本本

AABB←［AA←A］+［BB←B］

婆婆妈妈　　人人事事　　时时处处　　事事处处
事事人人　　点点星星　　乖乖宝宝　　沟沟道道
坑坑坎坎

拟声词构成的 AABB 式词语（16 个）：
AABB←AB

叮叮当当　　鸡鸡嘹嘹　　噗噗喳喳　　乒乒乓乓

AABB←［AA←A］+［BB←B］

喊喊喳喳　　嘻嘻哈哈　　唧唧喳喳　　唧唧鸭鸭
唧唧嘈嘈　　唧唧吱吱　　唧唧嚯嚯　　仆仆吧吧
砰砰厮厮　　嚓嚓是是　　吱吱拍拍　　嘀嘀啾啾

其中，"嚓嚓是是"是以表示｛应答、同意｝的叹词"嚓"（满语）和"是"（汉语）构成。

数词构成的 AABB 式词语（3 个）：
AABB←AB

许许多多

AABB←［AA←A］+［BB←B］

三三两两　　千千万万

副词性语素构成的 AABB 式词语（2 个）：

AABB←AB

  的的确确 时时刻刻

代词性语素构成的 AABB 式词语（2 个）：
AABB←AB

  怎怎么么 多多少少

量词性语素构成的 AABB 式词语（2 个）：
AABB←［AA←A］+［BB←B］

  口口声声 种种样样

2. 构词成分的成词与不成词

应该说，**AABB 式词语，都是由词构成的。**

亦即构成 AABB 的 AB，或 A、B，本身就是词。前者的构词模式是"AABB←AB"，后者的构词模式是"AABB←［AA←A］+［BB←B］"。

（1）AABB←AB

作为一种构词模式，"AABB←AB"可以分作以下三类。

a. AB 是复合词

这种情况最多。以开头字母 a 为例：

  安安稳稳（←安稳） 安安静静（←安静）
  安安顿顿（←安顿） 安安详详（←安详）
  安安闲闲（←安闲）

b. AB 是派生词

派生词是由表实在意义的词根和表附加意义的词缀构成的。老舍小说中由 AB 式派生词构成的 AABB 式词语有以下这些：

抽抽疤疤（←抽巴）	结结巴巴（←结巴）
抽抽搭搭（←抽搭）	嘀嘀咕咕（←嘀咕）
唧唧咕咕（←唧咕）	毛毛咕咕（←毛咕）
哼哼唧唧（←哼唧）	恍恍惚惚（←恍惚）
黑黑忽忽［←黑乎（乎/的）］	迷迷糊糊（←迷糊）
傻傻糊糊［←傻乎（乎/的）］	软软糊糊（←软乎）
飘飘忽忽（←飘忽）	晕晕忽忽（←晕乎）
数数唠唠［←数唠（落/拉）］	念念叨叨（←念叨）
絮絮叨叨（←絮叨）	稀稀拉拉（←稀拉）
肉肉头头（←肉头）	怎怎么么（←怎么）
寡寡劳劳［←寡劳（劳）］	愣愣磕磕［←愣磕（磕）］
鬼鬼啾啾（←*鬼啾）	昏昏忽忽（←*昏忽）

我们认为，"巴、搭、拉、咕、叽（唧）、乎、唠、叨、头、么"是后缀。[①]

"-巴"作为后缀构成的词语除了"抽巴""结巴"，再如"干巴、哑巴、拧巴"等（词形采用第7版《现代汉语词典》的写法。下同）；"-搭"构成的词语如"溜达、蹦跶、摔打、磕打、扭搭、勾搭"等；"-咕"构成的词语如"捅咕、叽咕、叨咕、嘀咕、磨咕"；"-叨"构成的词语除了"念叨、絮叨"外，再如"唠叨、忙叨、外道、地道、鼓捣"等；"糊""乎""忽"等可以看作同一个后缀的不同写法，可以统一写作"-乎"。

"寡寡劳劳"（{心中发空；或腹中有饥饿感}）有"寡劳劳"（与此相照应，还有"空落落"）、"愣愣磕磕"（{形容迟钝，发呆的样子}）有"愣磕磕（柯柯/呵呵）"[②] 与之相对应，可以确定"劳劳"（一般写作"落落"）和"磕磕"重叠词缀的性质。

[①] 聂志平：《黑龙江方言词汇研究》，吉林人民出版社2005年版。
[②] 高艾军、傅民：《北京话词语》（增订本），北京大学出版社2001年版，第520页；汉语大词典编辑委员会、汉语大词典编纂处编：《汉语大词典（缩印本）》，汉语大词典出版社1997年版，第2645页。

"鬼啾"在老舍小说和北京话词典上没有找到书证；但"鬼"是｛狡黠、多心机、不光明正大｝的意思，而"啾"的意思不好确定，只能把它看作词缀，而且在同属于北京官话的东北话中，有"鬼啾"这种说法，表示｛狡黠；鬼祟｝，还有"艮啾"（筋道，不容易咀嚼），所以我们倾向于把"鬼鬼啾啾"中的"啾啾"看作重叠词缀。

"昏昏忽忽"，的确没有找到"昏忽"或"昏忽忽"这种说法；之所以把后边的"忽忽"看作重叠词缀，是因为"昏"的意思是明确的，而"忽"的意思是不明确的。我们推测应该是老舍仿照"晕乎""迷糊""软乎"等带有"乎"的形容词类推创造的。

"寡寡劳劳、楞楞磕磕、鬼鬼啾啾、昏昏忽忽"4个词语，虽然我们在这里把它们归入由 AB 式词语构成的，但因为在北京话中的确没有找到与其对应的 AB 基式，所以在做有无与之相对应的 AB 基式词语的总的统计时，我们还是按无 AB 基式词语对应统计的。

c. AB 是联绵词

联绵词是用两个不表意的字（音节）构成的一个词语，老舍小说中由联绵词构成的 AABB 式词语有以下 5 个：

嘟嘟囔囔（←嘟囔）　　疙疙瘩瘩（←疙瘩）
马马虎虎（←马虎）　　呜呜囔囔（←呜囔）
窝窝囊囊（←窝囊）

按我们的分析，在老舍中文小说语言中，有 71.66% 的 AABB 式词语是有 AB 基式的，它们出现的例次占总例次的 80.93%，这个比例是很高的，远远高于任海波统计的 44%。也就是说，一般认为 AABB 式是由 AB 构成的，是有很强的心理语感基础的。

(2) AABB←［AA←A］+［BB←B］

排除"寡寡劳劳、楞楞磕磕、鬼鬼啾啾、昏昏忽忽"4个词语，由 A 和 B 经各自重叠再组合构成的 AABB 式词语有 66 个。这四个词语虽然实际没有与此对应的 AB 式词语，但按我们的分析，也是按 AB 基式重叠构成的，故排除在外。

第三章 状态词研究

由动词 A 和 B 构成的 AABB 式词语有 18 个：

病病歪歪	蹦蹦跳跳	唱唱咧咧	藏藏掩掩
吃吃喝喝	缝缝洗洗	哭哭啼啼	扣扣摸摸
骂骂咧咧	闹闹吵吵	添添改改	跳跳钻钻
洗洗作作	洗洗缝缝	笑笑嘻嘻	续续断断
游游磨磨	走走逛逛		

在这些 AABB 词语中，在现代汉语中不成词的有"啼、嘻、咧"3个。"啼"表示{悲哀地哭泣}①，在古汉语中是一个独立的词语；"嘻"也是{笑}、{脸上露出笑容}的意思，"嘻嘻"表示{欢笑貌}、{笑声}的意思②，根据《现代汉语词典》P822 的释义，"咧"(liē)、"咧咧"是方言词，在北京官话中表示{乱说}和{小儿哭}的意思，来自"咧"(liě)、{嘴角向两边伸展}义，也都是独立的词。

由形容词 A 和 B 构成的 AABB 式词语有 23 个：

长长短短	敦敦厚厚	花花绿绿	红红绿绿
厚厚敦敦	昏昏沉沉	木木张张	密密层层
密密匝匝	离离光光	兢兢业业	静静懒懒
曲曲弯弯	肉肉嘟嘟	松松通通	枸枸颠颠
堂堂正正	弯弯扭扭	歪歪拧拧	痒痒出出
影影绰绰	战战兢兢	真真假假	

在这些词语中，需要作说明的有"肉肉嘟嘟、木木张张、枸枸颠颠、痒痒出出、堂堂正正、影影绰绰、战战兢兢、兢兢业业、离离光光"9个词语。

---

① 汉语大词典编辑委员会、汉语大词典编纂处：《汉语大词典》（缩印本），汉语大词典出版社1997年版，第1627页。

② 汉语大词典编辑委员会、汉语大词典编纂处：《汉语大词典》（缩印本），汉语大词典出版社1997年版，第1654页。

"肉肉嘟嘟"中的"嘟"的基本义是{凸起}以及由此引申的{（因凸起而）下垂}义，所以"肉"和"嘟"分别是两个词语。联系 AABB 式词义，可以确定"木木张张"中的"木"是{麻木}义，"张"是{涨}。"杓"也写作"勺、苕"等，表示{傻，糊涂，不明事理}的意思，① 是个方言词，武汉方言中可单独成词，在北方话区主要是作为构词成分，如"苕病、苕癫癫、苕苕癫癫"（乌鲁木齐）、"杓了光唧"（哈尔滨），所以我们也把老舍小说中的"杓杓颠颠"中的"杓"看作一个词，"颠"即"疯癫"的"癫"。关于"痒痒出出"，北京话和属于北京官话的黑龙江方言中有"出出"，表示{四处乱走}、{小声嘀咕}、{唆使}、{鸭子吃食}的意思；此外，黑龙江方言还有"出搭"，意思相同，"搭"是动词后缀。因此这里的"出"是方言词，有{动}义，"痒痒出出"有{（身体）痒的地方多而有变化让人不舒服}的意思，老舍小说中"痒痒出出"出现 3 例次：

（16）小姑娘们也看出便宜来，全过来用小手指头，像一群小毛毛虫似的，痒痒出出，痒痒出出，在他们的胸窝肋骨上乱串。（《小坡的生日·五 还在花园里》）

（17）初一戒烟戒酒，看着别人吸，别人饮，多么难过呢！心里真像有一千条小虫爬挠那么痒痒触触的难过。（《火车集·我这一辈子》）

"堂堂正正、影影绰绰、战战兢兢、兢兢业业"都是成语，在现代汉语中仅有"正"可单独成词，但在古汉语中每个成语中的字（音节）都是单独的一个词语，它们分别重叠再组合构成一个四音节 AABB 式词语。既然 AABB 式词语的形成有不同的历史层次，那么也就应该承认作为词语的 AABB 式是由词语 A、B 构成的。以下是摘自《汉语大词典》的解释（词条后边的数字为页码。例子略去）：

---

① 李荣主编：《现代汉语方言大词典》，江苏教育出版社 2002 年版，第 2115 页。

【堂】①夯土使高出地面形成四方形的屋基。②建于高台基上的厅房。⑧宽阔平整处。⑨高大……（P1212）

【堂堂】①形容盛大。②形容容貌壮伟。③形容志气宏大。④悠远；远大。⑤光耀、明亮……（P1214）

【正】①当中，不偏。②直，不弯曲。③端正。④正直，正派。⑤公正合理。⑥正确。⑦准确。⑧标准。⑨合乎法度。⑩整齐。⑪纯一不杂。⑫真诚。⑬正式的。⑭正当的，正经的。（P2862）

【正正】①整齐貌。②恰好，正好。（P2864）

【堂堂正正】①形容强大严整。②光明正大，（清代例子）。（P1214）

【影】⑫隐，躲藏；⑬遮蔽，掩盖。（P1922）

【影影】①身影。②犹隐隐。模糊不清貌，（元代例子）。③不安貌。（P1923）

【影影绰绰】模模糊糊；似隐似现。（P1923）

【隐】隐蔽，隐藏，掩护，隐居。（P6979—6980）

【隐隐】①隐约不明。②忧戚貌。③象声词。④盛多貌。（P6984）

【绰】①宽，缓。②多。③看，视线触及。④扰乱。⑤拂拭。（P5678）

【绰绰】①宽裕貌。②舒缓貌。（P5679）

【隐隐绰绰】隐约不清貌。（P6984）

【战】①作战，战争。②较量，角逐。③恐惧，发抖。④摇晃，颤动。（P2835）

【战战】①戒慎貌，畏惧貌。②象声词。（P2838）

【兢】①小心谨慎。②战栗，恐惧。③强壮。（P857）

【兢兢】①小心谨慎貌。②恐惧貌。③强壮貌。④精勤貌。⑤战栗貌。（P857）

【战兢】①畏惧戒慎貌。②恐惧发抖（举《东周列国志》和《明史》的例子）。（P2838）

【战兢兢】形容由于害怕、寒冷等原因而颤抖（元明时期的例子）。（P2838）

【战战兢兢】①敬畏戒慎貌。②因害怕或寒冷而颤抖貌（元明时期的例子）。（P2838）

【业】①版，大版。②学业。③基业，功业。④家业，产业。⑤事务，职业。⑥成业，使之立业或乐业。⑦以……为业，从事于。⑧创始，开创。⑨继，继承。（P2640）

【兢兢业业】①谨慎戒惧貌。②勤恳认真。（P857）

"离离光光"表面上看是北京方言词语，但仍可以从古汉语中找到词语来源，以下解释摘自《汉语大词典》（词条后边的数字为页码。例子略去）：

【离离】④旷远貌，空貌。⑦隐约貌。⑧若断若续貌，相连貌。⑨懒散疲沓貌。⑩飘动貌，摇荡貌。……（P6886）

【光】①光线。②光明；明亮。③色泽。④指神采。⑤光亮。……⑲空，净尽。……（P833）

【光光】③空无所有。④裸露貌。（P834）

【离离光光】方言。目光呆滞（举老舍作品例2）。（P6886）

因此，可以得出结论，"AABB←［AA←A］+［BB←B］"模式中由形容词性成分构成的 AABB 式词语，其构成成分，除了方言词"出"，都是形容词。

由拟声词 A 和 B 构成的 AABB 式词语有 12 个：

嘻嘻哈哈	唧唧喳喳	唧唧呷呷	唧唧嘈嘈
唧唧吱吱	唧唧嗫嗫	仆仆吧吧	砰砰厮厮

喊喊喳喳　　嘛嘛是是　　吱吱拍拍　　唧唧啾啾

上边词中的"鸡""鸭""拍"拟声词是用来表示声音的，因此每个音节（字）都是表示一个声音的，都可以看作一个拟声词，所以上列 AABB 式词语，都可以看作表音的拟声词 A 和 B 通过"AABB←[AA←A] + [BB←B]"模式构成的。甚至《现代汉语词典》标一个词语的"乒乓、哗啦"都可以看作由两个声音的连续，亦即由两个拟声词构成的。

由名词 A 和 B 构成的 AABB 式词语有 9 个：

点点星星　　乖乖宝宝　　沟沟道道　　坑坑坎坎
人人事事　　时时处处　　事事处处　　事事人人
婆婆妈妈

在这些词语中，特殊一点的是"乖乖宝宝、婆婆妈妈"两个词语。它们是按"AABB←[AA←A] + [BB←B]"模式构成的伪 AABB 式词语。因为这里的"乖乖""宝宝""婆婆""妈妈"都是叠音形式构成的表示称谓的名词，而不像其他词中的 AA、BB，是名词的重叠。因为它们形式上与其他 AABB 词语一样，而又像其他 AABB 式词语一样使用，所以我们也把它们归入 AABB 式词语中。其他 AABB 式词语，其构成成分 A 和 B 都是可独立使用的词。

由数词 A 和 B 构成的 AABB 式词语有 2 个：

三三两两　　千千万万

由量词 A 和 B 构成的 AABB 式词语有 2 个：

口口声声　　种种样样

上述两类 AABB 式词语，其构成成分 A 和 B 都是可独立使用的数词或量词。

按"AABB←［AA←A］+［BB←B］"模式构成的词语占全部 AABB 式词语的 26.72%。也就是说，只有 1/4 强的 AABB 式词语，没有与之对应的基式 AB，而是由 A 和 B 分别重叠成 AA 和 BB 再加和而成的。这 66 个词语，共出现 191 例次，占总例次的 17.43%。

四 AABB 式词语的句法功能

在老舍小说中，AABB 式词语的句法功能有 7 种：作状语、作谓语、作补语、作主语、作宾语、作定语和作小句。以下分别举例说明。

作状语，例如：

（18）他不等孙八谦让，早已恭恭敬敬的匍匐地上磕了三个头。（《老张的哲学》第二十八）

（19）像你这么老实巴焦的，安安顿顿的在这儿混些日子，总比满天打油飞去强。（《骆驼祥子》七）

作谓语，例如：

（20）有了自己的车，每天先不用为车租着急，他自然可以大大方方的，不再因抢生意而得罪人。（《骆驼祥子》五）

（21）两眼离离光光的，身子东倒西歪的，嘴中唧唧咧咧的，他闯入了家门。（《四世同堂》五十二）

作补语，例如：

（22）我用尽了心血劝他信了教，现在叫亚力山大给一扫而光弄得干干净净！（《二马》第三段）

（23）山上满安着电灯，把山道照得清清楚楚的，路旁的绿树在灯光下摆动，好像一片绿云彩似的。（《小坡的生日·十七

往虎山去》)

作主语,例如:

(24) 我们要在这里集结,因为再过去就是一道关口——大大小小共有七八十个地堡!(《无名高地有了名》十九)
(25) 小风展开红旗,斑斑点点全是勇士们的签名。(《无名高地有了名》十六)

作宾语,例如:

(26) 像这样的事,他干过许许多多了。(《文博士》六)
(27) 要卖,得痛痛快快的。我明白了这个。(《樱海集·月牙儿》)

作定语,例如:

(28) 好,这儿有舒舒服服的事不作,偏到外边瞎碰去,我不那么傻!(《四世同堂》五十二)
(29) 听我的话,带着弟妹逃走,作一个清清白白的人!(《四世同堂》三十)

作小句,例如:

(30) 还要什么样的媳妇呀?干干净净,老老实实,得了!(《离婚》第六)
(31) 高高兴兴的,他们进了那座破庙,仿佛是往金碧辉煌的宫殿里走呢。(《蜕》第四)

AABB 式词语的句法功能分布情况见表 3–15。

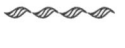

表 3-15　　　　　　　AABB 式词语句法功能统计

功能统计	状语	谓语	补语	定语	主语	宾语	小句	合计
出现例次	610	206	72	94	25	24	65	1096
所占比例（%）	55.65	18.80	6.57	8.58	2.28	2.19	5.93	100

对表 3-15，有两点说明：（1）我们对句法成分的认定，包括该词语单独作某种句法成分和作为偏正短语的中心语以整体作某种句法成分；（2）对于词语放在介词之后，为统计方便，我们将之认同于宾语，在具体分析中再加以单独说明。

从统计角度看，在老舍小说中 AABB 式词语作状语的比例最高，其出现例次占总例次的一半以上，是其另一个主要功能——作谓语——的 3 倍。AABB 式词语作状语基本上都是描写性而不是限定性的；可以看作限定性状语的词语，只有"的的确确（9）、时时刻刻（17）、时时处处（4）、资资本本（1）" 4 个词语（词语后边括号内的数字是出现例次）。在老舍小说中，有 70 个 AABB 式词语只出现状语用法，共 188 例次；但在笔者语感中，只有上列 4 个词语只有状语用法而无其他语法功能，其他词语都有作谓语、补语等其他用法；只有状语用法的 4 个词语占只出现状语功能词语的 5.71%。这 4 个 AABB 式词语中，"的的确确、时时刻刻"是由副词"的确"和"时刻"通过重叠构成的，"时时处处、资资本本"是由名词"时""处"和"资本"构成的。

因此，从出现频率角度看，AABB 式词语主要性质是描写性和表情性；描写性，是指这类词语是对某种状态的描写，而不是有些学者所说的"谓语性"[1]。这也是这类词语作状语比例远远高于作谓语的原因。表情性，是指这类词语附有很强的情感、态度，也就是朱德熙等所说的"主观性"[2]。因为具有描写性表示状态，因此不构成"的"字

---

[1] 参见沈家煊《形容词句法功能的标记模式》，《中国语文》1997 年第 4 期；蔺璜《状态形容词及其主要特征》，载《语文研究》2002 年第 2 期。

[2] 参见朱德熙《现代汉语形容词研究》，载《语言研究》1956 年第 1 期，《语法讲义》，商务印书馆 1982 年版；沈家煊《形容词句法功能的标记模式》，《中国语文》1997 年第 4 期；蔺璜《状态形容词及其主要特征》，载《语文研究》2002 年第 2 期。

短语表示指称①;在老舍 250 万字中文小说语言语料库中的 1096 个 AABB 式词语的例子中,只有 1 例次是由该类词语构成的"的"字短语:

(32) 草地上<u>高高矮矮的</u>都是石桩和石碑。(《二马》卷一第二段)

AABB 式词语作主语的有下列 11 个词语:

里里外外 5　男男女女 4　人人事事 3
事事处处 3　子子孙孙 3　事事人人 2
迷迷糊糊　　斑斑点点　　前前后后
事事物物　　种种样样

这些词语除了"迷迷糊糊",9 个是由名词构成的,1 个是由量词构成的(种种样样)。"迷迷糊糊"作主语的例子是:

(33) 他以为大哥的<u>迷迷糊糊</u>是因为他的事。(《四世同堂》五十六)

严格地说,不是"迷迷糊糊"作主语,而是定中短语"大哥的迷迷糊糊"作主语,"迷迷糊糊"是定中短语的中心语。

将"迷迷糊糊"排除在外,我们可以这样说,AABB 式词语作主语的,都是由名词性成分构成的名词性的 AABB 式词语,谓词性的 AABB 式词语不能作主语。

AABB 式词语作宾语的有以下 15 个词语:

马马虎虎 4　前前后后 3　规规矩矩 2

---

① 参见朱德熙《现代汉语形容词研究》,载《语言研究》1956 年第 1 期,《语法讲义》,商务印书馆 1982 年版。

大大方方2	蹦蹦跳跳2	哭哭啼啼2
人人事事	痛痛快快	晃晃悠悠
叮叮当当	呜呜囔囔	抄抄写写
沟沟道道	洗洗作作	许许多多

作为名词性词语，"前前后后、人人事事"都是处于介词之后，"沟沟道道"和"许许多多"[例（26）]处于被动词支配地位；"哭哭啼啼"一个作为定中短语中心语处于宾语位置、一个处于介词"管"后，属于前种情况的还有"叮叮当当"；"晃晃悠悠"处于"显着"之后，"呜呜囔囔"也处于谓宾动词之后：

（34）他怕回到家中，面对面的看着老祖父，病母亲，吃那猪狗都不肯吃的东西；更不愿听到小妞子的哭哭啼啼与韵梅的左右为难的话语。（《四世同堂》七十六）

（35）她们管哭哭啼啼叫作爱的甘蔗，我才不吃这样的甘蔗，我和她们说不到一块。（《樱海集：阳光》）

（36）街上异常的清静，只有铜铁铺里发出使人焦躁的一些单调的叮叮当当。（《骆驼祥子》十八）

（37）二哥若是虽矮而不显着矮，大姐夫就并不太高而显着晃晃悠悠。（《正红旗下》三）

（38）没等卫兵开口，他用高嗓音，为是免去呜呜囔囔，说："我找丁约翰！"（《四世同堂》四十七）

其余AABB式词语都是作能愿动词的宾语：

（39）乘着他还能蹦蹦跳跳的，乘着这个改朝换代的时机，咱们得众星捧月，把他抬出去！（《四世同堂》七）

（40）有了自己的车，每天先不用为车租着急，他自然可以大大方方的，不再因抢生意而得罪人。（《骆驼祥子》第五）

可以说，除了名词，由形容词、动词、拟声词构成的 AABB 式词语单独作宾语，前边一般是能愿动词，如例（39）、（40）；少数是谓宾动词［显着、免去（｛免得｝义）］，如例（37）、（38）；或者先构成定中短语再受一般动词支配，如上列例（34）、（35）、（36）。这说明，从作宾语角度来看，由形容词、动词、拟声词构成的 AABB 重叠式，在功能上有一致性。

五　AABB 重叠式的性质：构形还是构词？

简单地说，构形就是构成同一个词语的不同语法形式，以表示不同的语法意义，构形也称为形态变化；而构词是构成另外一个词语。那么，AABB 重叠式到底是构形还是构词形式呢？

以下我们从 AABB 重叠式的构成成分来分别加以说明。

（一）动词构成的 AABB 重叠式

我们先看由动词构成的 AABB 重叠式功能分布情况。

表 3-16　　　　由动词构成的 AABB 重叠式句法功能统计

功能统计	谓语	补语	定语	状语	主语	宾语	小句	合计
出现例次	58	0	11	77	0	8	13	167
所占比例（%）	34.73	0	6.59	46.11	0	4.79	7.78	100

在 250 万字的老舍中文小说语料库中，由动词构成的 AABB 重叠式共 54 个，出现 167 例次，平均每词出现 3.09 次。

从统计角度来看，由动词构成的 AABB 重叠式，主要功能是作状语和谓语，其中出现最多的是作状语，所占比例接近一半。另一极是作主语和补语，出现例次为零。作宾语共有 6 个词：

晃晃悠悠　　蹦蹦跳跳　　哭哭啼啼　　洗洗作作
呜呜囔囔　　抄抄写写

除了上引例子（34）、(36)、(37)、(38)、(39) 外，其余的 3 个例句如下：

（41）不知道她会洗洗作作的不会，假若她能作些事呢，就让她帮助高妈。（《骆驼祥子》二十二）

（42）在前面我已经说过，我认识字，还能抄抄写写，很够当个小差事的。（《我这一辈子》）

（43）公寓掌柜我之老友有洗洗作作等事可求老板娘为之不必客气。（《天书代存·王宝斋答牛天赐函》）

在 54 个由动词构成的 AABB 重叠式中，由及物动词构成的有 28 个，具体如下：

安安顿顿	嘀嘀咕咕	唧唧咕咕	说说笑笑
嘟嘟囔囔	呜呜囔囔	哼哼唧唧	念念叨叨
絮絮叨叨	数数唠唠	骂骂咧咧	唱唱咧咧
弹弹唱唱	吞吞吐吐	抄抄写写	藏藏躲躲
藏藏掩掩	吃吃喝喝	缝缝洗洗	缝缝补补
洗洗作作	洗洗缝缝	对对付付	扣扣摸摸
偷偷摸摸	添添改改	摇摇摆摆	指指点点

由及物动词构成的 AABB 重叠式占由动词构成的 AABB 重叠式总量的 51.85%。其功能分布见表 3-17。

表 3-17　由及物动词构成的 AABB 重叠式句法功能统计

功能统计	谓语	定语	状语	宾语	小句	合计
出现例次	26	2	39	3	4	74
所占比例（%）	35.14	2.7	52.7	4.05	5.41	100

从统计角度来看，及物动词构成的 AABB 重叠式，作谓语的比例

与由动词构成的 AABB 重叠式差不多，但作状语的却高 6 个百分点，而作定语的比例却不到由动词构成的 AABB 重叠式的 1/5（18.18%）。另外，在作谓语的功能中，仅有 1 例次及物动词构成的 AABB 重叠式后带宾语，占总词量 26 个的 3.85%：

（44）花这么一百二百的，过一年半载，并不吃亏，单说<u>缝缝洗洗衣服</u>，作饭，等等的小事，要是雇个仆人，连吃带挣的月间不也得花个十块八块的吗？（《骆驼祥子》十七）

及物动词构成 AABB 式而不带宾语，说明与之相对的 AABB 重叠式功能、性质已经与原来的及物动词大不相同了；再加上动词构成的 AABB 式主要用作状语，进而可以推断，由动词构成的 AABB 重叠式，已经与其构成成分动词的功能、性质有了很大差别。

（二）由名词构成的 AABB 重叠式

由名词构成的 AABB 重叠式有 19 个（见上文），出现 66 例次；其功能分布见表 3－18。

表 3－18　　　　由名词构成的 AABB 重叠式句法功能统计

功能统计	主语	谓语	宾语	定语	状语	补语	小句	合计
出现例次	24	4	6	8	22	1	1	66
所占比例（%）	36.36	6.06	9.09	12.12	33.33	1.52	1.52	100

其中，只作状语的有"时时处处（4）、点点星星（1）、乖乖宝宝（1）、资资本本（1）"，只作主语的有"事事处处（3）、事事人人（2）、事事物物（1）、子子孙孙（3）"，只作宾语的有"沟沟道道（1）、坑坑坎坎（1）"，只作定语是"疙疙瘩瘩（2）"，"斑斑块块"只作小句；"婆婆妈妈"可以作状语（11）、谓语（4）、定语（2），"源源本本"既可作状语（3）又可作补语（1），"里里外外、斑斑点点、男男女女"可作定语和主语，"人人事事"可作主语和宾语，"前前后后"可作状语（1）、主语（1）、定语（1）和宾语（介词后，

3)。如果按只能作主语或宾语，以及或同时还可以作定语的，是名词；只能作状语的是副词，能作谓语、补语、定语和小句的是谓词的话，那么由名词构成的 19 个 AABB 重叠式可分为三类。

    a. 名词

        斑斑点点　　沟沟道道　　坑坑坎坎　　里里外外
        男男女女　　人人事事　　前前后后　　事事处处
        事事人人　　事事物物　　子子孙孙

    b. 谓词（状态词）

        婆婆妈妈　　源源本本　　疙疙疸疸　　斑斑块块

    c. 副词

        时时处处　　点点星星　　乖乖宝宝　　资资本本

在这些词语中，《现代汉语词典》（第 7 版）中收录了 4 个：

【疙疙瘩瘩】（～的）〈口〉 形 状态词。P437。

【男男女女】 名 P936。

【婆婆妈妈】（～的） 形 状态词。P1012。

【原原本本】（源源本本、元元本本） 副 P1611。

"疙疙瘩瘩"老舍中文小说语言中写作"疙疙疸疸"，"原原本本"写作"源源本本"。参考《现代汉语词典》（第 7 版），我们把属于谓词的 4 个词语确定为形态词；但对"原原本本"的性质有所怀疑。"源源本本"在老舍中文小说语言中出现了 4 例次，3 例次是作状语，1 例次是作补语：

（45）他源源本本的把逃出北平后的所见所闻，都说出来。（《四世同堂》八十四）

（46）文博士有枝添叶的发挥了一阵，就是他所不晓得的事也说得源源本本，反正唐家的人没到过美国，他说什么是什么。（《文博士》五）

据此我们认为，老舍中文小说语言中的"源源本本"（原原本本）应该看作状态词。

（三）由数词、量词构成的 AABB 重叠式

由数词、量词构成的 AABB 重叠式共出现 44 例次，功能分布见表 3-19。

表 3-19　由数词、量词构成的 AABB 重叠式句法功能统计

功能 词语	主语	谓语	宾语	定语	状语	补语	小句	合计
许许多多			1	6				7
三三两两				1	4			5
千千万万				10				10
口口声声		10			11			21
种种样样	1							1
合计	1	10	1	17	15			44

这 5 个词语中，《现代汉语词典》（第 7 版）收录了"三三两两、口口声声"。其中，"三三两两"未标词性（P1124），"口口声声"标注的是副词：

【口口声声】副 形容不止一次地陈说、表白或把某一说法经常挂在嘴边：他~说不是他干的。（P750）

在老舍中文小说语言中，"口口声声"有状语和谓语两种用法，数量相近；作谓语的用法举例如下：

(47) 加以孙八口口声声非给龙军官压惊不可，于是他喝了三瓶五星啤酒。(《老张的哲学》第十)

(48) 迷是死跟着我，口口声声："咱们也跑吧？人家都跑了！花也跑了！"(《猫城记》二十五)

(49) 丢了钱，她敢骂日本鬼子了，她口口声声要去和小鬼子拼命！(《四世同堂》四十二)

(50) 他管房东叫奸商，口口声声非告发他不可。(《民主世界》)

在这里，我们把"口口声声"后边没有接"说"类词的用法看作谓语（中心）。这样，结合《现代汉语词典》中的释义，我们认为，老舍小说中的"口口声声"应该看作状态词。

"许许多多"作宾语，是下例：

(51) 像这样的事，他干过许许多多了。(《文博士》六)

因为如果没有前边的"这样的事"，那么后边的"他干过许许多多了"不能独立使用，所以，可能还是应该认为"许许多多"不能单独作宾语更好些。

这样，上列 5 个由数词、量词构成的 AABB 重叠式，除了很临时的"种种样样"只有作主语的用法而应该看作名词，其余的 4 个词语"许许多多、三三两两、千千万万、口口声声"定语、状语、谓语，具有描写性，表示某种状态，应该看作状态词。

通过分析，我们可以看到，动词、名词、数词和量词构成的 AABB 重叠式功能发生了变化；再加上 AABB 与 A、B 或 AB 意义的不同，我们可以进一步推论：

由 A、B 或 AB 构成的 AABB 重叠式，是构词，而不是构形。

六 结论

通过对 250 万字的老舍中文小说语言语料库中出现的共 1096 例次

的 247 个 AABB 重叠式进行统计分析，本节得出如下 8 点结论。

（1）现代汉语中的 AABB 重叠式的构成成分 A、B 或 AB 都是词语。

（2）现代汉语中的 AABB 重叠式由 AB 构成的，有 181 个（含"寡寡劳劳 3、愣愣磕磕 7、鬼鬼啾啾 3、昏昏忽忽 6"等 4 个词语），所占比例接近 3/4（73.28%），出现 906 例次，出现例次占总例次的 82.66%。而无 AB 基式词语对应的 AABB 式词语，有 66 个，只占总词数的 26.72%，出现 190 例次，占总例次的 17.34%。

（3）AABB 重叠式的构词成分主体是形容词，占构成词语总量的 60.32%，出现例次占总例次的 70%。

（4）AABB 重叠式具有偶发性，在言语活动中可以根据表意的需要类推创造。

（5）AABB 重叠式主要用以表示事物的状态，具有描写性和表情性。

（6）AABB 重叠式在句法上主要是作状语而不是作谓语，该功能占总例次的 55% 强。

（7）现代汉语中的 AABB 重叠式，是构词而不是构形，所以应该称之为"AABB 式词语"，是现代汉语四字格词语的一种类型。

（8）AABB 式词语，除少数由名词构成并只能作主语的应看作名词，个别由副词和名词构成只能作状语的应看作副词，绝大部分在功能上具有一致性，可以作状语、谓语、定语，有的还可以作补语、作小句、作宾语，所以绝大部分 AABB 式词语应该看作状态词，或状态形容词。

附：老舍中文小说语言语料库中的 AABB 重叠式词语表

（1096 例次，266 个词形，247 个词语。下画直线者为《现代汉语词典》所收录，下画双波浪线者为字形不同于《现代汉语词典》的异形词语，下画点断线者为与《现代汉语词典》收词近似的词语。）

A
安安稳稳、安安静静、安安顿顿、安安详详、安安闲闲

B
白白胖胖、本本分分、病病歪歪、斑斑点点、斑斑块块、憋憋闷闷、别别扭扭、蹦蹦跳跳

C
吵吵闹闹、抄抄写写、长长短短、唱唱咧咧、藏藏掩掩、藏藏躲躲、吃吃喝喝、迟迟顿顿、抽抽疤疤、抽抽搭搭、匆匆忙忙、从从容容、诚诚恳恳、诚诚实实

D
大大小小、大大方方、端端正正、嘀嘀咕咕、的的确确、点点星星、多多少少、敦敦厚厚、对对付付、嘟嘟囔囔、叮叮当当（叮叮当当）

F
方方正正、风风光光、疯疯癫癫（疯疯颠颠）、缝缝洗洗、缝缝补补、伏伏帖帖

G
干干脆脆、干干净净、高高低低、高高矮矮、高高兴兴、恭恭敬敬、公公道道、鬼鬼啾啾、鬼鬼祟祟、规规矩矩、孤孤单单、鼓鼓囊囊、乖乖宝宝、寡寡落落（寡寡劳劳）、疙疙瘩瘩、沟沟道道

第三章 状态词研究

H

浩浩荡荡、恍恍惚惚、昏昏沉沉（昏昏沈沈）、
昏昏忽忽（昏昏糊糊）、昏昏迷迷、欢欢喜喜、
哼哼唧唧、和和美美、和和气气、和和平平、
忽忽悠悠、糊糊涂涂（胡胡涂涂）、慌慌张张、
晃晃悠悠、火火炽炽、花花绿绿、红红绿绿、
黑黑忽忽、厚厚敦敦

J

结结巴巴、结结实实、精精神神、精精细细、兢兢业业、
静静懒懒、简简单单、谨谨慎慎、唧唧鸭鸭、唧唧喳喳、
唧唧嘈嘈、唧唧咕咕（咕咕咕咕）、唧唧吱吱、唧唧嘎嘎、
鸡鸡嘹嘹

K

口口声声、哭哭啼啼、客客气气、快快乐乐、快快活活、
空空虚虚、空空洞洞、坑坑坎坎、扣扣摸摸

L

来来往往、老老实实、里里外外、离离光光、厉厉害害、
零零碎碎、冷冷淡淡、冷冷清清、凉凉快快、楞楞磕磕

M

迷迷糊糊（迷迷忽忽、迷迷胡胡）、迷迷瞪瞪、渺渺茫茫、
麻麻酥酥（麻麻苏苏）、木木张张、明明白白、密密匝匝、
密密层层、马马虎虎（麻麻胡胡、马马糊糊）、骂骂咧咧、
毛毛咕咕、冒冒失失、磨磨蹭蹭、绵绵软软、毛毛茸茸

N

男男女女、扭扭捏捏、忸忸怩怩、闹闹吵吵、
念念叨叨（念念道道）

P

平平安安、平平正正、平平常常、平平静静、平平稳稳、
平平妥妥、飘飘忽忽、飘飘荡荡、飘飘摇摇、漂漂亮亮、
胖胖大大、胖胖实实、婆婆妈妈（婆婆慢慢）、破破烂烂、
仆仆吧吧、噗噗喳喳、砰砰厮厮、乒乒乓乓

Q
清清楚楚、清清白白、<u>曲曲弯弯</u>、齐齐楚楚、亲亲热热、亲亲切切、凄凄惨惨、千千万万、前前后后、<u>喊喊喳喳</u>
R
肉肉嘟嘟、肉肉头头、热热闹闹、软软糊糊、人人事事
S
说说笑笑、时时处处、时时刻刻、松松歇歇、松松通通、**傻傻糊糊**（傻傻忽忽）、舒舒服服、杓杓颠颠、顺顺溜溜、顺顺当当、<u>三三两两</u>、四四方方、随随便便、事事处处、事事物物、事事人人、实实在在、舒舒展展、爽爽朗朗、数数唠唠
T
弹弹唱唱、<u>堂堂正正</u>、体体面面、添添改改、跳跳钻钻、痛痛快快、<u>偷偷摸摸</u>、妥妥当当、<u>吞吞吐吐</u>
W
稳稳当当、委委屈屈、<u>歪歪拧拧</u>、弯弯扭扭、弯弯曲曲、**窝窝囊囊**、窝窝瘪瘪、义义雅雅、完完全全、呜呜囔囔
X
笑笑嘻嘻、消消停停、潇潇洒洒、懈懈松松（歇歇松松）、详详细细、絮絮叨叨、虚虚实实、羞羞愧愧、洗洗作作、洗洗缝缝、许许多多、稀稀疏疏、<u>稀稀拉拉</u>、续续断断、辛辛苦苦、嘻嘻哈哈
Y
<u>源源本本</u>、<u>影影绰绰</u>（影影抄抄、隐隐绰绰）、摇摇摆摆、痒痒出出（痒痒触触）、晕晕忽忽、游游磨磨、游游荡荡、硬硬朗朗、匀匀称称
Z
<u>战战兢兢</u>、指指点点、怎怎么么、资资本本、自自然然、自自由由、子子孙孙、嚷嚷是是、真真诚诚、真真实实、真真假假、整整齐齐、正正经经、走走逛逛、吱吱拍拍、啁啁啾啾、种种样样

第四章　后附式谓词研究

第一节　后附式双音谓词

在老舍中文小说语言语料库中，有相当数量的后附式双音谓词。所谓后附式双音谓词，就是作为附加语素的词缀，后附于单音节动词或形容词性词根，构成意义略有别于原单音节形式的双音节动词或形容词。后附性词缀有"－巴、－搭、－道、－拉、－唧、－咕、－搂、－唠、－溜、－弄、－乎、－实、－腾、－气、－楞、－于"等16个。除"－于"以外，其余15个都符合现代汉语典型后缀的特点：(1) 表示附加的词汇意义；(2) 读轻声。以下分别说明。词语后边的数字是该词出现的例次，括号内是其书写形式变体（异形词）及其例次。本节对比引用《现代汉语词典》试用本与第7版。

一　－巴（.ba/.be）

由"－巴"构成的后附式双音谓词有以下29个，共出现167例次：

A. 按巴，捶巴2，扯巴2，凑吧4，干巴4，磕巴，结巴8，僵巴2，撅巴，卷巴8，卖巴2，搂巴，筛巴，切巴，挖巴2，拴巴2，耍巴3，死巴，哑巴4（哑吧），砸巴，煮巴2，眨巴83，争巴

B. 拉拔2，找补23，垫补2，添补，贴补，挣蹦

上列词语从书写形式上看可以分作两类：一类直接写作"巴"，另一类写作"拔""补""蹦"。因现代北京话中，这些词语后一个音节都读轻声，是弱化音节，尽管没有写作"巴"，但实际读音也是"巴"或近于"巴"，[1] 所以在此将其归为一类。

在这些词语中，"干巴、僵巴、磕巴、结巴、死巴"是形容词，可以作谓语、定语、补语，能受表程度的程度副词和指示代词修饰，不能带宾语：

【干巴】形 同普通话。[2] ①失去水分而收缩或变硬。②缺少脂肪，皮肤干燥。老头子的干巴脸上皱起点来，似乎是笑呢。(《蛤藻集·断魂枪》) ③（文辞）枯燥，不生动。老头子的话与人一样，都那么干巴。(《蛤藻集·断魂枪》)

【僵巴】形 ①僵硬。祥子本来觉得很冷，被这一顿骂骂得忽然发了热，热气要顶开冻僵巴的皮肤，浑身有些发痒痒……(《骆驼祥子》九) ②收敛笑容使表情严肃。老二的小干脸僵巴起来。(《四世同堂》十七)

【磕巴】形 口吃。天赐背了几行，打了磕巴。(《牛天赐传·十一 没有面子》)

【结巴】形 口吃。他的手心出着汗，心房啁啁的乱跳，越要镇静，心中越慌，说话都有点结巴。(《贫血集·恋》) | 科长的嘴忽然有点结巴。(《集外·牛老爷的痰盂》)

【死巴】形 死板，不灵活。老王的儿子是个石匠，脑袋还没石头顺溜呢，没见过这么死巴的人。(《赶集·柳家大院》)

---

[1] 北京市地方志编纂委员会：《北京志民俗方言卷方言志》，周一民撰，北京出版社 2012 年版，第 247 页。

[2] 中国科学院语言研究所词典编辑室编：《现代汉语词典》（试用本），商务印书馆 1973 年版，第 315 页；中国社会科学院语言研究所词典编辑室编：《现代汉语词典》（第 7 版），商务印书馆 2016 年版，第 419 页。

其中"结巴"在《现代汉语词典》(第7版)解释为:

①动 口吃的通称。②名 口吃的人。①

我们认为,"结巴"义项①应该看作形容词,原因如下:(1)"结巴"前可以出现程度副词"有点";(2)不能带宾语;(3)更主要的是,它有由双音节形容词所构成的AABB式状态词这种普遍形式与之对应:

(1)结结巴巴的,他把昨夜晚的事说了一遍,虽然很费力,可是说得不算不完全。(《骆驼祥子》十三)

其余24个"X巴"都是及物动词,可以带宾语:

(2)大家谁也没动,可谁也没再坐下,都在那满屋子的烟中,眨巴着眼,向门儿这边看。(《骆驼祥子》十)
(3)他们有时也抓出个泥块似的孩子砸巴两拳,招得大家哈哈的欢笑。(《骆驼祥子》二十四)
(4)姓卢的这家伙并不是故意为难他,而是疯着心想多知道一些事儿,为是好去横搂巴钱。(《文博士》七)
(5)拿祥子挣来的——他是头等的车夫——过日子,再有自己的那点钱垫补着自己零花,且先顾眼前欢吧。(《骆驼祥子》十七)
(6)娘家人理当贴补出了嫁的女儿,女儿本是赔钱货嘛。(《正红旗下》一)

与单音动词"X"相比,"X巴"增加了比较随意、粗率的附加意思,也就是说,作为谓词后缀,"-巴"表示比较随意、粗率的词汇意义,在动词量的意义上有所减轻。

---

① 中国社会科学院语言研究所词典编辑室编:《现代汉语词典》(第7版),商务印书馆2016年版,第661页。

无论是后缀前的 X，还是附加后缀后构成的 "X 巴" 后附式双音动词，都是表示主观意志可以控制的动作的动词，前者可以以 AA 形式重叠，后者可以以 ABAB 形式重叠：

(7) 冬天过去了，春天的阳光是自然给一切人的衣服，他把棉衣卷巴卷巴全卖了。（《骆驼祥子》二十三）

(8) 一对对的小眼睛眨巴眨巴的看着天安门，那门洞与门楼是多么高大呀，高大得使他们有点害怕！（《四世同堂》十五）

(9) 要是有人把这群玩艺儿都煮巴煮巴当狗肉卖，我一定都买来，倒在河里去请王八们开开斋。（《集外·裕兴池里》）

在这 24 个 "X 巴" 后附式双音动词中，"拉拔、找补、垫补、添补、贴补、挣蹦" 的词汇意义与它单用的单音节动词有所不同：

【拉拔】动①用力使朝向自己所在的方向或跟着自己移动。②抚养。③帮助，提拔。他总以为朋友们是各自有了党派系属，所以不肯随便的拉拔他一把。（《文博士》一）｜他们听说老孟没事，很想拉拔他一把儿，虽然准知道他不行；同学到底是同学，谁也不肯看着他闲起来。（《蛤藻集·听来的故事》）

【找补】动 zháo.bu/.be/.ba 补上欠缺、不足。王德还了那位姑娘一个半截揖，又找补了一鞠躬，然后一语不发的呆着。（《老张的哲学》第二十五）｜"我不能再去，还是那群人，昨晚上还没把人丢够，再找补上点是怎着？"李太太的脸都气白了。（《离婚》第九）

【垫补】动 diàn/.be/.ba①在早中晚正常饭食之外吃少量的食物充饥。②动用本应用于其他开销的款项应急。我办好这件事，外国人给市政局几十万块钱，局子里就可以垫补着放些个月的薪水。（《赵子曰》第二十二）｜拿祥子挣来的——他是头等的车夫——过日子，再有自己的那点钱垫补着自己零花，且先顾眼前欢吧。（《骆驼祥子》十七）

【添补】动 tián/.be/.ba 补足空缺或欠缺（少量地）。"老秃山"

的全景就这么被两位功臣,冒着生命的危险,给添补完全。(《无名高地有了名》九)

【挣蹦(争巴)】动 zhèng.beng/.be/.ba 用力摆脱控制、束缚,挣扎。他真急了,可是他还没动手,已经被我揪住。他跟我争巴了两下,不动了。(《樱海集·柳屯的》)|他们人多,枪多,我不必挣蹦,白费力气干吗。我等着好了。(《火车集·杀狗》)

这些词语中,《现代汉语词典》收了"干巴①、结巴②",此外试用本还收了"拉巴",标为〈方〉③。

二 -搭(.da)

在老舍中文小说语言中,标写谓词后缀.da 的汉字形式有"-搭、-达、-嗒、-跶、-打",我们将其归为一类,用"-搭"来代表。由"-搭"构成的后附式双音谓词有以下 12 个,共出现 55 例次:

吧嗒 4,蹦打 2,抽搭 10(抽嗒,抽答,抽达 2),戳打,滴嗒,低搭 3,勾搭 5(钩搭 2),磕打,溜达 15(蹓跶 3,溜跶 1),扫搭,绕搭,敲打 11

【吧嗒】动①嘴唇开合作声。|"来,吃,吃——",自己吧嗒着嘴,又轻轻给了他一匙。(《集外·生灭》)②表示吸烟的动作。马先生一动也没动,吧嗒着烟袋,头上一圈一圈的冒着蓝烟。(《二马》第二

---

① 中国科学院语言研究所词典编辑室编:《现代汉语词典》(试用本),商务印书馆 1973 年版,第 315 页;中国社会科学院语言研究所词典编辑室编:《现代汉语词典》(第 7 版),商务印书馆 2016 年版,第 419 页。
② 中国科学院语言研究所词典编辑室编:《现代汉语词典》(试用本),商务印书馆 1973 年版,第 514 页;中国社会科学院语言研究所词典编辑室编:《现代汉语词典》(第 7 版),商务印书馆 2016 年版,第 661 页。
③ 中国科学院语言研究所词典编辑室编:《现代汉语词典》(试用本),商务印书馆 1973 年版,第 595 页。

段）|他本不吸烟，现在可是借来一枝"大前门"吧嗒着。一边吸烟，他一边琢磨。(《无名高地有了名》三)

【蹦打】动 小幅度跳的动作。瑞丰又啊啊了几声，像个惊惶失措的小家兔儿似的，蹦打蹦打的，紧紧的跟随在太太的后面。(《四世同堂》十六)

【抽搭】动 同普通话。① 一吸一顿地哭泣。她们缓过气来，哼唧着，抽搭着，生命好像只剩了一根线那么细，而这一根线还要涌出无穷的泪来。(《四世同堂》十七)

【戳打】动 在背后指责。我活了七十岁了，不能教老街旧邻在背后用手指头戳打我！(《四世同堂》五十六)

【滴嗒】动 同普通话。② 成滴地落下；滴落。拉到了，他的汗劈嗒啪嗒的从鼻尖上，耳朵唇上，一劲儿往下滴嗒。(《骆驼祥子》十六)

【低搭】动 卑微，低贱。女招待嫁银行经理的，有的是；你当是咱们低搭呢？闯开脸儿干呀，咱们也他妈的坐几天汽车！(《樱海集·月牙儿》)|五行八作，行行出状元，学手艺原不是什么低搭的事；不过比较当差稍差点劲儿罢了。(《火车集·我这一辈子》)

【勾搭】动 引诱异性。男的招女的，女的招男的，三言两语，得，钩搭上了。(《离婚》第六)|他是上了当。不该钩搭这么个小妖精。(《离婚》第十七)|刘老头子，和人和厂的车夫，都以为他是贪财，才勾搭上虎妞。(《骆驼祥子》十五)

【磕打】动 敲击。急忙钻入被窝里去，上下牙磕打了一阵，不愿再坐起来。(《骆驼祥子》九)

---

① 中国科学院语言研究所词典编辑室编：《现代汉语词典》（试用本），商务印书馆1973年版，第136页；中国社会科学院语言研究所词典编辑室编：《现代汉语词典》（第7版），商务印书馆2016年版，第183页。

② 中国科学院语言研究所词典编辑室编：《现代汉语词典》（试用本），商务印书馆1973年版，第206页；中国社会科学院语言研究所词典编辑室编：《现代汉语词典》（第7版），商务印书馆2016年版，第278页。

【溜达】动①同普通话。① 散步，闲走。他自己闲着在街上溜达，看着男女老少都那么忙，心中有点难过。(《二马》第四段) ②走（略带随意或戏谑义）。直到饭座儿全走了，才会账往外溜达。(《二马》第三段) ｜吃完，咱们该蹓跶着了！(《骆驼祥子》十)

【扫搭】动扫视（有催促、提醒或不满义）。(送完了客，帮着张妈把牌桌什么的收拾好，祥子看了太太一眼。)太太叫张妈去拿点开水，等张妈出了屋门，她拿出一毛钱来："拿去，别拿眼紧扫搭着我！"(《骆驼祥子》五)

【绕搭】动①缠绕；有话不直接说，兜圈子。②言语诱导、欺骗。③揣摩、思考（别人兜圈子的话）。祥子没绕搭过来，"咚咚喳"是什么意思，可是直觉的猜到那是指着他与虎妞的关系而言。(《骆驼祥子》十四)

【敲打】动同普通话。② ①敲击。他用力敲打唤头，一半是为招生意，一半是为掩遮他的咒骂。(《四世同堂》七十八) ②用言语刺激或批评。这种无情的攻击，已足教高第把眼哭肿，而妈妈又在一旁敲打着："是呀，你要是体面点，有个人缘儿，能早嫁个人，也教我省点心啊！"(《四世同堂》七)

"X搭"都是动作动词，可以重叠为ABAB式：

(10) 老张十二分恳切的说："早饭吃了你，晚饭也饶不了你，一客不烦二主，城外去溜达溜达，改日再议章程。……"(《老张的哲学》第十)

---

① 中国科学院语言研究所词典编辑室编：《现代汉语词典》（试用本），商务印书馆1973年版，第647页；中国社会科学院语言研究所词典编辑室编：《现代汉语词典》（第7版），商务印书馆2016年版，第837页。

② 中国科学院语言研究所词典编辑室编：《现代汉语词典》（试用本），商务印书馆1973年版，第824页；中国社会科学院语言研究所词典编辑室编：《现代汉语词典》（第7版），商务印书馆2016年版，第1051页。

(11) 他久想和冠家的人多有来往,一来是他羡慕晓荷的吃喝穿戴,二来是他想跟两位小姐勾搭勾搭,开开心。(《四世同堂》十五)

在上列 12 个含"－搭"的后附式动词中,《现代汉语词典》试用本收录了"吧嗒(嘴唇开合作声)、抽搭、滴答、勾搭、溜达(散步,闲走)、敲打(敲)",将"吧嗒"的第二个义位标为 {〈方〉抽(烟)}(P14),将"敲打"的第二个义位 {用言语刺激或批评} 义标为"〈方〉"(P824);第 7 版对"敲打"的标注同试用本,而后一个意思标为"〈口〉指用言语刺激或批评人"(P1051)。在《现代汉语词典》(第 7 版)中"勾搭"被解释为 {引诱或互相串通做不正当的事}(P459),而在老舍中文小说语言语料库中,"勾搭"都表示 {引诱异性} 的意思,义域比普通话窄。

三 －道（.dao）

后缀"－道"的字形有"道、到、叨"3 种写法。由"－道"构成的后附式词语有以下 11 个,共出现 221 例次:

霸道2,地道63,公道53,鬼道8(诡道),老到17,唠叨5,忙叨,念道55(念叨16),说道15(说叨),絮叨,张道

在上列词语中,《现代汉语词典》试用本作为普通话词语收录了 5 个:

地道,公道,唠叨,念叨,絮叨

在这些词语中,要注意区别同形词语和同形语素。比如,"霸道"和"说道"这两个词语都有同形词语,"霸道"表示 {蛮横无理} 和 {猛烈;厉害},"说道"表示 {说}("道"="说")和 {用话表达}、{商

量；谈论），两个词形的前一个义位是普通话的说法，后一个义位是方言的说法；前一个义位中的构词成分"道"不读轻声，后一个读轻声，因此，作为词缀和方言成分，我们收录后一个义位，以及表示后一个义位的词形"霸道"（bàdɑo）与"说道"（shuōdɑo），不收前一个义位及词形"霸道"（bàdào）、"说道"（shuōdào）。例如：

（12）虎妞脸上的神情很复杂：眼中带出些渴望看到他的光儿；嘴可是张着点，露出点儿冷笑；鼻子纵起些纹缕，折叠着些不屑与急切；眉棱棱着，在一脸的怪粉上显出妖媚而霸道。（《骆驼祥子》九）

上例中的"霸道"，我们不看作带后缀"－道"的后附式双音谓词。以下分别说明。

【霸道】 形 厉害；猛烈。他们不专在军事上霸道，他们的知识也真高！（知识和武力！武力可以有朝一日被废的，知识是永远需要的！英国人厉害，同时，多么可佩服呢！）（《二马》第四段）｜至于老李那小子，比吴太极更厉害点：可是你还能比小赵霸道，我的笛耳？（《离婚》第十五）

【地道】 形 同普通话。① ①真正是有名产地出产的。②真正的；纯粹。③（工作或材料的质量）实在；够标准。

【公道】 形 同普通话。② 公平，合理。两个打一个不公道，我要是倒了，有胆子你再和他干！（《老张的哲学》第五）｜这只是为显着我公道大方，完全没有诚意。（《天书代存·序》）

---

① 中国科学院语言研究所词典编辑室编：《现代汉语词典》（试用本），商务印书馆1973年版，第209—210页；中国社会科学院语言研究所词典编辑室编：《现代汉语词典》（第7版），商务印书馆2016年版，第283页。
② 中国科学院语言研究所词典编辑室编：《现代汉语词典》（试用本），商务印书馆1973年版，第342页；中国社会科学院语言研究所词典编辑室编：《现代汉语词典》（第7版），商务印书馆2016年版，第451页。

【鬼道】形 机灵；有心机。小洋娘们，小尖鼻子，精明鬼道，吹！（《二马》第四段）｜遮眼的更鬼道，忽然一回身，把后面的小猴，一下捏在地上。（《小坡的生日·十 生日》）

【老到】形 （做事）老练周到。她的一举一动都像个多年的媳妇，麻利，老到，还带着点自得的劲儿。（《骆驼祥子》十五）｜"何必呢，老周？"杜亦甫的神气非常的老到，安详，恳切。（《火车集·杀狗》）

【唠叨】形 同普通话。① 说起来没完没了。老妇人一抖手，把街门邦的一声关上，一边唠叨，一边往里走。（《老张的哲学》第三十四）｜假若他和书籍绝了缘，……或者也免不了变成个抱孩子，骂老婆，喝两盅酒就琐碎唠叨的人。（《四世同堂》五十七）

【忙叨】形 匆忙；忙碌。（牛老太太）一对陷进点去的眼发出没尽被控制住的得意的光，两只小脚故意的稳慢而不由的很忙叨。（《牛天赐传·三 子孙万代》）

【念叨】动①同普通话"念叨"。② 因惦记或想念而在谈话中提到。家中有三颗心在那儿盼念他，三张嘴在那儿念道他。他觉得他有些重要，有些生趣。（《离婚》第五）｜"……我们全时常念道你！傻人有个傻人缘，你倒别瞧！"（《骆驼祥子》二十二）②说，谈论。穷人有了医院，穷人的猫狗生了病上那儿去呢？西门太太没事就跟西门爵士这样念叨。（《二马》第四段）｜"亡国就是最大的罪！"他想起这么一句，反复的念叨着。（《四世同堂》四十八）

【说道】动①用话语表达。我只有摇头，说道不出来什么。（《猫城记》二十五）｜（小掌故）其中的一个是他最爱说道的，因为它与

---

① 中国科学院语言研究所词典编辑室编：《现代汉语词典》（试用本），商务印书馆1973年版，第606页；中国社会科学院语言研究所词典编辑室编：《现代汉语词典》（第7版），商务印书馆2016年版，第781页。

② 中国科学院语言研究所词典编辑室编：《现代汉语词典》（试用本），商务印书馆1973年版，第746页；中国社会科学院语言研究所词典编辑室编：《现代汉语词典》（第7版），商务印书馆2016年版，第954页。

酱肉颇有关系。(《正红旗下》九) ②谈论。谁都有不能逃走的理由，但是越说道那些理由越觉得惭愧。(《四世同堂》十三) | 虽然他离他们不过三四里地，可是这点距离使大家心中仿佛有了一小块空隙，时时想念他，说叨他。(《四世同堂》六十三)

【絮叨】同普通话。① ①形 形容说话啰唆。②动 来回地说。[旁证例]"祁先生坐车吗？要坐的话，我就拉一趟！"没等瑞宣答话，他絮絮叨叨的说下去，好像心中久已憋得慌了的样子。(《四世同堂》二十五) | "了了一桩事！"他絮絮叨叨的念道。(《蜕》第十五)

【张道】形 不稳重，好兜揽、张罗事情。在别处，有人嫌她太张道，主意多，时常有些神眉鬼道儿的。(《骆驼祥子》七)

在上列词语中，形容词"地道、唠叨、忙叨、絮叨"有 AABB 式状态词与之对应；动词可以做 ABAB 式重叠。"念道"有 ABAB 和 AABB 两种对应形式：

(13) 关于易风，厉树人们，她没得到任何消息，空念道念道，或者更足以叫时人心中不安。(《蜕》第九)

(14) 白天，我偷偷的跑到那空屋去，念念叨叨的："二大妈，给你菠菜，你包饺子吧！"(《小人物自述》四)

对于含有"-道"的双音谓词，在方言与普通话的性质标注上，与最早的《现代汉语词典》试用本相比，第 7 版也有一些变化。

(1) "老到"，试用本 P607 标为〈方〉，{(做事) 老练周到}，"到"标轻声，而第 7 版未标〈方〉，并增加了义位 {(功夫) 精深}。说明词义发生了变化，并进入普通话。

---

① 中国科学院语言研究所词典编辑室编：《现代汉语词典》(试用本)，商务印书馆 1973 年版，第 1161 页；中国社会科学院语言研究所词典编辑室编：《现代汉语词典》(第 7 版)，商务印书馆 2016 年版，第 1481 页。

(2)"念叨",试用本 P746 未标〈方〉,而第 7 版增加一个义项{说;谈论},并标〈方〉。

(3)试用本未收"忙叨",而第 7 版标〈口〉收录,说明"忙叨"在以前是个方言词语。

四　-拉（.la）

后缀"-拉"的字形有"拉、剌、落、㩗"4 种写法。由"-拉"构成的后附式双音谓词有以下 11 个,共出现 60 例次:

拨剌2（拨落）,巴拉4（扒拉3）,背拉,搭拉32（搭落1）,提拉,拐拉4,滑拉,拉拉2,撕拉3,蹋拉9（踏拉3,跋拉2,塌拉2）,譇㩗（zhāla）

【拨剌】bō.la 动 同普通话"拨拉"。① 手脚或棍棒等横着用力,使东西移动。把这缠绕拨剌开,他就可以自由的英勇的干他所要干,应当干的事了。(《蜕》第十五)｜祥子的大脚东插一步,西跨一步,两手左右的拨落,像条瘦长的大鱼,随浪欢跃那样,挤进了城。(《骆驼祥子》四)

【巴拉】动 ①同普通话"扒拉"bā.la①。② 拨动。扒拉他的脸蛋,闻他的手;怎么讨厌怎办,这群女的。(《牛天赐传·八 男女分座》)｜看船尾巴拉着那一溜白水浪儿,多么好看！(《小坡的生日·九 海岸上》)②手脚或棍棒等横着用力,使东西移动。她硬把一个人扒拉开,占据了他的座位。(《四世同堂》四十六)

---

① 中国科学院语言研究所词典编辑室编:《现代汉语词典》(试用本),商务印书馆1973 年版,第 74 页。

② 中国科学院语言研究所词典编辑室编:《现代汉语词典》(试用本),商务印书馆1973 年版,第 13 页；中国社会科学院语言研究所词典编辑室编:《现代汉语词典》(第 7 版),商务印书馆2016 年版,第 18 页。

【背拉】动平均。他心里计算：自己拉，每天好歹一背拉总有五六毛钱的进项。(《骆驼祥子》十九)

【搭拉】动①同普通话"耷拉"。①下垂。也作"搭落（la）"。毡子大氅都在椅子背儿上搭拉着，可是马威没影儿啦！(《二马》第一段) | 牛老太太的黄净子脸上露出点红，不少的灰发对小髻宣告了独立，四下里搭落着。(《牛天赐传·三 子孙万代》) ②脸色阴沉，显出不高兴的样子。他的脸还是搭拉着，仿佛一点也没看出一周年有什么可乐。(《牛天赐传·六 哗啷棒儿》) | 告诉你，丧气鬼，把脸别搭拉得那么长；你是女跑堂的，没让你在这儿送殡玩。(《樱海集·月牙儿》)

【提拉】dī.la 动提，提起。祥子一把扯住二强子的肩，就像提拉着个孩子似的，掷出老远。(《骆驼祥子》二十)

【拐拉】动走路一瘸一拐的样子。他们不惜力：父亲拐拉着腿，儿子板死了脸，干！(《樱海集·柳屯的》) | 她的腿圈起来，眼睛拿鼻尖作准星，向上半仰着脸，在台上拐拉了两个圈。(《樱海集·柳屯的》)

【滑拉】动①用拂拭的方式除去或取去；扫；掸。②搂（lōu）。③寻找；设法获取。④随意涂抹；潦草地写。现在一般写作"划拉"。至于字法，就用钢笔一滑拉，不必露出用心写的痕迹；美国博士是不讲究字的。(《文博士》九)。

【拉拉】动①颗粒状物体或液体断断续续地散落或滴落。②腿脚不利落，行走时像拖动的样子。脚几乎是拉拉在地上，加紧的往前扭。(《骆驼祥子》十六)

【撕拉】动用手使薄片状的东西裂开或离开附着处。只希望它糟，糟得没法撕拉，因为它必糟，所以他答应下给文博士去办，这是帮忙，也是报仇，一打两用。(《文博士》十) | 她把已长满了虱子的衣服，一条条的扯碎。没有可撕拉的了，她开始扯自己的头发。(《四

---

① 中国科学院语言研究所词典编辑室编：《现代汉语词典》（试用本），第169页；中国社会科学院语言研究所词典编辑室编：《现代汉语词典》（第7版），商务印书馆2016年版，第230页。

世同堂》六十九) | 他的心好像几股麻绳绕在一块儿，撕拉不开了。(《正红旗下》七)

【趿拉】动 同普通话。① 把鞋后帮踩在脚跟下。披着大花的印度绸装梳袍，趿拉着漆皮的拖鞋，找了厉树人们来；人多，好壮一壮胆。(《蜕》八) | 武端光着脚，踏拉着鞋走过第三号来。(《赵子曰》第十六) | 老梅在门口迎接我。他蹋拉着鞋片，穿着短衣，看着很自在。(《樱海集·牺牲》)

【譇㗔】zhā.la 动 尖声②。虎姑娘瞪了老头子一眼，回到自己屋中，譇㗔着嗓子哭起来，把门从里面锁上。(《骆驼祥子》十五)

这11个含有"-拉"的后附双音词语都是及物动词。

五 -唧 (.ji)

由"-唧"构成的后附式双音谓词有以下4个，共出现60例次：

吧唧11（巴唧4），哼唧36，咕唧6，嘎唧7

【吧唧】动 ①嘴唇开合作声。大家……立刻全睁开眼，嘴唇一齐吧唧起来。(《猫城记》九) | 她楞起来，吧唧了两下："给我点水喝！"(《牛天赐传·十六 一命身亡》) ②吸烟。祥子本不吸烟，这次好似不能拒绝，拿了支烟放在唇间吧唧着。(《骆驼祥子》十二) | 金三爷有点摸不清头脑了，吧唧着烟袋，他楞起来。(《四世同堂》三十四) ③状态词缀。放在含有形容词性语素的"X眼"后，构成描述眼睛状态的略有厌恶、不喜欢色彩的状态词。困眼~；愣眼~：看门的困眼巴唧的看了他一眼，马威向他说了声"快乐的新年。"(《二马》第四

---

① 中国科学院语言研究所词典编辑室编：《现代汉语词典》（试用本），商务印书馆1973年版，第988页；中国社会科学院语言研究所词典编辑室编：《现代汉语词典》（第7版），商务印书馆2016年版，第1259页。

② 《老舍全集》（第三卷），人民文学出版社2012年版，第125页注释。

段）│大家全醒过来，愣眼巴唧的看着小虎们。(《小坡的生日·十七 往虎山去》)

【哼唧】同普通话。① 动低声说话、唱歌或吟诵。周少濂……一边摇头一边哼唧："北雪呀——犯了——长沙！"(《赵子曰》第二)│小崔哼唧着小曲，把车拉出去。(《四世同堂》十)

【咕唧】动同普通话。② 小声交谈或自言自语。级长——一个小白胖子——拿着张纸，看看，嘴里咕唧咕唧，又看看，又仰头咕唧，脸上一红一白的；他预备"答词"呢。(《牛天赐传·十三 领文凭去》)

【嘎唧】动嘴或门等开合并出声（略有不满、厌恶意）。米老师坐在那儿，压得椅子直响，一脸的浮油，出入气儿的声音很大，嘴一嚼一嚼的嘎唧着，真像个刚出水的鳄鱼。(《牛天赐传·十一 没有面子》)│半年的工夫，没人再提请先生，他把那点《三字经》忘得一干二净，可是没忘了烟台苹果和米老师的嘎唧嘴。(《牛天赐传·十一 没有面子》)

这4个带有"－唧"的后附式双音谓词，都是表示主观意志可以控制的动作行为的自主动词、及物动词，可以以ABAB形式重叠，如"咕唧"；此外，"哼唧"还有AABB式状态词"哼哼唧唧"与之对应：

(15) 院中一个妇人，蓬着头发蹲在东墙下，嘴里哼哼唧唧的唱着儿曲，奶着一个瘦小孩，瘦的象一个包着些骨头的小黄皮包。(《老张的哲学》第十一)

(16) 到了一点多钟，南屋里李景纯还哼哼唧唧的念书。(《赵子曰》第六)

---

① 中国科学院语言研究所词典编辑室编：《现代汉语词典》(试用本)，商务印书馆1973年版，第410页；中国社会科学院语言研究所词典编辑室编：《现代汉语词典》(第7版)，商务印书馆2016年版，第535页。

② 中国科学院语言研究所词典编辑室编：《现代汉语词典》(试用本)，商务印书馆1973年版，第352页；中国社会科学院语言研究所词典编辑室编：《现代汉语词典》(第7版)，商务印书馆2016年版，第463页。

六 -咕（.gu）

由"-咕"构成的后附式双音谓词有以下7个，共出现110例次：

嘀咕68，挤咕13（挤箍），唧咕13（咭咕），拧咕3（拧股2），扭咕3（扭股），毛咕8，啾咕2

【嘀咕】同普通话。① 动①小声说；私下里说。小坡把嘴搁在妹妹耳朵旁边，低声的嘀咕："仙！作官和作买卖是一回事。"（《小坡的生日·一 小坡和妹妹》）②猜疑；犹疑。大黑的耳朵渐渐往下落，心里嘀咕：还是坐着不动好呢，还是向黄子摆摆尾巴好呢，……（《集外·狗之晨》）

【挤咕】动挤眼。三多挤咕着瞎眼睛，低声儿说："你们一定叫我去，就去吧！"（《小坡的生日·十七 往虎山去》）｜四大妈拉着她的手，挤咕着两只哭红了的眼，劝说……（《四世同堂》十七）

【唧咕】同普通话"叽咕"。② 动小声说话。他一笑，招得大家唧咕起来——在教室里至多只能唧咕，老师就永远不大笑而唧咕——于是秩序大乱，而天赐被罚，面壁十分钟。（《牛天赐传·十二 教育专家》）

【拧咕】动①呈逆向螺旋状。刀叉等摆上来：盘子毛边，刀子没刃，叉子拧股着。(《文博士》四）②走路时肩膀随腰来回扭动，身体一歪一歪的样子。让了三四次，他才不得已的，像一条毛虫似的，把自己拧咕到首座。(《四世同堂》四十三）③不协调，不一致。太太本

---

① 中国科学院语言研究所词典编辑室编：《现代汉语词典》（试用本），商务印书馆1973年版，第207页；中国社会科学院语言研究所词典编辑室编：《现代汉语词典》（第7版），商务印书馆2016年版，第280页。

② 中国科学院语言研究所词典编辑室编：《现代汉语词典》（试用本），商务印书馆1973年版，第467页；中国社会科学院语言研究所词典编辑室编：《现代汉语词典》（第7版），商务印书馆2016年版，第598页。

想叫大家早起，为是显着精神，敢情有的人越早起越不精神；理想与事实常这么拧股着。(《牛天赐传·三 子孙万代》)

【扭咕】<u>动</u>扭转，扭动。瑞全假装扭咕身子，倒好像有点害羞似的，可是并没妨碍日本人的手贴在他的胸口。(《四世同堂》八十二) | 她大大方方的立在那里，腰并不像平日那么扭股着。(《蜕》第八)

【毛咕】<u>形</u>心中紧张、慌乱；害怕，惴惴不安。祥子的叙述只有这么个缝子，可是祥子一点没发毛咕的解释开，老头子放了心。(《骆驼祥子》四) | 他紧自这么笑，闹得我有点发毛咕。(《樱海集·牺牲》)

【啾咕】<u>动</u>①鸟叫声。②小声说话。(看了院中一眼，他口中的热气吹在老郑的耳朵上："咱们要谁也不得罪！") 老郑不愿意多啾咕。他向举人公告辞。(《火葬》十八) ③议论。(看着二狗的伤，他们每个人都想有朝一日，他们的手也会打在二狗的脸上，一直活活的把他打死！) | 这个慢慢的啾咕到了二狗的耳中，他咬上了牙。(《火葬》十九)

在这些词中，"毛咕"是形容词，放在动词"发"后作宾语，也可以有 AABB 重叠式状态词与之对应：

(17) 他变着法儿不去想它，可是车是一天到晚的跟着自己，他老毛毛咕咕的，似乎不知哪时就要出点岔儿。(《骆驼祥子》十七)

其他都是动作动词。"嘀咕、唧咕"，既可以有 ABAB 式重叠，又可以有 AABB 重叠式状态词与之对应：

(18) 不过妈妈有个小毛病：什么事都去告诉父亲，父亲一回来，她便嘀嘀咕咕，嘀嘀咕咕，把针尖大小的事儿也告诉给他。(《小坡的生日·一 小坡和妹妹》)

(19) 越来越自信，越来越喜爱这种工作，东边嘀咕嘀咕，西边扫听扫听，有时觉得疲乏，可是心里很痛快。(《文博士》一)

(20) 劳民伤财的把一切筹备好，而亲友来到的时节谁也说不清到底应当怎样行礼，除了大家唧咕唧咕一大阵，把点心塞在

口中，恐怕就再没有别的事。(《贫血集·一筒炮台烟》)

(21) 给他灌下去，他的确睁开眼看了看，可是待了一会儿又睡着了，嘴里唧唧咕咕的不晓得说了些什么。(《骆驼祥子》十九)

七 -喽 (.lou/.luo/.lao)

由"-喽"构成的后附式双音谓词有以下 10 个，共出现 152 例次：

拨搂，扒搂 8，划搂，胡搂 3，张罗 48，数落，抖啰 2（抖落），秃露，叨唠 85，数唠 2

【拨搂】动 用手脚或棍棒横着用力使物体移动。他们把地下横着的腿，东搬起一支，西挪开一条，像拨搂柴草似的，给自己清理出可以坐下的一块地方。(《蜕》第十二)

【扒搂】pá.lou 动 ①用筷子把饭连续拨到嘴里。胡胡涂涂的扒搂了两碗饭，他觉得非常的无聊。(《骆驼祥子》二十一) | 饭摆在面前，他就扒搂一碗，假若不摆在面前，他也不会催促，索要。(《四世同堂》五十六)。②搜刮财物，尽力赚钱。文博士，这年月讲不到什么专家喽！横扒搂着，还弄不上嚼谷！丝业？教人造丝顶死了！没办法！我什么也干，就是赚不出钱来！(《文博士》七)

【划搂】动 ①用拂拭的方式除去或取去。②搂(lōu)。③寻找；设法获取。④随意涂抹，潦草写字。⑤匆忙地吃。到晚间，回到家中，他才觉出点疲乏，赶紧划搂三大碗饭，而后含笑的吸一袋烟，烟袋还没离嘴，他已打上了盹。(《四世同堂》四十五)

【胡搂】动 同"划搂"。①用拂拭的方式除去或取去。②搂(lōu)。③寻找；设法获取。于是我东胡搂西抓弄，弄了几个钱上英国来了。(《二马》第二段) ④随意涂抹，潦草写字。⑤匆忙地吃。福海的个子可不小，所以很能吃呀！一顿胡搂三大碗芝麻酱拌面，有时候还说不很饱呢！(《火车集·我这一辈子》)

204

【张罗】 动同普通话。① ①料理。老张一面心中诅咒，一面张罗茶水，灌饿了还不跑吗！（《老张的哲学》第三十八）②筹划。说起来，应儿现在已经挣钱成人，也该给他张罗个媳妇了！（《老张的哲学》第二十四）③应酬；接待。"不用张罗我，我自己随便看吧！"老头儿笑了笑。（《二马》第三段）

【数落】 动同普通话。② ①列举过失而指责，泛指责备。他把玻璃窗上的红的绿的单子全揭下来，因为看着俗气，又被马威透透的数落一顿。（《二马》第四段）②不住嘴地列举着说。

【抖啰】 动①振动衣、被、包袱等，使附着的东西落下来。②揭露。一来二去的我们可也就明白了点毛毛虫的历史。我们并不打听，不过毛毛虫的老妈子给他往外抖啰，我们也不便堵上耳朵。（《樱海集·毛毛虫》）｜他见嫂子这样同情，爽性把心中的话都抖落出来："我知道他们的劣迹……"（《蛤藻集·新时代的旧悲剧》）③浪费；胡乱用（财物）。

【秃露】 tū.luo /.lou /.lu 动①用热水烫。②脱落。③做事落空，失败。④无意中说出。⑤露底。幸而他已经见着写错了门牌的那位朋友，心中有个底儿，没被洋人问秃露了。（《樱海集·邻居们》）

【叨唠】 同普通话。③〈口〉动叨叨，没完没了地说。有好几天，他坐卧不安，翻来复去的自己叨唠。（《贫血集·恋》）｜李子荣那小子专会瞎叨唠，叨唠唠，叨唠唠，一天叨唠到晚，今天早去，看他还叨唠什么！（《二马》第三段）

【数唠】 动同"数落"。①列举过失而指责，泛指责备。老人又

---

① 中国科学院语言研究所词典编辑室编：《现代汉语词典》（试用本），商务印书馆1973年版，第1296页；中国社会科学院语言研究所词典编辑室编：《现代汉语词典》（第7版），商务印书馆2016年版，第1649页。

② 中国科学院语言研究所词典编辑室编：《现代汉语词典》（试用本），商务印书馆1973年版，第952页；中国社会科学院语言研究所词典编辑室编：《现代汉语词典》（第7版），商务印书馆2016年版，第1216页。

③ 中国科学院语言研究所词典编辑室编：《现代汉语词典》（试用本），商务印书馆1973年版，第195页；中国社会科学院语言研究所词典编辑室编：《现代汉语词典》（第7版），商务印书馆2016年版，第264页。

数唠了一大阵，才勉强的回到屋中去。(《四世同堂》五十二) ②不住嘴地列举着说。唐先生想对个人数唠一顿，出出气；只好找振华，虽然心中还恨着她。(《文博士》十)

在这些词中，"抖啰"《现代汉语词典》试用本标作方言词，而第7版标为口语词。① 这说明在老舍小说创作时期，"抖啰"还是方言词语，现在进入普通话了。上列词语都能以 ABAB 形式重叠，另外，"数唠"还有 AABB 式状态词与之对应：

（22）最后，她把我扔给母亲，跑回自己的屋中数数唠唠的骂了一阵，而后又擦着泪跑回来："还把他交给我吧！"(《小人物自述》二)

八　-哧（.chi/.che）

后缀"-哧"的字形有"揸、吃、扯"3种。由"-哧"构成的后附式双音谓词有以下8个，共出现21例次：

扳扯，刮揸，哽吃，吭吃，拉扯10，攀扯，撕扯5，咬吃

【扳扯】动同"攀扯"。牵连，牵累。可是他不能把会头扳扯上。没有会头，到四月初往妙峰山进香的时候，谁能保村里的"五虎棍"不叫大槐树的给压下去呢？！(《集外·抓药》)

【刮揸】动用薄刃板状物铲去物体表面附着物。雪沉，不甚好扫，一时又找不到大的竹帚，他把腰弯得很低，用力去刮揸；上层的扫去，贴地的还留下一些雪粒，好像已抓住了地皮。(《骆驼祥子》十三)

【哽吃】动因感情激动等原因喉咙阻塞而言语不畅，吞吞吐吐。

---

① 中国科学院语言研究所词典编辑室编：《现代汉语词典》（试用本），商务印书馆1973年版，第236页；中国社会科学院语言研究所词典编辑室编：《现代汉语词典》（第7版），商务印书馆2016年版，第317页。

祥子的脸红起来,哽吃了半天才说出来:"她没法子才作那个事,我敢下脑袋,她很好!她……"(《骆驼祥子》二十二)

【吭吃】动因感情激动等原因喉咙阻塞而言语不畅,吞吞吐吐。"有工夫挤我,干吗不挤挤曹先生?"祥子吭吃了半天才说出来。(《骆驼祥子》十一)

【拉扯】动①拉,拽。他的胳臂不大动;左脚往前迈,右脚随着拉上来,一步步的往前拉扯,身子整着,像是患过瘫痪病。(《蛤藻集·断魂枪》)②抚养。有时候他又以为更应当努力去拉车,好好的把两个男孩拉扯大了,将来也好有点指望。(《骆驼祥子》十七)|我得设法养活外婆,她把我拉扯这么大,这该是我报恩的时候了!(《四世同堂》四十二)③扶助。他自己知道他比别的猫人优越,因而他不肯伸一伸手去拉扯他们一把——恐怕弄脏了他的手!(《猫城记》十六)④关联,涉及。这点东西,假若能找到,仿佛就能教他有一种新的希望,不只关乎他们父子,而几乎可以把整个民族的问题都拉扯在内。(《火车集·杀狗》)|这样的拉扯是可笑的,可是他一时像迷了心窍似的,不但不觉得可笑,反而以为这是个最简单切近方便的解决问题的方法。(《火车集·杀狗》)⑤牵扯;连累。所以要分家,省得把哥哥拉扯在内。(《赶集·黑白李》)|丢老婆是我自己的事,只须记在我的心里,用不着把家事国事天下事全拉扯上。(《火车集·我这一辈子》)

【攀扯】同普通话词语"攀扯"(pān chě)。① 动牵连拉扯别人获罪。日本人问晓荷怎么知道招弟作了特务,晓荷决定不等掌嘴,马上把高第攀扯出来。(《四世同堂》七十一)

【撕扯】动撕,用手使东西(多为薄片状的)裂开或离开附着物。她撕扯,撕扯,已分不清撕扯的是臭娘们,还是她自己。(《四世同堂》六十九)|妈妈穿上白衣,我的红袄上也罩了个没缝襟边的白

---

① 中国科学院语言研究所词典编辑室编:《现代汉语词典》(试用本),商务印书馆1973年版,第763页;中国社会科学院语言研究所词典编辑室编:《现代汉语词典》(第7版),商务印书馆2016年版,第975页。

袍,我记得,因为不断地撕扯襟边上的白丝儿。(《樱海集·月牙儿》)

【哽吃】动 揭人隐私嘲弄挖苦攻击。当过了巡长再降下来,派到哪里去也不吃香;弟兄们哽吃,喝!你这作过巡长的,……这个那个的扯一堆。(《火车集·我这一辈子》)

在这些词语中,"扳扯"可以看作"攀扯"的词位变体,"哽吃"可以看作"吭吃"的词位变体。"撕扯"《现代汉语词典》试用本未收;第7版P1238收录,但后一音节标本字调,可以看作后进入普通话的。

九 －溜（.liu）

由"－溜"构成的后附式双音谓词有以下8个,共出现29例次:

出溜11,滑溜5,尖溜,提溜,顺溜4,瘦溜,吸溜2,直溜4

【出溜】动①滑;滑动。汽车忽然往左边一闪,马老先生往前一出溜,差点没把小茶壶撒了手。(《二马》第二段) | 妈妈不敢放下刀叉,用叉按着肉,用刀使劲切,把碟子切得直打出溜。(《离婚》第八)②向下滑落。保罗一手扶着桌子,出溜下去了。(《二马》第四段) | 抽冷子院中狗叫了一声,他差点没由转椅上出溜下去。(《火车集·东西》)③退步。心里越盼着天下太平,身子越往下出溜。(《火车集·我这一辈子》)④随意走动。卖报的,卖花的,卖烟卷儿的,都一声不言语推着小车各处出溜,英国人作买卖和送殡是拿着一样的态度的。(《二马》第二段) | 祥子连头也没回,像有鬼跟着似的,几出溜便到了团城,走得太慌,几乎碰在了城墙上。(《骆驼祥子》九)

【滑溜】①同普通话。① 形 光滑(含喜爱义)。嘴拉巴唧的眼泪很

---

① 中国科学院语言研究所词典编辑室编:《现代汉语词典》(试用本),商务印书馆1973年版,第342页;中国社会科学院语言研究所词典编辑室编:《现代汉语词典》(第7版),商务印书馆2016年版,第561页。

滑溜，好像加了香腴子似的，……（《小坡的生日·十六 求救》）｜他的手比老李的大着两号——按着手套的尺寸说——柔软，滑溜，带着科员的热力。（《离婚》第五）②动滑，滑动。他双手托着这位小少爷，不使劲吧，怕滑溜下去，用力吧，又怕给伤了筋骨，他出了汗。（《骆驼祥子》五）

【尖溜】形①尖锐。②嗓音尖细。马老先生一嗓子痰在楼上叫，跟着嗽了嗽，声音才尖溜了一点："马威！"（《二马》第二段）

【提溜】动提。我反正不能随便从"箱"里提溜出一件就披在身上！（《四世同堂》五十八）

【顺溜】形①顺利，顺当。拉洋车的跑着比走着说的顺溜，立着比坐着说的有劲！（《老张的哲学》第三十三）②（言语）顺畅。他要说，"那还是去年买的呢，"可是觉出"去年"与那"还"字间的文气不甚顺溜。（《集外·牛老爷的痰盂》）｜三位老人虽然没有完全楞起来，可是话语都来得极不顺溜。（《四世同堂》三十一）③五官端正，身材匀称。老王的儿子是个石匠，脑袋还没石头顺溜呢，没见过这么死巴的人。（《赶集·柳家大院》）

【瘦溜】形瘦细。那对瘦溜的脚，穿着白缎子绣红牡丹的薄鞋，脚尖脚踵都似乎没着地，而使脚心揉了那么几步。（《樱海集·末一块钱》）

【吸溜】动用嘴或鼻腔吸。祥子刚从热被窝里出来，不住的吸溜气儿。（《骆驼祥子》九）｜小马儿对着包子点了点头，吸溜了一下鼻子。（《骆驼祥子》十）

【直溜】形同普通话。① 形容笔直。领带也是新的，可是系得绝不直溜。（《二马》第四段）｜凭他这张七楞八瓣②的脸，与这条不甚

---

① 中国科学院语言研究所词典编辑室编：《现代汉语词典》（试用本），商务印书馆1973年版，第1323页；中国社会科学院语言研究所词典编辑室编：《现代汉语词典》（第7版），商务印书馆2016年版，第1681页。

② 《老舍全集》（第三卷），人民文学出版社2013年版，第335页作"七楞七瓣"。考虑北京话中只有"七楞八瓣"而没有"七楞七瓣"，此处又非谐谑说法，故认为原书是印刷错误。

直溜的身子，无论他是扮作乡民，还是小贩，都绝对的露不出破绽来。
(《火葬》二)

在这些词语中，"顺溜"还有 AABB 式状态词与之对应：

(23) 我倒以为写笔顺顺溜溜的小文章更有用处；你还不能用诗写封家信什么的。(《离婚》第二)

另外，"提溜"《现代汉语词典》试用本标作"〈方〉提"，第 7 版标作"动 提 (tī)"，[①] 说明这个词原来是方言词，后来被普通话吸收。

十 －弄 (. nong)

由"－弄"构成的后附式双音谓词有以下 33 个，共出现 141 例次：

摆弄 15，搬弄，拨弄 2，嘲弄 15，蹿弄，缠弄，戳弄，刺弄，颠弄 3，逗弄 7 (斗弄)，翻弄 6，咕弄 2，架弄，嚼弄，卷弄，摸弄 3，卖弄 4，欺弄 4，圈弄 2，揉弄，梳弄 2，耍弄 9，撕弄，团弄，玩弄 13，舞弄，戏弄 24，掀弄，显弄，笑弄，愚弄 4，抓弄 9，捉弄 2

在这些词语中，《现代汉语词典》试用本收录的有：

摆弄，搬弄，拨弄，嘲弄，蹿弄，逗弄，卖弄，玩弄，舞弄，戏弄，愚弄，捉弄

《现代汉语词典》第 7 版，除收上列词语外，还增收了"翻弄、

[①] 中国科学院语言研究所词典编辑室编：《现代汉语词典》(试用本)，商务印书馆 1973 年版，第 206 页；中国社会科学院语言研究所词典编辑室编：《现代汉语词典》(第 7 版)，商务印书馆 2016 年版，第 278 页。

耍弄"两个词语。① 也就是说,"翻弄、耍弄"在 20 世纪 50 年代末期,还没有进入普通话。

其余词语释义分析如下:

【缠弄】动 缠绕着摆弄。从门缝送进一束稻草来,他把它垫在地上,没事儿就抽出一两根来,缠弄着玩。(《四世同堂》三十四)

【戳弄】动 (多次地)刺,戳。瑞丰……看出来在那些死板板的脸孔下都藏着一股怒气;假若有人不识时务的去戳弄,那股怒气会像炸弹似的炸开,把他与蓝东阳都炸得粉碎。(《四世同堂》二十五)

【刺弄】动 因细小的东西刺激而产生痒的感觉。她的头发烫成长长的卷儿,一部分垂在项上,每一摆动,那些长卷儿便微微刺弄她的小脖子,有点发痒。(《四世同堂》四十三)

【颠弄】动 反复上下颠动。她又把东西全摸了一个过儿,然后拿起一支破铁盒,在手心里颠弄着。(《小坡的生日·二 种族问题》) | 姑母,那么有脾气,好安适,居然在半夜起来抱着我,颠弄着在屋中走遛儿。(《小人物自述》二)

【翻弄】动 来回翻动。把这两三个月剩下的几块钱——都是现洋——轻轻的拿出来,一块一块的翻弄,怕出响声。(《骆驼祥子》) | 他们没找到什么,于是就再翻弄一过儿,甚至于把箱子底朝上,倒出里面的东西。(《四世同堂》五十一)

【咕弄】动 嘴动无声地自言自语。他的嘴咕弄着,手指也轻轻的掐,显然是算这笔账呢。(《樱海集·牺牲》) | 他嘴里还咕弄着,可是没出声。(《蛤藻集·新韩穆烈德》)

【架弄】动 唆使,怂恿。我原谅他,所以深恨黑汉和架弄着小陈的那一群人。(《火车集·兔》)

【嚼弄】动 反复咀嚼。祁老人掰了一小块放在口中,细细的嚼

---

① 中国社会科学院语言研究所词典编辑室编:《现代汉语词典》(第7版),商务印书馆 2016 年版,第 357、1220 页。

弄,臭的!(《四世同堂》七十五)

【卷弄】 动 把东西弯成圆筒状。把胖手放在脸上,卷弄着小油泥橛儿,他也欣赏起来那副对联。(《蜕》第三)

【摸弄】 动 反复用手接触并轻轻移动。她们看着地上,手摸弄着腿腕上的镯子,一齐细声细气的说……(《小坡的生日·四 花园里》)

【欺弄】 动 欺负,欺骗。全是买卖人,连云社的那群算上,全是买卖人,全是投机,全是互相敷衍,欺弄,诈骗。(《牛天赐传·二十二 家败人亡》)| 现在刚逃出命来,又回到熟人这里来,还让他吃饭,他几乎要怀疑他们是否要欺弄他,可是也几乎落下泪来。(《骆驼祥子》四)

【圈弄】 动 ①蒙骗,迷惑,使落入圈套。祁老人觉得自己是被瘦子圈弄住了,不得不先用话搪塞一下。(《四世同堂》十四)| 她发了话:"瑞丰,你来替我吧!我幸得都不像话了,再打,准保我还得连庄!你来;别教太太想我们娘儿三个圈弄她一个人!你来呀!"(《四世同堂》十六)②团结,使不分散。③拉拢。④控制。

【揉弄】 动 反复揉搓。这个外号起得相当的恰当,因为赤包儿经儿童揉弄以后,皮儿便皱起来,露出里面的黑种子。(《四世同堂》二)

【梳弄】 动 反复梳理。祁老人这两天极不高兴,连白胡子都不大爱梳弄了。(《四世同堂》三十一)| 老人非常自傲这点先见之明,说完了,一劲儿的梳弄胡子,好像是表示胡子便代表智慧与远见。(《四世同堂》四十四)

【耍弄】 动 ①玩弄,摆弄。他很喜爱机械,一天到晚他不是耍弄汽车上的机件,(他已学会修理汽车),便是拆开再安好一个破表,或是一架收音机。(《四世同堂》七)| 华北将只耍弄一些纸片,而没有一点真的"财"。华北的血脉被敌人吸干!(《四世同堂》三十六)②戏弄。多少也要对得起儿子,作父亲的不能完全把儿子当作木头人似的耍弄。(《文博士》十)| 在闹过这一场之后,她特别的和他亲热,把他仿佛已经拴在了她的小拇指上随意的耍弄着。(《文博士》十四)

【撕弄】动 反复撕。他楞住了，随手抓了一件也许是被单，也许是大衫，披在身上，呆呆的在床沿上坐着，右手习惯的去撕弄那稀疏的须子。(《火葬》十四)

【团弄】动 用手掌使东西成圆形。改主意，她开始用手团弄，想作些馒头。可是，无论轻轻的拍，还是用力的揉，那古怪的东西决定不愿意团结到一处。(《四世同堂》七十五)

【掀弄】动 (多次反复地)掀开。他看，他掀弄，几十年来收集的图画与照片；可是，一个字也写不出。(《四世同堂》七十九)

【显弄】动 显示并夸耀。刚这么一想，好像故意显弄他们也有时候会快当一点似的，我的腿上挨了一脚，叫我走的命令。(《猫城记》二)

【笑弄】动 嘲笑戏弄。终日象在雾里飘着，闭上眼看见一个血淋淋的一颗人头在路上滚，睁开眼看见无数恶鬼东扯西拉的笑弄他！(《老张的哲学》第四十三)

【抓弄】动 ①用手抓握，拿。笔，墨，红模子，多少有些可抓弄的，老师先教给拿笔，天赐卖了很大的力量，到底是整把儿攥合适。(《牛天赐传·十 开市大吉》)｜有时候他们故意用很脏的手抓弄他的雪白的衣裤，他也都不着急，而仍旧笑着拍拍他们的头。(《四世同堂》四十一) ②获取财物。于是我东胡搂西抓弄，弄了几个钱上英国来了。(《二马》第二段)｜张大哥确是下了决心恢复地位，……好吗，丢了一所房子，不赶紧抓弄抓弄还行？(《离婚》第十九) ③怂恿，鼓动。所长太太手心直痒痒，被手里那三百多人给抓弄的。(《离婚》第十一)

含有"-弄"的后附式双音谓词，都是自主性动作动词，都是及物动词，都可以以ABAB形式重叠，都含有［+多次重复］语义特征。另外，作为轻音的后缀"弄"，有些词中还有 .long 和 .leng 两种变读形式。

十一 -乎 (.hu)

由"-乎"构成的后附式双音谓词有以下22个，共出现234例次，可以分作两类。

A类：

> 含糊30（含忽13），恍惚12（恍忽1），二忽，迷糊31（迷忽14），模糊2，热乎5（热和2，热火1），软和

B类：

> 超乎2，出乎7，岔糊，凑合4，叱呼3，合乎6，介乎，觉乎2，近乎$_动$27，企扈8，轻忽，扇乎，疏忽3，在乎^{1}78，在乎^{2}8，

A类是形容词，前边可以有程度副词，可以重叠构成AABB式状态词，不能带宾语。这些词语中，"含糊、恍惚、迷糊、模糊、热乎、软和"义同普通话，被《现代汉语词典》作为词条收录，"二忽"是方言词。

【二忽】形①胆怯，畏惧。就是没您，冲着谁，我们也不敢二忽了，您放心吧。（《天书代存·马大成致储贯一函》）②犹疑不定。

B类是动词。分别说明如下：

【超乎】动超过。他自信学问与体魄都超乎人，他什么都知道，而且知道的最深最好。（《蛤藻集·新时代的旧悲剧》）｜他……虽然自信自己的批评能力是超乎一般人的，可是究竟觉得有点不大是味儿，这使他非常的苦恼。（《蛤藻集·新韩穆烈德》）

【出乎】动出于。变动的快出乎意料之外……（《赶集·大悲寺外》）①

【岔糊】动打断思路或话茬儿，转移注意力。我越在中间岔糊着，他们越是俩打一个儿。（《离婚》第十三）

---

① 《现代汉语词典》1973年试用本未收，2016年第7版第189页收录该词。

第四章　后附式谓词研究

【凑合】动同普通话"凑合③"。① 将就。我也四十望外了，不瞒您说，拉包月就是凑合事，一年是一年的事，腿知道！（《骆驼祥子》十）｜赁出一辆，我自己拉一辆，凑合了！（《骆驼祥子》十六）｜头上见了汗，他还不肯脱长衣裳，能凑合就凑合。（《骆驼祥子》二十一）

【叱呼】动大声呵斥、训斥。他就变成了公认的修路工人，谁都可以叱呼他，命令他，……（《文博士》十）｜老冯赶紧叱呼大利，同时笑脸相迎的把钱递给了头一个虾仁②。（《蛤藻集·哀启》）

【合乎】动符合，合于。家中给提的人家到底是合乎我的高尚的自尊的理想。《樱海集·阳光》）｜你看，他歪打正着，正合乎这个时代的心理——礼物送给太太，而后老爷替礼物说话。（《蛤藻集·听来的故事》）③

【介乎】动处于……之间。衣裳短，裙子瘦，又要走得快，于是走道儿的时候，总是介乎"跑"与"扭"之间。（《二马》第二段）

【觉乎】动觉得。"不用假装不觉乎！"玛力心里说，看了马威一眼。（《二马》第三段）｜马威的脸羞的通红，李子荣一点不觉乎，把表放在袋儿里，挺着腰板好象兵马大元帅似的走出来。（《二马》第四段）

【近乎】①动同普通话。④ 接近于。四爷抬起头来，带着厌烦与近乎愤怒的神气说："孙七！回家睡觉去！"（《四世同堂》四）｜这很省事，而且还近乎明哲保身。（火车集·人同此心）②形关系密切。曹先生没有给他及格的分数，分明是不了解一个有志的青年；那么，平日可就别彼此套近乎呀！（《骆驼祥子》十二）

【企扈】动靠近，依偎。"白面口袋"明白了祥子的意思，也就

---

① 中国科学院语言研究所词典编辑室编：《现代汉语词典》（试用本），商务印书馆 1973 年版，第 162 页；中国社会科学院语言研究所词典编辑室编：《现代汉语词典》（第 7 版），商务印书馆 2016 年版，第 201 页。
② 作者在该小说中称参加日军入侵北平为非作歹的朝鲜人为"虾仁"。
③ 《现代汉语词典》1973 年试用本未收，2016 年第 7 版第 524 页收录该词。
④ 中国科学院语言研究所词典编辑室编：《现代汉语词典》（试用本），商务印书馆 1973 年版，第 520 页；中国社会科学院语言研究所词典编辑室编：《现代汉语词典》（第 7 版），商务印书馆 2016 年版，第 680 页。

不再往前企扈。(《骆驼祥子》二十三)｜(她)很像电影上那些风流女郎，不正着身往前走，而把肩膀放在前面，斜着身往前企扈。(《文博士》十三)

【轻忽】动 轻视，忽视。我什么也不后悔，只后悔我只顾念书而把身体的锻炼轻忽了。(《赵子曰》第二十二)

【扇乎】动 扇动。那撇着脚，像一对蒲扇在地上扇乎的，无疑的是刚由乡间上来的新手。(《骆驼祥子》一)

此外，"疏忽"和"在乎"《现代汉语词典》都收录了。表示｛在于｝、｛在意；介意｝义的"在乎"，《现代汉语词典》试用本和第7版都标为zài.hu，还认为表示｛在意；介意｝时"在乎""多用于否定式"。[①] 从北京话的角度来看，似乎有两个"在乎"。"在乎¹"表示｛在于｝义，读为zàihū；"在乎²"表示｛在意；介意｝，读为zài.hu。在老舍小说语言中，表示｛在意；介意｝义的"在乎²"共有78例次，而否定形式"不在乎"有74例次，肯定形式"在乎"仅有4例次，否定形式是肯定形式的18.5倍。不仅如此，从出现频率角度来看，同一词形的两个"在乎"的使用也是不均衡的："在乎"出现86例次，表示｛在意；介意｝的"在乎²"有78例次，而表示｛在于｝义的"在乎¹"只有8例次，前者是后者的9.75倍。表示｛在于｝义的"在乎¹"如下。

(24) 老刘妈的好处是在乎老当益壮。(《牛天赐传·八 男女分座》)

(25) 买书的快乐，我以为，就在乎"买"，因为买回来不见得能读，更不见得有一读的价值。(《天书代存·牛天赐致王宝斋函》)

这个"在乎¹"属于文言词，使小说语言具有较强的书面语色彩。

[①] 中国科学院语言研究所词典编辑室编：《现代汉语词典》(试用本)，商务印书馆1973年版，第1281页；中国社会科学院语言研究所词典编辑室编：《现代汉语词典》(第7版)，商务印书馆2016年版，第1629页。

十二 －实（.shi）

后缀"－实"有 3 种字形："实"、"式"和"炽"；由"－实"构成的后附式双音谓词有以下 18 个，共出现 364 例次：

老实 193，诚实 48，结实 53，壮实 11，厚实 7，踏实 6，粗实，信实，瓷实 4（磁实），朴实 2，妥实 4，真实 2，切实 3，款式 12，俏式 6，火炽 9，旺炽，欢炽

这些词语中，"诚实、粗实、厚实、结实、老实、壮实、踏实、信实、朴实、切实、妥实、真实"同普通话，不同的是，普通话中有些"实"不读轻声的，在北京话里都读轻声。其他词语情况如下。

【瓷实】形①结实，壮实，坚固。他放了点胆子，脚踏实地的走，雪很瓷实，发着一点点响声。(《骆驼祥子》十二) | 他是在中学读书，个子不小，也戴着眼镜，长得跟他哥哥差不多，只是脸上的肉瓷实一些。(《文博士》五) ②充实；成色高；密度大。看到那些绿而不美的秧蔓，他马上便想到白薯是怎样的不磁实：吃少了，一会儿就饿；吃多了，胃中就冒酸水。(《四世同堂》七十四)

【款式】形时髦，漂亮。她作过小姐，她愿有自己的固定的，款式的家庭。(《集外·不成问题的问题》) | 就是在祁家院子重修以后，论格局也还不及三号的款式像样。(《四世同堂》二) | 陈老先生真的遍发讣闻，丧事办得很款式。(《蛤藻集·新时代的旧悲剧》)

【俏式】形俊俏。"大妹妹可真是个俏式小媳妇，头是头，脚是脚，又安稳，又老实！"(《离婚》第六) | 冠先生点上枝香烟，很俏式的由鼻中冒出两条小龙来。(《四世同堂》十六)

【火炽】形①兴旺，兴盛。仗着点祖产，又有哥哥的帮助，小两口儿一心一气的把份小日子过得挺火炽。(《二马》第二段) | 现在一看这

两个年青的弄得挺火炽,他决定非下手不可了,等马家铺子完全的立住脚可就不好办了。(《二马》第二段)②热闹。四面墙上都安着大镜子,把屋子里照得光明痛快,也特别显着人多火炽。(《二马》第四段)|这是他在北平的开场戏,唱得不算不热闹火炽。(《四世同堂》八十五)

【旺炽】形①旺盛。待一会儿,火光明亮了一些,烟也改成灰白色儿,纯净,旺炽,火苗不多,而光亮结成一片,照明了半个天。(《火车集·我这一辈子》)②多;充足。

【欢炽】形活泼,活跃,有活力。夏先生又不大出气了,而且腰弯得更深了些,很像由街上买来的活鱼,乍放在水中欢炽一会儿,不久便又老实了。(《骆驼祥子》二十)

此外,在《现代汉语词典》试用本中,"厚实"标作"①厚。②〈方〉丰富;富裕",而在第7版中标作"〈口〉形①厚。②宽厚结实。③(学问等)深厚扎实。④丰富;富裕"。[①] 这说明,在编撰《现代汉语词典》的20世纪50年代后期,"厚实"的{丰富;富裕}义项,还是方言用法。带"-实"的后附式双音谓词都是形容词;有的有AABB式状态词与之对应:

(26) 想想看吧,本来就没有儿子,不能火火炽炽的凑起个家庭来。(《骆驼祥子》十四)

十三 -腾(.teng)

后缀"-腾"的字形有三个,分别为"腾""蹬""噔";由"-腾"构成的后附式双音谓词有以下10个,共出现41例次:

[①] 中国科学院语言研究所词典编辑室编:《现代汉语词典》(试用本),商务印书馆1973年版,第420页;中国社会科学院语言研究所词典编辑室编:《现代汉语词典》(第7版),商务印书馆2016年版,第547页。

吹腾5，翻腾3，嘎噔（价钱），闹腾7，乱腾，跳腾8，踢蹬3（踢腾1），升腾7，扑腾，折腾5

【吹腾】动 吹嘘。"先别吹腾！"欧阳天风笑着说："那顶纱帽不可高眼！"（《赵子曰》第十四）｜怕不怕，咱们自己哥儿们用不着吹腾；该小心也得小心。（《樱海集·上任》）｜可是，他们到处为沙老师吹腾，……（《蛤藻集·断魂枪》）

【翻腾】动 ①翻转、变动。欧阳天风决意牺牲，把一口炸春卷贴在腮的内部，舌头有了一点翻腾的空隙。（《赵子曰》第六）②躺卧时不时翻转身体。老程睡去，祥子来回的翻腾，始终睡不着。（《骆驼祥子》十二）③为寻找而翻动。大哥和二哥开了打，把以前彼此请客的互惠都翻腾出来："谁他妈的吃了人家口香糖？"（《牛天赐传·十四 桃园结义》）

【嘎噔】动 ①剪子开合的动作和声响。②比喻反复谈论某事。现在，他不便因为嘎噔价钱而再多耽误工夫，治病要紧。（《四世同堂》二十一）

【闹腾】动 同普通话。① ①吵闹；扰乱。她忍了两天，就又闹腾起来。（《骆驼祥子》十九）｜她一在报纸上闹腾，行了，她一天能接几百封求婚书。（《二马》第五段）②说笑打闹。闹腾的快到五月节了，这群新朋友除吃喝赵老板以外，还没有一位给赵老板打主意谋事的。（《赵子曰》第十五）③搞。闹腾了半点多钟，他说我的鼻子长的不对。（《集外·画像》）

【乱腾】同普通话。② 混乱，不安静，没有秩序。爷儿俩好象鱼盆里的泥鳅，忽然一动，忽然一静，都叫盆里的鱼儿乱腾一回。（《二

---

① 中国科学院语言研究所词典编辑室编：《现代汉语词典》（试用本），商务印书馆1973年版，第736页；中国社会科学院语言研究所词典编辑室编：《现代汉语词典》（第7版），商务印书馆2016年版，第942页。

② 中国科学院语言研究所词典编辑室编：《现代汉语词典》（试用本），商务印书馆1973年版，第666页；中国社会科学院语言研究所词典编辑室编：《现代汉语词典》（第7版），商务印书馆2016年版，第856页。

马》第二段)

【跳腾】动①通过奋斗使境况变好，事业兴旺发达或职位提升。那一千块钱，加上他自己的运气，他就跳腾起来。(《牛天赐传·二十四 狗长犄角》)｜假若这个想法不错，那么他便非要丽琳不可了，她是使他能跳腾上去的跳板。(《文博士》六)②折腾。鹿书香可以不作事而还一天到晚的跳腾，这几乎是个灵感。(《火车集·东西》)

【踢腾】(踢蹬)动同普通话"踢蹬①"。① 脚乱踢乱蹬。跑完一趟，他……还想再跑，像名马没有跑足，立定之后还踢腾着蹄儿那样。(《骆驼祥子》二十二)｜为贪吃一个苍蝇，蛙的腮挂在钩上，眼弩出多高，腿在空中踢蹬着，可是没办法。(《牛天赐传·十五 天罗地网》)｜纯的胖腿踢蹬起来。(《集外·生灭》)

【升腾】动职位提升。况且呢，差事不管大小，多少总有个升腾。(《火车集·我这一辈子》)｜我们没升腾起来已经算很委屈了，谁还能把我们踢出去吗？(《火车集·我这一辈子》)

【扑腾】动①同普通话。② ②担心。告诉你，我心里直扑腾；好，万一他翻脸不给钱，系上裤子就走，我找谁去？(《火车集·浴奴》)

【折腾】同普通话。③ ①翻过来倒过去。折腾了半夜，又困又热又不好意思出声。(《牛天赐传·十八 月牙太太》)②反复做(某事)。这样折腾两三天，大人物到了。(《民主世界》三)③折磨。

这些词中，"乱腾"《现代汉语词典》标作形容词，实际应看作动词，因为它可以在被动句中作谓语中心语。由"－腾"构成的后附式

---

① 中国科学院语言研究所词典编辑室编：《现代汉语词典》(试用本)，商务印书馆1973年版，第1006页；中国社会科学院语言研究所词典编辑室编：《现代汉语词典》(第7版)，商务印书馆2016年版，第1284页。

② 中国科学院语言研究所词典编辑室编：《现代汉语词典》(试用本)，商务印书馆1973年版，第796页；中国社会科学院语言研究所词典编辑室编：《现代汉语词典》(第7版)，商务印书馆2016年版，第1015页。

③ 中国科学院语言研究所词典编辑室编：《现代汉语词典》(试用本)，商务印书馆1973年版，第1303页；中国社会科学院语言研究所词典编辑室编：《现代汉语词典》(第7版)，商务印书馆2016年版，第1657页。

双音动词，都是自主动词，可以重叠为 ABAB 式；除了"折腾"的｛折磨｝义项以外，其他都是不及物动词。在这些词语中，"翻腾、嘎噔、闹腾、踢腾、跳腾、扑腾、折腾"中的后缀有 .teng 和 .deng 两种变读形式。

十四　－气（.qi）

由"－气"构成的后附式双音谓词有以下 26 个，共出现 298 例次：

> 大气 4，匪气 2，客气 103，和气 43，阔气 15，俗气 31，小气 3，傻气 8，淘气 30，洋气 3，扬气，丧气 8，秀气 9，硬气 11，义气 9，闷气 6，土气 2，正气，呆气，贫气，景气，骄气，老气，厌气 2，儿气，妖气

这些词语中，《现代汉语词典》试用本收录了以下 17 个词语：

> 客气，和气，阔气，俗气，小气，傻气，淘气，洋气，丧气，秀气，义气，闷气，土气，正气，贫气，景气，骄气

《现代汉语词典》第 7 版除了上列词语外，还收录了"大气、老气"。也就是说，在 20 世纪 50 年代末以前"大气、老气"还没有进入普通话。

对于《现代汉语词典》试用本未收的其他 9 个词语，说明如下。

【大气】形①气度大，气势大。大寿桃点着红嘴，插着八仙人，非常大气。（《骆驼祥子》十三）｜焦委员的名片上没有印着什么官衔，……既省事，又大气。（《文博士》二）②（样式颜色等）大方，不俗气。他穿着在三十年前最时行，后来曾经一度极不时行，到如今又二番时行起来的团龙蓝纱大衫，极合身，极大气。（《四世同堂》三）

【呆气】形 迟钝、不灵敏的样子。"兄弟！你怎么有些呆气？"(《老张的哲学》第十八)

【儿气】形 像孩子一样。他们那未能蜕净的天真的儿气，又渐渐活动，使他们要跳到院中，得到空气，日光，与自由。(《蜕》第三) ｜大家正在这么喊喊喳喳的乱说，曲时人突然走到他们面前，使他们惊喜，一齐发问，并且儿气的拉住他的手与臂。(《蜕》第四)

【匪气】形 具有流氓的特点。小陈的服装确是越来越匪气了，脸上似乎也擦着点粉。(《火车集·兔》) ｜在他到票房和走堂会去的时候，他总穿起相当漂亮的衣裳，可是一点也不显着匪气。(《四世同堂》二十四)

【老气】形 ①老成的样子。长顺儿长了一点身量，也增长了更多的老气，看着很像个成人了。(《四世同堂》五十八) ②形容服装等颜色深暗，样式老旧。

【厌气】形 让人讨厌。再说那份儿厌气：一年到头老是大减价，老悬着煤气灯，老转动着留声机。(《蛤藻集·老字号》)

【扬气】形 得意，理直气壮的样子。小丫头片子，有了婆婆家就这么扬气，搁着你的！(《樱海集·柳屯的》)

【妖气】形 形容装束打扮妖艳怪异。时人心中的桂枝是那个义务看护，忽然看见她又打扮得怪妖气的，他似乎不敢认她了。(《蜕》第十三)

【硬气】形 ①刚强，有骨气。你以为这很高超，其实是不硬气。怎说不硬气呢？有问题不想解决，半夜三更闹诗意玩，什么话！(《离婚》第二) ②有正当理由，于心无愧（多在花钱吃饭上说）。张大哥的硬气只限于狠命的请客，骂一句人他都觉得有负于社会的规法。(《离婚》第十三) ｜钱家虽穷，而穷的硬气，不但没向他开口借过钱，而且仿佛根本不晓得钱是什么东西。(《四世同堂》十八)

"-气"主要附着在形容词性实语素后边，表示具有某种性质；

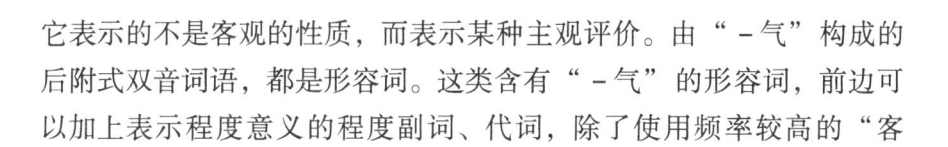

它表示的不是客观的性质，而表示某种主观评价。由"－气"构成的后附式双音词语，都是形容词。这类含有"－气"的形容词，前边可以加上表示程度意义的程度副词、代词，除了使用频率较高的"客气、和气"以外，一般没有AABB式状态词与之对应。

十五　－楞（.leng）

由"－楞"构成的后附式双音谓词有以下5个，共出现5例次：

立楞，裂稜，扑郎，歪棱，斜楞

【立楞】 动 眼睛睁大怒视。说他软，他敢向爸爸立楞眼睛。(《离婚》第七)

【裂稜】 动 眼睛睁大表示愤怒。"不是共总一百五十块钱吗，"武端裂稜着眼睛说："我打一百五十块钱的！"(《赵子曰》第十七)

【扑郎】 动 ①禽类挥动翅膀跳动。②胡乱地挥动手或脚（发出声音或拍打水面）。隔壁房里的声音可乱的不成样子了……花郎花郎，息呼息呼，是两手扑郎着水上往脸上搓；不用过去看，准是王老师干的这手活儿。(《天书代存·马大成致储贯一函》)

【歪棱】 动 歪斜。玛力姑娘的蓝眼珠一转，歪棱着脑袋噗哧一笑："反正这些话有理！有理没有？有理没有？妈？"(《二马》第三段)

【斜楞】 动 斜视，表示不满。马威手里什么也没有，傻鹅们斜楞着眼彼此看了看。(《二马》第四段)

这5个词都是表示主观意志可以控制的动作行为义的及物性动作动词。"裂稜"也可以看作"立楞"的词位变体。

十六　－于

由"－于"构成的后附式双音谓词，如"便于、等于、免于"

等，都是书面语词语，有些词语中后边的"于"被看作独立的介词，如"生于、高于"等；把"生于"后边的"于"看作引进时间或地点的介词，"高于"中的"于"用于引进表示比较的对象。我们把它们都看作构词成分。因为一般前边有介词的表示时间、处所的补语，都可以前移到动词之前作状语：

他出生于1964年～～他于1964年出生
他1964年出生于黑龙江省富锦市～～他1964年于黑龙江省富锦市出生

但由"－于"构成的后附式双音节谓词却不能做这种位移：

他生于1964年～～*他于1964年生
他1964年生于黑龙江省富锦市～～*他1964年于黑龙江省富锦市生

由"－于"构成的后附式双音谓词，在老舍250万字中文小说语言语料库中有以下37个，共出现405例次：

便于2，出于39，次于，低于2，等于12，多于7，富于8，甘于3，高于，惯于15，贵于，合于4，急于58，近于11，精于，居于，落于2，乐于2，忙于2，免于，弱于2，生于5，属于20，善于7，适于3，胜于2，切于2，轻于8，趋于，羞于10，宜于12，异于，勇于，在于5，止于2，至于150，忠于

这37个后附双音谓词"X于"，《现代汉语词典》试用本收录了11个：

便于，等于，甘于，急于，乐于，善于，属于，勇于，在于，至于，忠于

《现代汉语词典》第 7 版除了收录试用本所列 11 个词语外，还增录了"出于（P192）、富于（P413）、惯于（P484）、居于（P703）、忙于（P878）、趋于（P1078）、适于（P1198）" 7 个词语，这说明在 20 世纪五六十年代，上列 7 个词语还没有进入普通话。

以下对《现代汉语词典》试用本未收录的 26 个词语进行说明。

【出于】动①（事物）从某处出现、产生。"人类的纷争都是出于好事好动：假如人都变成桂树或梅花，世上当怎样的芬香静美？"我故意诱他说话。（《集外·记懒人》）②（言行）从某一角度、方面出发。她又问，我点了点头——出于不得已。（《集外·记懒人》）

【次于】动次序或等级比后边词语所指对象低。"我们给你二十双？"一个中国人问。他的威风仅次于那个日本人的。（《四世同堂》五十九）

【低于】（与……相比）高度小，不如。那不是老张的脑力弱于小山，见解低于小山，而是老张与小山所代表的时代不同，代表的文化不同！（《老张的哲学》第三十一）｜逃出了家，他要去看看有没有人不作牛马、不低于牛马的地方。（《无名高地有了名》三）

【多于】（与……相比）数量大；比……多。拉车多着一些变化与机会，不知道在什么时候与地点就会遇到一些多于所希望的报酬。（《骆驼祥子》一）｜我和他谈一些严肃的话之后便换换方向，谈些不便给多于两个人听的。（《樱海集·牺牲》）

【富于】动充分具有。他好像一篇富于技巧的文章，正在使人要生厌的时候，来几句漂亮的。（《樱海集·牺牲》）｜我也决没想到这样一位质朴的少年却生着一颗极富于情感的心。（《天书代存·马大成致储贾一函》）

【高于】动（重要性）超过。她自己的事高于一切。（《蜕》第十）

【惯于】动对于某种情况习以为常。李四爷是惯于早起的人，已经在门口等着他们。（《四世同堂》十二）｜时人的脸上红起来，他是不惯于扯谎的。（《蜕》第十）

【贵于】动 价值大。短袄无裙的妓女，在灯光下个个象天仙般的娇美，笑着，唱着，眼儿飞着，她们的价格也并不贵于假钻石戒指和貂皮帽。(《赵子曰》第八)

【合于】动 符合。牛老爷是博通今古，学贯中西，每一个主意都出经入史，官私两便，还要合于物理化学与社会经济！(《集外·牛老爷的痰盂》) | 他的立身处世没有一个地方不合于法的。(《民主世界》二)

【近于】动 接近。他心中的那个几乎近于抽象的"亡国惨"，变成了最具体的，最鲜明的事实。(《四世同堂》二十一) | 他没法判断哪个更近于事实。(《四世同堂》五十一)

【精于】动 精通。福海二哥也精于赌钱，牌九、押宝、抽签子、掷骰子、斗十胡、踢球、"打老打小"，他都会。(《正红旗下》三)

【居于】动 处在（某个地位）。赵子曰先生的一切都和他姓名一致居于首位：他的鼻子，天字第一号，尖、高、并不难看的鹰鼻子。(《赵子曰》第一)

【落于】动 归属于；处在（不好的境地）。你要是不明白我的心，而落于老张之手，你想，我就是活着，不比死还难过？(《老张的哲学》第二十) | 你父亲的心意我一点不知道，我以为你和李应该早早的定规一切，别落于老张的手里！(《老张的哲学》第三十三)

【忙于】动 忙着做（某方面的事情）。他盼望程长顺会给他争气，而长顺近来忙于办自己的事，没工夫多管别人的闲篇儿。(《四世同堂》五十七) | 瑞宣看见汉奸们的忙于过节送礼，只好惨笑。(《四世同堂》八十)

【免于】动 避免。……家庭免于离散，律师只得干瞪眼……(《离婚》第一)

【弱于】动 比……差，不如。那不是老张的脑力弱于小山，见解低于小山，而是老张与小山所代表的时代不同，代表的文化不同！

(《老张的哲学》第三十一）｜莫大年高兴非常，脸上的红光，真不弱于逛庙的村女的红棉袄。(《赵子曰》第七）

【生于】动（在某时或某地，或某种情况下）出生。（因环境与知识的特异，又使一部分车夫另成派别。）生于西苑海甸的自然以走西山，燕京，清华，较比方便。(《骆驼祥子》一）

【适于】动对某种情况适合。香瓜的分类好似有意的"争取民众"——那银白的，又酥又甜的"羊角蜜"假若适于文雅的仕女吃取，那硬而厚的，绿皮金黄瓤子的"三白"与"哈蟆酥"就适于少壮的人们试一试嘴劲，……(《四世同堂》四十一）

【胜于】动超过；比……优越。快活，哪怕是最无聊无耻的快活，对于他都胜于最崇高的哀怨。(《四世同堂》二十八）｜对儿子，他知道严厉的管教胜于溺爱。(《四世同堂》五十四）

【切于】动符合。她的热诚劲儿使她的言语坦率而切于实际。(《四世同堂》十五）｜妈妈的办法都切于实际。(《四世同堂》五十三）

【轻于】动①轻视，不看重。设若我学了财政，法律，商业，或是别的实用科学，我也许有所建树，不这么轻于丧命！(《赵子曰》第二十二）｜我是主张和平的，我也知道青年们轻于丧命是不经济的。(《赵子曰》第二十二）②轻易（去做某事）。对任何人，他都很客气；同时，他可是决不轻于去巴结人。(《四世同堂》二十四）｜他是官场中人，不便轻于降低了身分。(《四世同堂》五十三）

【趋于】动朝着某个方向发展。我的脾气无论遇到多大的不平事，只有使我的思想趋于颓废而不会左倾的。(《天书代存·马大成致储贯一函》）

【屑于】动认为值得（做某事）。多用否定形式（老舍小说语言中，共有"屑于"10例次，其中9例次"屑于"前边都有否定词"不"）。现在没人穿羊皮，连狐腿都没人屑于穿！(《赶集·也是三角》）｜我爱作的不就去好好作，我不爱作的就干脆不去作，没有理由，更不屑于解释。(《樱海集·阳光》）

【宜于】动①适合于（做某事）。为什么那件蓝棉袍就不宜于上东安市场？（《离婚》第八）｜洋装虽好看，但是只宜于在学生堆里混。（天书代存·马大成致储贯一函）②与……相协调，相适合。他们愿意立刻回到破庙去——那里最宜于他们，正像这里最宜于这个明星少年。（《蜕》第四）

【异于】动与……不同。同时呢，我的身分也使我这次的寻求异于往日的，我须找到个地位比我的丈夫还高的。（《樱海集·阳光》）

【止于】动停止（在某处或某种身份）。老张是没机会到美国学些实验心理学，可惜！不然，岂止于是一位哲学家呢！（《老张的哲学》第二十六）｜马老先生的志愿也自然止于此。（《二马》第二段）

这 26 个含有"－于"的后附式双音动词，都是及物动词，后边必须带宾语。

第二节 "X得慌"式感知动词

在《现代汉语词典》（第 7 版）中，"慌"被分成两个词，有两种读法：

【慌】huāng 形 慌张：惊~｜恐~｜心~｜~手~脚｜沉住气，不要~。

【慌】·huang 形 表示难以忍受（用作补语，前面加"得"）疼得~｜累得~｜闷得~｜气得~。[1]

对于轻声的"慌"，最早的《现代汉语词典》（试用本）也是这样

---

[1] 中国社会科学院语言研究所词典编辑室编：《现代汉语词典》（第 7 版），商务印书馆 2016 年版，第 532 页。

处理的：

【慌】·huang 表示难以忍受（用作补语，前面加"得"）饿得~｜疼得~｜累得~｜闷得~。①

再向上追溯，作为《国语词典》（商务印书馆 1937 年版）1947 年版重印本的删节本，《汉语词典》的处理是这样的：

【慌】（ㄏㄨㄤ·荒）语助词，含难以忍受之意，如言烦得慌、闷得慌、累得慌等，亦读·ㄏㄥ（ㄏㄨㄤ）②

而《现代汉语八百词》（增订本）是这样描述的：

【慌】huāng［形］2. 动/形＋得＋慌。"慌"轻读。表示情况、状态达到很高的程度。常用在以下词的后边：闷、闲、睏、累、急、渴、愁、咸、闹、烦、干、涩、苦、挤、呛、憋、气、热、堵、难受、憋闷。用于口语。③

《现代汉语词典》（试用本）与《汉语词典》释义是一致的，表示"难以忍受"，不过指出轻声"慌"的语法功能是前边加"得"后做补语；而《现代汉语八百词》则描写其句式，说明"慌"的功能是表程度高，并列举了"得"前的常用动词和形容词。在标音上，《国语词典》还标了轻声词"慌"的进一步弱化读音·heng。在词性上，《现代汉语词典》和《现代汉语八百词》都把轻声的"慌"看作形容词，《现代汉语八百词》把轻声与非轻声的"慌"看作同一个词。

---

① 中国科学院语言研究所词典编辑室编：《现代汉语词典》（试用本），商务印书馆 1973 年版，第 443 页。
② 中国大辞典编纂处编：《汉语词典》（原名"国语辞典"），商务印书馆 1957 年版，第 469 页。
③ 吕叔湘主编：《现代汉语八百词》（增订本），商务印书馆 1999 年版，第 275 页。

朱德熙①、马庆株②等绝大多数学者，也把这种情况下的"慌"看作补语。高校《现代汉语》教科书一般也持这种看法。

以 20 世纪中叶北京话口语为研究对象的《汉语口语语法》，把"得慌"看作动词后缀：'得慌' – de. huang ~ de. heng，用在不如意的动词之后表高度：累得慌，晕得慌，麻得慌，疼得慌，闹得慌，急得慌，挤得慌，闷得慌，冤得慌，冷静得慌，痒痒得慌。这个后缀是无限能产的，甚至可以说"好得慌"，如果你的意思是说这东西或这事儿太好了，怕是长不了。③

周一民④把"得慌"看作形容词词缀，卢小群⑤把它看作动词词缀。

下面我们以老舍中文作品语言语料库为依据，来考察这种"X 得慌"的使用情况。

一 "X 得慌"的出现情况

在依据 19 卷本《老舍全集》（排除马小弥从英文本回译的作品，老舍与宋之的、赵清阁等合作的作品，以及后人编辑的《老舍年谱》）建立起来的约 590 万字的老舍全部中文作品语料库中，"X 得慌"共有 40 个词，出现 158 例次（词语后边的数字是该词出现的例次；"慌"前的"de"老舍有"得"与"的"两个写法，我们统一写作"得"，在例句中还依照原来的写法）：

堵得慌 31，累得慌 18，闹得慌 15，闷（mèn）得慌 13，憋得慌 12，憋闷得慌 11，僵得慌 9，刺闹得慌 6，饿得慌 4，压得慌 3，

---

① 朱德熙：《语法讲义》，商务印书馆 1982 年版，第 137—138 页。
② 马庆株：《含程度补语的述补结构》，载中国语文杂志社编《语法研究和探索》（第四辑），北京大学出版社 1988 年版。
③ 赵元任：《汉语口语语法》，吕叔湘译，商务印书馆 1979 年版，第 132 页。
④ 周一民：《北京口语语法·词法卷》，语文出版社 1998 年版，第 125 页。
⑤ 卢小群：《老北京土话语法研究》，中国社会科学出版社 2017 年版，第 177—178 页。

第四章 后附式谓词研究

喧得慌3，愁得慌2，馋得慌2，刺得慌2①，扎得慌2

吵得慌｜愁人得慌｜撑得慌｜堵闷得慌｜急得慌｜挤得慌｜揪得慌｜空得慌｜可怜得慌｜劳累得慌｜劳人得慌｜乱得慌｜闷(mēn)得慌｜腻得慌｜飘得慌｜气得慌｜漆得慌｜臊得慌｜讨厌得慌｜烫得慌｜绕得慌｜绕绕得慌｜羞得慌｜窝囊得慌｜痒痒得慌

在 590 万字《老舍全集》全部中文作品语料库中，"X 得慌"只出现小说、戏剧、散文和文论四类语体作品中，没有出现在诗歌（古体诗、新诗）、曲艺、报告、书信这几类作品中。

"X 得慌"在老舍中文作品中分布是不均匀的。以长篇小说为例，见表 4–1。

表 4–1　　"X 得慌"在老舍长篇小说中的分布与出现情况

	第1卷	第2卷	第3卷	第4、第5卷	第6卷	第7卷	第8卷	总计
出现总例次	10	26	17	23	0	24	12（长篇、短篇）	112
长篇小说	老张的哲学	赵子曰	二马	小坡的生日	猫城记	离婚	牛天赐传	骆驼祥子	文博士	火葬	四世同堂	无名高地有了名	蜕	正红旗下	
时间	1925—	1926	1928—	1929	1932	1933	1934	1936	1936	1943	1944—1948	1954	1938—	1962	

---

① 在老舍小说中"刺得慌"中的"刺"写作"刺刀"的"刺"，但在老舍剧作《青年突击队》中后边都用括号注释为"割"。

(1) 丁师傅　……那回小冯掉下去，是他刺（割）的绳子呢……（卷十一·P61）

(2) 丁师傅　凭他背地里讲究我，刺（割）绳子就必定是他干的！（同上）

这个意思，在北京话中不说 cì，而说 lá，因此我们认为《老舍全集》第 1 卷和第 7 卷出现的"刺得慌"，应该是"剌得慌"（lá dehuang/hang/heng）。

· 231 ·

续表

	第1卷	第2卷	第3卷	第4、第5卷	第6卷	第7卷	第8卷	总计
字数（万字）	9.53 | 9.94 | 14.37	7.51 | 8.81 | 12.28	10.34 | 13.47 | 6.34 | 10.25	65.31	9.27		7.85 | 7.24	192.51
出现例次	1 | 3 | 6	3 | 1 | 10	12 | 13 | 3 | 1	23	0		3 | 2	81
万字比（万字）	0.105 | 0.302 | 0.418	0.399 | 0.114 | 0.814	1.161 | 0.965 | 0.473 | 0.098	0.352	0		0.382 | 0.276	0.421

从分布情况来看，"X 得慌"出现比例较高的，是口语性较强的作品；同时，也可以看出，从儿童角度、以儿童口吻来写儿童（《小坡的生日》），与从成人角度来写儿童（《牛天赐传》），语言运用是有差别的，"X 得慌"在成人语言风格的作品中的运用比例远远高于儿童语言。"X 得慌"在《小坡的生日》中只有 3 例次，而且都出现在儿童的话语中，这在老舍小说中是比较醒目的。

从出现情况来看，在老舍中文小说语言语料库 112 例次"X 得慌"中，有 12 例次出现在话语中，11 例次出现在说话者自述（不带引号）中，其余 89 例次均出现在叙述性语言中。这一点与《红楼梦》《儿女英雄传》不同，也与《王朔文集》（四卷本，华艺出版社 1995 年版）、郭宝昌小说《大宅门》（第一部、第二部，作家出版社 2001 年版）等当代北京话作品完全不同。对比见表 4-2。

表 4-2　　　　"X 得慌"在北京话作品中的对比

	《红楼梦》	《儿女英雄传》	《老舍全集》（1—8）	《王朔文集》	《大宅门》
成书时间	清乾隆年间	1866—1872 年	20 世纪 20—60 年代	20 世纪 80—90 年代	2001 年

续表

	《红楼梦》		《儿女英雄传》		《老舍全集》(1—8)		《王朔文集》		《大宅门》	
字数（万字）	86.8		54.8		250		127.6		89.6	
出现总例次	14		10		112		15		19	
万字比（万字）	0.161		0.182		0.448		0.118		0.212	
语境	话语	叙述	话语	叙述	话语	叙述	话语	叙述	话语	叙述
出现例次	14	0	9	1	23	89	13	2	10	9
百分比（%）	100	0	90	10	20.54	79.46	86.67	13.33	52.63	47.37

从表中的对比可以看出，老舍小说语言中的"X得慌"有近4/5是叙述性语言，这与王朔、郭宝昌的小说相比，形成较大的语言风格差别。

上列除老舍中文小说以外的几部北京话作品"X得慌"具体出现情况如下。

《红楼梦》共7个词，出现14例次：闹得慌5｜闷得慌4｜疼得慌｜拘得慌｜烫得慌｜气得慌｜烦得慌。

《儿女英雄传》共9个词，出现10例次：憋得慌2｜怄得慌｜累得慌｜赶碌得慌｜掐得慌｜饿得慌｜闹得慌｜晒得慌｜涨得慌。

《王朔文集》共9个词，出现14例次：闹得慌3｜闷得慌3｜堵得慌2｜蹩得慌｜惨得慌｜臊得慌｜累得慌｜想得慌｜硌得慌。

《大宅门》共8个词，出现19例次：闷得慌4｜瘆得慌4｜憋得慌3｜堵得慌3｜臊得慌2｜惨得慌｜闹得慌｜疼得慌。

通过比较，我们可以看出近三百年间，几部北京话作品在词语"X得慌"使用方面的一致性。结合老舍作品中"X得慌"的情况，我们可以重申一下我们的观点：在北京话中，"X得慌"都是表示主观意志不能控制的不如意的感知的感知动词,[①] 没有例外。另外，20

---

① 聂志平：《说"X得慌"》，《齐齐哈尔师范学院学报》（哲学社会科学版）1993年第1期。

世纪 90 年代反映北京口语面貌的 120 集大型室内剧《我爱我家》60.6 万字的台词剧本中,出现的 19 例次"X 得慌"(闷得慌 12,累得慌,想得慌 3,堵得慌 2,憋得慌),也莫出其外,而且都出现在话语中。因此,单单从语言的系统性角度考虑,从北京话角度来看,赵元任所列的"冷静得慌、好得慌",张谊生从语料库中收集的"帅得慌、美得慌、香得慌"之类,① 都很值得怀疑。

此外还可以作一点补充,《红楼梦》前 80 回与后 40 回,在"X 得慌"的运用上还有区别。

表 4-3　　"X 得慌"在《红楼梦》前 80 回与后 40 回的对比

	《红楼梦》		合计
	前 80 回	后 40 回	120 回
字数(万字)	59	27.8	86.8
出现例次	6	8	14
万字比(万字)	0.102	0.288	0.161

后 40 回中"X 得慌"的万字比是前 80 回的 2.8 倍。从这一点,再结合我们以前对"X 得很"中"很"的性质的研究,② 我们认为,俞敏说后 40 回比前 80 回"更像北京话"③,是很有道理的;因为曹雪芹祖籍辽阳,祖上从清入关,曹雪芹 13 岁前居南京,13 岁后居北京,而后 40 回的主要整理者高鹗是北京人,这是《红楼梦》前 80 回与后 40 回语言面貌差异的根本原因。

二 "X 得慌"的词义分析

既然"X 得慌"是由"X"和"得慌"两部分构成,就有必要联系前边的"X"来分析"X 得慌",从中也可以对"得慌"的性质有一个明确的认识。

---

① 张谊生:《当代汉语"X 得慌"的演化趋势与性质转化》,载《汉语学报》2018 年第 1 期。
② 聂志平:《关于"X 得很"中"很"的性质》,《中国语文》2005 年第 1 期。
③ 俞敏:《高鹗的语言比曹雪芹更像北京话》,《中国语文》1992 年第 4 期。

下文以《现代汉语词典》（第7版）为依据，选择与"X得慌"联系更为密切的"X"的释义，联系"X得慌"的用法，对"X得慌"进行词义分析。引自《现代汉语词典》（第7版）中的"X"释义后标引文页码；义项前的数字为义项序号。《老舍全集》标明出处。

【憋】②形闷；呼吸不畅。（P88）

【憋得慌】因不畅通而产生的呼吸困难，或心理上不舒服的感觉（多用后者义）。在这里，我觉得憋得慌。（《小人物自述》四）｜我不能不问了，不问太憋得慌。（《集外·画像》）

【憋闷】形①由于空气不流通而感到呼吸不畅。②心情不舒畅；郁闷。（P88）

【憋闷得慌】①由于空气不流通而感到呼吸不畅的不舒服的感觉。他不肯出去。在屋里，又憋闷得慌。（《骆驼祥子》十九）｜天赐莫名其妙，只觉得憋闷得慌，再也不能安睡……（《牛天赐传·三 子孙万代》）②心情不舒畅的感觉。他说不清，心中憋闷得慌。（《四世同堂》二十六）｜可是他心中另有一些事儿，使他憋闷得慌，而且一时没有方法去开脱。（《骆驼祥子》六）

【吵】①形声音大而杂乱。（P155）

【吵得慌】因声音大、杂乱而产生的不舒服的感觉。"……买来呢，你怕吵得慌，就老不开开好了！……"（《四世同堂》三十六）

【愁】动忧虑。（P185）

【愁得慌】因忧虑而产生的不舒服的感觉。越起不来越爱胡思乱想，越想越愁得慌，病也就越不容易好。（《骆驼祥子》十九）

【愁人得慌】因忧虑而产生的不舒服的感觉。少见多怪，"怪"完了还自是自高一下，愁人得慌！（《老舍幽默诗文集·吃莲花的》）

【撑】动⑤充满到装不下的程度。（P164）

【撑得慌】因多吃而感到不舒服的感觉。吃完，又没有运动，她撑得慌，抱着肚子一定说是犯了胎气！（《骆驼祥子》十九）

【刺挠】〈口〉形痒。（P217）

235

【刺闹得慌】因痒而感到不舒服的感觉。脸上共总有十来根比较重一点的胡子茬儿，可是刮过几天之后，不刮有点刺闹得慌。(《二马》第二段) | 老李像坐着电椅，浑身刺闹得慌。(《离婚》第八)

【堵】①动堵塞。②形闷；憋气。(P323)

【堵得慌】①因呼吸困难而感到不舒服的感觉。肚子有点空，可是胸口堵得慌，嗓子里不住的要呕，一嘴粘涎子简直没有地方销售。(《二马》第三段) | 一边走，他一边又打堵得慌，又有点痛快的长嗝儿。(《四世同堂》六十一) ②有委屈烦恼不能发泄而产生的不舒服的感觉（此义多用）。天赐不大赞成，一听十六里铺他就堵得慌。(《牛天赐传·十八 月牙太太》) | 不愿再思索，可是心中堵得慌。(《骆驼祥子》六)

【堵闷得慌】因感觉堵塞而产生的不舒畅的生理或心理感觉。他觉得自己是往外长，又觉得堵闷得慌。(《牛天赐传·十八 月牙太太》)

【饿】①形肚子空，想吃东西。(P342)

【饿得慌】因饿而产生不舒服的感觉。太阳已经落下去，一阵阵的冷风吹来的炒栗子的香味，引得赵四有些饿得慌。(《老张的哲学》第三十四) | 因为他时常饿得慌，所以免不了的就偷一些东西吃，我并不禁止他。(《集外·新爱弥耳》)

【僵】①形僵硬。②形事情难于处理，停滞不前。(P645)

【僵得慌】①僵硬不灵活的感觉。我觉得到那点宝贝汁儿不但走到胃中去，而且有股麻劲儿通过全身，身上立刻不僵得慌了。(《猫城记》五) ②呆板不灵活的感觉：姑娘觉得爸招待客人方法太僵得慌，在屋里叫：(《樱海集·老年的浪漫》) ③因事情难于处理而停滞尴尬的感觉。我怎么办？在那里吧，真僵得慌；走吧，又觉得不好意思，好难过啦！(《二马》第二段) | 招弟为怕瑞丰夫妇太僵得慌，要求胖太太先替她一圈或两圈。(《四世同堂》二十八)

【空】空²(kòng) ②形没有被利用或里面缺少东西。(P748)

【空得慌】因没有被利用或里边缺少东西而产生的不舒服的感

觉。还勉强吸着烟，烟下去之后，肚子透着分外的空得慌。（《二马》第二段）

【可怜】①形 值得怜悯。（P738）

【可怜得慌】感觉可怜。刚露了头发就坐汽车，真可怜得慌，两亲家不住的落泪。（《赶集·抱孙》）

【剌】lá 同"拉"（lá）。（P770）

【拉】lá 动 刀刃与物件接触，由一端向另一端移动，使物件破裂或断开；割。（P770）

【剌得慌】有刀割般的疼痛感。温都太太到底给早饭端来了，马老先生只喝了一碗茶。茶到食道里都有点剌得慌。（《二马》第三段）｜她心中有点剌得慌。（《蛤藻集·新时代的旧悲剧》）

【劳累】①形 由于过度的劳动而感到疲乏。（P781）

【劳累得慌】由于过度劳动而感到疲乏的不舒服的感觉。偶尔上一次公园都觉得空气使他们的肺劳累得慌，还不如凑上手打个小牌。（《离婚》第十四）

【劳人得慌】因替人受累或操心而产生的不舒服的感觉。什么都得我现告诉，真劳人得慌！（《海集·善人》）

【累】①形 疲劳。（P791）

【累得慌】因劳累而不舒服的感觉。拉惯了车，空着手儿走比跑还累得慌。（《骆驼祥子》十三）｜"哟！你不是说话太多了，有点累得慌？"瑞丰很关切的问。（《四世同堂》十四）

【乱】①形 没有秩序；没有条理。④形 （心绪）不宁。（P856）

【乱得慌】因没有条理而产生的不舒服的感觉。赵先生说了，屋里东西多，显着乱得慌！（《牛天赐传·十九 诗人商人》

【闷】mēn① 形 气压低或空气不流通而引起的不舒畅的感觉。（P890）

【闷得慌】mēn 因气压低或空气不流通而产生的不舒畅的感觉。老周，把窗户开开，太闷得慌！（《赵子曰》第二十三）

【闷】mèn①形心情不舒畅。(P892)

【闷得慌】mèn 心情不舒畅、心烦的感觉。越闲越懒，无事可作又闷得慌，所以时时需要些娱乐，或吃口好东西。(《骆驼祥子》二十一)｜"瞧你这个劲儿！进来吧，咱们凑几圈小牌，好不好？多闷得慌啊！"她往前凑了一点。(《四世同堂》五)

【闹】①形喧哗；不安静。③动扰乱；搅扰。(P942)

【闹得慌】因喧哗或视觉刺激而产生心里不舒服的感觉。院里众人的穷说，使他心里闹得慌，他愿意找个清静的地方独自坐着。(《骆驼祥子》十八)｜她既会持家，又懂得规矩，一点也不像二孙媳妇那样把头发烫得烂鸡窝似的，看着心里就闹得慌。(《四世同堂》一)

【飘】①动随风摇动或飞扬。②形形容腿部发软，走路不稳。③形轻浮；不踏实。(P1000)

【飘得慌】由于不固定或举止轻浮产生不安稳的感觉。把棉袄什么的全垫上，高高的躺下，上面什么也不盖；底下热得好多了，可是上边又飘得慌。(《牛天赐传·十八 月牙太太》)

【气】⑨动生气；发怒。(P1031)

【气得慌】因生气而产生不舒服的感觉。老师要是有意和孩子过不去还是真气得慌，有时候他被天赐气得吃不下去饭。(《牛天赐传·十二 教育专家》)

【绕】①动缠绕。④动（问题、事情）纠缠。(P1092)

【绕得慌】因为问题或事情想不清楚而产生的心理上的纠葛感觉。越想，他心里越绕得慌！(《正红旗下》八)

【绕绕得慌】义同"绕得慌"。程壮生：我们要开着门过日子，妈！我知道，您心里是绕绕得慌，不好过。(《一家代表》)

【烫】①动温度高的物体与皮肤接触使感觉疼痛或受伤。③形物体温度高。(P1275)

【烫得慌】因物体温度高与皮肤接触而产生疼痛感。一心的想在这件事上成功，而这里又是有那么多几乎近于不可能的事儿，不敢撒

手，又似乎觉得烫得慌，他没了办法。(《文博士》十四)

【讨厌】①形惹人厌烦。③动厌恶；不喜欢。(P1279)

【讨厌得慌】惹人讨厌的不舒服的感觉。日租界的繁华喧闹已看惯了，不但不觉得有趣，而且有些讨厌得慌了。(《赵子曰》第十)

【羞】①动怕别人笑话的心理和表情；难为情。(P1475)

【羞得慌】由于难为情而产生的不舒服感觉。"唉，简直说着羞得慌，对外人我也不说，说了被人耻笑。"(《离婚》第六)

【压】动①对物体施压力（多指从上向下）。(P1497)

【压得慌】因物理或心理的压力而产生的不舒服的感觉。"可是，那要看是什么床啦：藤床呢还可以，要是铁床呢未免有点压得慌！"(《小坡的生日·六 上学》)｜瑞丰的中山装好像有好几十斤重似的，他觉得非常的压得慌。(《四世同堂》二十五)

【痒】形①皮肤或黏膜受到轻微刺激时引起的想挠的感觉。②想做某事的愿望强烈，难以抑制。(P1520)

【痒痒得慌】①皮肤或黏膜痒想挠挠的感觉。②心理上想做某事难以抑制的不舒服的感觉。马老先生在十天以前便把节礼全买好送出去，因为买了存着，心里痒痒得慌。(《二马》第四段)

【噎】动①食物堵住食管。(P1527)

【噎得慌】①因食物堵住食管而产生不舒服的感觉。……心中老堵一块什么……他就觉出来这块东西——绵软，可是老那么大；没有什么一定的味道，可是噎得慌，像块海绵似的。(《骆驼祥子》十三)②因某事而产生类似食管被堵住的心理上不舒服的感觉。老丈人拉洋车或是赶驴倒没大要紧；"三四百"有点噎得慌。(《赶集·也是三角》)｜二弟兄全觉得噎得慌，也都勾起那个"合伙娶"。(《赶集·也是三角》)

【馋】①形看见好吃的食物就想吃。②形看到喜爱的东西希望得到。③动想吃（某种食物）。(P141)

【馋得慌】看到喜爱的食物或东西在内心产生的强烈的想吃或得

到的愿望。可是咱呢，不记得有过大志，而是见别人吃糖馅烧饼就馋得慌——到如今也没完全改掉。(《老舍幽默诗文集·自传难写》)｜看着别人写，个儿是个儿，笔力是笔力，真馋得慌。(《写字》)

【急】①形想要马上达到某种目的而激动不安；着急。(P609)

【急得慌】因某种目的未达到而产生激动、焦虑的感觉。李招娣：大姑子的外号叫刺儿菜，还没出嫁心里急得慌。(《柳树井》)

【挤】①动（许多人或物）紧紧靠拢在一起；（许多事情）集中在同一时间内。②形地方相对小而人或物等相对地多。(P613)

【挤得慌】因人或物密集而产生压抑、不舒服的感觉。北平在人为之中显出自然，几乎是什么地方既不挤得慌，又不太僻静。(《想北平》)

【揪】动紧紧地抓；抓住并拉。(P697)

【揪得慌】因对某人或某事过分担心而产生的焦虑感。马格纳斯：你一受委屈——或假装受了委屈，我心里就有点东西揪得慌。[《苹果车》(译作。原作：萧伯纳)]

【腻】①形食品中油脂过多。②动因食品中油脂过多而使人不想吃。③形腻烦；厌烦。(P950)

【腻得慌】因食物油脂多或某事做得多而心里产生不想吃或不想做的厌烦感。把讽刺改为说教，越说便越腻得慌。(《老牛破车·我怎样写〈猫城记〉》)

【臊】动羞[1]①。(P1128)

【羞[1]】①动怕别人笑话的心理和表情；难为情。(P1475)

【臊得慌】内心羞愧的感觉。王大嫂：……街道上都叫我积极分子，可是人家一问我住在几号啊，我就臊得慌！(《红大院》)

【漆】①名黏液状涂料的统称。②动把涂料涂在器物上。(P1022)

【漆得慌】因黏液涂到皮肤上产生收缩或板结带来的不自如不舒服的感觉。"小二，我说这不是牙膏，你瞧，还油亮油亮的呢。喝，

抹在脸上有点漆得慌!"(《老舍幽默诗文集·当幽默变成油抹》)

【窝囊】 形①因受委屈而烦闷。②无能;怯懦。(P1377)

【窝囊得慌】因受委屈或遭受失败而产生烦闷的心理感受。为买公鸽而去,却买了只母的回来,岂不窝囊得慌![《小动物们(鸽)续》]

【扎】 动①刺。②〈口〉钻(进去)。(P1640)

【扎得慌】心理或生理上有刺疼感。张乐仁:咱们厂子近来做的活呀,叫我心里扎得慌!(《春华秋实》)

三 "X得慌"的句法功能

"X得慌"的句法功能有以下几种:作谓语或谓语中心、作宾语、作小句、作定语,放在介词后与介词构成介词结构,不能作主语、状语、补语。以下分别加以说明。

(一) 作谓语或谓语中心

共有106例次,占"X得慌"总例次的67.09%,作谓语是"X得慌"最主要的功能。

1. 作谓语。共有90例次。例如:

(1) 吃完,又没有运动,她撑得慌,抱着肚子一定说是犯了胎气!(《骆驼祥子》十九)

(2) 他说不清,心中憋闷得慌。(《四世同堂》二十六)

(3) 越想,他心里越绕得慌!(《正红旗下》八)

2. 作兼语后谓语。共有15例次,例如:

(4) 太太怎看怎以为他不像个官样的爸爸,而这官样的娃娃偏叫他,真使人堵得慌。(《牛天赐传·五 解放时期》)

(5) 冯二的小屋非常的暖和,使老刘的脸上刺闹得慌,心里暴躁。(《樱海集·老年的浪漫》)

（6）可是他心中另有一些事儿，使他<u>憋闷得慌</u>，而且一时没有方法去开脱。(《骆驼祥子》六)

3. 作述语。只有 1 例次：

（7）这一程子，长顺<u>闷得慌</u>极了！(《四世同堂》十)

这种用法在前边所列的几种北京话作品中没有出现过。
（二）作宾语
共有 22 例次，例如：

（8）赵先生说了，屋里东西多，显着<u>乱得慌</u>！(《牛天赐传·十九 诗人商人》)
（9）王铁牛几乎不懂什么叫<u>累得慌</u>。(《赶集·铁牛和病鸭》)
（10）老没出去，腿也觉得<u>累得慌</u>。(《离婚》第十八)

出现在"X 得慌"前边作述语的动词有 9 个（词语后边的数字是由该动词构成的"X 得慌"出现的例次）：
觉得 12 ｜ 怕 3 ｜ 感到 ｜ 透着 ｜ 显着 ｜ 想到 ｜ 感 ｜ 觉 ｜ 叫
"觉得、感到、透着、显着"是谓宾动词，"怕、叫"是兼宾动词（兼带体宾、谓宾的动词）。
（三）作小句
共有 26 例次，例如：

（11）老周，把窗户开开，<u>太闷得慌</u>！(《赵子曰》第二十三)
（12）他坐下了，心中直跳，<u>闹得慌</u>，疲乏，闭上了眼。(《樱海集·末一块钱》)
（13）刚露了头发就坐汽车，<u>真可怜得慌</u>，两亲家不住的落泪。(《赶集·抱孙》)

（四）作定语
共有 2 例次：

（14）天赐学了不少这种词藻，到真闷得慌的时候，会对着墙角送出几个恰当的发泄积郁。（《牛天赐传·七 两种生活》）

（15）一边走，他一边又打堵得慌，又有点痛快的长嗝儿。（《四世同堂》六十一）

（五）放到介词后与介词构成介词结构
共有 1 例次：

（16）因为这种堵得慌，他把十六里铺慢慢的忘了。（《牛天赐传·十八 月牙太太》）

（六）构成"的"字短语
共有 1 例次：

（17）尤其堵得慌的是看着人家往张先生或李先生那里送纸，还得作揖，说好话，甚至于请吃饭。（《写字》）

表 4-4　　　　　　　　"X 得慌"句法功能对比

	谓语或谓语中心语			宾语（谓宾）	介词后	小句	定语（含"的"字短语）	总计
	谓语	兼语后谓语	述语					
出现例次	90	15	1	22	1	26	3	158
所占比例（%）	67.09			13.92	0.63	16.46	1.9	100

四 "得慌"与"X得慌"的性质

（一）"得慌"的性质

我们认为"得慌"是构词词缀，有三个根据：（1）"得慌"的附着性；（2）"得慌"对构词词性的类化作用；（3）"得慌"对构词词义的类化作用。下边分别说明。

1. "得慌"读轻声，与前边的 X 之间不能插入其他成分，具有附着性。

"X 得慌"前可以有程度副词作状语，即便是 X 不能受程度副词修饰，但程度副词也不能移到"得"后"慌"前，例如：

（18）老丈人拉洋车或是赶驴倒没大要紧；"三四百"有点喧得慌。（《赶集·也是三角》）~~*老丈人拉洋车或是赶驴倒没大要紧；"三四百"喧得有点慌。

（19）瑞丰的中山装好像有好几十斤重似的，他觉得非常的压得慌。（《四世同堂》二十五）~~*瑞丰的中山装好像有好几十斤重似的，他觉得压得非常的慌。

（20）她心中有点刺得慌。（《蛤藻集·新时代的旧悲剧》）~~*她心中刺得有点慌。

2. "得慌"具有对构词词性的类化作用。

"得慌"前有动词、形容词；即便前边的 X 单用时是及物动词，可以带宾语，但构成"X 得慌"后却不能再带宾语，性质发生了变化。例如：

（21）你不愁吃不愁穿，到底还愁什么？~~*你不愁得慌吃不愁得慌穿，你愁得慌什么？

（22）不戴手套薅刺儿菜刺手~~*不戴手套薅刺儿菜刺得慌手

（23）你自行车轱辘压我脚了～～ *你自行车轱辘压得慌我脚了

"得慌"前边的 X 单用时不能被程度副词修饰，如"刺""压""喧"，但构成的"X 得慌"却可以受程度副词修饰，例如：

（24）温都太太到底给早饭端来了，马老先生只喝了一碗茶。茶到食道里都有点刺得慌。（《二马》第三段）
（25）瑞丰的中山装好像有好几十斤重似的，他觉得非常的压得慌。（《四世同堂》二十五）
（26）老丈人拉洋车或是赶驴倒没大要紧；"三四百"有点喧得慌。（《赶集·也是三角》）

这说明，无论 X 是及物动词还是非及物动词或形容词，构成的"X 得慌"都不能带宾语；无论 X 能否受程度副词修饰，构成的"X 得慌"都能受程度副词修饰："得慌"具有构词使词性一致的类化作用。

3. "得慌"具有对构词词义的类化作用。

在 19 卷本《老舍全集》全部中文作品语料库中，进入"得慌"前构成"X 得慌"的动词、形容词共有 40 个：

动词：愁｜撑｜刺｜气｜绕｜羞｜压｜喧｜揪｜扎｜臊｜绕绕
形容词：憋闷｜刺闹｜堵闷｜僵｜闷（mèn）｜窝囊｜愁人｜痒痒｜劳人
动、形兼类：憋｜吵｜堵｜饿｜空｜可怜｜劳累｜累｜乱｜闷（mèn）｜闹｜飘｜讨厌｜烫｜急｜挤｜腻｜馋
名、动兼类：漆

这些词有两点值得注意：（1）大部分词都表示消极或不如意的意思，只有"撑、刺、绕、压、空、飘、漆、扎、揪、堵"几个词语是中性的；（2）兼类词作为同一个词语相关义项具有不同的词性、分属于不同的词类，进入"得慌"前构成"X 得慌"，都是形容词或动词

性的义项，例如：

【吵】①形声音大而杂乱。②动吵扰。③动争吵。（P155）

【饿】①形肚子空，想吃东西。②动使挨饿。（P342）

【空】kòng①动腾出来；使空。②形没有被利用或里边缺少东西。（P748）

进入"得慌"前的，是"吵①""饿①"和"空②"。

通过"X得慌"的词义分析，我们可以看出，"X得慌"都表示主观意志不能控制的感知；赵元任（1979）认为进入"得慌"前的动词和形容词都是表不如意的，从老舍全部中文作品语料库中"X得慌"中的X也可以看出这点；按赵元任的说法，这种不如意，是来自"得慌"前的动词形容词X。但我们也看到，进入"得慌"前的X，还有中性的，即"撑、剌、绕、压、空、飘、扎、揪、堵、漆"，不表示不如意的意思。但进入"X得慌"中，都表示"主观意志不能控制的不如意的感知"。对比举例：

【空】kòng①动腾出来；使空。②形没有被利用或里面缺少东西。（P748）

【空得慌】因没有被利用或里面缺少东西而产生的不舒服的感觉。

【剌】lá 同"拉"（lá）。（P770）

【拉】lá 动刀刃与物件接触，由一端向另一端移动，使物件破裂或断开；割。（P770）

【剌得慌】有刀割般的疼痛感。

【飘】①动随风摇动或飞扬。②形形容腿部发软，走路不稳。③形轻浮；不踏实。（P1000）

【飘得慌】由于不固定或举止轻浮产生不安稳的感觉。

【绕】①动缠绕。②动围着转到。③动不从正面通过，从侧面

或后面迂回过去。④动（问题、事情）纠缠。（P1092）

【绕得慌】因为问题或事情想不清楚而产生的心理上的纠葛感觉。

【压】动①对物体施压力（多指从上向下）。②超越；胜过。③使稳定；使平静。④压制。⑤逼近。⑥搁着不动。⑦同"押"。（P1497）

【压得慌】因物理或心理的压力而产生的不舒服的感觉。

那么，这个"主观意志不能控制的不如意的感知"既然不是 X 本身所具有的，只能理解为"得慌"带来的。这是"得慌"这个后缀所表示的类化意义；而本身包含"不如意"意思的动词、形容词，更倾向于与"得慌"组合构成"X 得慌"。

我们同意把"得慌"看成后缀，但不同意《汉语词典》（《国语词典》）、《现代汉语词典》认为"慌"表示"难以忍受"，也不同意赵元任的"慌""放在不如意动词后表高度"[1]、《现代汉语八百词》的"表示情况、状态达到很高的程度"[2]，以及卢小群的"表示某种难过的状态或表示某种标准难符合"[3] 的观点。因为如果放在"得"后表示程度高或程度很高，或难以忍受，那么就意味着"慌"本身包含宏量意义，本身具有量的特征，那么，就不能再受程度副词修饰。比如，一般认为"糊糊涂涂"是"糊涂"的增量，不含有量特征的"糊涂""高兴"可以受程度副词修饰，而包含量的特征的"糊糊涂涂""高高兴兴"就不能再接受程度副词修饰了，比较：

糊涂→很/有点/非常糊涂　糊糊涂涂→*很/有点/非常糊糊涂涂

高兴→很/有点/非常高兴　高高兴兴→*很/有点/非常高高兴兴

但"X 得慌"可以受程度副词修饰。在老舍全部中文作品语料库中，"X 得慌"前边有程度状语的词语有以下 15 个，出现 41 例次（词语后边的数字是出现例次，1 例次者不标）：有点 11 ｜太 6 ｜怪 5 ｜很 4 ｜非常 3 ｜有些 2 ｜分外 2 ｜特别 ｜多 ｜越发 ｜那么 ｜这么 ｜尤其 ｜好 ｜更。出现的程度副词包括"很、太、有点、有些、怪"。

---

[1] 赵元任：《汉语口语语法》，吕叔湘译，商务印书馆 1979 年版，第 132 页。
[2] 吕叔湘主编：《现代汉语八百词》（增订本），商务印书馆 1999 年版，第 275 页。
[3] 卢小群：《老北京土话语法研究》，中国社会科学出版社 2017 年版，第 178 页。

不仅如此，还有 1 例次像"好极了"一样，在"X 得慌"后加"极了"表示极性程度：

(27) 这一程子，长顺闷得慌<u>极了</u>！（《四世同堂》十）

以上两种情况说明，认为"慌"表示程度高，是不能成立的。
（二）"X 得慌"的性质
"得慌"的意思是表示"主观意志不能控制的不如意的感知"；这种类别意义与 X 组合构成"X 得慌"，表示"主观意志不能控制的不如意的 X 方面的感知"。

这样，"X 得慌"的语义特征可以分析为："X 得慌"=［－自主］［－如意］［＋X（方面）］［＋感知］

"X 得慌"是非自主动词中的不及物性感知动词，不是形容词。因为形容词可以通过重叠方式构成状态词，可以作主语、谓语、宾语、定语、状语和补语，而"X 得慌"不能作主语、状语、补语，很少作定语。

第三节 "VV 着"式状态动词

白话文经典作家老舍作品中有这样的用法：

(1) 两个小辫<u>撅撅着</u>，在灯光下，像两个小秃翅膀。（《离婚》第九）

(2) 文城的人们都喜欢她，都管她叫作"小蝎儿"，因为她的头发<u>蓬蓬着</u>。（《火葬》十九）

(3) ……正像一想起爸的坟就想起城外的月牙儿——在野外的小风里<u>歪歪着</u>。（《月牙儿》九）

从表面上看，上例中的"撅撅着""蓬蓬着"和"歪歪着"，都是

单音节动词重叠后,再带助词"着"构成的,亦即:

V→VV→VV+着→VV 着

但仔细想一下则不然:有的动词后可以加助词"着",也可以重叠,但重叠以后不能带"着":

他<u>吃</u>苹果～～他<u>吃着</u>苹果～～他<u>吃吃</u>苹果就饱了,不想吃饭了～～*他<u>吃吃着</u>苹果

她<u>唱</u>歌～～她<u>唱着</u>歌～～她<u>唱唱</u>歌,心里就不那么难过了～～*她<u>唱唱着</u>歌

因为,或者如马希文认为"着"表示状态①,或者如费春元认为表示"情状"②,或者如石毓智所说的,表示实现点与终结点之间的时段持续,是持续体助词③;而动词重叠,或者如朱德熙所说的,表示时量短或动量小;④ 或者如石毓智所说的"所代表的动作的开始和结束重合在一起"缺乏时段持续特征⑤,所以,动词重叠形式就与"着"在语法语义范畴方面存在着冲突,动词重叠后就不能再带"着"了。

不仅如此,上列例(1)、(2)、(3)3 例,如果去掉"着","VV"也不能成立:

(1) *两个小辫<u>撅撅</u>,在灯光下,像两个小秃翅膀。

(2) *文城的人们都喜欢她,都管她叫作"小蝎儿",因为她的头发<u>蓬蓬</u>。

(3) *……正像一想起爸的坟就想起城外的月牙儿——在野外的小风里<u>歪歪</u>。

---

① 马希文:《北京方言里的"着"》,《方言》1987 年第 1 期。
② 费春元:《说"着"》,《语文研究》1992 年第 2 期。
③ 石毓智:《论现代汉语的"体"范畴》,《中国社会科学》1992 年第 6 期。
④ 朱德熙:《语法讲义》,商务印书馆 1982 年版,第 68 页。
⑤ 石毓智:《论现代汉语的"体"范畴》,《中国社会科学》1992 年第 6 期。

所以，把上列形式看作动词重叠加"着"，是说不通的。

尽管汉语的词、短语、句子结构方式基本一致，但词法与句法毕竟是两个不同的系统；单位的性质不同，词与短语以及句子的内部结构规则自然也不完全一样。只有这样理解，我们才能解释，在句法层面，动词重叠后不能与"着"再组合；但在词法层面，本来可单用的动词，作为词根语素重叠后可以再加"着"，构成"VV着"式词语。也就是说，"撅撅着""蓬蓬着"和"歪歪着"，是在词法层面，由动词词根语素"撅""蓬""歪"重叠后，再分别加上附加语素"着"构成的不同词语，而不是在句法层面，由动词重叠后再加上助词"着"构成的句法现象。当然，"撅撅着""蓬蓬着"和"歪歪着"中的"撅""蓬""歪"，本身是可以成词的词根语素，可以单独成词，"着"也可以以助词的身份独立运用。以下例（4）、（5）是《现代汉语词典》（第7版）中的例子，例（6）是自拟的例句：

(4) 撅着尾巴。（P711）
(5) 蓬着头。（P988）
(6) 歪头杀，指歪着头的动作让人觉得很可爱。

"撅撅着""蓬蓬着"和"歪歪着"这类词语，本书记作"vv着"式词语；v表示动词性构词语素，以示与作为独立运用的动词的标记元语言符号V相区别。

《现代汉语词典》（第7版）中没有收录这种"vv着"式词语。

一 时贤的相关研究

金受申编《北京话语汇》（1961）未收这类词语。较早注意到这种现象的是徐世荣。在《北京土语辞典》[①]中，徐世荣把"出出着"

[①] 徐世荣编：《北京土语辞典》，北京出版社1990年版。以下随文标页码。

与"出出"单列为不同的词条,并注意到"出出着""结构较为特殊"("【 】"为笔者所加):

【出出】chūchu ①低声交谈之意。如:"他们俩在里间屋~半天,不知道商量什么事。"②意为背后议论,挑拨是非。如:"这个女人专好瞎~,~得人家不和睦。"

【出出着】chūchuzhe 伸展到外面;显露着。如:"衬衣的袖口~,不好看,绾起来吧!""这堆木头堆得不好,有几根~。"这是动词重叠,附助词"着",表示异常的现状,结构较特殊。(P63)

对于"vv 着"这种语词现象,不同的北京方言词典的收录情况是不同的。以下以出版时间为序进行说明。

(1) 杨玉秀编著《老舍作品中的北京话词语例释》。

收录"vv 着"独立词条 1 个:"荒荒着"。①

(2) 陈刚编《北京方言词典》②。

收录"vv 着"独立词条 2 个:"睖睖着"(P166),"应应着"[yǐngyingzhe(炉火)不很旺地燃烧](P313)。

收录独立词条"vv",但举例形式只有"vv 着"的有 1 个:"髾髾"(蓬松)(P214)。

(3) 宋孝才编著《北京话语词汇释》③。

收录"vv 着"独立词条 4 个:"刺刺着(同【髭髭着】)"(P113),"吊吊着"(P175),"曲曲着"(P9),"支支着"(P827)。

收录独立词条"vv",但举例形式只有"vv 着"的有 6 个:"出出"(P102),"揪揪"(P357),"抠抠"(P378),"棱棱"(P414),"爬爬"(P525),"髭髭"(P843)④。

---

① 杨玉秀编著:《老舍作品中的北京话词语例释》,北京大学出版社 1984 年版,第 57 页。
② 陈刚编:《北京方言词典》,商务印书馆 1985 年版。以下随文标页码。
③ 宋孝才编著:《北京话语词汇释》,北京语言学院出版社 1987 年版。以下随文标页码。
④ 宋孝才编著:《北京话语词汇释》第 843 页,作为独立词条只收"髭髭"而未收"髭髭着",这样使第 113 页的"【刺刺着】同有问题【髭髭着】"落空了。

· 251 ·

(4) 徐世荣编《北京土语辞典》。

收录"vv着"独立词条 5 个："出出着"（P63），"翻翻着"（P127—128），"梗梗着"（P150），"钩钩着"（P151），"撅撅着"（P216）。

收录独立词条"vv"或"V"，但举例形式只有"vv着"的有 2 个："歪歪"（P404），"髭"（P494）。

(5) 陈刚、宋孝才、张秀珍编《现代北京口语词典》①。

收录"vv着"独立词条 4 个："吊吊着"（P91），"棱棱着"（P222），"曲曲着"（P308），"支支着"（P448）。

收录独立词条"vv"或"V"，但举例形式只有"vv着"的有 9 个："刺刺"（P60），"出出"（P54），"揪揪"（P189），"抠抠"（P201），"拉拉"（P210），"蓬蓬"（P286），"团"（P368—369），"歪歪"（P372），"髭髭"（P457）。

(6) 舒济主编《老舍文学词典》②。

收录独立词条"vv"但举例形式只有"vv着"的有 2 个："梗梗"（P773），"髭髭"（P800）。

此外，收录词语含"vv着"的有 1 个："拉拉着腿"（P737）。

(7) 齐如山《北京土话》③。

收录"vv着"独立词条 1 个："撅撅着"（P83—84）。

(8) 董树人《新编北京方言词典》④。

收录"vv着"独立词条 2 个："撅撅着"（P238），"髭髭着"（P585）。

收录独立词条"vv"但举例形式只有"vv着"的有 6 个："出出"（P67），"杵杵"（P69），"翻翻"（P138），"揪揪"（P234），"蓬蓬"（P352），"歪歪"（P469）。

---

① 陈刚、宋孝才、张秀珍编：《现代北京口语词典》，语文出版社 1997 年版。以下随文标页码。
② 舒济主编：《老舍文学词典》，北京十月文艺出版社 2000 年版。以下随文标页码。
③ 齐如山：《北京土话》，辽宁教育出版社 2008 年版。以下随文标页码。
④ 董树人：《新编北京方言词典》，商务印书馆 2010 年版。以下随文标页码。

第四章　后附式谓词研究

(9) 高艾军、傅民编:《北京话词典》①。

收录"vv着"独立词条 2 个:"杵杵着"(P131),"趴趴着"(P666)。

收录独立词条"vv"或"V",但举例形式只有"vv着"的有 7 个:"抽抽儿"(P122—123),"翻翻"(P267),"揪揪"(P462),"拉拉"(P503),"棱棱"(P534),"团团"(P866),"歪"(P870)。

(10) 俞冲《京腔儿的前世今生——150 年来的北京话》②。

收录"vv着"独立词条 2 个:"刺刺着"(P580),"干干儿着"(P690)。

收录独立词条"vv",但举例形式只有"vv着"的有 2 个:"梗梗"(P588),"棱棱"(P744)。

排除重复和异形词,10 部词典中作为独立词条收录的"vv着"共有 14 种,③ 即:

出出着　杵杵着　吊吊着　翻翻着　干干儿着　钩钩着　梗梗着
撅撅着　棱棱着　趴趴着　曲曲着　应应着　髭髭着(刺刺着)④
支支着

排除重复以及与独立词条"vv着"中"vv"重复者,10 部词典中举例形式只有"vv着"的"vv",共有 7 种,即:

抽抽儿　抠抠　揪揪　拉拉　蓬蓬(髵髵)　团团　歪歪

这 7 个形式,实际上也应该看作"vv着"式词语。

此外,卢小群在《老北京土话语法研究》中,除了"睩睩着、出

---

① 高艾军、傅民编:《北京话词典》,中华书局 2013 年版。以下随文标页码。
② 俞冲:《京腔儿的前世今生——150 年来的北京话》,北京燕山出版社 2016 年版。以下随文标页码。
③ 舒济主编的《老舍文学词典》中杨玉秀编写的"语言编",是作为《老舍作品中的北京话词语例释》的增订本,收"荒荒"不收"荒荒着",意味着取消了"荒荒着",所以不计算在内。
④ 把"刺刺着"看作"髭髭着"的异形词。陈刚、宋孝才、张秀珍在《现代北京口语词典》第 60 页解释说:"【刺刺】同【髭髭】,……头发~着。"俞冲在《京腔儿的前世今生——150 年来的北京话》第 580 页解释说:"【刺刺着】(头发)乱蓬蓬的竖立状,前'刺'阴平,后'刺儿'轻声,也有人读 zīzi。"在老舍小说中,描写头发的一种状态,有"头发刺刺着,呼吸还是很粗"(《二马》第四段),也有"头发髭髭着"(《骆驼祥子》十三)。这说明,个别词语上,北京话还存在平舌音与翘舌音两读的变读现象。

出着、翻翻着、撅撅着"之外，还列出了"飞飞着、努努着、裂裂着"3个。①

上述11种著述作为独立词语共列出"vv着"式词语17个，加上举例中出现"vv着"7个［标作"vv着"（"着"用6号字）］，共计24个：

出出着　杵杵着　吊吊着　翻翻着　飞飞着　干干儿着　钩钩着

梗梗着　撅撅着　努努着　裂裂着　棱棱着　趴趴着　曲曲着　应应着　支支着　髭髭着（刺刺着）　抽抽儿着　抠抠着　揪揪着　拉拉着　蓬蓬（髼髼）着　团团着　歪歪着

二　老舍小说语料库中的"vv着"式词语情况

本节以人民文学出版社2013年出版的《老舍全集》修订本小说部分（即第1卷至第8卷）为语料来源，排除马小弥从英文回译的《四世同堂》第八十八至一百章（收入《老舍全集》第5卷）和《鼓书艺人》（收入《老舍全集》第6卷），也不取赵武平根据新发现的、经老舍定稿的英文本翻译的《四世同堂》第三部《饥荒》的最后部分（第二十一至三十六章），自建了250万字的较大规模的老舍中文小说语言语料库，在此基础上考察"vv着"式词语。本书举例均出于此；例句出处，长篇小说和未完成作品标篇名和章数，中短篇小说标所收录的文集名和篇名。

在对"vv着"式词语的确认上，我们根据如下原则：如果单用"V"与"V着"，"VV"与"VV着"，意思上没有明显区别；或者"VV"既可以单独使用，也可以后加"了""着""过"，那么相应的形式"VV着"不看作"vv着"式词语。属于这种类型的有"哼哼""嚷嚷""嗡嗡""啊啊"以及"荒荒"，请对比：

---

① 卢小群：《老北京土话语法研究》，中国社会科学出版社2017年版，第254页。

> 冠晓荷也落了泪。他故意的哼哼着，为是增加自己的身分。（《四世同堂》六十五）
> 他不住的翻身，轻轻的哼哼，而且用手抚摸胸口。（《四世同堂》五十四）

> "先生！大年底下的，不多给，还少给吗？"公寓外一个洋车夫嚷嚷着。（《赵子曰》第六）
> 拉车的舍着命跑，讨债的汗流浃背，卖粽子的扯着脖子吆喝，卖樱桃桑葚的一个赛着一个的嚷嚷。（《赵子曰》第十六）

> "快乐的新年"虽然在耳边嗡嗡着，可是各处没有一点快乐与新鲜的表现。（《二马》第四段）
> 天上的机声又有规律的嗡嗡起来。（《蜕》第十二）

> 梅娇唤着：小老头，小老头；小纯啊啊着，莫名其妙的笑，有时咯咯的笑出声来。（《集外·生灭》）
> 小纯无聊的啊啊了一阵，嘴中的粉色牙床露出些来。（同上）

> 这么大个活人，就会干瞪着眼睛看自己的儿女在家里荒荒着！（《火车集·我这一辈子》）
> 从十五到二十，他就愣荒荒过来，能吃能喝，就是不爱干活儿。（同上）

而作为"vv 着"式词语，一般"着"前边的部分不能作为词语或语法形式被独立运用，请比较：

> 二喜以为这是捻它玩呢，小圆眼儿当中的一条小黑道儿随着小坡的手转，小脚儿团团着要抓他。（《小坡的生日·十一电影园中》）
> *二喜以为这是捻它玩呢，小圆眼儿当中的一条小黑道儿随着小坡的手转，小脚儿团团要抓他。
> 小姑娘的伞被风吹得歪歪着，美。（《二马》第四段）
> *小姑娘的伞被风吹得歪歪，美。

{惨白的头发在一顶破小帽下杂乱的<u>髭髭</u>着。(《骆驼祥子》十)
*惨白的头发在一顶破小帽下杂乱的<u>髭髭</u>。

根据我们对 250 万字老舍中文小说语言语料库的检索,搜集到"vv 着"式词语 41 个,共出现 92 例次。老舍中文小说语言中的全部"vv 着"式词语如下(后边的数字为出现的例次,出现 1 例次者不标;括号内为异形词):

瘪瘪着	搓搓着3	<u>出出着</u>	杵杵着	<u>抽抽着</u>3
倒倒着2	颠颠着	<u>吊吊着</u>	跺跺着	<u>翻翻着</u>2
<u>干干儿着</u>	鼓鼓着	拐拐着2	钩钩着2	<u>梗梗着</u>
<u>撅撅着</u>7	揪揪着	卷卷着4	扣扣着	<u>拉拉着</u>2
<u>棱棱着</u>6	眯眯着	拧拧着	<u>趴趴着</u>3	(爬爬着2)
飘飘着	<u>蓬蓬着</u>4	团团着5	伸伸着	缩缩着
耸耸着	<u>曲曲着</u>	蜷蜷着	弯弯着6	<u>歪歪着</u>9
斜斜着2	悬悬着	转转着	皱皱着3	纵纵着2
髭髭着3	(刺刺着1)	<u>支支着</u>		

这 41 个"vv 着"式词语,其中有 13 个(下画直线者)作为独立词条、有 7 个词条(下画波浪线者)为"V"或"VV"而举例为"VV 着"的形式,不同程度地分别被 11 种北京话词典及语法研究专著收录。可以这样说,单就"vv 着"式词语而言,老舍中文小说语言词汇,有着远远超出前列 11 部北京话词典及语法研究专著的丰富性。

三 老舍中文小说语言中"vv 着"式词语释义

在"vv 着"式词语中,第一个 v 读本字调,第二个 v 和"着"都读轻声。以下对老舍中文小说语言中出现的"vv 着"式词语释义,如一个义项出现两个及以上例次,列举两例;非多音词不单独标音;被解释的词语如果有异形词,则使用汉字,否则以"~"代之;有个别之处,老舍把"着"写作"著",不特别标出。

【瘪（biē）瘪着】不饱满，向下凹陷。眼珠不是黄的，也不是黑的，更说不上是蓝的，就那么灰不拉的，～。(《樱海集·柳屯的》)

【出出着】伸展到外面；显露着。① 马来巡警背上打着一块窄长的藤牌，牌的两端在肩外～，每头有一尺多长。(《小坡的生日·一 小坡和妹妹》)

【杵杵着】直直地挺立。② 马来小姑娘撩着裙子，头上的小髻向前～，拼命的跑。(《小坡的生日·四 花园里》)

【抽抽着】①抽缩或萎缩的状态。墙头上露出个老猫头来，一脑袋白毛，猪嘴～好像个风干的小木瓜。(《猫城记》十三)｜她的乳房软软的贴在胸前，乳头只是两个不体面而～的黑葡萄，没有一点浆汁。(《小人物自述》二) ②因抽缩或萎缩而不平展的样子。鼻子也～一块，好像钞票上的花纹。(《小坡的生日·九 海岸上》)

【搓搓着】手或脚接触某物来回运动。玛力还坐在她母亲的怀里，脚尖儿～地毯。(《二马》第四段)｜玛力的眼睛睁得很圆，脸上红了一点，把小木梳撂在衣袋里，～手。(《二马》第四段)｜时人不由得把手放在胖腮上，来回的～。(《蜕》第十六)

【倒倒着】因缠足而内八字走路不稳的样子。到快生小孩那两天，她～脚来了。(《樱海集·毛毛虫》)｜骂到第三天，她～脚走了，把新太太交给了老天爷，爱活爱死随便，她不担气死新太太的名儿。(《樱海集·毛毛虫》)

【颠颠着】颠动的状态。偶尔走过一只来，没长犄角就留下须的小动物，向一块大石发了会儿愣，又～俏式的小尾巴跑了。(《赶集·微神》)

【吊吊着】向上吊起的样子。③ 最使人难测的是那两只眼，几乎像三角眼，可是眼角不～，没有一点苦相。(《文博士》十一)

【跺跺着】不停地跺脚的状态。别人都～脚，天是真冷；这双脚好像冻在地上，不动。(《赶集·歪毛儿》)

---

① 徐世荣编：《北京土语辞典》，北京出版社1990年版，第63页。
② 高艾军、傅民编：《北京话词典》，中华书局2013年版，第131页。
③ 宋孝才编《北京话语词汇释》第175页解释为"向上挑着，竖起"，陈刚、宋孝才、张秀珍编的《现代北京口语词典》第91页解释为"向上挑起，竖起"。

【翻翻着】翻卷翘起的状态。① 手背上有些小肉窝，小指甲向上~。(《离婚》第二)|他没骑过驴。纪妈很在行，两只脚~而不登镫，身子前仰后合的而很稳当。(《牛天赐传·十七 到乡间去》)

【干干儿着】将人冷落在一旁不理。② (这个孩子天生与我没缘，……)"过继给你吧，你愿意抚养他成人也吧，你愿意他老这么~，也由你。"(《天书代存·赵少侯序》)

【鼓鼓着】很凸出的样子。看了看那个女的，不见得比自己岁数大，小细手腕，可是乳部~。(《离婚》第十五)

【拐拐着】弯曲不能正常伸直的状态。六个月的工夫，捆仙绳确是有功效，天赐的腿绝对不能罗圈了，因为脚尖已经向里~。(《牛天赐传·五 解放时期》)|此刻牛爷已~腿慢慢的走进了他的屋子。(《天书代存·马大成致储贯一函》)

【钩钩着】①像钩子的状态。③ 空中的鸟更多了，翅子伸平，头往下~，预备得着机会便一翅飞到地……(《猫城记》二)②一直盯住，目不转睛。狼们一点不怕，~眼睛，张着大嘴，往前叼猴儿的腿。(《小坡的生日·十五 狼猴大战》)

【梗（gěng）梗着】脖子挺直而略显僵硬的状态。④ 马威把腰板挺得像棺材板子一样的直，脖子~，喤喤地往前走。(《二马》第二段)

【卷卷着】卷曲像圆筒的状态。林外，四面都是白薯地，灰绿的叶子~，露出灰红的秧蔓，像些爬不动的大虫子。(《四世同堂》七十八)|它的叶子永远~，多毛的绿虫一躬一躬的来往，教谁都害怕。(《小人物自述》三)

【撅撅着】翘起的状态。⑤（老马先生）小胡子~，斜着眼看李子荣，心里说……(《二马》第三段)|走出不远，迎面松儿大爷~胡

---

① 徐世荣编《北京土语辞典》第127—128页解释为"翻转呈露于外的状态"。
② 俞冲《京腔儿的前世今生——150年来的北京话》第690页解释为"将人撂在一边不过问，任其自生自灭"。
③ 徐世荣编《北京土语辞典》第151页解释为"如钩之状"。
④ 徐世荣编《北京土语辞典》第150页解释为"脖子挺直之状"。
⑤ 徐世荣编《北京土语辞典》第216页解释为"翘起之状"，董树人《新编北京方言词典》（商务印书馆2010年版）第238页解释为"翘起的样子"。

子走来了。(《樱海集·柳屯的》)

【揪揪着】①不舒展的样子。②担心,提心吊胆。祥子的心还是~,不知上哪里去好。(《骆驼祥子》十五)

【扣(kōu)扣着】眼部凹陷的样子。鼻子向上卷着,眼~,前者是反抗,后者是隐忍,所以二者的冲突使稀稀的眉毛老皱皱着;幸而是稀稀的,要不然便太露痕迹了。(《牛天赐传·七 两种生活》)

【拉拉着】因伤病一条腿不能很利索地行走,只能拖着走的状态。① 睁着眼看着黑暗,看见了一群拉车的,作小买卖的,卖苦力气的,腰背塌不下去,~腿。(《骆驼祥子》十六)|老头子扔下家伙,拾起大衫,还是~腿,可是走得很快了。(《蛤藻集·断魂枪》)

【棱棱着】生气时眉毛、眼角向上翘起的样子。② 越叫他规矩点,他越~眼说话,这是由哪里学来的呢?(《牛天赐传·九 换毛的鸡》)|孙侦探的嘴角上带笑,而眼角~。(《骆驼祥子》十一)

【拧拧着】皱起,不平整。(马老先生)脸上睡的许多红褶儿,小胡子也在一块~。(《二马》第二段)

【眯眯着】眼睛微合而没有完全闭拢的状态。猛孤丁的她起来,双手拢住磕膝,眼~,发愣。(《火葬》二十)

【团团着】①蜷曲成团状。马老先生也用手一切,忙着用绳儿捆,怪事,绳子结了个大疙瘩,纸角儿全在外面~,好象伊太太的头发。(《二马》第四段)|纸不要弄平了,那既费料子,又显着单薄,顶好就那么~放进去,好显出很厚实。(《四世同堂》五十八)②不舒展,局促,不自然大方。她挺着身,扬着脸,不再像平日那么~了。(《四世同堂》六十四)

【伸伸着】(肢体或长形物体的一部分)挺直或延伸的状态。妹妹仙坡还睡得很香甜,一只小胖脚在花毯边上露着,五个脚指~,好似一排短圆的花瓣儿。(《小坡的生日·十 生日》)

---

① 舒济主编的《老舍文学词典》第737页把"拉拉着腿"解释为"走路时,一条腿有毛病拖在后面,走不利索"。
② 陈刚编《北京方言词典》第166页,陈刚、宋孝才、张秀珍编的《现代北京口语词典》第222页解释为"保持斜眼看人的状态"。

【缩缩着】收缩的状态。祥子讨厌这位夏先生:成天际弯弯着腰,~脖,贼似的出入,眼看着脚尖,永远不出声,不花钱,不笑,连坐在车上都像个瘦猴。(《骆驼祥子》二十)

【耸耸着】(肩膀、肌肉)向上挺起的状态。马老先生把烟袋插在嘴里,鼻子~一点,看看纸的大小,又端详了东西的形状。(《二马》第四段)

【蓬蓬着】头发凌乱蓬松竖起的样子。小苹果脸,上面~黑头发。(《离婚》第二) | 她的头发一半朝上,像个极大的刷瓶子的刷子,~,颤动着,那一半披散在肩上。(《四世同堂》八十二)

【趴趴着】不挺立或倒伏的状态。① 牛老者的样子不算坏,就是不尊严,圆脸,小双下巴,秃脑顶,鼻子有点爬爬着,脑面很亮,眼珠不大灵动,黄短胡子,老笑着,手脚短,圆肚子,摇动着走,而不扬眉吐气,混身圆满而缺乏曲线,像个养老的厨子。(《牛天赐传·二 歪打正着》) | 他的头发只剩了几根,白而软的在脑瓢上~。(《四世同堂》七十九)

【飘飘着】在空中飘动的状态。一串灯光在雾里~。好像几个秋夜的萤光,美。(《二马》第四段)

【悬悬着】物体悬空的状态。就是马缨花干上的寄生草儿也好象睡着了,竟自有一枝半枝的离了树干在空中~,好似睡着了的小儿,把胳臂轻松的搭在床沿上。(《小坡的生日·三 新年》)

【斜斜着】物体倾斜的状态。"妈!你看这个月牙;爸死的那天,它就是这么~。为什么她老这么~呢?"(《樱海集·月牙儿》)

【曲曲着】弯曲倒伏的状态。② (她)笑涡一动一动的,嘴唇儿颤着,一个白牙咬着一点下嘴唇,黄头发~,象一汪儿日光下的春浪。(《二马》第三段)

【蜷蜷着】蜷曲的状态。祁老人已早醒了,可是因为天冷,还在被窝里~老腿,忍着呢。(《四世同堂》八十六)

---

① 高艾军、傅民编《北京话词典》第666页解释"趴趴着":"又做'爬爬着'。伏帖,扁平。"
② 陈刚、宋孝才、张秀珍编的《现代北京口语词典》第208页解释为"呈弯曲状"。

【弯弯着】弯曲的状态。两条眉毛不但没有向上吊着,居然是往下~,差不多要弯到眼睛下面来。(《二马》第二段) | 后面的旅客也全~腿,脚擦着地,两手前后抡转。(《小坡的生日·四 花园里》)

【歪歪着】①倾斜的状态。太阳平西了,河上的老柳~,梢头挂着点金光。(《骆驼祥子》四) | 一手扶着桌角,她~身儿立着,始终没说话。(《文博士》十二) ②和衣斜躺着休息。杨老太太刚吃完两口烟,在床上~,……(《文博士》十一)

【转转着】在有限空间内来回走动。在小屋里~,他感到整个的生命是一部委屈。(《骆驼祥子》十五)

【皱皱着】因抽缩而起褶皱的样子。鼻子老是~几个褶儿,为是叫脸上没一处不显着忙的"了不得"的样子。(《二马》第二段) | 我真爱他小大人似的~鼻子,把成人们顶得一愣一愣的。(《集外·新爱弥耳》)

【支支着】不自然地翘起、竖起或伸出的状态。① 小马褂,袖儿肥阔而见棱见角,垂手吧,袖儿~;抬着手吧,像要飞。(《牛天赐传·八 男女分座》)

【纵纵着】因抽缩而聚拢高起的状态。因为贪长身量而细胳臂蜡腿,脸上起了些雀斑,门牙根据地作"凹"形,眉毛常往眼下飞,鼻~。(《牛天赐传·九 换毛的鸡》) | 他的尖嘴向四围~,只露出一对大牙。(《集外·狗之晨》)

【髭髭着】毛发竖起蓬乱的样子。② 虎妞刚起来,头发~,眼泡儿浮肿着些,黑脸上起着一层小白的鸡皮疙瘩,像拔去毛的冻鸡。(《骆驼祥子》十三) | (他)头发刺刺着,呼吸还是很粗。(《二马》第四段)

以上41个"vv着"式词语,在同属于北京官话的东北方言中也

---

① 宋孝才编著《北京话语词汇释》第827页,陈刚、宋孝才、张秀珍编的《现代北京口语词典》第448页解释为"翘起,不服帖貌"。
② 董树人《新编北京方言词典》第585页把"髭髭着"解释为"毛发蓬乱直竖的样子",俞冲《京腔儿的前世今生——150年来的北京话》第580页把"刺刺着"解释为"(头发)乱蓬蓬的竖立状"。

使用①，词语的语音模式与北京话相同，不过未见东北方言词典收录。在黑龙江方言中除了以上词语外，还有一些，如下所示。②

【弓弓着】弯腰的样子。你腰总~，以后会罗锅儿！

【佝佝着】佝偻。站直溜点儿，别老~，跟个老头儿似的。

【哈哈（hāha）着】屈身低头的样子。写字坐直喽，别~贴桌上！

【豪豪着】屁股翘起的样子。她~屁股在院子里洗头呢。

【吼吼（hǒng/hōnghong）着】久待在一处不动。放假别老在屋里~，出去逛逛。

【撇撇着】撇向一边。一听别人唠起这个，他嘴~，半拉眼没看上的样子。

【偏偏着】偏向一侧。他媳妇儿半拉屁股~，搭边儿坐炕沿儿上。

【翘翘着】翘起的样子。杨二刚名字挺男人，人却女里女气的，拿杯子端碗小手指总~。

【糗糗着】长时间待在较封闭的空间。他这个人老宅了，成天在家~。

【觑觑着】眯缝着眼睛看。你~眼睛偷着看啥呢？

【挺挺着】挺起的样子。她怀孕七个月了，大肚子~。

【偎偎着】偎靠。一放假她就一天到头在沙发上~，不动秤儿看泡沫剧。

【窝窝着】蜷缩在较封闭的空间。一休大礼拜，她就整天搁家~，谁叫她去玩儿她都不去。

【绷绷着】收紧，绷紧。他下班进门儿脸一直~，不知跟谁惹气了。

【佫佫着】肩膀下垂，溜肩。他这人肩膀儿~，穿夹克挺不起来，不好看。

【荧荧着】微火燃烧的样子。都后半夜了，炉子里的火还~呢。

【悠悠着】担心；心里不安稳。孩子暑假去夏令营，我这心啊，总~，放不下来。

---

① 笔者为黑龙江人，母语属于东北方言，曾做过东北方言调查研究，出版专著《黑龙江方言词汇研究》（吉林人民出版社2005年版）。

② 自拟例句。

这说明"vv 着"式词语是北京官话中普遍存在的一种词汇语法现象。

四 "vv 着"式词语的句法功能、句式特点和词语性质

(一)"vv 着"式词语的句法功能

在老舍中文小说语言中，92 例次"vv 着"式词语的句法功能有 6 种：作谓语、述语、小句、定语、状语和补语；没有出现作主语和宾语的用法。

1. 作谓语

这是"vv 着"式词语最常见的用法。例如：

(7) 孙侦探的嘴角上带笑，而眼角棱棱着。(《骆驼祥子》十一)

(8) 手背上有些小肉窝，小指甲向上翻翻着。(《离婚》第二)

(9) (骑驴) 纪妈很在行，两只脚翻翻着而不登镫，身子前仰后合的而很稳当。(《牛天赐传·十七 到乡间去》)

这 3 个例子代表着"vv 着"式词语作谓语的 3 种情况：例(7)类，"vv 着"式词语单独作谓语，有 20 例次；例(8)类，前边有状语，有 33 例次；例(9)类，"vv 着"式词语作为连谓短语的一部分，有 4 例次。"vv 着"式词语作谓语的比例最高，共有 57 例次，占 92 总例次的 61.96%。

2. 作述语

"vv 着"式词语作述语可细分为三种情况：

(10) 一只小白鸟撅撅着小黄嘴巴儿，印在信封的左角上。(《小坡的生日·三 新年》)

(11) 端着两盆菊秧，小胡子嘴撅撅着一点，他在人群里挤开了。(《二马》第三段)

(12) (他) 稍微棱棱着点眼："不这么奔，几儿能买上车

呢?"(《骆驼祥子》五)

例(10)类,是"vv着"式词语作述语,后边带有宾语,这种情况有22例次;例(11)类"vv着"式词语作述语,后边带补语"一点",有2例次;例(12)类,是"vv着"式词语作述语,后边带补语"点"再带宾语,有2例次,都是"<u>棱棱着点眼</u>"。"vv着"式词语作述语的用法共有26例次,占92总例次的28.261%。

"vv着"式词语作述语,只能带名词或名词短语充当的宾语。

3. 作小句

"vv着"式词语可以单独或以状中短语为中心语的形式作小句,这种用法共有4例次:

(13) 他……看着三十多年的福隆化成一大股黑烟,<u>弯弯着</u>,回绕着,凶勇而又依依不舍的往北来,走着走着还回回头。(《牛天赐传·二十 红半个天》)

(14) 她的头发一半朝上,像个极大的刷瓶子的刷子,<u>蓬蓬着</u>,颤动着,那一半披散在肩上。(《四世同堂》八十二)

(15) 眼珠不是黄的,也不是黑的,更说不上是蓝的,就那么灰不拉的,<u>瘪瘪着</u>。(《樱海集·柳屯的》)

(16) 嘴上留了胡子,惨白,尖上发黄,向唇里<u>卷卷着</u>。(《蛤藻集·新韩穆列德》)

4. 作补语

"vv着"式词语作补语,只出现1例次:

(17) 小姑娘的伞被风吹得<u>歪歪着</u>,美。(《二马》第四段)

5. 作定语

"vv着"式词语作定语,共有3例次:

· 264 ·

（18）烟还往上升，直着的，斜着的，<u>弯弯着</u>的，深黑的，浅灰的，各种烟条挤着，变化着，合并着，分离着，忽然一亮，烟中多了火花火团，烟色变浅。(《牛天赐传·二十 红半个天》)

（19）她的乳房软软的贴在胸前，乳头只是两个不体面而<u>抽抽着</u>的黑葡萄，没有一点浆汁。(《小人物自述》二)

（20）及至笑得喘不过气来，她立住，双手抱住"伟人"的臂，把<u>蓬蓬着</u>的头发都放在他的怀里，肩与背一抽一抽的动弹。(《四世同堂》八十二)

"vv 着"式词语作定语都要加"的"，中心语在语义角色上是"vv着"的主事。

6. 作状语

"vv 着"式词语作状语只有 1 例次：

（21）纸不要弄平了，那既费料子，又显着单薄，顶好就那么<u>团团着</u>放进去，好显出很厚实。(《四世同堂》五十八)

"vv 着"式词语作状语后边不加"地"，语义指向前边的名词主语"纸"；或者说，主语是作状语的"vv 着"的主事。

"vv 着"式词语句法功能统计对比见表 4-5。

表 4-5　　　　　　　　"vv 着"式词语句法功能对比

	作谓语	作述语	作定语	作状语	作补语	作小句	合计
出现例次	57	26	3	1	1	4	92
所占比例1（%）	61.956	28.261	3.261	1.087	1.087	4.348	100
所占比例2（%）	90.217		3.261	1.087	1.087	4.348	100

(二) "vv 着"式词语的句式特点

1. 由"vv 着"作谓语或谓语中心的句式可描述为：

【主语/宾语】+ "vv 着" + 〖状语〗〖补语〗

上列语句的意思是：由"vv着"式词语构成的句式，主语或宾语必须出现一个，也可以两个都出现；状语和补语可出现，也可不出现。

2. 主语或宾语必须出现一个，如（主语下加双横线、宾语下加波浪线）：

（7）孙侦探的嘴角上带笑，而眼角棱棱着。（《骆驼祥子》十一）

（22）棱棱着点眼睛说都可以。（《牛天赐传·九 换毛的鸡》）

主语和宾语都出现的，如：

（23）玛力还坐在她母亲的怀里，脚尖儿搓搓着地毯。（《二马》第四段）

（24）别人都跺跺着脚，天是真冷；这双脚好像冻在地上，不动。（《蛤藻集·歪毛儿》）

略微有点特殊的是"vv着"式词语独立作小句，这种情况下，前边的小句中一定要出现主事（或称为主体）：

（13）……［一大股黑烟］，弯弯着，……（《牛天赐传·二十 红半个天》）

（14）［她的头发］……，蓬蓬着，……（《四世同堂》八十二）

（15）［眼珠］……，瘪瘪着。（樱海集·柳屯的）

3. 状语有介词短语、副词、形容词、代词和比况性短语等 5 种。
介词短语作状语：

（25）马来小姑娘撩着裙子，头上的小髻向前杵杵着，拼命

的跑。(《小坡的生日·四 花园里》)

(26) 脸上睡的许多红褶儿，小胡子也在一块拧拧着。(《二马》第二段)

副词作状语：

(27) 他有点肝火盛。稍微棱棱着点眼："不这么奔，几儿能买上车呢？"(《骆驼祥子》五)

(28) 鼻子也抽抽着一块，好像钞票上的花纹。(《小坡的生日·九 海岸上》)

(29) 它的叶子永远卷卷着，多毛的绿虫一躬一躬的来往，教谁都害怕。(《小人物自述》二)

(30) 最使人难测的是那两只眼，几乎像三角眼，可是眼角不吊吊着，没有一点苦相。(《文博士》十一)

(31) 六个月的工夫，捆仙绳确是有功效，天赐的腿绝对不能罗圈了，因为脚尖已经向里拐拐着。(《牛天赐传·五 解放时期》)

(32) 祥子的心还是揪揪着，不知上哪里去好。(《骆驼祥子》十五)

(33) 时人不由的把手放在胖腮上，来回的搓搓着。(《蜕》第十六)

副词作状语的，有程度副词（稍微、有点、越）、范围副词（都、全）、频度副词（又）、时间副词（还是、永远、老、已经、成天际）、方式副词（来回）、否定副词（不）和关联副词（也）。

代词作状语的，有"这么""那么"：

(34) 过继给你吧，你愿意抚养他成人也吧，你愿意他老这么干干儿着，也由你。(《天书代存·赵少侯序》)

(35) 她挺着身，扬着脸，不再像平日那么团团着了。(《四世同堂》六十四)

形容词作状语：

(36) 惨白的头发在一顶破小帽下<u>杂乱</u>的髭髭着；眉上，短须上，都挂着些冰珠。(《骆驼祥子》十)

(37) 他的头发只剩了几根，<u>白而软</u>的在脑瓢上趴趴着。(《四世同堂》七十九)

比况性短语作状语：

(38) 我真爱他<u>小大人似的</u>皱皱着鼻子，把成人们顶得一愣一愣的。(《集外·新爱弥耳》)

(39) 墙上挂着以写"老天成"与"聚义老号"出名的那位书家所写的对联，因裱得匆促一些，<u>像裤管似的</u>卷卷着。(《蜕》第三)

4. 补语只有"一点"和它的弱化省略形式"点"：

(40) 端着两盆菊秧，小胡子嘴撅撅着<u>一点</u>，他在人群里挤开了……(《二马》第三段)

(41) (他)稍微棱棱着<u>点</u>眼："不这么奔，几儿能买上车呢？"(《骆驼祥子》五)

(三) "vv着"式词语的性质

1. 除了舒济主编的《老舍文学词典》未收录"vv着"式词语①外，其他9种收录"vv着"式词语的词典，均未说明"vv着"式词语的性质。只有近年出版的卢小群《老北京土话语法研究》把动词分作动作动词、状态动词、心理动词、能愿动词、使令动词、趋向

---

① 《老舍文学词典》"语言编"的编写者杨玉秀早期的《老舍作品中的北京话词语例释》第57页收有"荒荒着"解释为"无正当事可做，因而得不到正常发展"。而在2000年出版的《老舍文学词典》"语言编"第751页中，没有收"荒荒着"，只收"荒荒"，解释为"虚耗时光，无所事事"。

动词、存现动词、关系动词和比类动词9类,在含有"病、饿、死、歪、熟、沤、腻咕、盯着"等的状态动词中,将"V着"列作状态动词的一个小类:

> 老北京土话中还有一些状态动词是由动词词根与时体标记词"着"构成的。
> 盯着代为照料、扛着端起架子、翻着持相反意见、歇着睡觉……透着显得、……睐睐着目光斜视呆定、出出着向外突出、翻翻着翻转呈现于外、飞飞着形容伸展出来、努努着凸出之状、撅撅着翘起状、裂裂着敞开张开的样子。
> 这些词都是表示人和事物处于某一种状态的词,其表示持续的语义特征因有固定的标记而特别明显。
> ……大多数状态动词都不能带宾语,状态动词的语义特征是[－自主性]。①

周一民对状态动词有专门的说明,但没有提及这类词语。②

在现代汉语语法学中,较早提出状态动词说并将其看作与动作动词、性质动词、分类动词、助动词等相对的小类的,是赵元任;③ 李临定1985年发表《动词的动态功能和静态功能》④,而后在其专著《现代汉语动词》中则独立章节明确论述动态动词⑤。但正如袁明军所说,"很多语法著作之所以都将状态动词看成是只和动作动词对立的类别,是因为它们对什么是状态动词认识模糊,把显示状态功能的动词当成了状态动词。例如,像'床上躺着一个人|墙上挂着一幅画|衣服上绣着花'中的'躺、挂、绣'就被认为是状态动词。实际上,

---

① 卢小群:《老北京土话语法研究》,中国社会科学出版社2017年版,第254页。
② 周一民:《北京话口语语法·词法卷》,北京出版社1998年版,第46—47页。
③ 赵元任:《汉语口语语法》,吕叔湘译,商务印书馆1979年版,第294—295、310—311页。
④ 李临定:《动词的动态功能和静态功能》,《汉语学习》1985年第1期。
⑤ 李临定:《现代汉语动词》,中国社会科学出版社1990年版,第95—102页。

这些动词都是动作动词，尽管它们能够在一定的条件下表示状态意义，我们觉得还是不把它们称为状态动词好。道理跟'有些自主动词有非自主用法，只要义项不变，就仍然是自主动词'是一样的";[1] 袁明军认为，真正的状态动词是下述这些动词：

耸立、矗立、屹立、挺立、兀立、充斥、充溢、充盈1、充塞、洋溢、飘溢、飘荡、浮荡、缭绕、萦绕、旋绕、回荡、潜隐、下垂、垂挂、悬浮、蕴聚、簇聚、凝聚、凝积、凝集、寄生、生长、攀缠、盛传、陈放、横陈、横梗、横亘、盘亘、绵亘、绵延、分布、遍布、散置、散落2、满载、相隔、交织、依附1、耷拉、笼罩、蒙罩、照耀、照映、普照、辉照、辉映、掩映、滋育、屏蔽、环绕、拱卫、拱抱、被覆、弥漫

袁明军把状态动词看作隶属于非自主动词，与属性动词、变化动词相对的动词小类，其语法特点是：（1）可以带"着"；（2）不能受"正在"或"在"的修饰；（3）不能带"过"；（4）既不能受"不"的修饰，也不能受"没""没有"修饰。[2]

2. 我们认为，状态动词是含有［－自主］［＋状态］语义特征的动词。结合我们对老舍小说中"vv着"式词语的语义、句法功能和句式特点分析，对"vv着"式词语的语法特点概括如下。

（1）"vv着"式词语是状态动词，不能作主语和宾语，主要作谓语或谓语中心（述语），从统计来看这种用法占其句法功能的90%强。

（2）可以单独做谓语、小句，前者如上文所列例句（7）、（9），后者如上文所列例句（13）、（14）、（15）。

（3）语义特征是［－自主］［＋状态］，句内必有一个［＋主体］名词性成分充当宾语或主语。

（4）可以与否定副词"不""没有"组合，与"不"或"没/没

---

[1] 袁明军：《非自主动词的分类补议》，《中国语文》1998年第4期。
[2] 袁明军：《非自主动词的分类补议》，《中国语文》1998年第4期。

有"组合意思相同,请对比:

【吊吊着】最使人难测的是那两只眼,几乎像三角眼,可是眼角不吊吊着,没有一点苦相。(《文博士》十一) ~~最使人难测的是那两只眼,几乎像三角眼,可是眼角没吊吊着,没有一点苦相。

(5) 由于"着"是以构词语素的身份参与构词,"着"已"内嵌"于词语本身,所以这类状态动词不再能带体助词"着"。

(6) 不与体助词"了、过"组合。

(7) 由于语义特征 [+状态] 是恒定性特征,因此只能与"老、永远"类表示{经常}、{时间长久,没有终止}、{一向如此}义的时间副词组合,不能与"正在、正、在"类表示当前时间义的时间副词组合。

(8) 如有介词短语作状语,一般只能是表示处所和方向的介词"在""向"构成的介词短语。

(9) 可以与"稍微、有点"类表示微量义的程度副词组合,不能与"很、非常"类表示宏量义的程度副词组合。

从词法角度来看,北京话中的"vv着"式状态动词与袁明军所分析的状态动词相同的有两点:"(2)不能受'正在'或'在'的修饰"和"(3)不能带'过'";不同的有三点:"(1)可以带'着'""(4)既不能受'不'的修饰,也不能受'没''没有'修饰"和"(9)可以与'稍微、有点'类表示微量义的程度副词组合,不能与'很、非常'类表示宏量义的程度副词组合"。这可以看作作为现代汉语北京官话中"vv着"式这类状态动词小类与"掩映、弥漫"类状态动词的不同之处。

3. "vv着"≠"V着"

虽然老舍作品中出现的"vv着"式状态动词有些可以用"V着"替换,表意没有太大的差别,请对比:

它的叶子永远卷卷着，多毛的绿虫一躬一躬的来往，教谁都害怕。(《小人物自述》三) ~~它的叶子永远卷着，多毛的绿虫一躬一躬的来往，教谁都害怕。

（老马先生）小胡子撅撅着，斜着眼看李子荣，心里说……(《二马》第三段) ~~（老马先生）小胡子撅着，斜着眼看李子荣，心里说……

但有些"vv着"不能用"V着"替换，这些"vv着"是"瘪瘪着、出出着、抽抽着、倒倒着、颠颠着、干干着、拐拐着、拉拉着、棱棱着、斜斜着、曲曲着、耸耸着、纵纵着、髭髭着"，例如：

(42) 马来巡警背上打着一块窄长的藤牌，牌的两端在肩外出出着，每头有一尺多长。(《小坡的生日·一 小坡和妹妹》) ~~*马来巡警背上打着一块窄长的藤牌，牌的两端在肩外出着，每头有一尺多长。

(43)（她）笑涡一动一动的，嘴唇儿颤着，一个白牙咬着一点下嘴唇，黄头发曲曲着，象一汪儿日光下的春浪。(《二马》第三段) ~~*（她）笑涡一动一动的，嘴唇儿颤着，一个白牙咬着一点下嘴唇，黄头发曲着，象一汪儿日光下的春浪。

有的单纯来看可以替换，但在特定的语法环境中却不能替换：

(44) 狼们一点不怕，钩钩着眼睛，张着大嘴，往前叼猴儿的腿。(《小坡的生日·十五 狼猴大战》) ~~*狼们一点不怕，钩着眼睛，张着大嘴，往前叼猴儿的腿。

(45) 牛老者的样子不算坏，就是不尊严，圆脸，小双下巴，秃脑顶，鼻子有点爬爬着，脑面很亮，……(《牛天赐传·二 歪打正着》) ~~*牛老者的样子不算坏，就是不尊严，圆脸，小双下巴，秃脑顶，鼻子有点爬着，脑面很亮，……

(30) 最使人难测的是那两只眼，几乎像三角眼，可是眼角不吊吊着，没有一点苦相。(《文博士》十一) ~~*最使人难测的是那两只眼，几乎像三角眼，可是眼角不吊着，没有一点苦相。

(14) 她的头发一半朝上，像个极大的刷瓶子的刷子，蓬蓬着，颤动着，那一半披散在肩上。(《四世同堂》八十二) ~~*她的头发一半朝上，像个极大的刷瓶子的刷子，蓬着，颤动着，那一半披散在肩上。

例（44）是"vv 着"带宾语，例（45）是"vv 着"前边有程度副词，例（30）是前边有否定副词"不"，例（14）是"vv 着"单独作小句：这些句法条件下的"vv 着"都不能替换成"V 着"。

4. 有些"vv 着"不能被"V 着"所替换，有些表面上看可以被"V 着"替换的"vv 着"，但在某些语法条件下，如后边带宾语、前边有程度副词或否定副词"不"，以及单独作小句的情况下，则不能被"V 着"所替换，这说明，北京官话中的"vv 着"性质不同于"V 着"："V 着"是"动词+状态助词'着'"，是通过两类词组合而构成的句法成分，它们是两个词；而北京官话中的"vv 着"，是通过由词而"降格"的不成词的动词性构词语素（本书用小写的 v 表示）+由助词"降格"的不成词的构词语素"着"而构成的"vv 着"式状态动词，它是一个词。

五 "vv 着"式词语与语言风格

在老舍作品语言中，"vv 着"式状态动词的分布是不均匀的。我们以老舍的 14 篇长篇小说《老张的哲学》《赵子曰》《二马》《小坡的生日》《猫城记》《离婚》《牛天赐传》《骆驼祥子》《文博士》《蜕》《火葬》《四世同堂》《无名高地有了名》《正红旗下》作为统计对象，考察"vv 着"式状态动词的使用情况。其分布见表 4-6。

表4-6　　　　　　　　"vv 着"式状态动词分布

文本	老张的哲学	赵子曰	二马	小坡的生日	猫城记	离婚	牛天赐传	骆驼祥子	文博士	蜕	火葬	四世同堂	无名高地有了名	正红旗下	总计
写作时间（年）	1925	1926	1928	1929—1930	1932	1933	1934	1936	1936	1938—	1943	1944—1948	1954	1962	
字数（万字）	9.53	9.94	14.37	7.51	8.81	12.28	10.34	13.47	6.34	7.85	10.25	65.31	9.27	7.24	192.51
"vv着"出现例次	0	0	15	13	2	4	11	13	3	2	2	9	0	0	74
万字比	0	0	1.044	1.731	0.227	0.326	1.064	0.965	0.473	0.255	0.195	0.138	0	0	0.384

表4-6中14部长篇小说对"vv 着"式状态动词的运用，可以分为6个时期。

第一个时期（1925—1926）：《老张的哲学》《赵子曰》

第二个时期（1928—1930）：《二马》《小坡的生日》

第三个时期（1932—1933）：《猫城记》《离婚》

第四个时期（1934—1936）：《牛天赐传》《骆驼祥子》《文博士》

第五个时期（1938—1948）：《蜕》《火葬》《四世同堂》

第六个时期（1954—1962）：《无名高地有了名》《正红旗下》

第一个时期，老舍最早的长篇小说《老张的哲学》的创作，是其在国外的新鲜感过后，由于阅读英语小说的启示，更由于对故乡的思念，他拿起笔来，写下自己在国内教育界所遇到或听到的人和事；《赵子曰》是这一风格和语言写作理念的延续，但小说已从以所见所闻的糅合为主而转向故事创造。在这一时期的语言运用上，都是白话中融入了文言成分以及欧化成分，老舍的语言策略是"我在《老张的哲学》与《赵子曰》里往往把文言与白话夹裹在一起；……把文言溶解在白话里，以提高白话，使白话成为雅俗共赏的东西"①，"在第一二本小说中，我还有时舍不得那文雅华贵的词汇；在文法上，有时候也由不得写出一二略为欧化的句子来"②。由于比较"文"，"vv着"式状态动词一个也没有出现。

第二个时期，"《二马》是我在英国的末一年写的……文字上也有了进步，不再借助于文言，而想完全用白话写"③，"在《二马》之后，我就完全用白话文来写了"④，在小说语言上，不仅完全转到白话，而且口语化，尤其是《小坡的生日》，"最使我得意的地方是文字的浅明简确。到了《小坡的生日》我才真正明白了白话的力量；我敢用最简单的话，几乎是儿童的话，描写一切了。我没有算过《小坡的生日》中一共到底用了多少字；可是他给我一点信心，就是用平民千字文课的一千个字也能写出很好的文章"⑤。《二马》由于口语化程度较高，"vv着"式状态动词平均一万字中出现1.044例次，而在"几乎是儿童的话"的《小坡的生日中》，出现频率更高，平均一万字中竟然出现1.731例次。

第三个时期的两篇作品《猫城记》《离婚》，书面语性有所提高，"vv着"式状态动词的出现频率就大大降低，平均一万字只出现0.284例次多，低于平均水平。

而到第四个时期，《牛天赐传》是以儿童为描写对象，平均一万字中"vv着"式状态动词的出现率微弱地超过了1例次；口语性较强的《骆驼祥子》语言面貌与《二马》相近；在《二马》中，在伦敦的中国人和英国人都说北京话口语，而在《骆驼祥子》中，由于描写的对象主要是北京处于社会底层的车夫，"曾花了半年以上的时间，亲

---

① 老舍：《老舍全集》（修订本），第16卷，人民文学出版社2013年版，第171页。
② 老舍：《老舍全集》（修订本），第17卷，人民文学出版社2013年版，第306页。
③ 老舍：《老舍全集》（修订本），第17卷，人民文学出版社2013年版，第69页。
④ 老舍：《老舍全集》（修订本），第17卷，人民文学出版社2013年版，第426页。
⑤ 老舍：《老舍全集》（修订本），第16卷，人民文学出版社2013年版，第178页。

身到拉洋车的家里去看他们的生活，到各个茶馆里听他们的语言。用他们的语言（思想）写出他们的生活"①，"我能描写洋车夫，因为我有许多朋友是以拉车为生的。我知道他们怎么活着，所以我会写出他们的语言。……从生活中找语言，语言就有了根"②，加上"好友顾石君先生供给了我许多北平口语中的字和词。在平日，我总以为这些词汇是有音无字，所以往往因写不出而割爱，现在，有了顾先生的帮助，我的笔下就丰富了许多，可以从容地调动口语，给平易的文字添上些亲切，新鲜，恰当，活泼的味儿"③，因而北京话成分也得到了增加，"vv 着"式状态动词在两部长篇小说中出现的比例基本一致。

《文博士》由于故事所涉及的人物文化层次较高，并有富裕家庭背景，语言层次较高，比较"文"，"vv 着"式状态动词万字比为 0.473，仅为《骆驼祥子》的一半，比平均出现率 0.384 高出 8.9 个百分点，在语言运用上具有过渡性。

在第五个时期，《蜕》《火葬》《四世同堂》三篇作品，小说语言的书面性得到了增强，口语性大大降低，"vv 着"式状态动词出现比例大大下降，低于第三个时期的 0.284 万字，三篇长篇小说平均比例下降为 0.196 万字，每万字比平均水平低 18.8 个百分点。

1950 年创作的反映政府改善人民生活环境的京腔京味的话剧《龙须沟》，1951 年在北京公演获得了巨大成功，老舍也因此被授予"人民艺术家"的称号，但到外地演出时，因台词中北京方言多而影响到了演出效果，促使老舍对方言进入文学作品问题进行深刻的反思，认识到方言的局限性："《龙须沟》里的北京土话很多，的确有表现力。但另一方面损失很大，广东等地就没法上演，这很限制宣传作用。另外，在《西望长安》里我尽力避免用土话，几乎百分之九十是普通话，这个剧本虽不算很好，但在全国各地都演出了。"④ 作为中国作协副主席、中国文联副主席、北京文联主席、全国推广普通话工作委员

---

① 老舍：《老舍全集》（修订本），第 17 卷，人民文学出版社 2013 年版，第 425 页。
② 老舍：《老舍全集》（修订本），第 17 卷，人民文学出版社 2013 年版，第 576 页。
③ 老舍：《老舍全集》（修订本），第 17 卷，人民文学出版社 2013 年版，第 467 页。
④ 老舍：《老舍全集》（修订本），第 17 卷，人民文学出版社 2013 年版，第 717 页。

会副主任委员，在创作上的语言反思和推广普通话的大背景下，老舍多次写文章、讲话，大力提倡使用普通话而不使用方言土语，[①] 老舍主张："我们顶好用普通话写文章，少用或不用土语。我们全国都正在进行推广普通话的运动，所以我们写文章也该用普通话。"[②] 在这种情况下，老舍写作于50年代初以后的作品，语言的规范性进一步提高，口语程度和北京方言词语使用频率更为降低，以至于在老舍发表于1954年的《无名高地有了名》和1961年开始创作、1962年初中止的未完成的自传体长篇小说《正红旗下》，两部共计16.5万字的作品中，作为北京方言词语"vv着"式状态动词，竟然一个也没有出现。在"vv着"式状态动词的使用上，老舍长篇小说创作的第六个时期，回到第一个时期的水平。

可以这样说，口语性越强，北京方言特点越突出，"vv着"式状态动词的使用频率越高；或者说，"vv着"式状态动词的使用频率，与口语性强弱、北京方言成分多少成正比。

[①] 参见《老舍全集》第14卷中的《拥护文字改革和推广普通话——汉民族共同语》（1955）、《我拥护大力推行民族共同语》（1955）、《大力推广普通话》（1955），第16卷中的《和工人同志们谈写作》（1954）、《关于文学的语言问题》（1954）、《打倒洋八股》（1958）、《人物、语言及其他》（1959）、《喜剧的语言》（1961）、《戏剧语言》（1962），第17卷中的《怎样运用口语》（1951）、《关于语言规范化》（1956）、《关于文学创作中的语言问题》（1956）、《文学语言问题》（1957），第18卷中的《土话与普通话》（1959）、《相声语言的革新》（1959）等15篇杂文、论文及讲话。

[②] 老舍：《老舍全集》（修订本），第16卷，人民文学出版社2013年版，第424—425页。

第五章　四字格研究（上）

四字形式是汉语很突出的一种语言现象。在中国最早的诗歌总集《诗经》中，四言诗就占有相当大的比例。汉语中固定的四字语数量极其庞大，以成语为代表；即便不是一般意义上具有书面传承性的成语，也有很多四字短语固定下来，成为人们耳熟能详的固定说法，如"一穷二白""多快好省""一国两制"等。不仅如此，还有数量更为庞大，在言语活动中临时出现的四字短语形式。沈家煊认为，四字短语对言互文，完形明义，"是汉语骈偶性的体现"，"对汉语四言格的研究也就具有一般语法理论、语言类型和语言演化研究的价值"。[①] 在汉语中，四字短语大量存在、大量使用，某些四字短语搭配成分的固定使用，形成一些格式。这些格式以某种句法结构或加上一些固定的词语标志，形成固定的框架，可以自由地根据需要填进适合表意的词语，构成四字短语，使语言表达格律整齐、形式统一。

所谓的四字格，是由四个字构成的一种格式。既然被称为"格式"，说明它是固定的，具有能产性，可以构成一些四个字的短语。"四字格"这种说法来自语言学家和心理学家陆志韦，1956 年陆志韦发表的《汉语的并立四字格》[②] 一文，引起学界的关注，对这种现象的分析也写进了陆志韦的汉语语法学名著《汉语的构词法》中。现在用得比较多的说法是"构式"。一般所谓的"四字格"，也就是某种构

[①] 沈家煊：《说四言格》，《世界汉语教学》2019 年第 3 期。
[②] 陆志韦：《汉语的并立四字格》，《语言研究》1956 年第 1 期。

式，具有某种固定标志的格式，周荐称为"待嵌格式"①，邵敬敏称为"框式结构"②。

考虑到汉语语法学的继承性问题，我们还是把本书所讨论的对象，称为"四字格"。

文中例句，主要来自《老舍全集》（修订本）小说部分，即第1卷至第8卷，排除英文本回译部分后自行建立的老舍中文小说语言语料库；有时也兼及排除合作及英文本回译作品的老舍独立创作的中文剧作部分。长篇小说以及未完成作品标小说篇名和章数，中、短篇小说标所收录的文集名和小说篇名。义位放到｛ ｝中；所列被分析的四字语后边的小字号数字为该四字语出现的例次，只出现1例次者不单独标出。此外，有时为了对比，也兼及北京官话其他语料。

第一节 一种含双助词"着"的特殊四字格"…着…着"

众所周知，在现代汉语语法学中，一般认为"着"是体助词，表示动作或状态的持续，称为"持续体"，与表示完成体的"了"、经历体的"过"相对；《现代汉语词典》（第7版）对它的解释是：

> 【着】．zhe①助表示动作的持续：他扛～红旗在前面走｜他们正谈～话呢。②助表示状态的持续：大门敞～｜茶几上放～一瓶花。③助用在动词或表示程度的形容词后面，加强命令语气或嘱咐语气：你听～｜步子大～点儿｜快～点儿写｜手可要轻～点儿。④加在某些词后面，构成介词：顺～｜沿～｜朝～｜照～｜跟～｜为～。③

---

① 周荐：《〈现代汉语词典〉中的待嵌格式》，《中国语文》2001年第6期。
② 邵敬敏：《汉语框式结构说略》，《中国语文》2011年第3期。
③ 中国社会科学院语言研究所词典编辑室编：《现代汉语词典》（第7版），商务印书馆2016年版，第1661页。

马希文把它看作"状态助词"[①],费春元把它看作"情状助词"[②],石毓智认为"着"表示实现点与终结点之间的状况,具有时段持续的特征[③]。

通过对白话文经典作家老舍作品语言的研究,我们发现,"着"还有分别放在两个单音节动词后连在一起使用构成四字短语的功能,例如:

(1) 她哭着喊着要去寻死,不能再受这个折磨。(《骆驼祥子》十九)

(2) 这样捧着哄着的,大家把老人送到他的屋中去。(《四世同堂》七十四)

(3) 说着说着,眼皮像小金鱼的嘴,慢慢的一张一闭,心中有些发迷糊。(《小坡的生日·十二 嘟拉巴唧》)

(4) 走着走着,一看,前面有个洋人。(《正红旗下》八)

我们发现,这样构成的四字短语,或者产生出单独的"V着"所没有的综合义,或者产生出潜在的衍生义。这种情况有着较强的规律性,一般限于两个有语义关联的单音节动词加"着"连用,前后两段之间是联合关系。这样构成的四字短语,可以看作一种"四字格"。本节把这种语言现象称为"…着…着"式四字格。并不是所有由"动单+着"构成的形式都是四字格短语,例如:

(5) 哼,那个管家,无论冬夏,老穿着护着脚面的长袍,走路没有一点声音,像个两条腿的大猫似的!(《正红旗下》十)

前边的"穿着"与紧接后边的"护着"不成结构,不能构成四字格短

---

① 马希文:《北京方言里的"着"》,《方言》1987年第1期。
② 费春元:《说"着"》,《语文研究》1992年第2期。
③ 石毓智:《论现代汉语的"体"范畴》,《中国社会科学》1992年第6期。

语。另外，尽管在书面文学语言中有双音节动词加"着"重叠的形式，例如：

(6) 盼望着盼望着，东风来了，春天的脚步近了。(朱自清《春》)

但在老舍250万字中文小说语言语料库中从未出现过这种形式。不仅如此，在老舍中文小说语言语料库中，也从未出现过本书所讨论的前后两段之间是联合关系、整个短语表示产生出单独的"V着"所没有的综合义或潜在衍生义的"动双+着+动单+着"，例如：

(7) 全城里日夜没有人声，每个人都颤抖着等着狼嗥。(《蜕》第十五)

例(7)中"颤抖着"与"等着"不发生直接关系，而是与述宾短语"等着狼嗥"构成连谓关系。"…着…着"式四字格短语与"动双+着"的不协调性或不一致性，从下边例句(8)中前后小句对比也可以看出：

(8) 我一辈子只看见了这么一回大热闹：男女老幼喊着叫着，狂跑着，拥挤着，争吵着，砸门的砸门，喊叫的喊叫，……(《火车集·我这一辈子》七)

这种"…着…着"式四字格，姜德梧编著的《汉语四字格词典》[①]没有收录。

本节分析被誉为"宣传纯正国语的教本"[②]的白话文经典作家老舍中文小说语言中的"…着…着"式四字格，并根据"着"前边的动

---

① 姜德梧编著：《汉语四字格词典》，北京语言文化大学出版社2000年版。
② 张清常：《北京话化入普通话的轨迹——老舍作品语言研究的新途径之一》，《语言教学与研究》1992年第4期。

词是否相同而将其分作"V_1 着 V_2 着"和"V 着 V 着"两个小类。

在句法成分的判定上,本节重视句中停顿的作用,把两个逗号(或分号,或逗号与分号)之间的谓词性成分看作小句;如果停顿前的谓词性成分前边有主语,则把该谓词性成分看作独立谓语;带有被支配成分或补充成分的谓词性成分是述语,与之相对的是宾语和补语;如果某成分具有表述性,可以与前边成分构成主谓关系,并可以停顿,尽管该成分后边也是动词性成分,则认定两部分之间不是状中关系,而是连谓关系,前边的"…着…着"是"连谓前项",例如:

(9)经他好说歹说,她才哭了一阵,哭着哭着就笑了。(《文博士》十四)

(10)到了新年,大家全笑着唱着过年,好象天下真是一家了。(《小坡的生日·三 新年》)

一 "V_1 着 V_2 着"

在老舍中文小说语言语料库中,四字格"V_1 着 V_2 着"构成的四字短语共有 19 个,出现 35 例次:

抱着扯着,背着抱着2,慌着忙着6,哭着喊着2,喊着叫着,渴着饿着,挤着搂着,敲着撩着4,敲着吹着,瞟着瞟着,笑着唱着,说着笑着,捎着撩着,听着看着5,吻着玩着,捧着哄着,踢着打着,坐着立着,横着竖着

从中可以看出,能够出现在"V_1 着 V_2 着"中 V_1、V_2 位置的词语,必须具有以下几个特征。

第一,都是单音节动词。

第二,具有体的对立,即该词后边可以出现不同的体助词,从而表示动词所表示的动作的不同状态;同时,作为复合词的"慌忙"

（形容词），因其构成语素"慌""忙"有独立成词的用法，受格式表义的类推作用，也构成了相应的四字语"慌着忙着"；"横""竖"都是动词义，因此后边可以加"着"构成"V_1着V_2着"格式四字语。

第三，构成"V_1着V_2着"四字格短语的V_1和V_2都是表示主观意志能够控制的动作行为的自主动词；从表面上看，19个"V_1着V_2着"中好像只有"渴着饿着"和"慌着忙着"2个例外，前者在老舍250万字中文小说语言语料中出现1例次：

（11）要喝茶，她便只给自己斟上半碗；要吃饭，她便走出去吃饭；他好像活该在那里渴着饿着。（《火葬》十二）

从整个句子来看，"渴"和"饿"不是自然状态，而是由于"她"（即小说人物"梦莲"）的行为使"他"（即小说人物"二狗"）处于的一种状态，是"[使]二狗处于渴和饿的状态"，因此这里的"渴着饿着"是一种非自主动词的自主用法[①]，亦即由于外在的施事者梦莲的施为性行为而使感受者主体二狗处于"渴"和"饿"的状态。作为形容词的"慌忙"不能被"不"否定，但作为四字格短语中的"慌""忙"前边却可以出现"不"，单用时前边也可以受"不""没""别"的否定：

慌忙～～*不慌忙～～不慌不忙
慌～～不慌～～没慌～～别慌
忙～～不忙～～没忙～～别忙

从中可以看出在四字格短语中以及单独使用的"慌""忙"，实际上也有表示主观意识可以控制的行为的用法，因此与例（12）相对应的例（12）'也是成立的：

[①] 关于"非自主动词的自主用法"的说法，是受马庆株先生启发。尽管马庆株先生在《自主动词和非自主动词》中把形容词划归非自主动词，但他也说："动词的体对自主义位有重大影响"，"未完成体有时使非自主动词带上自主义，临时转为自主动词如'死'等于'去死去'，和'鸡死了'的'死'很不一样"。（《中国语言学报》第3期，商务印书馆1988年版，第166页）

(12) 马威站在客厅门口看着她,她从厨房把小皮夹找着,跑上来,慌着忙着把帽子扣上。(《二马》第二段)

(12)'……她从厨房把小皮夹找着,跑上来,不慌不忙把帽子扣上。

因此"渴着饿着"和"慌着忙着"2个形式并不是我们观点的反例。

第四,从词的语义类别角度来看,"着"前边的两个动词表示同一类动作行为:

抱着扯着、挤着搂着:抱、扯、挤、搂——手的动作
背着抱着:背、抱——身体承重动作
敲着撩着:敲$_1$、撩——言语讥讽
敲着吹着:敲$_2$、吹——操作乐器的动作
听着看着:听、看——感官行为
笑着唱着、说着笑着:笑、说、唱——发声动作
慌着忙着:慌、忙——可构成近义合成词
捧着哄着:捧、哄——表宠爱的动作行为
瞟着瞭着:瞟——斜眼看;瞭——远望
坐着立着:坐、立,身体的两种姿势

在语义上,整个"V$_1$着V$_2$着"｛表示同时进行或相伴随的同类动作行为或状态｝。

由于四字格形成整体的综合意义,在结构上更具有凝固性,应该看作一种格式或构式,所以不像某些句法现象具有形式上的变换性。尽管由于行为主体以及进入这种格式中的动词的词义因素,个别"V$_1$着V$_2$着"形式四字短语具有某种变换性,如"捧着哄着——又捧又哄""听着看着——边听边看"。但这种变换不具有普遍性,不能类推,同时有些该形式四字短语根本不能变换,如"敲着撩着、慌着忙着、瞟着瞭着"等。这也是四字格语法属性的一种表现。

"V$_1$着V$_2$着"是谓词性短语,在句中可以作谓语、述语、状语、

定语和小句：

（13）一片退不完，走不尽的黑影，抱着扯着一列灯明气暖的车，似永不撒手，快去过年，还不到家……（《火车集·"火"车》）[述语]

（14）瑞宣听着看着，心中难过，而不敢躲开。（《四世同堂》三十九）[谓语]

（15）欧阳天风辞别了武端，慌着忙着回公寓。（《赵子曰》第二十）[状语]

（16）到了新年，大家全笑着唱着过年，好象天下真是一家了。（《小坡的生日·三 新年》）[连谓前项]

（17）我们三个一群，两个一伙，挤着搂着，充分自由的讲究那些我们并不十分明白而愿意明白的事。（《樱海集·阳光》）[小句]

（18）说着笑着，她连乳名——毛桃儿——也告诉了大赤包。（《四世同堂》十六）[小句]

（19）（文博士的牌打得很规矩。）可是他打不出劲头来：上家是玉红，下家是银香，对门是杨老太太；六只瞟着瞟着的眼睛，使他安不下心去。（《文博士》十二）[定语]

"V_1 着 V_2 着"功能分布见表 5-1。

表 5-1　　　　　　　"V_1 着 V_2 着"功能分布

	述语	谓语	状语	定语	小句	合计
V_1 着 V_2 着	3	14	14	1	3	35
所占比率1（%）	8.57	40	40	2.86	8.57	100
所占比率2（%）	48.57		40	2.86	8.57	100

"V_1 着 V_2 着"是以同类动词加状态助词"着"构成动词性四字格，主要功能是作谓语、状语，也可以作定语、小句，一般不作主语、宾语和补语。这种特点，是由"V_1 着 V_2 着"动词性决定的。这种格式构成的短语，以四个字为常见形式；但这个格式不是强制性的，也

偶有增加同类近义动词，构成6个字或超过6个字的短语：

（20）有的想起上学去的孩子，有的去寻上街买菜的老太太，哭着闹着喊着，还夹着不少声的蠢笑。（《蜕》第五）

（21）歌声在香气中颤动，给苹果葡萄的静丽配上音乐，使人们的脚步放慢，听着看着嗅着北平之秋的美丽。（《四世同堂》十四）

在250万字的老舍中文小说语言语料库中，这种情况仅有以上2例次，占比5.4%（2：37）。

在句法功能上，"V_1 着 V_2 着"与下边的"V 着 V 着"形成对比。

二 "V 着 V 着"

关于"动词+着"重叠使用，汉语语法学者早有关注。

刘月华、潘文娱、故韡在《实用现代汉语语法》中认为："连用两次带'着'的同一动词，后面接用其他动词，表示一个动作正在持续时，另一个动作发生了，原来的动作也因此而停止，有不知不觉的意味。"[1] 周一民在《北京口语语法·词法卷》中认为："'动+着'重复后接谓语，表示动作进行当中出现了另一个动作或情况。"[2] 刘一之认为，含有"V 着 V 着"的复句有三类：在一种行为动作进行中，(1) 产生了一种意想不到的结果；(2) 外界发生了一种变化，这种变化又对进行中的这种行为产生了某种影响；(3) 施事本身发生了某种变化，这种变化又对进行中的行为动作产生了某种影响。[3]

上述学者的研究都是从语法角度着眼的。在此，本书依据白话文经典作家老舍的全部中文小说语言语料库，从词汇角度，把这种形式

---

[1] 刘月华、潘文娱、故韡：《实用现代汉语语法》（增订本），商务印书馆2001年版，第397页。

[2] 周一民：《北京口语语法·词法卷》，语文出版社1998年版，第253页。

[3] 刘一之：《北京话中的"着（.zhe）"字新探》，北京大学出版社2001年版，第157—158页。

看作一种"四字格",来进行描写分析。

四字格"V着V着"构成的四字短语共有34个,出现101例次:

背着背着,颤着颤着,擦着擦着,唱着唱着2,吵着吵着,打着打着2,低着低着,翻着翻着,飞着飞着,喝着喝着,干着干着,看着看着10,磕着磕着,哭着哭着2,讲着讲着2,愣着愣着2,抡着抡着,骂着骂着,摸着摸着2,闹着闹着,掀着掀着,想着想着9,笑着笑着,谈着谈着4,跳着跳着2,听着听着,说着说着22,睡着睡着2,跑着跑着3,玩着玩着3,抓着抓着,转着转着,坐着坐着2,走着走着14

能出现在"V着V着"中V位置上的词语,必须具有以下3个特征。

第一,都是单音节动作动词。

第二,都是表示主观意志可以控制的动作行为的自主动词。

第三,都具有体的对立,该词后边可以出现体助词,从而表示动词所表示的动作的不同状态:

背:背了—背着—背过　　唱:唱了—唱着—唱过
低:低了—低着—低过　　走:走了—走着—走过

尽管在"V着V着"中有些V是及物动词,V以及"V着"都可以带宾语,但是"V着V着"一般不带宾语。在101例次"V着V着"用法中,只有2例次带宾语,仅占总例次的1.98%:

(22)对那个花布帘,他越发注意了;说着说着话,他能忽然立起来,走过去,掀一掀它。(《樱海集·牺牲》)

(23)定大爷的话没头没脑,说着说着金鱼,忽然转到:"你看,赶明儿个我约那个洋人吃饭,是让他进大门呢?还是走后门?"(《正红旗下》十)

甚至在同一个句子里，单用 V 或 "V 着" 都可以带宾语，但构成的 "V 着 V 着" 却很少带宾语：

（24）（小妞子笑得哏哏的，也忙着跪下给哥哥磕头。）磕着磕着，两个头顶在一处，改为顶老羊。(《四世同堂》十五)

（25）（他不便太不随群，也就跟着喝了两盅。）喝着喝着，大家的眼睛红起来，嘴不再受管辖。(《骆驼祥子》十四)

这种极少带宾语的现象，可能是 "V 着 V 着" 增加了持续的状态性所致。尽管 "V 着 V 着" 是由动词加 "着" 重叠构成的动词性短语，但 "V 着 V 着" 却很少单独作谓语，在 101 例次 "V 着 V 着" 中，单独作谓语仅有 2 例次，仅占总例次的 1.98%：

（26）嘴唇儿颤着颤着，忽然不颤了；心中的委屈破口而出，颇有点碎嘴子。(《二马》第三段)

（27）有一个跳着跳着，没留神，踩上一块香蕉皮，大爬虎似的倒在地上，把鬼脸的鼻子摔下一块去。(《小坡的生日·八 逃学》)

它后边往往还有其他动词性成分，构成连谓短语后整体作谓语：

（28）阵阵的热风，吹来城内的喧闹，困的睡了，不睡的听着听着哭了。(《老张的哲学》第七)

（29）哪知道，老头子说着说着绕到她身上来。(《骆驼祥子》十四)

（30）经他好说歹说，她才哭了一阵，哭着哭着就笑了。(《文博士》十四)

更多的是单独使用（或构成状中短语中心语），作小句：

（31）转着转着，小坡有点腻烦了，立住了问："你不认识路

呀?"(《小坡的生日·十三 影儿国》)

(32) 这样,走着走着,他便忘了敲打手中的唤头,忘了方向,只机械的往前缓缓的移动脚步。(《四世同堂》七十八)

(33) 车夫的眼向上紧翻,翻着翻着,落下泪来;一低头,往前一扑,跪在金先生的脚前。(《蛤藻集·哀启》)

(34) 所以常常玩着玩着,人家就说了:"没天赐玩了!"(《牛天赐传·十二 教育专家》)

在句法功能上,"V着V着"只作谓语(含作述语、单独作谓语和连谓短语前项)和小句,不能作主语、宾语、定语、状语和补语。具体分布情况见表5-2。

表5-2　　　　　　　　"V着V着"功能分布

	谓语	连谓前项	述语	小句	合计
V着V着出现例次	2	28	2	69	101
所占比率1(%)	1.98	27.72	1.98	68.32	100
所占比率2(%)	31.68		68.32	100	

在101例次用法中,"V着V着"作谓语、述语和连谓短语前项的用法共有33例次,作小句的用法有69例次,作小句的用法是作谓语以及谓语中心语用法的2倍多;这说明"V着V着"格式短语具有较强的独立性,主要语法功能是作小句,其次是谓语,这一点与前边分析的"V_1着V_2着"大不相同。

从在句中的表意功能来看,与"V着"相比,"V着V着"表示一个相对较长时间量的持续的动作行为,这个持续的动作行为在表义上不是自足的,它后边的小句或谓语性成分与之相勾连,表示它所引导的另外一个动作行为或结果,或者外界情况发生了变化,对"V着V着"所表示的持续的动作行为产生影响。"V着V着"不能处于句子的末尾,后边必须有表示"V着V着"引导的后出现动作行为或结果,或表示外界变化的动词性短语。前者例如:

（35）（我小崔可是在这儿，赤手空拳，收拾个日本兵！我心里能够不痛快吗？）打着打着，出了奇事。（他说了中国话，东北人！）（《四世同堂》二十六）

（36）走着走着，心中一动！（《小坡的生日·八 逃学》）

（37）李太太当时决定，把东屋的野老婆除名，不能再算国联的会员国，而且想着想着出了声。（《离婚》二）

（38）她的嗓子不错，只是底气不足，往往唱着唱着便声嘶力竭。（《四世同堂》九）

例（35），由"打着打着"产生了"出了奇事"这种意外的结果（具体就是括号里的内容）；例（36）"走"是一种动作行为，"心动"是另外一种动作行为；例（37）"想着想着"这一心理活动引起另一个动作"出声"；例（38）"唱着唱着"这种持续的动作行为产生了"声嘶力竭"这种结果。

后者例如：

（39）小坡呢，抡着抡着，手中的木棍碎了！（《小坡的生日·十五 狼猴大战》）

（40）（母亲一张嘴便是讲材料的好坏，女儿一张嘴便是巴黎出了什么新样子。）说着说着，母女又说僵了。（《二马》第二段）

（41）（冷天，他把小顺儿的小手放在自己的袖口里，面对面的给讲古说今。）讲着讲着，小顺儿打了盹。（《四世同堂》七十三）

（42）茶还没有沏来，老车夫的头慢慢的往下低，低着低着，全身都出溜下去。（《骆驼祥子》十）

例（39）至例（42）反映了"V着V着"在持续过程中导致或伴随产生的事件，反过来影响了"V着V着"的持续进行：例（39）"手中的木棍碎了"是"抡"的结果，同时也导致"抡"这种动作行为不能持续进行下去；例（40）"说"这种动作行为导致"僵了"这种结果，使"说"这种行为不能正常持续下去；例（41）"讲"使"小顺儿打了盹",影响"讲古说今"正常进行,甚至使其中断;例(42)因"低着低着"这种持续行为,而导致"全身都出溜下去"这一结果而中止。

三 结语

"…着…着"因进入"着"前的动词是否相同而可以分作"V着V着"和"V_1着V_2着"两个小类,两种格式有共同点也有差异。

共同点是:能够进入这两种格式的,第一,必须同是单音节动词;第二,具有体的对立,可以带上不同的体助词,表示不同的体意义;第三,都是表示主观意志能够控制的动作行为的自主动词;第四,属于同一类动作行为。

不同点是:因进入"着"前的是否为同一个动词而形成两种不同的构式,句法功能有较大的差异。第一,它们分别表示不同的构式意义或整体意义:"V_1着V_2着"表示同时进行或相伴随的同类动作行为或状态;而与"V着"相比,"V着V着"表示一个相对较长时间量的持续的动作行为,这个持续的动作行为在表义上不是自足的,它后边的小句或谓语性成分与之相勾连,表示它所引导的另外一个动作行为或结果,或者外界情况发生了变化,对"V着V着"所表示的持续的动作行为产生影响。第二,从句法功能上来看,"V着V着"只有作谓语和作小句两种功能,而主要是作小句,作小句的用法是作谓语用法的两倍多;"V_1着V_2着"除作谓语、小句之外,还可以作状语和定语,而主要功能是作谓语和状语。此外,"V_1着V_2着"偶尔还可以再增加词语形式变成"V_1着V_2着V_3"。总起来说,"V着V着"和"V_1着V_2着"两个小类的差异,来自动词的相同与否,动词相同,也可以理解为V_1和V_2的重合,使"V着V着"具有比"V_1着V_2着"更强的独立性,以作小句为主,而"V_1着V_2着"以作谓语和状语为主,同时定型性弱于"V着V着",因此有极小比例的三项拓展式"V_1着V_2着V_3"。

第二节 一种含双儿化的特殊四字格"…儿…儿"

《现代汉语词典》收录了表示人发出的声音以及相关动作的词语"哈"和"哼"：

【哈】①张口呼吸；②象声词，形容笑声；③叹词，表示的疑惑满意（大多叠用）。[1]

【哈】①动张口呼吸；②拟声形容笑声（大多叠用）；③叹表示得意或满意（大多叠用）。[2]

【哼】①鼻子发出声音；②低声唱或吟哦。(1973：410)

【哼】动①鼻子发出声音；②低声唱或吟哦。(2016：535)

同时《现代汉语词典》还收录一个"哼儿哈儿"：

【哼儿哈儿】象声词，形容鼻子和嘴发出的声音（多表示不在意）。(1973：410)

【哼儿哈儿】拟声形容鼻子和嘴发出的声音（多表示敷衍或不在意）：他总是~的，问他也没用！(2016：535)

这个词语让人感觉很奇怪。

第一，在普通话中，拟声词不儿化；

第二，在普通话中，动词在词义不变、词性不变的情况下，也不儿化，可对比：

---

[1] 中国科学院语言研究所词典编辑室编：《现代汉语词典》（试用本），商务印书馆1973年版，第386页。以下只随文标注出版时间和页码。

[2] 中国社会科学院语言研究所词典编辑室编：《现代汉语词典》（第7版），商务印书馆2016年版，第505页。以下只随文标注出版时间和页码。

盖~~盖儿　把~~把儿　过~~过儿　错~~错儿

同时，在作为普通话基础的北京话中，拟声词也不儿化；在北京话中，除了"玩儿、颠儿"以外，动词也不儿化。

但是"哼儿哈儿"，无论是在普通话中，还是在北京话中，这两项都占全了。

代表 20 世纪 30—50 年代北京话词汇面貌的《汉语词典》（《国语辞典》1947 年版删减修订本），"只留作为原书特点的北京话词汇和有翻检必要的古汉语材料"[1]，没有收录"哼儿哈儿"。

一　老舍作品语言中的"…儿…儿"

我们根据人民文学出版社 2013 年版 19 卷本《老舍全集》（修订版），考虑到语料的纯粹性和系统性，在小说部分（第 1 卷至第 12 卷）排除马小弥从英文回译的《四世同堂》第三部《饥荒》的最后 13 章（收入《老舍全集》第 5 卷），以及《鼓书艺人》（收入《老舍全集》第 6 卷），也不取赵武平根据新发现的、经老舍定稿的英文本翻译的《四世同堂》第三部《饥荒》的最后部分（第二十一至三十六章）；戏剧部分（第 9 卷至第 12 卷）排除舒悦从老舍英文稿翻译过来的话剧《五虎断魂枪》（收入《老舍全集》第 10 卷），以及老舍与宋之的合作的《国家至上》（收入《老舍全集》第 9 卷）、与赵清阁合作的《王老虎》《桃李春风》（收入《老舍全集》第 10 卷），其他语体（第 13 卷至第 19 卷）排除英文作品，排除第 19 卷中的《老舍年谱》，建立了 590 万字的较大规模的老舍全部中文作品语言语料库，在此基础上考察这种语言现象。本书举例均出于此。例句出处，中、短篇小说标小说集名和小说题目，长篇小说、戏剧以及未完成作品，小说或剧作标题目和章节或幕数。被分析形式后边的小字号数字为其在老舍

---

[1] 中国大辞典编纂处编：《汉语词典》（原名《国语辞典》），商务印书馆 1957 年版，"重要说明"。

中文作品语言中出现的例次；义位放到｛ ｝中。

在 590 万字的老舍全部中文作品语言语料库中，"哼儿哈儿"共出现 6 例次：

（1）温都寡妇哼儿哈儿的回答。马先生好几回话到嘴边——要吃饭——又吞回去了。（《二马》第二段）

（2）赵子曰心中有一星半点的感激李顺的诚恳，可是身分所在，还不便于和仆人谈心，于是哼儿哈儿的虚伪支应了几句。（《赵子曰》第六）

（3）赵子曰满心急火，先还哼儿哈儿的支应春二，后来爽得哼也不哼，哈也不哈了。可是春二依然百折不挠的说，越说越走得慢。（《赵子曰》第二十）

（4）她对丈夫只哼儿哈儿的带理不理，对大女儿反倒拿出好脸，以便诱她答应婚事，别犯牛脾气。（《四世同堂》二十八）

（5）（每逢晓荷走后，瑞宣就恨自己为什么不在晓荷的脸上啐几口唾沫。）可是，赶到晓荷又来到，他依然没有那个决心，而哼儿哈儿的还敷衍客人。他看出自己的无用。（《四世同堂》四十二）

（6）老方呢，哼儿哈儿的支应着老辛，不错眼珠儿的看着手表，计算火车的速度。（《集外·旅行》）

例（3）中"哼儿哈儿"与单用不儿化的"哼""哈"形成鲜明的对比。"哼儿哈儿"在老舍中文作品语言中，只有作状语的用法，表示｛通过鼻子和嘴发出的轻微声音，表示敷衍、不在意｝。

像"哼儿哈儿"这种把两个单音节词语儿化后结合在一起作为一个表意单位的现象，在老舍中文作品语言语料库中，并不是孤例：

（7）"喝，好大的架子！"晓荷撇着嘴说："赶早儿别跟我这么劲儿味儿的！告诉你，招弟，二小姐，作了特务！"（《四世同堂》七十一）

（8）平常人们说笑话，总是又长又复杂，钩儿弯儿的，老听

不明白。(《小坡的生日·四 花园里》)

（9）学生背后必有主动人，弄点糖儿豆儿的买动了他们，主动人好上台，代替你我，你——我——(《蛤藻集·且说屋里》)

（10）我不能因此而便把抗战放在一边，而只写我知道的猫儿狗儿。(《火葬·序》)

在儿化前，这两个单音节形式一般不能构成复合词语，也不能组合（用+表示组合）：

＊哼哈　＊哼+哈　＊劲味　＊劲+味　＊钩弯　＊钩+弯
＊糖豆　＊糖+豆

同时，在北京话中，双音节词语儿化一般出现在第二个音节上，如"闹事儿""板凳儿"；少数可以出现在第一个音节后，如："兔儿爷、板儿砖、板儿的、板儿爷"等。但不能同时出现在第一个音节和第二个音节之后，没有"兔儿爷儿、板儿砖儿、板儿的儿、板儿爷儿"等这样的形式。

综合起来看，这一点，再加上前边所说的单独的拟声词、动词不儿化，我们把上列现象看作一种格式，或者叫"构式"，写作"…儿…儿"，把它看作四字格的一种。

这种形式的"四字格"，姜德梧编著的《汉语四字格词典》[①] 没有收录。

在590万字的老舍全部中文作品语言语料库中，"…儿…儿"这种形式共有14个，共出现26例次；其中92万字的老舍中文戏剧中仅出现该类形式2个："糖儿豆儿""丁儿当儿"，各1例次；散文中出现"这儿那儿"，1例次；文论中出现"腔儿调儿"，1例次。曲艺、诗歌、日记、学术性著作里没有出现过"…儿…儿"。老舍中文作品语言中的"…儿…儿"全部形式如下：

---

① 姜德梧编著：《汉语四字格词典》，北京语言文化大学出版社2000年版。

包儿盒儿，虫儿鸟儿2，叮儿当儿2，哼儿哈儿6，花儿草儿，钩儿弯儿，劲儿味儿，酒儿肉儿，猫儿狗儿，糖儿豆儿6，瓶儿罐儿，腔儿调儿，桌儿凳儿，这儿那儿，

在老舍全部中文作品语言语料库中，出现在"儿"前处于 A 和 B 位置的都是单音节的拟声动词（有"哼""哈""丁""当"4 个）①、名词和指示代词。

因老舍作品语言中，出现在 A 和 B 位置的都是不同的形式，因此可以把这种四字格标作"A 儿 B 儿"。除了前边已做过说明的"哼儿哈儿"外，以下分别对其他 13 个"A 儿 B 儿"做以释义说明。

【包儿盒儿】用于盛放东西的小包裹、盒子之类的容器。两只胳膊捧着一座山，一座方的圆的扁的长的红的黄的各色各样的包儿盒儿堆成的山。（《天书代存·马大成致储贯一函》）

【虫儿鸟儿】泛指鸟虫类小动物。虫儿鸟儿一清早便唱起欢迎新岁的歌儿，唱得比什么音乐都好听。（《小坡的生日·三 新年》）｜随着鸟声他便起来了，到后花园中唱了一个歌儿给虫儿鸟儿们听。（《小坡的生日·三 新年》）

【叮儿当儿】形容金属器物碰撞发出比较悦耳的叮当声。忽然，叮儿当儿打起钢琴，也看不见琴在那儿呢。（《小坡的生日·十 电影园中》）｜齐凌云：……人家电车女司机，扬眉吐气地，叮儿当儿地在大马路正中间飞跑，多么神气，也不害臊啊！（《女店员》第一幕）

【花儿草儿】泛指植物。花儿草儿带着清香的露珠欢迎这元旦的朝阳。（《小坡的生日·三 新年》）

【钩儿弯儿】不直接说明，而曲折委婉表达意思。平常人们说笑话，总是又长又复杂，钩儿弯儿的，老听不明白。（《小坡的生日·四 花园里》）

---

① "叮""当"两个字既有组合起来作为双音节拟声词、动词的表词用法，也有单用作为拟声词和动词的用法。本书把"叮儿当儿"这类形式看作状态词中的一个小类：拟音状态词。它与单纯拟声词不同。

【劲儿味儿】故意作态，端起架子。"喝，好大的架子！"晓荷撇着嘴说："赶早儿别跟我这么劲儿味儿的！告诉你，招弟，二小姐，作了特务！"(《四世同堂》七十一)

【酒儿肉儿】用于宴请的酒肉之类的食物。咱们要是不预备下点酒儿肉儿的，亲戚朋友们要是来了，咱们岂不抓瞎？(《四世同堂》八)

【猫儿狗儿】家养宠物，泛指个人熟悉的小动物。我不能因此而便把抗战放在一边，而只写我知道的猫儿狗儿。(《火葬·序》)

【瓶儿罐儿】用于盛放东西的小瓶子罐子之类的容器。他不愿再看这些——要关市的铺子都拿这些糊花纸的瓶儿罐儿装门面。(《蛤藻集·新韩穆烈德》)

【腔儿调儿】泛指曲艺唱腔等特殊的韵味。要知道一般的大众曲艺是借腔儿调儿来说明一些东西的，我把这叫做唱着来说。(《大众文艺创作问题》)

【糖儿豆儿】①泛指糖果、花生之类便宜的小食品。吃倭瓜与西瓜的时候，她必把瓜子儿晒在窗台上，等到雨天买不到糖儿豆儿的，好给孩子们炒一些，占住他们的嘴。(《四世同堂》四十一) | 我作小买卖去！不能走远了，我在近处磨蹭；不能挑沉重的，我弄点糖儿豆儿的；一天赚三毛也好，五毛也好……(《四世同堂》七十四) ②不值钱的小东西。我们穷啊，穷在心里，没求哥嫂给个糖儿豆儿！(《牛天赐传·十六 一命身亡》) | 方太太：你对！你会用糖儿豆儿的到这里捡便宜！(《方珍珠》第四幕)

【桌儿凳儿】桌椅等家具。再说呢，我这儿茶水方便，桌儿凳儿的也还看得过去，将来哪怕是日本官长来看看咱们这一里，咱们的办公处总不算太寒伧。(《四世同堂》五十七)

【这儿那儿】泛指各种处所。涤洲张罗着逛这儿那儿，还要陪我到上海，都被我拦住了。(《哭白涤洲》)

从上边对14个"Ａ儿Ｂ儿"的分别解释说明中可以看出，在老舍中文作品语言中出现的14个"ＡⅡＢⅡ"形式中，能够进入"Ａ儿Ｂ儿"中的只有拟声动词、名词和指示代词三类；而且这14个"Ａ儿Ｂ儿"形式都产生了泛指义或综合性的特指意义，后者如"哼儿哈儿、劲儿味儿"，这个既不同于 A，也不同于 B 的综合意义，毫无疑问是"A 儿 B 儿"格式带来的。

这种产生了综合整体意义的"A 儿 B 儿"可以看作北京话中的一种特殊四字格——"双儿化四字格"。因为在口语中，儿化是一种变音构词现象，不是作为一个独立的构词语素而存在，书面语中也不必标出；但在"A 儿 B 儿"中必须写出，因为这是四字格的要求，尽管"A 儿 B 儿"中的"儿"仍然是儿化现象，但它必须作为"字"出现，否则就不是四字格了。这也可能是汉语字、词纠葛，字参与造词的一种表现。这种由两个单音节动词或名词分别儿化后构成的四字格，可以称为"双儿化四字格"。

从句法功能角度来看，"A 儿 B 儿"可以作主语（含 1 例次作名词性主语的中心语）、谓语、宾语（含 1 例次介词后成分）、定语、状语和小句；具体情况见表 5-3。

表 5-3　　　　老舍作品语言中"…儿…儿"形式功能分布

词性	"…儿…儿"形式	主语	谓语	宾语	定语	状语	小句	出现例次	占比（%）
名词	包儿盒儿，虫儿鸟儿 花儿草儿，酒儿肉儿 猫儿狗儿，糖儿豆儿 瓶儿罐儿，桌儿凳儿 腔儿调儿，这儿那儿	4		11	1			16	61.54
状态词	劲儿味儿，钩儿弯儿 哼儿哈儿，叮儿当儿		1			8	1	10	38.46
合计		4	1	11	1	8	1	26	
占比（%）		15.38	3.85	42.31	3.85	30.76	3.85		100

从上表可以看出以下几点。

（1）从词性来看，老舍作品中的这 14 个"双儿化四字格"形式，10 个是名词，其余 4 个即"劲儿味儿""钩儿弯儿""哼儿哈儿""叮儿当儿"是状态词。状态词占"A 儿 B 儿"总量的 28.57%，名词占 71.43%。从带"的"的情况来看，带"的"的有 6 个，即"哼儿哈儿的""劲儿味儿的""钩儿弯儿的""酒儿肉儿的""糖儿豆儿的"

"桌儿椅儿的",占总词量的42.86%。

(2)作主语、宾语和定语的是名词性的"AルBル",状态词性的"AルBル"作谓语、状语和小句。两者在功能上是对立的,呈互补分布。

(3)从使用率①角度来看,10个名词性"AルBル"形式出现16例次,使用率是1.6次/词;状态词性"AルBル"有4个,出现10例次,使用率2.5次/词,比名词性"AルBル"使用率高0.9次/词。

(4)从实现的语法功能来看,"AルBル"充当主语、宾语和定语,实现名词性语法功能,占总例次的61.54%;充当谓语、状语、补语、小句,实现谓词性语法功能,占总例次的38.46%。

尽管没有明确标为口语成分(即在词条后边标〈口〉),但毫无疑问,来自北京话的"哼儿哈儿"仍旧是口语词。作为口语词,反过来,也可以说明它来源的方言性。大概也正是因为这一点,在20世纪50年代开始直至老舍去世,其作品中不仅没有再出现使用频次最高(6例次),并且被《现代汉语词典》作为普通话词语收录的"哼儿哈儿",除拟音状态词"叮儿当儿"出现过1例次(《女店员》)以外,其他形式的"AルBル"也没有再出现过。究其原因,我们推测,可能是在20世纪50年代开始提倡、推广普通话的背景下,作为全国推广普通话委员会副主任的老舍,不仅大力提倡推广普通话,而且身体力行地尽可能用北京方言词语即使用普通话。

二 当代北京话(《北京话儿化词典》)中的"…儿…儿"

在贾采珠的《北京话儿化词典》(增订本)②中,也收录了这种"双儿化四字格"形式。以及代词重叠形式如"哪儿哪儿",以及带后缀"呵儿"的方言代词"哪儿呵儿、那儿呵儿、这儿呵儿"这两类形式以外,《北京话儿化词典》收录的"双儿化四字格"形式有以下37

---

① 本文中的"使用率"是指词语在该类形式出现总例次中所占的比例。
② 贾采珠编:《北京话儿化词典》(增订本),上海教育出版社2019年版。以下随文标注页码。

个("的"与否依据该词典的词形写法)：

a. 巴儿巴儿的①，哧儿哧儿的，飞儿飞儿的，咯儿咯儿，哏儿哏儿，劲儿劲儿的，匀儿匀儿的，咳儿咳儿，刷儿刷儿的，挺儿挺儿的，拽儿拽儿的

b. 醋儿酱儿的，丁儿当儿，迭儿忙儿的，根儿底儿，根儿攀儿，公儿母儿，钩儿弯儿，哈儿吗儿，回儿画儿，火儿柱儿，哼儿哈儿的，横儿综儿的，劲儿味儿的，里儿表儿，里儿面儿，美儿俏儿的，名儿姓儿，黏儿涎儿，牛儿芒儿，乒儿乓儿的，撇儿咧儿的，气儿谤儿的，蹾儿摔儿的，球儿嘎儿的，抖儿擞儿的，捅儿怂儿的

这37个双儿化四字格形式可以分作a、b两小类：a类是同一个单音节词语，可以写作"A儿A儿"，这种类型有11个；b类不是同一个单音节词语，可以写作"A儿B儿"，这种类型有26个。这两小类双儿化四字格形式可以统一写作"A儿A/B儿"。《北京话儿化词典》所收双儿化四字格词语中与老舍作品中相同的共有4个："叮儿当儿""钩儿弯儿""劲儿味儿""哼儿哈儿"。

以下是《北京话儿化词典》所收录的双儿化四字格词语及释义。

【巴儿巴儿的】①拟声词。发出叭叭的声音。早年收破烂儿的(收买废品的人)小鼓儿打得~。② ②形容能说会道，口齿伶俐。别看说得~，实际满不是那么回事儿。(P1)

【哧儿哧儿的】拟声词。多形容睡觉时发出的声音。你看他~睡得还真香。△嗤儿嗤儿的 (P152)

【丁儿当儿】拟声词。多形容金属器物碰击的声音。人家电车女司机，扬眉吐气地，~地(电车车铃声)在大马路正中间飞跑……

---

① 《北京话儿化词典》第3页还收录"吧儿吧儿"："拟声词。多形容敲打小鼓儿的声音。"本节将"巴儿巴儿的"和"吧儿吧儿"合并为一个词的两个义项，例句采用该书中的例句。

② 《北京话儿化词典》第3页将这个用法释义为"拟声词。多形容敲打小鼓儿的声音"。

(老：剧三，22）△叮儿当儿、玎儿珰儿。（P403）

【飞儿飞儿的】形容生气时的呼呼喘气的样子。老大爷气得~。（刘：府）△啡儿啡儿的（P139）

【咯儿咯儿】拟声词。形容鸡叫声，也形容笑声。忽然，~！一声鸡叫，跟着近村远村鸡都叫了起来。（金：北，44）｜院子里传来~的笑声。（P143）

【哏儿哏儿】拟声词。多形容笑声。（P144）

【劲儿劲儿的】①形容特别高兴或特别难过的样子，含讥讽意。你看他说得~，也不怕人笑话。｜你别看哭得~，心里可没那么难受。②形容跟人有矛盾但不明发作，只在态度和表情上显露出来。这俩人不和，一见面儿就~。③形容故作姿态，盛气凌人的样子。甭跟这儿~，有什么了不起的！（P191）

【夠儿夠儿的】形容不舒展，觉得身上不松快、不舒服。浑身~，真不好受。（P394）

【咳儿咳儿】"咳"（ké）变读为"kē"。拟声词。多形容咳嗽声。（P147）

【刷儿刷儿的】拟声词。形容下小雨声。（P115）

【乓儿乓儿的】拟声词。来自"乓里乓啷的"。多形容摔砸东西的声音。（P401/444）

【挺儿挺儿的】形容凸出的样子。家伙！那小胸脯子，~，嘻嘻……（P449）

【拽儿拽儿的】用鸭子走路左右摇摆的样子形容胖人走路缓慢、扭动的样子。（P113）

【醋儿酱儿的】由于不满或嫉妒而在言谈中表现出来的情绪。你干吗这么醋儿了酱儿了的？（P302/417）①

【根儿底儿】指人的家庭出身、经历、学问、品德等。不清楚他的~。△"老底儿"（P181）

---

① 《北京话儿化词典》第417页也列该词条，但在"jiāngr"音节类中，疑为错误粘贴，出现在这个位置的词条应该是"酱儿醋儿的"。

【根儿攀儿】底细，内情。提起来大概都知道他个~。（文：儿，246）｜没人知道他的~。（P14/144）

【公儿母儿】雄性动物和雌性动物。下的这窝小狗儿~全有。｜这筐里的兔子~都有。（P282/466）

【钩儿弯儿】形容事物复杂曲折。平常人们说笑话，总是又长又复杂，~的，老听不明白。（老，文二，27）（P118/371）

【哈儿吗儿】随随便便、漫不经心的样子。出门在外，别那么~的。｜你是真心想学？跟我可别~的。（P15/35）

【回儿画儿】形容不干净，布满一道道污痕的。孩子的脸~。｜地板拖得会儿了画儿了的。｜瞧这玻璃擦得~。｜地板拖得回儿了画儿了的。｜瞧这脸上~。浑儿化儿的。（P110/220）

【火儿柱儿】容易酿成火灾的东西。旧时太监在皇宫里巡查时常常提醒说：小心~，小心~。也叫"火烛儿"。（P271/299）

【哼儿哈儿的】拟声词。用嘴和鼻子出声，表示不在意或轻视。你一问他，他就~。｜身份所在，还不便于和仆人谈心，于是~虚伪支应了几句。（老：文一，254）△"哼儿咳儿的"（P35/438）

【横儿综儿的】多形容对年纪大的人态度蛮横的样子。跟老人说话怎么能这么~？△"横儿甑儿的"（P438）

【劲儿味儿的】①即"劲儿劲儿的"。晓荷撇着嘴说："赶早儿别跟我这么~！"（老，文六，41）｜新搬来的这家人还特别傲气，劲儿了味儿了的，凡人不理。（赵，老，303）（P192/231）

【里儿面儿】①指纺织品的反面儿和正面儿。~三新的被褥。②也说"里儿表儿"。比喻待人接物的规矩、礼节。懂~。他虽肤浅无聊，但究竟是北平人，懂得什么是"里儿"，哪叫"面儿"。（老，文四，392）｜这人办事儿不讲~。｜包脚布的儿子——没里儿没面儿。（P56/186）

【里儿表儿】即"里儿面儿"。我正在那里诧异，又上来了那么个水蛇腰的小旦，望那胖子，也没个~（文，儿，614）｜为人处事有个~。（P186/339）

【美儿侈儿（chěr）的】形容高兴、得意的样子。瞧你这~，原

来是穿了一身儿新衣裳。｜考上了大学就这么~！(P138/152)

【名儿姓儿】①姓名。道出~。②即"名儿"②。一来以慎重为是，二来~我家的家风，都是要紧的事。(冷，春，147)(P445)

【黏儿涎儿】形容说话办事啰唆、拖拉。甭等他，他~事儿多着呢！(P65/83)

【牛儿芒儿】①牛芒神。②戏指穿一只鞋光一只脚的小孩儿。瞧你跟~似的。(P389/402)

【迭儿忙儿的】形容手脚不闲着，不停地干活儿。大嫂子一天到晚~。(P251/402)

【撒儿咧儿的】①即"溜边儿溜沿儿"，形容容器里的液体满而将溢的样子。端着满满的一盆水，~。②形容举动、神态失常。他喝酒都喝得~了。③形容撇嘴说闲话。有意见就提，干吗~。(P251/253)

【气儿谤儿的】也说"蹾儿摔儿的"。形容发怒时骂骂咧咧、摔摔打打的样子。△"气儿棒儿"(P401)

【蹾儿摔儿的】即"气儿谤儿的"。借摔东西出气。(P212)

【球儿嘎儿的】①形容成堆的东西小而萎缩。瞧买的这堆梨，~！②转而形容人长得丑陋、猥琐。别瞧养了好几个孩子，哪个不是~？(P31/395)①

【抖儿擞儿的】形容举止轻佻、不庄重的样子。(P388)

【捅儿怂儿的】悄悄地用手捅人腋下等处作耍。(P462/471)

在上列形式中，"咯儿咯儿""咳儿咳儿"分别只是单纯拟声词"咯儿""咳儿"的重复形式，因为它们也可以延伸重复为"咯儿咯儿咯儿""咳儿咳儿咳儿"，所以本书将其排除在"双儿化四字格"形式之外。从《北京话儿化词典》的用例来看，共举"A儿A/B儿"例子50个，在句法功能上可以作主语、谓语、宾语、状语、补语和小句。

---

① 《北京话儿化词典》分作两个词，本书将之归并为一个词的两个义项。

表 5-4　《北京话儿化词典》中"…儿…儿"形式功能分布

词性	"A 儿 A/B 儿"形式	主语	谓语	宾语	状语	补语	小句	出现例次	占比(%)
名词	根儿底儿，根儿襻儿，公儿母儿，火儿柱儿，里儿表儿，里儿面儿，牛儿芒儿，名儿姓儿	4		13				17	34
状态词	巴儿巴儿的，哧儿哧儿的，飞儿飞儿的，咯儿咯儿，哏儿哏儿，咳儿咳儿，刷儿刷儿的，劲儿劲儿的，挺儿挺儿的，拽儿拽儿的，勾儿勾儿的，醋儿酱儿的，丁儿当儿，钩儿弯儿，哈儿吗儿，回儿画儿，哼儿哈儿的，横儿综儿的，劲儿味儿的，美儿侈儿的，黏儿涎儿，迭儿忙儿的，乒儿乓儿的，撒儿咧儿的，气儿谤儿的，蹾儿摔儿的，球儿嘎儿的，抖儿擞儿的，捅儿怂儿的		16		3	9	5	33	66
合计		4	16	13	3	9	5	50	
占比(%)		8	32	26	6	18	10		100

从句法功能上来看，作主语和宾语的是名词性的"A 儿 A/B 儿"，作谓语、状语、补语和小句的是状态词性的。两者在功能上是对立的，呈互补分布。

与表 5-4 所反映的老舍作品语言中"…儿…儿"的使用相比较，《北京话儿化词典》有以下三点不同。

(1) "…儿…儿"形式总量有大幅增加，《北京话儿化词典》所收录的该形式是老舍作品语言中该形式的 2.64 倍。

(2) 从类型上看，《北京话儿化词典》所收词语比老舍作品多一类"A 儿 A 儿"；这类形式占所有"…儿…儿"总量的 29.73%。

(3) 从词性角度看，名词有 8 个，状态词 29 个，状态词占"…儿…儿"总量（37 个）的 78.38%，名词占 21.62%。与老舍作品语言相比，名词和状态词的比例，完全颠倒过来了，状态词所占比例增长了49.81%,增长接近50%。

（4）"…儿…儿"带"的"的形式有25个,① 占总量的67.57%,不带"的"的形式有12个,占总量的32.43%。与老舍作品语言相比,带"的"的形式增长24.71%。

（5）从使用率角度来看,8个名词性"A儿B儿"形式出现17例次,使用率是2.125次/词;状态词性"A儿B儿"有27个,出现33例次,使用率1.22次/词,比名词性"A儿B儿"使用率低0.905次/词。

（6）从实现的语法功能来看,"A儿B儿"充当主语和宾语,实现名词性语法功能,占总例次的34%,充当谓语、状语、补语、小句,实现谓词性语法功能,占总例次的66%,谓词性功能比体词性功能竟高出32个百分点。

以上6点,可以看作当代北京话的一种发展变化。

根据彭宗平博士学位论文的研究,"北京话儿化词在整体数量上正在逐步衰减","正逐步从词汇现象向语体标记转化";② 但如果把《北京话儿化词典》所反映的儿化现象看作当代北京话的语言现象,与老舍作品语言相比较,这种"…儿…儿"不仅没有缩减,反而在总量上有大幅度的增长,同时还表现出向状态词化发展的明显趋势。从这两点来看,这种"…儿…儿"的确不能简单地看作一般的儿化现象,而应该看作一种特殊的格式。

在当代北京作家作品中还有《北京话儿化词典》没有收录的形式:

（11）于德利在一旁不耐烦地插话。"不是什么又怎么了？怎么就老百姓当不了作品中的主人公？噢,不是知识分子不是大款就不是人了？干嘛人人都得好像挺有身份,事儿事儿的——你就写个小痞子!"《王朔文集·第3卷·修改后发表》

---

① 《北京话儿话词典》中词条上没有带"的"但举例中带"的"的,本书也算作带"的"。

② 详见彭宗平《北京话儿化词研究》,中国传媒大学出版社2005年版,第四章《北京话儿化词变化研究》。

（12）颖轩："季先生说什么你都听，我说话只当放屁！"景琦嘿儿嘿儿笑了。（《大宅门》第一部）

（13）玉芬："你们这些男人啊，还说你在女人身上心细，我看也是味儿事儿！"（《大宅门》第一部）

（14）门又关上了，任王喜光怎么叫，也叫不开了，只好又颠儿颠儿地往回跑。（《大宅门》第二部）

（15）志国：当然去了！我去她能不去？我下午一电话，颠儿颠儿的打着的接我去了。（《我爱我家》第30集）

三 东北方言中的"…儿…儿"

"…儿…儿"不仅出现在北京话中，也是通行于北京官话中的一种四字格形式。在同属于北京官话的东北方言中，这种形式也有很多。尹世超主编的《东北方言概念词典》[①] 在名词、动词、形容词和副词4类中共收录43个这种形式的词语。本书不采用尹世超的分类，而根据处于"儿"前形式是否相同，将这43个"…儿…儿"分作两小类。

第一类是"A儿A儿"，这种形式共有以下32个。

【吧儿吧儿】说；讲（多含贬义）。你瞎~啥。｜她那小嘴儿贼能~。也作"叭儿叭儿""叭叭""吧吧"。(P656)[②]

【板儿板儿的】板正；板板正正。他穿得~。｜别看在班儿上一个个都~，下班可能闹了。(P806)

【出儿出儿地】小步快走的样子。~走得挺快。(P892)

【颠儿颠儿的】①形容快走、小跑。几个小力巴儿让他给支使得~。(P893)②形容高兴得跳起来直跑。乐得~。(P867)[③]

【叮儿叮儿】极其；不得了。~咸。｜她恨他恨得~的。(P884)

[①] 尹世超主编：《东北方言概念词典》，黑龙江大学出版社2010年版。正文中以下只标页码。

[②] "吧儿吧儿"实际上有动词和状态词两种意义和用法，《东北方言概念词典》所收录的只是动词意义和用法。状态词有两个意思：①拟声词，发出叭叭的声音；②形容能说会道，口齿伶俐。本书统计以状态词为准。

[③] 《东北方言概念词典》分作两个词，本书将之归并为同一个词的两个义项。

【堆儿堆儿的】①形容肥胖的样子。没想到他胖得~。（P811）②裤子未完全提上去而下堆的样子。快帮孩子提提裤子，~太不舒服了。（P804）

【飞儿飞儿的】①形容速度非常快。他跑起来~，贼快。（P893）②形容（刀、剪、斧子等）非常锋利。这把刀磨得~。（P822）③很，非常。他眼睛~尖。｜菜刀~快。（P884）①

【钢儿钢儿的】坚硬；结实。水泡子冻得~，小孩儿都在上边拉爬犁玩儿呢。（P818）

【呱儿呱儿¹】形容湿透了。他浑身上下叫雨浇得~的。（P884）

【呱儿呱儿²】形容背诵流利或语言熟练。他老毛子话说得~的。（P855）

【哏儿哏儿】（gérgér）因受顶撞或受窘而说不出话来。把他气得~。（P868）②

【梗儿梗儿的】不满而愤恨的样子。把她恨得~。（P868）

【喉儿喉儿】非常。这个菜炒得~咸。（P868）③

【猴儿猴儿的】气极了的样子。（P868）

【火儿火儿的】形容抵触对立情绪特别大。这几天他跟我~。（P840）

【花儿花儿】①形容色彩斑斓。她穿得真~。（P832）②形容人作风不正派；下流。这老兄贼~｜那老娘们儿骂得可~啦。（P861）④

【劲儿劲儿的】①很有劲头的样子。多劳多得，大家都干得~。②充满敌意的样子。他总跟我~。⑤

【咳儿喀儿地】咳嗽痰的样子。他是个齁巴儿性呼吸道天头一凉，

---

① 《东北方言概念词典》分作 3 个词（①③为副词，②为形容词），本书将之归并为同一个词的 3 个义位。
② 后边必须带"的"，否则不通。
③ 《东北方言概念词典》释义、词性均有误（标作副词），应释义为"非常咸"，词性为状态词，同时字形应写作"齁儿齁儿"。
④ 《东北方言概念词典》看作两个词出现在不同页码上。在此笔者把它看作同一个词的两个不同义位。
⑤ 《东北方言概念词典》第 840 页只有"充满敌意的样子"一个义位。

就~一咳嗽起来没完。|他们一根儿接着一根儿地抽烟，~可地吐痰，造得屋子里又呛人又埋汰。(P893)

【咳儿咳儿】形容咳嗽的声音。一入冬，他就~直咳嗽。(P904)

【闷儿闷儿的】形容不停地小声哭的声音。他哭得~。(P905)

【哞儿哞儿（mērmēr）】形容动植物生长速度之快。下了一场雨，苞米~长。(P885)

【米儿米儿的】（miērmiērdi）形容害怕而驯服的样子。他一见他媳妇就~。(P806)

【蔫儿蔫儿的】不爱说话，不愿活动的样子。(P806)

【溜儿溜儿的】因害怕而顺从的样子。一个个吓得~。(P806)

【乱儿乱儿的】形容口齿不清，说不明白。他说话~，我听着挺费劲。(P837)

【咧儿咧儿的】形容长时间地哭。这孩子成天~。(P874)

【瘸儿瘸儿的】同"拐儿拐儿的"，形容跛，瘸。走道儿~。(P829)

【腨儿腨儿的】形容身体肥胖不灵活，走路摇晃。这俩老胖子走道儿~。(P805)

【忒儿忒儿的】形容人胖的程度达到极点。他胖得~。(P811)

【妥儿妥儿的】指事情完全办好，不会有变化。这事已经~了，你就放心吧。(P844)

【悠儿悠儿地】①腿脚灵便的样子。他走路可快了，~。(P894)②形容轻快，（动作）不费力。这些小伙子修江坝挑土篮儿，土篮儿装得满满的，都还挑得~。|他挑水都~，挑这点菜算啥？(P895)①

【拽儿拽儿的】①形容走路摇晃上体的样子。②形容得意、高傲的走路样子。(P806)

第二类是"A儿B儿"，这种形式共有以下11个。

【丁儿香儿的】形容女性容貌俊美，身材苗条。这姑娘长得~。(P827)

---

① 《东北方言概念词典》分作两个词，"柔儿柔儿的"和"悠儿悠儿的"，本书将之归并为同一个词的两个义位。因为两个形式意义相近，在语音上当代东北方言 r 和 y [i] 可以看作自由变体。

【叮儿当儿的】①形容金属器物碰撞发出比较悦耳的叮当声。②形容贫困至极，什么也没有。在早他家穷得~。（P866）①

【嘎儿吗儿的】零碎东西什么的。（P235）

【归儿呱儿】形容鸭、鹅等的叫声。这群大鹅~直叫。（P904）②

【哼哈儿地】随意应声，漫不经心地答应。跟你说正经事儿呢，你别老~不往心里去。（P506）③

【娇儿滴儿的】娇滴滴的。（P806）

【撇儿咧儿¹】一摇一晃。他~地走过来。（P805）④

【撇儿咧儿²】形容又撇嘴又咧嘴的蔑视的情态。老王家的一出门，那些老娘们儿的嘴都~的。（P807）

【吱儿哑儿的】形容人说话用吸气音表示可惜、不满、困难的样子。（P807）⑤

【球儿嘎儿】①形容成堆的东西小而萎缩。②转而形容人长得个儿小、丑陋、猥琐。你看他家那俩孩子长得~的。③形容个子小长相有点丑又叫人感觉多动、顽皮的样子。你怎么一天总是~的？（P809）⑥

【批儿片儿】形容零零乱乱的样子。这屋子让你造得~的。（P866）

现在东北方言中的"…儿…儿"形式，跟老舍作品相同的，只有一个"哼儿哈的"。

这两小类的"…儿…儿"，也可以标作"A儿A/B儿"。

对于上列43个"…儿…儿"形式，《东北方言概念词典》共举49

---

① 《东北方言概念词典》只有义位②。
② 释义有误。"归儿呱儿"只摹写鹅的叫声。
③ "哼"后边应有"儿"。
④ 此项释义不正确。应解释为"形容由于伤病腿呈外八字摇晃行走的样子"，标作"撇儿咧儿¹"，以便与另一个同形词"撇儿咧儿²"（形容又撇嘴又咧嘴的蔑视的情态）相区别。
⑤ 此项释义不正确。应解释为"形容夸张地尖叫，大惊小怪"，如："我又没使劲儿，就碰你一下，你就~的。"
⑥ 《东北方言概念词典》分作两个词，表示两个意思："球球蛋蛋儿（个儿小）"（P809），"同'球哄'（【球哄】故意做出顽皮的样子）。"本书将之归并为同一个词的两个义位，并增补义位重新释义，举例仍用《东北方言概念词典》中的例子。

例，共有作谓语、状语和补语 3 种句法功能，没有作主语、宾语①和定语的用法，形式功能分布见表 5-5。

表 5-5　　　　东北方言中的"…儿…儿"形式功能分布

	谓语	状语	补语	小句	合计
出现例次	17	10	21	1	49
所占比例（%）	34.69	20.41	42.86	2.04	100

从"…儿…儿"形式主要作谓语和补语，而没有出现作主语、宾语的用法角度来看，在东北方言中，"…儿…儿"形式的作用是描写，不具有指称性。

与老舍作品语言相比，现代东北方言在双儿化四字格形式上有以下几点不同：

（1）多一种类型——"A 儿 A 儿"；

（2）数量更多：比老舍小说语言多 29 个；

（3）进入 A 和 B 位置的词语类型多：不仅有名词、拟声动词，还有一般动作动词［颠、撒、咧、膘、眯（米）、溜］、形容词（拽、板、蔫、猴、妥、乱、火、花）、量词（堆、批、片），还有复合词分化（丁儿香儿、娇儿滴儿）；

（4）只有"嘎儿吗儿的"是名词性、"花儿花儿"是形容词性的，其余 41 个双儿化四字格形式都是状态词；

（5）整个形式无论是作为词条中有"的"还是无"的"，除了"花儿花儿"，在实际运用中都可以带"的"（或"地"），这也体现出状态词与形容词的词法对立；

（6）"…儿…儿"只实现谓词性功能，即只能作谓语、状语、补语、小句，而完全失去了名词性功能，不能作主语和宾语。

从《东北方言概念词典》所反映的东北方言，与《北京话儿化词典》所反映的当代北京话形式对比来看，在同属于当代北京官话的两种方言中，双儿化四字格形式既有相同点，也有不同点。

---

① "嘎儿吗儿的"是名词性的，因为具有非定指性，所以可以作宾语，不作主语。

相同点：

（1）都有"A儿B儿"和"A儿A儿"两种类型；

（2）共有形式有4个"哼儿哈儿的""劲儿劲儿的""撇儿咧儿的""球儿嘎儿的"；

（3）《东北方言概念词典》中的状态词比例大大提高。

不同点：

（1）东北方言中构成双儿化四字格形式的比北京话多出一类量词（"批儿片儿的"）；

（2）东北方言中的"AJLAJL"类型所占比例高于北京话（31∶42∥10∶35），总量是北京话的3.1倍（31∶10）；

（3）东北方言中41个双儿化四字格形式都是状态词，而北京话状态词有29个，东北话状态词占比（95.34%）比北京话占比（78.37%）高16.97%，是北京话的1.41倍；

（4）东北方言的41个双儿化四字格状态词都可以带"的"，① 而北京话可以带"的"有25个，东北方言是北京话的1.64倍。

四 结论：状态词化

老舍作品语言、当代北京话和东北方言中，双儿化四字格形式状态词化对比如下。

表5-6　老舍作品语言、当代北京话和东北方言双儿化四字格形式状态词化对比

	老舍作品语言	当代北京话 （《北京话儿化词典》）	东北方言 （《东北方言概念词典》）
非状态词	10［名词］	8［名词］	2［名词、形容词各1个］
状态词	4	29	41
状态词占比	28.57%	78.38%	95.34%

---

① 《东北方言概念词典》中词条上没有带"的"但举例中带"的"的，以及实际语言运用中一般带"的"（"地"）的，本书也算作带"的"。

从现代汉语史的角度来看，在上述三种语言状态中，"…儿…儿"形式呈现出图 5-1 所示的不同面貌。

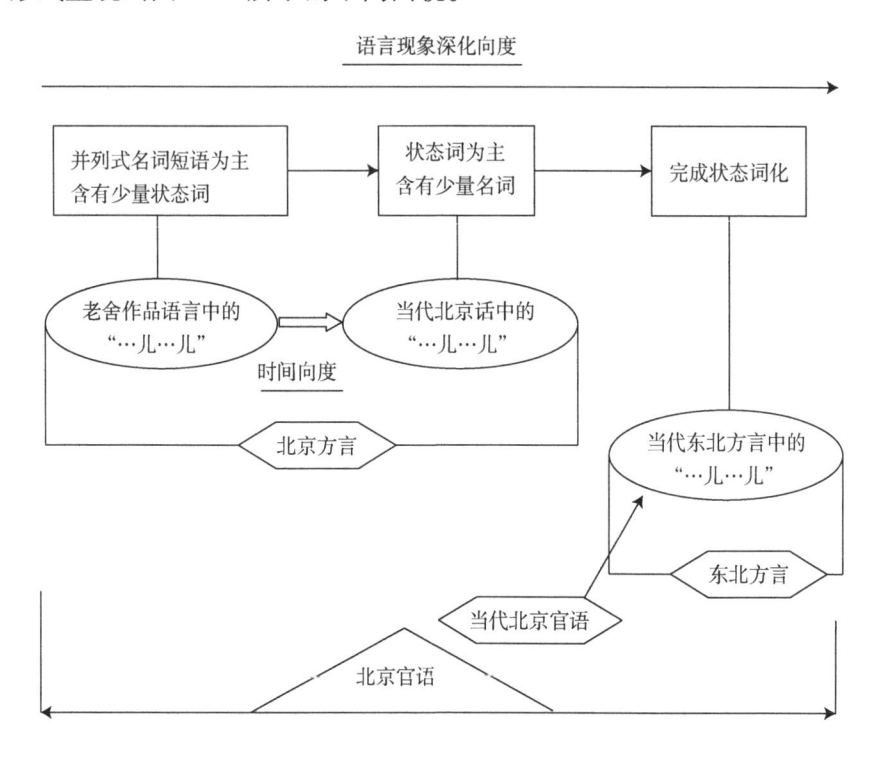

```
语言现象深化向度 →

[并列式名词短语为主    →   [状态词为主       →   [完成状态词化]
 含有少量状态词]            含有少量名词]

[老舍作品语言中的    ⇒    [当代北京话中的               [当代东北方言中的
 "…儿…儿"]               "…儿…儿"]                   "…儿…儿"]
          时间向度
              〈北京方言〉                              〈东北方言〉
                                    〈当代北京官语〉
                       〈北京官话〉
```

图 5-1

如果说，与老舍作品语言相比较，《北京话儿化词典》所反映的双儿化四字格形式有了较大的发展变化，反映了当代汉语中该格式所构成的形式向状态词的发展，那么，无论是从个体形式的词性还是带状态词缀"的"角度来看，东北方言都发展变化更快，已经接近完成"…儿…儿"格式构成形式的状态词化。

从老舍作品语言到当代北京话，体现了语言的直线型演变，而同样作为当代北京官话的两种次方言形式，东北方言与当代北京话，则由于语言变体的地域差异，而表现出发展演化的不平衡性：在方言的地域差异这种空间变异中，可以看出时间因素的不同作用。正如现代语言学的主要奠基者索绪尔所说："造成语言的分歧的正是历时事实的继起以及它们在空间上的增殖。"①

第三节 含有双"吧"和双"的"的两种四字格

本节依据《老舍全集》（修订版）第 1—12 卷建立 342 万字的较大规模的老舍中文小说戏剧语言语料库，考察白话文经典作家老舍作品中的两种四字格。为了展现语言的发展变化，我们还将老舍作品语言现象与代表当代北京话的三部作品《王朔文集》（小说）、《我爱我家》（文学剧本）、《大宅门》（文学剧本）共计 239.77 万字语料库的语言现象作对比研究。本节举例均出于两个语料库。例句出处，中、短篇小说标小说集名和小说题目，长篇小说、戏剧以及未完成作品，标小说或戏剧篇名和章节或幕数；被分析形式后边的小字号数字为其在老舍中文小说戏剧语言中出现的例次，括号内为其异形词语；义位放到｛ ｝中。

一 "A 吧 B 吧"

对于语气词，《现代汉语词典》（第 7 版）② 是这样界定的：

【语气词】 名 汉语和另外一些语言中专门表示各种语气的助词，一般位于句子末尾或句中停顿的地方。也叫语气助词、语助词。（P1601）

这也是学界共同的理解。典型的语气词有"啊、吧、呢、吗"；对于

---

① ［瑞士］德·索绪尔：《普通语言学教程》，高名凯译，商务印书馆 1996 年版，第 131 页。
② 中国社会科学院语言研究所词典编辑室编：《现代汉语词典》（第 7 版），商务印书馆 2016 年版。正文中以下只随文标注页码。

语气词"吧",《现代汉语词典》是这样解释的:

【吧】助①用在祈使句末,使语气变得较为舒缓。②用在陈述句末,使语气变得不十分确定。③用在疑问句末,使原来的提问带有揣测、估计的意味。④用于后续句的末尾,表示认可、同意等口气。⑤用在句中停顿处,表示假设、举例或让步。(P22)

但在老舍中文作品语言中,典型的语气词"吧"还有这种用法:

(1) 跟着自己呢,好吧歹吧,究竟是跟着父亲;嫁个拉车的小伙子,还未必赶上在家里好呢。(《赶集·也是三角》)

(2) 有时候他可怜女儿,女儿是卖身养着两个弟弟!恨吧疼吧,他没办法。(《骆驼祥子》十八)

(3) (一晃儿又到了中秋节。月饼很少很贵。水果很多,而且相当的便宜。兔儿爷几乎绝了迹。)不管它们多吧少吧,贵吧贱吧,它们在吃共和面的人们心中,已不占重要的地位。他们更注意那凉飕飕的西风。(《四世同堂》八十)

这种用法,《现代汉语词典》《现代汉语八百词》[1]《现代汉语语气成分用法词典》[2] 和《北京口语语法(词法卷)》[3] 都没有提及。

这种现象在老舍作品语言中不是孤例。

在老舍中文作品小说戏剧语言语料库中,共有"A 吧 B 吧"形式 5 个,共出现 9 例次:

多吧少吧2,贵吧贱吧,好吧歹吧3,好吧坏吧2,恨吧疼吧

---

[1] 吕叔湘主编:《现代汉语八百词》(增订本),商务印书馆 1999 年版,第 56—57 页。
[2] 齐沪扬主编:《现代汉语语气成分用法词典》,商务印书馆 2011 年版,第 12—14 页。
[3] 周一民:《北京口语语法(词法卷)》,语文出版社 1998 年版,第 274—276 页。

以下分别予以释义说明。

【多吧少吧】无论多或者少。等到他们找上门来的时候,再勒他们一下,虽然是一对萤火虫,到底亮儿是个亮儿;多吧少吧,哪怕只闹新缎子鞋穿呢,也不能得罪财神爷……(《赶集·也是三角》)|不管它们多吧少吧,贵吧贱吧,它们在吃共和面的人们心中,已不占重要的地位。(《四世同堂》八十)

【好吧歹吧】(运气、出身等不可避免的方面)无论是好还是坏。"老大,这一家子都仗着你呀!你看怎办好,就怎办!好吧歹吧,咱们得在一块儿忍着,忍过去这步坏运!反正我活不了好久啦,你还能不等着抓把土埋了我吗!"(《四世同堂》三十二)|心里说:好吧歹吧,这是个差事;凭我的聪明与本事,不久我必有个升腾。(《火车集·我这一辈子》)

【好吧坏吧】无论是好还是不好。好吧坏吧,那是他的收藏,将来也许随着他入了棺材,而绝对不能出卖。(《贫血集·恋》)|可是呢,在文字上,我写的好吧坏吧,通体有我个人的笔风儿;老本子中的文字总有不大通顺的地方。(《王宝钏·前言》)

【贵吧贱吧】无论是贵还是便宜。不管它们多吧少吧,贵吧贱吧,它们在吃共和面的人们心中,已不占重要的地位。(《四世同堂》八十)

【恨吧疼吧】无论是恨还是可怜、心疼。有时候他可怜女儿,女儿是卖身养着两个弟弟!恨吧疼吧,他没办法。(《骆驼祥子》十八)

能够出现在"A 吧 B 吧"中 A、B 位置上的词语,具有以下 3 个特点。

(1) 都是单音节形容词或动词。

形容词:好、歹、坏;多、少;贵、贱

动词:恨、疼(心疼;疼爱)

(2) 能够出现在"A 吧 B 吧"中 A、B 位置上的形容词和动词,都是表示同一语义范畴的性质或动作的两两相对的反义词。

(3) 都具有程度性,能受程度副词修饰。"恨吧疼吧"中与"恨"

相对的"疼",不是"疼痛"义,而表示{心疼;疼爱}义①,与"恨"一样都是可以受程度副词修饰的心理动词。

从整体功能角度来看,"A 吧 B 吧"是谓词性的。这种谓词性,来自其构成成分即"吧"前词语的谓词性:能进入该位置的同是形容词或动词,而"吧"作为语气词只表示语气而没有改变其前词语的性质,因此整个形式具有述谓性。尽管进入"吧"前的词语有程度性,可以受程度副词修饰,但构成的"A 吧 B 吧"整体却没有程度性,不能再受程度副词修饰。从句法方面来看,"A 吧 B 吧"不能作谓词性短语的中心语,而主要是单独作小句(全部 9 例次"A 吧 B 吧"中,单独作小句的有 7 例次,占总例次的 77.78%);另外有 1 例次作谓语("不管它们多吧少吧……"),也是跟主语一起构成小句;还有 1 例次作补语("我写的好吧坏吧……"),与前边成分构成小句,与后边的其他小句构成让步关系复句。

从语义方面来看,"A 吧 B 吧"表示{无论 A 或 B(哪种情况,都会如何)}的意思,与后边的小句构成让步关系复句。

从出现在"吧"前词语音节、语义、词性、综合表意、整体功能,以及前段"吧"的非处于停顿前的非语气词正常用法等角度来看,"A 吧 B 吧"具有构式性质,我们可以把它看作一种四字格,所以与成词语素相对的反义不成词语素,也可以因对举而进入这个格式,如"好吧歹吧"中的"歹",这一点也是"A 吧 B 吧"构式性质的体现。

在老舍中文小说戏剧共 342 万字语言语料库中,"A 吧 B 吧"格式四字语每万字出现 0.028 例次。

"A 吧 B 吧"这种形式的"四字格",姜德梧的《汉语四字格词典》②没有收录。

---

① 在《现代汉语词典》(第 7 版)中,"疼"有两个义项两种词性:"①形痛:头~|脚碰得很~,不能走路。②动心疼;疼爱:奶奶最~小孙子|这孩子怪招人~的。"(2016:1283)在《骆驼祥子》八中,"恨吧疼吧"是小说人物"二强子"对女儿"小福子"的心理情感,"小福子"是"疼"的隐含对象宾语。

② 姜德梧编著:《汉语四字格词典》,北京语言文化大学出版社 2000 年版。

另外，还有一种与之相近的形式"A 吧 A 吧"。在老舍中文小说戏剧 342 万字语料库中，这种形式共有 5 个——"凑吧凑吧、杀吧杀吧、砍吧砍吧、试吧试吧、搂吧搂吧"，出现 6 例次，全部例句如下：

（4）你横是多少也有个积蓄，凑吧凑吧就弄辆车拉拉，干脆大局！（《骆驼祥子》八）

（5）可倒好，我这一家子，老少里外，全是巡警，凑吧凑吧，就可以成立个警察分所！（《火车集·我这一辈子》）

（6）赵兴邦：日本人吃亏就吃亏在这里，他们以为只要把咱们的学校都炸坏了，把个读书的人杀吧杀吧，砍吧砍吧，就是征服了中国！（《大地龙蛇》第二幕）

（7）破风筝：你真会？来，试吧试吧，唱两句鼓词！（《方珍珠》第五幕）

（8）吕若冰：（进来）工程师，看（摇筒）又有二三斤！遍地是金子啊！今天更好啦，在一个地方我搂吧搂吧就这么多！（《青年突击队》第二场）

在这种形式中，出现在"吧"前边的词语与"A 吧 B 吧"词性不同，是同一个自主动作动词，不具有程度性。这种"A 吧 A 吧"不是四字格，而是后附式双音动词的重叠形式，"吧"不是语气词，而是动词后缀，放在单音节动词后边，构成的后附式双音动词与单独的单音节动词相比，表示比较轻松、随意的意思①。为了相互区别，这种用法的"吧"，可以写作"巴"。这种带"巴"的后附式双音动词可以记作"V 巴"。这种带"巴"后缀的后附双音动词在包括北京话②和东北话③在内的北京官话中普遍存在。

---

① 聂志平：《黑龙江方言后附式双音谓词》，《语言研究》1995 年第 1 期；又见《黑龙江方言词汇研究》，吉林人民出版社 2005 年版。
② 周一民：《北京口语语法·词法卷》，语文出版社 1998 年版，第 77—84 页。
③ 聂志平：《黑龙江方言后附式双音谓词》，《语言研究》1995 年第 1 期；又见《黑龙江方言词汇研究》，吉林人民出版社 2005 年版。

现代汉语词汇研究

从书面作品角度来看，在当代北京话中，这种"V 巴"呈萎缩趋势，在代表当代北京话的《王朔文集》（130.5 万字）、《我爱我家》（文学剧本版，60.77 万字）、《大宅门》（文学剧本版，48.5 万字）共计 239.77 万字的三部作品中，仅有 1 例次"V 巴"：

(9) 和平：这是饿的，咱家有什么吃的给他填吧填吧，诶，巧了，今儿咱家还吃饺子。（《我爱我家·第 17 集　不速之客》）

"V 巴"呈萎缩趋势，是北京话受普通话影响的结果。

此外，前文所谈及的老舍作品中表示｛无论 A 或 B（哪种情况，都会如何）｝的意思，与后边的小句构成让步关系复句的"A 吧 B 吧"，在代表当代北京话的上列三部作品中没有出现过，却出现一种老舍作品中所没有的"A 吧 A 吧"：

(10) "说吧说吧，我信，我正在洗耳恭听。"（王朔《痴人》）
(11) 傅老：看吧看吧，大家一起看。（《我爱我家·第 74 集 聚散两依依（下）》）
(12) 白景琦：行，元祥不好在这儿说，给那位吃里扒外的人留点面子，走，咱们借个地方去说！（和石元祥向门外走去。走到门口，又回过头）吃吧吃吧！今儿大伙儿都得喝痛快了啊！（郭宝昌《大宅门·第二十二集　乱世英雄》）

这种用法，《现代汉语词典》[1]《现代汉语八百词》[2] 和《现代汉语语气成分用法词典》[3]《北京口语语法（词法卷）》[4] 也都没有提及。在代表当代北京话的这三部作品中，共出现这种单音节动词带

---

[1] 中国社会科学院语言研究所词典编辑室编：《现代汉语词典》（第 7 版），商务印书馆 2016 年版，第 26 页。
[2] 吕叔湘主编：《现代汉语八百词》（增订本），商务印书馆 1999 年版，第 56—57 页。
[3] 齐沪扬主编：《现代汉语语气成分用法词典》，商务印书馆 2011 年版，第 12—14 页。
[4] 周一民：《北京口语语法·词法卷》，语文出版社 1998 年版，第 274—276 页。

"吧"重叠形式有 20 个，共 60 例次：

> 吃吧吃吧9，打吧打吧，道吧道吧，堵吧堵吧，看吧看吧，换吧换吧，闹吧闹吧，念吧念吧，忙吧忙吧，来吧来吧4，学吧学吧，玩吧玩吧，去吧去吧8，说吧说吧5，用吧用吧，走吧走吧17，坐吧坐吧3，吃吧吃吧吃吧，打吧打吧打吧，去吧去吧去吧

从整体角度考虑，可以把"吃吧吃吧吃吧"看作"吃吧吃吧"的扩展，这样就可以以"A 吧 A 吧"为基式来描写这种形式。

进入"吧"前构成"A 吧 A 吧"形式的，都是常用的单音节动作动词，有以下 16 个：

> 吃，打，堵，看，换，闹，念，忙，来，学，玩，去，说，用，走，坐

特殊一点的有一个"道吧道吧"，其中"道"是"道歉"的压缩形式，从上下文中可以看出：

> (13) 李东宝闻之不忍，对大家说："要不咱们就给他们道个歉。"戈玲、于德利都说："道吧道吧，有什么大不了的？给《大众生活》这样的刊物道歉也不丢人。"（王朔《懵然无知》）

这种不成词语素的词化用法，正是在"A 吧 A 吧"中实现的，这也可以看作"A 吧 A 吧"格式的要求使然，是整体结构决定要素用法的一种表现。

在"A 吧 A 吧"中，能够进入"吧"前的只能是自主性的单音节常用动作动词；在句法上，"A 吧 A 吧"只能单独作句子或小句，不作其他句法成分；在语用功能上，"A 吧 A 吧"只能作祈使句，表示带有一点无奈或不耐烦甚至厌烦的催促语气：

(14) 乌宝生：（对看病的老乡）走吧！今天有事儿，不看病了，走吧走吧！明日再来！（郭宝昌《大宅门·第十七集　患难鸳鸯》）

(15) "叫他们进来吧，来吧来吧。"于观向他们招手。二人笑着进了屋。（王朔《你不是一个俗人》）

(16) "走吧走吧。"周瑾拉关山平，"交了钱就别跟他说了。"（王朔《永失我爱》）

在例（14）和（15）中，"A 吧 A 吧"作小句，而在例（16）中"A 吧 A 吧"单独作句子。

如果加强语气，或者在同一句中再一次使用"A 吧 A 吧"，或者在"A 吧 A 吧"的基础上再增加一个"A 吧"：

(17) 傅老：啊，吃吧吃吧，又肥又腻，可过瘾啦，吃吧吃吧。[《我爱我家·第69集 独立宣言（上）》]

(18) 圆圆：吃吧吃吧吃吧，吃光了算……[《我爱我家·第61集 村里有个姑娘叫小芳（上）》]

(19) 圆圆：打吧，打吧打吧，你打吧，反正我已经把我们家电话线给掐断了。[《我爱我家·第82集 情暖童心（下）》]

在上述语言现象中，"A 吧 A 吧"有57例次，"A 吧 A 吧 A 吧"有3例次，占含"吧"单音节动词重叠式的5%，而"A 吧 A 吧"占95%。这说明，在当代北京话中，"A 吧 A 吧"是一种后兴起的四字格。在三部作品239.77万字当代北京话语料库中，"A 吧 A 吧"每万字出现0.25例次，有着较强的生命力。

二　"A 的 B 的"

"的"是现代汉语中使用频率最高的词，也是用法、意义非常复杂的词。

20 世纪 50 年代，作为 30 年代《国语辞典》1947 年版删改本的《汉语词典》，是这样说明"的"的：

①表所属之介词，如太阳的光、我的书。②介散动词或形容语句之介词，如来的人是谁、打虎的武松。③同得㈢（1），如唱的好、好的很。④形容词语尾，如红的花。⑤副词语尾，如慢慢的走。⑥联接代名词，如卖花的。⑦表决定之助词，"无论如何，生意买卖总要顾到的"。⑧同得㈢（2），如"拿不得轻，负不的重。"①

《汉语词典》关于"的"的说明，有 3 点值得注意。

（1）采用中国第一部现代意义的语法著作《马氏文通》的观点。包括：（a）模仿《马氏文通》对"之"的看法，把"的"看作"介词"；（b）采用马建忠对"者"的观点（接读代词），把"卖花的"中的"的"看作"联接代名词"；（c）采用"散动"的说法；（d）把句末的"的"看作语气词，采用《马氏文通》的说法——助词。

（2）词尾说：形容词语尾、副词语尾。

（3）相当于表可能的动词或助词"得"。

在《现代汉语词典》中，无论是试用本②，还是第 7 版，对"的"的说明是一致的：

【的】 助①用在定语后面。②用来构成没有中心词的"的"字结构。③用在谓语动词后面，强调动作的施事者或时间、地点、方式等。④用在陈述句的末尾，表示肯定的语气。⑤用在两个同类的词或词组之后，表示"等等、之类"的意思。⑥〈口〉用在两个数量词中间。③

---

① 中国大辞典编纂处编：《汉语词典》（原名《国语辞典》），商务印书馆 1957 年版，第 167 页。
② 中国科学院语言研究所词典编辑室编：《现代汉语词典》（试用本），商务印书馆 1973 年版，第 201—202 页。
③ 中国社会科学院语言研究所词典编辑室编：《现代汉语词典》（第 7 版），商务印书馆 2016 年版，第 272—273 页。

"用来构成没有中心词的'的'字结构"中一个小类的说明，举了一个例子——"菊花开了，有红的，有黄的"。

现代汉语语法学大家朱德熙，1961 年发表了一篇影响很大、引发关于汉语语法研究方法论讨论的论文——《说"的"》。朱德熙根据描写语言学派的分布理论，把"的"分为 3 个成分："的$_1$"是副词性后附成分，"的$_2$"是形容词性后附成分，"的$_3$"是名词性后附成分。[1] 30 多年后，在遗作《从方言和历史中看状态形容词的名词化》中，朱德熙仍坚持"的"的三分，认为"的$_1$"是副词词尾，放在"忽然、格外、渐渐"等双音节副词词干后构成副词；"的$_2$"是状态形容词词尾，放在"红红、干干净净、红通通"之类状态形容词词干之后构成状态形容词；"的$_3$"是名词化标志，放到名词、动词、形容词、代词及各类词组后，构成名词性词组。[2] 从汉语语法学史的角度来看，朱德熙关于"的"分别是副词词尾、形容词词尾和名词化标志的观点，是从分布、历史、方言三个角度，印证了《汉语词典》（"国语辞典"）的词尾说。

（20）夏天到了，花圃里开满了红的黄的各种颜色的花儿。
（21）菊花开了，有红的，有黄的。[3]

按《现代汉语词典》的说明，放在形容词后，"的"有两个意义、两种用法，是不同的。"的"在例（20）中属于义位①，是用在定语后边，作定语的是形容词"红""黄"以及词组"各种颜色"；在例（21）中，属于义位②"构成没有中心词的'的'字结构"中的一个小类"a）代替上文所说的人或物"，作为"的"字结构，"红的""黄的"代替前边出现过的"菊花"。

---

[1] 朱德熙：《说"的"》，《中国语文》1961 年第 12 期。
[2] 朱德熙：《从方言和历史中看状态形容词的名词化》，《方言》1993 年第 2 期。
[3] 见中国科学院语言研究所词典编辑室编《现代汉语词典》（试用本），商务印书馆 1973 年版，第 201 页；中国社会科学院语言研究所词典编辑室编《现代汉语词典》（第 7 版），商务印书馆 2016 年版，第 272 页。

按朱德熙的观点，"的"放在形容词后边，无论是在例（20）还是例（21）中，"的"的性质作用是一样的，都是名词化标志"的$_3$"，例（20）中心语"花儿"前边的"红的""黄的"，例（21）"有"后边独立使用的"红的""黄的"，性质是一样的，都是名词性词组；这样，在例（20）中，作定语的不是形容词"红""黄"，而是名词性词组"红的""黄的"以及"各种颜色的"。

作为典范的白话文经典作家作品，在老舍中文小说语言中，"的"同样也是出现频率最高的语言成分，尤其是描写性语言：

（22）围着玉石牌楼红的绿的大汽车，一闪一闪的绕着圈儿跑，远远的从雾中看过去好象一条活动的长虹。（《二马》第一段）

（23）老马看马威和李子荣全出去了，他把玻璃窗上的红的绿的单子全揭下来，因为看着俗气，又被马威透透的数落一顿。（《二马》第四段）

（24）再配上为拜月用的，贴着金纸条的枕形西瓜，与黄的红的鸡冠花，可就使人顾不得只去享口福，而是已经辨不清哪一种香味更好闻，哪一种颜色更好看，微微的有些醉意了！（《四世同堂》十四）

（25）这亮光使白玉石的桥栏更洁白了一些，黄的绿的琉璃瓦与建筑物上的各种颜色都更深，更分明，像刚刚画好的彩画。（《四世同堂》五十三）

（26）船太多了！大的小的，高的矮的，丑的俊的，长的短的。（《小坡的生日·九 海岸上》）

（27）"别美啦！给我买线去！青的白的两样一个铜子的！"（《集外·小玲儿》）

以上 6 个例子中，下边标有着重号的部分，都是"形容词+的"，或者作定语，如例（22）、（23）、（24）、（25）；或者像《现代汉语词典》中所说的，"构成'的'字结构，代替前边所说的人或物"，如例（26）、（27）。

但上边所列老舍小说中的 6 个例子，却让我们看到了《现代汉语词典》以及如朱德熙论文之类的研究性论著中所没有提到的现象：两个单音节形容词后边分别加"的"，构成一个"A 的 B 的"格式的四个音节、四个汉字形式。这种形式，给人一种非常醒目的整齐感，尤其是例（26），连用四个形式，这种整齐感尤为突出：

(26) 船太多了！大的小的，高的矮的，丑的俊的，长的短的。（《小坡的生日·九 海岸上》）

这不是偶然现象。

能够进入"的"前构成"A 的 B 的"形式短语的，都是单音节词语，没有例外。

这种"A 的 B 的"形式短语，姜德梧的《汉语四字格词典》没有收录。

通过对 342 万字的老舍中文小说戏剧语言语料库检索，我们共检索到"A 的 B 的"形式 40 个，共出现 59 例次。老舍中文小说戏剧语言中的"A 的 B 的"可以分为 4 类：

a：a^1：红的绿的 2，红的黄的 2，黄的红的，黄的绿的，青的红的，青的白的，红的紫的

a^2：长的短的 3，大的小的 3，方的圆的，扁的长的，高的矮的，小的旧的，大的新的

a^3：村的野的，贫的富的，新的旧的，真的假的，好的歹的 3，善的恶的，丑的俊的，老的小的 5，老的幼的 2，老的烂的，凉的热的，凉的死的，硬的凉的，老的少的

b：飞的走的，死的活的，活的死的，吃的用的，使的用的，看的听的，买的卖的，谈的做的，穿的戴的

c：男的女的 7，文的武的

d：荤的素的

a 类"A 的 B 的",处于 A、B 位置的,都是单音节形容词;其中 a^1 是颜色类形容词,a^2 是性状类形容词,a^3 是表示其他性质的形容词,个别的已不单独成词,如"好的歹的"中的"歹","老的少的"中的"少","老的幼的"中的"幼"。b 类是常用的单音节动作动词,c 类是单音节区别词,也就是《现代汉语词典》上所标注的"属性词",d 是名词。

能够进入 A、B 位置构成"A 的 B 的"形式的形容词,都属于同一语义范畴:如果进入 A 位置的形容词是表示颜色的,那么进入 B 位置的形容词也是表示颜色的,如 a^1 小类;如进入 A 位置的形容词是表示性状的,那么进入 B 位置的也是表示性状的,a^2、a^3 情况也一样。同时,进入 A、B 位置的形容词、区别词和名词,多是反义词,如:

    长:短(长的短的) 大:小(大的小的)
    方:圆(方的圆的) 真:假(真的假的)
    好:歹(好的歹的) 老:小(老的小的)
    老:少(老的少的)

也有类义词,如:

    红:绿(红的绿的) 黄:绿(黄的绿的)
    青:白(青的白的) 红:紫(红的紫的)
    村:野(村的野的)

也有少数词语在两相对应中体现出共同认知色彩,具有相同的肯定或否定色彩,如:

    老:烂(老的烂的) 凉:死(凉的死的)

"老""凉"词义本来没有否定色彩,但与"烂""死"相对应,就表示不好的性质。

上列例（22）至（27）都是由形容词构成的"A的B的"形式短语。

由动词构成的"A的B的"形式短语有9个，全部形式如下：

（28）在人们还一半吃饭，一半吃迷叶的时候——这是多少年前的事了——人们已把一切动物吃尽，飞的走的一概不留；现在你可看见过一个飞禽或走兽？（《猫城记》二十二）

（29）况且太太还很开通，吃的用的都常得到一些；算了吧，直当是拉着个不通人情的猴子吧。（《骆驼祥子》二十）

（30）猪肉，羊肉，牛肉；鸡，活的死的；鱼，死的活的；各样的菜蔬：猪血与葱皮冻在地上；（《离婚》第三）

（31）讲穿的，讲戴的；讲看的听的，使的用的，都是如此；（《火车集·我这一辈子》）

（32）孟小樵　我穿的戴的也都不对？（《方珍珠》第四幕）

（33）秦伯仁　您为什么不去看看，我们谈的做的都是什么呢？（《秦氏三兄弟》第一幕）

（34）齐凌云　我愿意伺候人，可不伺候故意捣乱的！买的卖的都要协作，新风气才能树立起来，我看不上你这嬉皮笑脸的态度！（《女店员》第二幕）

在"A的B的"形式中，进入A、B位置的动词，都是表示同一类语义范畴的常见动作行为：

飞、走——表示位移动作类动词

吃、用——表示人为生存而进行的消耗类动作动词

活、死——表示生命状态的两个方面

看、听——表示感官感知类动作

使、用——表示使用类动作

穿、戴——表示人穿服饰的行为

谈、做——表示主体人的可控自主行为

买、卖——表示货币和商品交易的行为

也都是表示同类的相对义动作，有的还可以构成复合词语，如"使用、死活"。

在老舍中文小说戏剧语言语料库中，区别词构成的"A 的 B 的"形式只有"男的女的"和"文的武的"2个：

（35）自然男女兼收的地方是男的女的都不去，而衙门里也还没有女子告爸爸的纪录，可是有了这么股子"气儿"了。（《牛天赐传·二十 红半个天》）

（36）他有了朋友，男的女的。（《牛天赐传·二十 红半个天》）

（37）老的幼的，男的女的，还有在胎里的婴儿，都在空中，旷野，水里火里，仰首向天，呼叫复仇报怨！（《四世同堂》七十九）

（38）张自忠　来！（看杨立起来）杨先生，徐州有危险的时候，到这里来！太好了！这么一抗战，文的武的都成了好朋友啦！（《张自忠》第二幕）

由名词构成的"A 的 B 的"形式短语只有一个"荤的素的"：

（39）小唐嫂　我这不是自己做饭了吗？王大嫂，食堂的饭我吃不惯，不管荤的素的都没个味儿！我情愿费点事，自己做点吃。（《红大院》第三幕）

能够进入"A 的 B 的"格式中相对应的 A、B 位置的区别词、名词，是表示属于同一个语义范畴的两两相对事物的反义或对义词。

综上分析，**能够进入"A 的 B 的"格式中相对应的 A、B 位置的词语，具有以下特征：**

（1）能够进入"的"前构成"A 的 B 的"形式短语的词语，都是单音节词语；

(2) 能够进入"的"前构成"A 的 B 的"形式短语的词语，词性相同，亦即属于同一词类，或同是形容词，或同是动词，或同是区别词，或同为名词；

(3) 无论上列哪类词语，能够进入"A 的 B 的"的词语，必然是表示同一类语义范畴的词语；

(4) 能够进入"A 的 B 的"中"的"前的形容词、区别词和名词，在意义上相反或相对，彼此为反义词或对义词；

(5) 能够进入"A 的 B 的"中"的"前的动词，属于同一类语义范畴的自主性的动作动词。

也就是说，只有符合以上 5 项特征的词语，才能进入"A 的 B 的"中相对应的 A、B 的位置。

"A 的 B 的"四字格所构成的四字语，在句中一般作主语，如例 (28)、(29)、(34)、(35)；作定语，如例 (22)、(23)、(24)、(25)；作宾语，如例 (31)；作小句，如例 (26)、(30)、(36)、(37)。

"A 的 B 的"四字格所构成的四字语功能分布见表 5-7。

表 5-7　　"A 的 B 的"四字格所构成的四字语功能统计

	主语	宾语	定语	小句	总计
出现例次	16	9	14	20	59
百分比（%）	27.12	15.25	23.73	33.9	100

从"A 的 B 的"形式短语的句法功能来看，"A 的 B 的"四字格所构成的四字语都是名词性的短语。"A 的 B 的"中的"的"是名词词缀，与前边的单音节词语构成名词性的双音节"的"字结构，具有指称性。前后两个双音节"的"字结构并列构成四字短语，通过对具有同一类范畴的相关、相对或相反动作和性质或属性事物的罗列，**表示{包括以 A、B 为代表的相关、相对或相反的所有项}**，与单纯的列举两项的"A 的"+"B 的"表意明显不同。

从对进入"的"前词语的音节、词义、词性限制以及"A 的 B 的"整体功能和综合意义五个方面来看，我们有理由把"A 的 B 的"看作四字格的一种。

有时名词中心语会有由形容词构成的多项定语：

（40）两只胳膊捧着一座山，一座方的圆的扁的长的红的黄的各色各样的包儿盒儿堆成的山。（《天书代存·马大成致储贾一函》）

表面看起来这个由形容词构成的多项定语的用法的存在，是我们把"A 的 B 的"看作四字格的反例，实则不然，这个例子应该这样分析：

……（方的圆的）（扁的长的）（红的黄的）各色各样的包儿盒儿

它属于四字格词语的连用形式，因为表示定语的括号内的每个形式，都符合我们对"A 的 B 的"四字格构成的分析。

另外，在老舍中文小说戏剧语言语料库中，我们还检索到这样一个例子：

（41）您这还不是造化，有儿有女，大哥又这么能事；吃的喝的用的要什么有什么！"（《离婚》第二）

这个例子，可以看作对"A 的 B 的"格式的一种扩展，是一种活用现象。

在342万字的老舍中文小说戏剧语言语料库中，每万字中"A 的 B 的"格式四字语出现0.173例次。

"A 的 B 的"四字格用法，在北京话中现在还保留着。在代表当代北京话的《王朔文集》（小说）、《我爱我家》（文学剧本）和《大宅门》（文学剧本）三部作品239.77万字的语料库中，共出现"A 的 B 的"形式短语20个，共43例次：

白的黄的2，吃的用的，吃的穿的，吃的睡的，吃的喝的2，

· 329 ·

穿的用的，大的小的，飞的跑的，干的稀的，好的坏的，
好的赖的，男的女的8，老的少的，使的用的，生的养的，
死的活的，香的臭的，歪的斜的，亲的热的2，真的假的14

能够进入"的"前构成"A的B的"形式短语的都是单音节词动词或形容词，有以下35个。

形容词：白、黄、大、小、干、稀、好、坏、赖<u>不好</u>；香、
臭、歪、斜、亲、热、真、假
动词：吃、用、穿、睡、喝、飞、跑、使、生、养、死、活
区别词：男、女
不成词语素：老、少、亲、热

其中形容词、动词和区别词的情况与老舍中文小说戏剧语言的情况相同，而增加了"老少""亲热"两个双音节词语构词语素临时词化进入"的"前构成"A的B的"形式短语的用法：

（42）朱顺：怎么就是应当的？这年头只要你穷，亲的热的都躲你远远儿的！见死不救那不是常事儿么，更何况素不相识呢。[《大宅门·第四集 颖园入狱》（文学剧本）]

（43）白颖轩：我算看透了，什么亲的热的，一有了难处，谁顾谁呀？可我就看不下去你受他们欺负！[《大宅门·第七集 明争暗斗》（文学剧本）]

（44）和我站过一起的人多了，我甚至天天在公共汽车里和老的少的香的臭的女人挤在一起——谁也不认识谁。（王朔《我是狼》）

这是"A的B的"格式的要求。

在代表当代北京话的三部作品语言语料库中，每万字中"A的B的"格式四字语出现0.175例次，与老舍中文小说戏剧相比，下降了0.007个百分点，几乎可以忽略不计。

三 结语

在342万字老舍中文小说戏剧语言语料库中，含有两个"吧"或两个"的"构成的"A吧B吧"和"A的B的"两种格式短语，具有很强的规律性，可以看作两种特殊的四字格。两种格式既有相同点，又有不同点。

相同点：

(1) 两种格式中，能够进入A、B位置的，都是单音节词语；

(2) A、B词性相同；

(3) 两种格式中，能够进入A、B位置的，有形容词和动词；

(4) A、B属于同一个语义范畴，在意义上相反或相对；

(5) 由于"吧"语气词性质与"的"助词性质的差异，而导致两种格式具有不同的功能。

不同点：

(1) 能够进入"A的B的"中A、B位置的，不仅有形容词和动词，还有区别词；

(2) 在词义上，进入"A吧B吧"中A、B位置的都具有程度性，能受程度副词修饰；

(3) 整体性质上，"A吧B吧"是谓词性的，而"A的B的"是名词性的；

(4) 整体功能上，"A吧B吧"是谓词性的，作小句、谓语或补语，而"A的B的"是名词性的，主要作主语、宾语、定语和小句；

(5) 在整体表意上，"A吧B吧"表示｛无论A或B（哪种情况，都会如何）｝的意思，与后边的小句构成让步关系复句；而"A的B的"则通过列举包含A、B两种相关、相对或相反动作、性质或属性的事物，具有指称性，表示｛包括以A、B为代表的相反相对的所有项｝，而作小句则具有描述性；

(6) "A吧B吧"在当代北京话中处于萎缩消亡状态，而"A的B的"与继"A吧B吧"后新兴的四字格"A吧A吧"则有较强的生命力。

第四节　含有双"又"的"又…又…"结构

《现代汉语词典》试用本中,对"又"是这样解释的:

【又】副词,①表示重复或继续。②表示几种情况或性质同时存在。③表示意思上更进一层。④表示在某个范围之外有所补充。⑤表示整数之外再加零数。⑥表示有矛盾的两件事情。⑦表示转折。⑧用在否定句或反问句里,加强语气。①

在义位②中又分单用和连用两类,连用的例证是"~红~专｜~多~快｜~好~省"。在《现代汉语词典》第7版中,"又"被解释为有6个义位:

【又】副①表示重复或继续。②表示几种性质或情况同时存在(多重复使用)。③表示补充,追加。④表示整数之外再加零数。⑤说明另一方面的情况。⑥用在否定句或反问句里,加强语气。②

取消了试用本中的两个义位。对于义位②所举的例证是:

~好~快｜~香~脆｜温柔~大方｜她~想去,~不想去,拿不定主意。

其中前两个例证,是隔一个形容词重复使用"又"两次。前边3个例子,可以看作表示两个"又"之后,或者单用一个"又"的前后,两个形容词所表示的性质同时存在;后一个例子,两个"又"之后的短语"想去"和"不想去",表示两种情况同时存在。

---

① 中国科学院语言研究所词典编辑室编:《现代汉语词典》(试用本),商务印书馆1973年版,第1251页。
② 中国社会科学院语言研究所词典编辑室编:《现代汉语词典》(第7版),商务印书馆2016年版,第1592页。

在姜德梧编著的《汉语四字格词典》中，收录了格式"又…又…"：

> 这一格式表示两种性质或动作等同时存在。与之搭配的常是意义相类或相近的两个形容词或动词。①

并在这个格式下收录了"又矮又胖、又白又胖"等37个形式。为了行文简洁，我们把这种格式记作"又A又B"。

本节分析白话文经典作家老舍中文小说语言中的"又A又B"这种格式。

一 老舍中文小说语言中"又A又B"格式四字语出现情况

在250万字的老舍中文小说语言语料库中，出现由这种"又A又B"格式构成的四字形式有88个，共102例次（短语形式后边的数字为出现例次。下同）：

> 又矮又黑，又暗又冷，又白又胖3，又柴又硬，又潮又臭，
> 又馋又懒，又长又大，又长又宽，又长又斜，又长又胖，
> 又粗又红，又粗又多，又臭又长，又臭又硬2，又臭又丑，
> 又臭又暗，又脆又响，又丑又凶，又大又笨，又短又扁，
> 又低又窄，又肥又大3，又干又偏3，又干又硬，又干又涩，
> 又高又瘦，又高又蓝，又高又大，又黄又肿，又黑又匀，
> 又黑又亮，又黑又长，又黑又瘦2，又黑又胖，又喊又闹，
> 又黄又松，又黄又瘦，又狠又硬，又急又愧2，又惊又喜3，
> 又偏又硬2，又紧又瘦，又娇又嫩，又焦又长，又宽又直，
> 又宽又大3，又渴又饿，又快又稳，又哭又说，又冷又饿，
> 又冷又湿，又凉又湿，又美又香，又明又暖，又粘又苦，

---

① 姜德梧编著：《汉语四字格词典》，北京语言文化大学出版社2000年版，第265页。

又蓝又润，又浓又臭，又热又亮，又软又白，又软又细，
又傻又懒，又瘦又尖，又瘦又小，又瘦又长，又瘦又脏，
又涩又暗，又湿又红，又酥又甜，又酸又霉，又涩又臭，
又泡又松，又穷又硬，又细又匀，又小又硬，又香又甜，
又细又香，又圆又大，又圆又胖，又硬又长，又硬又光，
又糟又倔，又脏又黄，又脏又乱，又脏又破，又脏又油，
又脏又臭，又重又大，又贼又坏

在这 88 个"又 A 又 B"格式四字短语中，与姜德梧《汉语四字格词典》相同的有 10 个：

又白又胖，又臭又硬，又臭又丑，又高又大，又干又硬，
又黑又亮，又黄又瘦，又惊又喜，又香又甜，又脏又破

在上列 10 个"又 A 又 B"四字格短语中，《汉语四字格词典》只有"又臭又丑、又干又硬"两个使用的是老舍《四世同堂》中的例子。

二 构成"又 A 又 B"格式的 A 与 B 的词性与语义关联

在老舍中文小说语言语料库中出现的 88 个"又 A 又 B"四字格短语，能够进入 A、B 位置的词有两类：（1）单音节动词；（2）单音节形容词。

由单音节动词构成的只有以下 3 个，共出现 5 例次：

又喊又闹，又哭又说，又惊又喜3

这 3 个由动词构成的"又 A 又 B"四字格短语，占老舍中文小说语言语料库全部同类四字格短语的 3.41%，占"又 A 又 B"四字格短语总例次的 4.9%。

由单音节形容词构成的"又 A 又 B"四字格短语有 85 个，占全部四字格短语总量的 96.59%；它们共出现 97 例次，占"又 A 又 B"四

字格短语总例次的95.1%。

　　这说明，至少从老舍小说语言语料库来看，无论是词语量还是出现的例次，"又A又B"四字格短语，都以由单音节形容词构成的占绝对优势。

　　依《现代汉语词典》上的说明，我们可以把这种"又A又B"四字格短语表示的意思表述为｛表示A和B两种性质或状态同时存在｝。例如：

　　【又矮又黑】个子矮，皮肤黑。黄天霸不过是个小白脸，康小八——跟他自己一样的又矮又黑——才是真正的好汉，(《贫血集·八太爷》)

　　【又暗又冷】光线弱而且冷。房子现在不好找，即使南屋又暗又冷，也会马上租出去，而且租价不会很低。(《四世同堂》六十三)

　　【又白又胖】颜色白，脂肪多。有时候老夫妇不在家，小夫妇也开过几次交手战，可是打架与爱情无伤，打来打去，她竟自供献给他一个又白又胖的小女孩——龙凤。(《老张的哲学》第十七)

　　【又柴又硬】油脂成分少，纤维多，不易咀嚼。那位先生预备的"桂花翅子"，是又柴又硬，比鱼头还难吃！(《老张的哲学》第三十二)

　　【又潮又臭】潮湿而且有臭味。屋里又潮又臭，地上的土有个铜板厚，靠墙放着份铺板，没有别的东西。(《骆驼祥子》五)

　　【又馋又懒】馋而且不喜欢活动、工作。多大爷不大要强，虽然没作过、也不敢作什么很大的伤天害理的事，可是又馋又懒，好贪小便宜。(《正红旗下》八)

　　【又娇又嫩】娇气而且柔嫩。娶姨太太还是到苏杭一带找个中等人家的雏儿，林黛玉似的又娇又嫩。(《蛤藻集·且说屋里》)

　　对于进入"又A又B"四字格中A、B两个位置的词语，姜德梧编著的《汉语四字格词典》认为"常是意义相类或相近的两个形容词或动词"[①]，亦即认为A、B两个词语"意义相类或相近"。

　　我们不同意这种看法。所谓意义相类，是指意义上属于同一类，比如：

---

① 姜德梧编著：《汉语四字格词典》，北京语言文化大学出版社2000年版，第265页。

红～～黄～～绿～～蓝～～白～～粉（同属于颜色类）

而且意思相近，比如：

潮～～湿　　迟～～晚　　黑～～暗

但即便以该词典所列与老舍小说共同的 10 个"又 A 又 B"四字格短语来看，没有一组 A、B 是意义相类或相近的：

又白又胖：白（颜色：像雪的颜色）～～胖（躯体：脂肪多）

又臭又丑：臭（气味：难闻的气味）～～丑（相貌：丑陋，不好看）

又臭又硬：臭（气味：难闻的气味）～～硬（质地：质地紧密，受外力作用不易变形）

又干又硬：干（触感：干燥，水分少）～～硬（质地：质地紧密，受外力作用不易变形）

又高又大：高（长度：纵向长度大）～～大（体积或面积大）

又黑又亮：黑（颜色：像煤或墨的颜色）～～亮（视觉：光线强）

又黄又瘦：黄（颜色：像丝瓜花或向日葵花的颜色）～～瘦（躯体：脂肪少）

又惊又喜：惊（情绪：由于突然的刺激而精神紧张）～～喜（情绪：高兴）

又香又甜：香（气味：好闻的气味）～～甜（味道：像糖的味觉）

又脏又破：脏（性状：不干净）～～破（性状：完整的东西因受损伤而变得不完整）

也没有下边这样的"又 A 又 B"四字格短语：

＊又红又黄　　＊又黄又绿　　＊又蓝又白
　　＊又潮又湿　　＊又迟又晚　　＊又黑又暗

　　不仅如此，我们所列出的所有"又A又B"四字格短语，其中的A、B都不是意义相类或相近的。既然两种性质能够同时存在，就必然有相似性；那么，这种相似性是什么呢？

　　我们认为，"又A又B"四字格短语中A、B的相似性，就是A、B在主观上都表示具有相同趋向性的附加意义。

　　相同趋向性，是指A表示好的方面的性质，B也是表示好的方面性质，如"又香又甜、又酥又甜、又白又胖、又脆又响"等，"香""甜"表示令人愉悦的味道，"酥""甜"表示令人愉悦的口感，"白""胖"表示婴儿或儿童令人喜爱的肤色、体态，"脆""响"表示令人满意的听觉感知。如果A表示不好方面的性质，则B也表示不好方面的性质，如"又矮又黑、又臭又丑、又脏又破"等，"矮"表示身高低，"黑"表示肤色，都属于体貌方面令人不满意；"臭"表示难闻的气味，"丑"是视觉上难看；"脏""破"都表示物体不好的性质。这种趋向性尽管有一定的客观理据，即表示宏量义的，如"高、大、亮"等构成的"又A又B"四字格短语，都是表示正向性，或者说好的性质，但也不绝对，如从身材角度来说，"高""大"是宏量义的，那么说某人"又高又大"，就是好的评价；但在"又大又笨"中，"大"就不是一种正向的或者好的性质了——因为"笨"是负向或被否定方面的性质，所以也带动"大"具有超过预想的负向的不好的性质。我们认为，这种相同趋向性附加意义，是"又A又B"这个结构所带来的，是结构义，或者说是构式义。

　　不仅作为由单音节形容词构成的"又A又B"中A和B在语义上具有相同趋向性的附加意义，进入"又A又B"中的动词也是如此，在前文中所列的3个由动词构成的"又A又B"——"又喊又闹、又哭又说、又惊又喜"——也是如此："又喊又闹"中"喊""闹"都含有令人不快的发音行为，"又哭又说"中"哭"表示｛因痛苦悲哀或感情激动而流泪，有时候还发出声音}①，"说"表示{用话来表达意思}②，不仅都含有"发声"这一行为，还包含有相同的情绪因素，而"又惊又喜"中，由于"喜"的高兴情绪，也使"惊"具有相同的附加色彩义。

"又A又B"四字格短语中，只有以下23个表示A和B两种好的性质或状态同时存在：

> 又白又胖3，又长又宽，又脆又响，又高又蓝，又高又大，
> 又娇又嫩，又宽又直，又宽又大3，又快又稳，又美又香，
> 又明又暖，又蓝又润，又热又亮，又软又白，又软又细，
> 又酥又甜，又细又匀，又香又甜，又细又香，又圆又大，
> 又圆又胖，又硬又长，又硬又光

表示这种意思的四字格短语，占88个"又A又B"四字格短语的26.14%；它们出现27例次，占这类四字格短语总例次102例次的26.47%。

也就是说，大多数"又A又B"四字格短语——3/4左右，都是表示A和B两种不好的性质或状态同时存在的意思。

三 由"又A又B"格式构成的四字语与非四字语

除构成四字格短语外，在主观上都是由具有相同趋向性附加意义的词语A、B构成的"又A又B"格式短语，还有8个共9例次是由5个字构成的，具体例子如下：

> （1）平常人们说笑话，总是又长又复杂，钩儿弯儿的，老听不明白。（《小坡的生日·四 花园里》）

---

① 中国社会科学院语言研究所词典编辑室编：《现代汉语词典》（第7版），商务印书馆2016年版，第753页。

② 中国社会科学院语言研究所词典编辑室编：《现代汉语词典》（第7版），商务印书馆2016年版，第1232页。

(2) 假若北平是一匹骏马，这却是它的一条又长又寒伧的尾巴。(《四世同堂》六十一)

(3) 小顺儿的妈长得不难看，中等身材，圆脸，两只又大又水灵的眼睛。(《四世同堂》一)

(4) 小顺儿的妈的又大又水灵的眼很快的转动了两下，已经猜到老太爷的心意。(《四世同堂》一)

(5) "姐丈！那是个好孩子，长得又俊又结实！"(《四世同堂》四十五)

(6) 你要是花一大堆钱，给她们买好些又贵又没用的东西，我倒未必看得起你啦！(《四世同堂》二十九)

(7) 有的抢着一个花生，登时坐下就吃，吃得香甜有味，小白牙咯哧咯哧咬得又快又好笑。(《小坡的生日·十 生日》)

(8) 偷偷看李子荣一眼，李子荣已经包完好几个，包得是又齐又好看。(《二马》第四段)

(9) 马先生！你是又好又淘气！(《二马》第三段)

在上边所列举的例句中，例(1)"长""复杂"的话语，在理解上都费周折；例(2)"长、寒伧"都是不好的视觉印象；例(3)、(4)眼睛"大、水灵"都是好看；例(5)婴儿"大""结实"都是好的特征；例(6)买的东西"贵""没用"，都是不如意的；例(7)"快""好笑"都是速度和心理上愉快的感觉，例(8)样式的"齐(整齐)""好看"都是视觉上愉快的感觉；而例(9)的"又好又淘气"表面上看是一褒("好")一贬("淘气")，实际上是房主温都太太因老马先生没说就做，自己花钱买了花苗给温都太太家的院子栽满了鲜花，又不说花多少钱，温都太太用贬义词"淘气"来表示亲昵。

因此，由5个字构成的"又A又B"式短语，亦即A是单音节形容词、B是双音节形容词，与"又A又B"四字语一样，**A与B词性一致，词义上具有共同的语义趋向性，都表示{具有相同趋向性附加意义的两种性质或状况同时存在}**。同时，由5个字构成的"又A又B"式短语，双音词语只能出现在B的位置上。

此外，在老舍中文小说语料库中，还有由 6 个或 6 个以上音节构成的"又 A 又 B"式短语，共出现 6 例次，多音节形式也只能出现在 B 的位置上：

（10）腕子是又粗又有力气，筋是筋骨是骨的好看。（《二马》第二段）

（11）不是到夏天自己咬不着身上的狗蝇就转圈，又急又没办法？（《离婚》第十七）

（12）及至扎好了秋秸，糊新纸的时候，新银花纸的面子是又臭又挂鼻子。（《火车集·我这一辈子》）

（13）脚上剩下四大妈给他做的棉布袜，跑起来又软又不出声儿。（《火葬》三十一）

（14）秀珍笑着和天一握手，又热又有力气。（《赶集·同盟》）

（15）他的头又抬起来：脸上有点笑意，眼中微湿，就像个忠厚的小儿看着一个老虎，又爱又有点怕忧。（《赶集·大悲寺外》）

但这种 B 由 3 个或 3 个以上音节形式构成，亦即"又 A 又 B"由 6 个及以上音节形式构成的"又 A 又 B"式短语，与前边所讨论的四字或五字形式的"又 A 又 B"式短语不同。（1）在词性上，第一个"又"后边是单音节形容词，但第二个"又"后边的都不是形容词，而是动词短语。（2）作为 B 的动词短语也具有程度性质，与前边作为 A 的单音节形容词一样，可以受程度副词修饰，如例（15）中的"有点怕忧"。（3）在词义上，A 与 B 也具有共同趋向性附加意义。因此，可以认为，由 6 个及以上音节构成的"又 A 又 B"，在词性和语义限制上，也与由 4 个音节和 5 个音节构成的"又 A 又 B"式短语性质相似，其中的 A 与 B 在语义上也具有相同趋向性。但由于 A 与 B 的性质情况，我们把 A 与 B 都是词的看作一类，而把 A 是词而 B 是动词短语的 6 个及以上音节形式构成的"又 A 又 B"看作另外一类，这类"又 A 又 B"具有可扩展性。

在老舍小说语言中，"又 A 又 B"格式短语共有 102 个，共出现

117例次，比例对比情况见表5-8、表5-9。

表5-8　　　　　"又A又B"格式短语构成数量统计

语言单位性质	A、B均为词		A为词B为动词短语	总计
字数	4字	5字	6字及以上	
词语数量	88	8	6	102
百分比（%）	86.28	7.84	5.88	100
合计百分比（%）	94.12		5.88	100

表5-9　　　　　"又A又B"格式短语出现例次统计

语言单位性质	A、B均为词		A为词B为动词短语	总计
字数	4字	5字	6字及以上	
出现例次	102	9	6	117
百分比（%）	87.18	7.69	5.13	100
合计百分比（%）	94.87		5.13	100

从表5-8、表5-9可以看出，无论是构成的"又A又B"式短语的数量，还是该类短语出现的例次，四字形式都占86%以上，占绝对优势。这说明，作为一种格式，"又A又B"主要还是应该看作四字格之一。而四字格的大量使用，印证了沈家煊先生的观点："四言格是汉语骈偶性的体现"，"骈偶体语言带有诗性"，"从大语法着眼，对言格式是汉语的语法形式，对言的格式化是汉语的语法化。四言格是最整齐匀称的对言格式，四字格是最小的四言格"。[1]

另外，在其他语料中还有"又爱又恨""又快又慢""又生又死""又胜又负""又爱又怨"等用法，A与B属于反义词。但我们认为，系统性是语言作为符号的本质属性之一，这种系统性也反映在语言的不同地域变体对同一种结构规则的不同运用方面；"又A又B"是汉语普遍使用的一种结构，但在汉语的不同分支系统（比如不同的方言）中可能会有某种细微的差别，而作为语言的自然使用情况和作为一种有修辞因素参与的语言现象，也会有所差别；老舍在口语的基础

---

[1] 沈家煊：《说四言格》，《世界汉语教学》2019年第3期。

上对创作语言进行提炼、加工，形成简洁流畅、明白如话又富有韵味的文学语言，使自己的作品成为"宣传纯正国语的教本"①，其作品语言具有经典示范性。我们在 250 万字的老舍中文小说语料库中，没有发现"又爱又恨"这样由反义词构成的在语用上有特殊性的"又 A 又 B"，因此，我们把这种用法看作一种特殊的修辞现象，而不是语法惯例。我们认为，《现代汉语词典》第 7 版后来取消了试用本的"⑥表示有矛盾的两件事情。⑦表示转折"两个义项，可能也有这个考虑。

　　作为语言大家，老舍的中文小说语言很富于创造性；在"又"的重复使用上，也能体现出这一点。除了前边谈到的重复 2 次"又"的用法之外，老舍作品中还有重复 3 次"又"的用法，共出现 6 例次：

　　　　（16）大家都挤在洞口往里看，果然有个一朵花似的大姑娘，伸着又白又长又香软的脖儿唱呢。(《小坡的生日·十八 醒了》)

　　　　（17）院中换了一种空气，瓦上的阳光像鲜鱼出水的鳞色，又亮又润又有闪光。(《离婚》第十八)

　　　　（18）沏上了"碧螺春"，放在冰箱里镇着，又香又清又凉，省得客人由性开汽水。(《离婚》第十八)

　　　　（19）高第低下头去，她不喜欢这个又瘦又脏又难看的诗人。(《四世同堂》二十八)

　　　　（20）胳臂在外面露着，像一对温泉出的藕棒，又鲜又白又香甜。(《赶集·同盟》)

　　　　（21）那只黄猫能一口咬住你们两个，因为他是一只又大又凶又饿的黄猫呀！(《集外·小白鼠》)

上列 6 例中的形式，可以记作"又 A 又 B 又 C"。这种情况下短语中如果有双音节词语，只能出现在 C 的位置上。此外，在老舍中文小说语言中，甚至还有 1 例次重复 4 次"又"的用法，这是很罕见的：

---

①　张清常：《北京话化入普通话的轨迹——老舍作品语言研究的新途径之一》，《语言教学与研究》1992 年第 4 期。

（22）端起双肩，又爱又怕又虑又要反抗的叹了一口气，无聊，可是痛快了些。(《离婚》第十五)

四 结语

通过对白话文经典作家老舍 250 万字较大规模中文小说语料库的检索、分析，我们共检索到副词"又"重复搭配使用构成的"又 A 又 B"短语形式 102 个，共计 117 例次，"又 A 又 B 又 C"形式 6 个，共 6 例次，"又 A 又 B 又 C 又 D"形式 1 例次。其中"又"连接单音节词语构成四音节的"又 A 又 B"形式 102 例次，第二个"又"后边为双音节词语构成的 5 音节形式 9 例次，第二个"又"后边为三音节及以上动词短语构成的 6 音节及以上形式 6 例次。

通过分析我们发现以下 7 个特点。

(1) 重复两次"又"构成的"又 A 又 B"短语形式在"又"重复搭配使用构成形式总数量和总例次上有绝对优势，分别为 93.58%、94.35%。

(2) 在"又 A 又 B"形式短语中，A 都是单音词语。

(3) 在"又 A 又 B"形式短语中，A、B 都是词的共有 97 个，出现 111 例次，占总数量的 95.1% 和总例次的 94.87%。

(4) 在"又 A 又 B"形式短语中，B 是单音节词语形式共有 88 个 102 例次，占总数量的 86.27% 和总例次的 87.18%，这说明在"又 A 又 B"中四字形式占绝对优势，"又 A 又 B"是四字格趋强格式。

(5) 从进入 A、B 位置的词语的词性上看，四音节"又 A 又 B"中，A、B 同为单音节形容词的有 85 个，共出现 97 例次，其余 3 个共 5 例次是由单音节动词构成，这说明四音节的"又 A 又 B"中绝大多数是由单音节形容词构成，占全部四字格短语总量的 96.59% 和总例次的 95.1%。

(6) 在意义上，A、B 上具有共同的语义趋向性，"又 A 又 B"表示｛具有相同趋向性附加意义的两种性质或状况同时存在｝。

(7) 大多数"又A又B"四字格短语——3/4左右，都是表示A和B两种不好的性质或状态同时存在的意思。

第五节　含有双"一"的四字格"一…一…"

本节讨论白话文经典作家老舍中文小说语言中含有双"一"的四字格"一…一…"。

《现代汉语词典》试用本和第7版都收录了格式"一…一…"（括号内为第7版变化的说法或例证）：

①分别用在两个同类的名词前面。a）表示整个：～心～意｜～生～世。b）表示数量极少：～针～线｜～草～木｜～言～行（～砖～瓦）。②分别用在不同类的名词前面。a）用相对名词表明前后人物（事物）的对比：～薰～莸。b）用相关的名词表示事物之间的关系：～本～利。③分别用在同类动词的前面，表示动作是连续的：～瘸～拐｜～歪～扭。④分别用在相对的动词前面，表示两方面的行动协调配合或两种动作交替进行：～问～答｜～唱～和｜～起～落｜～张～弛。⑤分别用在相反的方位词、形容词等的前面，表示相反的方位或情况：～上～下｜～东～西｜～长～短。[①]

另外，作为独立词条，试用本收录了"一板一眼、一丝一毫、一五一十、一朝一夕、一字一板"，第7版在此基础上增收了"一唱一和、一模一样、一心一德、一心一意"4个词条。

姜德梧《汉语四字格词典》中也收录了"一…一…"格式：

[①] 中国科学院语言研究所词典编辑室编：《现代汉语词典》（试用本），商务印书馆1973年版，第1208页；中国社会科学院语言研究所词典编辑室编：《现代汉语词典》（第7版），商务印书馆2016年版，第1540页。

这一格式的用法有以下几种：一、表示整个。与之搭配的是相类的两个名词。二、表示数量极少。与之搭配的是相类的两个名词。三、表示两种事物的对比。与之搭配的是相反或相对的两个名词。四、表示动作是连续的。与之搭配的是相类的两个动词。五、表示两方面的行动协调配合或两种动作交替进行。与之搭配的是意义相对的两个动词。六、表示相反的方位或情况。与之搭配的是意义相反的两个方位词或形容词等。七、表示数量多。与之搭配的是同一个量词。①

《汉语四字格词典》对《现代汉语词典》的分类和说明略有改动，并增加一项"七、表示数量多。与之搭配的是同一个量词"。同时，在第246—247页收录了由此格式构成的短语54个，其中"一"后边成分相同的短语有"一层一层、一重一重、一抖一抖、一个一个"4个，"一"后边成分不同的短语有50个。《现代汉语词典》没有收录同一个词语构成的"一……一……"格式词语。

在本书中，我们把这种"一……一……"格式依"一"后边成分是否相同，将其标写作"一 A 一 A"和"一 A 一 B"进行说明。

一 "一 A 一 A"

在250万字的老舍中文小说语言语料库中，"一 A 一 A"构成的短语共有81个，共出现215例次。以同一个词语形式出现在"一"后边构成"一 A 一 A"格式短语的有两类：量词和动词。以下分别说明。

（一）A 为量词

A 为量词构成的"一 A 一 A"格式短语，具体情况如下（括号内为异形短语）：

---

① 姜德梧编著：《汉语四字格词典》，北京语言文化大学出版社2000年版，第245—246页。

一把一把3（一把儿一把儿1），一步一步14，一包一包2，一杯一杯，一本一本，一串一串4，一层一层4，一车一车2，一次一次，一丛一丛，一处一处，一道一道2，一点一点5，一滴一滴5，一对一对儿，一堆一堆，一朵一朵，一队一队3，一岗一岗2，一格一格，一个一个8，一根一根3，一家一家，一节一节2，一间一间3，一件一件3，一句一句2，一块一块10，一口一口2，一款一款，一筐一筐，一浪一浪2，一垄一垄4（一垅一垅3），一溜一溜，一缕一缕，一粒一粒，一棱一棱，一排一排，一片一片9，一群一群2，一圈一圈5（一圈一圈儿1），一趟一趟，一天一天5，一挑一挑，一条一条2，一团一团，一丝一丝，一字一字10，一位一位，一项一项，一样一样4，一页一页2，一张一张3，一只一只，一组一组

A 为量词构成的"一 A 一 A"格式短语共有 55 个，出现 152 例次。老舍中文小说语言语料库中，由量词构成的"一 A 一 A"格式短语，《现代汉语词典》没有收录；与《汉语四字格词典》相同的有"一层一层、一个一个"两个，占《汉语四字格词典》收录"一……一……"格式总数的 3.7%。

在意义上，《汉语四字格词典》认为，由同一个量词构成的"一 A 一 A"格式短语"表示数量多"。[1] 实不尽然。对于所收录的"一层一层、一个一个"，该词典的解释就不同：

【一层一层】形容有很多层。例：天空里正堆着～的云片，恰似一匹一匹的浪。(巴金《家》)[2]

【一个一个】逐个地。例：买稿要～地算字，空格不算数。

---

[1] 姜德梧编著：《汉语四字格词典》，北京语言文化大学出版社 2000 年版，第 246 页。
[2] 姜德梧编著：《汉语四字格词典》，北京语言文化大学出版社 2000 年版，第 247 页。

(鲁迅《端午节》)①

在老舍中文小说语言中，有4例次"一层一层"，全部例子如下：

（1）西边的红云彩慢慢的把太阳的余光散尽了。先是一层一层的蒙上浅葡萄灰色，借着太阳最后的那点反照，好象野鸽脖子上的那层灰里透蓝的霜儿。（《二马》第一段）

（2）她的蓝眼珠一层一层的往外发着不同的光彩，约翰是她心目中的英雄！（《二马》第二段）

（3）说到这里，亚力山大捧着肚子，哈哈的乐开了，吕宋烟的灰一层一层的全落在地毯上，直乐得脑皮和脸蛋一样红了，才怪不高兴的止住。（《二马》第三段）

（4）然后腮上的肉慢慢往上收缩，大眼睛里一层一层的增厚笑意，最后成为个很妩媚的微笑。（《蛤藻集·且说屋里》）

无论哪个例子里边的"一层一层"都不能理解为｛有很多层｝，只能理解为｛以层为单位，或逐层地（做）｝的意思。但在下边的例子中"一A一A"的意思又与上边不同：

（5）往下看吧，一丛一丛的绿树，一块一块的田地，一处一处的人家，都像小玩艺似的，清清楚楚的，五颜六色的，摆在那里。（《贫血集·小木人》）

这里边的"一丛一丛""一块一块""一处一处"，只能理解为｛不止一丛｝、｛不止一块｝、｛不止一处｝，的确含有｛很多｝的意思。

这种差异与"一A一A"所实现的语法功能有没有关系呢？因为在例（1）、（2）、（3）、（4）中"一A一A"作状语，而在例（5）中作定语，所实现的语法功能的确不同。对比下例：

---

① 姜德梧编著：《汉语四字格词典》，北京语言文化大学出版社2000年版，第248页。

(6) 伦敦也居然有了响晴的蓝天，戴着草帽的美国人一车一车的在街上跑，大概其的看看伦敦到底什么样儿。(《二马》第三段)(作状语){以车为单位(做)}

(7) 这就是丁约翰所看到的一车一车的军衣。(《四世同堂》五十八)(作定语){很多车}

(8) 街上光一队一队的过学生，碰不着一个坐车子的！(《四世同堂》二十五)(作状语){以队为单位(做)}

(9) 一队一队的囚犯，由外面像羊似的被赶进来，往后边走。(《四世同堂》四十七)(作定语){很多队}

(10) 他看见过：客车是一间一间的小屋子，货车多半是没有盖儿的小矮车。(《小坡的生日·四 花园里》)(作定语){有很多间}

(11) 小坡一间一间的看，一直看到后面的休息室。(《小坡的生日·九 海岸上》)(作状语){逐间地}

(12) 龙凤呆呆的看着水仙花，被风吹的那些花瓣一片一片的颤动，射散着清香。(《老张的哲学》第三十三)(作状语){以片为单位地}

(13) 已经快落太阳了，一片一片的红云彩把绿绒似的草地照成紫不溜儿的。(《二马》第一段)(作定语){有很多片}

从对比中可以看出，因为状语是表示动作的方式，所以，由量词构成的"一A—A"格式短语作状语，是通过重复"一A"的形式表示{以A为单位，逐个A地}；而作定语时，则表示对中心语的修饰限制，是通过重复"一A"的形式表示{有很多A}的意思。除了作定语，作谓语、补语、宾语和小句时，也表示{有很多A}的意思：

(14) 回到家中，他照了照镜子，眼珠上像刚抹了红漆，一丝一丝的没有抹匀。(《离婚》第十一)(作连谓短语的前项)

(15) 他倒在了地上，身上的泥全被震成一块一块的了。(《贫血集·小木人》)(作宾语)

(16) 棉袄敞着怀，松松的拢着一条已破得一条一条的青搭包。(《火葬》二) (作补语)

(17) 我可该走了，哎！一天一天的，真累死人！(《樱海集·善人》) [作小句]

而作主语，则表示 {每一A；逐一A} 义：

(18) 电车上，铺户中，行人的手里，一张一张的全说的是阮明：阮明的像片，阮明的历史，阮明的访问记，大字小字，插图说明，整页的都是阮明。(《骆驼祥子》二十四)

(19) 但是，无论怎说吧，这是个黄金时代；一天一天胡胡涂涂的过去，完全没有忧虑，像棵傻大的热带的树，常开着花，一年四季是春天。(《樱海集·阳光》)

在语法功能上，由同一个量词构成的"一A一A"格式短语是全功能短语，可以作主语，见上例 (18)、(19)；作谓语，见例 (14)；作宾语，见例 (15)；作定语、状语、补语和小句，但出现最多的情况是作状语，所占比例近70%。

表5-10 由同一个量词构成的"一A一A"格式短语功能分布

	主语	谓语	宾语	定语	状语	补语	小句	"的"字短语	总计
出现例次	2	6	3	23	105	2	10	1	152
百分比（%）	1.316	3.947	1.974	15.132	69.079	1.316	6.579	0.658	100

(二) A 为动词

A 为动词构成的"一A一A"格式短语共有26个，出现63例次。具体情况如下：

一闭一闭2，一抽一抽，一刺一刺，一扯一扯，一嘬一嘬，一颠一颠，一动一动13，一逗一逗2，一顿一顿，一拐一拐3，

· 349 ·

一滚一滚2，一鼓一鼓，一躬一躬，一嚼一嚼，一亮一亮，一楞一楞，一扭一扭2，一探一探，一跳一跳2，一闪一闪16，一伸一伸2，一窝一窝，一挺一挺，一拥一拥2，一眨一眨2，一皱一皱

进入同一个动词构成的"一A一A"格式短语A位置的，都是表示可以记数的瞬间动作行为动词，整个格式表示｛连续多次性动作行为A｝：

（20）离北平越来越近了。火车一动一动的，瑞全的眼中一闪一闪的看到了家。（《四世同堂》十二）

（21）琴上点着两支红蜡，小狗看着蜡苗儿一跳一跳的，猜不透其中有什么奥妙。（《二马》第四段）

（22）亲友渐渐的往外溜，尤其妇女们脑筋明敏，全一拐一拐的往外挪小脚。（《老张的哲学》第四十）

（23）富善先生正在屋中来回的走，脖子一伸一伸的像噎住了似的。（《四世同堂》四十七）

同一个动词构成的"一A一A"格式短语在句中作谓语，如例（20）中的"一动一动"和例（21）、（23）中的"一跳一跳""一伸一伸"；作状语，如例（20）中的"一闪一闪"和例（22）中的"一拐一拐"；还可以作定语、补语和小句，没有出现作主语和宾语的例子，例如：

（24）一跳一跳的烛光，映着那把光亮的刺刀，再擦！（《老张的哲学》第三十八）［作定语］

（25）因此，以冠晓荷的浮浅无聊，会居然把蓝东阳"唬"得一楞一楞的。（《四世同堂》二十六）［作补语］

（26）花炮的光亮冲破了黑暗的天空，一闪一闪，能够使人看见远处的树梢儿。（《正红旗下》一）［作小句］

由同一个动词构成的"一A一A"格式短语,其功能分布见表5-11。

表5-11　由同一个动词构成的"一A一A"格式短语功能分布

	谓语	定语	状语	补语	小句	总计
出现例次	22	5	29	4	3	63
百分比（%）	34.921	7.937	46.032	6.349	4.762	100

由同一个动词构成的"一A一A"格式短语,其后附"的"的为常态。63个例次中,不带"的"的只有2例次,仅占总例次的3.175%。

老舍中文小说语言中由同一个动词构成的"一A一A"格式短语,《现代汉语词典》和《汉语四字格词典》都没有收录。

二　"一A一B"

能够进入"一A一B"格式A、B位置的,有动词、形容词、名词、量词以及名词和量词组合。以下分类说明。

（一）动词

在250万字老舍中文小说语言语料库中,由动词构成的"一A一B"格式短语有35个,共出现78例次。具体情况可以分作3类,以下分别说明。

a类：

一冲一撞2,一答一和8,一横一拐,一还一报,一哭一笑,
一来一往,一来一去,一买一卖,一明一灭3,一明一暗2,
一起一落10,一起一伏2（一起一浮）,一擒一纵,一趋一停,
一松一紧,一托一接,一送一接,一弯一伸,一问一答3,
一往一来,一仰一弯,一忧一喜,一张一闭3,一涨一落,
一凸一凹2,一步一停,一板一开

b类：

一举一动13，一瘸一点4，一瘸一拐3，一思一念，一咳一响

c类：

一走一扭，一步一陷，一搂一吻

在35个由动词构成的"一A一B"格式短语中，被《汉语四字格词典》收录的有"一答一和、一来一往、一明一暗、一起一伏、一擒一纵、一涨一落、一举一动、一瘸一拐"8个，占比为22.86%。

1. a类"一A一B"

a类处于"一"之后的，是表示同类的反义或反向动作动词：

来～～往（一来一往）　　来～～去（一来一去）
买～～卖（一买一卖）　　明～～灭（一明一灭）
松～～紧（一松一紧）　　起～～落（一起一落）
问～～答（一问一答）　　凸～～凹（一凸一凹）

有的动词采用的是古汉语的意义，如"趋""步"。"趋"表示｛快走；小跑｝义，"步"表示｛走｝，在现代汉语中动词性的"趋"是不成词语素，"步"变成量词，但在"一A一B"格式中，都被当作动词使用，与"停"构成临时反义关系，构成"一趋一停""一步一停"：

(27) 他请安请得最好看：先看准了人，而后俯首急行两步，到了人家的身前，双手扶膝，前腿实，后腿虚，一趋一停，毕恭毕敬。（《正红旗下》三）

有的是临时构成的反义词：

（28）查票：……三等车，二金箍帽的脸都板起；二等车，一板一开；头等车，都笑。（《火车集·"火"车》）

"板着脸"中的"板"是"动 露出严肃或不高兴的神情"的意思①；在例（28）中，与"笑"相对，因为"板"在"板着脸"中的意思类似于冰冻的"板结"，所以用表示｛（河流）解冻｝义的"开"② 临时表示"笑"，这样就与"板"构成临时反义词，进入"一A一B"格式。

这类"一A一B"格式短语老舍小说语言语料库中，共有 27 个，出现 53 例次，都表示｛重复具有交替性的动作行为｝。例如：

（29）老师似乎没大注意天赐，只对爸妈一答一和的说话儿，声音响亮。（《牛天赐传·十 开市大吉》）

（30）她的泪珠儿随着打字机键子的一起一落，吧哒吧哒的往下落。（《二马》第二段）

（31）李子荣主张在胡同口安上个电灯，一明一灭的射出"买中国古玩"和"送中国东西"，红光和绿光一前一后的交换着。（《二马》第四段）

（32）照着镜子吃饭，看着自己的嘴一张一闭，也好玩！（《小坡的生日·九 海岸上》）

（33）随剥随吃，两个红笑涡一凸一凹的动，一会儿也没闲着。（《二马》第四段）

2. b 类"一A一B"

b 类由同类同义动词或动词性同义语素构成：

---

① 中国社会科学院语言研究所词典编辑室编：《现代汉语词典》（第 7 版），商务印书馆 2016 年版，第 34 页。

② 中国社会科学院语言研究所词典编辑室编：《现代汉语词典》（第 7 版），商务印书馆 2016 年版，第 721 页。

举＝动　　瘸＝点①　　瘸＝拐②　　思＝念

此外,"咳"和"响"是表示声音的同类词,在"一A一B"格式中构成临时同义关系。这类现象共有5个词语,共出现22例次。

【一举一动】每一个动作。武端是青呢洋服,黄色法国式皮鞋,一举一动都带着洋味儿。(《赵子曰》第二)｜她比她的丈夫的气派更大,一举一动都颇像西太后。(《四世同堂》二)

【一瘸一点】由于一只腿或脚伤病只能前脚掌着地行走的样子。小顺儿的脚冻了一块,一瘸一点的追赶爸爸。(《四世同堂》五十一)｜他从藤架的木柱上,像猴子似的爬了进来,碰破了腿,一瘸一点的,他摸到了大厅,也上了锁。(《贫血集·不成问题的问题》)

【一瘸一拐】由于一只腿或脚伤病而行走摇摆的样子。我一瘸一拐的走,大概为外国人丢脸不少。(《猫城记》十六)｜只是她一个人,光着袜底儿,像刚被魔王给赶出来的女怪似的,一瘸一拐的走进了三号。(《四世同堂》四十四)

【一思一念】每一思念。他必须在北平立稳,他的一思一念都须是重庆的回响!(《四世同堂》十三)

【一咳一响】发出的每一声咳嗽或其他声响。她的耳朵几乎是钉在了西墙上,西院里的一咳一响,都使她心惊。(《四世同堂》七)

这类词语现象,由于使用同义词语放到"一"后构成并列式的"一A一B",使得相互交替的"一A"与"一B"由于同义而产生了｛每一AB的重复动作｝意义。

3. c类"一A一B"

c类共有3个"一A一B"格式短语,共出现3例次。进入"一"

---

① "点"有一个义项同"踮"(《现代汉词典》试用本第216页,第7版291页),同时《现代汉语词典》试用本第217页以及第7版第292页,作为方言词收录了"踮脚"。第7版:【踮脚】〈方〉[动]一只脚有病走路只能前脚掌着地。

② 《现代汉语词典》试用本第463页以及第7版第476页,作为"拐"的一个义位收录。第7版:【拐】[动]瘸。

后构成"一A一B"格式词语的动词,是非同类动作,表示{伴随性动作行为}义:

(34) 外国人心中的中国人是:矮身量,带辫子,扁脸,肿颧骨,没鼻子,眼睛是一寸来长的两道缝儿,撇着嘴,唇上挂着迎风而动的小胡子,两条哈吧狗腿,一走一扭。(《二马》第二段)

(35) 老李刚走出不远便折回来了,头上像压着块千斤石;上边越重,下边越轻,一步一陷,像踩着棉花。(《离婚》第十一)

(36) 小说里,电影里,夫妇吵架,而后一搂一吻,完事,"爱与吵"。(《离婚》第九)

当然,表示这种{伴随性动作行为}义的,也不仅限于B为单音节动词,老舍作品中还有这种用例:

(37) 胸向内含,度数很深;腿抬得很高;一走一探头;这样,他们就带出跑得很用力的样子,而在事实上一点也不比别人快。(《骆驼祥子》一)

(二) 形容词

由形容词构成的"一A一B"格式短语,在老舍中文小说语言语料库中共有以下10个,共出现36例次:

一常一奇,一大一细,一大一小7,一高一低3,一高一矮8,一红一白2,一青一红2,一老一少9,一胖一瘦2,一活一死

10个由形容词构成的"一A一B"格式短语中,被《汉语四字格词典》收录的有"一常一奇、一大一小"两个,占比为20%。

进入"一"后A、B位置构成"一A一B"格式短语的形容词,都是两两相对的反义词或对义词:

· 355 ·

反义词：常～～奇　　大～～小　　高～～低　　高～～矮
　　　　胖～～瘦　　老～～少　　死～～活
对义词：大～～细　　红～～白　　青～～红

由形容词构成的"一A一B"格式短语，通过反义或对义的A与B的对举，来表示｛对比｝义。例如：

（38）一大间，用幔帐截成一大一小的两间。（《赶集·微神》）
（39）祥子呆呆的立在门外，看着这一老一少和那辆破车。（《骆驼祥子》十）
（40）张先生此时已和乔先生一胖一瘦的说得挺投缘。（《火车集·"火"车》）
（41）"我活了小三十岁了，就没见过这么没心没肺的人！"老二的小干脸上一红一白的，咬着牙说。（《四世同堂》二十八）

(三) **名词**

由名词进入"一"后A、B位置构成的"一A一B"格式短语，共有30个，共出现70例次。由名词构成的"一A一B"格式短语，可以分作3类：

a类：

一儿一女4，一桌一椅2，一夫一妻，一夫一妇，一男一女7，一菜一汤，一包一茎，一天一夜5，一早一晚2，一满一汉，一左一右3，一先一后，一东一西，一上一下4

b类：

一党一系，一词一语，一水一旱，一言一笑，一草一花，一草一砖，一草一木，一砖一石，一丝一线，一丝一毫，一时一事

c 类：

一心一德，一心一意16，一心一气，一模一样6，一口一声

老舍中文小说语言中由名词构成的30个"一A一B"格式短语，被《汉语四字格词典》收录的有"一草一木、一丝一毫、一时一事、一早一晚、一心一意、一模一样"6个，占比20%。

1. a 类"一A一B"

a类"一A一B"格式短语中，进入A、B位置的是同类名词（含方位词），意义相反或相对，是反义词（只是两相对立，没有中间项，如"男、女""儿、女""夫、妻""夫、妇"）或对义词〔即有非A非B的中间项，如"桌、椅""菜、汤""天（白天）、夜""早（早晨）、晚（晚上）""左、右"等〕。进入"一"后A、B位置的形式，有的是名词，有的是名词形语素，如"桌、椅、夫、妻、夫、妇、早（早晨）、满（满族）、汉（汉族）"。

由同类反义、对义名词构成的"一A一B"格式短语，都有｛A与B相加，并突出对比｝义。例如：

（42）小三儿既然消息不明，老大又只有一儿一女，老二理应续娶，好多生几个胖娃娃，扩大了四世同堂的声势。（《四世同堂》五十六）

（43）晚上，学校里只有两个老仆人，一男一女。（《樱海集·月牙儿》）

（44）就说一夫一妻吧：至少得赁一间房，得有老婆的吃，喝，穿。（《火车集·我这一辈子》）

（45）两岸的枯柳一左一右的摇动着长枝，象要躲开那严酷的寒风似的。（《老张的哲学》第三十三）

2. b 类"一A一B"

b类11个"一A一B"格式短语中，能够进入"一"后A、B位

置的词语，都是表示同类非反义、对义名词或名词性语素，后者如"言、语、时"。由名词构成的 b 类"一 A 一 B"格式短语，都表示｛每一 A 每一 B｝的意思。例如：

（46）为思索一词一语，他有时候在街上去走好几里路。（《火车集·一块猪肝》）

（47）不但没有了树木，也没有一草一花。（《无名高地有了名》二）

（48）北平人的恨恶日本人像猫与狗的那样的相仇，不出于一时一事的抵触与冲突，而几乎是本能的不能相容。（《四世同堂》十五）

而由表示细小事物的 A、B 构成的"一 A 一 B"格式短语，已经不再表示 A、B 的意思，而是形成了表示｛数量少｝的综合意思，如"一草一木、一砖一石、一丝一线、一丝一毫"。

【一草一木】比喻数量极少的财物。我的东西就是这些，我没拿曹家一草一木？（《骆驼祥子》十二）

【一砖一石】比喻很小的事物。我只好走吧，这个地方的一砖一石都能引下我的泪。（《猫城记》二十七）

【一丝一线】比喻每一个用品。我身上的一丝一线都是祖国人民给的。（《无名高地有了名》四）

【一丝一毫】同普通话①：丝毫。老二没有一丝一毫的悔悟。（《四世同堂》二十九）｜你以为你是她最亲近的人，但是事实上，你连一丝一毫也不了解她。（《四世同堂》六十六）

3. c 类"一 A 一 B"

c 类"一 A 一 B"格式短语是由同类同义名词性语素构成，如"意、模、样"，甚至可以看作双音词语分别插入"一"构成的，如

---

① 中国科学院语言研究所词典编辑室编：《现代汉语词典》（试用本），商务印书馆 1973 年版，第 1207 页；中国社会科学院语言研究所词典编辑室编：《现代汉语词典》（第 7 版），商务印书馆 2016 年版，第 1538 页。

"一心一意(←心意)、一模一样(←模样)、一心一气(←心气)"。整个短语表示｛全部 AB｝义。

【一心一德】同普通话[1]：思想统一，行动一致。大难临头，全国人民应一心一德，应称皇上为"一哄之主"。(《猫城记》二十四)

【一心一意】同普通话[2]：心思意念专一。姑母一心一意愿意看着你们吃。只要你们肥头大耳朵的，就是我的造化。(《老张的哲学》第十二)

【一模一样】同普通话[3]：形容完全相同，没有什么两样。给两个小孩儿买，总得买一模一样的，省得争吵！(《四世同堂》十四)｜"怎么？不许一模一样吗？"他的眼里已然冒着点火。(《集外·生灭》)

【一心一气】心思一致。仗着点祖产，又有哥哥的帮助，小两口儿一心一气的把份小日子过得挺火炽。(《二马》第二段)

【一口一声】一直说同样的话。一口一声直的嚷："姜柜哪去啦？哪去啦？先把门开开。"(《天书代存·马大成致储贯一函》)

这 5 个形式，被《现代汉语词典》收录的有"一心一德、一心一意、一模一样"3 个。

(四) 量词

由量词构成的"一 A 一 B"格式短语，老舍中文小说语言语料库中共有 5 个，共出现 9 例次：

一笔一画，一时一刻 5，一角一分，一寸一分，一分一厘

这 5 个"一 A 一 B"格式短语，进入 A、B 位置的，都是表示微量级的量词。整个短语表示｛每一｝的意思，有的还引申为｛很短｝或｛很少｝。

---

[1] 中国社会科学院语言研究所词典编辑室编：《现代汉语词典》(第 7 版)，商务印书馆 2016 年版，第 1539 页。

[2] 中国社会科学院语言研究所词典编辑室编：《现代汉语词典》(第 7 版)，商务印书馆 2016 年版，第 1539 页。

[3] 中国社会科学院语言研究所词典编辑室编：《现代汉语词典》(第 7 版)，商务印书馆 2016 年版，第 1538 页。

【一笔一画】每一个笔画。咱们的字是一笔一画，单摆浮搁，把哪一笔安错地方都不行，蛮不讲理。(《天书代存·牛天赐致王宝斋函》)

【一时一刻】每时每刻，比喻极短的时间。她们浑身都是病，不到三十岁已脱了头发，可是一时一刻不能闲着，从病中走到死亡。(《骆驼祥子》十六)

【一角一分】一角钱、一分钱，比喻极少的钱。这五块钱不能轻易放手一角一分，这是最后的指望!(《骆驼祥子》十二)

【一寸一分】一寸、一分，比喻极短的长度。他须把每一块布头儿都重新用尺量好，一寸一分不差的记下来，而后一分一厘不差的算好它们的价钱。(《四世同堂》五十九)

【一分一厘】一分钱、一厘钱，比喻极少的钱。他须把每一块布头儿都重新用尺量好，一寸一分不差的记下来，而后一分一厘不差的算好它们的价钱。(《四世同堂》五十九)

老舍中文小说语言语料库中，由量词构成的 5 个"一 A 一 B"格式短语，被《汉语四字格词典》收录的有"一笔一画、一时一刻"2 个，占比为 40%。

(五) 名词和量词

由名词和量词构成的"一 A 一 B"格式短语，是指名词进入 A 的位置、量词进入 B 的位置所构成的"一 A 一 B"格式短语。这种形式的短语共有 11 个，共出现 16 例次：

一字一珠，一字一板 2，一人一脚，一人一只，一人一瓶，一人一句，一两一个，一拳一个 2，一边一个 4，一口一杯，一样一只

这种由名词和量词不同词性的词语构成的"一 A 一 B"格式短语，内部结构与前边讨论的由单一词性的词语进入"一"后的 A 或 A、B 位置，构成的"一 A 一 A""一 A 一 B"格式短语，内部结构完全不同：由相同词性词语构成的"一 A 一 B"以及"一 A 一 A"格式短语，其内部是并列关系（或联合关系），而由名词（A 位置）和量

词（B位置）构成的"一A一B"格式短语，前后两部分之间是主谓关系，表示一种分配意义，亦即｛每个A都［动作］一个B｝，例如：

（49）大人一字一板的说。（《老张的哲学》第三）｛每一个字都停顿｝

（50）在他的无数的玩具中，一两一个的小金锭与整块翡翠琢成的小壶都并不算怎样的稀奇。（《四世同堂》二十四）｛以一两重量为一个｝

（51）脚上穿着一对旧布鞋，袜子是一样一只，一只的确是黑的，另一只似乎是蓝的，又似乎是紫的，没有一定的颜色。（《四世同堂》五十）｛一个样式有一只｝

（52）他一口一杯，而后把花生米嚼得很响。（《四世同堂》五十六）｛一口喝掉一杯｝

（53）瑞宣恨不能一拳一个都把他们打倒，好好的踢他们几脚。（《四世同堂》四十）｛一拳打倒一个｝

正是因为内部结构不同于其他"一A一B"以及"一A一A"格式短语，所以这种形式可以扩展：

（54）他一口一个"所长"，把大赤包叫得心中直发痒。（《四世同堂》三十一）

（55）剩下一人一枪一口气，也要把红旗插上主峰！（《无名高地有了名》十四）

三 结语

综上，本节以白话文经典作家老舍250万字中文小说语言语料库为语料来源，分析现代汉语中的"一…一…"格式四字短语，根据放入"一"后两个空位形式是否相同分为"一A一A"和"一A一B"两类。作为中型规范词典，《现代汉语词典》没有收录"一A一A"

格式短语，而只收录少数"一A一B"格式短语，其中大部分还是由构成成分是不能成词的语素构成的形式。我们赞同《现代汉语词典》这种根据词典自身性质，只收录少数凝固性强且具有综合意义的词化的"一A一B"四字格短语的做法。

"一……一……"格式四字短语具有较强的临时性，但仍有很强的规律性，由于能够进入A或A、B位置的词语词性不同，有的还会因为整个四字语所实现的语法功能不同，而具有不同的构式义。

（一）"一A一A"式

（1）能够进入A位置构成"一A一A"的有量词和动词两个小类。由同一个量词构成的这种格式短语，作状语表示｛以A为单位，逐个A地｝，而作定语时则表示对中心语的修饰限制，是通过重复"一A"的形式，表示｛有很多A｝的意思；由同一个量词构成的"一A一A"格式短语是全功能短语，但主要是作状语，这种用法占该类短语用法的69%。

（2）进入由同一个动词构成的"一A一A"格式短语中A位置的，都是表示可以记数的瞬间动作行为动词，整个格式表示｛连续多次性动作行为A｝。这类短语都是谓词性的，不能作主语和宾语，主要是作状语和谓语，各占该类短语总例次的46%和35%。

（二）"一A一B"式

（1）能够进入"一A一B"格式A、B位置的，有动词、形容词、名词和量词4类。

（2）由动词构成的"一A一B"格式短语，由于动词义类的差别可分3小类：由同类反义或反向动词构成的，都表示｛重复具有交替性的动作行为｝；由同类同义动词或动词性同义语素构成的，都表示｛全部AB｝义；由非同类动作动词构成的，都表示｛伴随性动作行为｝义。

（3）由形容词构成的"一A一B"格式短语，都是两两相对的反义词或对义词，通过反义或对义的A与B的对举，来表示｛对比｝义。

（4）由名词构成的"一A一B"格式短语，由于名词的义类差别可分3小类：由同类反义、对义名词构成的，都有｛A与B相加，并突出对比}义;由同类非反义、对义名词或名词性语素构成的"一A一B"格式短语,都表示{每一A每一B}的意思;由同类同义名词性语素构成的,都表示{全部AB}义。

(5)由量词构成的"一A一B"格式短语,进入A、B位置的,都是表示微量级的量词。整个短语表示{每一}的意思,有的还引申为{很短}或{很少}。

(6)由名词和量词构成的"一A一B"格式短语,名词进入A的位置,量词进入B的位置,表示一种分配意义,亦即{每个A都[动作]一个B}。

"一…一…"格式短语,是否由同一词性词语或语素构成,决定前后两段语法关系不同:由同一词性词语或语素构成形式"一A一A"和"一A一B",前后两段之间是并列关系,而由词性不同的词语(名词、量词)构成的"一A一B"形式短语,前后两段之间是主谓关系。

第六章　四字格研究（下）

第一节　含有"来""去"的四字格"…来…去"

1973年出版的《现代汉语词典》（试用本）收录格式"…来…去"：

【…来…去】用在同一个动词或两个同义动词后面表示动作的不断重复：飞～飞～｜挑～挑～｜说～说～｜颠～倒～｜翻～覆～。①

作为独立词条收录了"翻来覆去"（P269）和"一来二去"（P1209）两个四字词语；2016年出版的《现代汉语词典》（第7版）未收这个格式，而作为独立词条收录"颠来倒去"②、"翻来覆去"（P357）、"眉来眼去"（P886）、"一来二去"（P1535）和"直来直去"（P1681）5个四字词语。

姜德梧编著的《汉语四字格词典》也收录了格式"…来…去"：

这一格式表示动作的多次重复。与之搭配的前后两个字多为

---

① 中国科学院语言研究所词典编辑室编：《现代汉语词典》（试用本），商务印书馆1973年版，第599页。正文中以下只标页码。

② 中国社会科学院语言研究所词典编辑室编：《现代汉语词典》（第7版），商务印书馆2016年版，第290页。正文中以下只标页码。

同一动词，有时是意义相近的两个动词、形容词或名词。①

作为单独词条，该词典收录了"…来…去"格式构成的短语42条。②

为了行文的简洁明确，我们依据"来"和"去"前边的词语情况，把这种格式分别记作"A来A去"与"A来B去"。

本节分析白话文经典作家老舍中文小说语言中的"A来A去"与"A来B去"这两种四字格现象。

一 "A来A去"

在250万字的老舍中文小说语言语料库中，我们检索到"A来A去"格式的词语36个，共出现103例次。具体情况如下：

> 搬来搬去，穿来穿去，蹭来蹭去，扯来扯去，打来打去3，荡来荡去2，等来等去3，踱来踱去，飞来飞去7，赶来赶去，改来改去，滚来滚去，过来过去，晃来晃去2，喝来喝去，混来混去，挤来挤去9，溜来溜去2，摸来摸去2，闹来闹去3，扭来扭去，弄来弄去，嚷来嚷去，绕来绕去4，谈来谈去3，抬来抬去2，挑来挑去2，说来说去4，爬来爬去，盼来盼去3，跑来跑去2，想来想去13，游来游去，转来转去4，作来作去，走来走去16

老舍中文小说语言中，与《现代汉语词典》（试用本）所举例证相同的有3个：

> 飞来飞去，挑来挑去，说来说去

---

① 姜德梧编著：《汉语四字格词典》，北京语言文化大学出版社2000年版，第106页。
② 姜德梧编著：《汉语四字格词典》，北京语言文化大学出版社2000年版，第106—110页。

姜德梧编著的《汉语四字格词典》收录"A来A去"形式22个，与老舍小说相同的有7个：

打来打去，踱来踱去，飞来飞去，晃来晃去，闹来闹去，绕来绕去，爬来爬去

《汉语四字格词典》中与老舍中文小说语言中"A来A去"形式相同个数所占比例为31.82%。

在老舍中文小说语言中，进入"A来A去"格式的A位置的36个动词，都是表示主观意志能够控制的动作行为的单音节自主动作动词：

搬、穿、蹭、扯、打、荡、等、踱、飞、赶、改、滚、过、晃、喝、混、挤、溜、摸、闹、扭、弄、嚷、绕、谈、抬、挑、说、爬、盼、跑、想、游、转、作、走

"A来A去"格式的意思是｛不断重复动词A所表示的动作[（如有后句则）导致后句所表示的状态或行为结果]｝。

（1）两个人坐下闲谈，谈来谈去，又谈到老张日夜计划的那件事上。(《老张的哲学》第二十八)
（2）喝来喝去，四个老头全先后脚儿两腿拧着麻花扭出去了。(《二马》第三段)
（3）只有蜂儿还飞来飞去忙个不了，嗡嗡的声儿，更叫人发困。(《小坡的生日·三　新年》)
（4）想来想去，她只有一条路可走：贱卖。(《骆驼祥子》十九)
（5）瑞宣在院中走来走去，像个热锅上的蚂蚁。(《四世同堂》二十六)
（6）这个恐惧时常在我心中绕来绕去。(《火车集·我这一辈子》)

构成"A来A去"格式的前后两个单音节动词A分别与"来""去"构成连谓关系;如果不是连谓关系,则不能表示{不断重复动词A所表示的动作},例如:

(7) 跟着,还谈好些个结婚问题,离婚问题,谈得有来有去,一点拘束没有。(《二马》第二段)

(8) "人都死啦,你们还开得这么有来有去的!他妈的!"(《四世同堂》十七)

(9) 他照着镜子,照得有来有去的,似乎很能欣赏他自己的美好。(《赶集·铁牛与病鸭》)

以上3例中"有来有去"的前后两个动词"有"分别与"来"和"去"构成述宾关系,不是连谓关系;"有来有去"的意思是{细致;有兴致},具有了特指性,也与我们这里讨论的"A来A去"格式词语意思不同,因此"有来有去"不属于"A来A去"格式。

再如:

(10) 这么办吧,你一直往东去,到了新加坡,再一直的回来,直来直去,还不容易吗?(《小坡的生日·十六 求救》)

(11) "你真行!'小胡同赶猪——直来直去';也好!"(《骆驼祥子》八)

(12) 就是偶然的上一趟街,她也总是低着头,直来直去,不敢贪热闹。(《四世同堂》五十八)

(13) 想想这个,想想那个,他的思想像走马灯似的,随来随去,没法集中。(《四世同堂》十二)

(14) 他挺起瘦胸,眼望着天,看得清清楚楚,天上有几块白云,时来时去,掩住又放开日光。(《蛤藻集·哀启》)

(15) 一来,住客们时来时去,除了几位没有以常搬家为一种运动的习惯的,很少有一住就是一年半载的。(《赵子曰》第一)

(16) 呆呆的看着湖外的水沟里,一些小鱼,眼睛亮得像些

小珠，忽聚忽散，忽来忽去。(《骆驼祥子》二十四)

（17）老李因为不自贵，向来不肯闹病。头疼脑热任其自来自去。较重的病才报告张大哥。(《离婚》第十一)

例（10）、(11)、(12)中各包含一个"直来直去"，是｛径直去径直回｝[例（10）(12)]和｛直爽，说话不绕弯子｝[例（11）]的意思①；例（13）中的"随来随去"是｛随时来随时去；不断变化｝的意思，例（14）、(15)中的"时来时去"，是｛有时来有时离开｝的意思；例（16）中的"忽来忽去"，是｛忽然过来忽然离开｝的意思；例（17）中的"自来自去"是｛自己来自己去｝的意思。这些例子中含有"来""去"的四字形式表面看起来是"A来A去"，实则不然，"来""去"前边的成分是副词，它们与"来""去"分别构成偏正（状中）关系，前边的状语表示"来""去"的方式。同时，这些形式也不表示｛不断重复动词A所表示的动作｝。

在姜德梧编著的《汉语四字格词典》中，作为同一个构成的"…来…去"还收录"酒来酒去、明来明去、直来直去"。"直来直去"前面讨论过；另外的两个形式"酒来酒去""明来明去"，我们认为不符合这里所讨论的"A来A去"。原因有二。第一，"酒"是名词，两个"酒"分别与后边的"来""去"构成主谓关系。"明"是形容词，两个"明"分别与后边的"来""去"构成偏正（状中）关系。"酒来酒去""明来明去"内部第二层关系都不是连谓关系。第二，这两个形式都不表示｛不断重复动词A所表示的动作｝，该词典的说明是：

【酒来酒去】指不断地喝酒。大清早又喝什么酒？整天~，挣的钱不够酒钱。

【明来明去】形容光明正大。例：这种买卖时进不得高台阶

---

① 中国社会科学院语言研究所词典编辑室编：《现代汉语词典》（第7版），商务印书馆2016年版，第1681页。

大字号~做的。①

虽然在语义说明上看,"酒来酒去"符合不断重复动作,但"酒"这个词并不包含｛喝酒｝这个意思,只是把它放到这个格式里边才产生了"喝酒"这个意思,应该看作名词"酒"的活用,因为离开这个格式所赋予它的上下文语境,"酒"只是名词,没有动作意义。而"明来明去",很明显,跟我们前边讨论的"直来直去"一样,没有｛不断重复动词A所表示的动作｝的意思,所以,也不在我们认定的四字格式"A来A去"之列。

在老舍中文小说语言中,"A来A去"格式构成的四字格词语,在句中主要是作谓语和小句,也可以作主语、定语、状语、宾语:

(18) 她慢慢的在屋中走来走去,由她,由时人,渐渐想到战争上去。(《蜕》第十五)［谓语］

(19) 想来想去,还是得找唐先生去,唐先生知道一切。(《文博士》九)［小句］

(20) 夫妻俩全思索着,蚊子在帐子外飞来飞去的响。(《离婚》第十七)［状语］

(21) 日本人不许死尸入城,而且抬来抬去也太麻烦,不如就在庙里办事,而后抬埋。(《四世同堂》六十)［主语］

(22) 合计着闹来闹去,只是老吴丢了差事,而她自已毫无损失。(《离婚》第十七)［宾语］

(23) 不错,有的时候确是落了雨,可是我对于雨的印像是那美的虹,积水上飞来飞去的蜻蜓,与带着水珠的花。(《樱海集·阳光》)［定语］

"A来A去"格式构成的四字格词语功能分布见表6-1。

---

① 姜德梧编著:《汉语四字格词典》,北京语言文化大学出版社2000年版,第107页。

表6-1　　　　　　"A来A去"格式词语功能分布

	谓语	小句	主语	宾语	定语	状语	补语	合计
出现例次	60	38	1	1	1	2	0	103
百分比1（%）	58.252	36.893	0.971	0.971	0.971	1.942	0	100
百分比2（%）	95.145			4.855				100

从表6-1中可以看出，"A来A去"格式构成的四字格词语是动词性的，作谓语和作小句占总例次的95%强。

二　"A来B去"

除了由同一个单音节动词构成"…来…去"表示｛动作的不断重复｝以外，《现代汉语词典》（试用本）认为还有"两个同义动词"（P599）、《汉语四字格词典》认为"有时是意义相近的两个动词、形容词或名词"（P106）。我们把这种形式记为"A来B去"。

从本节开始所引中可以看到，《现代汉语词典》（试用本）除了3个由同一个动词构成的"A来A去"以外，还有"颠~倒~"和"翻~覆~"。这两个形式就应该是用来说明由"两个同义动词"构成表示动作的不断重复。

姜德梧编著的《汉语四字格词典》把表示动作的不断重复"…来…去"范围扩展得更大，不仅有近义的动词，还有名词、形容词。除了前边我们分析过的"酒来酒去、明来明去、直来直去"中，"酒"是名词，"明"和"直"是形容词以外，对于"来"和"去"前加动词、名词构成的"…来…去"，亦即我们说的"A来B去"，《汉语四字格词典》不仅收了"颠来倒去、翻来覆去"，还收了"一来二去"等"A来B去"形式共有20个：

一来二去，杯来盏去，东来西去，眉来眼去，言来语去，
出来进去，颠来倒去，翻来覆去，簸来筛去，飞来掷去，
呼来挥去，接来送去，瞄来扫去，思来想去，说来道去，

挑来选去，推来挤去，推来让去，跳来蹦去，游来荡去

上边第一行所列的词语中，"一来二去"中，"一"和"二"是数词，"东来西去"中，"东"和"西"是方位词；"杯来盏去、眉来眼去、言来语去"中"来""去"前边的不管是词还是不成词语素，都是名词性的。把"一来二去""东来西去"等收进去，属于自乱其列，因为"来""去"前边的成分不是名词，而且"一"与"二"、"东"与"西"，也不是近义词（同义词）。即便是把第一行所列形式，都看作由名词与"来""去"构成的"A来B去"，但是这种格式所应表示的{不断重复动作}的意思在这些形式中都没有得到体现：没有动词，哪里来的动作？{不断重复}什么？因此，《现代汉语词典》（第7版）将其作为独立词条收录"一来二去"和"眉来眼去"，对"一来二去"的解释说明是{相互交往、接触后渐渐产生某种情况}（P1535）；"眉来眼去"表示{以眉眼传情。也用来形容暗中勾结}（P886）。

其他15个由动词构成的"A来B去"中，有10个词语的A、B有的是反义关系，有的是类义关系，有的没有关系：

反义词：出～～进　颠～～倒　翻～～覆　接～～送
类义词：推～～挤　簸～～筛　游～～荡　瞄～～扫（快速看）
无关系：飞～～掷　呼～～挥

《汉语四字格词典》中，真正由近义名词构成的"A来B去"只有"杯来盏去"和"言来语去"两个；真正由近义动词构成的是以下5个：

思来想去，说来道去，挑来选去，推来让去，跳来蹦去

但这几个形式的"反复"义，只能理解为因为近义（同义）的语素（思、想）或词加上"来"或"去"形成近义短语，因连用而形成{来回反复}义。

在老舍中文小说语言中，收了下列10个"A来B去"形式，共出现114例次：

出来进去 41，颠来倒去，翻来覆去 19（翻来复去 2），

东来西去 3，横来竖去，眉来眼去，你来我去，

上来下去 2，言来语去，一来二去 44

在上列这些形式中，"一来二去、颠来倒去、翻来覆去、眉来眼去"都因有综合义或特指义，而作为四音节词语被《现代汉语词典》收录；"东来西去、言来语去"前边讨论过。

以下分别讨论"横来竖去、你来我去"和"出来进去、上来下去"。

（24）老太太已经走过来，哭得满脸是水，小短胳臂连围裙都撩不起来了，只好用手在脸上横来竖去的抹。（《二马》第二段）

（25）留学生们你来我去，欢迎与欢送的工作总是他的，他的站台票钱花得比谁都多。（《文博士》一）

"横来竖去"，毫无疑问与"直来直去"一样，"横"和"竖"是表示方式；"你来我去"，"你""我"属于代词的泛指用法，但仍与其后的"来""去"分别构成主谓关系。这几个形式都不是连谓用法，都不表示｛动作的多次重复｝义。

"出来进去"出现的例次比较多，有 41 例次，例如：

（26）温都姑娘上铺子去作工，温都寡妇出来进去的收拾房屋。（《二马》第二段）

（27）她高扬着脸，出来进去，既觉出自己的优越，并且怕别人沾惹她，她不理那群苦人。（《骆驼祥子》十六）

（28）人们上来下去，前后的起重机全哗啦啦的响着，船旁的小圆窟窿还哗哗的往外流水，真好玩！（《小坡的生日·九 海岸上》）

（29）过了几站，人们上来下去，似乎并没有注意她。（《四世同堂》七十）

从上列 4 个例子来看，毫无疑问，是位移性双音节趋向动词"出

来"与"进去"、"上来"与"下去"组合，构成反义动词短语"出来进去"和"上来下去"，表示交替进行的动作行为，而不是"出"与"进"、"上"与"下"分别代入与"…来…去"格式。正因为如此，所以由两个反义的趋向动词构成的短语，前后两项才可以颠倒使用：

（30）他只能<u>出来进去</u>，<u>进去出来</u>，像个热锅上的蚂蚁。（《四世同堂》七十九）

（31）老板娘背着抱着，好像兜儿里还带着，几个男女小孩，成天<u>出来进去</u>，<u>进去出来</u>，唧唧喳喳，不知喊些什么。（《蛤藻集·老字号》）

这样，通过双重交替，加大了反复量，表达了一种厌烦的情绪态度。

严格地说，除了"颠来倒去、翻来覆去（翻来复去）"两个有特定意义的四字词语以外，在老舍中文小说语言中，不存在由两个不同单音节动词 A、B 加上"来""去"构成的表示 ｛不断重复动作｝意义的"A 来 B 去"形式。

三　两者的不同

综上分析，我们认为，在白话文经典作家老舍小说语言中，"A 来 B 去"与"A 来 A 去"不同，它是通过把 A、B 两个具有相反、相对、同类以及相似等语义关系的单音节词语代入"来"和"去"之前，再以并列关系构成"A 来 B 去"，来 ｛表示交替性反向动作行为｝。由于只有交替而无起点和终点，因此在交替中自然就带有了 ｛来回、反复｝ 的意思，给人以重复不同动作的感觉，把它与"A 来 A 去"看作同一种类型。实则不然。

"A 来 A 去"式对进入格式的词语有严格的限制，亦即必须是表示主观意志能够控制的动作行为，是同类的单音节动作动词，因此可以把这种格式改写为"V 来 V 去"。V 与"来"以及与"去"分别构成连谓关系。同时，作为一种格式，"A 来 A 去"也有自己的格式意义，即｛不断重复动词 A 所表示的动作｝义。因此，"A 来 A 去"是一个构式，是四字格之一。

而在"A 来 B 去"中，进入"来"和"去"前边的 A 和 B，是表示反义、对义或同类关系的单音节的名词、代词，与"来""去"分别构成主谓关系，如"你来我去、眉来眼去、言来语去"之类；或是形容词、方位词，与"来""去"分别构成偏正（状中）关系，如"横来竖去、东来西去"。这样构成的"A 来 B 去"，都是通过"来"和"去"表示｛反复交替的反向动作行为｝，而不是像《现代汉语词典》所说的表示｛不断重复｝的意思，或《汉语四字格词典》所说的表示｛多次重复｝的意思。

因此，"A 来 A 去"与"A 来 B 去"是两种不同的格式或构式，是两种不同的四字格。

第二节　含有"连""带"的四字格"连…带…"

《现代汉语词典》（试用本）和《现代汉语词典》（第 7 版）都收录格式"连…带…"：

【连…带…】①表示前后两项包括在一起。②表示两种动作紧接着，差不多同时发生。[①]

并举了"连本带利、连老带小、连人带牲口、连说带唱、连滚带爬、连蹦带跳"6 个形式作为例证，而没有收录独立的词条。

吕叔湘主编的《现代汉语八百词》（增订本）在"连"词条下收录了"连…带…"格式：

---

① 中国科学院语言研究所词典编辑室编：《现代汉语词典》（试用本），商务印书馆 1973 年版，第 626 页；中国社会科学院语言研究所词典编辑室编：《现代汉语词典》（第 7 版），商务印书馆 2016 年版，第 807 页。

a）表示包括前后两项。跟名词或动词组合，可在主语前，可以有停顿。

～人带马都来了｜～皮带壳差不多一百斤｜～洗澡带理发，总共花了十五元钱｜……

b）表示两种动作同时发生，不分先后。跟两个单音节动词组合，这两个动词性质相近。

他～说带唱地表演了一段｜孩子们～蹦带跳地跑了进来①

作为 1947 年版《国语辞典》（1937 年初版）的删改本，《汉语词典》收录了独立词条"连本带利、连踢带打"，而没有收录这个格式。② 姜德梧编著的《汉语四字格词典》收录了"连…带…"格式：

这一格式有两种情况：一、表示前后两项都包括，与之搭配的常是意义相近或相类的两个名词。二、表示两种动作紧连着，差不多是同时发生，与之搭配的是意义相近或相类的两个动词。③

同时，在第 110—112 页中收录这种格式的四字词语有 26 个。

像"连…带…"这种带有固定的标志性成分，可以通过插入词语构成固定或临时性短语的格式，周荐称之为"待嵌格式"④，邵敬敏称之为"框式结构"⑤；一般也被称为"构式"。

为了简洁方便，我们把这种格式记作"连 A 带 B"。

本节分析白话文经典作家老舍中文小说语言中的这种四字格

---

① 吕叔湘主编：《现代汉语八百词》（增订本），商务印书馆 1999 年版，第 363—364 页。
② 中国大辞典编纂处编：《汉语词典》（原名"国语辞典"），商务印书馆 1957 年版，第 313 页。
③ 姜德梧编著：《汉语四字格词典》，北京语言文化大学出版社 2000 年版，第 110 页。
④ 周荐：《〈现代汉语词典〉中的待嵌格式》，《中国语文》2001 年第 6 期。
⑤ 邵敬敏：《汉语框式结构说略》，《中国语文》2011 年第 3 期。

现象。

一 老舍中文小说语言中"连 A 带 B"的出现情况

在 250 万字较大规模的老舍中文小说语言语料库中，出现"连 A 带 B"形式 92 个，共出现 99 例次，它们可以分为三类：

a 类：连本带利3，连车带人4，连钱带命，连他带我，连亲带友，
连人带钱，连人带房，连人带坛，连话带泪，连公带私，
连票带表，连钱带信，连枪带人，连车带狗，连男带女，
连须带皮，连汁带叶，连烟带话，连房带人，连头带尾，
连大带小，连老带少，连贫带富
连信带果子，连人带地方，连人带椅子，连皮带须子，
连嘴带鼻子，连门带门环，连他带他们，连头带脖子，
连人带铺板，连脸带胸口，连袜子带腿，连脖子带脸
连天赐带老师，连老师带同学，连白天带晚上，连女儿带产业，
连丈人带夫人，连铺户带人家，连家犬带野狗，连孩子带大人，
连尾巴带翅膀，连人口带产业，连晓荷带椅子，连皮筒带面子，
连衣服带器具，连盒子带镜子，连买的带卖的，连他带那条街
连货价带翻译费，连赔偿带手续费，连场长带股东们
连汽车带摔跟头的，连冠家带她娘家的人
连杯子带窗户上的一块玻璃，连韵梅带祁家的老幼
连四妈带七号的人，连县长带一切的地方官吏
连你（,）带我的女儿①

b 类：连推带抱，连推带搡2，连拉带扯2，连抹带摔，连买带拾，
连钓带捉，连说带笑，连哈带喘，连踢带跳，连踢带打，

---

① 这个例子"带"前有逗号使"连 A 带 B"格式被隔开，见《老舍全集》（修订本），第 4 卷，人民文学出版社 2013 年版，第 399 页。因 99 例次"连 A 带 B"格式中仅有此一例，所以我们不做单独特殊处理。

· 376 ·

连蒙带唬，连跳带转，连跑带跳，连吃带说，连吃带喝，
连吃带挣，连住带吃，连写带抄，连嚼带糊，连摸带看，
连蹦带跳，连跑带转，连坑带骗，连啃带踢，连喘带嗽
连说带央告，连说带吓唬，连扯带央告
连皱眉带咳嗽

c 类：连乏带饿，连穷带操劳

《汉语词典》收录的两个独立词条"连本带利、连踢带打"，在老舍小说语言中都出现了；《现代汉语词典》（试用本）和《现代汉语词典》（第 7 版）作为"连 A 带 B"例证的 6 个形式，在老舍小说语言中出现了"连本带利、连蹦带跳"两个；姜德梧编著的《汉语四字格词典》收录的 26 个"连 A 带 B"形式短语中与老舍小说语言相同的形式有"连本带利、连说带笑、连吃带喝" 3 个。

老舍中文小说语言中出现的"连 A 带 B"式短语，a 类为名词性短语，b 类为动词性短语，c 类为形容词性短语。在 a 类名词性短语中，四字短语 23 个，出现 28 例次；五字短语 12 个，出现 12 例次；六字短语 16 个，出现 16 例次，七字及以上短语 10 个，出现 10 例次。名词性"连 A 带 B"短语共有 61 个，出现 66 例次。在 b 类动词性短语中，四字短语 25 个，共出现 27 例次；五字短语 3 个，出现 3 例次，六字短语 1 个，出现 1 例次。动词性"连 A 带 B"短语共有 29 个，出现 31 例次。c 类形容词性短语共 2 个，四字短语、五字短语各一个，各出现 1 例次。

对老舍中文小说语言中的"连 A 带 B"格式短语进行统计说明，如以下 3 个表。

表 6 - 2   "连 A 带 B"格式短语数量统计

	四字短语	五字短语	六字短语	七字及以上短语	合计
词语数量	49	16	17	10	92
词语百分比 1（%）	53.26	17.39	18.48	10.87	100
词语百分比 2（%）	70.65		29.35		100

表 6-3　　　　　　"连 A 带 B"格式短语出现例次统计

	四字短语	五字短语	六字短语	七字及以上短语	合计
出现例次	56	16	17	10	99
例次百分比1（%）	56.57	16.16	17.17	10.1	100
例次百分比2（%）	72.73		27.27		100

表 6-4　　　　　　　"连 A 带 B"格式短语词性情况

	名词性短语	动词性短语	形容词性短语	合计
出现例次	61	29	2	92
所占比例（%）	66.304	31.522	2.174	100

这说明，无论是构成短语的数量比（53.26%），还是该类短语出现的例次比（56.57%），"连 A 带 B"格式短语都以四字短语为主；四字形式的"连 A 带 B"格式短语更具凝固性，因此不成词语素，如"坛"（连人带坛）、"须"（连须带皮）、"贫"（连贫带富）、"嗽"（连喘带嗽）等，只能进入这种四字格式。沈家煊认为，四字短语对言互文，完形明义，"是汉语骈偶性的体现"，"对汉语四言格的研究也就具有一般语法理论、语言类型和语言演化研究的价值"。[①] 这是很有道理的。

由于观察的对象是同一个白话文经典作家的同一种语体的较大规模语料库，我们发现，名词性的"连 A 带 B"格式短语所占比例最高，达到总量的2/3。名词性"连 A 带 B"格式短语的数量是动词性"连 A 带 B"格式短语数量的两倍多。这一结论与王黎研究得出的结论完全相反。王黎根据北大中文系1500万字语料库检索到"连 A 带 B"格式短语384个，其中表示事物的157个，表示动作或性状的227个，动词性（含形容词性）"连 A 带 B"格式短语数量占比比名词性"连 A 带 B"格式短语数量占比高出18.22个百分点。

另外，从音节数来看，如果 A、B 的音节数不同，"连 A 带 B"格式还呈现出 A < B 的趋势。也就是说，比较常见的是 A 的音节数少于

[①] 沈家煊：《说四言格》，《世界汉语教学》2019年第3期。

B 的音节数，例如，5 音节的"连 A 带 B"格式短语中，A 为单音节词语的有 14 个，而 A 为双音节词语的情况只有 2 个。具体情况见表 6-5。

表 6-5　　"连 A 带 B"格式短语中 A、B 音节数不同情况

	五字短语	六字短语	七字及以上短语	合计
词语数量	16	1	10	27
音节数：A < B	14	1	10	25
A < B 所占比例（%）	87.5	100	100	92.56

也就是说，在"连 A 带 B"格式中，从构成音节的角度来看，A≤B。其中音节数 A = B 的共有 65 个，占"连 A 带 B"格式短语的 70.65%，A、B 音节数不同的共有 27 个，仅占 29.35%。

而在 27 个 A、B 音节数不同的"连 A 带 B"格式短语中，A > B 的仅有两个：

（1）裙子刚压住磕膝盖儿，连袜子带腿一年到头的老是公众陈列品。(《二马》第二段)

（2）去了老大半天才慢慢的扭回来，连脖子带脸全红得象间小红房子的砖一样。(《二马》第二段)

这两例出现在老舍于英国伦敦学院任教时期写作的同一部作品《二马》中，这似乎可以说明 A > B 在老舍作品语言中的特异性。

在 43 个 5 音节及以上的"连 A 带 B"格式短语中，有 41 个格式短语 B 最少含有 2 个音节，甚至有 7 音节和 8 音节短语各一例：

（3）到处调查呢，自然身分也不低，连县长带一切的地方官吏都得好好的伺候着。(《文博士》九)

（4）哗啦！连杯子带窗户上的一块玻璃全碎了。(《四世同堂》四十三)

二 进入"连 A 带 B"格式中的 A 和 B

从老舍中文小说语言语料库来看，能够进入"连 A 带 B"格式中 A、B 位置的词语，有以下 7 种情况：

（1）名词。例如：

  本、利（连本带利） 车、人（连车带人）
  钱、命（连钱带命） 话、泪（连话带泪）
  皮、须子（连皮带须子） 嘴、鼻子（连嘴带鼻子）
  头、脖子（连头带脖子）

（2）动词。进入"连 A 带 B"格式 A、B 位置的动词，都是主观意志可以控制的表示动作行为的自主动词，例如：

  蹦、跳（连蹦带跳） 推、搡（连推带搡）
  说、笑（连说带笑） 哈、喘（连哈带喘）
  拉、扯（连拉带扯） 蒙、唬（连蒙带唬）
  扯、央告（连扯带央告）

（3）形容词。例如：

  大、小（连大带小） 老、少（连老带少）
  贫、富（连贫带富） 乏、饿（连乏带饿）
  穷（连穷带操劳）

（4）代词。例如：

  他、我（连他带我；连他带那条街） 他们（连他带他们）
  你［连你（,）带我的女儿］

（5）区别词。例如：

男、女（连男带女）

（6）不成词语素。例如：

亲、友（连亲带友）　　坛（连人带坛）
须（连须带皮）　　　　尾（连头带尾）
贫（连贫带富）　　　　嗽（连喘带嗽）
公、私（连公带私）

（7）"的"字短语。例如：

买的、卖的（连买的带卖的）

不成词语素只能进入"连 A 带 B"格式构成的四字短语。

名词性短语只能进入 B 位置。在 250 万字的老舍全部中文小说语言语料库中，这种情况包含 4 个小类：

（1）量词短语。例如：

那条街（连他带那条街）

（2）偏正短语。例如：

祁家的老幼（连韵梅带祁家的老幼）
她娘家的人（连冠家带她娘家的人）
七号的人（连四妈带七号的人）
一切的地方官吏（连县长带一切的地方官吏）

(3) "的"字短语。例如：

卖的（连买的带卖的）　　摔跟头的（连汽车带摔跟头的）

(4) "们"字短语。例如：

股东们（连场长带股东们）

三 "连A带B"的意义与语法功能

从词性、词义与"连A带B"格式表意关系来看，可以分作三大类。

（一）由名词性成分构成的"连A带B"

由名词、区别词（男、女）、代词（他、你、他们）、名词性语素（亲、友、坛、须、公、私）以及A为名词或代词或"的"字短语而B为名词性短语而构成的"连A带B"格式短语，都表示｛前后两项包括在一起｝的意思：

(5) 叫你叔父把咱老张的钱连本带利今天都还清，你是爱念不念！（《老张的哲学》第四）

(6) 他觉得往下要说的话似乎和《圣经》的体裁不大相合，于是吸了一口烟，连烟带话一齐咽下去了。（《二马》第二段）

(7) 两个人都有多少多少被泪浸渍了许久的话，可是不便连话带泪一齐倾倒出来。（《四世同堂》三十八）

(8) 陈宅的三条狼狗都面对汽车的大鼻子趴着，连车带狗全一声不出，都静听着院里的欢笑。（《蛤藻集·新时代的旧悲剧》）

(9) 街上的铺户也还照旧的开着，连买的带卖的可都有点不安的神气。（《蛤藻集·杀狗》）

(10) "我要是不管，连四妈带七号的人还不把我骂化了？"（《四世同堂》八十一）

构成"连A带B"格式短语的名词或名词性成分A、B所表示的事物，具有时间和空间的连带关系，亦即必须存在于同一个时间、同一个空间内，如上边所举例子中的"本、利""烟、话""话、泪""车、狗""买的、卖的""四妈、七号的人"，这些词语所代表的事物存在于同一个时空语境中。

综上，可以对《现代汉语词典》中"连A带B"格式释义①修正如下：**由名词或名词性成分构成的"连A带B"格式短语，表示**｛**处于同一时空语境中互相关联的两项不同事物（同时如何）**｝**的意思**。

（二）由动词构成的"连A带B"

由动词构成的"连A带B"格式短语，其中的A和B都是表示主观意志可以控制的动作行为的自主动词，主要是表示手、脚和口部的动作行为，整个"连A带B"都表示｛两种动作紧接着，差不多同时发生｝：

（11）孙八把王德连推带抱的拦过去。（《老张的哲学》第五）

（12）太太想喝止住他们，可是说时迟，那时快，花棒已换了手，天赐连踢带跳的摇起来，响成一片。（《牛天赐传·六 哗啷棒儿》）

（13）他很爱念念小说，甚至结结巴巴的，连蒙带唬的，念《三国志演义》。（《牛天赐传·十四 桃园结义》）

（14）"别说那个！"小马儿的腮撑得像俩小桃，连吃带说的拦阻爷爷。（《骆驼祥子》十）

（15）现在我穿上这么抖的制服，我到马棚去挑了匹菊花青的马，这匹马非常的闹手，见了人是连啃带踢。（《火车集·我这一辈子》）

关于由动词构成的"连A带B"格式短语，有两点补充。

第一，"连A带B"格式短语中的动词，有共同的行为主体，如上例中的"推、抱"都是"王德"发出的，"踢、跳"都是"天赐"发出的。

第二，在由动词构成的"连A带B"格式短语中，A、B两个动词所表示的动作，必须是同类动作，如上边所列的例子，"推、抱"

都是手的动作,"踢、跳"都是脚的动作,"吃、说"都是嘴的动作,"蒙、唬"都是言语性欺骗意思(天赐不认识字而装作认识读出声来),"啃、踢"都是"菊花青马"对"我"的攻击动作。

综上,可以对《现代汉语词典》中"连 A 带 B"格式释义②修正如下:**由动词所构成的"连 A 带 B"格式短语,表示{由同一主体发出的同类的紧接或同时发生的动作}**。

(三) 由形容词构成的"连 A 带 B"

由形容词构成的"连 A 带 B"格式短语,可以根据 A 与 B 是不是反义词分作两小类。

(1) 由相对反义形容词构成的"连 A 带 B"。例如:

(16) 这玩艺一成家,连大带小,好几口儿,死了也不能闭眼!你说是不是?(《骆驼祥子》十六)

(17) 当枪声初起的时候,连贫带富,家家关了门。(《火车集·我这一辈子》)

由相对反义形容词构成的"连 A 带 B"具有指称性,表示{**统指具有 A、B 性质的同类人或事物(同时如何)**}。

(2) 由表示负向不如意性质、状态的形容词构成的"连 A 带 B"。例如:

(18) 曲时人既是介绍人,本想说几句,省得发僵,可是连乏带饿,他止不住的打哈欠,落着很大的泪珠。(《蜕》第四)

(19) 她嫁了一个纸铺的伙计,也许已生了孩子;连穷带操劳,大概和门口换取灯儿的婆子差不了多少。(《天书代存·牛天赐致赵浮萍函》)

由表示负向不如意性质、状态的形容词构成的"连 A 带 B",表示{**同一主体(主事)同时具有的两种不如意的状态**}。

可以看出,"连 A 带 B"格式短语由于构成成分的词性以及词义关系的不同，而分为名词性、动词性和形容词性 3 类，共有 4 个义位：

【连 A 带 B】①名 处于同一时空语境中互相关联的两项不同事物（同时如何）：乍一穿起这有声有色的竹布衫，连家犬带野狗都一致汪汪地向他抗议。(《正红旗下》四)

②名 统指具有 A、B 性质的同类人或事物（同时如何）：这玩艺一成家，连大带小，好几口儿，死了也不能闭眼！(《骆驼祥子》十六)

③动 由同一主体发出的同类的紧接或同时发生的动作或状态：孙八把王德连推带抱的拦过去。(《老张的哲学》第五)

④形 同一主体（主事）同时具有的两种不如意的状态：曲时人既是介绍人，本想说几句，省得发僵，可是连乏带饿，他止不住的打哈欠，落着很大的泪珠。(《蜕》第四)

其中，"连 A 带 B" 义位①，A、B 由同类的名词性成分（名词、名词性代词、区别词）构成；义位②，进入 "连 A 带 B" 中的 A 和 B 都是相对反义形容词；义位③，进入 "连 A 带 B" 中的 A、B 都是动词；义位④，进入 "连 A 带 B" 中的 A 和 B 都是表示负向不如意性质、状态的形容词。

"连 A 带 B" 格式短语的性质、构成以及出现例次分布如下。

表 6-6　　　　"连 A 带 B" 格式短语词性与构成分布

构成成分	名词性短语					动词性短语	形容词性短语	合计
	名词/名词性短语	代词	形容词	区别词	不成词	动词	形容词	
短语数量	47	4	3	1	6	29	2	92
所占比例1 (%)	51.09	4.35	3.26	1.09	6.52	31.52	2.17	100
所占比例2 (%)	66.31					31.52	2.17	100

· 385 ·

表 6-7　"连 A 带 B"格式短语词性与出现例次分布

	名词性短语	动词性短语	形容词性短语	合计
出现例次	66	31	2	99
所占比例（%）	66.67	31.31	2.02	100

王黎根据 1500 万字语料库进行统计，认为动词性"连 A 带 B"格式短语数量占比远高于名词性"连 A 带 B"格式短语数量占比；[①] 我们根据白话文经典作家老舍中文小说 250 万字同质语料库得出相反的结论：名词性"连 A 带 B"格式短语无论是在短语数量还是在出现例次方面，都占该类短语总量和总例次的 2/3 强，都是动词性（含形容词性）"连 A 带 B"格式短语的两倍。

这种名词性"连 A 带 B"格式短语高比例现象，来自其构成成分 A、B 体词性的高比例：A、B 的性质，基本上决定了"连 A 带 B"格式短语的性质。

在老舍小说语言语料库中，"连 A 带 B"格式短语在句法功能上可以作主语、谓语、状语、宾语、小句。其中，作主语的，都是名词性的"连 A 带 B"，例如：

（20）连男带女都善意的指着他说"真是活宝！"（《火葬》二十二）

（21）而老张因保持力量平衡的原因，把重力全放在下部，脊背离了车箱，左右摇了几摇，于是连车带人顺着桥的倾斜随着一股干尘土滚下去。（《老张的哲学》第九）

作其他成分的，例如：

（22）妙斋还要往外走，丁主任连推带搡，把他推上楼去。（《贫血集·不成问题的问题》）[谓语]

[①] 王黎：《"连 X 带 Y"格式的句法、语义分析》，《语文研究》2004 年第 3 期。

(23) 然后，大一点的要是能找到世界上最小的资本，便去连买带拾，凑些冰核去卖。(《骆驼祥子》十八)［谓语］

　　(24) 跑到铺子去，找了些小木条和麻绳儿，连哈带喘的又跑回来，把刚种的花儿全扶上一根木条，用麻绳松松的捆好。(《二马》第三段)［状语］

　　(25) 他招呼我上去，我便连蹦带跳地上了楼。(《樱海集·牺牲》)［状语］

　　(26) 小赵的眼珠改为连跳带转，转了几遭，他的脸板起来。(《离婚》第十三)［宾语］

　　(27) 连钓带捉，我就捉到二十多只田鸡。(《正红旗下》八)［小句］

　　(28) 揍她！怎好意思？扯着头发，连踢带打？做不出。(《离婚》第十四)［小句］

"连 A 带 B"格式短语的功能分布如下表。

表 6-8　　"连 A 带 B"格式短语句法功能分布

	主语	谓语	宾语	状语	小句	合计
出现例次	55	7	1	22	14	99
百分比（%）	55.56	7.07	1.01	22.22	14.14	100

"连 A 带 B"格式短语作主语为近56%的高比例，与名词性"连 A 带 B"格式短语所占短语总量和总例次的2/3的高比例正向相关。

第三节　含有两个"有"或"没"的两种四字格

　　本节以白话文经典作家老舍250万字较大规模中文小说语料库为语料来源，分析老舍作品语言中的两种相对的四字格"有 A 有 B"与"没 A 没 B"。

一　"有A有B"

在250万字老舍小说语料库中，由四字格"有A有B"构成的四字形式共有66个，出现175例次。具体情况如下：

有板有眼5，有鼻有眼，有长有短，有吃有喝7，有吃有穿4，
有穿有戴，有唱有念，有才有钱，有车有马，有大有小，
有多有少，有冬有夏，有高有矮，有官有职，有规有矩，
有光有暗，有钩有刺，有节有拍，有家有庙，有家有室2，
有惊有喜，有进有退，有哭有笑2，有孔有缝，有男有女5，
有米有面，有模有样2，有名有姓2，有名有号，有名有钱，
有买有卖，有眉有眼2，有来有去4，有棱有角10，有老有少2，
有人有钱，有柔有刚，有儿有女2，有头有脸4，有头有尾8，
有条有理7，有条有款，有声有色15，有说有笑28，有时有会儿，
有诗有画，有色有香，有胜有败，有食有水，有顺有逆，
有心有肠，有声有韵，有书有报，有偏有向，有赔有赚，
有皮有肉，有凭有据，有腔有韵，有腔有调8，有钱有势5，
有穷有富，有嘴有腿，有滋有味6，有直有斜，有字有画，
有音有韵

作为1947年版《国语辞典》（1937年初版）的修订、删节本，1957年出版的代表20世纪20—40年代现代汉语面貌的《汉语词典》收录了16个这种短语：[①]

<u>有板有眼儿</u>，<u>有鼻子有眼儿</u>，<u>有头有脸儿</u>，<u>有头有尾</u>，
<u>有条有理</u>，<u>有来有去</u>，有始有终，<u>有声有色</u>，<u>有说有笑</u>，

[①] 中国大辞典编纂处编：《汉语词典》（原名"国语辞典"），商务印书馆1957年版，第1155—1158页。

有死有活，<u>有名（儿）有姓（儿）</u>，有尽有让，<u>有心有肠儿</u>，<u>有时有会儿</u>，有时有晌儿，<u>有滋有味儿</u>

其中有 12 个形式（有下画线者）在老舍中文小说语言中出现过，占比 75%，有的还标出了儿化现象。

《现代汉语词典》1973 年试用本和 2016 年第 7 版都收录格式"有……有……"：

①分别用在意思相反或相对的两个名词或动词的前面，表示既有这个又有那个，两个方面兼而有之。②分别用在意思相同或相近的两个名词或动词（或一个双音节名词或动词的两个词素）前面，表示强调。①

作为例证，代表 20 世纪五六十年代汉语词汇面貌的《现代汉语词典》（试用本）列举了"有利有弊、<u>有头有尾</u>、<u>有板有眼</u>、<u>有鼻子有眼儿</u>、有尽有让、<u>有棱有角</u>、有情有义、<u>有声有色</u>、<u>有说有笑</u>、<u>有偏有向</u>、<u>有凭有据</u>、<u>有条有理</u>、有头有绪、有血有肉" 14 个形式，并收录独立词条"有声有色、有始有终"两个。《现代汉语词典》（试用本）共收录该格式短语 15 个，其中与老舍小说语言一致的有 9 个（下画线者；同时，把"有鼻有眼"看作"有鼻子有眼儿"的变体，下同），占比 60%。

《现代汉语词典》（第 7 版）在所列举的例证里删去了"有尽有让、有偏有向、有头有绪"，增补了"有赏有罚、有多有少"两个。收录独立的词条"有板有眼、有鼻子有眼儿、有模有样、有声有色、有始有终、有头有脸、有头有尾、有血有肉" 8 个。如果把独立词条与作为例证列举的形式加起来，则《现代汉语词典》（第 7 版）共收

---

① 中国科学院语言研究所词典编辑室编：《现代汉语词典》（试用本），商务印书馆 1973 年版，第 1251 页；中国社会科学院语言研究所词典编辑室编：《现代汉语词典》（第 7 版），商务印书馆 2016 年版，第 1592 页。

"有A有B"16个，即：

有板有眼、有鼻子有眼儿、有多有少、有利有弊、有棱有角、
有模有样、有头有尾、有头有脸、有条有理、有赏有罚、
有声有色、有始有终、有说有笑、有情有义、有凭有据、
有血有肉

其中与老舍小说语言一致的有11个（有下画线者），占比68.75%。《现代汉语词典》第7版收录的"有A有B"式词语与老舍中文小说语言的一致率与"试用本"相比，提高了近9个百分点。

姜德梧编著的《汉语四字格词典》收录"有……有……"格式：

这一格式表示：一、既有这个，又有那个，两方面兼而有之。与之搭配的是意义相反或相对的两个名词或动词。二、具有强调意味，与之搭配的是意义相同或相近的两个名词或动词。①

收录独立的词条"有板有眼、有病有灾"等该格式四字词语55个。这55个四字词语中，与老舍中文小说语言"有……有……"形式一致者有17个：

有板有眼、有吃有喝、有吃有穿、有大有小、有家有室、
有模有样、有名有姓、有买有卖、有棱有角、有老有少、
有儿有女、有头有脸、有声有色、有说有笑、有凭有据、
有腔有调、有钱有势

老舍中文小说语言中的这类四字形式与《汉语四字格词典》一致率为30.91%。

"有A有B"是并列式述宾结构。"有A"与"有B"构成并列关

---

① 姜德梧编著：《汉语四字格词典》，北京语言文化大学出版社2000年版，第261页。

系，表存在的动词"有"后的 A、B，与"有"构成述宾关系。能出现在 A、B 位置的词有以下 5 种（顿号前后的成分，是出现在同一个"有 A 有 B"格式中的成分，不同的形式中的成分用分号隔开，相同的成分合并为一项）。

(1) 名词。例如：

板、眼；鼻、眉、眼；车、马；冬、夏；头、尾、脸；官、职；钩、刺；孔、缝；家、室、庙；米、面；名、姓、号；名名气（有名有钱）、棱、角；儿、女；色、香；食、水；心、肠；声、音、腔、韵、调；书、报；皮、肉；钱、势；诗、字、画；嘴、腿；男、女；才才能（有才有钱）；人（有人有钱）

(2) 形容词。例如：

长、短；大、小；多、少；高、矮；光光明、暗；老、少年少；柔、刚；穷、富；直、斜

(3) 动词。例如：

吃、喝；吃、穿；穿、戴；唱、念；惊、喜；进、退；哭、笑；来、去；买、卖；顺、逆；赔、赚；胜、败；说、笑

(4) 量词。例如：

节、拍；条、款；时、会儿

(5) AB 成词，A 或 B 不成词。例如：

规矩（→有规有矩）　　模样（→有模有样）
条理（→有条有理）　　凭据（→有凭有据）

偏向（→有偏有向）　　滋味（→有滋有味）
惊喜（→有惊有喜）

从构成全部的"有 A 有 B"形式的词语来看，**"有"后边的 A 和 B**，在词性上相同，属于同一词类；在词义类别上，属于同一语义范畴：或属于同一类事物，或属于同一类性质，或属于同一类动作。以下分别予以说明。

（1）属于同一类事物。例如：

有板有眼：板、眼——曲艺的节拍。

有车有马：车、马——交通工具。

有冬有夏：冬、夏——四季之一。

有家有室：家、室——家庭。

有男有女：男、女——人的两种性别之一。

有米有面：米、面——两种性状的粮食。

即便是表面看起来不属于同一类事物（如"嘴"和"腿"）但在"有 A 有 B"这一格式中也表示临时的同类，可以构成下边这样的句子：

我和"柳屯的"那一幕，已经传遍了全村，我虽没说，可是三妞是有嘴有腿的。（《樱海集·柳屯的》）

"嘴"着眼于｛说｝，"腿"着眼于｛走｝，都是着眼于其功能，从这一点说来说，"嘴"与"腿"都属于｛信息传播的载体｝，所以可以构成"有嘴有腿"。

（2）属于同一类性质。例如：

有长有短：长、短——长度方面性质。

有大有小：大、小——体积方面性质。

有高有矮：高、矮——纵方向长度性质。

有老有少：老、少——年龄方面性质。

（3）属于同一类动作。例如：

有吃有喝：吃、喝——摄入食物的动作。

有买有卖：买、卖——以钱易物的动作。
有说有笑：说、笑——人口部、面部动作。
有胜有败：胜、败——竞争性动作结果。
有来有去：来、去——有参照点的位移动作。

在词义关系上，A 与 B 属于同类事物、性质或动作，具有相反、相对、相似或相关的语义关系。

（1）相反关系。例如：

有进有退，有光有暗，有买有卖，有胜有败，有顺有逆，有柔有刚，有来有去

（2）相对关系。例如：

有长有短，有大有小，有多有少，有哭有笑，有穷有富，有钩有刺，有儿有女

（3）相似关系。例如：

有板有眼，有节有拍，有家有室，有时有会儿，有声有韵，有偏有向，有凭有据

（4）相关关系。例如：

有吃有喝，有穿有戴，有唱有念，有车有马，有钱有势，有说有笑，有名有姓

能够进入"有 A 有 B"四字格 A、B 位置的单音节词语，属于开放性质的，只要是属于同一类的事物、性质、动作，都可以进入四字格"有 A 有 B"中 A、B 的位置。

无论构成"有 A 有 B"的 A 和 B 之间语义关系是相反、相对、相

似，或相关，构成"有A有B"式后，整个"有A有B"式词语在A和B之外会产生综合意义。

【有板有眼】同普通话。① 形容言语行动有条不紊，富有节奏或章法。假若人类确是由猴子变来的，像一些聪明人有板有眼的那么讲说，我以为在介绍我自己的时候，就无须乎先搬出家谱来了。(《小人物自述》一) | 母亲一暗示留他吃饭，他便咳嗽一阵，有腔有调，有板有眼，而后又哈哈地笑几声才说。(《正红旗下》一)

【有吃有喝】形容生活富足。假如嫁个阔人，一辈子有吃有喝，岂不比现在挣五六十块钱强？(《樱海集·善人》) | 你不必出钱，我们也免得送礼，可是还能有吃有喝的玩一天，不是怪好的办法吗？(《四世同堂》四十)

【有头有脸】有身份有地位，不是普通人。更可气的是，以能力说，他在留学生里也是有头有脸的人物。(《文博士》一) | 她与大赤包既同是"新时代"的有头有脸的人，她何必一定非捧着大赤包，而使自己坐第二把交椅呢？(《四世同堂》六十四)

【有来有去】细致，有兴趣。他照着镜子，照得有来有去的，似乎很能欣赏他自己的美好。(《樱海集·牺牲》) | "人都死啦，你们还开得这么有来有去的！他妈的！"(《四世同堂》十七) | 丁二爷是废物，当然说废话，可是自己的妻子和废物谈得有来有去的！(《离婚》第十)

【有棱有角】①线条清晰。乘着夜晚，冬把所有的泥和水都冻上，连白天汽车轮胎留下的印痕都照原样儿冻结好，有棱有角的像雕花似的。(《无名高地有了名》十) | 穿着浆洗得有棱有角的白衫，他低着头，鞋底不出一点声音的，快而极稳的走来。(《四世同堂》四十五) ②脸部不圆润，线条清晰，棱角分明。"那是你的事，我没法管！"冠先生的脸板得有棱有角的说。(《四世同堂》三十七) | 他更瘦了些，可是身量又高出半寸来，他的脸晒得乌黑，可是腮上有棱有角的显出

---

① 中国社会科学院语言研究所词典编辑室编：《现代汉语词典》（第7版），商务印书馆2016年版，第1588页。

结实硬棒。(《四世同堂》八十二)③不随和,锋芒毕露。

【有时有会儿】(yǒushíyǒuhuǐr)按规定的时间做事。军队的操演有时有会儿,而学徒们是除了睡觉没有任何休息时间的。(《火车集·我这一辈子》)

【有心有肠】有兴致。问哥哥吧?呸!谁那么有心有肠的去问哥哥呢!(《小坡的生日·一 小坡和妹妹》)

【有说有笑】形容情绪欢快,气氛融洽。他和我们吃饭的时候,还是有说有笑,手脚不识闲。(《赶集·热包子》)|他们有说有笑,非常的快活。(《蜕》二)

如果 A 或 B 不成词,AB 成词,则"有 A 有 B"相对于"有 AB",不仅增加了强调意味,有的还增加了义位。

【有模有样】同普通话。[1]①模样长得不错。张大哥对于儿子的希望不大……只盼他成为下得去的,有模有样的,有一官半职的,有家有室的,一个中等人。(《离婚》第七)②像模像样。她好像也和我同过学,有模有样的问我这个那个的。(《樱海集·柳屯的》)

【有规有矩】很有规矩,很讲究礼节。大姐进来献茶,然后似乎说了点什么,又似乎没说什么,就那么有规有矩地找到最合适的地方,垂手侍立。(《正红旗下》九)

【有条有理】①很整洁。温都太太整忙了一早晨,把楼上三间屋子全收拾得有条有理。(《二马》第二段)②很有条理,很有顺序。她喜爱有条有理地在家里干活儿。(《正红旗下》二)|他必须把过去的那件事再想一遍,心里才能觉得痛快,才能有条有理的去思想明天的事。(《四世同堂》三十三)

【有凭有据】很有根据。我打听明白了,有凭有据!(《离婚》第十四)

【有偏有向】偏于一方,不公平。他自己去买,省得有偏有向。(《樱海集·上任》)

---

[1] 中国社会科学院语言研究所词典编辑室编:《现代汉语词典》(第 7 版),商务印书馆 2016 年版,第 1590 页。

【有滋有味】很有兴致,兴趣盎然;得意,自我陶醉。吃饱喝足又回到椅子上一坐,打了几个沈重的嗝儿,然后撅短了一根火柴当牙签,有滋有味的剔着牙缝。(《二马》第二段)|"嗯!嗯!"他眯着眼有滋有味的赞叹。(《四世同堂》七十)

【有惊有喜】有惊吓,有欣喜。我的声音有点发颤,大概因为是有惊有喜。(《集外·记懒人》)

上列诸词语,"有模有样、有条有理"增加了义项,与偏义复词"惊喜"相比,"有惊有喜"恢复了"惊"的{惊吓}义,其余几个"有A有B"程度有所加强,增加了强调意味。这说明,已经凝固为词的AB,在"有A有B"四字格的类推作用下,出现了"降解""返祖"现象,作为构词语素的A和B,变成独立成词的A、B。

同时,当A、B是表示相关意义的名词时,已具有综合意义,具有特指性的"有A有B",也可以"降解"为A、B表示实在意义的短语,例如:

【有头有尾】既有开头,又有结尾,指做事能坚持到底。

(1) 夜间那一些情景还都在我的心里,我愿白天再去看一眼,好比较比较,教我心中这张画儿有头有尾。(《火车集·我这一辈子》)

(2) 他没法,也不会,把自己的话有头有尾的说给大家听。(《骆驼祥子》十)

(3) 肩窝与项下露在外面,轻轻拢着一块有头有尾有眼睛的狐皮。(《赵子曰》第九)

例(3)中的"有头有尾"从表示综合意思{既有开头,又有结尾,指做事能坚持到底}"降解"短语,出现"返祖"现象,"头"表示{头部},"尾"表示{尾巴},因此后边又增加了一个表示实在意义的述宾短语"有眼睛"。

从表义角度来看,"有A有B"都表示对与之有关的事物现象或行为状态的肯定、赞赏的主观态度或评价。

在句法功能方面,"有A有B"可以作定语、状语、谓语、补语、宾语、小句,可以构成"的"字结构,其分布见表6-9。

表6-9　　　　　　　"有A有B"句法功能分布

	定语	状语	谓语	宾语	补语	小句	"的"字结构	合计
例次	24	37	52	15	16	30	1	175
百分比(%)	13.714	21.143	29.714	8.572	9.143	17.143	0.571	100

其中,"有A有B"作宾语,只出现在能愿动词、判断词"是"以及"显得"类动词之后:

(4) 我的声音有点发颤,大概因为是有惊有喜。(《集外·记懒人》)

(5) 不能大意,生活是要有板有眼,一步不可放松的。(《离婚》第十八)

(6) 听到这个计划,大赤包感到更大的兴趣,因为这比其他的事业更显得有声有色。(《四世同堂》五十三)

在具体运用上,还有两个"有A有B"并列构成联合式短语:

(7) 布人不加思索,在信纸上写了一大串"一"字,并且告诉妈妈,这些"一"字有长有短有直有斜,弟弟一看,就会明白什么意思。(《贫血集·小木人》)

(8) 有吃有喝有穿有戴,不错;可是谁知道我还不如一个老妈子!(《离婚》第二)

此外,还有并列三项"有X"的用法:

(9) 到底是有米有面有钱,经济!(《蛤藻集·新时代的旧悲剧》)

(10) 况且,老何是得罪不得的,老何有才有钱有势力。

· 397 ·

(《樱海集·末一块钱》)

（11）默吟有诗有画有花木与茵陈酒，而野求只有吵起来像一群饥狼似的孩子。(《四世同堂》十八)

（12）高第假若觉得自己还是个"无家之鬼"，她可是把桐芳看成为关在笼中的鸟——有食有水有固定的地方睡觉，一切都定好，不能再动。(《四世同堂》三十一)

这4个例句中的3组"有X"，实际上也是有规律的，即每组中的前两个"有X"，符合我们对"有A有B"的分析，即前两个"有"后词语，都是代表同类语义范畴的相对的事物。

有米有面：米、面——两种性状的粮食。
有才有钱：才，能力；钱，财富——保障人生存和发展的内在和
　　　　　外在的资源。
有诗有画：诗、画——文化产品。
有食有水：食、水——维系生命的食用物资。

而每组中的第三项"有X"则不在这一范畴中，没有与前两项相对的类别特征，所以在形式上也就不追求格式的严格一致了。这种用法共有以上4例次，占本节讨论格式"有A有B"的2.29%，比例微乎其微。

二 "没A没B"

在老舍中文小说语言中，由四字格"没A没B"构成的四字形式共有14个，出现40例次。具体情况如下（其中有下画线者为有对应的"有A有B"）。

没白没票，没结没完7，没家没业3，没儿没女4，没人没钱，没皮没脸8，没羞没耻，没羞没臊，没心没肺8，没说没笑，没头没尾2，没头没脑，没钱没势，没脏没玷儿

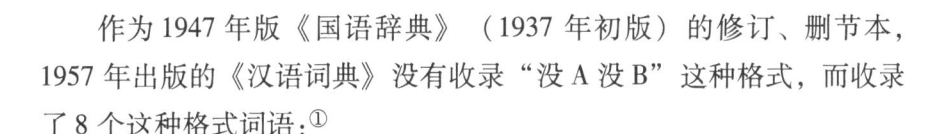

作为1947年版《国语辞典》（1937年初版）的修订、删节本，1957年出版的《汉语词典》没有收录"没A没B"这种格式，而收录了8个这种格式词语：①

> <u>没皮没脸</u>，没颠没倒，<u>没结没完</u>，没轻没重，<u>没羞没臊</u>，<u>没心没肺</u>，没收没管，没深没浅

其中4个（有下画线者）出现在老舍中文小说语言中，占比为50%。

《现代汉语词典》的试用本和第7版都收录了"没……没……"这个格式：

> 【没……没……】①用在两个同义的名词、动词或形容词前面，强调没有。②用在两个反义的形容词前面，多表示应区别而未区别（有不以为然的意思）。②

《现代汉语词典》（试用本）没有收录"没A没B"格式的独立词条，作为格式例证，列举了以下8个形式：

> 没家没业，<u>没皮没脸</u>，<u>没羞没臊</u>，没着没落，没大没小，没深没浅，没上没下，没老没少

其中与老舍作品相同的有两个（下画线者），占比为25%。

《现代汉语词典》（第7版）收录了"没大没小，没轻没重，没日没夜、没头没脑，没心没肺"5个词语，同时作为例证，还列举了除了"没家没业"外与试用本相同的7个形式，并补充了"没完没了"，

---

① 中国大辞典编纂处编：《汉语词典》（原名"国语辞典"），商务印书馆1957年版，第92—93页。
② 中国科学院语言研究所词典编辑室编：《现代汉语词典》（试用本），商务印书馆1973年版，第690页；中国社会科学院语言研究所词典编辑室编：《现代汉语词典》（第7版），商务印书馆2016年版，第885页。

共12个"没A没B"四字语,其中与老舍作品相同的形式有4个:"没皮没脸、没羞没臊、没头没脑、没心没肺",占比为33.33%。因试用本未收"没头没脑、没心没肺"而第7版收录了,这两个形式可以看作在20世纪70年代以后进入普通话的。与试用本相比,第7版"没A没B"与老舍中文小说中的相同形式个数占比增长了8.33个百分点。

姜德梧《汉语四字格词典》也收录了"没……没……":

> 这一格式有两种情况:一、表示强调。与之搭配的是两个意义相近的名词、动词或形容词。二、表示应区别而未区别(有不以为然的意思)。与之搭配的是两个意义相反的形容词。①

同时收录了独立词条30个。其中与老舍小说语言中出现的"没……没……"式四字语相同的有6个,一致率为20%:

> 没结没完,没儿没女,没皮没脸,没羞没臊,没心没肺,没头没脑

上列老舍中文小说语言中出现的"没A没B",有5个形式有表意与之相反的"有A有B"。它们是"没家没业、没儿没女、没说没笑、没头没尾、没钱没势",占老舍中文小说语言中"没A没B"形式总数的35.71%。

从内部结构来看,与"有A有B"一样,"没A没B"是并列式述宾结构。能进入"没"后边A、B位置的,有名词、动词和形容词3类:

(1)名词。有以下15个:

> 家、业;儿、女;人、钱、势;心、肺;皮、脸;头、脑、尾;玷儿

---

① 姜德梧编著:《汉语四字格词典》,北京语言文化大学出版社2000年版,第119页。

(2) 动词。有以下 9 个：

结、完；羞、臊、耻；说、笑；白、票

(3) 形容词。只有 1 个：

脏

在老舍中文小说语言中，没有出现意义相反或相对的形容词构成的"没 A 没 B"四字格词语①，**只有词性相同，并且表示同类事物现象、动作行为或状态的词语，才能进入 A、B 位置构成"没 A 没 B"式词语。**

在现代北京话中，"耻"是不成词语素，由于四字格的作用，也进入该格式，构成"没 A 没 B"四字格词语。形容词"脏"被临时活用为名词与"玷儿"相对，进入"没 A 没 B"格式。

从表义角度来看，"没 A 没 B"与"有 A 有 B"相对，表示没有 A、B，并形成综合意义；如果 A 与 B 是同义词或语素，"没 A 没 B"等于在"没 AB"意思之上有增加了强调作用。以下分别进行说明。

【没白没票】没有落空，没有得不到的。旧时买彩票用语，意思是只要买了就没有不中奖的。在大钟寺，他喝了豆汁，还参加了没白没票的抓彩，得回手指甲大小的一块芝麻糖。(《正红旗下》五)

【没结没完】没有休止，没完没了。他越不出声，孙七就越没结没完。(《四世同堂》五十八) | 倒是大姐的婆婆先发制人，把日子不好过，债务越来越多，统统归罪于他爱玩票，不务正业，闹得没结没完。(《正红旗下》一)

【没家没业】没有成家，没有产业。反正四虎子的老婆得由牛宅

---

① 邵敬敏、袁志刚《"没 A 没 B"框式结构的语义增值及贬义倾向》(《语文研究》2010 年第 3 期，第 8 页)认为，进入 A、B 位置的词或语素有三种情况：(1) A、B 为同义(近义)的词或语素；(2) A、B 为类义词或语素；(3) A、B 为反义的词或语素。老舍中文小说语言语料库中没有出现第三种类型。

给娶,他自己没家没业。(《牛天赐传·八 男女分座》)｜在张大哥眼中,他是个"例外"——一个男人,没家没业,在亲戚家住着!(《离婚》第二)

【没儿没女】没有子女后代。牛老夫妇是一对没儿没女而颇有几个钱的老绝户,(《牛天赐传·一 天官赐福》)｜没儿没女的家庭——除了有丧事——见不着他的足迹。(《离婚》第一)

【没人没钱】没有可以提供帮助的人和钱财。家里没人没钱,叫我怎么好!(《离婚》第二)

【没皮没脸】不顾脸面,不顾羞耻。瞧李子荣,没皮没脸!(《二马》第三段)｜他会没皮没脸的死腻,对他们的讥诮与难听的话,他都作为没听见。(《四世同堂》五十二)

【没头没脑】同普通话。① ①形容说话做事头绪不清或缺乏条理。定大爷的话没头没脑,说着说着金鱼,忽然转到:"你看,赶明儿个我约那个洋人吃饭,是让他进大门呢?还是走后门?"(《正红旗下》十) ②指没有来由。③指不顾一切。

【没头没尾】①没完没了。公文,公文,公文,没头没尾,没结没完的公文。(《离婚》第五)②没有开始,没有结尾;不完整。这几个"样子"就真够教我糊涂的了,怎想怎不对,怎摸不清哪里是哪里,一会儿它有头有尾,一会儿又没头没尾,我这点聪明不够想这么大的事的。(《火车集·我这一辈子》)

【没说没笑】不开玩笑。一天到晚,没说没笑,只管买线,哪道夫妻呢?(《离婚》第八)

【没钱没势】不富裕,没有势力。有势力的先跑,有钱的次跑,没钱没势的不跑等死。(《集外·不远千里而来》)

【没心没肺】同普通话。② ①形容不动脑筋,没有心计。他们都是十四五岁左右的人,不能没心没肺!(《四世同堂》二十二)｜老二无

---

① 中国社会科学院语言研究所词典编辑室编:《现代汉语词典》(第7版),商务印书馆2016年版,第885页。

② 中国社会科学院语言研究所词典编辑室编:《现代汉语词典》(第7版),商务印书馆2016年版,第885页。

聊而没心没肺；所以老二吃了亏。(《四世同堂》二十九)②指没有良心。老吴没心没肺没骨头，接了那五十块钱，口口声声把我赶出去！(《离婚》十四)｜假若老二没心没肺的赞同此意呢，她也会只去此一遭，下不为例。(《四世同堂》五十二)

【没羞没耻】没有羞耻感。他们当然不会那么没羞没耻，他们必定先顾脸面，而后再去瞎胡闹。(《猫城记》十四)

【没羞没臊】指责人没有廉耻，不知羞臊。艺术的熏陶使他在痛苦中还能够找出自慰的办法，所以他快活——不过据他的夫人说，这是没皮没脸，没羞没臊！(《正红旗下》一)

【没脏没玷儿】没有伤痕，没有污点。(有眼睛的都可以看出来，咱是多么文雅！)没脏没玷儿，地道好人！(《二马》第四段)

从表义角度来看，"没A没B"都表示否定性的、负面的主观态度或评价。即便是"没脏没玷儿"这个截自老马在温都太太迫于来自周围和民族文化压力而拒绝了他的爱情后的心里独白，也仅仅是一种通过对缺点的否定来表示肯定，是一种最低程度的肯定，因为如果某物有了 A 或 B，就是残次品了。

在句法功能方面，"没A没B"可以作定语、状语、谓语、补语、宾语、小句，可以构成"的"字结构，其分布见表6-10。

表6-10　　　　　　　"没A没B"句法功能分布

	定语	状语	谓语	宾语	补语	小句	的字结构	合计
例次	8	8	11	5	1	6	1	40
百分比（%）	20	20	27.5	12.5	2.5	15	2.5	100

其中，"没A没B"作宾语，只出现在能愿动词和判断词"是"之后：

(13) 他们都是十四五岁左右的人，不能没心没肺！(《四世同堂》二十二)

(14) 冠先生不傻。他是没皮没脸。(《四世同堂》二十四)

此外，在我们收集到的语料中，还有一例次并列 3 项"没 X"：

（15）老吴没心没肺没骨头，接了那五十块钱，口口声声把我赶出去！（《离婚》第十四）

实际上这个例句仍然符合前边我们对"没 A 没 B"的分析，即进入前两个"没"后边的词语"心""肺"都属于同一语义范畴的事物（内脏器官），不仅如此，因为有综合意思，在 20 世纪 30 年代的《国语辞典》中就已作为一个词语收录了。而老舍这种"没心没肺没骨头"则可以看作一种"返祖"用法。这种用法仅此一例，占本节讨论的"没 A 没 B"式词语总例次的 2.5%，比例微乎其微。

三　结语

从上文分析中，我们可以得出四个方面的结论。

第一，从以上关于老舍作品语言"有 A 有 B""没 A 没 B"两种四字格形式与《汉语词典》（《国语辞典》）、《现代汉语词典》试用本和第 7 版，以及专门的四字语词典《汉语四字格词典》同一格式短语的比较中，可以看出：

（1）20 世纪 30—50 年代的国语词汇（以《国语辞典》/《汉语词典》为代表），的确是以北京话为基础的；

（2）白话文经典作家老舍作品词汇随着时间的推移更为广泛地为普通话所吸收；

（3）仅从本节所分析的这种四字格来看，老舍作品的语言对现代汉语的发展，更具经典示范性。

第二，"有 A 有 B"与"没 A 没 B"是两种相关的格式，能够进入 A、B 位置的，都是词性相同的单音节词语，在语义上都是表示同类语义范畴的事物或现象，由于"有"与"没"的对立而构成不同的四字格，并由 A 与 B 所属语义范畴的不同而形成不同的综合意义。

第三，在现代汉语中，尽管"有"与"没"相对，但是"有 A

有B"与"没A没B"两种格式构成的四字语并不完全对应,"有A有B"构成的四字语的数量是"没A没B"格式四字语数量的4.7倍,有对应形式的仅有5对:

  有家有业——没家没业 有儿有女——没儿没女
  有说有笑——没说没笑 有头有尾——没头没尾
  有钱有势——没钱没势

第四,"有A有B"与"没A没B"两种四字格都是谓词性的。

第四节 含有"有"和"无/没"的三种四字格"有…无/没…"

本节分析现代汉语中的"有A无B"、"有A没B"与"有A无/没A"这3种四字格现象。

一 "有A无B"

在250万字老舍小说语言语料库中,进入"有A无B"格式A和B位置的,都是单音节名词或动词性成分,因此,"有A无B"可以看成一种四字格。四字格"有A无B"构成的词语共有23个,出现46例次。大体可以分为3组,具体情况如下:

  有备无患3,有肩无袖,有减无加,有进无退,有利无弊,
  有泪无声3,有名无实2,有气无力5,有腔无字,有始无终,
  有恃无恐3,有声无力,有声无字3,有损无益,有头无尾3,
  有喜无忧,有心无力,有眼无珠,有益无损4,有音无字,
  有勇无谋6,有增无减,有珠无神

作为1947年版《国语辞典》(1937年初版)的修订简本,《汉语

词典》收录"有A无B"式四字词语8个，而没有收录"有…无…"格式。这8个词语是：

<u>有名无实</u>，有理无情，<u>有头无尾</u>，有口无心，<u>有气无力</u>，
<u>有始无终</u>，<u>有眼无珠</u>，有嘴无心①

其中与老舍中文小说语言中"有A无B"式四字语相同的有5个（下画线者），占比为62.5%。

1965年编撰完成、1973年出版的《现代汉语词典》（试用本）收录"有A无B"式四字语独立词条4个：

有备无患，有名无实，有始无终，有恃无恐②

这4个形式全部出现在了老舍中文小说语言中。

第7版的《现代汉语词典》与试用本相比，增加了6个，共收录10个，"有A无B"式四字语：

<u>有备无患</u>，有价无市，有教无类，有口无心，<u>有名无实</u>，
<u>有气无力</u>，<u>有始无终</u>，<u>有恃无恐</u>，<u>有头无尾</u>，<u>有眼无珠</u>③

其中与老舍中文小说语言中"有A无B"式四字语相同的有7个（下画线者），占比为70%。

《现代汉语词典》试用本和第7版都收了"有…无…"格式：

---

① 中国大辞典编纂处编：《汉语词典》（原名"国语辞典"），商务印书馆1957年版，第1155—1158页。
② 中国科学院语言研究所词典编辑室编：《现代汉语词典》（试用本），商务印书馆1973年版，第1248—1249页。
③ 中国社会科学院语言研究所词典编辑室编：《现代汉语词典》（第7版），商务印书馆2016年版，第1588—1591页。

①表示只有前者而没有后者；②表示有前者没有后者（强调说法）；③表示有前者就可以没有后者；④表示似有似无。①

作为该格式的例证，《现代汉语词典》（试用本）还列举17个四字形式（第7版删去"有教无类"）（下画线者为老舍中文小说语言语料库中也出现的四字语）：

有行无市，有人无己，有教无类，有口无心，<u>有利无弊</u>，
<u>有名无实</u>，<u>有气无力</u>，<u>有始无终</u>，<u>有头无尾</u>，<u>有眼无珠</u>，
<u>有益无损</u>，<u>有勇无谋</u>，有加无已，<u>有增无减</u>，<u>有备无患</u>，
<u>有恃无恐</u>，有意无意

其中《现代汉语词典》试用本和第7版中该格式的义位④｛似有似无｝只列一个例证"有意无意"，因为"有意无意"可格式化为"有A无A"，不在本节讨论之列，故予以排除。此外，作为例证，试用本和第7版都列举了一个A和B都为双音短语的"有过之无不及"②。由于这是一条来自儒家经典《论语》中的名言固定下来的成语，而且有更为常见的原来形式"有过之而无不及"平行使用，所以我们将其排除在讨论的范围之外，——我们认为，《现代汉语词典》试用本和第7版所收录的"有…无…"，是一种在空位上填上单音节的词或不成词语素来构成四字词语的一个格式③。这样，《现代汉语词典》

---

① 中国科学院语言研究所词典编辑室编：《现代汉语词典》（试用本），商务印书馆1973年版，第1250页；中国社会科学院语言研究所词典编辑室编：《现代汉语词典》（第7版），商务印书馆2016年版，第1591页。

② 中国科学院语言研究所词典编辑室编：《现代汉语词典》（试用本），商务印书馆1973年版，第1250页；中国社会科学院语言研究所词典编辑室编：《现代汉语词典》（第7版），商务印书馆2016年版，第1591页。

③ 从大数据统计角度来看，也基本上是这样。王丽芳在其硕士学位论文《现代汉语"有A无B"格式研究》（上海师范大学，指导教师陈昌来，2008：4）中对北京大学CCL语料库进行统计，得出构成"有A无B""A、B同为单音节的约占整个格式的96%，其他的情况总和起来约占4%"的结论。不过王丽芳对"有A无B"统计的数据，也包括A、B是同一成分，亦即"有A无A"这种情况。

（第7版）共收录"有A无B"形式独立词条和例证，共计16个。

从总数来看，老舍中文小说语言中出现的"有A无B"比《现代汉语词典》（第7版）的16个多7个，是后者的1.44倍。《现代汉语词典》（第7版）与老舍中文小说语言中"有A无B"四字语相同的有11个（下画线者），占比为68.75%；与反映20世纪30—50年代现代汉语词汇面貌的《国语辞典》中相同词语个数占比相比，增长了18.75个百分点。单从老舍作品来看，老舍小说语言中的"有A无B"式四字语有47.83%为20世纪60年代的《现代汉语词典》试用本和2016年的第7版所收录。这一比例是很高的。这一点也可以从一个角度说明，老舍作品语言对现代汉语词汇发展所起的经典示范作用。

姜德梧《汉语四字格词典》收录"有…无…"这一格式：

> 这一格式表示：一、只有前者而没有后者。与之搭配的是意义相反或相类的两个名词。二、有前者而没有后者，是一种强调说法。与之搭配的是意义相反的两个动词或形容词。三、有了前者就可以没有后者。与之搭配的前一个字是动词，后一个字是与前面的动词在意义上相关联的名词。四、似有似无。与之搭配的是同一个名词。①

在第259—261页中还收录了"有备无患、有当无赎"等四字语24个。其中与老舍小说语言相同的有11个：

> 有备无患，有名无实，有气无力，有始无终，有恃无恐，
> 有损无益，有头无尾，有眼无珠，有益无损，有勇无谋，
> 有增无减

出版于2000年的《汉语四字格词典》中出现的"有A无B"四

---

① 姜德梧编著：《汉语四字格词典》，北京语言文化大学出版社2000年版，第259页。

字语总数与 250 万字的老舍中文小说语言语料库基本相同。《汉语四字格词典》中与老舍中文小说语言中相同个数占比为 45.83%，比《现代汉语词典》（试用本）中与老舍中文小说语言相同个数占比低近 23 个百分点。这说明，老舍中文小说语言中"有 A 无 B"四字格使用的典范性，远远高于专门的四字格词典。

上列老舍中文小说语言 250 万字语料库中的 23 个"有 A 无 B"格式短语可分作 3 小类：

a. 有名无实，有勇无谋
b. 有减无加，有进无退，有头无尾，有利无弊，有益无损，有损无益，有始无终，有喜无忧，有增无减
c. 有备无患，有肩无袖，有泪无声，有声无力，有声无字，有音无字，有腔无字，有气无力，有心无力，有恃无恐，有眼无珠，有珠无神

在老舍中文小说语言中，能够进入"有 A 无 B"格式短语中 A 与 B 位置的，都是单音节的不成词语素或词，没有例外。也就是说，"有 A 无 B"格式构成的短语都是四字形式，也可以进一步说，在白话文经典作家老舍作品中，"有 A 无 B"是一种典型的"四字格"。能够进入"有 A 无 B"格式短语的 A 与 B，有很强的规律性：

（1）单位的性质必须相同，即同是词或不成词语素；
（2）词性必须相同，同是动词性或名词性的词语或不成词语素；
（3）同时，A 与 B 在语义上还有某种相关性。

不成词的单音节语素能够进入"有 A 无 B"中，是"有 A 无 B"作为四字格的格式化要求。

在上列词语中，a 组的 **A、B** 是表示相关现象的名词性对义不成词语素（如"勇""谋"）或词["名""实"（哲学术语）]，整个"有 A 无 B"含有一种否定义，{认为不存在的 B 比存在的 A 更为重要}，因此"有 A 无 B"是一种遗憾的否定：

(1) 看着她脸上的两条沟儿，和头上那团有名无实的头发，他心里说："嫁个人也好，……（《二马》第三段）

(2) 他已经快在大学毕业，不能在大家面前显出有勇无谋，任着感情乱说。（《四世同堂》三）

b组中的 A 与 B 是一对名词性或动词性具有相对反义关系的不成词语素或词，如：

加/增～～减　　进～～退　　头～～尾　　利～～弊
益～～损　　喜～～忧　　始～～终。

在这种情况下，**把表示重点表述内容的词或不成词语素放到前边，通过"有"与"无"的对立、A 与 B 反义对比，对 A 予以强调。**

(3) 我同胞英勇的作战，有进无退，气震山河，真乃可歌可泣，教世上之人都伸大指夸赞。（《集外·兄妹从军》）

(4) 自从他有了这所房，他的人口便有增无减，到今天已是四世同堂！（《四世同堂》二）

(5) 关下银子来，母亲也不能有喜无忧。（《正红旗下》二）

即便像"减"相对于"加"、"损"相对于"益"，都是负向的，也是可以把它们放在前边"有"后予以强调：

(6) 母亲爱花，可是自从父亲死后，我们的花草只有减无加。（《小人物自述》三）

(7) 再说呢，中国人不懂得守秘密，话说多了，有损无益。（《四世同堂》五十）

刘嶔根据北大 CCL 现代汉语语料库检索，从 A、B 对立角度，把"有 A 无 B"分作两小类：前后两部分是相对反义和绝对反义，前者如"有利无弊、有增无减"，后者如"有阖无开、有死无存、有死无活"：

(8) 集所有的人力，未必能胜过铁燕双飞夫妇，用他们去迎战丁鹏，自然是有死无存。(古龙《圆月弯刀》)

(9) 突然下令出征，如令登高处而撤走楼梯，使之抱有死无归的决心。(网文《股市孙子兵法》)①

这种由绝对反义词构成的语言形式，在250万字白话文经典作家老舍中文小说语言语料库中没有出现过。

c组中，A、B是**表示相关的事物或行为的名词性或动词性不成词语素或词**，"有备无患、有恃无恐"两个成语符合《现代汉语词典》中解释"有A无B"格式的义位③表示｛有前者就可以没有后者｝② 意思，"有A"则产生"无B"这种结果——前后两项有因果关系。而其他的10个形式都属于非因果类。"腔、声、音"都是人口腔发出的声音，是语言的形式部分，而"字"则是表意的语言单位：

(10) 嘴里哼唧着有声无字的圣诗，颇有点中古时代修道士的乐天爱神的劲儿。(《二马》第三段)

(11) 苟先生笑，更体面了许多，手退回来，拱起，有声无字说了些什么，客气的意思很可以使大家想象到。(《火车集·"火"车》)

(12) 这时候，隔壁小文拉起胡琴来，小文太太像在城根喊嗓子那样，有音无字的咿——咿——啊——啊——了几声。(《四世同堂》八)

(13) 哼唧着有腔无字的歌，随着口腔的方便继续的添凑。(《赶集·爱的小鬼》)

因此，"腔、声、音"是"字"的形式，"字"依赖于"腔、声、

---

① 刘焱：《现代汉语"有A无B"格式的语义类型》，《语文研究》2014年第4期。
② 中国科学院语言研究所词典编辑室编：《现代汉语词典》(试用本)，商务印书馆1973年版，第1250页；中国社会科学院语言研究所词典编辑室编：《现代汉语词典》(第7版)，商务印书馆2016年版，第1591页。

音",但在"有腔无字、有声无字、有音无字"中,"有 A"和"无 B"这前后两项构成转折关系。"有肩无袖、有泪无声、有声无力、有气无力、有心无力、有眼无珠、有珠无神"也可以做同样理解:

(14)她只穿着件有肩无袖的绿单衫,胸脯和胳臂全在外边露着。(《二马》第二段)

(15)越躺着越起急,有时候他爬在枕头上,有泪无声的哭。(《骆驼祥子》十九)

(16)他故意作出疲乏的样子,有声无力的说:"我得先抽一口!"(《四世同堂》四十三)

(17)大舅妈问长问短,母亲有气无力地回答,老姐儿们都落了点泪。(《正红旗下》三)

(18)衙门里没一个人肯伸伸手,我是有心无力。(《离婚》第十三)

(19)现成的事,摆在眼皮子前边的事,就看不见吗?没长着眼睛吗?有眼无珠吗?有珠无神吗?不用伺候我,我用不着谁来伺候!(《正红旗下》四)

因此,在 c 组"有 A 无 B"中,A 与 B 之间有依赖关系,"有 A"和"无 B"前后两项之间,是一种逻辑语义关系,或是因果关系,或是转折关系。

综上所述,我们认为,"有 A 无 B"这个四字格,通过 A、B 位次的不同和"有""无"的对立,来强调 A(其中的 A、B 是反义词),同时,又因后边词语 B 与 A 的语义关系不同,或者表达附加的遗憾义(其中的 A、B 是对义词),或表达因果或表达转折的逻辑语义关系。

在 250 万字的白话文经典作家老舍中文小说语言语料库中,"有 A 无 B"式短语有作小句和作主语、谓语、宾语、定语、状语等句法成分 6 种用法,其中作状语的比例最高,为 30% 强,作谓语、定语和宾语比例相同,而没有出现作补语和作述语(后边带宾语或补语)的用法。例如：

（20）在战斗中有勇无谋不算英雄；讲战术，讲办法，才能在"老秃山"上打个出色的漂亮仗！（《无名高地有了名》七）［主语］

（21）自从他有了这所房，他的人口便有增无减，到今天已是四世同堂！（《四世同堂》二）［谓语］

（22）衙门里没一个人肯伸伸手，我是有心无力。（《离婚》第十三）［宾语］

（23）在他想，无论怎样不信佛的人，死后念念经总是有益无损的事。（《四世同堂》十八）［定语］

（24）说完，她用手挡起脸，有泪无声的哭着，小纯奔着妈妈要奶吃。（《集外·生灭》）［状语］

（25）有备无患，大家须预先为他制造些空气，他们不约而同的把冼桂秋改为冼公子。（《集外·蜕》第十一）［小句］

"有 A 无 B"式短语句法功能具体情况如表 6-11 所示。

表 6-11 老舍中文小说语言语料库"有 A 无 B"四字语句法功能统计

	主语	谓语	宾语	定语	状语	小句	合计
例次	3	8	8	5	14	8	46
百分比（%）	6.522	17.391	17.391	10.87	30.435	17.391	100

在近现代北京话中，"有 A 无 B"式短语也可以作补语：

（26）转念一想，既要成全他，到底与其聘到别家，万一弄得有始无终，莫如娶到我家，转觉可期一劳永逸。（清·文康《儿女英雄传》第二十五回）

（27）班车准时开走了。我变得有恃无恐，神气活现地站在大门口伸着脖子张望。（王朔《动物凶猛》）

应该说，"有 A 无 B"式短语是全功能短语。

从代表现代汉语20世纪30—50年代词汇面貌、以"……只留作为原书特点的北京话词汇和有翻检必要的古汉语材料，专备语文研究、教学上参考之用"[①]为删改原则的《汉语词典》（原名"国语辞典"）只收录8个"有A无B"四字格词语，以及代表20世纪60年代词汇面貌的《现代汉语词典》（试用本）"有A无B"四字形式的收录情况来看，一方面，老舍作品语言中的"有A无B"四字格词语对现代汉民族共同语相同格式具有很强的规范引导作用，另一方面，又能体现老舍作品语言中这种格式四字语具有较强的临时性，因为有一半多都属于言语词语[②]，是以"有A无B"这个四字格为模型，根据作品表达的需要创造使用的。

二 "有A没B"

代表20世纪30—50年代现代汉语词汇的《汉语词典》（原名"国语辞典"）收录"有A没B"格式词语一个：

【有今儿没明儿】且顾一时之意。[③]

《现代汉语词典》未收"有A没B"格式，也未收这个词语，而在同属于北京官话[④]的北京话和东北话中，这个词语现在还在使用。

在250万字的老舍中文小说语言语料库中，能够进入这个格式中A、B位置的，只有代词。构成四字语的，只有代词"我"和"他"，

[①] 中国大辞典编纂处编：《汉语词典》（原名"国语辞典"），商务印书馆1957年版，"重要说明"。
[②] 关于"言语词"，参见本书第一章第三节。
[③] 中国大辞典编纂处编：《汉语词典》（原名"国语辞典"），商务印书馆1957年版，第1157页。
[④] 对北京官话的理解，我们赞同林焘的观点。林焘在《北京官话区的划分》（《方言》1987年第3期）中，根据居民来源等历史原因和音韵结构、调类系统和调值的基本一致等语言特征，将辽宁南部辽东半岛及吉林南部的通化一带除外的东北三省绝大部分地区、内蒙古自治区的一部分（赤峰、林西、满洲里以东以南地区）、北京的绝大部分地区和承德，划为以北京话为代表的北京官话区。

构成"有他没我"和"有我没他"两个形式，共出现3例次：

(28)"不用叫他！<u>有他没我</u>！"武端发狠的说。(《赵子曰》第十七)

(29)"我怎办？不是说过了，<u>有他没我</u>，<u>有我没他</u>！我不能都便宜了个臭拉车的！"(《骆驼祥子》十四)

无论是"有他没我"，还是"有他没我"与"有我没他"对举，都是{势不两立；两者必居其一} 的意思，威胁意味极强，口气决绝。尽管"没"的意思也是"无"，但"有A没B"绝不等于"有A无B"，"有A无B"不能表示{势不两立}的意思，同时，在"有A没B"中，并不因"他"和"我"的位置不同而不同。另外，常常颠倒A、B，构成对举的形式，如例 (29)。**"有A没B"式短语只作小句或句子，不作主、谓等句法成分。**

正因为"有A没B"具有构式义，所以A、B并不限于单音节代词，还有单双音节代词对举：

(30) 论事说，有你没我们，有我们没你，论人说，你待弟兄们好，我们也待你好。(《樱海集·上任》)

(31)"干脆拍出六十块来，咱们再见。有我们没你，有你没我们，这不痛快？你拿钱，我们滚。你不——不用说了，咱们心照。……"(《樱海集·上任》)

在老舍中文小说语言语料库中，这种形式只有对举用法，没有单独使用的，而且代词只限"你"和"我们"，没有发现其他词语。

三 "有A无/没A"

《现代汉语词典》试用本和第7版收"有…无…"格式所列的义位④{表示似有似无}，只列举"有意无意"一个词语，同时，作为独立词条，还收录了6个字的"有一搭没一搭"①。另外第7版还收录了同义词语"有一搭无一搭"②。我们认为，这个义位与其他3个义位关系较为牵强，把它们归结为同一个格式不合适，应该把它独立出来。相应的，我们也把"有""无"后边带有相同词语的四字格独立为一类，也就是说，我们认为"有A无A"与"有A无B"是不同的四字格。

《现代汉语词典》中收录"有A无A"式四字词语只有一个"有意无意"，《汉语四字格词典》收录3个："有事无事、有形无形、有意无意"，与老舍中文小说语言相同的有两个："有事无事、有意无意。"

在中文老舍小说语言语料库中，四字格"有A无A"构成的词语共有7个，出现18例次。具体情况如下：

> 有意无意11，有车无车，有理无理，有声无声2，有姓无姓，有事无事，有罪无罪

能够进入"有A无A"格式中A位置的，都是单音节名词成分。其中不成词的单音节名词性语素只有一个"意"，比较特殊，构成的"有意无意"可以看作由"有意"③和"无意"④两个词构成的短语。老舍小说语言中的11例次"有意无意"，都符合《现代汉语词典》上的解释｛似有似无｝，即｛似有意似无意｝，也可以理解为｛一半有意一半无意｝，例如：

---

① 中国科学院语言研究所词典编辑室编：《现代汉语词典》（试用本），商务印书馆1973年版，第1250页；中国社会科学院语言研究所词典编辑室编：《现代汉语词典》（第7版），商务印书馆2016年版，第1591页。

② 中国社会科学院语言研究所词典编辑室编：《现代汉语词典》（第7版），商务印书馆2016年版，第1591页。

③ 中国科学院语言研究所词典编辑室编：《现代汉语词典》（试用本），第1250页；中国社会科学院语言研究所词典编辑室编：《现代汉语词典》（第7版），商务印书馆2016年版，第1591—1252页。

④ 中国科学院语言研究所词典编辑室编：《现代汉语词典》（试用本），商务印书馆1973年版，第1085页；中国社会科学院语言研究所词典编辑室编：《现代汉语词典》（第7版），商务印书馆2016年版，第1386页。

（32）我早已有意无意的向老人们透了个口话：不娶倒没什么，要娶就得来个够样儿的。（《火车集·我这一辈子》）

（33）幼年时，他有意无意的学会这种既不忙着发表意见，而还能以极天真自然的态度使人不至于因他的滑头而起反感。（《四世同堂》二十四）

应该认为，从表义角度来看，"有意无意"已经形成了综合意义，因而与其他"有…无…"格式义相脱离，可以看作一个词，方式副词，排除在"有…无…"格式之外。

"有声无声"可以看作｛有时有A有时无A｝，表示交替性行为状态：

（34）擦了擦脸，他出来坐在台阶上，有声无声的盘算。（《四世同堂》八十五）

（35）他很想说话，可是不敢开口，只对自己有声无声地嘟囔。（《无名高地有了名》十六）

上列"有意无意"和"有声无声"在句子中都是作状语；其他5个"有A无A"都用在复句中作小句或紧缩复句的构成部分，都表示｛无论有A还是无A（都会如何）｝，相当于充当条件复句的条件部分(偏句)，前者如例（36）、（37）、（38），后者如例（39）、（40）：

（36）有理无理，不成问题。昨天的事我都明白，不必再说。（《老张的哲学》第六）

（37）有姓无姓，他自己也并不在乎。（《骆驼祥子》四）

（38）没钱的，不管有罪无罪，便丧掉生命。（《四世同堂》四十三）

（39）他们有事无事的都多在胡同里走两趟，希望看到"她"。（《四世同堂》二十四）

（40）第二天早晨，据旁人说，今天不一定有车。王先生拿

定主意，有车无车给它个死不动窝。(《集外·不远千里而来》)

老舍小说语言中，还有3个共4例次的"有A没A"：

有用没用，有活没活，有事没事2

(41) 招弟偏倾着头，想了一会。"有啦！咱们先到一号去看看那个老太婆吧！有用没用的，反正她是日本人！"(《四世同堂》六十七)

(42) 有事没事的，他总是在十二点与下午六点左右，假若不能再早一点的话，来看朋友，好吃人家的饭。(《四世同堂》四十四)

(43) 同是一门儿学出来的手艺，又同在一个街口上混饭吃，有活没活，一天至少也得见几面。(《火车集·我这一辈子》)

(44) "有事没事？"郝凤鸣整着脸问，"没事，我可要走啦；没工夫在这儿看电话！"(《集外·东西》)

出现在"有A没A"格式中的A，只能是单音节名词，"用"是名词性不成词语素﹛用处；作用﹜义。"有活没活"中的"活"实际上是儿化词"活儿"，而作为书面语"儿"没有被写出来。**"有用没用、有活没活、有事没事"**这3个形式，也是﹛无论有A还是无A（都会如何）﹜的意思，充当条件复句的偏句，表示﹛无条件﹜，一般在"有A没A"后常用"的"；"有A没A的"可以看作"条件小句"（偏句）；而"有A没A"后边的这个"的"可以看作口语中"表条件"的小句助词，不在《现代汉语词典》(第7版)"的"的一般用法[①]之列。即便是实际话语中不带"的"，也可以加上"的"，意思不变。试比较：

(43) 同是一门儿学出来的手艺，又同在一个街口上混饭吃，

[①] 中国社会科学院语言研究所词典编辑室编：《现代汉语词典》(第7版)，商务印书馆2016年版，第272—273页。

有活没活，一天至少也得见几面。(《火车集·我这一辈子》)
（43）'同是一门儿学出来的手艺，又同在一个街口上混饭吃，有活没活的，一天至少也得见几面。

"有A没A"格式构成的四字语只能作句法成分或复句中的条件分句（偏句），不能作独立的句子，因此要与同形的句子区别开来，试比较：

（45）"有事没事？"郝凤鸣整着脸问，"没事，我可要走啦；没工夫在这儿看电话！"(《火车集·东西》)
（45）' *"有事没事的？"郝凤鸣整着脸问，"没事，我可要走啦；没工夫在这儿看电话！"

从表面上看，例（45）中的"有事没事"也符合"有A没A"格式，但是实际上不是，它只是一个由肯定否定并列方式构成的正反问句，应该排除在"有A没A"格式之外。

《汉语词典》和《现代汉语词典》都没有收录"有……没……"格式。作为1947年版《国语辞典》的删节本、收录北京话词语较多的《汉语词典》，还收录了两个类似形式：

【有的没的】①指一切，一切包举在内之意。②指富有与贫穷。[①]
【有一搭儿没一搭儿】本无可说而勉强搜索话题之谓。[②]

《现代汉语词典》（试用本）没有收录"有的没的"，而只收录没有儿化的"有一搭没一搭"，{表示没有话找话说}[③]；《现代汉语词典》（第7版）收录了"有一搭没一搭"，同时还收录了同义形式"有

[①] 中国大辞典编纂处编：《汉语词典》（原名"国语辞典"），商务印书馆1957年版，第1156页。
[②] 中国大辞典编纂处编：《汉语词典》（原名"国语辞典"），商务印书馆1957年版，第1158页。
[③] 中国科学院语言研究所词典编辑室编：《现代汉语词典》（试用本），商务印书馆1973年版，第1250页。

一搭无一搭"①，对"有一搭没一搭"的释义还增加了义项：

【有一搭没一搭】①表示没话找话说。②表示可有可无，无足轻重。②

除去由双音节儿化词语"一搭儿"构成的六音节形式"有一搭儿没一搭儿"外，"有的没的"现在北京话以及同属于北京官话的东北话中也说，但在250万字较大规模的老舍中文小说语言语料库中没有出现过。

但我们认为，"有的没的"和"有一搭儿没一搭儿"都不属于"有A没A"四字格。因为它们不符合我们对"有A没A"格式构成规律的概括："的"是助词，而"一搭儿"是数量形式，两者都不是名词或动词，而且两个形式都表示与A意义无关的综合意义，是四音词语，所以，应该排除在"有A没A"四字格之外。

第五节　含有"半"和"不"的两种四字格"半…半…"与"半…不半…"

本节分析现代汉语中的"半…半…"和"半…不半…"两种四字格现象。

我们以人民文学出版社2013年出版的《老舍全集》修订本全部19卷为语料来源，排除马小弥从英文回译的《四世同堂》第八十八至一百章（收入《老舍全集》第5卷）和《鼓书艺人》（收入《老舍全集》第6卷），排除老舍剧作中与宋之的、赵清阁合作的部分，排除英文文稿，以及第19卷中舒乙等编撰的《老舍年谱》，也不取赵武平根据新发现的、经老舍定稿的英文本翻译的《四世同堂》第三部《饥

---

① 中国社会科学院语言研究所词典编辑室编：《现代汉语词典》（第7版），商务印书馆2016年版，第1591页。

② 中国社会科学院语言研究所词典编辑室编：《现代汉语词典》（第7版），商务印书馆2016年版，第1591页。

荒》最后部分（第二十一至三十六章），自制成 590 万字的老舍全部中文作品语言语料库。文中例句，长篇小说标篇名和章数，中、短篇小说标所收录的文集名和小说篇名。所列被分析的四字语后边的数字为该词语出现的例次，只出现一例次者不单独标出。

一 "半…半…"

老舍中文作品语言语料库中，共出现"半…半…"格式构成的形式 41 个，出现 73 例次。其中，四字形式 37 个，出现 69 例次；四字以上形式 4 个，共出现 4 例次。具体情况如下：

四字形式的"半…半…"：

a. 半抱半推，半蹲半坐 2，半蹲半立 2，半急半笑 2，半卷半开，半恼半笑 11，半哭半笑 5，半拉半扯，半醒半睡 2，半睡半醒 2，半说半唱，半死半生，半死半活 4，半推半就，半信半疑 3，半疑半信，半仰半坐，半揖半安，半工半读 2，半坐半卧，

b. 半白半文，半饥半饱，半旧半新，半冷半热，半老半新，半新半旧 4，半文半白 2，半文半俗，半青半红，半真半假，半土半洋

c. 半反半正，半毛半线，半中半洋，半人半兽，半农半牧 4

d. 半饱半睡

四字以上的"半…半…"：

半哭半不哭，半羞半无聊，半恼半亲近，半怒半乞怜

在老舍全部中文作品语言语料库中，双音节词语只有出现第二个"半"后位置用法，没有相反情况。四字形式的"半…半…"个数占该类格式构成短语总数的 90.24%，出现例次占总例次的 94.20%。五

字形式的"半…半…"个数仅占该类格式构成短语总数的9.76%，出现例次占总例次的5.8%。以上统计，再加上《国语辞典》《现代汉语词典》《汉语四字格词典》等工具书中只收录四字形式的"半…半…"，可以说，"半…半…"格式无论从所构成的短语数量还是从出现例次角度，绝对倾向于四字格。

作为1947年版《国语辞典》（1937年初版）的1957年修订简本，《汉语词典》收录"半…半…"式词语6个：

半明半暗，半吞半咽，半推半就，半吞半吐，半人半鬼，半信半疑①

《现代汉语词典》（试用本）没有收录独立词条，而收录了格式"半…半…"：

【半…半…】分别用在意义相反的两个词或词素前面，表示相对的两种性质或状态同时存在：～中～西｜～文～白｜～明～暗｜～信～疑｜～嗔～喜｜～吞～吐｜～推～就。②（词义说明略去）

《现代汉语词典》（第7版）对"半…半…"的释义与试用本相同，例证删去了"半中半西、半嗔半喜"，不仅收录了"半…半…"格式，而且收录了"半信半疑、半推半就"两个独立词条。③《现代汉语词典》（第7版）共收录"半…半…"格式独立词条和例证有5个：

---

① 中国大辞典编纂处编：《汉语词典》（原名"国语辞典"），商务印书馆1957年版，第27—28页。
② 中国科学院语言研究所词典编辑室编：《现代汉语词典》（试用本），商务印书馆1973年版，第27页。
③ 中国社会科学院语言研究所词典编辑室编：《现代汉语词典》（第7版），商务印书馆2016年版，第36页。

半文半白，半明半暗，半信半疑，半吞半吐，半推半就

与《现代汉语词典》（第7版）中的"半…半…"格式与老舍作品语言中相同的有3个占比为60%：

半文半白，半推半就，半信半疑

姜德梧编著的《汉语四字格词典》收录"半…半…"格式：

这一格式表示相对的两种性质或状态同时存在。与之搭配的常是意义相反或相类的两个动词，有时是名词或形容词。①

并在第5—7页收录了"半…半…"式词语33个。其中与老舍作品语言相同者有9个，占比为27.27%：

半工半读，半恼半笑，半睡半醒，半生半死，半土半洋，
半推半就，半信半疑，半真半假，半坐半卧

在老舍作品语言中，在四个字的"半…半…"格式中，处于两个"半"之后的，主要是单音节的动词，即a类，共20个，占四字形式的54.06%；或形容词，即b类，共11个，占四字形式的29.73%；少数是名词或经缩略后形成的名词性不成词语素性，即c类，共5个，占四字形式的13.51%；d类在"半"后出现的一个是动词一个是形容词，占2.7%。由动词、形容词、名词或名词性不成词语素，以及动词和形容词构成的四个字的"半…半…"格式出现例次，分别占该类出现例次的65.22%、21.74%、11.59%和1.45%，其中由动词构成的四个字"半…半…"形式使用率占该类形式使用率的近2/3。从语义角度来看，这些"半"后的单音节词或语素，绝大多数是反义或对义关

---

① 姜德梧编著：《汉语四字格词典》，北京语言文化大学出版社2000年版，第5页。

系，两两相对，说明相反或相对的两种性质或状态同时存在：

  反义：恼、笑；哭、笑；醒、睡；信、疑；生、死；
     推、就；饥、饱；冷、热；新、旧；新、老；
     文、白/俗；真、假；土、洋；反（反面）、正（正面）
  对义：急、笑；蹲、坐；坐、立；坐、卧；说、唱；
     卷（卷起）、开；工、读；青、红；毛、线；人、兽；
     中、洋

  "半…半…"格式构成的四字形式中，"半"后的单音节词或语素在反义、对义之外的只有4个，占该形式总数的10.81%：

  半饱半睡，半拉半扯，半揖半安，半推半抱

这种词语用法，《国语辞典》《现代汉语词典》和《汉语四字格词典》都没有列入释义，也没有收录。

  如果把进入"半"后构成"半…半…"格式的成分设为A和B，那么，四字形式中，处于"半"后A和B位置上的也有不成词语素：

  揖（半揖半安） 工（半工半读） 饥（半饥半饱）
  兽（半人半兽） 农、牧（半农半牧）
  中、洋（半中半洋、半土半洋）

偶尔也有双音节词语或短语进入这个格式后段，构成五字短语形式：
  短语：不哭（半哭半不哭）
  双音节词：无聊（半羞半无聊） 亲近（半恼半亲近）
      乞怜（半怒半乞怜）
  "揖""安"是"作揖""请安"的缩略形式，"反""正"是"反面""正面"的缩略形式，而作为动词义｛工作｝的"工"，和作为｛在校接受教育｝义的"读书"中的"读"，也是不成词语素。不成词语素只能出现在4个字构成的"半…半…"中，说明四字形式具有构式性，所以才会有"半"后一个是词一个是不成词语素这种情况，即"半饥半饱、半人半兽"。而"半哭半不哭"、"半恼半亲近"和"半怒半乞怜"，则使用否定形式的短语"不哭"作为"哭"的临时反义语，把"亲近""乞怜"作为"恼""怒"的临时反义词（言语反义词）来使用。而"半羞半无聊"更是直接把非反义非相对义的双音节词语临时用于这个格式。另外，把名词"毛""线""人""兽""农""牧"带入这个四字格，可以看成一种临时活用。

这些"不和谐"恰恰说明"半…半…"作为格式所具有的"削足适履"的强制性特点，同时，也说明格式所创造的词语形式作为言语词的临时性。

从性质角度来看，凡是进入"半"后构成"半A半B"格式的词、短语或不成词语素，具有以下三个方面的语义语法特点。

（1）A和B同属于同一个语义范畴，如"半蹲半立"中的"蹲"和"立"都是身体的动作，"半青半红"中的"青"和"红"同属于颜色，"半毛半线"中的"毛"和"线"同属于用于编织的材料，即便是音节数不一致的"半羞半无聊"，"羞"和"无聊"也同是人的情绪状态。

（2）A和B同属于同一语法范畴，即同是动词或同是形容词或同是名词，也有极少数语法范畴相近，如"半饱半睡"中"饱"是形容词，"睡"是动词，但语法范畴相近，都属于谓词。

（3）A和B具有同指性，即A和B或是同一主体的行为或性质、状态，或者构成部分。

除了《现代汉语词典》（第7版）收录的独立词条"半信半疑、半推半就"以外，对其他"半A半B"格式词语释义如下。

【半白半文】既有白话成分又有文言成分的语言运用方式。大概最讨厌的地方是那半白半文的文字。（《我怎么样写〈老张的哲学〉》）

【半文半白】义同"半文半白"。既有白话成分又有文言成分的语言运用方式。词句半文半白，生硬堆砌，虽用说唱的形式演唱，也不会有好效果。（《介绍〈柳树井〉》）

【半文半俗】既有文雅成分又有通俗成分的语言运用方式。但另一极端是加工得非常之雅，雅而不通，半文半俗，莫名其妙。(《同广东戏剧界的谈话》)

【半饱半睡】处于没有吃饱且睡眠不足的状态。在这种忙乱情形中，人们像机器般的工作，作完了一饱一睡，或且未必一饱一睡，而半饱半睡。这里，只有奴隶，没有自由人；奴隶不会产生好的文化。(《忙》)

【半抱半推】抱住并使其向另一方向移动。讲力气，他不是我的对手；我搂住了他的腰，半抱半推的硬行强迫；他没挣扎，他不是撒泼打滚的人。(《猫城记》二十六)

【半蹲半立】没完全蹲下又没有站直的样子。她慌成了一团，一手捂着胸口，一手按着头，半蹲半立的木在那里。(《四世同堂》十一)

【半蹲半坐】蹲的体位很低，接近坐着。张秃子把小红帽子扣在头上，在大石头上，半蹲半坐的，说……(《小坡的生日·十四 猴王》)

【半反半正】既是正面同时也是反面的事物。它不像话剧那样，有正面人物、反面人物、不反不正的人物、半反半正的人物，而只是两个人合说一桩事，不是一个是正面人物，一个是反面人物。(《关于业余曲艺创作的几个问题》)

【半工半读】一边工作一边在学校学习，把工作收入作为学习、生活的费用。设若工读互助会要赠给半工半读的人们奖牌，那可以无疑的断定，那块金质奖牌是要给欧阳天风的。(《赵子曰》第二)

【半卷半开】没有完全卷起。山前，有个荷花池，大的荷叶都已残破，可是还有几叶刚刚出水，半卷半开。(《正红旗下》十一)

【半饥半饱】没有完全吃饱，还有点饥饿感。已是下午，母亲正在西荫凉下洗衣裳；我正在屋中半醒半睡、半饥半饱，躺着咂裹自己的手指头。(《正红旗下》七)

【半急半笑】着急中带着笑。茶馆的伙计半急半笑的喊："快着点吧，我一个人的大叔！别把点热气儿都给放了！"(《骆驼祥子》十) | "还有什么麻烦呀？我一个人的爷爷！"高亦陀半急半笑的说。(《四世同堂》四十四)

【半哭半笑】又像哭又像笑，悲声中带着笑意。赵姑母去了不

第六章 四字格研究（下）

到十分钟就回来了。从门外就半哭半笑的喊。（《老张的哲学》第十八）｜"老赵！老赵！我活不了！死！死！"欧阳天风闭着眼睛半哭半笑的说。（《赵子曰》第六）

【半哭半不哭】像哭又不是哭，没有真正哭起来。老张更怒了："好！你想半哭半不哭的骗我，狡猾鬼！"（《老张的哲学》第四）

【半拉半扯】带有强制性地拉。老李直觉的嗅出一点奇异的味道，他半拉半扯的把丁二爷架到一个小饭铺。（《离婚》第十六）

【半冷半热】又像冷又像热。老张又打了一个半冷半热的冷战。（《老张的哲学》第十六）

【半恼半笑】生气、恼怒中带着笑（不很生气的样子）温都寡妇没言语，半恼半笑的瞪了她女儿一眼。（《二马》第三段）｜见祥子进来，他半恼半笑的说："你这小子还活着哪?!……"（《骆驼祥子》十三）

【半恼半亲近】恼怒中带有亲近。鹿书香很想发作一顿了，可是又管住了自己，而半恼半亲近的加了点解释。（《火车集·东西》）

【半毛半线】一半是羊毛一半是棉线（制成）。老五见苟先生已躺下，一双脚在椅子扶手上伸着，新半毛半线的棕黄色袜子还带着中间那道折儿。（《火车集·火车》）

【半人半兽】指同时具有符合社会性的人的道德规范同时又具有不符合人的道德规范的品行。形式之美有它的价值，但此价值是被道德的内容大大的扩充了；人是比半人半兽更值得多一些的。［《文艺中道德的价值》（译文）］

【半睡半醒】似睡非睡，没有完全进入睡眠状态。太阳出来好久，老先生还半睡半醒的忍着，他不愿再见这无望的阳光。（《蛤藻集·新时代的旧悲剧》）｜可是在那一天，蜜蜂确是不错，它们的嗡嗡使我半睡半醒，半死半生；在生死之间我得到完全的恬静与快乐。（《集外·记懒人》）

【半醒半睡】似醒非醒，没有完全从睡眠中清醒过来。李山东半醒半睡的说。（《老张的哲学》第十）｜已是下午，母亲正在西荫凉下洗衣裳；我正在屋中半醒半睡、半饥半饱，躺着咂裹自己的手指头。（《正红旗下》七）

· 427 ·

【半死半活】①形容快死的样子。看她的半死半活的样子，他想起钱默吟太太来。(《四世同堂》四十九) ②形容没有精神、没有生气的样子。想跑，水裹住他的腿。他就那么半死半活的，低着头一步一步的往前曳。(《骆驼祥子》十八)

【半死半生】处于生死之间的状态。可是在那一天，蜜蜂确是不错，它们的嗡嗡使我半睡半醒，半死半生；在生死之间我得到完全的恬静与快乐。(《集外·记懒人》)

【半说半唱】既有讲述又有吟唱的表演。在文字上，说的用散文，唱的用韵文，半说半唱的如数来宝与金钱板也用韵文。(《曲艺》)

【半仰半坐】上部身体倾斜依靠或支撑某物的坐着。王因伤重，倚井台，半仰半坐。(《张自忠》第三幕)

【半土半洋】既有乡土特点又有外来文化特点。小唐　怎么不行？你的嗓子不大，可又准又有味儿，半土半洋！(《红大院》第三幕)

【半中半洋】既有中国本地特点又有外来文化特点。想想看吧，一位生在现社会的文艺工作者，能丢掉半文半白的，或半中半洋的文字，而改用人民的语言，写出给人民读的文艺作品，他的本事不是提高了么？(《谈文艺通俗化》)

【半青半红】一部分是青的一部分是红色。不久，挂着红色的半青半红的"土"杏儿下了市。(《四世同堂》四十一)

【半新半旧】质地处于新旧之间。他的长袍，不管是绸的还是布的，不管是单的还是棉的，永远是半新半旧的，使人一看就感到舒服。(《贫血集·不成问题的问题》)

【半旧半新】同"半新半旧"，质地处于新旧之间。陈老先生代表过去，廉伯代表七成旧三成新，廉仲代表半旧半新，龙云代表新时代。(《我怎样写短篇小说》)

【半老半新】处于资历深与资历浅之间的状态。一切稿件认稿不认人，无老作家新作家与半老半新作家之分，稿费一律二十元千字，如遇作家丁忧闹病或要自杀可以优待一些。(《理想的文学月刊》)

【半农半牧】一半农业一半牧业，既有农业又有牧业。北牧，西南半农半牧，东南农业，三条大河。(《日记·8月20日》)

【半揖半安】一半作揖、一半请安，即像作揖又像请安。他们来到，他既要作揖，又要请安，结果是发明了一种半揖半安的，独具风格的敬礼。(《正红旗下》四)

【半疑半信】同"半信半疑"[①]，有些怀疑，又有些相信。消息传来半疑半信，你是生还是死折磨了宝钏十八春！(《王宝钏》第四折)

【半坐半卧】一半像坐一半像躺着的状态。进门来，他便半坐半卧的倒在沙发上，一语不发。(《四世同堂》四十三)

【半真半假】一半真实一半虚假，既有真的也有假的。有些同志一时写不出作品；有些同志暂时还只能写出半真半假的作品——有一点从生活中掏出来的东西，另补上一些概念的东西，勉强成篇。(《北京市文学艺术工作者联合会工作总结报告》)

【半羞半无聊】一半是害羞一半是无聊。他想不出恰当的字来，而半羞半无聊的笑了一下。(《四世同堂》三十九)

【半怒半乞怜】一半气愤一半乞求，带有怒气地乞求。乔莉香(半怒半乞怜的)你想想！(《归去来兮》第三幕)

从整体表意角度来看，"半…半…"格式构成的形式{**表示两种状态或情况同时存在，或一个事物含有两种不同性质的组成部分**}。

在老舍作品语言中，"半…半…"格式构成的形式，能作状语、定语、谓语、宾语和小句，此外这种格式短语构成的"的"字结构还可以作主语。"半…不半…"格式句法功能分布见表6-12。

表6-12　　　　　　"半…半…"句法功能分布

	定语	状语	谓语	宾语	小句	的字结构 (做主语)	合计
例次	17	22	15	5	13	1	73
百分比 (%)	23.29	30.13	20.55	6.85	17.81	1.37	100

---

① 中国社会科学院语言研究所词典编辑室编：《现代汉语词典》(第7版)，商务印书馆2016年版，第37页。

"半…半…"格式构成的形式作定语和状语,后边要有"的"①;而作谓语后边不带"的",作小句和宾语,有时有"的",有时没有"的"。

二 "半…不半…"

无论是词典中收录的还是老舍作品语言中出现的"半…不半…",都是四字形式的。"半…不半…"是一种四字格。

作为1947年版《国语辞典》的修订简本,《汉语词典》收录"半……不……"形式4个:

半明不灭,半新不旧,半生不熟,半死不活②

《现代汉语词典》(试用本)没有收录独立词条,收录了格式"半…不…",并列举4个例证:

【半…不半…】半…半…③(多含厌恶意):~明~暗|~新~旧|~生~熟|~死~活④

《现代汉语词典》(第7版)收录了格式"半…不半…",同时把释义改为"略同'半…半…'(多含厌恶意)",保留了原例证,并收录了"半大不小、半生不熟、半死不活"3个独立词条。⑤《现代汉语

---

① "乔莉香(半怒半乞怜的)你想想!"(《归去来兮》第三幕)中的"半怒半乞怜的",因为是作为说话者说话时的神情态度描写,本书将其看做隐含的中心语"说"的状语,因为后边出现的是角色所说的话语。
② 中国大辞典编纂处编:《汉语词典》(原名"国语辞典"),商务印书馆1957年版,第27—28页。
③ 意思是义同"半…半…",即试用本第27页对"半…半…"格式的释义:"分别用在意义相反的两个词或词素前面,表示相对的两种性质或状态同时存在。"
④ 中国科学院语言研究所词典编辑室编:《现代汉语词典》(试用本),商务印书馆1973年版,第27页。
⑤ 中国社会科学院语言研究所词典编辑室编:《现代汉语词典》(第7版),商务印书馆2016年版,第36页。

词典》（第 7 版）共收"半…不半…"格式独立词条和例证共 5 个：

半明不暗，半大不小，半新不旧，半生不熟，半死不活

姜德梧《汉语四字格词典》收录"半…不半…"格式：

这一格式表示相对的两种性质或状态同时存在，略同于"半～半～"，多含厌恶意味。与之搭配的常是意义相反的两个动词或形容词，有时前后是同一个动词或形容词。[1]

第 7 页收录"半…不半…"形式 8 个：

半懂不懂，半明不暗，半生不熟，半死不活，半土不洋，半文不白，半新不旧，半遮不掩

在老舍作品语言语料库中，"半…不半…"格式构成的短语共有 7 个：

半黄不绿，半生不死，半死不活，半生不熟，半通不通，半睡不睡，半新不旧

老舍作品语言中的"半…不半…"格式构成的短语，有"半生不熟、半死不活、半新不旧"3 个均被《现代汉语词典》（第 7 版）和《汉语四字格词典》收录。与《现代汉语词典》一致者占 60%（3∶5），与《汉语四字格词典》这种专门性的词典一致者占 37.5%（3∶8）。

这种"半…不半…"格式，可以根据处于"半"和"不"后边是不是同一成分而分作两小类："半 A 不 A"和"半 A 不 B"。

---

[1] 姜德梧编著：《汉语四字格词典》，北京语言文化大学出版社 2000 年版，第 7 页。

（一）"半A不A"

姜德梧编著的《汉语四字格词典》中收录一个"半A不A"格式词语"半懂不懂"。①

老舍作品语言中，共出现"半A不A"形式的词语2个，出现4例次。

【半通不通】不顺畅，不通顺，有逻辑或语法上的毛恫。他拿出对日本人讲话的腔调来，他以为把中国话说得半通不通的就差不多是说洋话了。(《四世同堂》四十八) | 保存住自己的手表，排长高了兴。他用半通不通的朝鲜话说。(《无名高地有了名》十九) | 你写的呀就是半通不通，接三挑两，人不成人，物不成物的作品。(《制作通俗文艺的痛苦》)

【半睡不睡】似睡似不睡，没有完全进入睡眠状态，或没有完全从睡眠中清醒过来。正在往左伸伸腿，又往右挪挪手，半睡不睡的时候，恍恍忽忽的似乎听见门铃响了一声。(《二马》第一段)

如果处于"半"和"不"后边的是同一个动词或形容词，则"半A不A"表示{似A非A}的意思，语用色彩是中性的，没有{厌恶}义。

（二）"半A不B"

老舍作品语言中，共出现"半A不B"形式的词语5个，共出现20例次：

半生不死，半死不活11，半生不熟4，半新不旧3，半黄不绿

在老舍作品语言中，处于"半"和"不"后边的，只能或是单音节动词，如"生、死、活"，或是单音节形容词，如"生（①果实未成熟；②未加工到可食用的程度；③生疏）、熟（①果实成熟；②加工到可食用的程度；③熟悉）、新、旧、黄、绿"。

如果处于"半"和"不"后边的不是同一个动词或形容词，那么

---

① 姜德梧编著：《汉语四字格词典》，北京语言文化大学出版社2000年版，第7页。

两个词是反义词或对义词：

生、死（半生不死）　　死、活（半死不活）
生、熟（半生不熟）　　新、旧（半新不旧）
黄、绿（半黄不绿）

在这种情况下，"半 A 不 B"表示｛处于两者之间｝，在语义上倾向于后段"不 B"，含有对 B 状态不满意的意味。

【半生不熟】同普通话。① ①食物没有完全加工熟。刘常胜　窝窝头不是像砖头一样硬，就是半生不熟，生了病就耽误生产，对谁都没好处！（《春华秋实》第一幕）②（～的）不熟悉，不熟练。还不大明白他，我只觉得他像个半生不熟的什么东西——他既不是上海的小流氓，也不是在美国长大的。（《樱海集·牺牲》）

【半死不活】同普通话。② ①形容快死的样子。②形容没有精神，没有生气的样子。照你现在这样无精少采的，半死不活的，而想去谋事，那叫老和尚看嫁妆，下辈子见吧！（《赵子曰》第十九）｜湖北立着古老残剥的城墙，没有人，没有声音，没有卫城的巨炮，只长着些半死不活的青草，打着瞌睡。（《蜕》第一）

【半生不死】处于生死之间，虽然生命力不旺盛但也不至于死亡。这种好歹活着，便是中国半生不死的一个原因，自然老马不会想到这里。（《二马》第三段）

【半新不旧】①质地不新但也不至于很旧。他把头发梳光，换上一双新鞋，选择了一件半新不旧的绸夹袍……（《四世同堂》十九）②既不很时髦，也不落后。而且女人们——特别是这些半新不旧的妇道们——只顾彼此谈话，毫不注意她们的丈夫，批评与意见完全集中在女人与孩子们……（《离婚》第九）

---

① 中国社会科学院语言研究所词典编辑室编：《现代汉语词典》（第 7 版），商务印书馆 2016 年版，第 37 页。

② 中国社会科学院语言研究所词典编辑室编：《现代汉语词典》（第 7 版），商务印书馆 2016 年版，第 37 页。

【半黄不绿】绿色不够明显而接近黄色。沙丘的左右还有山田穗小叶蜷，根为沙掩，半黄不绿的黍稷，憔悴可怜。（《清涧——榆林》）

在老舍作品语言中，构成"半…不半…"格式中的词语，在语法语义上具有以下3个特点。

第一，都是单音节词语。

第二，两个单音节词语词性相同。

第三，两个单音节词语处于相同的意义范畴中，具有相反或相对的关系。

在老舍作品语言中，"半…不半…"格式构成的形式，在作定语、状语、补语和小句时，后边要带"的"；作谓语和宾语时不带"的"；另外还有一例次带"者"构成"者"字结构做主语的。"半…不半…"格式句法功能分布见表6-13。

表6-13　　　　　　"半…不半…"句法功能分布

	定语	状语	谓语	宾语	补语	小句	者字结构	合计
例次	13	1	6	1	1	1（带"的"作小句）	1（带"者"作主语）	24
百分比（%）	54.17	4.166	25	4.167	4.167	4.167	4.167	100

三　结语

从老舍作品语言中的"半…半…"和"半…不半…"两种格式短语与权威辞书《现代汉语词典》（第7版）相同词语个数占《现代汉语词典》（第7版）两种格式总数分别为60%来看，老舍作品语言中这两种格式的使用很具有典范性；而从两种格式所构成的四字短语数量来看，老舍作品语言竟然超过专门的词典《汉语四字格词典》——前者该格式词语有44个，后者有41个，可以看出老舍作为语言大师卓越的创造性。

从上文对590万字的老舍全部中文作品语言语料库相关语料的分析来看，《现代汉语词典》认为同义的两种格式"半…半…"和"半…不…"，在构成、表意和功能方面，还是有同有异的。

（一）相同之处

（1）在构成成分上，出现在"半"后、"不"后格式空位中的成分：a. 属于同一语义范畴；b. 属于同一语法范畴，词性相同；c. 具有同指性（指向同一个主体或整体）。

（2）在整体属性上，两种格式都是谓词性的。

（二）不同之处

（1）进入"半""不"后构成"半…不半…"格式的，都是单音节动词和形容词；而进入"半…半…"格式中的除了动词、形容词外，还有单音节名词和形、动、名性质的不成词语素，而进入第二个"半"后位置的，还有少数双音节形容词和动词短语。

（2）进入"半""不"后构成"半…不半…"格式的，或是同一个词，或是意义相反或相对的动词、形容词；而进入"半…半…"格式中的，除了意义相反和相对的动词、形容词之外，还有作为表示构成同一个事物两部分的名词或名词性不成词语素，和表示同一语义域动作、情绪或心理状态的动词或形容词，前者如"半农半牧、半毛半线"，后者如"半羞半无聊、半恼半亲近、半怒半乞怜"。

（3）"半…不半…"格式｛表示两种状态或情况同时存在，或一个事物含有两种不同性质的组成部分｝，而"半…不半…"则因"半""不"后是否为同一词语而分作两小类："半A不A"和"半A不B"。前者表示｛似…非…｝义，语用色彩是中性的，如"半通不通、半睡不睡"；后者｛表示处于两者之间｝，在语义上倾向于后段"不B"，含有对B状态不满意的意味，如"半生不熟、半新不旧"。

（4）从统计角度来看，"半…半…"格式短语占第一位的句法功能是作状语，而"半…不半…"格式短语占第一位的句法功能是作定语。

（5）从语用频率角度来看，"半…半…"格式短语出现73例次，是"半…不半…"格式短语出现频率的3.042倍。

第七章 离合词研究

——以老舍经典名著《四世同堂》为例

第一节 老舍经典名著《四世同堂》中的离合词概说

看北京作家作品，一个很突出的感受，是分离形式的离合词使用得比较多；而看老舍作品，这种感觉尤甚。在老舍作品语言中，不仅离合词使用得多，分离形式的类型多，而且出现率高。离合词的使用具有"三多"的特点。

本章我们以老舍称自己最满意的作品即著名长篇小说《四世同堂》作为语料来源，分析其中的离合词现象。

老舍于20世纪40年代创作的长篇小说《四世同堂》，以北京（当时叫北平）一个普通四代同堂的市民家庭为中心，描写了居住在一个名叫"小羊圈胡同"的居民，在抗日战争年代的悲欢离合、屈辱和抗争，是具有世界影响力的史诗性经典作品。《四世同堂》共有3部，即《惶惑》《偷生》与《饥荒》；前两部创作、出版都是在国内，第三部创作于美国。全书共计一百章，其中第一章至第八十七章是老舍原作稿，第八十八章至第一百章来自英文本，是经老舍压缩并参与翻译的。但其英文稿发表前，未经老舍审阅又被出版社做过删改。目前《老舍全集》修订本中《四世同堂》的后13章，是马小弥根据这个英文本翻译回来的。2017年《收获》第1期发表的《四世同堂》的最后13章，是赵武平根据在美国找到的浦爱德（Ada Pruiit）和老舍合译的英文原译稿翻译的，有十余万字。因这两种译稿都非老舍原著的中文本，所以在进行语料处理时，没有被纳入我们所做的老舍小说语言语料库中。经我们整理的《四世同堂》语料库共有65.3万字（不含空格）。本章对《四世同堂》离合词的研究，就是建立在这个共87章65.3万字的老舍《四世同堂》语料库上的。

我们对老舍《四世同堂》离合词的认定，基于三点：（1）本证法：《四世同堂》中，既具有"离"的形式，又同时具有"合"的形式，而且"离"的形式与"合"的形式具有语言形式和语义内容两方面的同一性，同时，分离开的部分相互勾连、综合表意；（2）旁证法：如果《四世同堂》中没有与离析形式相对的黏合形式，那么从老舍其他小说中寻找相关黏合形式，再根据同一性原则，来确定离合词；（3）参考权威辞书，主要是代表20世纪30—40年代国语词汇面貌的《国语辞典》（1947年版）的删改简本《汉语词典》（1957年版），作为比较，也参考反映20世纪60年代现代汉语词汇面貌的《现代汉语词典》（试用本）和2016年最新版的《现代汉语词典》（第7版）。

例如《四世同堂》中有这样一些形式：

（1）老大无论如何再也控制不住自己，他落了泪。（《四世同堂》四）

（2）落着泪，她立了起来。（《四世同堂》六十二）

（3）醒着的时候，他没有落一个泪。（《四世同堂》二十七）

（4）搂着大褂，他的泪忽然落下来。（《四世同堂》七十七）

（5）以祁老人的饱经患难，他的小眼睛里是不肯轻易落出泪来的。（《四世同堂》十四）

（6）女儿继续的悲号，他停止了呼喝，泪也落了下来。（《四世同堂》十八）

（7）一个是五十多的掌柜，一个是三十多岁的中学教师，都不便随便的把泪落下来。（《四世同堂》三十八）

（8）他的泪要落出来。（《四世同堂》二十九）

（9）妈妈的泪不是每每落在厨房的炉子上么？（《四世同堂》三十五）

(10) 泪还在落，鼻涕还在流，可是没了响声，像风雪过去，只落着小雨。(《四世同堂》六十)

(11) 丁约翰都没有落过一滴泪。(《四世同堂》八十六)

在《四世同堂》中，这种"落"和"泪"分开但同时出现在一句话语中的用法，共有14种，共出现43例次（括号内的数字为出现的例次，出现1例次者不单独标出）：

落了泪（17）；落着泪（3）；落了一个泪；落几个泪；落了几点泪（2）；泪……落下来（6）；泪……落了下来（3）；没有落过一滴泪；落出泪来；泪要落出来；落下泪来（3）；泪……落在……（2）；把泪落下来；泪还在落

同时，在《四世同堂》中，也存在合在一起的形式"落泪"：

(12) 没顾得找帽子，他只向屋里嚷了一声，就跑了出来；一边走一边落泪。(《四世同堂》十八)

(13) 半夜里听到外婆的长吁短叹，他往往蒙上头偷偷的落泪。(《四世同堂》五十八)

(14) 他的眼泪要夺眶而出。可是瑞全没给大哥留落泪的机会。(《四世同堂》八十七)

这种合在一起的形式"落泪"，在《四世同堂》中共出现31例次。

从表义角度来看，无论是合在一起的"落泪"还是"落"和"泪"分开但同时在一个句子中出现，都是作为一个表意整体，表示{眼泪落下来；哭泣}的意思，而这种意思，无论是单独使用的"落"还是单独使用的"泪"所无法独立承担的，只有在话语中，或者隔得远，或者离得近，或者"落"在前"泪"在后，或者次序相反但两者必须同时出现在一个句子中，彼此呼应，才能表示{眼泪落下来；哭泣的意思。这种"动不离宾，宾不离动"①，正是离合词非常突出的特点。形式分开的 14 种 43 例次用法，必须同时存在同一个句子里，通过相互勾连来综合表意。作为结合在一起出现的形式"落泪"有 31 例次，远远高于词典中作为词来收录但只出现 18 例次的"眼泪"。所以，尽管《现代汉语词典》从试用本到第 7 版中都没有收录"落泪"，但我们还是把它看作一个词，一个离合词。1947 年版《国语辞典》收录"落泪"② 是值得肯定的。

在理论上，以语言单位形式、意义和功能三个方面的同一性为原则③，在方法上，采取本证为主、本证旁证相结合的方法；在具体分析上，以离析形式与结合形式相互参照、相互印证，并参照《国语辞典》和《现代汉语词典》，是我们分析老舍小说离合词的基本方法。此外，对于一些极少数个别现象，我们也有所变通，比如下面的例子：

（15）他觉得一个壮烈英武的战士，在殉国之前去别母，是人世间悲惨的极度，只有最大的责任心才能胜过母子永别的苦痛，才不至于马上碎了心断了肠！（《四世同堂》二十九）

这句话里边的"碎了心断了肠"毫无疑问不是一般语文词语的用法。"断肠"的说法早已有之，如"古道西风瘦马，断肠人在天涯""肝肠寸断"；《现代汉语词典》也收录了"断肠"：

【断肠】形容悲痛到极点。（试用本第 244 页）
【断肠】动 形容悲伤到极点。（第 7 版第 327 页）

---

① 赵元任：《汉语口语语法》，吕叔湘译，商务印书馆 1979 年版，第 200 页。
② 中国大辞典编纂处编：《汉语词典》（原名"国语辞典"），商务印书馆 1957 年版，第 332 页。
③ 参见本书第一章第一节。

但"碎了心"呢？凭语感我们知道有"心碎了""心都碎了""心碎了无痕"这些说法，但《现代汉语词典》中没有收录"碎心"或"心碎"这样的词语。在作为大体反映 20 世纪 30 年代现代汉语词汇面貌的《国语辞典》（1947 年版）的删改本的《汉语词典》（1957 年版）中，我们找到了"心碎"这个词语：

【心碎】①谓哀伤至极。②谓心思凌乱。[①]

我们认为，"碎了心"在形式和意义上，与"心碎"具有同一性，也符合我们对离合词的一般理解。尽管《四世同堂》中只有这一例次"碎了心"，而没有结合在一起使用的"心碎"，但依据语感，以及反映该时代现代汉语词汇面貌的词典，我们在对离合词的检索分析中，也把《现代汉语词典》（试用本）中没有收录的"心碎"看作现代汉语的一个词语，一个离合词，而把"碎了心"看作其分离形式。

在词语归纳上，我们不严格区别作为动词的"作"与"做"、词语形式的儿化与非儿化写法，只要意义一致，符合语言单位同一性原则，我们都把它们看作同一个词语，请比较：

(16) 金三爷在外间屋坐着打盹，大夫的声音把他惊醒。（《四世同堂》二十一）
(17) 老伙计没事可作，只好打盹儿。（《四世同堂》五十九）
(18) 讲着讲着，小顺儿打了盹。（《四世同堂》七十三）
(19) 他把双肘都放在桌子上，好像要先打个盹儿的样子。（《四世同堂》四十三）

由于北京话中儿化是一种具有普遍性的音变现象，如果书面上有两个同义形式"X"和"X 儿"，那么，前一个没有写"儿"的"X"，

[①] 中国大辞典编纂处编：《汉语词典》（原名"国语辞典"），商务印书馆 1957 年版，第 666 页。

在实际语言使用中肯定也说成"儿"化的"X儿"。没有例外。

我们的考察，以离析形式为标准，没有离析形式的，不在考察之列。比如，在《现代汉语词典》上"纳闷儿"是离合词[①]，在《四世同堂》中这个词出现了10例次，但没有出现它的离析用法，所以我们对离合词的统计没有收录"纳闷儿"。

经过我们检索、分析，《四世同堂》中共有离合词507个，共出现2094例次。这些形式，《现代汉语词典》（试用本）标注为离合词或作为词语的离合义位收录的有267个，其中老舍作品语言中的"懈劲儿""作媒"，在《现代汉语词典》中收录的是"泄劲""做媒"，属于异形词。老舍《四世同堂》中的离合词语《现代汉语词典》离合词一致者为52.66%。

《现代汉语词典》（试用本）没有作为普通话离合词以及未收录的，有以下240个：

安心（情绪安定），挨饿，挨家，挨打，罢岗，拌蒜，绊跤，摆架子，闭口，闭眼，闭嘴，差（chà）事，抄根儿，朝天，吃钉子，赤身，出城，出狱，出汗，出声儿，出油，出风头，出岔子，扯淡，扯嘴巴，扯闲篇儿，扯烂污，成功，凑趣，搭话，答话，答言，打鼓，打呼，打闪，打坑，打冷战，打哆嗦，打转身，打瞌睡，打对脸，打哈欠，打闷弓，打水飘儿，打照面，打转儿，打秋风，担保，到家[①]（程度高），到家[②]（回到家里），带刺儿，当差，读书，点题，递和气，动怒，点灯，断肠，对脸，兑现，跺脚，发话，发湿，发气，发黑，发亮，发颤，发困，发威，发问，发绿，发红，发白，发黄，发暗，发热，发凉，罚跪，费话，放光，放声，放冲，服气，高兴，告帮，改叫儿，改样，挂气，挂怒，挂火，逛街，光脚，过劲儿，含泪，害病，害怕，嚎丧，花

[①] 中国科学院语言研究所词典编辑室编：《现代汉语词典》（试用本），商务印书馆1973年版，第729页；中国社会科学院语言研究所词典编辑室编：《现代汉语词典》（第7版），商务印书馆2016年版，第933页。

钱，换张儿，换装，坏事，慌神，后悔，加劲儿，嫁人，进城，进门，接话，净街，绝根儿，绝后，记账，祭祖，减价，建功，见世面，绝缘，见鬼，叫春，开枪，开闸，开禁，开屏，砍头，空手，拉长脸，乱营，流泪，落泪，落幕，联姻，联盟，连庄，咧嘴，留心眼，留活口儿，领杠，漏兜，露丑，毛腰，冒汗，眯眼，眯盹儿，抿嘴，磨豆腐，没用，没命，纳气，闹气，闹饥荒，耐性儿，耐烦，判案，跑路，跑腿儿，碰钉子，偏心，撇嘴，碰面，齐肩，庆寿，欠脚，瘸腿，绕圈子，绕弯子，忍气，任意儿，任性儿，认命，入城，入座，入狱，入门，杀头，散班，上弦，上杠，上街，守门，受刑，受审，受冻，受训，受寒，受风，失魂，失血，伸大拇指，省料，省工，顺嘴，送话，漱口，示威，淘气，套交情，探头，挑眼，腆脸，挑错儿，跳河，投河，投水，吐蕊，吐舌头，挺尸，为难，吸气，吸烟，瞎眼，下学，下狱，下市，消怒，心碎，信意儿，咬耳朵，掩口，仰脸，应活儿，迎神，有根，有瘾，赢钱，炸酱，遭报，着地，遮丑，遮羞，睁眼，证婚，作官，龇牙，皱眉，赚钱，转磨，抓空儿，抓工夫

在这些词语中，"扯淡、打坑、挂气、挂火、慌神、毛腰、眯盹儿、闹气、漏兜、挑眼、转磨"11个词语后标"〈方〉"，是将其作为方言词语收录的。

上列240个《现代汉语词典》（试用本）没有作为普通话离合词以及未收录的词语形式，可以分为以下4种情况再做进一步分类说明。

（一）双音节以上形式

双音节以上形式共有32个：

摆架子，吃钉子，出风头，出岔子，扯嘴巴，扯烂污，扯闲篇儿（扯闲盘儿），打冷战，打哆嗦，打转身，打瞌睡，打对脸，打哈欠，打闷弓，打水漂儿，打秋风，打照面，递和气，见世面，拉长脸，留心眼，留活口儿，

磨豆腐，闹饥荒，碰钉子，绕圈子，绕弯子，套交情，吐舌头，咬耳朵，伸大拇指，抓工夫

其中三音节形式31个，四音节形式只有一个"伸大拇指"。这32个双音节以上形式，一般都被看作惯用语，属于固定语，在《现代汉语词典》中不作词性与是不是离合词的标注。实际上，以上这32个形式，除了音节上比双音节词语多一个或两个以外，跟一般的动宾类型双音节复合词没有什么表意和形式方面的特殊之处。因此，上列32个形式，完全可以与一般的离合词同等看待。

（二）《现代汉语词典》（试用本）收录，但作为普通话不是离合词，而在老舍作品中是离合词

这种情况有33个词语：

成功，答话，打转儿，担保，到家[1]（程度高），动怒，断肠，对脸，兑现，发亮，发热，放声，服气，高兴，害怕，后悔，绝缘，绝后，开禁，联姻，联盟，耐烦，偏心，遮羞，失血，顺嘴，示威，淘气，为难，着凉，皱眉，龇牙，证婚

例如：

（20）紧走了几步以后，他后了悔。（《四世同堂》十四）【后悔】

（21）看见老二，他不由的高了兴。（《四世同堂》七十六）【高兴】

（22）假若遇不见他们，他也要高声的咳嗽一两声，示一示威。（《四世同堂》二十三）【示威】

（23）天安门的肃静和学生的沉默教他害了怕。（《四世同堂》二十五）【害怕】

（24）那时候，他知道的北平事情还不多，所以急于知道一切，而想假若和中国人联了姻，他就能一下子明白多少多少事情。（《四世同堂》三十八）【联姻】

此外,《现代汉语词典》(试用本)还在"慌神儿"和"挂火"后标"〈方〉",将其作为方言词语收录。

(三)语义透明度高,意义综合程度不高,被看作词组(短语)的形式

如"挨饿、落泪、流泪、发红、点灯、没用、杀头、出城、光脚、开枪、作官、赚钱"等。前边我们以"落泪"为例,证明这类形式实际上都可以看作双音节词语。

(四)北京方言词语

属于这类的词语有:

拌蒜,打呼,打坑,告帮,改叫儿,过劲儿,换张儿,净街,绝根儿,叫春,耐烦,耐性儿,闹气,磨豆腐,任意儿,任性儿,领杠,上杠,应活儿,炸酱,遭报,着地

例如:

(25)他只吐了血,给父亲打了坑,和借了钱给父亲办了丧事,而没敢去动仇人的一根汗毛!(《四世同堂》六十三)【打坑】{挖坑以便把棺材埋入其中建坟}

(26)第二圈,东阳听了两次胡,可都没胡出来,因为他看时机还早而改了叫儿,以便多和一番。(《四世同堂》二十八)【改叫儿】{打麻将中变换了预定要胡的牌}

(27)瑞丰太太的胖脸由红而紫,像个熟过了劲儿的大海茄。(《四世同堂》十六)【过劲儿】{超过合适的程度或阶段}

(28)李四爷抓了头。不错,他自己准备好完全尽义务,把杠领出城去。(《四世同堂》十八)【领杠】{扬撒冥币喊号子率领杠夫抬棺出殡}

有的词语形式,看起来跟普通话一样,但意思大不相同:

【任意儿】放任,放纵。钱还是小事,他不能任着大夫的意这样

戏弄钱诗人。(《四世同堂》二十一)｜她绝对不能大撒手儿任着长顺的意儿爱干什么就干什么。(《四世同堂》三十六)

【耐性儿】极其耐心、克制。"不过是这么一说，你的事当然由你作主！"瑞宣耐着性儿说。(《四世同堂》二十八)｜老人的脸已气紫，可是还耐着性儿对付他们。(《四世同堂》五十九)

【炸酱】诈骗。瑞全看明白，瘦鬼是安心要炸他的酱。(《四世同堂》八十五)

【磨豆腐】动作迟缓，磨蹭。金三爷在外屋里发了言："你磨什么豆腐呢？不快快的治病！"(《四世同堂》二十一)

这是属于北京方言的特殊离合词。

在未被《现代汉语词典》（试用本）收录的老舍《四世同堂》240个离合词中，2016年出版的第7版《现代汉语词典》增收了以下63个：

闭眼，闭嘴，出狱，出声儿，扯淡，抽空儿，凑趣，搭话，打鼓，打闪，到家[1]（程度高），带刺儿，点题，动怒，跺脚，发话，发亮，发威，发热，发福，发光，费话，改样，害病，害怕，坏事，慌神，加劲，进门，减价，见鬼，空手，乱营，落幕，咧嘴，漏兜，露丑，没命，闹气，判案，跑腿儿，撇嘴，碰面，认命，入门，入狱，入座，守门，受刑，受审，受训，受寒，探头，淘气，挑眼，挺尸，瞎眼，下学，下狱，下市，遮丑，遮羞，皱眉

也就是说，在目前最新的第7版《现代汉语词典》中，老舍小说《四世同堂》中的507个离合词中与《现代汉语词典》（第7版）相同的共有330个，一致率65.09%，上升到离合词总数的近2/3。不同的只有177个，占34.91%。

第二节 《四世同堂》中离合词的类型

一 《四世同堂》中离合词黏着形式的构成及类型

在老舍《四世同堂》中，离合词语共有 507 个。我们把儿化现象看作一种音变现象，不看作独立的音节，这样可以将《四世同堂》中的离合词分作两大类：双音节离合词，三音节及以上离合词。

（一）双音节黏着形式离合词的构成及类型

双音节离合词是离合词的主体，共有 475 个，占离合词总数的 93.69%。

1. 构成双音节黏着形式离合词的前一个语素

《四世同堂》中的双音节离合词，"后悔、心碎"中前一个语素是名词（含方位词）语素，其余 473 个双音节离合词中，前边的语素都是动词性语素的共有 254 个。其中"安心、高兴、狠心、红脸、净街、空手" 6 个词语，前一个语素按现代汉语知识体系，一般认为形容词性语素，实际都可以看作使动词。我们曾就"高兴、鞠躬"向汪维辉先生请教。汪先生认为，如果把"高兴"中的"高"理解为形容词，那么这个词就是｛高雅的兴致｝，与"高兴"义不合，按《汉语大词典》中的解释｛愉快而兴奋｝看作"高"与"兴"并列，也不合适，所以应看作使动词；"鞠躬"历史上有两个，表｛恭谨貌｝的一般视为联绵词，其实跟动宾结构的"鞠躬"（"躬"就是身体或身躯）可能是同一个来源，只是现在还没有弄清楚。在此我们接受汪先生对"高兴""鞠躬"的理解，把它们看作动宾式，将前一个语素看作动词性语素。这些动词性语素，除了构词能力最强的"发""受"外，大部分都是表示主观意志可以控制的动作。其中 5 个及以上构成双音节离合词的动词性语素有 12 个。

（1）构成 5 个离合词者。

改（~嫁、~样、~叫儿、~嘴、~口）

失（~魂、~业、~约、~节、~血）
作（~官、~事、~孽、~揖、~媒）

(2) 构成 6 个离合词者。

下（~学、~手、~狱、~市、~台、~班）
入（~城、~狱、~座、~土、~门、~殓）
落（~空、~后、~泪、~幕、~座、~地）

(3) 构成 7 个以上离合词者（动词性语素后的数字为由其构成的词语数）。

放 8（~心、~光、~声、~屁、~账、~假、~哨、~冲）
上 8（~学、~课、~当、~弦、~杠、~装、~刑、~街）
打 10（~岔、~鼓、~架、~呼、~闪、~坑、~嗝儿、~盹儿、~转儿、~仗）
出 11（~城、~狱、~汗、~事、~场、~殡、~油、~丑、~院、~血、~声儿）
开 13（~口、~炮、~枪、~闸、~课、~锅、~花、~火、~禁、~幕、~屏、~仗、~张）
受 15（~气、~伤、~刑、~罪、~惊、~罚、~审、~冻、~训、~累、~苦、~寒、~热、~凉、~风）
发 25（~话、~光、~怒、~湿、~气、~黑、~亮、~颤、~狂、~疯、~困、~威、~火、~问、~绿、~红、~白、~黄、~暗、~烧、~热、~凉、~福、~慌、~财）

2. 构成双音节黏着形式离合词的后一个语素

构成双音节离合词后一个语素的，或是名词性语素，或是动词性语素，或是形容词性语素。

(1) 名词性语素

进入双音节黏着式离合词后项位置的名词性语素比较多。可以从两个角度来说明。

a) 有些名词性语素结合面比较宽，能与多种动词性语素搭配，构成黏着式双音节离合词（括号内为与名词性语素搭配的动词性语素），例如：

（安、操、动、耽、放、变、分、留、偏、谈、尽、省、狠、横）心
（拌、插、吵、闭、改、撅、咧、张、掌、撇、走、顺、抿）嘴
（揣、拱、分、空、拉、松、握、动、伸、下、拍、得）手
（对、丢、翻、变、仰、腆、红、露）脸
（点、低、抽、回、领、抬、探、摇、磕、砍、杀）头
（睁、闭、瞪、挑、眯、瞎、眨）眼
（张、掩、漱、改、闭、开）口
（插、搭、答、发、费、回、讲、接、说、送）话
[挨、搬、抄、成、到（家）^{1}、到（家）^{2}]家
（闭、喘、岔、断、动、发、服、挂、闹、忍、纳、受、生、淘、通、叹、吸、消、泄、争）气

"心、嘴/口、手、脸、头、眼"都是人的主要器官，"话、家、气"是与人关系极为密切的事物。因为语言是人的语言，自然是以人为中心和重心的。

b）有些动词性语素结合面比较宽，可以与多种名词性语素结合，构成黏着式双音节离合词。例如（括号内为与名词性语素搭配的动词性语素，括号外用斜线隔开的是与该动词性语素搭配的名词性语素）：

（出）城/狱/汗/事/声/场/殡/油/院/血/声儿
（打）岔/鼓/架/坑/嗝儿
（放）光/声/屁/账/假/哨
（开）炮/枪/闸/课/锅/花/火/幕/屏/仗
（落）空/后/泪/幕/座/地
（入）城/狱/座/土/门/殓
（上）课/当/弦/杠/装/街
（下）狱/市/台/班
（发）话/光/气/威/福/财
（作）官/事/孽/揖/媒

· 448 ·

后一个语素大部分为一般名词性语素，如上所列，也有一些是由其他词性语素经儿化作用或儿化名词性语素构成，直接写出"儿"的有：

抄根儿，抓（chuǎ）空儿，出声儿，打嗝儿，打转儿，眯盹儿，绕道儿，
抽头儿，搭碴儿，打盹儿，带刺儿，改叫儿，过劲儿，绝根儿，任意儿，任性儿，换张儿，松劲儿，领头儿，耐性儿，
挑错儿，懈劲儿，信意儿，应活儿

有些没有写"儿"，实际也读儿化，如：

拆伙，凑趣，坏事，慌神，跳脚，光脚，跑腿，改样，露脸，绕弯，加劲，加油，连庄

后一个语素为名词性语素构成的黏着式双音节离合词共有 403 个，占双音节离合词总数的 84.84%。

（2）动词性语素

进入双音节黏着式离合词后项的动词性语素有以下 57 种：

（挨、饿）打，（冲、道）喜，（道）歉/谢，（打）呼，（打）闪，（担）保，（吃、受）惊，（兑）现、（发、挂、动、消）怒，（得）胜，（发）火/问/颤/狂/疯/困/慌，（遭）殃/报，（着）急/慌，（心）碎，（行）刺，（歇、省）工，（害）病/怕，（后）悔，（含）笑，（告）饶/帮，（留、下、上、同）学，（耐）烦，（认）输，（为）难，（受）伤/刑/罚/审/冻/训/累，（洗）澡，（断）炊，（解）闷/围，（开）张/禁，（停）战/工，（上）刑，（罚）跪，（没）用，（闹）病，（倒）霉，（吃）亏，（改）嫁，（绝）交，（睡）觉

这 57 个动词性语素进入双音节黏着式离合词后项位置，构成双音节离合词 69 个。

（3）形容词性语素

进入双音节黏着式离合词后项的形容词性语素有以下 21 种：

（帮）忙，（出、露）丑，（发）湿/黑/亮/绿/红/白/黄/暗/热/烧/凉，（着）凉，（行）好，（遮）丑/羞，（受）苦/寒/热/凉，（撒）娇，（吃）苦，（扯）淡

这 21 个形容词性语素，构成 25 个双音节黏着式离合词。

3. 双音节黏着形式离合词的内部结构

在《四世同堂》中的 475 个双音节黏着式离合词中，词语内部结构关系有以下几种类型。

（1）主谓式

只有一个：

心碎

（2）联合式

有以下两个：

洗澡　　睡觉

（3）偏正式

有以下一个：

后悔

（4）述宾式

除了以上 4 个词语以外，其余 471 个双音节黏着式离合词，都是

述宾式，例如：

> 帮忙①，鞠躬，上学，低头，丢脸，道歉，打嗝儿，读书，点头，免职，散步，结婚，跑腿，打盹儿

（二）三音节及以上黏着形式离合词的构成及类型

三音节以上的形式，一般被看作惯用语。本节因其与双音节离合词离析形式相同以及离析后意义仍具有整体性的特点，也将其看作离合词语。三音节及以上离合词共有 32 个，其中三音节者 31 个，四音节者一个。

1. 构成三音节及以上黏着形式离合词的前一个语素

构成三音节及以上黏着形式离合词前一个成分的，都是主观意志可以控制的动作动词，共有以下 18 个（词语后小 5 号数字是该词作为构词语素构成的离合词的数量）。

> 摆、吃、出 2、扯 3、打 10、递、见、拉、留 2、磨、闹、碰、绕、套、吐、咬、伸、抓

其中构词能力最强的是"打"，一共构成 10 个三音节黏着式离合词。

2. 构成三音节及以上黏着形式离合词的后一个语素

构成三音节及以上黏着形式离合词的后一个成分，都是可以独立使用的词，可以分作 3 小类。

（1）名词

> 架子，钉子，风头，岔子，嘴巴，闲篇儿（闲盘儿），哈欠，闷弓，水瓢儿，世面，心眼，活口儿，豆腐，圈子，大拇指，耳朵，交情，舌头，脸，工夫，弯子

---

① "帮忙"后边的"忙"是形容词性语素，在"帮"后边作原因宾语。

(2) 动词

哆嗦，转身，瞌睡，对脸，秋风，饥荒，冷战，照面

(3) 形容词

和气，烂污

其中（2）中用于"打秋风"中的"秋风"，是"抽丰"的音变形式，整个词语表示｛旧时指假借某种名义向别人索要财物｝[①]。

3. 三音节及以上黏着形式离合词的内部结构

这 32 个三音节及以上的离合词，都是 "'1＋2'式"述宾结构：

摆｜架子　碰｜钉子　出｜风头　出｜岔子　扯｜嘴巴
扯｜闲篇儿　绕｜圈子　打｜冷战　磨｜豆腐　套｜交情

离合词的内部结构可以概括为表 7-1。

表 7-1　　　　　　　　离合词内部结构分析

	主谓式	述宾式	偏正式	联合式	合计
双音节离合词	1（心碎）	471	1（后悔）	2（睡觉、洗澡）	475
三音节及以上离合词	0	32	0	0	32
合计	1	503	1	2	507
百分比（%）	0.197	99.211	0.197	0.395	100

可以说，离合词 99% 强都是由述宾式词构成；极个别的主谓、偏正、联合关系的词语，由于使用频率比较高，在述宾式词语离析用法

[①] 中国社会科学院语言研究所词典编辑室编：《现代汉语词典》（第 7 版），商务印书馆 2016 年版，第 236 页。

的强势影响下，因类推的作用，也被当作述宾式来离合，在两者之间插入时体助词"了、着、过"或数量成分修饰后一成分，把前一成分当作述语性支配成分，后一成分当作名词性成分，如：

(29) 钱老夫妇和天佑同辈，他的两个少爷都和瑞宣同过学。(《四世同堂》一)

(30) 回到家中，招弟第一件事是洗个澡。洗完了澡，她一气吃了五六块点心。(《四世同堂》六十五)

(31) 明天，明天，他必须作点什么，刀山油锅都不在乎，今天他可得先好好的睡一大觉；养足了精神，明天好去冲锋陷阵！(《四世同堂》五十四)

第一节例(15)中"碎了心"则是把当事主语变成使动宾语。这些把非述宾型词语当作述宾关系离析，都可以看作在汉语的历时发展过程中，因述宾型词语离析的强势类推作用，而出现的一种重新分析现象。

在对离合词内部结构类型的分析中，有的学者还列出了述补型。我们的分析中没有述补型。这主要是基于我们没有把作补语的双音节趋向动词看作离合词。把作补语的趋向动词看作离合词，是因为有这种对比：

(32) 瑞宣从外面轻轻的走进来，直奔了三弟屋中去。(《四世同堂》十二)

(33) 日本人……只知道他们是战胜者，理当像一群开了屏的孔雀似的昂步走进北平来。(《四世同堂》四十五)

(34) 笑了一下，他也轻轻的走进去。(《四世同堂》二十二)

(35) 瑞宣摇了摇头，走进老三屋里去。(《四世同堂》八)

但在实际的语言运用中，存在大量的只有"走进"而后边没有再

出现"来"或"去"的用法,例如:

(36) 瑞宣的心中又黑了,低头走进巷口。(《四世同堂》八)
(37) 他想急忙走进南屋,看一看妈妈,跟她说两句极温柔的话。(《四世同堂》十二)
(38) 迷迷瞪瞪的他走进小羊圈,除了李四爷的门开着半扇,各院的门还全闭着。(《四世同堂》十三)

在《四世同堂》中,其组合分布情况见表7-2。

表7-2　　　　趋向动词"进"与"来""去"搭配情况

	+来	……来	+去	……去	φ	共计
(走)进	30	1	5	12	34	82
百分比(%)	36.59	1.22	6.1	14.63	41.46	100

我们认为,"来"或"去",并不是必然与前边的"进"构成一个词语的。

从现代汉语词语双音化的特点和使用频率两个角度来看,我们倾向于认为,例(33)、(35)、(36)、(37)、(38)中所使用的是词语"走进",在例(33)和例(35)中,出于句末的"来"和"去"各是一个词,而例(32)、(34)中"走"和后边的"进来"或"进去",分别是两个不同的词语。把"走进"看作一个词,不仅有词频、节律方面的依据,而且在语义上也符合"动作+结果"或"方式或途径+行为或结果"的双音节动词语义构成模式,[①] 在结构上,也具有凝固型,不能扩展。

二　《四世同堂》中离合词离析形式的类型

对于离合词的离析形式,有些学者对其类型做过一些分析,比如,

[①] 董秀芳:《汉语的词库与词法》(第二版),北京大学出版社2016年版,第152页。

王海峰将离合词离析形式平列分作 13 类①。

我们考虑，对离合词离析形式类型的分析，应考虑层次性。可以根据前后位次的变化分作"A 前 B 后"和"B 前 A 后"两个大类，然后再根据 A、B 以及 AB 的涉及对象三个角度再分小类。也就是如下所示。

A 前 B 后

$$\begin{cases} 1.\ A\ 的变化及扩展 \begin{cases} 1.1\quad A\ 的变化 \begin{cases} 1.1.1\quad "AA+B" \\ 1.1.2\quad "A\ 了\ A+B" \\ 1.1.3\quad "A\ 一\ A+B" \end{cases} \\ 1.2\quad A\ 的扩展 \begin{cases} 1.2.1\ "A+了/着/过/的+B" \\ 1.2.2\ "A+[补语]+B" \end{cases} \end{cases} \\ 2.\ B\ 的扩展\cdots\cdots \\ 3.\ AB\ 涉及对象内嵌式的扩展\cdots\cdots \end{cases}$$

B 前 A 后 $\begin{cases} 4.\ B\ 及\ B\ 的扩展+A\ 的扩展\cdots\cdots \\ 5.\ 把+B\ 及\ B\ 的扩展+A\ 的扩展\cdots\cdots \end{cases}$

这样划分出来的离合词离析类型，至少有 3 个层次，然后再分出变异交叉小类。以下举例说明。

（一）"A 前 B 后"式

1. A 的变化及扩展式

（1）A 的变化式

这种类型是指 A 的重叠形式，又可分严式重叠 AA 式，宽式重叠"A 了 A"和"A 一 A"。

a. "AA+B"

> 消消气，咬咬牙，道道喜，行行好，逛逛街，谈谈心 2，
> 探探头，点点头 7，帮帮忙 7，观观风，歇歇腿儿，放放账，
> 解解闷儿，跑跑腿儿 4，念念经，洗洗澡，伸伸手，握握手，
> 散散步 2，上上街，跑跑路，摇摇头，回回头 2，遮遮羞，

---

① 王海峰：《现代汉语离合词离析形式功能研究》，北京大学出版社 2011 年版，第 46—47 页。

遮遮丑，套套交情

例如：

(39) 我是好意这么跟他说，好教他消消气。(《四世同堂》一)
(40) 老人家，您坐一会儿，歇歇腿儿！(《四世同堂》十四)
(41) 日本人若在别处打了败仗，北平与它的四围也还要遭殃，因为驻遣军司令要向已拴住了的狗再砍几刀，好遮遮前线失利的丑。(《四世同堂》四十五)

在《四世同堂》中，这种重叠动词构成的离合词离析形式共有26个，44例次。其中B是扩展形式的，只有例（41）一例次。

b. "A 了 A + B"

属于这种格式的，一共有15个离析形式，共出现114例次：

点了点头64，咧了咧嘴3，眯了眯眼，探了探头3，抬了抬头，吐了吐舌头3，漱了漱口5，握了握手2，摇了摇头19，咬了咬耳朵，咬了咬牙3，张了张嘴2，眨了眨眼，睁了睁眼2，皱了皱眉4

例如：

(42) 小顺儿对爸爸点了点头。(《四世同堂》三)
(43) 瑞宣摇了摇头，走进老三屋里去。(《四世同堂》八)
(44) 丁约翰皱了皱眉，不高兴起来。(《四世同堂》三十一)

在《四世同堂》语言语料库中，这种类型的离析式离合词，处于后项位置的B没有扩展式。

c. "A — A + B"

由宽式扩展"A — A"构成的离合词离析形式共有6个，一共出现 8 例次：

点一点头2，咧一咧嘴，谈一谈心，探一探头，示一示威2，睁一睁眼

例如：

（45）胖太太微微的点一点头，没有特别的夸赞他。（《四世同堂》二十三）
（46）蓝东阳是义赈游艺会的总干事，所以忙得很，只能抽空儿跑来，向大家咧一咧嘴。（《四世同堂》六十三）
（47）日本人为强迫实行"平价"，和强迫接收他们派给的货物，要示一示威。（《四世同堂》五十九）

这种类型的离析式离合词，处于后项位置的 B 没有扩展式。A 的三种变化扩展形式分布见表 7-3。

表 7-3　　　　　　　A 变化扩展的离合词离析情况

	AA + B	A 了 A + B	A 一 A + B	合计
离析形式数	26	15	6	47
数量百分比（%）	55.32	31.91	12.77	100
出现例次	44	114	8	166
例次百分比（%）	26.51	68.67	4.82	100

（2）A 的扩展式

所谓"A 的扩展式"，是指离合词前项动词性语素 A 带上"了""着""过""的"这类体助词，或者可能补语、结果补语、趋向补语等补语。

a. "A + 了/着/过/的 + B"

"A + 了/着/过/的 + B"式中"了、着、过、的"的插入限制，与这 4 个体助词与动词的搭配一致，如不表示状态意义或持续性行为，

则不能插入"着",如果动词是一次性完成动作,则只能插入"了"或"过"。

"A+了+B"式

"A+了+B"式是指这种形式:

生了气,点了头,结了婚,守了寡,改了嫁,联了姻,动了心,走了嘴,落了空,道了喜,认了命,开了张,发了火,上了当,搭了碴儿,冒了险

例如:

(48)炕的面积大,孩子们不容易滚了下去;半夜里也容易照管,不至于受了热或着了凉。(《四世同堂》二十九)

(49)长顺囔着鼻子,在屋内搭了碴儿。(《四世同堂》十六)

(50)瑞丰见祖父真生了气,不敢再说什么,扯起晓荷往外就走。(《四世同堂》七十六)

"生了气"这种离合词的离析形式,《四世同堂》中有300种,共出现833例次。

此外,在其他扩展式中,"了"还出现443例次。作为体助词,"了"在离合词的离析形式中出现次数是最多的,共有1276例次。

"A+着+B"式

这种格式的离合词的离析形式共有70个,出现279例次:

闭着嘴,叹着气4,低着头67,留着神6,留着心2,撇着嘴5,撅着嘴4,

咧着嘴,闭着口2,说着话,咬着牙12,皱着眉5,瞪着眼6,睁着眼,闭着眼21,眯着眼5,眨着眼2,挨着家2,落着泪3,流着泪2,绕着圈子,点着灯,挨着饿,作着官,打着盹儿,忍着气4,对着脸,绕着道儿,冒着汗2,纳着气2,空着手13,

带着刺儿，点着头，揣着手8，含着泪19，腆着脸2，含着笑10，
陪着本，领着头儿，耐着性儿3，发着威2，凑着趣，绕着弯，
发着光10，耐着烦，跺着脚2，哈着腰，毛着腰，撒着娇，
欠着脚3，跳着脚2，光着脚4，排着队2，拌着蒜，赤着背2，
齐着肩，赤着身，打着闪，拼着命2，掩着口，仰着脸，
瘸着腿，叫着春，抿着嘴，穿着孝，留着活口儿，挨着饿，
抄着根儿，绕着弯子3，抓着工夫2

此外，还有22例次出现在其他扩展形式中。在离合词的离析用法中，"着"共出现301例次。例如：

（51）"是呀！咱们的钱也不准用了！"祁老人叹着气说。（《四世同堂》三十五）

（52）等到赢了几把以后，他会腆着脸说："这些办法都是跟张宗昌督办学来的！"（《四世同堂》二十二）

（53）"不过是这么一说，你的事当然由你作主！"瑞宣耐着性儿说。（《四世同堂》二十八）

<u>"A+过+B"式</u>
这种格式共有32个，共出现48例次，具体情况如下：

留过心，受过审，同过学，留过学，接过话，拜过师，
学过徒，卖过艺，落过后，讲过话，通过气，耽过心，
偏过心，溜过冰，敬过礼，兑过现，见过礼，烧过香2，
读过书，见过世面，下过狱4，入过狱4，开过张，低过头，
作过官4，拐过弯，挨过饿2，结过婚2，消过毒，闭过气3，
送过礼，回过头3

此外，"过"还有7例次用于扩展式，例如：

（54）他不能可惜阵亡了的敌人，虽然老太婆帮过他的忙。（《四世同堂》七十九）

（55）丁约翰都没有落过一滴泪。（《四世同堂》八十六）

（56）他们好像已经亡过多少次国了，绝对不再为亡国浪费什么感情。（《四世同堂》二十九）

"过"用于离合词离析形式共有55例次。

"A＋的＋B"式

这种格式的离合词离析形式只有7例次：

（57）两桌牌抽的头儿，管保够大家吃饭喝酒的。（《四世同堂》四十）

（58）是他行的刺不是，谁可也说不上来。（《四世同堂》四十八）

（59）他们……而只觉得用三块钱去换一斤铁——也许还买不到——纯粹是李四爷一个人造的孽！（《四世同堂》五十七）

（60）"那么，是谁，是谁，我问你，是谁签的字呢？"（《四世同堂》六十二）

（61）可是，长顺没了事作，还不是日本人捣的鬼？（《四世同堂》三十六）

（62）"这闹的什么鬼呢？"老人用冻红了的手，摸了摸胡须，摸到了一两个小冰珠。（《四世同堂》五十一）

（63）东阳的牌打得不错。一上手，他连胡了两把。这两把都是瑞丰太太放的冲。（《四世同堂》二十八）

由体助词构成的离合词离析形式分布情况见表7-4、表7-5。

表7-4　　　单独由体助词构成的离合词离析形式分布

	＋了	＋着	＋过	＋的	合计
离析形式数	300	70	32	7	409
数量百分比（%）	73.35	17.12	7.82	1.71	100

续表

	+了	+着	+过	+的	合计
出现例次	833	279	48	7	1161
例次百分比（%）	71.38	23.91	4.11	0.6	100

表7-5　　　　　由体助词构成的离合词离析形式分布

	+了	+着	+过	+的	合计
离析形式总例次数	1276	301	55	7	1639
总数百分比（%）	77.85	18.36	3.36	0.43	100

b. "A+［补语］+B"

实现对离合词离析的黏合补语，有4种：结果补语、可能补语、数量补语和程度补语，其中构成形式最多、出现例次最多的是结果补语。

"A+［结果补语］+B"式

构成结果补语的，有以下18个（斜线前为构成离析形式的数量，斜线后为出现例次，下同）：

住3/8，下8/53，下来2/5，开3/9，罢1/1，起12/14，出14/48，完4/4，上12/89，好1/1，宽1/1，惯1/1，错1/1，去1/1，紧1/1，到1/1，胜1/1，输1/1，严2/3

这19个词，构成离合词离析形式70个，共出现243例次。例如：

（64）她好像简单得和小妞子一样，只要他平安的回来，她便放宽了心；他说什么与不说什么都没关系。（《四世同堂》四十八）

（65）他们认为作了处长，理当摆出架子；假若东阳不肯摆架子，他们还倒要失望呢。（《四世同堂》四十三）

（66）冠先生与冠太太都想纳住气，不在客人面前发作。（《四世同堂》十六）

"A + ［可能补语］ + B"

作可能补语的形式有7个，构成离合词离析形式20个，共出现55例次。①

不了9/21，不上4/5，不下2/3，不出2/20，
不着1/1，不开1/4，不完1/1

全部离析形式如下：

吃不了亏，吃不了苦，尽不了力，关不了门3，进不了城2，
出不了城3，救不了命，闭不了眼7，帮不了……忙2，帮不上忙，
闭不上嘴，挨不上打，闭不上眼2，安不下心2，办不下公，
说不出话来14，答不出话来6，睡不着觉，张不开口4，
（仗）打不完

例如：

（67）卖力气，长顺是娇生惯养的惯了，吃不了苦。（《四世同堂》三十六）

（68）对于筹办旅馆的一切，冠晓荷都帮不上忙，可是也不甘心袖手旁观。（《四世同堂》五十三）

（69）一袋子面救不了命！（《四世同堂》八十）

"A + ［数量补语］ + B"

由数量补语离析的离合词形式共有以下12种，共出现14例次：

---

① 可能补语中的"不完"与离析形式中的"打不完"出现的例子是"'药贵呀！上海的仗老打不完，药来不了！'（《四世同堂》二十一）"，严格地说，应该归入"B前A后"类，由于侧重考察黏着补语对A的扩展，将该例放到"A +［可能补语］+ B"式中统一处理。

狠一下心，点了一下头3，点了好几下头，白亡了会子国，亡过多少次国了，眨了两下眼，作一次媒，睡一会儿觉，睡了一会儿午觉，丢一次脸，发一下黑，报一次仇

例如：

（70）看过了，他才能更清楚，更坚定，也许不期而然的狠一下心，去参加了抗战的工作。（《四世同堂》五十）

（71）他只冷淡的——也必定是傲慢的——点了一下头。（《四世同堂》三十一）

（72）白亡了会子国，他妈的连个官儿也作不上，邪！（《四世同堂》三十七）

"A +〔程度补语〕+ B"

《四世同堂》中被程度补语离析的离合词只有"丢脸""丢人"两个，形成的形式共有 3 个，作程度补语的只有 1 个"透了"：

丢透了脸，丢透了人，（脸）丢透了①

全部例句如下：

（73）假若，她想，方法想得不好，而自己"赔了夫人又折兵"那才丢透了脸！（《四世同堂》四十三）

（74）这简直把祁家的脸丢透了！（《四世同堂》五十四）

（75）五个蛋，丢透了人喽！（《四世同堂》八十七）

由补语扩展的离合词离析形式分布见表 7-6、表 7-7。

---

① 例子为（74）。这个例子严格地说，也应该归入"B 前 A 后"类，由于侧重考察黏着补语对 A 的扩展，将该例放到"A +〔程度补语〕+ B"式中统一处理。

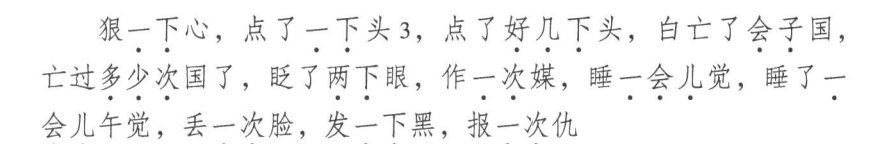

表7-6　　　　　　　　　　补语数量分布

	+结果补语	+可能补语	+数量补语	+程度补语	合计
离析形式个数	70	20	12	3	105
百分比（%）	66.67	19.05	11.42	2.86	100

表7-7　　　　　　　　　　补语例次分布

	+结果补语	+可能补语	+数量补语	+程度补语	合计
离析例次	243	55	14	3	315
百分比（%）	74.14	17.46	4.45	0.95	100

实现体助词"了"使用频率最高、构成离合词离析形式最多，以及结果补语使用频率最高、构成离合词离析形式最多，尤其是两个百分比都是75%以上，具有高度的一致性，说明离合词的离析形式，主要是说明动作或过程的实现性。

2. B 的扩展

作为基于离合词后项 B 的扩展，可以前加数量词、代词、形容词、名词以及短语作定语。例如：

（76）他没再说什么，他不便因自己的小心而和孙子拌几句嘴。（《四世同堂》四十一）

（77）假若高第随便的吃了大亏，也没多大关系呀。（《四世同堂》四十三）

（78）"闭上你的嘴！半夜三更的你嚎什么！"老人低声的责骂。（《四世同堂》十二）

（79）你任着妈妈的性儿教好人家的妇女变成妓女，敲诈妓女们的钱。（《四世同堂》六十七）

（80）更要紧的倒是怎样防止学生们不上日本教官的，与伪报纸的宣传的当。（《四世同堂》三十八）

从定语的角度，可以分为数量、指量、性质/状态、领属、反驳性定语。

（1）数量定语

B 前加量词或数量词，例如：

（81）可是，芦沟桥的炮声一响，他老人家便没法不稍微操点心了，谁教他是四世同堂的老太爷呢。(《四世同堂》一)

（82）孙七打了个长嗝儿，眼角上的一对泪珠落下来。(《四世同堂》四十九)

（83）我特意的请了半天的假，来给先生道喜！(《四世同堂》四十)

数量定语是离合词后项 B 扩展的最多形式，共有 87 个 165 例次。其中单独使用的量词"点"和"个"使用最多。前者构成 23 个形式，使用 32 例次；后者构成 18 个形式，使用 27 例次。与"个"相对应的"一个"，只有 2 例次："落一个泪""打一个败仗"。

同时，"点"作为表示微量的量词，不表示定量，前边不能出现"一"以外的其他数词，同时也很少用"一"，在《四世同堂》中，离合词中 B 的数量扩展，用"一点"的只有"操一点心、吃一点亏、受一点寒、赎一点罪、赎自己的一点罪"5 个形式共 5 例次。因为表示微量，不可分割，"点"实际上是表示整个离合词 AB 的微量程度，而不是与 B 直接相关，因此许多"A 点 B"中，"点 + B"不成结构，没有语义上的关联，例如：

*（操）点心　*（撒）点娇　*（为）点难　*（守着）点门

对"出声"进行数量定语扩展离析，有 18 例次，只有一个形式"一"：

（84）他有时候挨饿，挨饿他也不出一声。(《四世同堂》二)

（85）桐芳决定不出一声，而请大赤包作全权代表。(《四世

同堂》二十四）

（86）一路上，瑞丰没再出一声。（《四世同堂》四十六）

这种数词离析形成的"出一声"，前边都有否定词，是通过对最小量"一"的否定来否定整体"出声"。

（2）指量定语

B前加"这"或"那"所构成指量短语充当定语，共有12个形式，出现22例次。例如：

（87）万一因为办丧事需钱而想出手，我倒愿帮这个忙！（《四世同堂》十九）

（88）其实，老爷子你倒不必操那个心。（《四世同堂》四十四）

（3）性质/状态定语

B前加形容词性成分构成的定语有78例次。例如：

（89）走了一会儿，孙七打了个长嗝儿，眼角上的一对泪珠落下来。（《四世同堂》四十九）

（90）他们必全家都送出他来，给他鞠极深的躬。（《四世同堂》四十二）

（91）说真的，老二只吃了浮浅，无聊，与俗气的亏，而并非是什么罪大恶极的人。（《四世同堂》三十三）

（4）领属定语

B前加代词、名词构成的定语有25个形式，共35例次。例如：

（92）日本人抄了咱们的家，还给咱们留下钱？倒想得如意！（《四世同堂》六十八）

（93）日本人为减轻自己的过错，一方面乱杀了小崔与其他的好多嫌疑犯，一方面免了李空山的职。（《四世同堂》五

十三）

(5) 反驳性定语

B 前加疑问代词"什么""哪"构成的定语，通过疑问形式表示反驳，这种定语有 11 个，共 117 例次。例如：

(94) 她手指着冠先生："你跟他费什么话呢？教他滚蛋不就结啦！"（《四世同堂》六）

(95) 我还没为瑞宣着急，你着哪门子急呢？他又不是你的哥哥！（《四世同堂》四十六）

对于离合词后项 B 进行扩展所构成的定语共有 311 例次，其分布见表 7-8。

表 7-8　　　　　　　离合词离析形式中 B 的定语情况

	数量定语	指量定语	性质/状态定语	领属定语	反驳性定语	共计
出现例次	165	22	78	35	11	311
百分比（%）	53.06	7.07	25.08	11.25	3.54	100

3. AB 涉及对象内嵌式的扩展

对离合词 AB 所涉及对象的内嵌式离析扩展，是指下面的情况：

(96) 你大年初二没有来！不是挑你的眼，是真想你呀！（《四世同堂》三十五）

(97) 大哥！大嫂！帮我个忙，不用管别人！（《四世同堂》六十八）

(98) 瑞全看明白，瘦鬼是安心要炸他的酱。（《四世同堂》八十五）

(99) 他说瑞丰骗了他的钱，挨了他的打，没脸再来作事。（《四世同堂》三十）

(100) 可是，小崔们虽然不会说这些名词，心里却有一股子

气儿，一股子不服人的，特别不服日本人的，气儿。(《四世同堂》六)

从表面上看，例（96）中"你"后有"的"作"眼"的定语，但"眼"并不是"你"领有的器官，"挑眼"是指｛挑剔、指责礼节方面的缺点、毛病｝，"挑眼"的对象是"你"；例（97）中，"我"是"帮忙"的对象；例（98）中"炸酱"（｛敲诈｝义）的对象是"他"，而不是说"酱"属于"他"；例（99）中的"他"是"打"这个动作的发出者；例（100）中的"服气儿"义同普通话词语"服气"，义为｛由衷地信服｝[①]；"服"后的"人"和"日本人"是信服的客体。因此，例（96）、（97）、（98）、（100）中的"你""我""他""人"和"日本人"是后边成分的"伪定语"，不是真定语，是离合词"挑眼""帮忙""炸酱""服气"的对象，而例（99）中的"他"则是"挨打"的由来者，例（100）中的"人"和"日本人"则是"服气儿"的对象。

《四世同堂》语料库中属于这种扩展的有60例次，能进行这种扩展的有：

帮忙，劳驾，随便，服气，受气，吃亏，上当，丢人，挨打

有的词这种离析倾向比较强，如"帮忙"，共出现61例次离析形式，其中45例次属于这种所涉及对象的内嵌式离析。

这种所涉及对象的内嵌式离析占离析形式2094总例次的2.87%。

（二）"B前A后"式

"B前A后"的离合词离析形式，根据B前有无介词"把"，可以分作两类。

[①] 中国科学院语言研究所词典编辑室编：《现代汉语词典》（试用本），商务印书馆1973年版，第301页；中国社会科学院语言研究所词典编辑室编：《现代汉语词典》（第7版），商务印书馆2016年版，第400页。

1. B 及 B 的扩展 + A 的扩展

在第一节中,我们列出"落泪"的 14 种离析形式,其中有 5 种是"泪"处于"落"之前:

泪……落下来(6),泪……落了下来(3),泪……落在……(2),泪还在落,泪要落出来

在"落泪"构成的 14 种离析形式的 43 例次中,有 13 例次是"泪"前没有"把"而处于"落"前边的。但从总体来看,这种形式并不多,《四世同堂》中离合词的离析形式共有 2094 例次,无"把"的"B 前 A 后"式,仅有 78 例次,占总例次的 3.72%,构成离析形式的离合词也只有"出声、喘气、打仗、落泪、撇嘴、张嘴、发财、亡国、作官、碰钉子、出岔子、皱眉"12 个。在"B 前 A 后"式中,A 一般都带有其他成分:

(101) 搂着大褂,他的泪忽然落下来。(《四世同堂》七十七)
(102) 妈妈的泪不是每每落在厨房的炉子上么?(《四世同堂》三十五)
(103) 尽管日本人说话不尽可靠,可是我们的仗打得不好是真的!(《四世同堂》十七)
(104) 刘师傅的脸板得很紧,眉皱着一点。(《四世同堂》四十)
(105) 学生们知趣,日本官儿们也知趣,一个针尖大的岔子也没出,没想到,真没想到!(《四世同堂》二十六)
(106) 他不反对发财。他可更注重"规矩"。他的财须是规规矩矩发的。(《四世同堂》三十一)

例(101)中 A 后边是趋向补语"下来",例(102)后边有介词结构作补语,例(103)后边是情态补语,例(104)动词后有"着"和数量补语"一点",例(105)中动词前边有否定副词"没"和表示类比的副词"也",例(106)动词后边有助词"的"。

在 78 例次 "B 前 A 后"式中,有 49 例次是来自"出声":

一声儿都不出,一声也没出 3,一声不出 22,一声没出 22,一声都不要出

这显得很特殊。这些形式中都有否定词,都是否定形式,"声"前边只能有"一",而且必须有"一"。不仅如此,在"A 前 B 后"对 B 进行加数量定语的扩展离析中,也只有"一"这一个形式。这种离析位移,具有习语性。

2. 把+B 及 B 的扩展+A 的扩展

前边有"把"的"B 前 A 后"式,只有 7 例次,占离合词离析形式总例次的 0.33%,构成离析式的离合词也只有"闭嘴、插嘴、丢脸、领杠、拉长脸、落泪"6 个。具体情况如下:

(107) 你把嘴闭上一会儿行不行?你说得我心里直闹得慌!(《四世同堂》三)

(108) 一声都不要出,把嘴闭严像个蛤蜊!(《四世同堂》四十七)

(109) 瑞丰急忙把嘴插进来:"大哥,那个学校可是你的根据地!"(《四世同堂》八)

(110) 李四爷抓了头。不错,他自己准备好完全尽义务,把杠领出城去。(《四世同堂》十八)

(111) 一个是五十多的掌柜,一个是三十多岁的中学教师,都不便随便的把泪落下来。(《四世同堂》三十八)

(112) 有今天这一场,咱们大家就都可以把长脸往下一拉,什么亡国不亡国的!(《四世同堂》二十六)

(113) 这简直把祁家的脸丢透了!(《四世同堂》五十四)

即便是把"一声不出"类看作正常的离析移位,两种前移加和也只有 85 例次,只占总例次的 4.05%。这说明,从统计数据的角度来

看，对于离合词的扩展离析，"A 前 B 后"是常规格式，而"B 前 A 后"则不过是少数的特例。

三　离合词：从黏着式到离析式

65.3 万字的长篇小说《四世同堂》，共有离合词 507 个，离析形式共出现 2094 例次，平均每个离合词的离析形式出现 4.13 例次。其中出现例次最多的是 116 例次，最少的 1 例次，出现频率很不均匀。词语数量与出现频率分布见表 7－9。

表 7－9　　　　离合词离析形式数量与出现频率分布

	1	2	3	4	5	6	7	8	9	≥10	共计
词语数	264	77	53	24	16	15	8	6	4	40	507
所占比例（%）	52.07	15.19	10.45	4.73	3.16	2.96	1.58	1.18	0.79	7.89	100

从表 7－9 中可以看出，有超过一半（52.07%）的离合词只有一个离析形式，只出现 1 例次。

出现频率在 10 例次及以上的词语如下（词语后边的数字为离析形式出现的例次数）：

低头 116，点头 104，闭眼 88，说话 76，帮忙 61，落泪 43，睁眼 42，叹气 37，出汗 33，发光 32，咬牙 28，出声儿 89，摇头 21，亡国 21，吃亏 20，动心 20，皱眉 19，作官 19，打仗 18，害怕 17，鞠躬 17，结婚 16，下狱 13，空手 13，高兴 12，睡觉 12，发怒 12，闭嘴 11，瞪眼 11，落空 11，出城 11，留神 10，张口 10，开口 10，磕头 10，含笑 10，含泪 10，着急 10，为难 10，进城 10

表 7-10　　出现 10 例次及以上词语离析度统计

词语	总例次	黏着例次	离析例次	离析度（%）
低头	140	24	116	82.86
点头	251	147	104	41.43
闭眼	103	15	88	85.44
出声儿	174	85	89	51.15
说话	219	143	76	34.7
帮忙	133	72	61	45.86
落泪	74	31	43	58.11
睁眼	57	15	42	73.68
叹气	42	7	37	88.1
出汗	39	6	33	84.62
发光	43	11	32	74.42
咬牙	40	12	28	70
摇头	56	35	21	37.5
亡国	98	77	21	21.43
吃亏	24	14	20	83.33
动心	39	19	20	51.28
皱眉	28	9	19	67.86
作官	43	24	19	44.19
打仗	49	31	18	36.73
害怕	60	43	17	28.33
鞠躬	60	43	17	28.33
结婚	72	56	16	22.22
下狱	27	24	13	48.15
空手	19	6	13	68.42
高兴	227	215	12	5.29
发怒	30	18	12	40
睡觉	38	26	12	31.58
出城	40	29	11	27.5
瞪眼	21	10	11	52.38
落空	13	2	11	84.62
闭嘴	11	0	11	100

续表

词语	总例次	黏着例次	离析例次	离析度（%）
留神	31	21	10	32.26
开口	77	67	10	12.99
磕头	27	17	10	37.04
含泪	13	3	10	76.92
含笑	24	14	10	41.67
进城	28	18	10	35.71
为难	50	40	10	20
张口	28	18	10	35.71
着急	90	80	10	11.11

这些词语中，除了"亡国、下狱、打仗"与抗日战争期间日本占领北京的特殊时代背景相关以及"发光"表示自然现象以外，其他词语都表示人所进行的动作行为，尤其是头部（含嘴、眼）的动作行为。这些词语使用频率高，离析形式出现的频率也高，两者正向相关。另外，大院居住，人们相互关系密切，彼此帮扶共度岁月，因此表示该意义的词语"帮忙"的离析竟然达到 13 种，出现 61 例次，而黏着式出现的 72 例次中，竟然有 11 例次带对象宾语的用法，与该词在现代北京话中不带宾语的用法大不相同。例如：

（114）他不会说："解铃还是系铃人"，可是他的口气与神情帮忙他，教钱太太明白了他的意思。（《四世同堂》十三）

（115）咱们似乎也不必因为帮忙一家邻居，而得罪另一家邻居，是不是？（《四世同堂》十六）

（116）刘师傅，你不帮忙他们，可否给我个脸呢？咱们是老朋友了！（《四世同堂》二十四）

（117）他绝对不肯运动任何人帮忙他作主任或校长。（《四世同堂》二十五）

（118）为帮忙桐芳，高第不敢多和桐芳在一块。（《四世同堂》四十三）

(119) 你到底要干什么呢？怎么不<u>帮忙</u>我了呢？（《四世同堂》四十三）

(120) 他们都想尽点力，<u>帮忙祁家</u>，可是谁也没有办法与能力。（《四世同堂》四十七）

(121) 他愿意<u>帮忙高第</u>，他晓得她是好人。（《四世同堂》六十八）

(122) 可是，为<u>帮忙她</u>，也就得帮忙<u>冠晓荷</u>；他迟疑起来。（《四世同堂》六十八）

(123) 可是，尽管她骂人，她还去<u>帮忙大家</u>。（《四世同堂》八十一）

在出现10例次及以上的这40个离合词中，"帮忙""落泪"的离析形式是最多的，都是13种。不同的是，"帮忙"可以带对象宾语，而"落泪"中还有5个小类，当事宾语"泪"可以移到动词"落"的前边，成为话题。从这两个词语的使用来看，在某种程度上反映了那个时代的民生状态：悲苦、互助。

根据离析度高低，可以对表7-10进行重新排序。以下为离析度为30%以上的词语的情况。

表7-11　　　　　　离析度为30%以上的词语

词语	总例次	黏着例次	离析例次	离析度（%）
闭嘴	11	0	11	100
叹气	42	7	37	88.1
闭眼	103	15	88	85.44
出汗	39	6	33	84.62
落空	13	2	11	84.62
吃亏	24	14	20	83.33
低头	140	24	116	82.86
含泪	13	3	10	76.92
发光	43	11	32	74.42
睁眼	57	15	42	73.68

续表

词语	总例次	黏着例次	离析例次	离析度（%）
咬牙	40	12	28	70
空手	19	6	13	68.42
皱眉	28	9	19	67.86
落泪	74	31	43	58.11
瞪眼	21	10	11	52.38
动心	39	19	20	51.28
出声儿	174	85	89	51.15
帮忙	133	72	61	45.86
作官	43	24	19	44.19
含笑	24	14	10	41.67
点头	251	147	104	41.43
发怒	30	18	12	40
摇头	56	35	21	37.5
磕头	27	17	10	37.04
打仗	49	31	18	36.73
进城	28	18	10	35.71
张口	28	18	10	35.71
下狱	37	24	13	35.13
说话	219	143	76	34.7
留神	31	21	10	32.26
睡觉	38	26	12	31.58

在离析率在30%以上的31个离合词中，只有"睡觉"是联合式，其余30个都是述宾式。从前边对离合词内部结构关系的统计分析中，可以看出，507个离合词中，不是述宾式的只有"心碎、洗澡、睡觉、后悔"4个，而在离析形式中，它们都是按述宾关系来离析扩展的：

（124）只有最大的责任心才能胜过母子永别的苦痛，才不至于马上碎了心断了肠！（《四世同堂》二十九）【心碎】

（125）赶紧回家睡个觉去，等铺子开了门，再好好的去拉车！（《四世同堂》九）【睡觉】

(126) 大概是教咱们洗洗澡，换换衣服。(《四世同堂》七十八)【洗澡】

(127) 紧走了几步以后，他后了悔。(《四世同堂》十四)【后悔】

第三节 《四世同堂》中离合词离析形式的功能

一 离合词离析形式的句法功能

离合词离析形式的句法功能，是指整个离析形式在句子中的活动能力，充当什么样的句法成分。

在老舍《四世同堂》65.3万字的语料库中，我们共收集到2094例次离合词的离析形式。这些离析形式主要是作谓语、定语、补语和小句，还各有1例次作主语、2例次作宾语和3例次作状语的用法。为了便于统计分析，我们把小句看作话语中前后都有停顿标志之间的部分；离合词离析形式单独作谓语，在连谓短语和兼语短语中的用法，与处于"能""会"之类能愿动词之后，以及下边例句中下加着重点的用法，都看作谓语：

(128) 难道我真该瞪着眼看他们饿死吗？(《四世同堂》三十四)

(129) 她抿着嘴笑起来。(《四世同堂》六十九)

(130) 想起狱中那群永远站立的囚犯，和钱先生的瘸着腿奔走，他觉得他再不应为挤车而苦恼。(《四世同堂》五十)

例(128)、(129)、(130)中有下加着重点的部分，有些学者把它们看作后边动词的状语。我们把它们看作后边动词表示动作的伴随性动作，它们的施事主体也是前边的名词性成分。

以下分别说明。

第七章　离合词研究

（一）作主语

作主语只有一个孤例：

（131）失了节是八面不讨好的！（《四世同堂》四十五）

（二）作宾语

作宾语两例次：

（132）祁老太爷什么也不怕，只怕庆不了八十大寿。（《四世同堂》一）

（133）瑞宣躲在屋里，假装睡午觉。（《四世同堂》三十八）

（三）作定语

离合词离析形式作定语的用法，共有22例次。例如：

（134）越是怕给家中惹祸的，当惹了祸的时候越会往家中跑。（《四世同堂》十八）

（135）小顺儿像一条受了惊的小毛驴似的跑来。（《四世同堂》七十五）

（136）她拼命的摇晃，像一个发了狂的大母猩猩（《四世同堂》五十九）

（四）作状语

离合词离析形式作状语，共有3例次，而且离析形式之后都有结构助词"的"（地）：

（137）现在，李四爷使了个眼神，小崔一声没出的躲开。（《四世同堂》四）

（138）他一声没出的给瑞全开了街门，看着瑞全出去。（《四世同堂》五）

· 477 ·

（139）也许北平就不会这么像死狗似的，一声不出的受敌人的踢打吧？（《四世同堂》二十一）

（五）作补语

离合词离析形式作补语，共有 16 例次。例如：

（140）李四爷急得出了汗，用手式和简短的话屡屡暗示出催促的意思。（《四世同堂》二十一）
（141）瑞宣再不能控制自己，冷笑得出了声。（《四世同堂》九）
（142）瑞宣很怕祖父把老三的事说漏了兜。（《四世同堂》二十八）

（六）作小句

离合词离析形式作小句的用法，共有 178 例次。例如：

（143）叹了口气，他过去把旗子接到手中，低着头立在队伍的前面。（《四世同堂》二十五）
（144）她去"声讨"，就必吃更大的亏，丢更多的脸。（《四世同堂》四十三）
（145）他们打胜了仗，而赔了本儿。（《四世同堂》五十一）

（七）作谓语

此外的 1915 例次离合词离析形式，都是作谓语。例如：

（146）今天，他应下一档儿活来，不是搬家，而是出殡。（《四世同堂》十）
（147）他老泪横流的打了几个酸懒的哈欠。（《四世同堂》五十一）
（148）"祁先生，"他鞠了个短，硬，而十分恭敬的躬，"我特意的请了半天的假，来给先生道喜！"（《四世同堂》四十）
（149）你知道，高第，我以后帮不了你的忙了，我有我的

事！（《四世同堂》四十三）

（150）只凭这一笔收入，大赤包就可以发相当大的财。（《四世同堂》三十二）

离合词离析形式语法功能分布见表7－12。

表7－12　　　　　　　　离合词离析形式语法功能分布

	主语	谓语	宾语	定语	状语	补语	小句	合计
出现例次	1	1873	2	21	3	16	178	2094
百分比（％）	0.05	89.45	0.10	1.00	0.14	0.76	8.50	100

二　离合词离析形式的功能解释：离合的本质

从表7－12可以看出，离合词的离析形式作主语、宾语合计3例次，所占比例仅为0.14%，不仅基本可以忽略不计，而且有2例次带体助词、1例次作谓宾动词宾语，可见这种作主语、宾语的离析形式仍是动词性的。而作状语的3例次，都是"一声没/不出"，其他这种离析形式，都是作谓语或小句，可见即便是作状语，"一声没/不出"，仍然是动词性的。

我们从结构中心、表意重心和中心、选择的一致性等几个角度，论证过"得"字句的结构中心和表意重心是"得"后的补语，把"得"前部分看作"前导谓语"，后边部分看作"主导谓语"[①]。这样看来，一般所谓的补语，就与谓语属于同一类现象了。

实际上，由动词构成的小句，与由动词构成表达事件的句子的谓语，性质是一样的，都是表述性的。被称为小句，是因为它：第一，由于有停顿而与句子的其他部分隔开，就有表述的独立性；第二，有相对独立的表意功能；第三，如果小句是谓词性的，那么，由于上下

[①] 参见聂志平《"得"字句札记》，《齐齐哈尔师范学院学报》（哲学社会科学版）1994年第1期；《对"得"字句传统分析的质疑》，《松辽学刊》（社会科学版）1994年第4期；《论"得"字句》，《天津商学院学报》1995年第2期。

文其他部分出现主语,该小句没有出现主语,在这种情况下,补出主语,就变成主谓小句。小句和句子具有表述性,是句子作为语言的使用单位与语言的备用单位的根本区别。因此,我们一般说句子是语言(使用)的功能单位,而语素、词、短语是语言的结构单位、备用单位。

离合词黏着式作为独立的动词,并不具有表述性,可以充当多种句法成分,可以作主语、宾语,可以被"不/没"否定,可以用肯定否定形式并列,及物性的离合词还可以带宾语。而由离合词扩展离析所构成的离析形式,由于增加了一些零零碎碎的东西,一般作谓语、小句以及与谓语性质相同的补语。离合词的离析形式在功能上与黏着形式形成了鲜明的对比:

(151) 她知道落泪是毫无用处的。(《四世同堂》四十六)[作主语]
*她知道落[了/着/过]泪是毫无用处的

(152) 小崔太太呢,听明白孙七的话,就只剩了落泪。(《四世同堂》六十二)[作宾语]
*小崔太太呢,听明白孙七的话,就只剩了落[了/着/过]泪。

(153) 他愿意帮忙高第,他晓得她是好人。(《四世同堂》六十八)[后边带宾语]
*他愿意[帮帮忙/帮个忙/帮点忙/帮过忙/帮不上忙]高第,他晓得她是好人。

(154) 她有病,她有一肚子的委屈,但是她既不落泪,也不肯躺下。(《四世同堂》六十三)[被"不/没"否定]
*她有病,她有一肚子的委屈,但是她既不落[了/着/过]泪,也不肯躺下。

(155) 李空山向来不管女人落泪不落泪。(《四世同堂》四十三)[肯定否定并列]
*李空山向来不管女人落[了/着/过]泪不落[了/着/过]泪。

第七章 离合词研究

离合词的离析形式之所以与黏着形式形成天壤之别，就是因为离合词扩展离析所带上的各种零碎与变化。这种扩展与变化，在本章第二节的"二《四世同堂》中离合词离析形式的类型"中，我们根据是否有 B 居 A 前的位移分作两大类，然后再分"A 的变化及扩展"、"B 的扩展"、"AB 涉及对象内嵌式的扩展"5 个二级类做进一步说明。实际上，还可以从另一角度来说明。

对于离合词离析形式中情态成分的出现情况，可用表格分析如下。

表 7-13　　　　　　　离合词离析形式情态成分情况

	宽式重叠形式			+体助词				+各种补语	合计
	VV	V了V	V一V	+了	+着	+过	+的		
离析例次	44	98	8	1276	301	55	7	315	2104
合计	150			1544（减去带补语同时加的95个"了"）				315	2009
百分比（%）	7.47			76.85				15.68	100

动词的宽式重叠形式（VV、V了V、V一V）、动词带体助词（了、着、过、的）和带补语，可以概括为动词的情态形式，亦即"光杆动词+情态"。也就是说，在"A 前 B 后"式离析形式中，由插入情态成分形成的离合词扩展离析形式共有 2009 例次。而"出声儿"B 前 A 后的离析形式"一声（都/也）不/没出"就有 49 个，如果把表{否定}的"不/没"也看作一种情态成分的话，那么，总共 2094 例次的离合词离析形式中，就只有 36 例次不带情态成分。36 例次不带情态成分的离析形式，仅占离析形式总例次的 1.72%。而带情态成分的离析形式有 2058 例次，占离合词离析形式总例次的 98.28%。

不仅作谓语、作补语、作小句的离合词离析形式带有情态成分，就是作定语的离合词离析形式，也带情态成分。以下为《四世同堂》中离合词离析形式作定语的全部例句：

(156) 瑞丰和胖太太急忙立起来，像两条挨了打的狗似的跑回家去。(《四世同堂》二)

(157) 像得了胜的蟋蟀似的在盆儿里暗自得意。(《四世同堂》六)

(158) 她会像上了弦的留声机似的,不管有人听没有,独自说出来。(《四世同堂》十五)

(159) 他晓得她一辈子省吃俭用,像抱了窝的老母鸡似的,拾到一颗米粒都留给长顺吃。(《四世同堂》十六)

(160) 越是怕给家中惹祸的,当惹了祸的时候越会往家中跑。(《四世同堂》十八)

(161) 他也得摆出笑脸给生了气的妈妈看。(《四世同堂》三十一)

(162) 他像个受了气的小媳妇似的赶紧立住,仍旧低着头。(《四世同堂》三十四)

(163) 假若不是冠晓荷,他或者就像一条受了伤的野狗似的死在路上。(《四世同堂》三十四)

(164) 他们俩决定不住口的叫处长,像叫一个失了魂的孩子似的。(《四世同堂》四十三)

(165) 日本人……只知道他们是战胜者,理当像一群开了屏的孔雀似的昂步走进北平来。(《四世同堂》四十五)

(166) 小老鼠把前天由瑞宣身上搜去的东西都拿回来,笑得像个开了花的馒头似的,低声的说……(《四世同堂》四十八)

(167) 可是,他是亡了国的中国人。挣人钱财,与人消灾。他不敢违抗命令,他挣的是日本人的钱。(《四世同堂》五十七)

(168) 即使她不大可爱,等到他自己又有了差事,发了财的时节,再弄个小太太也还不算难事。(《四世同堂》五十六)

(169) 她拼命的摇晃,像一个发了狂的大母猩猩。(《四世同堂》六十九)

(170) 她忘了桐芳,忘了一切,像个迷了路的小娃娃似的,紧紧的握着妹妹的手,那小的,热乎乎的手。(《四世同堂》七十)

(171) 小顺儿像一条受了惊的小毛驴似的跑来。(《四世同堂》七十五)

（172）教她即使在挨着饿的时候也还有盼望，有依靠。(《四世同堂》四十九)

（173）所以在作着官的时候，他便是肆意横行的小皇帝。(《四世同堂》五十三)

（174）第二天，瘸着点腿的诗人买了一份小报，在西安市场的一家小茶馆里，细细的看本市新闻。(《四世同堂》六十三)

（175）这点光像最温柔的女猫怕淘气的小孩动她的未睁开眼的小猫那么厉害。(《四世同堂》十八)

（176）而且是读过书的小姐。(《四世同堂》二十九)

在上列21个离合词离析形式作定语的例句中，每个离析形式都带有体助词这种情态成分，其中带"了"的最多，共计16个，此外，"着"3个，"过""开"各一个。从深层语法的角度来看，这种定语都是带有情态成分的动词性短语，是属于关系小句性质的定语。

综上所述，我们不同意王海峰认为离合词的离析式表达主观性的观点[①]。我们认为，与离合词的黏着形式相比，离析形式是由增加了情态成分而构成的。而情态成分，是构成句子主要成素之一。

这样也就可以解释，为什么离合词的离析形式绝大部分作谓语、补语和小句。因为离合词的离析形式中增加了情态成分，使离析后的离合词具有了表述性，离合词由黏着式的光杆动词的无界进入有界状态，可以成句了。

不仅如此，由于离合词即便是扩展成为离析形式，被隔离开甚至前后移位，但前后两项必须联系起来表意、联系起来理解，相互勾连，具有表意上的综合性。这样，处于离合词前后项 A 与 B 之间的扩展性成分，或者 B 前 A 后的各种关联成分，在语义表达上被"打包"处理，使结构与语义表达上显得紧凑，增加了表达与理解的语义包容量和迅捷性。也就是说，通过插入、增加、位移等手段把离合词变成离

[①] 王海峰：《现代汉语离合词离析形式功能研究》，北京大学出版社2011年版，第5、6、7章。

析形式，从而增加情态成分，同时把跟离合词离析形式两部分相关的成分在语义上打包，语义扩容与成句同时完成，使离合词离析形式成为口头表达一个突出的特点。因此，王海峰认为词法的述宾与句法的述宾有一致性，袁毓林从认知语法学角度，认为离合词离析形式的形成，是述宾关系的离合词对句法述宾关系的"拷贝"[1]，都不能从根本上说明离合词扩展离析形式产生的真正原因。

因此，可以说离合词扩展离析形式的产生，就是为了以多种形式给离合词中的动词增加体等成句的情态范畴，实现由无界到有界的跨越，构成句子；同时，由于离析后离合词前后两项仍相互勾连，具有表意上的综合性，这样，与之相关的成分在语义表达上被"打包"处理，使结构与语义表达显得紧凑，增加了表达与理解的语义包容量和迅捷性。语义扩容打包与成句同时完成，是离合词离析形式成为口头表达的一个优选格式主要原因。

---

[1] 袁毓林：《从形式转喻看离合词分开使用的句法性质》，《当代语言学》2018年第4期。

附：《四世同堂》中的离合词词表

（507个）

双音节离合词（475个）

安心，挨打，挨饿，挨家，罢岗，拜师，搬家，拌嘴，拌蒜，绊跤，办公，帮忙，抱窝，报案，报仇，闭气，闭口，闭眼，闭嘴，变心，变脸，并肩，插话，插嘴，岔气，差（chà）事，操心，朝天，抄根儿，抄家，吵嘴，拆伙，扯淡，赤身，赤背，成家，成功，吃惊，吃亏，吃饭，吃苦，龇牙，抽空儿，抽头儿，出事，出声儿，出汗，出场，出殡，出油，行礼，出丑，出院，出血，出狱，出城，抓（chuǎ）空儿，揣手，扯谎，喘气，辞职，凑趣，闯祸，穿孝，冲喜，搭话，搭碴儿，答言，答话，打岔，打嗝儿，打盹儿，打呼，打鼓，打架，打闪，打坑，打仗，打转儿，担保，耽心，带刺儿，到家[1]，到家[2]，倒霉，捣鬼，道喜，道歉，道谢，当差，低头，点灯，点头，点题，得胜，得势，得意，得志，得手，读书，断气，断炊，定神，动怒，动气，动心，动手，断粮，断肠，跺脚，丢脸，丢人，对脸，兑现，瞪眼，发话，发怒，发湿，发气，发黑，发亮，发颤，发狂，发疯，发困，发威，发火，发问，发绿，发红，发白，发黄，发暗，发烧，发热，发凉，发福，发慌，发财，发光，罚跪，翻脸，犯罪，放心，放光，放账，放冲，放假，放屁，放哨，放声，分手，分心，费话，服气，服毒，负债，改嫁，改样，改叫儿，改口，改嘴，干杯，高兴，告饶，告假，告帮，告状，鼓掌，拐弯，光脚，挂气，挂怒，挂火，观风，关门，逛街，过节，过劲儿，拱手，哈腰，害病，含笑，含泪，害怕，嚎丧，花钱，坏事，换张儿，换装，横心，后悔，红脸，还礼，回话，回头，狠心，还原，慌神，记账，祭祖，加油，嫁人，加劲，减价，建功，见鬼，交差，叫春，讲话，接话，解闷，解围，尽心，尽力，进城，敬礼，救命，就职，撅嘴，绝后，绝交，结婚，净街，鞠躬，绝根儿，见礼，绝缘，进门，讲理，开口，开闸，开枪，开课，

· 485 ·

开锅，开花，开火，开禁，开幕，开屏，开仗，开炮，开张，砍头，
磕头，垮台，空手，拉手，劳驾，立功，联姻，联盟，连庄，咧嘴，
溜冰，留神，留心，留学，乱营，落空，落后，流泪，落地，落泪，
落幕，落座，露脸，露丑，领杠，领头儿，漏兜，漏网，买账，卖艺，
毛腰，冒火，冒险，冒汗，眯眼，眯盹儿，迷路，免职，抿嘴，没用，
没命，纳税，纳气，耐性儿，耐烦，闹鬼，闹气，闹病，念经，判案，
拍手，排队，跑路，跑腿，赔本，赔礼，赔罪，撇嘴，扑空，偏心，
碰面，碰杯，拼命，齐肩，起床，起誓，签字，签名，欠脚，请假，
庆寿，瘸腿，绕道儿，忍气，任性儿，任意儿，认输，认命，惹祸，
入土，入座，入狱，入门，入殓，入城，撒娇，杀头，散班，散伙，
散步，上当，上杠，上课，上街，上弦，上刑，上学，上装，丧命，
烧香，伸手，生气，生根，省心，省工，省料，失魂，失业，失约，
失节，失血，示威，松手，送话，送信，送礼，松劲儿，守寡，受气，
受伤，受刑，受罪，受惊，受罚，受审，受冻，受训，受累，受苦，
受寒，受热，受凉，受风，赎罪，赎身，漱口，随便，睡觉，说话，
说情，顺嘴，守门，抬杠，抬头，谈心，叹气，探头，淘气，讨好，
同学，跳河，挑眼，挑错儿，跳脚，腆脸，停战，停工，投河，投水，
吐血，吐蕊，脱节，挺尸，通气，吸气，吸烟，洗澡，瞎眼，下班，
下学，下台，下市，下手，下狱，消气，消毒，消怒，歇工，歇腿，
泄气，懈劲儿，心碎，信意儿，行刺，行好，殉国，学徒，完事，亡
国，握手，为难，掩口，摇头，咬牙，仰脸，应活儿，应卯，赢钱，
迎神，有瘾，有根，眨眼，炸酱，沾光，遭殃，着急，着地，着慌，
着凉，遭报，照像，造孽，张口，掌嘴，睁眼，争气，证婚，张嘴，
转身，赚钱，转磨，遮羞，遮丑，走嘴，皱眉，中毒，作官，作媒，
作孽，作事，作揖

三音节离合词（31 个）

摆架子，吃钉子，出岔子，出风头，抓（chuǎ）工夫①，扯烂污，扯

---

① 关于注音的说明，参见第七章第二节对"抓空儿""抓功夫"的注释。

闲篇儿（扯闲盘儿），扯嘴巴，打照面，打闷弓，打水飘儿，打哆嗦，打转身，打瞌睡，打对脸，打冷战，打哈欠，打秋风，递和气，闹饥荒，绕圈子，绕弯子，吐舌头，碰钉子，磨豆腐，拉长脸，留心眼，套交情，留活口儿，咬耳朵，见世面

四音节离合词（1个）

伸大拇指

第八章　老舍作品语言中的北京方言词语

在老舍研究中，对老舍作品中北京方言成分的关注是比较多的，这是很自然的现象。老舍是公认的"京味"作家，其作品中自然少不了北京方言词语。其原因有三：第一，老舍是北京人，出生于北京下层满族市民家庭，周围人都说北京话，北京话是老舍的母语，是老舍语言的"根"；第二，老舍作品很多都是写北京人的故事，反映北京的风土人情，必然有作为文化载体的语言的痕迹，北京话又构成了老舍作品的语言文化背景；第三，对于文学创作的语言策略，老舍以方言、口语为写作语言基础，进行提炼、加工，使其所形成的文学语言，"在二十世纪三十年代，人们（包括严厉批评他的作品的人）都已经承认他的作品是'宣传纯正国语的教本'"[1]，所以，《二马》中的英国人、《小坡的生日》中的从福建移民去的新加坡华人的语言，都使用这种糅合了北京方言的口语化的白话，一点也不奇怪。

对于方言词的认定，具有不同的层次。人们所使用的词语，有的是各地都通行的，应该看作普通话词语；有的在部分地域通行，比如东北人所说的东北话中有些词语不仅在东北方言区内被使用，在其他北方话区中也被使用；有的是只在该方言区使用的。来自某种方言区，被认为说某种方言的人，其话语中的词语，实际上都包含着这三个层次。不仅如此，在语言学家的研究中，对方言词的认

---

① 张清常：《北京话化入普通话的轨迹——老舍作品语言研究的新途径之一》，《语言教学与研究》1992 年第 4 期。

第八章 老舍作品语言中的北京方言词语

定标准也是有差异的。李荣主编的汉语方言词典系列，属于描写词典，是对方言区代表性方言点词汇面貌的描写，收录的是某方言点的词语，包括上述三个层次，这也无可厚非。如果特别强调方言的特殊性，那么就应该着眼于方言词的最核心的层次也就是第三层次，是只有该方言区使用的词语，那么，对方言词语的认定，自然就应该严格一点。

我们确定老舍中文小说语言中的北京方言词语，根据以下三个原则。

（1）对于有些词典认为是北京方言词，但代表20世纪60年代现代汉语普通话词汇面貌、1973年出版的《现代汉语词典》（试用本），收录并且没有标注〈方〉或〈口〉，即没有标注为方言词或口语词的，如老舍小说中使用的（括号内词形）"抽搭（抽答、抽达）、跶拉（踏拉、蹋拉、塌拉）、搭拉（搭落）"，我们予以排除。

（2）如果《现代汉语词典》（试用本）中标为口语词，而且被其他北京方言词典收录，我们则将其作为北京方言词语看待。因为普通话基础是北京话。

（3）在对词的确定上，如果意义一致，但有的词形有"儿"有的没有，都按同一个词处理，同时看作儿化词（或含有儿化成分的词语）。例如：

（1）最爱他们哥俩的是李永和先生。（《赶集·也是三角》）
（2）逛窑子还不能哥儿俩挑一个"人儿"呢，何况是娶老婆？（《赶集·也是三角》）

即便如此，也不能绝对保证我们所收录的词语，一定是只有北京话中才有的，正如赵元任那句名言所说的："言有易，言无难。"[1]

由于对词、方言词语判定标准不同，以及词语收集范围不同，我们与其他研究者所收集的方言词语有所不同。比如，任娟的硕士学位论文

---

[1] 王力：《中国古文法》，《王力文集》（第三卷），山东教育出版社1985年版，"序"第4页。

《〈四世同堂〉词汇研究》① 从老舍长篇小说《四世同堂》中收集了270条方言词语,并从词类角度简单地进行了举例说明。而依据本书对方言词语的判定,我们从《四世同堂》中收集到的方言词语就有413条。

语料来源于作者根据修订本《老舍全集》②第1—8卷自制的250万字的老舍中文小说语言语料库,其中排除马小弥从英文回译的《四世同堂》第八十八至一百章(收入《老舍全集》第5卷)和《鼓书艺人》(收入《老舍全集》第6卷),也不取赵武平根据新发现的、经老舍定稿的英文本翻译的《四世同堂》第三部《饥荒》的最后部分(第二十一至三十六章)③。文中例句中长篇小说标小说篇名和章数,中、短篇小说,标所收录的文集名和小说篇名。义位在{ }中。

世界是物质的,而物质又是运动的;同时,物质与运动,又具有各种性质、状态、数量和情态。这些性质、状态、数量、情态,没有独立的存在,是依附于物质和运动的。这些对世界分类所形成的逻辑类别,对应着语言中的名词、动词、形容词、状态词、副词、数词、量词等不同的语法类别,亦即词类。

从250万字的老舍中文小说语言语料库中,检索到1341个北京方言词语。

第一节 老舍作品语言中的名物类北京方言词语

本节研究白话文经典作家老舍作品中名物性北京方言词语。

名物,是"表达各类事物的概念,它们所指称的对象具有实体性,能够独立存在"。④ 名物类词语内部,根据从老舍小说中收集到的词语,再分作"人""肢体及附属""动物和植物""食物""场所建

---

① 任娟:《〈四世同堂〉词汇研究》,硕士学位论文,河北大学,2012年。
② 老舍:《老舍全集》(修订本),人民文学出版社2013年版。
③ 老舍:《四世同堂·饥荒》,赵武平译,载《收获》2017年第1期。
④ 俞理明:《词汇描写的思路和方法》,《汉语史研究集刊》(第十六辑),巴蜀书社2013年版,第73页。

筑""社会事务""其他实体""抽象事物"和"时空"等九类。老舍中文小说语言中的名物类词语共有 427 个。

一 表人词语

（一）亲属称谓

这一小类词语，表示亲属称谓，或者词语构成中含有亲属称谓性语素，表示非亲属。后者属于认知与构词中的隐喻用法。这类词语共有以下 30 个：

公母（卷夫妻；公母俩夫妻二人①），爷爷（卷同普通话②），奶奶（①同普通话③；②旗人称母亲），姥姥（①外祖母；②接生婆），太爷（爷爷的父亲），老爷子（对老年男人的尊称），排行/姓或姓+排行+爷（对男人的尊称），爷们儿（①长辈和晚辈男子的合称；②对男子的尊称；③丈夫），爷儿俩（父子合称），娘儿俩（母女或母子合称），哥儿俩（兄弟二人合称），哥儿们（①兄弟；②称呼亲密的朋友），当家的（①主持家务的人；②丈夫），当家子（丈夫），家小（妻子儿女），媳妇（①儿子的妻子；②妻子），孙媳妇（孙子的妻子），外孙媳妇（外孙子的妻子），长孙媳妇（长孙子的妻子），二孙媳妇（二孙子的妻子），姑奶奶（娘家称出嫁的女儿），姑娘（①女儿；②未出嫁女子；③妓女），姑妈（已婚的姑姑），舅妈（舅舅的妻子），胯骨轴上的亲戚（关系极远的亲属），舍哥儿（没人照管可怜的孩子），老妈儿（女佣），老娘婆（接生婆），三哥

---

① 在北京话中，{夫妻}既可以称"公母"，也可以称"公母俩"。我们之所以把"公母俩"也看作一个词语，是比照"爷儿俩/仨""哥儿俩/仨""娘儿俩/仨"，没有"爷儿""娘儿""哥儿"单独使用的用法。

② 中国科学院语言研究所词典编辑室编：《现代汉语词典》（试用本），商务印书馆 1973 年版，第 1198 页；中国社会科学院语言研究所词典编辑室编：《现代汉语词典》（第 7 版），商务印书馆 2016 年版，第 1527 页。

③ 中国科学院语言研究所词典编辑室编：《现代汉语词典》（试用本），商务印书馆 1973 年版，第 730 页；中国社会科学院语言研究所词典编辑室编：《现代汉语词典》（第 7 版），商务印书馆 2016 年版，第 934 页。

(对送水的山东人的称谓)

例如：

(1) 可是二姥姥当着四姨怎肯倚老卖老，四姨是姑奶奶呀；……（《集外·有声电影》）

(2) 当母亲追问的时候，她也还是笑着说：没事！真没事！奶奶放心吧！（我们管母亲叫作奶奶）。（《正红旗下》一）

(3) 瑞宣站住，先对小顺儿说："你打不下枣儿来，不留神把奶奶屋的玻璃打碎，就痛快了！"（《四世同堂》八）

例（3）写的是汉族家庭称谓，"奶奶"是{祖母}的意思；而例（2）来自老舍最后未完成的自传体长篇小说《正红旗下》（1962），写的是满族家庭，称母亲为"奶奶"，老舍在正文中还用括号做了注释，说明在20世纪60年代，这种用法已经不大使用了。

在上列词语中，"老妈儿""三哥""老娘婆"实际上是对某种职业人员的称呼。不过，形式上还是用亲属称谓语素构词的。

(二) 特征称谓

"特征称谓"是指从人某方面的特征来称谓，单就构词的核心语素来看，大部分都是不表人，如"座儿"一般表示{座位}，但是"饭座儿"表示{餐馆顾客}，"车座儿"和"座儿"都表示{坐车的人}的意思。这种根据特征构成的表人称谓共有43个：

白吃猴（只吃别人而不回请的人），病包儿（病人），雏儿（①幼禽；②比喻年轻阅历少的人），大瓢把子（武艺高强者①），大的（家里子女排行第一），二的（家里子女或儿媳妇排行第二的人），三的（家里子女或儿媳妇排行第三的人），小三儿（家里子女排行第三的男子），二毛子（教徒），逛的（嫖客），高子（个儿高的人），姓/部分名/排行＋姑娘（对年轻

---

① 老舍：《老舍全集》（修订本）（第5卷），人民文学出版社2013年版，第672页注释。

女子的称呼），光眼子（①裸体；②一无所有的人），横虎子（比喻粗暴的人），老实头（老实人），老好子（善良谦和的人），老八板儿（拘谨守旧的人），老来俏（上年纪喜欢打扮的人），老人儿（在一个地方或机关团体中生活或工作很多年的人），里手（内行人；行家），骂挡子（挨骂泄愤的对象），手儿（有能力的人），篾片儿（跟在富家子弟后边白吃白玩的无耻之人），饭座儿（餐馆顾客），车座儿（雇车的人），散座（临时坐车的人），座儿（①座位；②坐车的人），小可怜儿（可怜的孩子或年轻人），虚子（精明、有经验的人），钱狠子（特别吝啬的人），学油子（熟悉学校情况又狡猾的学生），窝脖儿的（长年累月以扛东西帮人搬家为业在脖子上有肉包者），主儿（称人），照顾主儿（服务对象），买主儿（买主），吃主儿（餐馆顾客），主心骨儿（可以依靠的人），睁眼瞎（①睁着眼看不见的盲人；②文盲），苦人（穷苦人），全口人（父母子女及配偶齐全的人），小人儿（①对未成年人的爱称；②年轻夫妻中的一方），小小子（儿）（对小男孩儿的昵称），债主子（债主）

例如：

（4）张二有三个小孩，大的捡煤核，二的滚车辙，三的满院爬。（《赶集·柳家大院》）

（5）一向他拿人和厂当作家：拉包月，主人常换；拉散座，座儿一会儿一改；只有这里老让他住，老有人跟他说些闲话儿。（《骆驼祥子》四）

（6）"要加薪?"司长笑了笑，"老人儿了，应当的，不过，我想想看"。（《集外·沈二哥加了薪水》）

在上列43个特征称谓中，"窝脖儿的"中的"窝脖儿"是脖子长期用力而形成的肉包，而有这特征的人实际上是以搬家为业等职业劳动者：

（7）二三十年前，北平有不少这种脖子上有肉包的人。他们

自成一行，专给人们搬家。……人们管这一行的人叫作"窝脖儿的"。(《四世同堂》二)

(三) 职业称谓

职业称谓，是对某种职业从业者的称谓。这种名词，除了有些避讳之外（如"暗门子""老叉杆"），一般都能从构词语素上看出职业信息。这类词语有 19 个：

> 暗门子（暗娼），车把式（对赶车人的尊称），车主儿（出租人力车收取佣金的人），打鼓儿的（收旧货的小贩），赶脚的（牵赶驴马等为雇主代步者），花把式（以种花卖花为业者），金鱼把式（以养金鱼为业者），拉骆驼的（以骆驼驮运为职业的人），老叉杆（妓院男老板），花子（乞丐），拍花子（偷拐小孩的人贩子），练把式的（以表演武术、杂技为生者），练家子（武术家），票友儿（对京剧有相当爱好并有时登台表演的人），拴车的（同"车主儿"），碎催（干杂活儿的人①），小绺（扒手），小力笨（小伙计），洋老道（外国传教士）

例如：

> (8) 用最低的价钱买入，以最高的价钱卖出，是每个打鼓儿的所必遵行的；没有狠心趁早儿不用干这一行。(《四世同堂》七十三)
>
> (9) 我们城里的新官儿非常地讲道德，要扫清了暗门子。正式的妓女倒还照旧作生意，因为她们纳捐；……(《樱海集·月牙儿》)
>
> (10) 到我洗三的时候，他已在北京过了六十年，并且一步一步地由小力笨升为大徒弟，一直升到跑外的掌柜。(《正红旗下》四)

---

① 老舍：《老舍全集》（修订本）（第 3 卷），人民文学出版社 2013 年版，第 115 页注释："碎催，即打杂儿的。"

第八章 老舍作品语言中的北京方言词语

（四）贬称

贬称是对所指称的对象用含有贬义的词或语素构成的称谓，包含对指称对象否定性的评价。贬称有以下 31 个：

胎里坏（从小就品性恶劣的人），碎嘴子（说起来没完的人），歪毛淘气儿（①顽童；②地痞流氓），窝囊废（怯懦无能的人），小妖精（对男人有诱惑力的年轻女性），煤黑子（①煤矿工人；②摇煤球或运煤身上总有煤灰的人），嘎杂子（不正经调皮、胡闹的人①），坏嘎嘎（流氓），高丽棒子（对朝鲜人或鲜族人的蔑称），刺儿头（滋事，不好对付的人），蒙古大夫（医术差，用药量大的医生），出窝儿老（出窝老）（幼年就显得老气横秋，缺乏朝气的人），二五眼（能力差的人），二把刀（知识不足、技术不高的人），兔子（男艺人被作为同性恋者），小丫头片子（对少年、青年女子的蔑称），野丫头（对性格活泼或不注意小节、礼貌的女孩子的蔑称），傻丫头（对女孩子的蔑称），贱丫头（对女孩子的蔑称），老娘儿们（对已婚妇女的蔑称），娘儿们（娘们）（①对成年女子的蔑称；②妻子），野娘们（对成年女子的蔑称），臭娘们（对成年女子的蔑称），楞葱（莽撞的人），楞小子（愣头愣脑的少年、青年男子），处窝子（怯懦的人），小菜碟（没有地位的人），怯货（没用的废物），琉璃球儿（油滑邪佞之人），糟蛋（没有本事又窝囊的人），下溜子货（不长进的人）

例如：

（11）民族要是老了，人人生下来就是"出窝儿老"。出窝老是生下来便眼花耳聋痰喘咳嗽的！一国里要有这么四万万出窝老，这个老国便越来越老，到老得爬也爬不动，便一声不出的呜呼哀哉了！（《二马》第二段）

（12）小丫头片子，有了婆婆家就这么扬气，搁着你的！（《樱

---

① 老舍：《老舍全集》（修订本）（第 4 卷），人民文学出版社 2013 年版，第 56 页注释："嘎杂子们，指不正经，调皮胡闹的人。"

海集·柳屯的》）

（13）家里的女人在后面戳脖梗子："说话呀！处窝子！"（《牛天赐传·八 男女分座》）

（五）詈称

詈称，即通俗所说的"骂人话"。老舍小说写的对象很多都是北京下层市民，因此争执或发泄不满时使用骂人话，也是很正常的。与真正的初版相比，标明是"根据初版"收入《老舍全集》的文本，还是删去了个别粗俗露骨的动词和名词以及表达。例如：

（14）她的祷告大略是："愿夏老头子一个跟头摔死。叫夏娘们一口气不来，堵死……阿门！"（《樱海集·柳屯的》）

而初版相关文字则是：（下画线者为《老舍全集》第7卷《柳屯的》中被删除的部分）

（15）她的祷告大略是："愿夏老头子一个跟头摔死。叫夏娘们一口气不来，堵死，<u>夏娘们的大丫头让野汉子操死。叫那个二丫头下窑子，三丫头半掩门</u>……阿门！"

在250万字老舍中文小说语言语料库中的詈称，有以下15种：

吃货（除了吃饭一无所能的人、饭桶），狗日的，老薄儿脆〔对年老体弱老年人的詈称（"薄儿脆"是油炸的又薄又脆的面食）〕，老梆子（对老年人的詈称），老不死的（对老年人的詈称），老不要脸的（对老年人的詈称），孙子（骂人话），三孙子（骂人话），孙泥（骂人话指孙子的孙子），妈的，他妈的，丫头养的（未婚生育的孩子），你姥姥（骂人话），野汉子（婚外男性情人），什么东西（表示不满的骂人话）

例如：

（16）"……他妈的，你们一个个的皮鞋呢帽啷当的，孙子，你们是孙子！听明白没有？你们是孙子，孙泥！"（《四世同堂》四十九）

（17）（二强子……：）放着你们这群丫头养的！招翻了太爷，妈的弄刀全宰了你们！（《骆驼祥子》二十）

（18）我有心给他一茶碗，把老头子的花红脑子打出来！继而一想谁有工夫和半死的老"薄儿脆"斗气呢！（《赵子曰》第十八）

近二三十年间北京青年中常使用的詈称"丫挺的"以及"你丫""丫"在老舍作品中没有出现过。

（六）专指称谓

我们这里所使用的"专指称谓"是指人本来是一般名词，亦即通称，后来指称范围缩小，专指某一类事物。在老舍小说语言中这种称谓有两个：

人（①同普通话"人"；②婚外情人①），人儿［①同普通话"人"；②具有人应有的样子（一般用在"像个~""~似的"中）；③婚外情人（指女性）］

全部例句如下：

（19）为别人说过媒，买过人儿，总是为别人，可是自己没占了便宜，……（《樱海集·老年的浪漫》）

（20）二强子的女儿小福子回来了。小福子的"人"是个军官。他到处都安一份很简单的家，花个一百二百的弄个年轻的姑娘，……（《骆驼祥子》十七）

（21）这点差事扔了可惜，作着又没劲；这些人也就人儿似的先混过一天是一天，在没劲中要露出劲儿来，像打太极拳似的。

---

① 老舍：《老舍全集》（修订本）（第3卷），人民文学出版社2013年版，第150页注释："人，这里指男人。这种称呼，限用于非正式的男女关系上。"

(《火车集·我这一辈子》)

(22) 搭人儿不见得比娶小省钱。为得儿子，他这一回总算下了决心，不能不咬咬牙。(《樱海集·柳屯的》)

(23) 夏廉已经自动的脱离教会，那个柳屯的人儿已接到家里来。(《樱海集·柳屯的》)

(24) 我心里笑开了，好个"人儿"！高高的身量，长长的脸，脸上擦了一斤来的白粉，……(《樱海集·柳屯的》)

(七) 指代称谓

表人指代称谓，亦即一般所谓的人称代词。在老舍中文小说中这类北京方言指代称谓词语共有7个：

你老（尊称对方），您（尊称对方），自个儿（自己），自己个儿（自己），独自个儿（自己），人家（jia/jie）（①同普通话①；②放在人名或称谓前复指同一人），大家伙儿（大家）

例如：

(25) 老张替孙八回答，又接着说："今天教的好坏，你老多原谅！"(《老张的哲学》第三)

(26) 在这儿丢不了车，您自管放心，对过儿就是巡警阁子。(《骆驼祥子》十)

(27) 这可不是为我自个儿发愁，是为大家伙儿。(《赶集·黑白李》)

(28) 后来她有了名，大伙儿也就让她独自个儿在屋里，好在来逛她的决不去找别人。(《骆驼祥子》二十三)

---

① 中国科学院语言研究所词典编辑室编：《现代汉语词典》（试用本），商务印书馆1973年版，第858页；中国社会科学院语言研究所词典编辑室编：《现代汉语词典》（第7版），商务印书馆2016年版，第1097页。

(29) 但是当他升为讲师的时候,他感到自己个儿的快乐,像孤独的一枝美丽的花,是无法拦阻暴风雨的袭来的。(《贫血集·一盒炮台烟》)

(30) "曹五,人家找你半天了!"李二很不满意的样儿说。(《集外·裕兴池里》)

(31) 再说,谁家落了红白事,不是人家丁主任第一个跑来帮忙?谁家出了不大痛快的事故,不是人家丁主任像自天而降的喜神一般,把大事化小,小事化无?(《贫血集·不成问题的问题》)

(32) 你们二位大概得挨家去说一声,教大家伙儿都有个准备,也顺手儿教他们知道咱们办事是出于不得已,并非瞪着眼帮助日本人。(《四世同堂》五十七)

二 表示肢体及附属的词语

老舍中文小说语言中,表示肢体的词语有 32 个,表示与肢体有关的事物的词语有 15 个,共 47 个。词目见下:

身子骨(体格),八棱脑袋(头部棱角分明),窝窝头脑袋(讽刺别人眼界低,是受苦的命),后脑海(头的正后部),后脑瓢儿(头的正后部),脑杓儿(头的正后部),脑门(前额),脑门子(前额),脸蛋(脸),脸子(脸),脖颈儿(两侧和后部的脖子),嘬腮梆(两腮无肉干瘪状),眼杪儿(靠近两鬓的眼角),鼻翅儿(人鼻子侧下方重呼吸煽动的部分),翅儿(①小鸟蜻蜓等的翅膀;②人鼻子侧下方重呼吸煽动的部分),耳唇(耳垂),嘴巴(用手打脸时接触的部位),嘴巴子(同"嘴巴"),心口窝(胸口心脏所在的位置),脊梁盖儿(脊背),脊梁背儿(脊背),脊梁骨(脊柱),胯骨轴儿(髋骨),磕膝(膝盖),磕膝盖儿(膝盖),膝磕(膝盖),腿肚子(小腿后部隆起部分),脚丫儿[(小孩的)脚],大拇指头(拇指),大拇脚指头(脚拇指),痒痒肉(身体上的怕痒处),痒痒筋(①同"痒痒肉";②关键之处),白毛汗

(有冒热气感的大汗)，脖儿拐［(打)嘴巴］，大爬虎（脸朝下摔的跟头），眵目糊（痴抹糊）（眼屎），花斑秃（因生疮而使头部头发不齐全），月亮门（一种刘海儿理成圆弧形的发式），坠根儿（童后脑勺梳小辫的发型），歪毛儿（男童偏向留头发梳小辫的发型），朝天杵（女孩子一种发辫在头顶直立的发式），后影（身影），水音儿（润朗嘹亮的嗓音），蔫溜儿屁（没有声响的屁），四六步儿（很有节奏感地行走或跑），手彩（变戏法的手法），左嗓子（嗓音有些失真）

这些词语中，有六组同义词：

磕膝，磕膝盖儿，膝磕；后脑海，后脑瓢儿，脑杓儿；脑门，脑门子；脊梁盖儿，脊梁背儿；脸蛋，脸子；嘴巴，嘴巴子

三 表示动物和植物的词语

在老舍中文小说语料库中，有方言特色的动植物名称有以下18种：

口马（张家口外的马匹），板凳狗（普通狗与哈巴狗杂交的后代），笨狗（土狗），哈巴狗（一种体小腿短毛长宠物犬），胡伯喇（伯劳），鸦虎子（一种体型较小的鹰），金刚槐（虫的蛹），男狗（公狗），招子（用于诱捕其他同类的动物），花布手巾（七星瓢虫），大马猴（用来吓唬小孩的传说中的怪物），串秧儿（不同品种的动物或植物杂交改变原来的品种），指甲草（又名凤仙花，花瓣红色用白矾捣碎后可以用来染指甲），赤包儿，红颏儿（红颏歌鸲），蓝颏儿（蓝颏歌鸲），紫乌头（褐色的观赏鸽子），黑玉翅（主体为黑色的观赏鸽，因翅膀大翎从最外一根开始有若干根雪白如玉而得名，又名亮翅鸽、白翅鸽）

老舍对自然界中的动植物观察很细致，不仅使自己的作品带有浓郁的北京风味，而且更有将自然与人文结合的妙笔。老舍成为专业作家的第一部作品《骆驼祥子》的主人公祥子，和老舍自称最满意的作

品《四世同堂》中的重要人物"大赤包",这两个人物绰号一个来自动物——骆驼,一个来自一种植物:

> 冠太太是个大个子,已经快五十岁了还专爱穿大红衣服,所以外号叫作大赤包儿。赤包儿是一种小瓜,红了以后,北平的儿童拿着它玩。这个外号起得相当的恰当,因为赤包儿经儿童揉弄以后,皮儿便皱起来,露出里面的黑种子。冠太太的脸上也有不少的皱纹,而且鼻子上有许多雀斑,尽管她还擦粉抹红,也掩饰不了脸上的褶子与黑点。①

四 表示食物的名称

民以食为天,一方水土养一方人,作为千年文化古城,北京属于平民阶层的食物也很丰富,有众多的京味风俗小吃。老舍中文小说中也有很多故事情节跟饮食有关。较特殊的词语有以下46种:

> 爱窝窝(用糯米面包豆黄、桂花、玫瑰、芝麻等蒸制的京味小吃),冰碗(碗内盛冰块,上覆荷叶,叶上托鲜菱角、核桃、杏仁和鲜藕的小吃),煮饽饽(饺子),饽饽(面制干粮),窝窝头(用玉米面发酵后蒸熟的圆锥状底部有凹孔的面食),棒子面(玉米面),半空儿(做小吃的籽粒不饱满的花生),炒菜面(炒几个菜最后上炸酱面或打卤面的招待亲友的简单宴席),槽子糕(用鸡蛋、面粉和糖为原料调好放到模具中烘烤而成的糕点),豆汁儿(绿豆粉渣滓发酵制成的流质食品),鸡子儿(鸡蛋),挂炉烧鸭(挂在炉中烘烤制成的烤鸭),高末儿(好的茶叶末儿),芥末蹲儿(用芥末腌制的白菜),回头(半圆形的带馅火烧),卤煮(用猪肠猪肺等猪下水、花椒等香料和酱油煮成的小吃),硬面饽饽(用发面兑上碱饦干面包上红糖桂花馅烤成带花纹的扁形面点),蜜供(祭神或先人的蜜饯贡品),马蹄烧饼(马蹄状的烧饼),杏仁茶(用杏仁磨成粉加面粉、白糖冲成的稀糊状饮品),猫

---

① 老舍:《老舍全集》(修订本)(第4卷),人民文学出版社2013年版,第17—18页。

尿（贬称酒），烧刀子（高度白酒），切糕（用糯米或黄米面加红枣豆沙制成刀切零售的小吃），豌豆黄（用豌豆面加糖和红枣制成的京味小吃），小焦油炸鬼（一种油炸面食），树熟儿（树上熟透了的果实），剩汤腊水（残汤腊水）（剩汤剩菜），荤汤腊水（有点荤腥的剩汤剩菜），五毒饼[五月节吃的带有蛇、蝎子等五种毒虫图案的点心（传说食用可以避免五种毒虫伤害）]，瓦片（烤酥的形状如瓦片的点心），虎拉车（沙果），羊角蜜（一种银白色酥甜香瓜），三白（一种绿皮金黄瓤的香瓜），蛤蟆酥（绿皮有花纹一种香瓜），莲蓬子儿（一种酸甜脆的小枣），老头儿乐（一种圆形绵软的香瓜），杂拌儿（多种水果杏仁等糖渍晾干切块制成的小食品），零吃（小食品、零食），嚼谷（吃用的花费），缸炉（廉价点心），吃儿（吃的东西），光眼子鸡（屠宰后退去羽毛的鸡），韭菜末（用韭菜粉碎腌制的小菜），虎皮冻（用去油切碎的猪皮加花椒等香料和酱油熬制后凝固的食品），零嘴（小食品、零食），冰核（夏天零卖供解暑食用的小冰块）

例如：

（33）早知道这样，就应该预备"炒菜面"！三个海碗的席吃着，就出一毛钱的人情？（《骆驼祥子》第十四）

（34）他用各色的洋纸糊成小高脚碟，以备把杂拌儿中的糖豆子、大扁杏仁等等轻巧地放在碟上，好像是为给他自己上供。（《正红旗下》一）

（35）邻近的人家，呱哒呱哒的切煮饽饽馅子。（《赵子曰》第六）

五 表示场所建筑的词语

具有反映旧时北京地方场所建筑的方言词语，有以下21个：

白房子（最下等的妓院），大酒缸（室内有盛酒大缸的简陋酒馆），车口儿（停放车辆以等待雇主的地方），野茶馆（路边、郊外或农村的简陋的小茶馆），二荤铺（可喝茶和带菜加工的低档餐馆），大碗居（低档饭铺），窑子（妓院），澡堂子（浴池），池堂（供多人沐浴的热水池），盆堂（供单人沐浴的浴盆），前脸（房屋的正面），素泥（不掺其他东西只用水和土和成的泥），随檐大炕（顺房檐依南墙或北墙建的与其等长的炕），清水脊（不带装饰起脊较小的盖瓦的街门），顺山大炕（依山墙建的与其等长的东西向的炕），暖洞子（冬季培植花木瓜果蔬菜的暖房），脏房（有过人非正常死亡事件的房子），瓮圈儿（城门口的小围城），进身（房屋进门到后墙的距离），乱死岗子（旧时埋葬穷人和无主死者的坟地），门脸儿（①城门附近的地方；②商店的门面）

例如：

(36)"真干净！"马威嘴里说，心里回想北京的二荤铺、大碗居的那些长条桌子上的黑泥。（《二马》第二段）

(37) 到十冬腊月，她要买两条丰台暖洞子生产的碧绿的、尖上还带着一点黄花的王瓜，摆在关公面前。（《正红旗下》一）

(38) 最使他们俩和全家伤心的是常二爷在城门洞里被日本人打了一顿，而且在瓮圈儿里罚跪。（《四世同堂》三十五）

六　表示社会事务的词语

社会事务词语，是反映个人之外与他人相联系的活动或事物的概念的词语。在老舍中文小说语言中有以下51个：

营生（工作、职业），黑面上（黑道），地面上（当地），外找儿（工资之外的收入），车份儿（租车费），车铺（提供人力车出租并提供车夫住处的经营处），家伙铺（出租成套餐具的经营处），黑杵（本不应获取演出费的票友暗中获得的演出报酬），浮假（不能真正实行的假日），说章（讲究儿、说法），里儿（礼仪规矩），面儿（礼仪规矩），公议儿（共同商定的礼物、礼金），人情公议儿（共同商定的礼物、礼金），黑活（违法的事），花道

·503·

儿（有异性陪伴的消遣活动），烧活（用纸秸秆等糊制车马、生活用品、下人等供丧礼时焚烧的冥器），白活（糊裱匠为民居糊顶棚），头儿钱（一天中挣到的第一份钱），接三（旧时人去世三天搞的僧道诵经焚烧纸车马的祭祀活动），洗三（婴儿出生第三天给他洗澡并进行祝福的仪式），送三（人死后第三天焚烧纸钱纸人、纸马等送亡灵上路的祭祀活动），歪脖子胡（在背后看人打牌并帮助出主意的行为），索儿胡（一种纸牌），女儿寡（未结婚未婚夫死亡），饭局（宴席），份儿（①身份资格；②地步），红白人情（给别人喜事丧事所送的礼金），好儿（①称赞性的评价；②看到精彩处喊"好"的喝彩声），破五（农历新年初五），俏买卖（很容易做的生意），开路（庙会上舞飞叉的杂耍），买卖地（做买卖的行当），胶皮团（拉车这一行），高摊（水果等放到床子上出售的售货方式），地摊（水果等放到地上，下边只垫席子类东西售货的方式），铁杆儿庄稼（满族旗人分等按月领取的金钱），床子（摊贩所用像床的货架），生意口（做买卖时说的有欺骗性的套话），玩艺（①玩具；②曲艺杂技相声等；③东西），一七（人死后七天举行的祭祀活动，也叫头七），五七（长辈去世三十天举行的祭祀活动），五供（祭祀时摆在供桌上的五种器皿，中位香炉两边对称各摆一个花瓶和蜡扦），供花（供品上所插的纸制或绒制的花签），武把子（武戏中的打斗动作），光头三（死后三天请和尚念经超度亡灵），当当（当出去的东西），响盆（婴儿在洗三时哭被看作吉兆），楼子（祸事），印子钱（高利贷），死数（固定的数量）

例如：

(39) 瑞丰笑了。他虽浮浅无聊，但究竟是北平人，懂得什么是"里儿"，哪叫"面儿"。（《四世同堂》二十八）

(40) 我是子爵的女儿，佐领的太太，娘家婆家都有铁杆儿庄稼！（《正红旗下》一）

(41) 你就这么说吧，成家为干吗？能摆着当玩艺儿看？不能！好，这就是楼子！（《骆驼祥子》十六）

在上列词语中，除了"杵、假、路、子、嫁、七"外，其他没有写出"儿"的，实际上也是儿化词。

七 表示其他实体的词语

指称其他实体的词语有如下41个，全部列举释义如下：

玷儿（zhǎr）（损伤痕迹、斑点），像匣子（盒状照相机），冰盏（卖果饮所敲击的专用响器），冰箱（内上部放铁盒盛放冰块，下部放置食品以保鲜的木柜），穿张（服饰穿戴），穿张打扮（穿着），棺材本儿（积攒起来用于买棺材出殡的钱），搭头儿（次要经营的货物），花棒（万花筒），哗啷棒（万花筒），话匣子（留声机），响尺（出殡时敲击的棍状器物），唤头（沿街理发者所持的形如巨镊吆喝工具），杠箱官儿①，鬼脸儿（过节儿童玩耍时戴的面具），狗碰头（品质极差的薄板棺材），连三（一种老式并排三个抽屉的桌子），家伙（餐具），家伙座儿（成套的桌椅食具），酒闷子（便于携带的小酒壶），笨锯（钝锯），取灯儿（火柴），水簸箕（人力车上像簸箕状的使乘客放脚处），水月灯（煤气灯），捎马子（一种可搭于肩头或驴马背上的长形中间开口厚布袋，也叫马褡子），苕帚疙瘩（扫炕用的短笤帚），判儿（驱鬼钟馗的画像等），搪布（窄幅粗线织的很稀疏的一种布），汽辗子（压路机），尿窝子（撒尿冲出来的小坑），透亮杯儿（比喻透彻了解的东西），纹付②，殃榜（旧时人死后阴阳先生写的死者生辰死因的纸），洋沤子（一种搽脸用的水粉化妆品），胰子（肥皂），月牙儿（新月），支炉③，张子（牌），张儿（牌），滋泥（身体上能搓下来的泥垢），子儿（铜板）

---

① 老舍：《老舍全集》（修订本）（第5卷），人民文学出版社2013年版，第253页注释："杠箱官儿，清末民国初年，一种民间的文娱节目。一个扮演官员的人坐在箱子上，前后有人扛着，旁边还有'官员'边走边耍。"
② 老舍：《老舍全集》（修订本）（第5卷），人民文学出版社2013年版，第967页注释："'纹付'，印有家徽的和服。"
③ 老舍：《老舍全集》（修订本）（第5卷），人民文学出版社2013年版，第928页注释："'支炉'，烙饼用的一种砂质上有小孔的炊具。"

例如：

(42) 老郑拿来五十块现洋，交给王举人，请举人公给他保存，作他的"棺材本儿"。(《火葬》六)

(43) 他也不肯挑起剃头挑子，沿街响着唤头，去兜生意。(《四世同堂》七十八)

(44) 武端说到这里，两眼睁的象两盏小气死风灯，好象把天涯地角的一切藏着秘密的小黑窟窿全照得"透亮杯儿"似的。(《赵子曰》第十七)

八 表示抽象事物的词语

表示抽象事物的词语，有以下24个：

乐子（快乐的事情），谱儿（样子），老妈妈论（陈规陋俗），小过节儿（细节、小规矩），闲盘儿（闲话），心程（心思、心情），蹦儿（本领），诡病（鬼病）（不可告人的秘密），牛脖子（比喻倔强脾气），外场劲儿（喜欢应酬交际的作风），意儿（想法），辙（办法），故典儿（隐情、秘密），钩儿套圈（比喻骗人的把戏），道儿（途径、办法），杜撰儿（新奇的想法），关门子誓（把话说死的誓言），节骨眼儿（接骨眼儿）（比喻紧要能起决定作用的环节或时机），饥荒（经济困难），哈哈笑（可笑的事），点儿（关键之处），来派（气度、神情），随心草儿（价值无客观标准随个人主观爱好而定的东西），窑调（在妓院里流行的小曲）

例如：

(45) 冯先生们把刘四爷也劝进去，老头子把外场劲儿又拿出来，请大家别走，还得喝几盅（《骆驼祥子》十五）

(46) 老人改脾气，按照着"老妈妈论"来说，是要快死的预兆！(《四世同堂》八十)

(47) 鸽子是随心草儿，不爱，白给也不要；爱，十两八两也肯花。(《正红旗下》三)

九　表示时空的词语

(一) 表示时间的词语

老舍中文小说语言中，表示时间的词语，除了"今天、明天、后天、前天、什么时候"以外，还有32个：

不会儿 (不大一会儿，时间很短)，当儿时，黑早 (凌晨天没亮时)，黑天 (夜里)，黑间半夜 (夜里)，这早晚/这咱晚 (这时)，早半天 (上午)，下半天 (下午)，晚半天 (黄昏时分)，晌午 (中午)，一早儿 (早晨)，年下 (春节)，现而今 (现在)，一时半会儿 (暂时)，一会子，一会儿，会子，会儿，一程子 (一段时间、一些时日)，这一程子 (这一段时间、这些时日)，末末了 (最后)，今儿 (今天)，今儿个 (今天)，昨儿 (昨天)，昨儿个 (昨天)，前儿 (前天)，前儿个 (前天)，明儿 (明天)，明儿个 (明天)，几儿 (什么时候)，几儿个 (什么时候)，多咱 (多喒) (什么时候)

例如：

(48) 今儿个这点羊肉，你吃吧，敢保说好。连卤虾油都是北平能买得到的最好的。(《离婚》第一)

(49) "玛力，别这么说！爱情是多少有些波折的。忍耐，信任，他到末末了还是你的人！你父亲当年，"温都太太没往下说，微微摇了摇头。(《二马》第四段)

(50) 这样，咱们几儿个才能走到城里呢？(《小坡的生日·十三 影儿国》)

如果把"今天、昨天、明天、前天、哪天/什么时候"看作通用词语,把"今儿、今儿个"之类的看作方言词——后来在《现代汉语词典》(试用本)中标为口语词——那么,老舍中文小说语言中对时间词中的方言词语的使用是不均衡的。有些作品没有方言时间词,如最早的两部小说《老张的哲学》《赵子曰》。时间方言词最早出现在老舍的第三部作品《二马》中。这部作品代表老舍中文小说语言的北京口语化。即便是使用了方言时间词,但也不是只用方言词,书面通用时间词更为常用,请对比一下以下三个表:

表8-1 《二马》(1929年)通用时间词与方言词对比

	今~	明~	昨~	前~	后~	什么时候	合计	
~天〈通〉	44	26	11	3	2	4	90	
~儿〈方〉	2	4	3	0	0	0	9	12
~儿个〈方〉	2	1	0	0	0	0	3	
通用词:方言词	11:1	5.2:1	3.67:1	3:0	2:0	4:0	7.5:1	

表8-2 《骆驼祥子》(1936年)通用时间词与方言词对比

	今~	明~	昨~	前~	后~	什么时候	合计	
~天〈通〉	27	35	2	0	4	8	76	
~儿〈方〉	—	8	0	0	0	几儿2	10	19
~儿个〈方〉	5	4	0	0	0	—	9	
通用词:方言词	5.4:1	2.92:1	2:0	0	4:0	4:1	4:1	

表8-3 《四世同堂》(1944年至1949年初)通用时间词与方言词对比

	今~	明~	昨~	前~	后~	什么时候	合计	
~天〈通〉	364	81	20	3	5	38	511	
~儿〈方〉	—	6	0	0	0	0	6	15
~儿个〈方〉	6	3	0	0	0	0	9	
通用词:方言词	60.67:1	9:1	20:0	3:0	5:0	38:0	34.07:1	

从表8-1、表8-2、表8-3中可以看出,即便是被认为很口语化、北京方言词语使用比较多的《骆驼祥子》,从时间词使用角度来看,实际上还是通用词语占主流。因此,不能说老舍是方言作家。同时,在老舍中文小说语言中,方言词的使用特点也很突出。

第八章 老舍作品语言中的北京方言词语

在老舍早期作品中,《二马》是口语化程度最高的,而老舍的口语,自然是北京话口语,因此,不仅到伦敦的中国人说北京话,伦敦人也说北京话,上列时间方言词出现在中国人老马、马威、李子荣以及伦敦青年男女玛丽和亚历山大的话语中,甚至有一例出现在叙述语言中:

(51) 天下所有的坏事全加在资本家的身上,连昨儿晚上没睡好觉,也是资本家闹的。(《二马》第一段)

在被认为方言词语使用最多的小说《骆驼祥子》中,时间方言词语的使用情况如下:

"今儿个"5例次:祥子1,车夫2、虎妞1、高妈(曹家女佣)1
"明儿"8例次:虎妞、高妈、老马、小马、老者、妓女各1次,另外两个车夫2次
"明儿个"4例次:祥子2次,老马、小马各1例次
"几儿/几儿个"2例次:祥子,各一次

"老马""小马"是祖孙二车夫。这样来看,在《骆驼祥子》中,时间方言词都是由北京下层市民使用。这一点在不同阶层、不同身份、不同的人物的同一个话轮中,表现得最为明显,对比大学教师曹先生与祥子的对话:

(52)"先生,我几儿上工呢?"(祥子)
"那什么",曹先生想了想,"后天吧"。(第3卷《骆驼祥子》六)

而在书面语程度比较高的《四世同堂》中,表8-3中所列的时间方言词语的使用者是祁家的祁老人、天佑、瑞宣、瑞丰、冠晓荷、大赤包、白警长和孙七(剃头匠)、小崔(车夫)、卖油条的老王、车

· 509 ·

夫。祁老人、天佑、瑞宣、瑞丰、冠晓荷、大赤包、白警长都是用于家人或邻里（小羊圈胡同）之间的对话，而孙七、小崔、卖油条的老王、车夫则是北京下层贫困市民，只有北京话口语一种语言形式。

因此，老舍对北京方言词的使用，更应被看作一种社会方言现象。

（二）表示空间的词语

在老舍中文小说语言中，表示处所，除了"这里""那里""哪里"这三个通用书面语处所词以外，老舍还使用以下9个词语：

溜儿（①一串；②一带），那溜儿（那一带），这儿，那儿，哪儿，一边（一旁），四外（周围），四围（周围），四下里（周围）

例如：

（53）伊太太的左手在磕膝盖儿上放着，右手在肩膀那溜儿向温都寡妇指着；……（《二马》第三段）

（54）"那敢情好！我这儿谢谢四奶奶啦！"小崔的声音也不很高。（《四世同堂》四）

（55）我们快走到校门了，我回了回头，他还在那儿立着；……（《樱海集·牺牲》）

这些词语，都是口语性的普通话用词。

此外，老舍20世纪20年代至30年代初的小说，表示处所的疑问代词，字形写作"那"，而不写作"哪"，"哪"被用作语气词。例如：

（56）"啊！爹回来了！你娶的小媳妇在那儿哪？给我瞧瞧！"小三说。（《老张的哲学》第四十一）

（57）马威站了好大半天，没心去听讲，也想不起上那儿去好。（《二马》第一段）

（58）"那儿哪？哟！可不是吗，多么美呀！还抱着个小狗儿！"（《小坡的生日·十　生日》）

一直到1932年的《猫城记》，表示处所的疑问代词字形才被写作"哪"：

(59) 外甥问我是哪一派的写家？属于哪一阶级？代表哪种人讲话？（《猫城记·自序》）

第二节　老舍作品语言中的行为类北京方言词语

行为反映事物变化、运动和相互作用，行为依附于实体。在250万字老舍中文小说语言语料库中，我们检索到600个动词。以下参照俞理明对行为的分类加以调整，进行描写说明。

一　生命状态

这里所说的生命状态，是指生命体的发育、成长、睡眠和为生存而奋斗。这类词语共有以下13个：

懊睡（心情不好地睡觉），串秧儿（不同品种的动物或植物杂交），奔（①朝、向；②为成就某事而奋斗），苦奔（为生活苦苦挣扎、奔忙），打盹儿（小睡），荒荒（没有收获地度过时光），缓醒（失去知觉后又恢复过来），落草儿（落草）（降生），迷忽（①睡着；②昏迷），眯盹儿（打盹），闹撞客（迷信的人认为撞见鬼，神志昏迷哭闹说胡话），七坐八爬〔七个月能够坐起来，八个月能够爬（俗语）〕，跳腾（①通过奋斗使境况变好、事业兴旺发达或职位提升；②折腾）

例如：

(1) 爸爸去苦奔，奔的是孩子！（《骆驼祥子》十七）
(2) 他进来了，掐她的人中，用草纸熏；其实他知道她已缓

醒过来,故意的惩治她。(《赶集·柳家大院》)

(3) 北平人不喜欢笨狗与哈巴狗串秧儿的"板凳狗"——一种既不像笨狗那么壮实,又不像哈巴狗那么灵巧的,撅嘴,罗圈腿,姥姥不疼舅舅不爱的矮狗。(《四世同堂》四十五)

二 心理情绪

心理情绪类行为,是指人的心理活动、思维活动、情感活动、心理感受和情绪。老舍小说语言中属于这一类的方言词语有以下61个:

打鼓(心中忐忑),堵得慌(心中憋闷),得过儿(符合某种条件),颠算(反复算计思考),点对(斟酌),猜摸(猜测),不是劲儿(不对劲、不适),吃劲(很难承受),吃瘪子(受窘、作难),板不住(控制不住自己的某方面),吃苍蝇(招人恶心),犯牛劲(表现出执拗固执的态度),犯牛脖子(表现出倔强、不驯服),犯牛性(表现出倔强、不驯服),挂火(发怒),挂气(生气),挂不住(因羞辱而沉不住气),赌气子(赌气),疯着心(极其渴望),觉乎(觉得、感觉),觉乎着,红着心(急切),火着心(急切),搁心(放在心上),慌神儿(心慌意乱),架不住(①禁不住;②抵不上),了味(尝到甜头),脸皮儿薄(容易害羞),毛咕(有所疑惧而惊慌),冒坏(产生坏主意),没辙(没有办法不能应付),憋坏(想做坏事),磨不开(抹不开)(①不好意思;②想不开),闹慌(眩晕),闹手(难办、棘手),腻烦(厌烦、讨厌),咂摸(①品味;②揣摩、体会),闹气(生气),闹油(因情绪无处发泄而行为失准),绕得慌(因为问题或事情想不清楚而产生的心理上的纠葛感觉),绕脖子(费解),合着(表示醒悟),飘得慌(由于不固定或举止轻浮产生不安稳的感觉),三不知(完全不了解、不明白),究根儿(追根溯源),究真儿(认真追究),冒凉气(失望、害怕),坐蜡(为难),张心(费心),添堵(使心中不舒畅),有根(心中有底),信意(随意、任意),连嚼带糊(连猜带蒙),想过味儿来(醒悟),向着(偏袒),下心(用心),炸(因愤怒而激烈发作),炸烟(大发脾气),噪不住劲儿(沉不住

气），作脸（露脸、脸上增光；争气），白瞪眼（不能处理、无奈）

例如：

(4) 高妈知道他是红着心想买车，又给他出了主意。(《骆驼祥子》八)

(5) 英雄似乎是，曲时人哑摸着，只计邪正，不计成败的人。(《蜕》第十一)

(6) 天赐有了奶吃，纪妈的娃子没了奶吃，合着是正合适。(《牛天赐传·二 歪打正着》)

三 五官肢体活动

老舍中文小说语言中表示五官和肢体动作行为的动词有146个。

（一）口部活动

老舍中文小说语言中表示口部活动的词语，有以下51个：

吧唧（巴唧）（①嘴唇开合；②抽烟），摆闲盘（闲聊），岔批儿（①因大声喊叫而嗓音嘶哑；②节外生枝、错开），扯淡（闲扯、胡扯），扯臊（胡说），扯闲盘儿（①闲聊；②回避、敷衍），叱呼（呵斥），抽搭（抽达）（一吸一顿地哭泣），吹腾（吹嘘），答腔儿（①接着别人的话说；②交谈），答碴儿（搭茬）（接着别人的话说），打嗝儿（呃逆），叨念（同"念叨"），叨唠（没完没了地说），垫补（①吃少量食物解饿；②钱不够用时暂挪别的款项或借钱），嘎唧（嘴开合发出声音），咕唧（小声说话），咕弄（不出声地自言自语），菁荚（啃突）（嘬嘴），裹（吸奶），干嚎（没有眼泪地哭），嚎丧（对哭的蔑称），呼叱（呵斥），䀛（骂），胡吹乱唠（胡吹），哼儿哈儿（敷衍地答应），哽吃（说话不流畅或吞吞吐吐的样子），啾咕（嘀咕），卖嚷嚷（大声说话引人注意），撒闲盘儿（讥讽说风凉话），穷嚼（絮叨），撒呓怔（睡梦中做出的动作或说话），山嚷海叫（大声喊叫），耍嘴皮子（只是嘴上说说不做实事），审（追问），说叨（说道）(用话语表达)，说话答礼儿（寒暄），数唠（①列举过失指责；②住嘴地列举着说），顺口答音（随声附和），吸溜（唏溜）(用嘴或鼻子发声地吸入气体或流体)，学说（模仿着说），言语（说话），饮场（唱戏演员中间休息室喝茶润嗓子），譇㑻（zhā la）(尖叫)，杂嘴子（说话唠叨），咂裹（吮吸手指），嘈嘈（乱说），折溜子（找借口撒谎），争嘴（①在吃东西上多吃或吃别人那份儿；②吵嘴），噘不住粪（有什么事都忍不住说出去），指槐说柳（不直接表达、绕圈子）

例如：

(7)"那个娘们敢卷我半句，我叫她滚着走！"我笑了笑。（《樱海集·柳屯的》）

(8) 遇到丁约翰回来，他能跟他穷嚼几个钟头。（《四世同堂》七十）

(9)"咱哥俩呀！"天赐折溜子，知道下大雨要没人背着是危险的。（《牛天赐传·十三 领文凭去》）

在这类词语中，除了少数表示口部生理活动的词语外，更多的是表示言语类行为的词语，有40个。

(二) 眼睛、耳朵和面部活动

属于这一类的方言词语有20个：

打楞（看一眼），翻眼（眼珠转动），立棱（裂棱）(眼睛睁大表示愤怒)，挤咕（挤眼），瞭（撩）(很快地看一眼)，瞤（快速地看一眼），溜球（东张西望），棱棱（眼睛睁大表示蛮横、愤怒），卖呆儿（闲看热闹；发呆），不开眼（①没看到；②见识短），扫搭（扫视），斜楞（①歪斜；②斜眼看），眨巴（眨眼），上眼（值得看），扫听（不动声色地支起耳朵听），打对脸（面对面），拉下脸（①打破情面；②露出不高兴的表情），拉长脸（表示不高兴的表情），吹胡子瞪眼睛（形容颐指气使或发脾气的表情），整着脸（面目表情严肃）

例如：

（10）小狗看了看她，闻了闻面包，知道不是事，夹着尾巴，两眼溜球着又上后院去了。(《二马》第三段)

（11）现在，看祁瑞宣向他一打楞，他先说了话；他是把瑞宣算在坐得起他的车子的阶级中的。(《四世同堂》二十五)

（12）"有事没事？"郝凤鸣整着脸问，"没事，我可要走啦；没工夫在这儿看电话！"(《火车集·东西》)

（三）手部活动

老舍小说语言中，表示手部动作的北京方言词语共有26个：

按巴（按），捶巴（击打、教训），拨搂（拨落）（同普通话"拨拉"），打水漂儿（打水飘）（①用石片瓦片等近水面掷出使其在水面连续打起水花；②比喻白白浪费掉），打个问心（拜—拜），扯（chè）（抽打耳光），刮揸（刮削），抖啰（①振动衣物等是附着物落下；②揭露；③胡乱用），鼓逗（反复调弄），嘎噔（①开合剪刀；②翻来覆去做同一件事），揍[①打；②发生关系生育出来（骂人话）]，煮巴[（不很在意地）煮]，抓弄（①用手抓握、拿；②搔；③获取财物），卷巴[（不很在意地）卷]，划搂（①用拂拭的方式除去或取去；②搂（lōu）；③寻找、设法获取；④随意涂抹、潦草写字；⑤匆忙地吃），胡搂（同"划搂"），扯巴（①拉；②撕；③抚养），潽波（māsa）（①同普通话"摩挲"；②笼络），搂巴（搂取聚拢），扒搂（pálou）（①用筷子把饭连续拨到嘴里；②搜刮财物、尽力赚钱），挖巴[（不很在意地）挖]，抓挠（①抓；②搔），砸巴[（不很在意地）砸]，切巴[（不很在意地）切]，搡（猛推），撕拉（用手使薄片状东西裂开或离开附着处）

例如：

（13）能刚能柔才是本事，她得潽波他一把儿。(《骆驼祥子》

十六)

(14)"去你的吧,小孩子!"保安队扯着他的肩膀,往外一搡。(《牛天赐传·十五 天罗地网》)

(15)扣系得很紧,他又怕伤了自己的指甲,所以抓挠了半天,并无任何效果。(《四世同堂》六十七)

(四)脚部及躯体活动

老舍小说语言中,表示脚部以及躯体的活动动作的北京方言词语共有以下49个:

> 拌蒜(走路时两脚常常相碰,身体摇晃不稳①),蹦打(蹦),出溜(①滑、滑行;②随意走动),出出(①四处乱走;②鸭子吃食;③小声嘀咕;④唆使),打冰出溜(在冰面上滑行),打把式(睡觉不安稳抡胳膊踢腿),打欢儿(显得欢快),拐拉(瘸),拿腰(腰部用力),转磨(来回走),逛(①闲走;②嫖妓),走遢儿(慢走、散步),走单(单独一个人走路),拉拉(①颗粒状物体或液体断断续续地散落或滴落;②腿脚不利落、行走时像拖动的样子),蹓跶(散步),遢弯儿(散步),遢早(早晨散步),闸(刹住脚步),争巴(挣巴)(挣扎),拧咕(拧股)(①趋于旋转形成的歪斜;②身体近于旋转的扭动),扭咕(扭股)(身体左右摇动),两碰头(迎面相遇),毛腰(弯腰),满天打油飞(各处游荡、没个准地方落脚),整着身子(两臂不动身体僵硬),歪(斜躺),歪棱(歪楞)(歪着),歪歪着(①倾斜的状态;②和衣斜躺着休息),不识闲儿(闲不住),打捻捻转儿(原地转圈的游戏),打嘀溜转(悬在空中回旋转),打狠儿(表示亲密而动作过度用力),打电(打电话),光眼子(裸体),翻波打滚(手脚乱动地撒泼),挤热羊(往一起凑),动换(改变原来的位置),磨头(掉转方向),拿大顶(倒立),鲇溜(偷偷溜掉),挪蹭(很慢地移动、磨蹭),企扈(凑近),拳(弯曲肢体),攘儿(扬、花销),机灵

---

① 中国社会科学院语言研究所词典编辑室编:《现代汉语词典》(第7版),商务印书馆2016年版,第38页。

（受到刺激身体突然抖动），嘴吃屎（脸朝下摔倒），摔私跤（自己练习摔跤），撒欢（兴奋蹦跳摆动肢体的样子），杀进腰（勒紧裤腰）

例如：

（16）后来，天赐的磕膝拧着，而脚尖彼此拌蒜，永远不能在三分钟内跑完百米；这个，牛老太太没想到。(《牛天赐传·四 钩儿套圈》)

（17）一边走，一边手脚"不识闲儿"，地上有什么果子皮，烂纸，全像踢足球似的踢到水沟里去！(《小坡的生日·八 逃学》)

（18）虎爷也怕王老师鲇溜了，可是反对送礼。(《牛天赐传·二十四 狗长犄角》)

四 人际社会性行为

人际社会性行为，是处于社会、文化中的人们相互接触、交往，以及工作或谋生等活动、行为。以下大体从经济类行为、文化娱乐类行为和人际关系类行为三个方面来分类描述。老舍中文小说语言中人际社会性行为类方言词语共有190个。

（一）经济类行为

经济类行为，是人们工作、谋生以及钱物往来等方面的行为。老舍中文小说语言中这类方言词语有以下52个：

抄（将别人正在进行的生意抢过来），吃瓦片（以收取房租为经济来源），成三破二（房屋买卖成功中介抽取房价的三成，不成功取二成作为佣金），成三破四（帮助处理婚姻问题成婚取聘礼的三成，离婚取赔偿的四成作为佣金），打快杓子（做回利快的买卖），打印子（借高利贷），当当（去当铺当东西），放鹰（债主因借方无力偿还而损失），放了秃尾巴鹰（债主因借方无力偿还而血本无归），放份儿（遇到重要节日人力车主不收租车车夫应缴的租金），分润（分享好处），放银子（按月给旗人发放饷银），放青（放牧牲口去吃青草），分三别两（在钱上过于计较），递包袱（暗中送钱打通关节），告帮（请求帮助），赶档子（逢集市庙会小贩、曲艺杂耍艺人赶来做买卖），挤压（敲诈），号（标明大小或价钱），拉包车（专门雇为一家拉人力车），拉包月（一个月专门雇为一家拉人力车），拉晚儿（下午四点以后出车拉到天亮以前），拉帮儿车（几辆人力车结伴载客），拴车（向外出租人力车），两不找（以货易货两相抵），撂地摊（没有任何道具在地面上表演），搂账（汇总账目），抹零儿（去掉价钱的零头），闹饥荒（①闹矛盾；②经济困难），杀账（汇总账目），走会（到庙会上表演武术或卖艺），自伙自东（老板自己干活不雇伙计），沾润（分享利益），炸酱（吞没他人财物），平地抠饼（没有资本妄图获利），起会（建立集资供参与者轮流借用的互助组织），有落儿（生活有着落有保障），没落子（没有生活依靠、来源），沾补（分享利益），言无二价（不讲价），抚（用秤称），绷着价儿（坚持原来价格不肯降价），嘎噔价儿（反复讲价），嘎噔价钱（反复讲价），连根烂（彻底损失），落价（价格下降），哗啦（货物或资金彻底损失），合不着（不上算、得不偿失），扫亮子（天亮时入户盗窃），扎空枪（从零开始），卖巴［（很随意地）卖］，下窑子（到妓院做妓女）

例如：

（19）因作官而发了点财的人呢，"吃瓦片"是最稳当可靠的。（以正翁与多甫的收入来说，若是能够勤俭持家，早就应该有了几处小房，月月取租钱。）（《正红旗下》五）

（20）而且大家都打快枸子，弄个万儿八千，三万二万便收锅不干了。（《牛天赐传·十九 诗人商人》）

（21）车马已经停止由这里经过。四外可是没有赶档子的小贩，也没有看热闹的男女。（《四世同堂》二十五）

(二) 文化娱乐类行为

文化娱乐类行为，包括游戏、婚姻、丧葬、宗教信仰等文化方面的行为、活动。老舍小说语言中这类方言词语有以下 26 个：

并骨（父母合葬），拔萝芭（一种儿童游戏），藏闷儿（躲迷藏），彩唱（演员或票友化妆排练），出门子（出嫁），出张（出牌），调单（等一张牌凑成对儿胡牌），打坑（挖下葬的坑），打拐（儿童抓抛猪或羊腿拐骨的游戏），隔着教（宗教不同；指回教），逛窑子（到妓院嫖娼），过阴天（下雨天在家消遣），合婚（确定婚姻是否相配），换张（换将要胡的牌），看香（进香祈福），铰脸 ［女子用丝线轻轻地勒去脸上的细毛儿使脸光洁（以便化妆）］，举高高（逗孩子的游戏，反复将孩子高高举起再落下），拉骆驼（年岁大的人用中指与食指夹一夹孩子的鼻子表示亲热），弄人儿（婚外同居），搭人儿（找情人），劈面（划拳获胜的一种），坎胡（中间一张牌），起（抓到有用的牌），起牌（抓到有用的牌），添盆（洗三时往洗浴的铜盘里放铜钱），在理儿（在门道会）

例如：

（22）要是上老黑那里去，……伙计们都愿陪着他玩：在柜里藏闷儿，拔萝芭，或是赌烟卷画儿。（《牛天赐传·八 男女分坐》）

（23）我会砌墙，栽树，修理钟表，看皮货的真假，合婚择日，知道五行八作的行话上诀窍……（《火车集·我这一辈子》）

（24）［白姥姥在炕上盘腿坐好，宽沿的大铜盆（二哥带来的）里倒上了槐枝艾叶熬成的苦水，冒着热气。］参加典礼的老太太们、媳妇们，都先"添盆"，把一些铜钱放入盆中，并说着吉祥话儿。（《正红旗下》四）

（三）人际关系类行为

老舍小说语言中，表示人际关系类行为的词语，有以下 112 个：

拔创（替人出力），掰开揉碎（细致、反复地解释），不论秧子（不管是谁、无所畏惧），不得哥儿们（没人缘），不是个儿（不是对手），吹［不成功；（合作）破裂］，戳打（在背后批评），白饶（白白付出、无回报），背拉（平均），蹿弄（怂恿），吃诖落（chīguālaor）（受牵连），吃累（痴累）（受拖累），摽着（纠缠），搀合（参与），错看（对……认识错误），打连连（打联联）（联系密切、与之为伍），递嘻和（主动示好），打哈哈（开玩笑），过（交往），过话（交谈），过得着（交情深在钱财上彼此不分），过不着（交情浅在钱财上界限分明），狗着（苟着）（巴结曲意逢迎），号令（示众），行大（兄弟姐妹排行第一），护犊子（袒护晚辈），搁着你的（暂不了结，以后再说），搁着这个碴儿（暂不了结，以后再说），合稀泥（同普通话"和稀泥"①。比喻无原则地调节或折中），岔糊（打岔、应付），吊棒（调情），闯开脸儿（不顾脸面），关……屁事（无关），挤兑（逼迫使屈从），架弄（怂恿），接碴儿（接着别人的话说），拉呱儿（聊天），借光儿（别人妨碍自己让对方让一让时说的客气话），裹乱（捣乱），撅（挫败），撅巴（用推拿按摩方法使昏迷者苏醒），开（超过），看哈哈笑（看人出丑），踩窝子（对所要处理对象的所在地进行预先探查），拉（扶持、帮助），拉拔（抚养、帮助），揣着明白说糊涂（装傻），吃横人肉（无来由地对他人强横），横打鼻梁（保证），横反（胡作非为），锯磨（折磨），买好儿（在人前献殷勤），落好儿（被感恩），卖面子（给面子），抹稀泥（同"合稀泥"，比喻无原则地调节或折中），闹学生（学生游行示威），捧臭脚（阿谀奉承、替人吹嘘），扑奔（有所依赖地奔向），屁股沉（做客久留让人生厌），敲着撩着（旁敲侧击），俏皮（用反话讽刺），耍刺儿（挑剔、寻衅捣乱），耍骨头（①调皮捣乱；②挑逗、调笑），刷（淘汰），上赶着（巴结），撕掳（排解纠纷），死腻（纠缠不休），舍脸（为达目的屈尊求人），顺竿儿爬（迎合、随声附和），随群（依从主流、容易相处），汤儿事（敷衍），蹚浑水（跟着别人胡混、胡作非为），挑眼（挑礼节方面的毛病），头朝下（比喻被人降服），

---

① 中国社会科学院语言研究所词典编辑室：《现代汉语词典》（第7版），商务印书馆2016年版，第595页。

第八章　老舍作品语言中的北京方言词语

给脸不兜着（不识抬举），装傻充楞（故意装糊涂），拿捏（①控制；②刁难），闹刺儿（不驯服、闹事），咬（①同普通话"咬"①；②嘲弄讥讽），咬吃（揭隐私嘲弄挖苦攻击），要好看（使陷窘地），一面黑（一面儿黑）（只知施威不懂别的手段），自己（待人如己），长行市（因身份地位提高而变得傲慢），招翻（惹怒），刺毛（耍横、闹事、挑衅），拧葱（不一致、闹分歧），圈弄（算计陷害），绕搭（绕弯子纠缠迷惑人），三五成团（几个人在一起），三说两说［不很费力气地劝说（事情办成）］，打闷弓（一下子击垮），尥蹶子（①不老实的驴马等后腿乱踢的动作；②表示不驯顺、反抗），叫横（表示强硬），挫磨（虐待），马虎（打岔；应付），惜力（珍惜自己的力气不肯给别人帮忙），下街（走街串巷），下学（放学），显摆（显排）（显示并夸耀），歇着吧［①客气话；②让对方不要做某事（因其没有该能力）］，眼皮子杂（与三教九流都有交往），有头有脸（有身份、有地位、有名望），有偏有向（偏于一方、不公平），招瘟子（吃招人讨厌、自讨没趣），招猫逗狗（招惹、挑逗），找脸（挣脸面），肥猪拱门（自己送上门来的好处），訕脸（小孩在大人面前赖皮赖脸纠缠），钻天觅缝（想方设法费尽心机），放屁崩坑儿（说一不二有决断），搁着你/他的和放/搁着我的（暂时放下，以后再算账）

例如：

（25）我去打听，容易的很；小赵没有别的好处，就是眼皮子杂点儿。（《离婚》第十三）

（26）少跟我耍刺儿；不高兴，背着背着一撒手，扔在河里喂了王八，我才不管什么毕业不毕业！（《牛天赐传·十三　领文凭去》）

（27）小丫头片子，有了婆婆家就这么扬气，搁着你的！（《樱海集·柳屯的》）

---

① 中国社会科学院语言研究所词典编辑室：《现代汉语词典》（第7版），商务印书馆2016年版，第1524页。

五　存现状态

这类动词表示出现的变化、状态、人的主观意志不能控制的不如意的感知等意义，其中有固定格式"X 得慌""vv 着"构成的状态动词。在老舍小说语言中，这类动词有 112 个：

差点事（不大合乎标准），抽抽（①回缩；②变差），独一份儿（特有），当事儿（能起作用），倒血霉（很倒霉），抽皱（抽缩），皱皱（起皱纹），出岔儿（出错），出蘑菇（出错、出麻烦），刺闹得慌（痒得难受），累得慌（由于疲劳而产生不舒服的感觉），压得慌（压得慌）（因物理或心理的压力而产生的不舒服的感觉），发紧（感到束缚感、不舒展），发酸（有酸痛感或胃内反酸），发整（呆板不灵活），不是玩儿的（事情严重需要警惕），打眼[2]（惹人注意），底儿掉（彻底），对碴儿（相符、吻合），打坐坡（退步），够派儿（有足够的气派），够瞧的（程度高），够格局（好、上档次），起劲（有兴致），挂劲（有干劲儿），跟劲（起作用；自如），叫劲（用力），敞开儿（在数量上不限制），可着（在某个范围内达到最大限度），看得过眼（表面看还不错），靠盘儿（接近实际、有把握），磨砖对缝（形容建筑精细砖缝隙很小），四白落地（房内的墙都用纸糊成白色），水饱（靠汤水而有吃饱的感觉），显着（显得），消停（①安静、安稳；②停止），团（蜷曲不舒展），窝（①蜷曲；②顶撞；③认输），玩完（垮台、失败），没有准稿子（经常变动），没后程（低劣），透着（显得），套着烂（逐渐变坏），秃噜（①用热水烫；②脱落；③失败；④无意中说出；⑤露底），归了包堆（总共一起），归齐（结局、结果），两掺儿（两种东西掺一起），两着（两种东西掺一起用），抄百总（总而言之），拉夏（应该野外放牧却圈养度过夏天使牲畜遭罪），不离（还行、差不多），不碍（没关系），没得（不能、没有），了不了（没完没了），合（整个；全部），结了（完结），流油儿（形容汗流不止的样子），乱营（秩序混乱），拿（①控制；②折磨；③强烈的作用使物体变坏），欺（超过、压过），戗着（支撑），饶这么样（即使这样），杀[1]（变小或使变小），杀² （药物等刺激皮肤使感觉疼痛），杓（成勺状突出），头顶头（第一等），炸巢（鸟在巢内受惊四处乱飞，比喻因某种情况秩序大乱），炸窝（同"炸巢"），这么着（这样办），这不结啦（完了，不必多费口舌），至不济（最低限度），准（肯定），瘪瘪着（不饱满、向下凹陷），搓搓着（手或脚接触某物来回运动），出出着（伸展到外面；显露着），杵杵着（直直地挺立），抽抽着（①抽缩或萎缩的状态；②因抽缩或萎缩而不平展的样子），倒倒着（因缠足而内八字走路不稳的样子），颠颠着（颠动的状态），吊吊着（向上吊起的样子），跺跺着（不停地跺脚的状态），翻翻着（翻卷翘起的状态），干干儿着（被人冷落不理睬的状态），鼓鼓着（很凸出的样子），拐拐着（弯曲不能正常伸直或不能正常直线向前运动的状态），钩钩着（①像钩子的状态；②一直盯住、目不转睛），梗梗着（脖子挺直而略显僵硬的状态），撅撅着（翘起的状态），揪揪着（①不舒展的样子；②担心、提心吊胆），卷卷着（卷曲像圆筒的状态），扣扣着（眼部凹陷眼珠凸起的样子），拉拉着（因伤病一条腿不能很利索地行走只能拖着走的状态），棱棱着（生气时眉毛、眼角向上翘起的样子），拧拧着（皱起、不平整的样子），瞇瞇着（眼睛微合而没有完全闭拢的状态），趴趴着（爬爬着）（不挺立或倒伏的状态），飘飘着（在空中飘动的状态），蓬蓬着（头发凌乱蓬松竖起的样子），团团着（①蜷曲成团状；②不舒展、局促），伸伸着〔（肢体或长形物体的一部分）挺直或延伸的状态〕，缩缩着（收缩的状态），耸耸着〔（肩膀、肌肉）向上挺起的状态〕，曲曲着（物体悬空的状态），蜷蜷着（蜷曲的状态），弯弯着（不直、弯曲的状态），斜斜着（物体悬空的状态），悬悬着（物体悬空的状态），转转着（在有限空间内来回走动），皱皱着（因抽缩而起褶皱的样子），纵纵着（因抽缩而聚拢高起的状态），支支着（不自然地翘起、竖起或伸出的状态），髭髭着（刺刺着）（毛发竖起蓬乱的样子）

例如：

（28）巡长没那个身分，他得认真办事，又得敷衍事，真真假假，虚虚实实，哪一点没想到就出蘑菇。（《火车集·我这一辈子》）

(29) 连轿子，租房——三份儿，糊棚，作衣裳，买东西，带给你，归了包堆花了小一百，还剩四百来块。(《骆驼祥子》十五)

(30) 沈二哥回答不出，觉得身子直往里抽抽。(《集外·沈二哥加了薪水》)

(31) 至不济，他还会唱几句二簧，一两折奉天大鼓（和桐芳学的），和几句相声！(《四世同堂》二十三)

六 其他行为

还有一些词语，从逻辑语义角度，不大好归类。这类方言词语表示的行为，绝大部分的主体是人。这些词语有以下78个，全部释义罗列如下：

变着方儿（使用另外的办法），凑吧〔（随意地）拼凑〕，绷着（坚持），抄根儿（抓住根本），抓（chuǎ）工夫（抽出时间），抓（chuǎ）空儿（抽空儿），抓（chuǎ）早儿（趁早晨或提前做事），大撒巴掌（听之任之），大撒手（放任、听之任之），放开桄儿（不加限制、最大量），打眼[1]（买东西没看出毛病上当），拉倒（算了、作罢），干撂台（撒手不管），搁不住（①不能长久存放；②不能在心里保留秘密），拐硬弯（没有缓冲过渡，直接转弯），亏嘴（不能满足食欲），粘赘（有偷窃行为），家去（回家去），家来（回家来），就棍打腿（趁机做某事），露客（切）（qiè）（因为缺乏知识而发生可笑的错误），露精细（显得很精明的样子），漏兜（暴露想隐藏的真相），来派（体面、有气派），耍花活（卖弄小聪明），耍巴（耍弄），耍叉（捣乱），耍坏（使坏），耍飘儿（耍俏、故意卖弄），是把手儿（是某方面的干才），收锅（主动结束某事），死扯活曳（很费力气地挪动沉重的物体），瞎唬事（吓唬事）（虚张声势、胡乱蒙骗），讨换（寻觅），掏坏（使坏），无事忙（没有计划地乱忙），挺受（承受外界带来的肉体疼苦），偷油儿（油滑偷懒），无可如何（无可奈何），淤磨（迟滞、拖沓），一把死拿（一把儿死拿）（固执成法不肯变通），有骨头（有骨气），有腔有调（说话抑扬顿挫），有一搭无一

第八章　老舍作品语言中的北京方言词语

搭（漫不经心可有可无地做某事），扎挣（勉强支持），栽跟头（受挫折），招呼（①同普通话①；②留心；③干、闹），找别扭（自找别扭），蘑菇（磨蹭），磨烦（①拖延；②纠缠；③唠叨抱怨），磨豆腐（磨蹭），猛住了（出现意外情况不能做出反应），吃苦子（吃苦），吃生米（无所畏惧很难对付），拿着尺寸（控制分寸），拿着时候（估量着到了一个合适的时候），气儿长（坚持的时间长），找不自在（自找不愉快），钻牛犄角（固执），撞丧（闯丧）（奔丧、骂人行动不管不顾，妨碍别人），指着（仰仗、依靠），赘（累赘），扯天扯地（①席卷天地；②动作幅度非常大；③形容衣物过长），糟践（糟蹋），齐理（服饰打理整齐），七开八得（翻来覆去），缺嘴（食欲没有得到满足），饶一面儿（①多付出而得不能回报；②丢脸），争竞（计较、争论），坐（①同普通话"坐"②；②烧水），饶（搭上），海里摸锅（比喻其难以成功），墁（铺），激刺（戟刺）（刺激），铲（骑牲口时因上下颠动牲口突起的脊背磨伤骑者屁股或腿内侧），坐水（做水）（烧开水），怎办怎好（无所谓），堵窝掏（到家里讨要/捉）

例如：

（32）老人家放开桄儿（尽量的）活，还能再活几年，再说，咱们要是不预备下点酒儿肉儿的，亲戚朋友们要是来了，咱们岂不抓瞎？（《四世同堂》八）

（33）"我说是不是？"虎姑娘拿着时候进来了，"还是祥子，别人都差点劲儿。"（《骆驼祥子》十三）

（34）她没事儿去听些臭议论，回家来跟咱们露精细！（《二马》第三段）

---

① 中国科学院语言研究所词典编辑室编：《现代汉语词典》（试用本），商务印书馆1973年版，第1299页；中国社会科学院语言研究所词典编辑室编：《现代汉语词典》（第7版），商务印书馆2016年版，第1653页。

② 中国科学院语言研究所词典编辑室编：《现代汉语词典》（试用本），商务印书馆1973年版，第1382页；中国社会科学院语言研究所词典编辑室编：《现代汉语词典》（第7版），商务印书馆2016年版，第1757页。

（35）这样的至亲，他会偷油儿不送到地土上，我反正不能找他去，我的脚掌儿都磨破了！（《四世同堂》二十二）

有些词语共同语也使用，北京方言有义项变化。例如，"招呼"普通话中表示"①呼唤；②吩咐；③照料"①，在北京话中，除了这3个意思之外，还表示"④留神、小心；⑤干、闹"两个意思：

（36）温都太太咬了口面包，刚要端茶碗，温都姑娘忙着拉了她一把："招呼毒药！"（《二马》第二段）[{留神，小心}义]

（37）虽然他的腿弯着一点，可是走起路来，一点不含忽，真咯噔咯噔的招呼；不但不扭，并且走得飞快。（《二马》第二段）[{干、闹}义]

（38）光头也看出不妙，可是还笑着说："招呼吧，伙计！是福不是祸，今儿个就是今儿个啦！"（《骆驼祥子》二）[{干、闹}义]

《老舍文学词典》和《新编北京方言词典》收录了"抓早儿、抓空儿"②，《北京话词典》收录了"抓早儿"③，但这几种词典都把其中的"抓"的读音标作"zhuā"。通过向北京籍语言学家请教，本节根据实际读音把它的读音标作"chuǎ"④。

---

① 中国科学院语言研究所词典编辑室编：《现代汉语词典》（试用本），商务印书馆1973年版，第1299页；中国社会科学院语言研究所词典编辑室编：《现代汉语词典》（第7版），商务印书馆2016年版，第1653页。

② 参见舒济主编《老舍文学词典》，北京十月文艺出版社2000年版，第722页；董树人《新编北京方言词典》，商务印书馆2010年版，第579页。

③ 高艾军、傅民编：《北京话词典》，中华书局2013年版，第1088页。

④ 考虑到在属于北京官话的东北方言中，"抓早儿、抓空儿、抓工夫"和"抓子儿"（义同北京话中表示一种女孩游戏的"打拐"）这几个词中书写"抓"的动词读"chuǎ"，笔者向北京籍语言学家周一民教授（北京师范大学）和钮葆研究员（国家语委）发电子邮件请教，两位先生回复"抓早儿、抓空儿、抓工夫"中的"抓"读"chuǎ"。北京方言专家周一民先生还专门给笔者打电话说明这种情况。在此谨致谢意。

第三节 老舍作品语言中的性状类北京方言词语

本节的性状类词语是从词汇学角度来说的，它们对应着语法学上的形容词、状态词、副词、数词、量词、叹词。

在250万字老舍中文小说语言语料库中，共检索到性状类北京方言词语314个，以下分类说明。

一 性质类

在老舍中文小说语言中，表示性质的北京方言词语共有80个，可大致分为以下3类：

（一）描写人的

这类词语有33个、全部词语及释义如下：

> 不是味儿（①味道不正；②不正常；③心里不好受），吃心（疑心），脆快（简捷痛快不拖拉），点儿低（运气不好），低搭（低贱），耳沉（听力不好），二忽（①胆怯；②犹疑不定），鬼道（诡道）（机灵、有心计），官样（体面、好看），豪横（脾气刚强有骨气），寒俭（穷困），慌速（匆忙），抠搜（因俭省而显得吝啬），叫真儿（认真），老梆（老气横秋），老到（老练周到），力笨（外行），忙叨（忙碌），鲇坏（表面老实实际上坏），屈心（亏心），气儿长（气长）（中间不停止休息地一次性做完某种体力性活动），勤紧（勤快，不断地做），僵巴（僵硬、死板），实诚（坦荡不虚妄），心重（多思多想），幸（打牌手气好总赢钱①），闲在（清闲、悠闲），硬气（①刚强，有骨气；②有正当理由于心无愧），硬张（硬气、刚强），硬正（①有骨气；②刚毅正派；③光明正大），张道（张狂、锋芒毕

---

① 舒济主编：《老舍文学词典》，北京十月文艺出版社2000年版，第733页注释："'幸'，打牌时手气好，老赢钱。"

露），怊（执拗、顽固），扬气（骄傲）

例如：

(1) 那年月，旗人们比较闲在，探望亲友便成为生活中的要事一端。(《正红旗下》九)

(2) 我没遇上一个可恶而硬正的人；都是些虚伪的软蛋。(《赶集·歪毛儿》)

(3) 一辈子不作屈心的事；现在，可是……连面粉都领不到，还说什么呢？(《四世同堂》七十九)

(4) 他晓得她的技巧不怎样高明，而脾气又怊——越输越不肯下来。(《四世同堂》十六)

(二) 描写物的

这类词语有25个，全部词语及释义如下：

大发（严重、过量），抱腰（衣物合身），粉（色情），干松（干燥松散），高飔（居高凸显），甜甘（①形容话语和婉悦耳动听；②甘愿吃亏），火炽（①旺盛；②热闹），皮（①韧而难于咀嚼；②顽皮），轻俏（同普通话"轻巧"①），亮飔（光亮、明显），款式（漂亮），坦平（平坦），挺脱（①舒展；②直挺、结实），旺炽（①火势旺；②兴盛），微索（萎缩、萧条），新新（①新鲜；②奇怪），硬棒（硬），硬整（平整、硬挺），牙碜（吃时像咬沙土的感觉），眼亮（明亮、视野开阔），整重（不琐碎），整庄（整齐），窄蹩（窄别）（空间狭窄），扎花（铺张、炫耀），受听（听起来顺耳）

---

① 中国科学院语言研究所词典编辑室编：《现代汉语词典》（试用本），商务印书馆1973年版，第835页；中国社会科学院语言研究所词典编辑室编：《现代汉语词典》（第7版），商务印书馆2016年版，第1262页。

例如：

(5) 我的小南屋闲着没用，只要你不嫌窄别，搬来就是了！(《四世同堂》二十一)

(6) 你就教下去，我每月一共给你二十五块钱，岂不整重？(《樱海集·善人》)

(7) 白云观的茶棚里和海王村的一样喊着："这边您哪！高飕眼亮，得瞧得看！"(《赵子曰》第七)

(8) 这种学校生活叫他越来越"皮"。他得不到别人的善遇，于是他对人也不甚讲交情。(《牛天赐传·十二 教育专家》)

(三) 既可描写人又可描写物的

这类词语有 22 个，全部词语及释义如下：

爱人儿（招人喜爱），安妥（安稳），不瘟（不坏），不善（好、非常可观），瓷实（结实坚固），够样儿（像样、好），来派（有气派），俏式（俊俏），对事（合适），道地（真正从有名称地出产的），欢炽（活跃），滑溜（光滑），利飕（①灵巧；②彻底），飘飕（轻盈、灵巧），顺溜（①有次序；②顺畅；③顺从），死巴（①同"死"；②死板、不灵活），邪行（特殊；特别），匀妥（周全），厌气（令人讨厌），招笑（引人发笑），直溜（很直），足壮（强壮）

例如：

(9) 偶尔走过一只来，没长犄角就留下须的小动物，向一块大石发了会儿楞，又颠颠着俏式的小尾巴跑了。(《赶集·微神》)

(10) 把她放在哪里，她也得算个俏式利落的小媳妇；在定婚以前，我亲眼相看的呀。(《火车集·我这一辈子》)

· 529 ·

(11) 那时你真是又白又胖，着实的爱人。(《集外·小玲儿》)
(12) 小饭铺的桌子都是石头面儿，铁腿儿，桌面擦得晶光，怪爱人儿的。(《二马》第二段)

二 状态类

在老舍小说语言中，表示实体、动作的状态的北京方言词语共有151个，可以分作以下3类。

(一) 属于人的状态

属于这一类的状态词语共有95个，全部词语及释义如下：

安安顿顿（有着落、安稳），憋憋闷闷（不舒畅的状态），白唧唧的①（没有滋味），笔管条直（服服帖帖、听话），笨手八脚（不灵活），抽抽搭搭（形容一抽一顿哭泣的样子），迟迟顿顿（很迟钝的样子），大睁白眼（束手无策的样子），大咧咧的（随便、漫不经心的样子），大模大样（大方、自然放松的样子），叨里唠叨（絮烦），嘀嘀咕咕（不停地小声交谈的样子），鬼头魔儿眼（顽皮可爱），寡寡劳劳（心中发虚、空空荡荡的感觉），光出溜的（裸体），哏哏儿的（形容笑得开心的样子），恍恍忽忽（神情恍惚），昏头打脑（昏昏沉沉），昏昏忽忽（昏昏沉沉），混吃闷睡（除了吃喝外无所作为），哼儿哈儿的（敷衍），胡闹八光（胡闹），急扯白脸（因着急或气愤脸色难看），僵得慌（尴尬），僵不吃的（①僵硬；②尴尬），娇声细气（形容女孩子说话声音柔嫩纤细），急里蹦跳（性格急躁，碰到不称心的事马上激动不安），鸡鸡嚓嚓（声音尖细不自然），唧唧嘎嘎（声音杂乱的样子），唧唧咕咕（小声交谈），困眼巴唧

---

① 我们把一般所谓的 ABB 式状态词看作 "ABB 的"。详见聂志平《白话文经典作家老舍作品中的 ABB 式状态词》[《通化师范学院学报》（人文社会科学）2019 年第 5 期。也见本书第三章第二节]、《现代汉语 ABB 式状态词说略》[《温州大学学报》（社会科学版）2019 年第 6 期。也见本书附录五]、《萧红作品 ABB 式状态词结构、功能及语言风格初探》（《长春师范大学学报》2019 年第 7 期。也见本书附录四）。

第八章 老舍作品语言中的北京方言词语

（由于困，眼睛有些睁不开的样子），见神见鬼（疑神疑鬼），老实八焦（老实巴焦）（不善言辞很老实的样子），唠里唠叨（絮叨得有些让人讨厌），楞头楞脑（显得不够机灵、有些发呆），楞头磕脑（显得不够机灵、有些发呆），楞眼瓜哒（刚睡醒时睡眼惺忪的样子），楞磕磕的（显得不够机灵、有些发呆），愣眼巴唧（刚睡醒时眼神恍惚的样子），愣眼巴睁（刚睡醒时眼神呆滞、神情恍惚），驴脸瓜搭（①比喻脸长；②比喻生气的样子），老声老气（没有朝气、老气横秋），老来俏（上年纪而好打扮），懒不唧的（慵懒的样子），离离光光（形容目光迷离），乐嘻嘻的（欢快的样子），迷迷忽忽（昏昏沉沉），毛腾厮火（毛手毛脚不稳重），毛毛咕咕（惊慌忐忑的样子），蜜里调油（形容关系亲密），满脸花（满脸是血或脏东西），慢吞吞的（行动迟缓的样子），麻麻酥酥（麻木怕碰的感觉），鲇出溜的（悄无声息溜走），破衣拉撒（衣衫褴褛的样子），贫嘴恶舌（絮烦可厌），神眉鬼眼（显得很神秘），神眉鬼道儿（显得很神秘），神头鬼脸（形象丑陋），杓杓颠颠（不稳重、有点傻气的样子），傻不瞪的（憨厚呆傻的样子），傻大黑粗（形容人长得又黑又壮），傻傻忽忽（呆傻的样子），傻糊糊的（呆傻的样子），傻头傻脑（形容不机敏、呆傻的样子），丧胆游魂（失魂落魄），死气白赖（不顾脸面死缠硬磨），松头日脑（猥琐、无胆气），气哼哼的（很生气的样子），死呆呆的（死板），死板板的（很拘谨，不灵活），傻拉光鸡（很傻的样子），无精少采（没有精神），五脊六兽（五脊子六兽、五鸡子六兽）（空虚无聊），窝窝囊囊（委屈烦闷不舒畅的状态），窝窝瘪瘪（烦闷不舒畅的状态），笑不唧儿的（微露笑容的样子），稀松二五眼（能力特别差），西啦胡噜（糊糊涂涂），一溜歪斜（走路脚步不稳不能照直走），痒刺刺的（痒得不舒服的感觉），稀里胡芦（糊糊涂涂），晕晕忽忽（头脑眩晕），晕头打脑（困倦头脑不清醒），一脑门子官司（怒容满面的样子），瞎摸合眼（看不清），又干又倔（倔强不通融），直不棱（过于直接、不灵活），真真的（听或看得很清楚），肉肉头头的（丰满柔软的状态），软不唧的（娇柔、绵软的样子），懈懈松松（歇歇松松）（松松垮垮的样子），歇里歇松（无精打采松松垮垮的样子），急溜的（形容身体极快速地移动），痒痒触触（出出）（一阵阵痒得难受的感觉）

· 531 ·

例如：

(13) 少上纪妈屋里去，老了老了的，还这么杓杓颠颠的！（《牛天赐传·四 钩儿套圈》）

(14) 年轻轻的公母俩，老是蜜里调油，一时一刻也离不开，真也不怕人家笑话！（《四世同堂》一）

(15) 他既是我的师哥，又那么傻大黑粗的，即使我不喜爱他，我也不能无缘无故的怀疑他。（《樱海集·我这一辈子》）

(二) 属于物的状态

这类词语，是描写人以外的其他事物的状态的，共有31个，全部词语及释义如下：

白亮亮的（白得耀眼），抽抽疤疤（褶皱、不舒展的样子），稠嘟嘟的（黏稠、不流动的样子），短撅撅的（短而翘起的样子），嘎七马八[多种多样但品质不高的（东西）]，火火炽炽（很兴盛的样子），黑灯瞎火（形容没有灯光的黑暗状态），灰不溜的[灰暗（有眼无色彩）]，灰不噜的（有些脏的灰色），灰渌渌的（灰暗），灰不拉的（有些混杂的灰色），滑出溜的（很光滑的感觉），尖溜溜的（形容尖细或锋利），辣蒿蒿的（辣得鼻子有些不舒服的感觉），凉渗渗的（凉爽、湿润的感觉），啷当儿的（松软下垂的样子），溜溜的（①整整、足足；②持续不断），绿阴阴的（由于有树遮挡而有阴凉），满堂满馅儿（形容完全应承、答应下来），渺渺茫茫（因距离远而显得不清晰），密密层层（很密集的样子），密丛丛的（形容草木或毛发茂盛的样子），七零八散（很分散、不集中），曲里拐弯（弯弯曲曲），全须全尾（形容完整），傻白（让人感到有点傻气的白），甜梭梭的（甜得不自然），稀稜稜的（稀少、稀薄），油汤挂水（形容煮熟食物油亮水汪汪的样子），紫不溜儿（让人喜爱的紫色），紫茸茸的（有毛茸茸感的紫色）

例如：

(16) 这件宝贝是一条四尺来长，五寸见宽的破边，多孔，褪色，抽抽疤疤的红绸子。(《小坡的生日·二 种族问题》)

(17) "我已经和老莫说的满堂满馅儿的，怎么放在脖子后头不办？"赵子曰问。(《赵子曰》第十二)

(18) 两廊稀稜稜的有些人，楼上左右的包厢全空着。(《火车集·兔》)

(三) 同属于人和物的状态

既能够描述人又能够描述其他事物的状态词，共有25个，全部词语及释义如下：

东倒西歪（①站不稳的样子；②不规则地躺卧），仿上仿下（比较起来相仿、差不多），干净抹腻（形容洁净顺眼），欢欢的（欢快的样子），黑不溜球［颜色发黑（含厌恶义）］，晶光（很光），晶光瓦亮（形容物体因没有附着物而反光的样子），见棱见角（线条分明），利落抹腻（利索整齐），七楞八瓣（七棱八瓣）（形容圆形的东西不规则），青虚虚的（色彩暗淡的样子），齐齐楚楚（很整齐的样子），血丝糊拉（血丝胡拉）（①血肉模糊；②红得像血让人感觉不舒服），油光水滑（①光亮润泽；②漂亮），歪不横楞（歪脖横狼）（歪歪斜斜、不当不正的样子），乌漆巴黑（①很黑；②不明不白），阴死巴活（半死不活），通天扯地（形容很长的样子），歪歪拧拧（不正），紫里套青（不正常的青紫色），硬挺挺的（硬而直的样子），四衬八稳（很安稳、周到），直溜溜的（笔直的样子），直挺挺的（僵硬的样子），四四方方（方方正正的样子）

例如：

(19) 周少濂躺在地上，不留神看好象一条小狗，歪不横楞的卧着。(《赵子曰》第二十三)

(20) 我就常思索，凭什么好好的一个姑娘，养成像窝窝头呢？从小儿不得吃，不得喝，还能油光水滑的吗？(《赶集·柳家

大院》）

（21）虽然天气已相当的热，王掌柜可讲规矩，还穿着通天扯地的灰布大衫。（《正红旗下》七）

三 情状类

在老舍小说语言中，表示动作情状的北京方言词语共有61个，可以分作以下几类。
（一）程度
表示程度义的词语有以下7个，全部词语及释义如下：

  顶（程度极高），精（程度高），贼（程度高；很），较比（具有一定程度），满（完全），满打（至多），一边儿（同样）

例如：

（22）把母亲问急了，她翻了翻世界上顶和善顶好看的那对眼珠，说……（《小坡的生日·一 小坡和妹妹》）
（23）祥子，在与"骆驼"这个外号发生关系以前，是个较比有自由的洋车夫，……（《骆驼祥子》一）
（24）就满打说她是受了他的引诱而迷了心，可是他用什么引诱她呢，是那张黑脸，那点本事，那身衣裳，腰里那几吊钱？笑话！（《火车集·我这一辈子》）

（二）范围
表示范围的方言词语有2个：

  外带着（另外），一股脑儿（通通）

例如：

(25) 她的身量比伊牧师高出一头来，高，大，外带着真结实。(《二马》第三段)

(26) 在未走到病室之前，她预备好，要极勇敢的，几乎是不顾一切的，想一股脑儿把心中的真话真情都告诉他。(《蜕》第九)

(三) 量度

量度表示"恰好达到某一标准"。① 表示量度的北京方言词语有以下4个：

将（刚），将将（刚刚），整（①完全；②整整地），整个儿（完全）

例如：

(27) 她低着点头，将将的还叫台下看得见她的红唇，微笑着。(《樱海集·末一块钱》)

(28) 这样，周身上下整象个扣着盖儿的小圆缩脖坛子。(《二马》第二段)

(29) 父亲，一个从四十到六十几乎没有什么变动的商人，老是圆头圆脸的，头剃得很光，不爱多说话，整个儿圆木头墩子似的！(《蛤藻集·新韩穆烈德》)

(四) 时间

在老舍中文小说语言中，表示动作行为以及状态的时间的北京方言词语有以下12个，全部词语及释义如下：

成天（整天地），成天际（整天地），成天介（整天地），成年际（整年地），成年论月（以年月计很长时间），前后脚（时间相距很近），先后脚儿（时间相距很近），起根儿（一向、从来），整天际（整天地），

---

① 周一民：《北京口语语法（词法卷）》，语文出版社1998年版，第201页。

坐窝（一开始），就根儿（原本），靠常（平时）

例如：

(30) 喝来喝去，四个老头全先后脚儿两腿拧着麻花扭出去了。(《二马》第三段)

(31) 于是，一点儿办法没有，整天际圈着满肚子委屈。(《骆驼祥子》十)

(32) 厂子里靠常总住着二十来个车夫；收了车，大家不是坐着闲谈，便是蒙头大睡。(《骆驼祥子》四)

(五) 频率

老舍中文小说语言中，表示动作行为频率的北京方言词语有以下6个，其中"紧自"和"紧着"是一对异形词：

见天儿（每天地），紧自（紧着）[①加紧（做某事）；②频频地]，连三并四（快速、不停地），一气儿（不间断地），一劲儿（频繁地），几次三番（多次地）

例如：

(33) 李太太在屋门口叫，"英啊，该家来吧，别紧自给大婶添乱，大年底下的！"(《离婚》第十)

(34) 老辛本着外交家的眼光，说昨天不该住在巴兹，应该一气儿由伦敦到不离死兔，然后由不离死兔回到巴兹来。(《集外·旅行》)

(35) "不！不！"伊牧师连三并四的说。(《二马》第二段)

(六) 方式状态

在老舍中文小说语言中，表示动作行为的方式状态的北京方言词语有以下 11 个，全部词语及释义如下：

不错眼珠儿［专注地（看）］，钉坑儿［最大限度地（使用）］，好生（好好儿地），就劲儿（趁机借助力量），冒儿咕咚（冒失、冒昧），猛孤仃（猛孤丁）（猛然），实对实（依据真实情况），硬掐额脖（强行地），往出（由里向外），一扑纳心（一心一意），坐地（直接地）

例如：

(36) 瑞宣想就劲儿把他搀到椅子上去。可是，钱先生的力气，像狂人似的，忽然大起来。(《四世同堂》二十)

(37) 辞了李应叫他去挑巡击，坐地扣，每月扣他饷银两块，一年又是二十四。(《老张的哲学》第五)

(38) 万一遇见了老头子，他硬掐额脖的灌咱们迷魂药儿，怎么好呢？(《小坡的生日·十八 醒了》)

(七) 语气、估量

老舍中文小说语言中，表示语气、估量意义的北京方言词语有以下 17 个，全部词语及释义如下：

不定（不能确定），备不住（说不定、或许），大概其（大概），敢情（①发现原来没有发现的新情况；②理所当然），还许（也许），竟自（竟然），确是（的确），宁自（宁可），楞（偏偏），许（也许、大概），但分（只要），横是（也许），自要（只要），自管（尽管、不必顾虑），自当（只看作），再分（但凡），左不是（还不就是）

例如：

(39) 伦敦也居然有了响晴的蓝天，戴着草帽的美国人一车一车的在街上跑，大概其的看看伦敦到底什么样儿。(《二马》第

三段）

（40）"那敢情好！我这儿谢谢四奶奶啦！"小崔的声音也不很高。(《《四世同堂》四》)

（41）我也想开了，左不是混吧，何必呢！(《离婚》第二十》)

（八）禁止

老舍中文小说语言中，禁止意义的方言词语有两个：

甭（不用、别），别

北京方言表示｛禁止｝义一般用"别""别介"和"甭"，在老舍中文小说语料库中没有"别介"，而用"别"和"甭"。例如：

（42）你甭管，全交给我得啦！(《四世同堂》八)
（43）"四大爷，你别管！我跟祁科长比比酒量！"(《四世同堂》六十五)

（44）甭说我拿不动锄头，就是拿得动，我要不把大拇脚趾头锄掉了，才怪！(《正红旗下》三)
（45）别说母亲只生了一个娃娃，就是生了双胞胎，只要大姐婆婆认为她是受了煤气，便必定是受了煤气，没有别的可说！(《正红旗下》四)

上列 4 例可以分为两组。对比例（42）和例（43），可以看出与"别"一样，"甭"表示｛不用、不要｝义，即便是同一部作品、同是话语，用"别"还是用"甭"表意是一样的，只是用"甭"显得"土"一点儿。而在例（44）和例（45）中，"甭说"和"别说"同义相关、平行发展，由动词性状中短语语法化为关联词语，与"就是"相对搭配使用。

四　数量类

老舍中文小说语言语料库中表数量的北京方言词有以下 17 个，全部词语及释义如下：

把儿¹（用于计量拴成一串的骆驼），把儿²（以手能抓握为计量单位），打儿（一叠），过儿（遍），落儿（量词），档子（用于事件），溜儿（①排、串；②阵），家子（家），一百一（百分之一百一十，形容程度深），一零儿（一个零头），一丁点（一钉点）（极少或极小），门子［种、类（用于亲戚、婚事等）］，一程子（一段时间），一半个（很少），一股子（一股），半截儿（一半），辈子（一生）

例如：

（46）我那个兄弟，待我真是一百一，我可忘不了他！（《老张的哲学》十八）

（47）她给呼气儿加上一丁点声音："我探头看看，不过去！"（《四世同堂》四十六）

（48）虽然大雨过去，一斤粮食也许落一半个铜子，可是他们的损失不是这个所能偿补的。（《骆驼祥子》十八）

（49）可是，小崔们虽然不会说这些名词，心里却有一股子气儿，一股子不服人的，特别不服日本人的，气儿。（《四世同堂》六）

五　感叹类

情发于中而形于外。语言中表示感叹、呼唤和应答的词语就是感叹词，一般被称为叹词。狭义的叹词只是表音性成分，广义的叹词还包括由实词和虚词构成的固定的表示某种感叹义的短语。在老舍中文小说语料库中，表示感叹的北京方言词语比较特殊的有 5 个：

真，真是的，这怎说的，真有你的，有你的

其中"有你的"也可以看作"真有你的"的弱表意形式。全部词语说明如下。

（一）真

"真"字除了作为形容词表示性质以及重叠并儿化加"的"构成状态词"真真儿的"以外，还有个比较特殊的用法，例如：

（50）你叫我写东西文化，真，叫我打那儿写起！（《二马》第三段）

（51）我就早知道吗，他一跑起来就不顾命，早晚是得出点岔儿。果不其然！还不快洗洗哪？洗完好上点药，真！（《骆驼祥子》七）

（52）敢和我碰碰？真，瞎了你的狗眼！（《离婚》第十五）

（53）我要是一个人跑得过来，决不劳动你们小姐们！真！（《四世同堂》七）

（54）真！我跟老大说过不止一次，他老不信，看，糟了没有？（《四世同堂》四十六）

（55）"怎能一个人走呢？真！"博士又叹了口气。（《樱海集·牺牲》）

这种用法，在老舍小说250万字语料库中，共出现29例次，每万字出现0.116例次。它有以下3个特点。

第一，单独使用，不与其他词语组合，或者单独作小句，如例（50）、（51）、（52），或者单独做句子，如例（53）、（54）、（55）。

第二，表示责怪的情感态度，一般用于感叹句。

第三，只用于比较口语化的作品中，而且只出现在人物的话语中。

"真"的这种用法，在书面语色彩略浓的早期作品《老张的哲学》《赵子曰》《猫城记》《文博士》《火葬》，以及推广普通话运动开始后的作品《正红旗下》中都没有出现过，而只出现在《二马》《小坡的生日》《离婚》《骆驼祥子》《四世同堂》这些口语化较强的作品中，其中《二马》又被看作老舍作品转向口语化的起点。

我们认为，这个"真"应该看作叹词，它表示｛真是的｝责怪的情感态度。

叹词"真"在《四世同堂》中出现例次最多，共有12例次。

（二）真是的

在老舍中文小说语言语料库中，表示责怪情感态度的叹词习语"真是的"，只出现了一例次：

(56) 高妈的嘴可不会闲着："你看，真是的，祥子！这么大个子了，会出这么高明的主意；多么不顺眼！"（《骆驼祥子》八）

同样是表示责怪情感态度，"真是的"仅是"真"的1/29，可能是"真"的使用排挤了"真是的"的使用。

（三）这怎说的

叹词性成分"这怎说的"表示｛意外、歉意｝，在老舍小说中只出现了一例次：

(57) 哎，没敢惊动亲友；这怎说的，又劳你的驾；来看看小孩吧。（《牛天赐传·三 子孙万代》）

（四）真有你的

"真有你的"共出现10例次，全部例句如下：

(58) "真有你的！真有你的！你个会闹鬼儿的大脑袋！"小坡指着他说。（《小坡的生日·十二 嘈拉巴唧》）

(59) "小人！小伙计！吃饱了？睡忽忽了？还不会叫爸呀？真有你的！看这小眼，哟，哟，笑了！"（《牛天赐传·四 钩儿套圈》）

(60) 拿着保状各科走走，真有你的！知道要升头等科员了，叫全衙门的得瞻丰采？有你的，行！（《离婚》第十三）

（61）老眼，赶明儿真该给你配付眼镜，真有你的！（《离婚》第十五）

（62）你这小子，放下老婆不管，当兵去？真有你的！把老婆交给我看着吗？（老舍《四世同堂·八》）

（63）"真有你的，小崔！你行！"（《四世同堂》十六）

（64）祁科长！真有你的！你一声不出，真沉得住气！（《四世同堂》三十）

（65）胖妹子！可真有你的！还不给我爬起来！（《四世同堂》五十五）

上列 8 个例句 10 例次的"真有你的"，表示两个意思：（1）{夸奖对方能干}；（2）例（65）是反语用法，表示讽刺。后者是一种语用现象，而 {夸奖对方能干} 是"真有你的"的固定意思。

在上文 10 例次"真有你的"的用法中，还有一例次"有你的"，和一例次"可真有你的"——是在"真有你的"前边加上表示程度深的副词"可"。这两种现象的存在，说明"真有你的"还不能算作一个纯粹的叹词，而应该看作处于"叹词化"进程中的成分。

附录[1]一　关于"X 得很"中"很"的性质

[摘要]　一般认为，"很"是程度副词，既可以放在谓词前做状语，构成"很 X"式，也可以放在"得"后做补语，构成"X 得很"式。我们从语法的系统性角度出发，从共时的语言（方言）使用和历时的语言演变两个角度，论证了"很 X"中的"很"和"X 得很"中的"很"并不是同一个东西。我们认为，前者如一般所说的，是程度副词，而后者则应该被看作一个功能处于萎缩状态的形容词。

[关键词]　现代汉语；汉语史；程度副词；形容词；词性；很

1. 从表面上看，"很"既可以放在谓词或谓词性短语前构成"很 X"，也可以放在"得"后构成"X 得很"，都是表示程度的：

　　　很好～～好得很　　　　很受欢迎～～受欢迎得很

《现代汉语八百词》是这样说明"很"的：[副] 1. 用在形容词前，表示程度高；2. 用在助动词或动词短语前，表示程度高；3. 用在"不……"前；4. 用在四字语前，限于一部分描写性和表示态度、情绪、评价的成语；5. 用在"得"后，表示程度高。并作说明："在普通话里，能用在'得很'前的形容词、动词不多。"（266—268 页）

---

[1]　"附录"为单独发表而没有编入本书正编的论文，论文仍采用发表时格式，删去了英文摘要和关键词。其中"附录七"是与暨南大学外国语学院宫齐教授合作完成的。

就是说，它认为，1)"很"是副词；2)无论是放在有程度意义特征的谓词性词语之前还是之后，都是表示程度高的。一般论著也都将这个"很"看作程度副词，认为"很"放在"得"后除程度加深以外与"很 X"没有太大的区别。这也许是把"得"后成分看作后置状语或与状语性质相近的东西的有力证据之一〔参看陈望道（1978）《文法简论》，上海教育出版社，31页；吕叔湘（1979）《汉语语法分析问题》，商务印书馆，75页〕。

但它很有可以推敲之处。

2. 最为明显的是，如果把"得"后的"很"看作程度副词的话，那么，程度副词能进入"得"后位置的就只有这个"很"，其他程度副词都不能进入"得"后位置：

很热～～热得很　　　　　非常热～～＊热得非常
最热～～＊热得最　　　　更加热～～＊热得更加
有点儿热～～＊热得有点儿　格外热～～＊热得格外

也就是说，如果作为程度副词，那么，进入"得"后位置就只有"很"这个孤例，"很"不是以类的特征进入"得"后位置的，而这与词类的功能又是矛盾的——"形式作为类（type）而不作为例（taken）"（赵元任，1979，7页）。语言符号的系统性主要表现在组合关系和聚合关系两种关系上；处于相同聚合系列的同类词，也应该具有相同的组合功能。所以，处于"得"后的"很"的性质，值得怀疑。

另外，在许多北方方言中，并不存在"很 X"与"X 得很"并行的情况：四川话、西北话、山西话中只有"X 得很"而无"很 X"；北京话和东北话中只有少数性质形容词可以进入"得很"前构成"X 得很"，而"很 X"多用于书面语，口语一般用"挺 X"或"可 X"。《老舍文集》中"X 得很"出现 128 例次，其中直接出现在人物话语中有 95 例次，占全部"X 得很"出现例次的 74.22%；另外有 20 例次出现在人物心理描写或作者以第一人称叙述的情况下，两项合计

115 例次，占全部"X 得很"出现例次的 89.84%。而出生于南京的作家周而复所写的小说《上海的早晨》中"X 得很"共出现 42 例次，全部出现在人物的话语中。这说明，"X 得很"是一种口语句式。《老舍文集》中能够进入"得很"前边位置的词语有（词语后面的小 5 号数字是出现的次数）：

A. 形容词

单音节形容词：多25；忙14；好12；远7；大5；早3；懒3；脏2；
凶2；鲜1；痒1；博1；强1；贵1；小1；苦1；
对1；紧1；快1；长1；硬1；慌1；亮1（87 例次）

双音节形容词：简单6；容易2；直爽2；不幸2；高兴2；有限2；
冒昧2；平常1；严重1；倔强1；勉强1；幸福1；
可惜1；紧张1；方便1；可笑1；悲观1；时兴1；
难过1；藐小1；漂亮1；坦白1；奇怪1；时髦1；
麻烦1（36 例次）

B. 动词

单音节动词：缺1；馋1（2 例次）

多音节动词：对不起2（2 例次）

C. 叹词：好家伙1（1 例次）

　　方墩儿太太动了手，樊梨花上阵儿，一下子，哎呀，把小赵儿压在底下，……大方墩儿，三百多斤，好家伙的很！（老舍《离婚》）

其中，"好家伙的很"应该看作一种夸张的杂糅形式，说话者要说的是"……大方墩儿，三百多斤，好家伙！"而又把它当作一个形容词来用的。所以，这个"好家伙的很"应该看作说话者的一种误用。可以这样说，在老舍作品中，能进入"得很"前的只是性质形容词和极少数动词。《现代汉语八百词》举例中认为普通话中有"受欢迎得很"，似不确。

其他方言区作家作品情况有所不同：

你肯收买女的,我当真感谢得很!(茅盾《子夜》,513 页。吴方言区作家)

说起来不光荣得很!(赵树理《赵树理小说选》,419 页。晋方言区作家)

另外,在西北方言中,能愿动词也可以进入"得很"前:
愿意得很。(西宁方言。愿意 tsʅ 很)
这些用法,在《老舍文集》和陈士和的《评书聊斋志异》这些典型的北京口语作品中没有出现过。

所以,从语法系统性的角度来看,把"X 得很"与"很 X"等量齐观,或者把"X 得很"中的"很"与"很 X"中的"很"同一而论,都看作程度副词,是有困难的。这违背了语言系统性的原则。

3. 王力(1984,177 页)认为,"很"的来源颇不易明,但大概也是来自形容词。这是很有道理的。"很"原来是"违背,违逆"的意思,在秦汉时代有"险恶,凶暴"义。《说文·彳部》:"很,鳌也。"《广韵·很韵》:"很,很戾也。"《书·酒诰》:"厥心疾很,不克畏死。"《左传·襄公二十六年》:"太子痤美而很。"杜预注:"貌美而心很戾。"这个意思的"很"后来写作"狠"(参看《汉语大字典》,1993,345 页)。"宋金时代用作'忿怒''凶恶''狠毒'的意思:

有忿狠底心便没了礼之根(《朱子语类》卷六十)
论匹夫心肠狠,庞涓不是毒(刘知远诸官调)"。

(太田辰夫,1987,255 页)

在近代汉语中,"很/狠"又引申为"厉害":

我的祖宗狠过你的祖宗。(《说岳全传》第 10 回)
"谁知道紫芝妹妹那张嘴近来减去零碎字,又加了许多文墨字,比以前还更狠哩",董花道:"紫芝妹妹嘴虽厉害……"(《镜

花缘》第 65 回）

"很"在"得"后的语义和用法可能来自"狠"的引申义——明清时"很"可以写作"狠",现代汉语中也有这种用法（参看《现代汉语词典》,商务印书馆 1996 年版,516 页）——而且在"得"后一直保留着"厉害"的意思:热得很～～热得厉害。也许因此,现代汉语中"狠"才没有"厉害"这个义项。从检索的语料来看,"很"进入"得"后的年代要早于 16 世纪中晚期,因为我在刊于 16 世纪晚期的《西游记》和《金瓶梅词话》中找到 5 例,那么这种现象的产生肯定要早于这一时期。这两本书中没有"很"作状语的用法。

太田辰夫（1987,255 页）指出,"（很）用作副词的例子元代能见到。但只是在某些文献中出现。可以想象是和蒙古接触较多的北方人之间使用的俗语。在元曲中只是偶而一用,恐怕汉人是不太使用的。在元代还多写作'哏'。……在明代文献中还不能说出现得很多。但是在北京话中确实在使用,在文学作品中不大能见到,这大概说明它们是基于和北京话不同的方言……'很'到清代开始用得多了"。太田辰夫（1991,245 页）认为"（很）元代开始有,但只在以北方话为基础的特殊文献中才见,《元曲选》等作品中极少使用,明代很少作补语用。据《燕山丛录》可知,明代北京话中可作状语用,但在作品中普遍使用是从《红楼梦》等清代北京文学开始的"。他举的例子元朝的都是作状语的,其中《元典章》2 例,《经世大典》1 例,元刊杂剧 1 例。明朝作补语的例子是《西游记》2 例。《燕山丛录》中作状语的例子是：

妇女淫曰浪起来,极曰很浪,又曰怪浪（22）（太田辰夫,1991,245 页）

4. 除"明代很少作补语用"外,我认为太田先生的考证是确凿的。我检索的语料情况如下：元代《元刊杂剧三十种》有"很 X" 1 例,《老乞大谚解》《朴通事谚解》,以及元末明初的《水浒传》《三国志通俗演义》《平妖传》《残唐五代史演传》，均无"很"；明万历年间的《西游记》有"X得很"4例，《金瓶梅词话》有"X得很"1例；明末"三言""二拍"无"很"；《梼杌闲评》有"很X"1例，"X得很"8例；《醒世姻缘传》有"很X"3例，"X得很"2例；清康熙年间的《说岳全传》有"X得很"2例；清乾隆年间的《红楼梦》有"很X"189例、"X得很"59例；清嘉庆年间的《镜花缘》有"很X"13例，"X得很"7例；清道光年间的《儿女英雄传》有"很X"57例，"X得很"10例。

这个材料应该说明以下几点：1)"很X"与"X得很"并不是同时开始使用的，前者产生于元代，后者产生于16世纪中晚期，前者早后者二百多年；2)"很X"在明代相当长的时期极少使用（太田先生只举了《燕山丛录》的例子）；3)除明末，明代作品中一般有"X得很"而无"很X"；4)明末"很X""X得很"开始在北方话作品中同时使用；5)18世纪中叶以后北京话作品中"很X"增多。

这样看来，似乎应该得出这样的结论："很"在"得"后的语义和用法与"很"在谓词前作状语的语义和用法并不同源。我同意太田辰夫先生的观点；"很"作状语的用法产生于长期受少数民族政权控制、受少数民族语言影响的北京话之说是能够成立的，《燕山丛录》中的用法便是一个证明。从936年石敬瑭把燕云16州割给契丹起，直至清王朝灭亡，除去明朝三百多年，近七百年"统治北京官话区的少数民族包括契丹、女真、蒙古和满族，都属于阿尔泰语系。因此，北京官话在形成过程中，很可能受阿尔泰语的影响"。"现在的北京官话和其他方言相比较……可以说是发展最迅速的汉语方言"（林焘，1987）。就像北京官话中的程度副词"挺"借自满语一样，"很"作状语的用法最初出现在《元典章》《经世大典》及元杂剧这一事实，也可以看作语言相互影响的一个结果。正是由于这个原因，明在北京建都以后，随着北京话影响的扩大，明末"很X"开始与"X得很"在北方话文学作品中共现，而在18世纪中叶以后，在清朝旗人的文学作品中得到广泛的使用。这反映出一种发展的过程。产生于北京话中作状语用的"很"与汉语书面语中的"甚"相对应。《西游记》《金瓶梅词话》中有"X得很"而无"很X"，表示程度高的状语用"甚、太/忒"等；在《梼杌闲评》《醒世姻缘传》中"很"和"甚"并用，但"很"比例甚微。而18世纪中叶夹杂着一些南方方言的《红楼梦》则明显地反映了新旧的交替："很"作状语共计出现189例次，其中出现在人物话语中184例次，出现在叙述性句子中5例次；"甚"则反之，只出现在叙述性语言及较"文"的话语中。《红楼梦》中59例次"X得很"，只有1例次出现在人物的话语之外，其余58例次全部出现在人物的话语之中。

5. "X得很"与"很X"在北京话作品中共现的原因，我想是北京话影响的扩大与对其他方言成分的吸收，造成了"很"在"得"后作补语与在谓词前作状语两种对立功能的同形。正是由于它们性质的差异，所以在《红楼梦》这样的典范作品中，"得"后之"很"对"得"前成分的选择并不限于能受"很"修饰的成分，或者说，"很"处于谓词之前与"得"后的组合功能并不相同：

（芳官）便睡在袭人身上，说："姐姐，我心跳的很。"（《红楼梦》第63回）～～*……心很跳……

袭人见芳官醉的很，恐闹他吐酒，只得轻轻起来。（《红楼梦》第63回）～～*……很醉……

凤姐道："很不必，我没处使钱。这一去还不知指那一项赎呢。"（《红楼梦》第74回）～～*……不必得很……

众人见他带酒，忙说："很是，很是。果然他们风俗不好。"（《红楼梦》第75回）～～*……是得很……

《红楼梦》能出现在"得（的）很"前位置的词语有：

殷勤；高明；闷；无味；好；讨人嫌；多；热；（气）大；慌张；累；疼；恰当；难；不通；脏；冷；妙；难走；短；泛；熟；喜欢；巧；（心）跳；醉；忙乱；恳切；烦躁；软；疼痛；早；贵重；彷徨；容易；寂静；促急；着急；好看；躁；亲近；

· 549 ·

孤洁；想念；(病)重；苦；险；感激

能出现在"很"后位置的词语有：

要紧；好；烂；大；是（形容词，正确。黛玉笑道："这话很是……。"50回）；是（动词。我们很是那吃醋拈酸容不下人的不成。80回）；嚼不动；不知好歹；有钱；疼^1；疼^2（心里很疼你。57回）；会（很会欺负你妹妹。28回）；知道；干净；懂得；不与你相干；离了格儿；爱素净；公道；受用；喜欢；远；懒；不象；显；艰咎；多；使（很使他们。57回）；听不过；看真；不好；不用（很不用你来上寿。63回）；重；巧；大方；不好听；不必；看不上；象；记得（我也不很记得了。81回）；乏；香；愚夯；明白；容易；结实；不大好；惦记；同（邢姑娘也不很同他说话。85回）；坏；听真；不舒服；费张罗；该；远；愿意；合的来；安顿；灵；傻；信；热闹；感激；过不去；吃大亏；妥；伶俐；淘气；确；贵重；近；宽裕；乱；刁；准；熟；凉；风流；乖觉；明白；爱敬；有限；贵；烦；厌烦；有意思；有趣儿；可嘴里放得；瘦；妥当；利害；来往

既能出现在"得很"前又能出现在"很"后的词语有：

好；大；疼；巧；容易；喜欢；重；熟

除了形容词和表示心理感知类动词可以进入"很"后和"得很"前的位置以外，能愿动词或能愿动词短语、一般性的述宾短语、动补短语、偏正动词性短语、部分动词（如"是、知道、象（像）、来往、信"等）以及形容词"是"，能够进入"很"后位置，但不能出现在"得很"前的位置；而"醉、(心)跳"可以进入"得很"前而没有进入"很"后的用例。

在《儿女英雄传》中还有短语在"得（的）"前作述语的例子：

九公掳着你们两个的很呢，快去看罢！（第28回）

只是为人却高自位置的很，等闲的人也入不得他的眼，其学问便可知了。（第40回）

这种现象，与现代汉语中动词短语可以进入"得"字句"得"前位置是一致的（聂志平，1992）。

6. 综上，我们认为，应该把"X得很"中的"很"与"很X"中的"很"分开处理，把前者记作"很¹"，后者记作"很²"，即把现代汉语书面语中的"很"看作两个词："很¹"是形容词，"很²"是程度副词。这是从系统和来源两个角度考虑的结果。

7. 应该再做一点说明，随着18世纪中叶的《红楼梦》及以后作品"很"作状语现象的增加，在北京话作品中，"X得很"逐渐被"很X"排挤。其消长趋势见下表：

作品	年代	字数（万字）	X得很	很X	X得很/很X
《红楼梦》	乾隆	前80回（59）	32	85	1∶2.66
		后40回（27.8）	27	104	1∶3.85
		总计（86.8）	59	189	1∶3.2
《镜花缘》	嘉庆	55.1	7	13	1∶1.86
《儿女英雄传》	道光	59.6	10	57	1∶5.7
《孽海花》	20世纪初	27.8	16	110	1∶6.88
《评书聊斋志异》（一、二）	20世纪30—50年代	41	6	218	1∶36.33
《老舍剧作全集》（二）	20世纪50年代	47.3	3	136	1∶45.33
《侯宝林相声选》	20世纪70年代	31.5	1	90	1∶90
《地火》（刘绍棠中短篇小说集）	20世纪70年代末80年代初	55.7	3	315	1∶105

对这个统计表我们做以下三点说明。

a. 对于《红楼梦》，我们先把前80回和后40回分别做了统计，然后再计算总例数和比例。如果把前80回和后40回按照1∶1的比例计算，那么，后40回中"很X"应该出现208例次，"X得很"应该出现

54 例次。因此，与前 80 回相比，后 40 回无论是"很 X"还是"X 得很"的出现次数，以及"X 得很"与"很 X"之比，都有很大程度的提高。这样看来，对于红学界认为后 40 回与前 80 回不是一个作者的观点，我们可以从"很 X"和"X 得很"的使用情况方面提供一个佐证。

b. 《镜花缘》尽管写作年代晚于《红楼梦》，但人物对话口语性不强，表示程度高的状语多用"甚"，这与《红楼梦》有很大差异。所以，"很"字出现频率很低。

c. 《孽海花》，作者曾朴，江苏常熟人。该书用官话写作，此条只作参考。

8. "很"放在"得"后，尽管可以看作形容词，但不能扩展。从日渐衰亡的趋势来看，我们认为，北京官话中的"很"用在"得"后的语义和语法功能，只能看作一种语法现象的残迹。它的生命已近枯竭，最终将由于"很"作状语功能的同形作用，以及在"得"后为口语化的"厉害"排挤而消失。

参考文献：

汉语大字典编辑委员会编著：《汉语大字典》（缩印本），四川辞书出版社、湖北辞书出版社 1993 年版。

林焘：《北京官话溯源》，《中国语文》1987 年第 3 期。

吕叔湘主编：《现代汉语八百词》（增订本），商务印书馆 1999 年版。

聂志平：《有关"得"字句的几个问题》，《语言文字学》1992 年第 7 期。

［日］太田辰夫：《中国语历史文法》，蒋绍愚、徐昌华译，北京大学出版社 1987 年版。

［日］太田辰夫：《汉语史通考》，江蓝生、白维国译，重庆出版社 1991 年版。

王力：《王力文集》（第一卷·《中国语法理论》），山东教育出版社 1984 年版。

赵元任：《汉语口语语法》，吕叔湘译，商务印书馆 1979 年版。

中国社会科学院语言研究所词典编辑室编：《现代汉语词典》（修订第 3 版），商务印书馆 1996 年版。

（本文载《中国语文》2005 年第 1 期。增补了"摘要""关键词"和部分文献的页码信息）

附录二　白话文经典作家老舍作品中为什么有"起去"？[*]

[摘要] 本文依据250万字的老舍小说语料，分析现代白话文经典作家老舍作品语言中，为什么会使用现代汉语教科书系统中缺位的复合趋向动词"起去"。我们发现，在老舍小说语言中，充当补语的"起去"在与动词的组合上有一定的选择性，在动词表示｛位移｝｛纳入另一空间｝意义时，老舍倾向于选择"起去"作补语，而这与"去"的词汇意义有很强的关联性。老舍对"起去"的运用，来源于老舍早期近代汉语白话小说阅读的积淀和小说创作时语言使用的理性自觉，而生活在使用"起去"的非北京话区域的地域方言因素，对"起去"的使用起了巩固和放大作用，导致了老舍对作补语的"起去"与"起来"使用比例呈现出不均衡状态。老舍小说语言中的"起去"用法是对北京话的偏离，"起去"在北京话中处于消亡状态。

[关键词] 趋向动词；起去；北京话

1. 引言

在高校现代汉语教材中，一般认为，单音节趋向动词"上""下""进""出"等与"来""去"组合，可以构成双音节趋向动词，形成一个很完整的复合趋向动词系统。

---

[*] 本项研究得到国家社科基金项目"白话文经典对现代汉民族共同语词汇形成与发展的影响研究"（编号：17BYY143）资助。《中国语文》匿名审稿专家提出非常宝贵的修改意见，在此谨致诚挚谢意。

表1　　　　　　　现代汉语双音节复合趋向动词系统构成

	上	下	进	出	回	过	起
来	上来	下来	进来	出来	回来	过来	起来
去	上去	下去	进去	出去	回去	过去	

趋向动词可以单独作谓语或谓语中心，也经常用在别的动词、形容词后边表示趋向，作趋向补语（黄伯荣、廖序东，2017：12）。有的教材除了上表内容外还列有"开"以及"开来""开去"三个词。① 胡裕树主编的《现代汉语》，与黄伯荣、廖序东主编的《现代汉语》、刘叔新主编的《现代汉语理论教程》、张斌主编的《新编现代汉语》、邵敬敏主编的《现代汉语通论》等几部使用比较广泛的国家级规划教材，都认为趋向动词系统中没有"起去"这个词。② 北京大学中文系现代汉语教研室编的《现代汉语》（增订本，2012：320）列出同表1的趋向动词表后，认为"在二三十年代有'起去'的说法，如'把财产都变成现钱，偷偷的藏起去！'（老舍《骆驼祥子》）。现在普通话里已极少见到这种说法了"。

21世纪初以来，邢福义先生关注这个问题，并连续发表四篇论文和一篇补白，从系统性、近代汉语、老舍作品和其他汉语方言四个角度，论证现代汉语趋向动词系统中有"起去"这个趋向动词。③ 还有学者从不同的方言角度论证"起去"的存在。

笔者依据修订版《老舍全集》（2013）第1—8卷，排除马小弥从英文本回译的《鼓书艺人》和《四世同堂》的最后13章，自建了250

---

① 张斌主编：《新编现代汉语》，复旦大学出版社2002年版，第303页；邵敬敏主编：《现代汉语通论》（第三版下），上海教育出版社2016年版，第10页；沈阳、郭锐主编：《现代汉语》，高等教育出版社2014年版，第208页。

② 胡裕树主编：《现代汉语》（第7版），上海教育出版社2011年版，第286—287页；黄伯荣、廖序东主编：《现代汉语》（增订六版），"十一五""十二五"规划教材，高等教育出版社2017年版；刘叔新主编：《现代汉语理论教程》，"九五"规划教材，高等教育出版社2002年版，第152页；张斌主编：《新编现代汉语》，"十五"规划教材，复旦大学出版社2002年版，第303页；邵敬敏主编：《现代汉语通论》（第三版下），"十一五""十二五"规划教材，上海教育出版社2016年版，第10页。

③ 论文见参考文献所列邢福义先生论文；补白为《有关"起去"的两点补说》（《方言》2002年第3期）。

万字（不含空格）的较大规模老舍小说语料库。依据这个语料库，来考察老舍小说语言中"起去"的使用情况。对本文所引用语料，长篇小说和未完作品，标出《老舍全集》的卷数和篇名；中、短篇小说，标卷数、小说集名称和篇名；《四世同堂》跨第4卷、第5卷两卷，故只标篇名和章数。

2. 老舍小说语言中的"起去"与"V/A起去"中的动词和形容词

在250万字的老舍小说语言中，"起去"共出现70例次，绝大多数都是放在少数动词和形容词后边做补语，例如：

（1）母女把多瑞姑姑的礼物收起去，开始忙着预备圣诞的大餐。(《二马》卷一)

（2）他把那些带画儿的书本全藏起去不给咱看，一想起哥哥来便有点发恨！(《小坡的生日》卷二)

（3）她的嗓门又高起去，街上的冷静使她的声音显着特别的清亮，使祥子特别的难堪。(《骆驼祥子》卷三)

（4）掌声停了，他把纸条收起去。(《四世同堂》五十)

此外，只有1例次作连谓短语前项的用法：

（5）差不多我一夜没能睡好，因为急于起去找小蝎，他虽然说他不懂政治，但是他必定能告诉我一些历史上的事实……(《猫城记》卷二)

从词义角度来看，在作连谓短语前项的例（5）中，"起去"表示｛起床｝+｛离开/去｝，而在补语的例（1）—（4）中则表示虚化的意义，与例（5）不同。

由"起去"构成的述补短语"V/A起去"，在老舍小说语言中，共有69例次。出现在"起去"前边的动词、形容词共有16个，其中动词14个，形容词2个（高、幸）。由动词构成的"V起去"出现65例次，占总例次的94.2%，由形容词构成的"A起去"有4例次，占总例次的 5.8%。这类述补短语中的述语，还有一个应该被看作述宾短语的"飞脚"：

(6) 拉开架子，他打了趟查拳：腿快，手飘洒，一个<u>飞脚起去</u>，小辫儿飘在空中，像从天上落下来一个风筝……（《蛤藻集·断魂枪》卷七）

能够出现在"起去"前边作述语的动词和形容词有（括号内数字为构成的述补短语例次）：

动词（14 个）：藏（26）、隐藏（1）、收藏（2）、收（17）、
　　　　　　　飞（7）、带（1）、揣（1）、跳（2）、跳腾（3）、
　　　　　　　卷（1）、拿（1）、吊（1）、拉（1）、飞脚（1）
形容词（2 个）：高（3）、幸（1）
作为形容词的"幸"在北京话中表示 {牌运好}[①]：

(7) 可是，万一局长得了一张牌而<u>幸起去</u>呢？（《蛤藻集·新时代的旧悲剧》卷七）

在 69 例次的"V/A 起去"中有 2 例次是作述语的动词或形容词后边有"了"或"不"与补语"起去"隔开：

(8) 她的声音又<u>高了起去</u>。（《骆驼祥子》卷三）
(9) 他是个有为的人，精明、有派头、有思想，可惜命不大强，总<u>跳腾不起去</u>。（《蛤藻集·且说屋里》卷七）

这种现象的存在，说明对于"V/A 起去"述补短语的分析，只能是"V/A｜起去"，而不能是"V/A 起｜去"，即"起"与"去"构成词语"起去"，而不是与前一个成分构成"V 起"或"A 起"，例如"收

[①] 舒济（2000：733）："'幸'，打牌时手气好，老赢钱。"（《语言编》，杨玉秀编）

起去"应该分析出"收｜起去",而不是"收起｜去"。

3. 由相同的 V/A 构成的"V/A 起去"与"V/A 起来"

在老舍小说语言中,趋向动词作补语,最常见的是与"起去"相对的形式"起来",这与现代汉语的一般用法相同,例如:

(10) 武端把西服<u>收起来</u>换上华丝葛大褂,黄色皮鞋改为全盛斋的厚底宽双脸缎鞋。(《赵子曰》卷一)

(11) 这样把话<u>藏起来</u>,他就更觉得它们的珍贵。(《四世同堂》四十一)

(12) 祥子刚想收步,脚已碰到一些<u>高起来</u>的东西。(《骆驼祥子》卷三)

"起来"作补语的数量远远高于"起去"。以《四世同堂》为例,"起来"作补语有461例次(排除"立起来、坐起来"类中的由"立、坐"等动词表示的动作而形成的身体<u>直立</u>或半直立状态的实义的"起来"),而"起去"作补语只有23例次,"V/A 起来"是"V/A 起去"的约20倍。

从整体上看,带趋向补语"起去"的动词、形容词,也常带"起来"作趋向补语,这一点从上边所举的例(10)、(11)、(12)中也可以看出。那么,在同一个文本里,在同一个动词或形容词后作补语,"起去"与"起来"的使用情况如何呢? 在250万字的老舍小说语料库中,我们以"起去"为基准、以文本为单位,通过统计,将两者对比情况列表如下。①

表2　老舍中文小说语言中"起去"与"起来"作趋向补语对比统计

	藏	隐藏	收藏	收	飞	高	带	揣	跳	跳腾	卷	拿	吊	拉	飞脚	幸	共计
起去	26	1	2	17	7	3*	1	1	2	3**	1	1	1	1	1	1	69
起来	12	1	1	2	4	2	0	1	0	2	2	2	0	3	0	0	32

注: *含"高了起去"1例次,即例(8); **含"跳腾不起去"1例次,即例(9)。

---

① 我们的统计,依据"以'起去'为基准"和"在同一文本中"两个原则。比如,"高起去"和"高了起去"只出现在《小坡的生日》和《骆驼祥子》两部长篇小说中,那么,我们考察相对应的形式"高起来"和"高了起来",也只限于这两个文本,别的文本不在考察统计之列。这个统计与王灿龙(2004)先生的结论不同。

从表 2 可以看出，在含有"V/A 起去"的同一文本中，同一个 V/A，构成的"V/A 起来"远远少于"V/A 起去"："V/A 起去"例次是"V/A 起来"的 2.16 倍，作补语的"起来"不到"起去"的一半。比如，收入《老舍全集》第一卷的《二马》中有 3 例次"收起去"，却没有相对应的形式"收起来"。从意义角度来看，"藏"与"收"，以及"隐藏""收藏"等，都有｛位移｝｛纳入另一空间｝的意思，这与有｛离开｝意思的"去"语义协调。老舍小说创作在 20 世纪 20 年代用于"起去"前的动词只有 4 例次"收"和 1 例次"藏"、1 例次"高"，虽然由相同动词构成的"收起来"有 1 例次，但两者表义也有区别：

（10）武端把西服<u>收起来</u>换上华丝葛大褂，黄色皮鞋改为全盛斋的厚底宽脸缎鞋。（《赵子曰》卷一）

（13）他的笑容已完全<u>收起去</u>，声音提高了一些。（《赵子曰》卷一）

例（10）"收起来"表示｛位移｝，但还存在于同一空间（"收起来"之前与之后，"西服"都在室内），而例（13）则表示"笑容"从脸上｛位移｝并"完全"消失，"消失"也可以理解为｛进入另一空间｝，只不过这个空间为"零"。从同一文本中这种"起来"与"起去"的对立来看，即便是本来含有｛位移｝｛纳入另一空间｝义的动词，也会因使用与"起去"相对的"起来"作补语，从而使｛纳入另一空间｝义被抵消。

即便是本身没有｛位移｝｛纳入另一空间｝义的动词"带"和形容词"高、幸"，带上趋向补语"起去"后所形成的"带起去""高起去"和"幸起来"［例（7）］，却具有了这个意思：

（14）大蝎——请我把手枪<u>带起去</u>，又和我面对面的坐下——伸着一个短手指说。（《猫城记》卷二）

（15）有时候，一直的往下落，好像一片树叶，无依无靠的往下飘，手脚也没了劲，随着风儿飘，越落下面越深，怎么也看不见地。哎呀，哎呀，又<u>高起去</u>了；刚一喘气，忽——又头朝下落下来了！（《小坡的生日》卷二）

表示性质的"高""幸"进入"起去"前边，表示变化，具有了｛位移｝和｛纳入另一空间｝的意思。所以，在同一文本中，就没有相应的表示朝向参照点的"来"构成的"带起来""高起来""幸起来"。在250万字的老舍小说语料库中，由"藏"构成的"藏起去"有26例次，占"V/A起去"总例次的37.68%，由"收"构成的"收起去"有17例次，占"V/A起去"总例次的24.64%，如果再算上"隐藏起去、收藏起去"，这四种形式加起来共有46例次，占"V/A起去"总量的66.67%。另外，"藏起去"和"收起去"的数量远远高于相对应的形式"藏起来"和"收起来"："藏起去"是"藏起来"的2.167倍，而"收起去"竟然是相对应形式"收起来"的8.5倍。从这种情况来看，**表示｛位移｝｛纳入另一空间｝的意思的词语与趋向动词"起来"或"起去"搭配，老舍更倾向于使用"起去"；而表示｛位移｝｛纳入另一空间｝与"去"的词汇意义具有很强的相关性。这也是"去"与"来"以及"起去"与"起来"的差别所在**。这类词语的典型可以说是"收"：在老舍作品中最后一例次"V/A起去"，就是出现于自传体长篇小说《正红旗下》（未完，1962年中止）中的"收起去"。在老舍最满意的作品《四世同堂》中，即便是跟同一个动词组合，出现例次相同，所构成的"V起去"与"V起来"仍旧意义不同，形成很鲜明的对比：

(16) 为了爱情，哪一个年轻的姑娘都希望自己能<u>飞起去</u>一次。（《四世同堂》三十一）

(17) 一起来，他就看了城墙一眼，他恨不能一伸胳臂就<u>飞起去</u>，飞到城墙那边。（《四世同堂》六十六）

(18) 两只黑鸦在不远的坟头上落着，<u>飞起来</u>，又落下。
（《四世同堂》七十八）

(19) 坟头上的一对乌鸦又<u>飞起来</u>，哀叫了两声，再落下。
（《四世同堂》七十八）

例（16）"飞起去"，是要到达一个有异于目前状态的理想的世界，而例（17）则是一个实在的不同于现在位置的空间——"城墙那边"。这两个都属于"另一空间"范围，所以例（16）、（17）两句后边都没有表示回到原空间的小句；而从例（18）和例（19）最后的小句"又落下"和"再落下"来看，说明乌鸦还是在原来的空间之内。当然，这种空间，不是绝对的客观空间，而是主观的认知空间。我们推测，例（16）、（17）的空间变化，与例（18）、（19）的原空间不变，是导致老舍选择"起去"与"起来"的语言心理动因，即便"飞"这个动词本身并不含有｛纳入另一空间｝的意思，但带上趋向动词"起去"构成"飞起去"，就具有了｛位移｝｛纳入另一空间｝的意思，而"飞起来"却没有｛纳入另一空间｝的意思。这也正是"起去"与"起来"语义差别的所在。

4. 老舍小说语言中"V/A 起去"的变化轨迹

从使用频率来看，在趋向动词系统中，"起来"是一个强势趋向动词，而"起去"则是一个弱势趋向动词。这种对比是很明确的。在近代汉语、现代汉语的发展过程中，"起去"处于萎缩状态。据邢福义（2005）看，作为现代白话文经典作家，老舍在小说语言运用中，对"起去"的使用是比较多的。实际上，在老舍四十余年的小说创作中，对"起去"的运用是不均衡的，"V/A 起去"与"V/A 起来"相对比率的变化轨迹是比较清晰的，请看下边作趋向补语的"起去"与"起来"对比表。[①]

[①] 本表所统计的"起来"，是"藏起来、哭起来"中的"起来"，而排除了"立起来、坐起来"类形式中的"起来"。我们认为后一类"起来"，是一种通过前面的动词"立、坐"等表示的动作而达到身体直立或半直立的状态，具有实实在在的动作意义，与"藏起来、哭起来"中的"起来"不同。简单地说，本表中所统计的作趋向补语的"起来"，是虚化成分。如果不加区分笼统的统计，"起来"作趋向补语的比例更高。

附录二 白话文经典作家老舍作品中为什么有"起去"？

表3　　老舍中文小说语言中不同年代"起去"与"起来"作趋向补语情况对比统计

		20世纪20年代	20世纪30年代	20世纪40年代	20世纪50至60年代初
文本		《老张的哲学》、《二马》、《赵子曰》、《小坡的生日》（1929—1930）①	《猫城记》《离婚》《牛天赐传》《骆驼祥子》《文博士》《赶集》《樱海集》《蛤藻集》《火车集》《天书代存》《小人物自述》《集外》《蜕》	《火葬》、《四世同堂》（1—87章）、《贫血集》《民主世界》、《小青不玩娃娃了》、《小白鼠》（后两篇为短篇小说，收入《老舍全集》第8卷《集外》）	《无名高地有了名》、《正红旗下》（未完，1962年中止）、《电话》（后一篇为短篇小说，收入《老舍全集》第8卷《集外》）
"藏"等16个词的不同分布②	+起去	6（收、藏、高）	34（藏、隐藏、收、飞、高、带、揣、跳、跳腾、拿、幸、飞脚）	28（藏、隐藏、收藏、收、飞、卷、吊、拉）	1③（收）
	+起来	4	59	21	0
	起去：起来	1：0.67	1：1.74	1：0.75	1：0
总对比	V/A起去	6	34	28	1
	V/A起来	284	766	572	114
	起去：起来	1：47.33	1：22.53	1：20.43	1：114

在老舍四十余年间的小说创作中，对作趋向补语的"起去"与"起来"的运用比例，20世纪30年代与40年代差别不大，都是一比

---

①　根据《老舍全集》第19卷第509页（《老舍年谱》部分），《小坡的生日》最后两万字是1930年3月半月间完成于上海郑振铎家中。

②　这里的统计，依据"以'起去'为基准"和"在同一年代"两个原则，与表2有所不同。如某个年代出现了"藏""收"与"起去"构成的"藏起去、收起去"，那么，即便同年代中某个文本没有"藏起去""收起去"而有"藏起来""收起来"（比如《老张的哲学》没有"收起去"而只有"收起来"），也在统计之列。下同。所以这一部分与下面的"总对比"一栏的数据和比例不同。这部分数字后括号里边为出现在这一阶段"起去"前的动词、形容词。

③　钟兆华（1988）从《正红旗下》找到2例次"V起去"："收起去、飞起去"；其中含有"飞起去"的例子是"您看看，全是凤头，而且是多么大，多么俊的凤头啊！美呀！飞起去，美；落下来，美；这才算地道玩艺儿！"，但核对纸质图书，这个例子无论是在《老舍文集》第7卷（人民文学出版社1984年版）第284页，还是《老舍全集》第8卷（修订本，2012年）第545—546页，都是"飞起来"而不是"飞起去"。所以，老舍《正红旗下》中只有一个"收起去"："待了一会儿，她把泪收起去，用极大的努力把笑意调动到脸上来。"这也是20世纪50—60年代老舍小说中最后唯一的"V起去"。当然，这并不是老舍全部作品在50—60年代的孤例，因为这一时期老舍戏剧中还有"V起去"的例子。

· 561 ·

二十多,而20年代的是1∶47.33,50年代至60年代初,竟是1∶114。这个近似拱形曲线的数据变化之巨大,出现在同一个作家笔下,是非常值得研究的。这也从另一个角度说明"V/A起去"在老舍小说语言运用上的特异性。表3依据年代对老舍小说的划分,实际上也包含了作者创作时所处地域的变化,亦即,老舍20世纪20年代的创作是居于国外,主要是伦敦;30—40年代,除了短暂的到北平结婚、为母亲祝寿以及到西北劳军,基本都是在我国济南、青岛、武汉、重庆和美国度过的;50—60年代,在故乡北京,最后的小说创作《正红旗下》1962年未完中止。据此,对表3进行改造,制成表4。

表4　　　　老舍中文小说创作不同年代不同地域"起去"与
"起来"作趋向补语情况对比统计

		20世纪20年代	20世纪30年代	20世纪40年代		20世纪50—60年代
创作地及起止时间		伦敦、新加坡（伦敦:1924.9至1929.6;新加坡:1929.10至1930.2）	山东、武汉（济南:1930.7至1934.9;青岛:1934.9至1937.11;武汉:1937.11至1938.8）	重庆（1938.8至1946.3）	美国（1946.3至1949.10）	北京（1949.12.12至1966.8.24离世）
文本		（略）	（略）①	（略）	（略）	（略）
"藏"等16个词的不同分布	+起去	6	34	23	5	1
	+起来	4	57	19	3	0
	起去∶起来	1∶0.67	1∶1.68	1∶0.83	1∶0.60	1∶0
总对比	V/A起去	6	34	23	5	1
	V/A起来	284	766	478	94	114
	起去∶起来	1∶47.33	1∶22.53	1∶20.78	1∶18.8	1∶114

5. 老舍小说语言中的"V/A起去"是来自山东方言以及西南官话吗?

从表4的"总对比"中可以看出,与"V/A起来"相比,老舍

---

① 未完成长篇小说《蜕》1938年2月至1939年3月在《抗到底》刊出,《老舍全集》第19卷中所附的《老舍年谱》未载写作时间。老舍1938年8月14日到重庆,考虑到语言影响从听到某种方言到书面表达中可能会有一点该方言的痕迹要隔相当一段时间,我们把《蜕》放到"山东/武汉"段统计。

"V/A 起去"使用比例比较高的时期，都是生活在国外或非北京话方言地域的时期；20 世纪 30—40 年代国内山东—重庆时期，使用比例高于 20 年代的伦敦时期；而同样是在国内，重庆时期比山东时期略高；而 50—60 年代的北京时期，"起去"使用率最低，"起来"竟然是"起去"的 114 倍。那么，这种地域因素，在老舍小说创作的语言运用中起到什么作用呢？

我们首先考虑，在时间的河流之外，从作家在非北京话区域生活受到地域方言因素的影响入手，来解释这种现象。

有"起去"的地点方言，《现代汉语方言大词典》（第 4 卷：3043—3044）列了武汉、丹阳、长沙、银川、绩溪、厦门；从发表的论文和转引的文献来看，许多非北京官话区都有"起去"，[①] 邢福义（2015）更认为"从河北到山东，从山西、陕西到四川，从江西到湖北、湖南，一直到台中和海南，都有'起去'的说法"。除去在国外的时间，20 世纪 30—40 年代老舍主要是在山东（济南、青岛）、武汉和重庆。其中在武汉和在重庆时西北劳军，这两段时间各半年左右，影响不大；但武汉（李荣，2002；邢福义，2002）以及陕西都有"起去"（注释①）。

关于山东方言，笔者咨询过著名方言学家张树铮先生（寿光，1956）[②]，以及同行学友戚晓杰（威海，1960）、王世臣（临沂，1974）、李登桥（冠县，1972）、殷晓杰（青岛，1980）、秦曰龙（广饶，1979）、刘一梦（威海，1987）以及媒体人郝华忠（牟平，1965）。张树铮先生回复笔者："印象是近些年来才听到这种说法，不过都是从电视或网络上接触到的，明显感觉是外地的方言。是否山东个别地方有这个说法，不敢肯定，但大体上可以说，山东方言中没有'起去'"，并告诉笔者

[①] 湘方言（邢福义，2002；崔振华，2007）、陕西方言（邢福义，2003；马晓琴，2007）、山西方言［侯精一《现代晋语研究》（转引自李先耕，2004）；乔全生《晋方言语法研究》（转引自李先耕，2004）；张光明，2004；延俊荣，2012、2015］、内蒙古方言［马国凡等《内蒙古汉语方言志》（转引自李先耕，2004）］、安徽方言（转引自李先耕，2004）、四川方言（转引自李先耕，2004；张清源，1998；邢福义，2002）、湖北方言（邢福义，2002；夏君，2015）、江西方言（邢福义，2002；彭玉兰，2006；钟兆华，1988）、贵州黔北与黔西北方言（钟兆华，1988）、闽南话（李英哲，2004）。

[②] 括号内为出生地及出生年份，下同。

姜仁涛《胶东方言特征词研究》（齐鲁书社2016年版）也没有列这个词。后五位同行学友的长辈与本人都不说"起去"；只有在老家陪父母过年的戚晓杰教授说，威海话只有作谓语的"起去"，是"起来＋离开"的意思。这与老舍在济南期间创作的童话小说《猫城记》中，"起去"作连谓前项的孤例的意思基本一致。邢福义（2002）的调查中也举一例山东莱阳学生使用"起去"作谓语的例子。检索清代《醒世姻缘传》（署名西周生，身份不详）和蒲松龄《聊斋俚曲集》这两部比较公认的山东方言作品，前者有"起去"19例次，后者有6例次，其中23例次都作谓语或兼语式的后谓语，只有1例次作宾语，1例次作补语：

（20）望见狄希陈座船将到，各役一字排开，跪在岸上，递了手本。船上家人张朴茂分付起去，岸上人役齐声答应，狄希陈在船上甚是得意。（《醒世姻缘传》第91回）[宾语]

（21）拿绳子来，把他手脚背绑在一堆，从梁上抽将起去，着他肚皮朝地。（《聊斋俚曲集·磨难曲》第28回《张春报怨》）[补语]

另外，蒲松龄文言色彩较重的《聊斋志异》中也有一例"起去"作谓语的例子。可以说，近代汉语山东方言中"起去"基本是作谓语而现在极少使用，而且，山东方言中"起去"的用法与老舍作品中的完全不同，老舍250万字小说中"起去"基本都是作补语，作其他成分（连谓前项），只有例（5）一个孤例。

关于四川方言，除了前边注释中提到的文献资料外，笔者向四川同行学友做过咨询，[①]得知"起去""V起去"使用较为普遍，但用法与

[①] 在此谨向春节期间回复我咨询的四川同行学友袁雪梅（雅安）、杨小平、吕彦、郑颖琦（南充）、陈家春（自贡）、杜晓莉（广安）、游世强（眉山）、彭佳（泸州）、卫勤（康定）、张凤琳、胡佩伽（成都）、陈思本、许良越（重庆），以及我的同事金科老师（重庆）致谢。同时，也向咨询过其他方言区的谭汝为先生（天津），以及同行学友王洪钟、卢德平、周正（江苏）、雒鹏、景盛轩（甘肃）、陈年福、胡一伟（江西）、马洪海、安华林、李金正、武明都（河南）、唐善生、赵贤德、周国祥、田祥胜、周浩（湖北）、王帅臣、刘力坚（河北）、张磊（昆明）、张超、王伟（贵州）、魏鸿钧（台北），以及前边所列的山东师友同行致谢。

老舍有些不同：1）老舍用得最多的"藏起去"在笔者的调查范围内说得不多，只有眉山话、泸州话、重庆话有；2）"起去"与运动动词搭配，常表示"去"的方式，如"每天去学校我都是跑起去的，不是走起去的"，这种意义和用法《汉语大词典》和《近代汉语词典》中都没有。

钟兆华（1988）在论文注释中提及胡明扬先生曾对他说，老舍语言可能受西南官话影响；李先耕（2004）通过网络咨询"老舍纪念馆"，穆澜回复说，老舍在1937年前没有到过西南。从我们前面对山东方言和四川方言的说明来看，应该说老舍对"V/A起去"的用法，不是来自山东方言和同属于西南官话的武汉方言、重庆方言，因为：1）在没有到过有"起去"的山东和重庆之前，老舍20世纪20年代在国外的小说创作，已经有了"V/A起去"的用法；2）老舍对"V/A起去"的使用，既不同于山东方言，也不同于四川方言。

6. 老舍小说语言中"V/A起去"，是来自老舍的母语北京话吗？

从1899年出生到1924年9月去伦敦之前，出身于北京下层满族旗人家庭的老舍，接受了近代师范教育，做小学教师、小学校长、劝学员，入基督教，做公益，25岁前只有半年时间在天津任教，作为纯粹的北京人，老舍说着一口地道的北京话。那么，20世纪20年代伦敦—新加坡时期，老舍小说语言中使用的"V/A起去"，是来源于老舍先生的母语北京话吗？

在当代北京话研究文献中，徐世荣等的五种北京话词典没有收"起去"；[①] 周一民先生（1998：53）认为"'起去'在当今北京话中已完全绝迹"；卢小群（2017：257）举了老舍小说中的3个例子，认为"老北京土话中还保留着'起去'的用法"。根据笔者检索，当代

[①] 这五部词典是：徐世荣编《北京土语辞典》，北京出版社1990年版；陈刚、宋孝才、张秀珍编《现代北京口语词典》，语文出版社1997年版；舒济主编《老舍文学词典》[《语言篇》（杨玉秀编），北京十月文艺出版社2000年版。该部分初版为杨玉秀编《老舍作品中的北京方言词语》，北京大学出版社1987年版]；高艾军、傅民编《北京话词语》，北京大学出版社2001年版；董树人编《新编北京方言词典》，商务印书馆2010年版。

北京作家作品中王朔小说①、120集大型室内剧《我爱我家》、郭宝昌小说《大宅门》中，都没有出现作谓语和趋向补语的"起去"；年长老舍12岁、30年代成名的评书艺人陈士和（1887—1955，北京人）1954年10月至1955年1月录制的《评书聊斋志异》②中没有"起去"。往上推，清末《官话指南》（1881）、《语言自迩集》（第二版，1886）③、《燕京妇语》（1906）、《小额》（1908）、《春阿氏》（1911）、清末民初蔡友梅的小说集《损公作品》④中，都没有"起去"。再往上推，在《红楼梦》之后的北京话作品中，嘉庆年间的《镜花缘》（作者为北京大兴人李汝珍，初刻版是1817年）中也没有"起去"。有的学者提到在道光年间旗人作家文康的《儿女英雄传》（1866—1872）中有"起去"（李先耕，2004：82；邢福义，2015），但笔者没有找到⑤。从北京方言词典，北京方言调查研究，以及北京现当代作家作品，近代清中晚期、清末民初等作品的检索情况来看，应该说，除了老舍作品以外，至少19世纪20年代以后，在北京话中"起去"就不再使用了。

那么，得出的结论自然就是，老舍20世纪20年代中期以后，在伦敦进行小说创作时使用"起去"，不是受北京话影响，不是来自老

---

① 王灿龙（2004）在王朔小说《我是你爸爸》中找到一个"V起去"："那么你是坏到起去了，更应该把你们拆散！"因为是老舍后北京当代作家作品中的孤例，我们核对了两种纸质图书，该例所在的无论是1992年华艺出版社出版的《王朔文集·矫情卷》（第三卷351页），还是1995年华艺出版社出版的《王朔文集》（第四卷173页），都是"那你们就是坏到一起去了，更应该把你们拆散！"，而不是"那么你是坏到起去……"。
② 陈士和讲述：《评书聊斋志异》（第一集、第二集），百花文艺出版社1980年版。
③ 刘云主编：《早期北京话珍稀文献集成·语言自迩集（第二版，威妥玛编著）》（卷三，影印本），北京大学出版社2017年版。
④ 周建设主编：《明、清、民国时期珍稀老北京话历史整理与研究·损公作品》（3卷，影印本），首都师范大学出版社2014年版。
⑤ 笔者只找到一例邢福义先生（2002）举过，李先耕先生（2004）也提及的"V起去"："那老儿答应着，站起去了。"（第十二回）但此例应分析为"站起｜去了"，而不应分析为"站｜起去了"，因为上下文如下："那亲家老爷……。坐了一会，便告辞外边坐去。安太太又说：'你们亲家两个索性等消停消停再说话罢。'那老儿答应着，站起去了。"所以，后一个小句说的是"那老儿""站起"和"去了"（离开）两个连续的动作。这样分析，还有一个证据，就是《儿女英雄传》中同时也有"站起"的用法："说话间，十三妹站起整理中衣，张金凤便要去倒那盆子"（第9回）。所以，我们认为19世纪中晚期的《儿女英雄传》中，已经没有"起去"及"V起去"了。

舍的母语——北京话。

7. 老舍小说语言中"V/A 起去"的真正来源

李先耕（2004）引述周一民（1998）举《红楼梦》第 31 回和第 70 回两个例子说"'起去'在早期北京话中曾经有过"，并举老舍作品的 3 个例子说明"老舍作品也偶有'起去'用例……'起去'在当今北京话中已完全绝迹"后，认为"《红楼梦》与老舍作品中的'V 起去'大概是早期北京话从近代汉语诗文小说中继承下来的"，"老舍先生或许读早期的白话小说较多，因而有些影响，但使用'起去'也只是出现在'藏起去'、'收起去'、'飞起去'、'高起去'等有限的场合"。此说前半部对来源的推测，甚是有理。

一般说来，书面语言表达与阅读积淀有很密切的关系，从作家的早期创作中，一般都可以找到对自己所喜爱的作家作品的模仿痕迹。老舍是对自己创作活动反省、总结比较多的作家，生前曾出版《出口成章》等五个谈创作的文集，分类为"文论"的《老舍全集》第 16 卷、第 17 卷以及第 18 卷（部分）竟共有 1795 页之多。老舍多次谈到青年作者词汇贫乏，是由于缺乏对中国古典文学的涉猎；在谈创作的语言问题时，老舍多次举《三国演义》《水浒传》《红楼梦》等古代小说的例子，比如，《言语与风格》中讲短句足以表现迅速的动作，举了一段《水浒传》"血溅鸳鸯楼"的描写[①]；在《语言、人物、戏剧》中谈到语言的地方化时，引了《红楼梦》第 39 回刘姥姥进大观园与贾母的一大段对话[②]，还专门写过《〈红楼梦〉不是梦》的专论。老舍接受过系统的近代教育，阅读过大量的古代小说，1926 年在伦敦大学开过"唐代的爱情小说"讲座（1932 年发表英文稿[③]），在 1946 年发表于纽约《学术建国丛刊》第 7 卷第 1 期的《中国现代小说》（英文稿）中认为，对中国现代小说影响最大的是四部古代小说《三国演义》《水浒传》《金瓶梅词话》和《红楼梦》，"明朝最出名的是《金瓶梅》，……

[①] 《老舍全集》第 16 卷，人民文学出版社 2013 年版，第 229—230 页。
[②] 《老舍全集》第 16 卷，人民文学出版社 2013 年版，第 598—599 页。
[③] 《老舍全集》第 19 卷，人民文学出版社 2013 年版，第 512 页（《老舍年谱》部分）。《老舍全集》第 17 卷有马小弥译文《唐代的爱情小说》，但第 34 页的注释说明与此不符。

这部小说在本文作者看来，无疑是中国最伟大的作品之一"①。老舍20世纪20年代在伦敦大学东方学院任教期间，曾与英国学者克利门·艾支顿合租住房，互教语言，并帮助后者把《金瓶梅词话》翻译成英文②，可见老舍对这部名著的推崇。

据时贤研究，"起去"作谓语的用法最早见于《史记》（邢福义，2003；王灿龙，2004）；从举例来看，作补语的用法最早见于宋代，除了《汉语大词典》第5764页举的《朱子语类》的"……都从《复》上推起去"例子外，白维国（2015：1617—1618）还举了：

（22）韩不用科段，直便说起去，至终篇自然纯粹成体，无破绽。（《朱子语类》卷一三九）

（23）旧时见说厮杀都欢喜，而今只怕签起去。（楼钥《北行日录》）

以及宋元《古今小说》的两个例子。此外，"起去"在元曲、元评话、敦煌变文、明清小说中也可以找到。前列的几部长篇小说，除了《三国演义》文言成分较重而没有"起去"以外，《水浒传》《金瓶梅词话》《红楼梦》，以及老舍没有明确提及的《西游记》《梼杌闲评》《封神演义》《野叟曝言》《歧路灯》中都有"起去"和"V起去"的用法，③《儒林外史》《二十年目睹之怪现状》《官场现形记》中只有"起去"而没有"V起去"。为了宣传抗战，老舍甚至完全采用白话话本小说形式、语言，创作过短篇小说《兄妹从军》（《老舍全集》第8卷《集外》）。因此，老舍接受早年白话小说阅读的语言影响而使用"起去"，完全是有可能的。当然，老舍作品中的"V/A起去"，不止李先耕先生所列的几种。

以下大体以时间为序，以《水浒传》《西游记》《金瓶梅词话》

---

① 《老舍全集》第17卷，人民文学出版社2013年版，第478页。中文本为马小弥所译。
② 参看舒云（1999）；陈进武（2009）；舒乙（2006：207—211）。
③ 见钟兆华（1988）、邢福义（2002；2003；2005；2015）、李先耕（2004）、王灿龙（2004）等先生的研究。

《红楼梦》四部长篇小说中的"V起去"(含"V将起去")为例,进行说明(括号内的数字为构成"V起去"的数量)。

《水浒传》([明]施耐庵,江苏人):

共有"V起去"5例次。构成"V起去"的动词只有"掷、飞(4)"两个:

(24)武松再把右手去地里一提,提将起来,望空只一掷,掷起去离地一丈来高;武松双手只一接,接来轻轻地放在原旧安处。(第28回)

(25)李逵立在手帕上。罗真人喝一声:"起!"那手帕化作一片白云,飞将起去。(第53回)

(26)公孙胜左手仗剑,右手把麈尾望空一掷,那麈尾在空中打个滚,化成鸿雁般一只鸟飞起去。(第96回)

(27)吕枢密在战楼上,正观见宋江阵里"轰天雷"凌振,扎起炮架,却放了一个风火炮,直飞起去,正打在敌楼角上,骨碌碌一声响,平塌了半边。(第112回)

(28)那火炮飞将起去,震的天崩地动,岳撼山摇,城中军马,惊得魂消魄丧,不杀自乱。(第117回)

《水浒传》中相同动词构成的"V起来",只有"飞起来"2例次。

《西游记》([明]吴承恩,淮安人):

对《西游记》中的"V起去",李先耕(2004)、邢福义(2005)两位先生有很细致的研究。《西游记》"V起去"有28例次,构成"V起去"的动词有9个:"跳(16)、飞(3)、抛(2)、撒(2)、迭、飘、丢、摄、长"。笔者依据上列9个动词对相应的形式"V起来"进行检索,找到"V起来"27例次,其中"跳起来"24例次,"飞起来"3例次。《西游记》中"起去"前动词数量较多,是元末明初作家施耐庵的《水浒传》的4.5倍,是清中叶曹雪片的《红楼梦》的3倍。赵元任先生《中国话的文法》(丁邦新译本)认为"下江官话'起去'常有人用"(转引自李先耕,2004);据此我们推论,《西游记》使用"起去"例次远远超出其他作品,可能与其下江官话成分较多有关。

《金瓶梅词话》(明兰陵笑笑生,身份不详):

共有"V起去"3例次。构成"V起去"的动词有"溯(崩)、扒(爬)、回"3个:

(29) 两个因按在一处夺瓜子儿嗑,不防火盆上坐着一锡瓶酒,推倒了,那火烘烘望上腾起来,<u>溯</u>了一地灰<u>起去</u>。(第46回)

(30) 月娘便说:"你昨日辛苦了一夜,天阴,大睡回儿起来。慌的老早就<u>扒起去</u>做甚么?就是今日不往衙门里去也罢了。"(第67回)

(31) 西门庆道:"……今日房下说:'你辛苦了,大睡<u>回起去</u>。……'"(第67回)

《金瓶梅词话》中相同动词构成的"V起来",只有"扒(爬)起来",共有11例次。

《红楼梦》([清]曹雪芹,祖籍辽阳,13岁前居南京,后居北京;高鹗,北京人;整理者:程伟元,苏州人)。

《红楼梦》中共有"V起去"5例次。构成"V起去"的动词有"收(3)、搁、放"3个:

(32) (尤氏……)说道:"平儿,来!把你的<u>收起去</u>,等不够了,我替你添上。"(第43回)

(33) [情景:放风筝]独有宝玉的美人<u>放不起去</u>。(第70回)①

(34) 黛玉道:"我懒怠吃,拿了<u>搁起去</u>罢。"(第82回)

(35) 贾母因命人:"给他<u>收起去</u>罢,别丢了。"(第85回)

(36) (紫鹃走来道:"姑娘经不写了?我把笔砚都收好了?")

黛玉道:"不写了,<u>收起去</u>罢。"(第89回)

---

① 钟兆华(1988)文中说最后一例"戚蓼生序本和乾隆抄本均作'起来'"。

《红楼梦》中相应的"V起来"有13个,其中"收起来"10例次,"放起来"3例次(含1例次"放不起来")。

以上对四大名著的检索是以"V起去"为基准的;与之相对的"V起来"中的动词也都是出现在"起去"前边的。通过相同的动词构成的"V起去"和"V起来"对比,可以看出四大名著中,做补语的"起去"与"起来",实际用法是有差别的:1)"V起去"中的动词,数量多于同一文献的"V起来"中的动词,或者说,"起去"做补语对动词的选择性与"起来"不完全相同;2)用"V起去"表示 {位移} {纳入另一空间} 的意思。请对比《水浒传》中的"飞起去"与"飞起去"。例如:

(25)李逵立在手帕上。罗真人喝一声:"起!"那手帕化作一片白云,飞将起去。(第53回)

(27)……"轰天雷"凌振,扎起炮架,却放了一个风火炮,直飞起去,正打在敌楼角上,……(第112回)

(37)被一丈青眼明手快,早起刀,只一隔,右手那口刀望上直飞起来。(第55回)

(38)只听得山顶上画角齐鸣,众军抬头看时,前后两个炮直飞起来。(第77回)

例(25)是从地上到空中,例(27)是从此处到"敌楼角",都有 {纳入另一空间} 的意思;而例(37)只说明刀离手,例(38)只说飞的动作,两者表示有限、固定的空间。本身没有 {纳入另一空间} 意义的"飞"因进入"起去"前构成"飞起去",就具有了这个意思。这一点,可以与老舍作品的例子例(16)—(19)相参照。

而更为明显的例子,是《西游记》中的"跳(将)起去"和"跳(将)起来":

$$\begin{cases}\text{(39)好猴王，将身一纵，}\underline{\text{跳起去}}\text{，一路筋斗，直至北下观}\\\quad\text{看，见一座高山……（第2回）}\\\text{(40)真个呆子收拾了钉钯，整束了直裰，}\underline{\text{跳将起去}}\text{，踏着}\\\quad\text{云，径往东来。（第30回）}\\\text{(41)行者一骨碌}\underline{\text{跳起来}}\text{，耳朵里掣出铁棒，要打那些和尚}\\\quad\text{……（第16回）}\\\text{(42)长老独坐林中，十分闷倦，只得强打精神，}\underline{\text{跳将起来}}\text{，}\\\quad\text{把行李攒在一处……（第28回）}\end{cases}$$

例（39）和例（40）"跳（将）起去"都表示从地上到天空中，而例（41）例（42）的"跳（将）起来"还是在地上，没有空间变化。在《西游记》中，相同的动词加"起去"或"起来"构成述补结构，在表意上构成明显的对立，由地面到空中，只用"跳（将）起去"，而不用"跳（将）起来"。

《红楼梦》的用法也是如此，请对比：

$$\begin{cases}\text{(32)（尤氏……）说道："平儿，来！把你的}\underline{\text{收起去}}\text{，等不}\\\quad\text{够了，我替你添上。"（第43回）}\\\text{(36)（紫鹃走来道："姑娘经不写了？我把笔砚都收好}\\\quad\text{了？"）黛玉道："不写了，}\underline{\text{收起去}}\text{罢。"（第89回）}\\\text{(43)大嫂子说，前日有一包银子交给亲家太太}\underline{\text{收起来}}\text{了，}\\\quad\text{今日因要还人，大哥令我来取。（第64回）}\\\text{(44)我去问他，他说没有}\underline{\text{收起来}}\text{，还在书架上匣内暂放着，}\\\quad\text{预备八月十五日恐怕要戴呢。（第73回）}\end{cases}$$

例（32）银子在尤氏手里，她让平儿把钱接收过去，例（36）笔砚在黛玉身边，她让紫鹃把它们拿走，两个例子都表示空间的变化。而例（43）银子交给了亲家太太，银子便在亲家太太处，由她收起，存在地没有变化，例（44）因用了否定形式，更没有空间的变化了。

近代汉语白话小说中"V起去"的用法，直接影响到老舍文学创作的语言运用。

"文学是语言的艺术"，而语言艺术的一个重要表现，就是对词语运用的精细选择。对"起去"的使用，老舍有比较细致的辩微，从前述本身包含﹛位移﹜﹛纳入另一空间﹜意义的动词与"起去"的优势搭配，以及本身没有﹛纳入另一空间﹜意思的动词与"起去"和"起来"搭配，用前者形成的"V起去"表示主观认知空间的变化，而用"V起来"表示主观认知空间的不变化，虽有近代汉语白话小说的影响，但更体现了语言大师老舍语言运用的理性自觉。我们认为，深受话本小说影响的老舍，在进行小说创作时，是有这种理性的语言自觉的。这种理性自觉，也表现为不同于近代白话小说"V起去"的语言运用创新：1）活用形容词"高""幸"进入"起去"前，构成"V/A起去"；2）与近代小说相比，老舍用在"起去"前的动词有较大的变化，除了"跳""飞""收""吊"外，老舍运用在"起去"前的其他动词，在前边笔者提到的文献中都没有出现过。此外，近代白话小说中还有比较普遍的"起去"作谓语的用法，但在老舍小说中基本没有被吸收（仅山东时期有一个作连谓短语前项的孤例）。

这样，我们应该得出如下结论，**老舍小说中的"V起去"用法，不是来源于使用"起去""V起去"的汉语方言，也不是来源于老舍先生的母语北京话，而是两方面原因：1）来自文学语言，来自近代白话小说的影响；2）来自老舍作家语言运用的理性自觉，这也是作家的一种语言创新活动。**

8. 地域语言因素对老舍小说语言"V/A起去"使用的影响

老舍小说语言中的"V起去"，既然不是来源于山东方言和西南官话，也不是来源于北京话，而是来自近代白话小说的影响和作家语言运用的理性自觉，那么，老舍生活、工作地区的地域语言因素，对老舍创作语言有什么影响呢？

从表4的年代、创作地及起止时间与"V起去"和"V起来"两种对比比例的变化，我们可以这样说，**长期生活在使用"起去"或同**

时使用"起去"和"V 起去"的方言地域，这种语言背景对老舍"V 起去"的使用，起到了一种巩固和放大的作用。

从总体的比较上看，20 世纪 30 年代末至 1946 年，在"起去"和"V 起去"使用较为普遍的四川时期，与"V/A 起来"相比，老舍"V/A 起去"的使用比例，高于近代汉语主要使用"起去"作谓语而现代极少听到的山东时期；30—40 年代对"V/A 起去"的使用，也明显超过没有方言背景的国外伦敦、新加坡时期，是后者的 2.17 倍；至于 20 世纪 40 年代后期，在美国写作《四世同堂》第三部，"V/A 起去"使用此例增高，应该是前面长达七年半在重庆生活受方言影响的持续，也有文本字数少对比基数小的原因。而"起去"唯一作连谓前项的孤例，出现在老舍到山东的第三年（1932）在济南期间创作的童话小说《猫城记》中，也可算作"起去"在山东方言痕迹较重的近代白话小说中只做谓语，而现代山东方言极少使用的这种语言状态的一种反映。至于 50—60 年代北京生活时期，"V 起去"用得更少，"V 起来"是它的 114 倍，这实际也是地域语言背景的影响——北京话在 19 世纪早期"起去"已经消失，老舍先生来自近代白话小说影响而对"起去"的运用，失去了活的语言的依托，而且是故乡母语的依托。

而落实到具体的语言成分的运用上，从由相同的 V/A 做"起去"和"起来"的述语的角度来看，"V/A 起去"与"V/A 起来"两者之比，在使用"起去"较多的重庆时期，是现代极少听到"起去"的山东时期的 2 倍左右；而无论是 20 世纪 20 年代在伦敦，还是 40 年代后期在美国，两者比值相近，而且都高于重庆时期，这是由于没有地域方言背景，孤悬海外，老舍凭借近代白话小说影响以及语言运用的理性自觉进行创作，比较严格地遵守表示｛位移｝｛纳入另一空间｝义与"起去"搭配，因此"起去"的运用比例高于重庆时期，更高于山东时期。

早期古代白话小说阅读的语言沉淀、积累和作家语言运用的理性自觉，加上 25 年间常年不在北京，而回国后在使用"起去"的非北京方言区的生活，更加深化了"起去"的影响，老舍较多地使用非北京官话区的形式"V/A起去";而20世纪50年代后定居生于斯长于斯的北京,北京方言的母语亲情,磨损了非北京方言的印记,也磨损了具体词语运用的非北京话用法区别——北京方言不使用"起去"这个"约定俗成",最终磨灭了回到故乡北京工作和生活的老舍区分、使用"起去"的语言意识。"起去"模糊了自己的身影,逐渐淡出了老舍的小说语言视线。

9. 老舍小说语言中"V/A起去"的使用是对北京话的偏离,北京话、普通话中没有"起去"

我们认为,老舍对"V/A起去"的运用偏离了北京话的常态,还有一点证明。李先耕(2004:82)列出《红楼梦》"V起去"共有"收起去"3例次,"搁起去"1例次,"放不起去"1例次。这5例次都符合我们所分析的"V起去"{位移}{纳入另一空间}的意思。但与老舍用法相比却有很大不同:在老舍小说语言中,不仅处于"起去"前的V/A数量大为增加,而且在相同V/A后边,"起去"出现69例次,"起来"才出现32例次,"V/A起去"是"V/A起来"的2.16倍。而《红楼梦》却相反,"V起去"有5例次,而"V起来"出现13例次,"V起来"是"V起去"的2.6倍,使用比例完全颠倒过来了。如果以单一作品来比较,从字数角度来看,《红楼梦》86.7万字左右,《四世同堂》65.3万字(不含从英文回译的最后13章),《红楼梦》"起去"前动词有3个,平均每17.34万字出现1例次"V起去";《四世同堂》出现在"起去"前边的动词有"藏、隐藏、收藏、收、卷、飞、吊、拉"8个,是《红楼梦》的2.7倍,构成"V起去"23个,是《红楼梦》的4.6倍,平均2.84万字出现1例次"V起去",是《红楼梦》的6.11倍。可见《红楼梦》中"V起去"运用的萎缩状态,远远超过了二百年后的老舍小说《四世同堂》。

罗竹风(1997:764)收录了"起去":"……❺用在动词后,表示动作趋向",并列举了《朱子语类》前文《水浒传》和《四世同堂》中的各一个例子,并不能证明现代北京话中有"V起去"。如前文第6节中所述,如果早期北京话中有"起去",那么,从19世纪20年代的《镜花缘》以后,北京话中的"起去"就消亡了。这样,也就意味着,"起去"在北京话中消亡了一百多年后,老舍仍在使用"V起去",并持续了近四十年的时间。

我们认为,赵元任(1979:214)、朱德熙(1982:128)以及现代汉语教科书的观点,认为现代汉语中没有"起去"是正确的,因为它以普通话为分析对象,而在作为普通话主要来源和依据的北京话中,"起去"早已消亡。从语言的系统性角度说,北京话中"起去"的消亡、山东方言中"起去"的基本消亡,都来自语言衍化的不平衡性,来自与之相对的"起来"使用的泛化和虚化,"V 起来"占据了"V 起去"的使用空间。语言具有系统性,但这个系统及其衍化,并不是均衡的。历史语言学中所谓的"空格",就是这种不均衡的结果。至于邢福义(2003)提到的丁声树(1909—1989,河南郑州人)等的《现代汉语语法讲话》中收了"起去",我们怀疑是作者语料中收入了其他方言用法,理由有两点:第一,在由《现代汉语语法讲话》的主要作者丁声树、吕叔湘(1904—1998,江苏丹阳人)先后任主编"以收录普通话语汇为主"、"为推广普通话、促进汉语规范化服务"(1978 年第 1 版前言)的《现代汉语词典》中,从 1965 年的送审本(1973 年以"试用本"名义内部发行)以来,都没有收录"起去";第二,吕叔湘(1999:16)"语法要点"讲"动趋式"的部分,也没有列"起去"。因此,我们不同意有些学者主张将"起去"纳入普通话的观点;我们认为对于网络语言中的"起去"用法,首先应该甄别使用者的方言来源,其次,还应该区别与正常语言运用相比,网络用语的语体特点。

作为白话文经典作家,老舍有自己比较稳定的语言风格,但这语言风格,不是一成不变的,作家创作的语言策略和词语使用,会对作品风格、面貌有一定的影响。给人比较突出的印象的,如有意识地使用更多的北京方言词语这种语言使用策略,形成了《骆驼祥子》和《龙须沟》两部作品京味儿强烈的风格;而个别词语的使用,对作品风格的影响会小得多,甚至不大容易看出风格的变化来,如本文所讨论的老舍对"起去"的运用对作品风格的影响,的确不易觉察。

参考文献

白维国主编：《近代汉语词典》（4卷本），上海教育出版社2015年版。

北京大学中文系现代汉语教研室编：《现代汉语》（增订本），商务印书馆2012年版。

陈进武：《浅论老舍与〈金瓶梅〉的译介》，《阅读与写作》2009年第8期。

崔振华：《湘方言中的"起去"已经语法化》，《汉语学报》2007年第3期。

丁声树等：《现代汉语语法讲话》，商务印书馆1961年版。

黄伯荣、廖序东主编：《现代汉语》（增订六版下册），高等教育出版社2017年版。

老舍：《老舍全集》（修订本），第1—8卷，第16—19卷，人民文学出版社2012年版。

李荣主编：《现代汉语方言大词典》（6卷本），江苏教育出版社2002年版。

李先耕：《关于"起去"问题的再思考》，载戴昭铭主编《汉语方言语法研究和探索——首届国际汉语方言语法学术研讨会论文集》，黑龙江人民出版社2004年版。

李英哲：《北方话闽南话的"起来"和"起去"及其隐喻现象》，第二届国际汉语方言语法学术研讨会，2004年。

卢小群：《老北京土话语法研究》，中国社会科学出版社2017年版。

罗竹风主编：《汉语大词典》（缩印本，3卷本，下），汉语大词典出版社1997年版。

吕叔湘主编：《现代汉语八百词》（增订本），商务印书馆1999年版。

马晓琴：《陕西方言中"起去"的用法——兼说"起去"在普通话中不可说》，《陕西教育学院学报》2007年第1期。

彭玉兰：《安福话中的"起去"》，《语文学刊》2006年第16期。

舒济主编：《老舍文学词典》，北京十月文艺出版社2000年版。

舒乙：《老舍的平民生活》，华文出版社2006年版。

舒云：《老舍翻译〈金瓶梅〉》，《党史博览》1999年第1期。

王灿龙：《"起去"的语法化未完成及其认知动因》，《世界汉语教学》2004年第3期。

夏君：《仙桃方言中的三个"起去"》，《湖北师范学院学报》（哲学社会科学版）2015年第4期。

邢福义：《"起去"的普方古检视》，《方言》2002年第2期。

邢福义：《"起去"的语法化与相关问题》，《方言》2003年第3期。

邢福义：《〈西游记〉中的"起去"与相关问题思辨》，《古汉语研究》2005年第3期。

邢福义：《"起去"：双音趋向动词语法系统的一个成员》，《汉语学报》2015年第 1 期。

延俊荣：《山西平定方言"V+起去"的多视角研究》，《南京师范大学文学院学报》2012 年第 3 期。

延俊荣：《山西平定方言"起""去"的趋向动词化》，《汉语学报》2015 年第 1 期。

张光明：《忻州方言的"起去"》，《语文研究》2004 年第 4 期。

张清源：《成都话的"V 起来、V 起去"和"V 起 xy"》，《方言》1998 年第 2 期。

赵元任：《汉语口语语法》，吕叔湘译，商务印书馆 1979 年版。

赵元任：《中国语的文法》，丁邦新译，香港中文大学出版社 1980 年版。

中国科学院语言研究所词典编辑室编：《现代汉语词典》（试用本），商务印书馆 1973 年版。

钟兆华：《动词"起去"和它的消失》，《中国语文》1988 年第 5 期。

周一民：《北京口语语法·词法卷》，语文出版社 1998 年版。

朱德熙：《语法讲义》，商务印书馆 1982 年版。

（本文载《中国语文》2018 年第 4 期。收入本书时删去英文摘要并给文中表格加上标题。）

附录三 《儿女英雄传》中的ABB式状态词及其在现代汉语中的继承与发展[*]

[摘要] 本文以近代汉语向现代汉语过渡时期的经典作品《儿女英雄传》中ABB式状态词为描写对象，说明《现代汉语词典》对其收录情况，并从统计和定性两个角度，分析ABB式状态词中A和BB的构成、"的"的使用情况，以及ABB式状态词的句法功能。认为《儿女英雄传》中ABB式状态词在《现代汉语词典》收录比例高达51%；无论是作为A还是构词数量以及出现例次，主体都为成词语素，而形容词占有绝对优势；BB不是词缀而是表实义的重迭构词语素，BB与A之间是描写说明性语义关系；ABB式状态词带"的"的用法占总例次的81.82%；ABB式状态词在《儿女英雄传》中最主要的功能是作状语，它高于处于第二位的作定语功能近16个百分点。

[关键词] 近代汉语；儿女英雄传；ABB；状态词；经典作品

成书于19世纪中叶的旗人作家文康的小说《儿女英雄传》，属于近代汉语晚期作品，[1]被语法学家龚千炎先生称为"从《红楼梦》通向现代北京话的中途站"。[2]王力先生写作汉语语法学名著《中国现代语法》《中国语法理论》，更以《红楼梦》为主、以《儿女英雄传》

---

[*] 本文为国家社科基金项目"白话文经典对现代汉民族共同语词汇学形成与发展的影响研究"（项目批准号：17BYY143）阶段性成果之二。

为辅作为现代汉语语法描写的语料来源。这说明《儿女英雄传》在汉语史上，有着重要的价值。

一 《儿女英雄传》ABB 式状态词的基本情况

较早关注《儿女英雄传》中状态词的是齐沪扬先生的《谈〈儿女英雄传〉中的形容词重叠》[3]，该文将 ABB 看作形容词重叠的一个小类，把 BB 看作重叠词缀。硕士学位论文有两篇，一篇是陈烁的《〈儿女英雄传〉状态词研究——从〈儿女英雄传〉与〈红楼梦〉的比较看〈儿女英雄传〉中状态词的若干特点》，[4]一篇是杨倩的《〈儿女英雄传〉形容词重叠形式研究》[5]。两篇论文都列出了《儿女英雄传》中作为状态词小类的 ABB 式词语并标明了出现例次，说明了作为状态词或形容词重叠小类的 ABB 的构词和句法功能。陈文将其分作叠词式和附缀式两小类，并把表音的 ABB（如"咕噜噜"）类包括在内，杨文统计出 ABB 共有 100 个，出现 218 例次，将 ABB 根据是否有 AB 对应式将 ABB 分作两类，后者包括：（1）BB 有某种词汇意义，但在 ABB 式中受 A 限制，意义发生了虚化，如"齐臻臻、静悄悄"等；（2）没有具体的词汇意义，即在 ABB 中词汇意义完全虚化，BB 只是音节的重迭，只起结构作用，像"滴溜溜、硬触触"等。

我们根据人民文学出版社弥松颐校注本《儿女英雄传》2014 年第 2 版，参考新疆人民出版社 1996 年根据光绪三十二年（1906 年）上海书局石印本出版的《儿女英雄传》，对杨倩所列出的 100 个 ABB 词语进行逐个核查，重新检索，根据语言单位统一性原则，对意义相同、读音相近的形式进行归并，找出杨文单列为两个不同的词语而实际应看作异形词的词语三组：

怒轰轰～～怒哄哄　忙叨叨～～忙兜兜　齐臻臻～～齐整整

第一组两个词读音相同，后两组 BB 读音相近，但意义相同，试对比：

附录三 《儿女英雄传》中的ABB式状态词及其在现代汉语中的继承与发展

> (1) 只见邓九公皮袄也不曾穿,只穿着件套衣裳的大夹袄,披着件皮卧龙袋,敞着怀,光着脑袋,手里提着他那根压妆的虎尾钢鞭,进了二门,怒吽吽的一直奔东耳房去。(第三十一回)
> (2) 那和尚尽他哀告,总不理他,怒轰轰的走进房去,把外面大衣甩了,又拿了一根大绳出来,(第五回)

> (3) 你怎么一年老似一年,还是这样忙叨叨疯婆儿似的?(第二十二回)
> (4) 大家听了,连忙望外一看,果见公子忙兜兜的从二门外跑进来,忙着跑的把枝翎子也甩掉了。(第四十回)

> (5) 一个个,一层层,都齐臻臻静悄悄的分列两边。(缘起首回)
> (6) 齐整整的好家园,也不怕不重新萧条下来。(第二十九回)

语音形式相近,但意义没有关联,不能算异形词,例如以下两例中的"鼓逢逢":

> (7) 鼓逢逢,第一声,莫争喧,仔细听,人生世上浑如梦。(第三十八回)
> (8) 安老爷进门儿,一眼就看见他那对鼓蓬蓬的大咂儿。(第三十九回)

例(7)"鼓逢逢"中的"逢逢"是鼓声的摹写,因此这例中的"鼓逢逢"不是ABB式状态词。

同时,我们也把拟音性的ABB形式排除于ABB式状态词之外,如"当啷啷、呼噜噜、忒楞楞、拍喇喇"。

经核查,杨文共搜集到的ABB词语有97个,根据其论文附录中的ABB词表中所标注的例次统计,不是218例次,而是214例次。通过逐词核对,补充"文绉绉""兴匆匆""直挺挺"各1例次。此外,我们还收集到ABB词语3个,各出现1例次,它们是:

· 581 ·

簇新新　　　鼓蓬蓬　　　闪烁烁

具体句子如下（"鼓蓬蓬"例见上列第三十九回例子）：

（9）公子打开一看，却是簇新新的一分龙凤庚帖，从那帖套里抽出来，从头至尾看了一遍，原来自己同何玉凤的姓氏、年岁、生辰并那嫁娶的吉日，都开在上面，不觉十分诧异，说道……（第二十三回）

（10）却说那凶僧手执尖刀，望定了安公子的心窝儿才要下手，只见斜刺里一道白光儿，闪烁烁从半空里扑了来，他一见，就知道有了暗器了。（第六回）

这样，《儿女英雄传》中共出现ABB式状态词100个，共出现220例次。

《儿女英雄传》中的100个ABB式状态词，在第7版《现代汉语词典》（2016）中出现的有42个：

颤巍巍	喘吁吁	滴溜溜	恶狠狠	光溜溜
好端端	黑洞洞	黑漆漆	黑魆魆	黑压压
红扑扑	黄澄澄	假惺惺	娇滴滴	静悄悄
空落落	冷清清	冷森森	乱哄哄	乱蓬蓬
乱腾腾	乱糟糟	忙叨叨	明晃晃	明闪闪
气昂昂	轻飘飘	热腾腾	湿漉漉	酸溜溜
文绉绉	香喷喷	笑呵呵	笑嘻嘻	笑吟吟
笑盈盈	雄赳赳	羞答答	血淋淋	眼巴巴
眼睁睁	直挺挺			

此外，还有9个异形词：

沉颠颠（沉甸甸）　　孤另另（孤零零）　　闹轰轰（闹哄哄）

暖溶溶（暖融融） 热呼呼（热乎乎） 热刺刺（热辣辣）
兴匆匆（兴冲冲） 粘糊糊（黏糊糊） 直柳柳（直溜溜）

两者合计，《儿女英雄传》中的 100 个 ABB 式状态词，被第 7 版《现代汉语词典》收录者共有 51 个，占《儿女英雄传》全部 ABB 式的 51%，或者倒过来说，《现代汉语词典》中收录的 208 个 ABB 式状态词有近 1/4 的词语在《儿女英雄传》中被使用，这个比例是比较高的。

二 《儿女英雄传》ABB 式状态词的词法分析

（一）ABB 式状态词中的 A 的情况

《儿女英雄传》中处于 A 位置的成分一共有五种，分别是形容词、动词、名词、区别词和不成词语素。以下分别说明。

1. 形容词

进入 ABB 式状态词 A 位置的形容词有 41 个，具体如下（括号内为构成词语数量）：

颜色类：

白（1） 黑（6） 红（2） 黄（2） 青（1）

感知类：

急（1） 冷（3） 闷（1） 热（4） 暖（1） 臊（1）
湿（1） 酸（1） 香（1） 慌（1） 硬（3） 软（1）
粘（1）

一般性质类：

沉(1)	大(1)	小(1)	光(1)	好(1)	假(1)
尖(1)	娇(2)	静(1)	空(1)	乱(4)	忙(2)
明(3)	嫩(1)	俏(1)	齐(1)	轻(1)	瘦(1)
旺(1)	细(1)	圆(1)	窄(2)	直(4)	

这些形容词构成的 ABB 式状态词有 66 个，占 ABB 式状态词总数的 66%；出现 124 例次，占《儿女英雄传》ABB 式状态词 220 总例次数的 56.36%。无论是从形容词构成的 ABB 式状态词数量——占总词量的 2/3，还是从出现的例次——占总例次的 56.36% 角度来看，一般认为 ABB 式状态词是由形容词构成的，是有很强的语言心理基础的。

《儿女英雄传》由形容词构成的 ABB 式状态词，被《现代汉语词典》收录 33 个，占 ABB 式状态词总量的 33%。这 33 个词出现 79 例次，占总例次的 35.9%。由形容词构成的 ABB 式状态词被收录《现代汉语词典》比例以及出现例次，均占三分之一左右。此外，《儿女英雄传》由形容词构成的 ABB 式状态词占该类词语总量的比例，与《现代汉语词典》中由形容词构成的 ABB 式状态词占该类词语总量的比例相同。这两点说明《儿女英雄传》与现代汉语普通话的高度一致性。

还有一些 ABB 式状态词，在北京话里，不仅 A 可以独立成词，AB 也可以成词：

<u>白嫩</u>嫩	<u>光溜</u>溜	<u>黑暗</u>暗	<u>慌张</u>张	<u>冷静</u>静
<u>冷清</u>清	<u>忙碌</u>碌	<u>忙叨</u>叨	<u>明亮</u>亮	<u>嫩绰</u>绰
<u>齐整</u>整	<u>轻飘</u>飘	<u>热呼</u>呼	<u>细条</u>条	<u>窄巴</u>巴
<u>粘糊</u>糊	<u>直柳</u>柳			

2. 动词

能进入 ABB 式状态词 A 位置的动词有以下 11 个：

颤(1)	喘(1)	鼓(1)	闹(1)	活(1)	飘(1)

闪（1）　怒（1）　笑（4）　羞（1）　着（1）

其中"着"是｛燃烧｝义：

（11）通共一间屋子，上下两层楼，底下倒生着着烘烘的个大连二灶。（第三十二回）

这11个动词构成ABB式状态词14个，占ABB式状态词的14%；出现55例次，占《儿女英雄传》ABB式状态词出现总例次的25%。

由这11个动词构成的ABB式状态词，被《现代汉语词典》收录的有8个。这8个词在《儿女英雄传》中出现47例次，占总例次的21.36%。

3. 名词

进入ABB式状态词A位置的名词有以下5个：

气（1）　文（1）　铁（1）　血（1）　眼（2）

由这5个名词构成ABB式状态词有6个，占总词量的6%；出现19例次，占《儿女英雄传》ABB式状态词出现总例次的8.64%。

由名词构成的ABB式状态词《现代汉语词典》收录5个，收录比例最高。

4. 区别词

由区别词构成的ABB式状态词只有一个"金烘烘"，出现1例次。

5. 不成词语素

《儿女英雄传》中进入ABB式状态词A位置的不成词语素有13个，构成的ABB式状态词13个，出现21例次，占总例次的9.55%。全部词语情况如下：

悲切切　簇新新　滴溜溜　恶狠狠　孤另另
和蔼蔼　年轻轻　凄惨惨　威凛凛　兴匆匆

雄赳赳　　絮叨叨　　战兢兢

此类 ABB 式状态词，有些 AB 成词，如"悲切、簇新、滴溜、和蔼、年轻、凄惨、絮叨"。

由不成词语素构成的 ABB 式状态词，《现代汉语词典》收录"滴溜溜、恶狠狠、孤另另、兴匆匆、雄赳赳"5 个，出现 10 例次，占总例次的 4.55%。

对上述分析进行汇总，用四个表格表示如下。

表 1　　　　　　　ABB 式状态词中 A 的性质对比

	A 为形容词	A 为动词	A 为名词	A 为区别词	A 为不成词语素	总计
A 的数量	41	11	5	1	13	71
所占比例 1（%）	57.75	15.49	7.04	1.41	18.31	100
所占比例 2（%）		81.69			18.31	100

表 2　　　　ABB 式状态词中不同性质的 A 的构词情况对比

	A 为形容词	A 为动词	A 为名词	A 为区别词	A 为不成词语素	总计
构词数量	66	14	6	1	13	100
所占比例 1（%）	66	14	6	1	13	100
所占比例 2（%）		87			13	100

表 3　　　不同性质的 A 构成的 ABB 式状态词出现例次对比

	A 为形容词	A 为动词	A 为名词	A 为区别词	A 为不成词语素	总计
词语例次	124	55	19	1	21	220
所占比例 1（%）	56.36	25	8.64	0.45	9.55	100
所占比例 2（%）		90.45			9.55	100

表 4　不同性质的 A 构成的 ABB 式状态词《现代汉语词典》收录情况对比

	A 为形容词	A 为动词	A 为名词	A 为区别词	A 为不成词语素	总计
构词数量	66	14	6	1	13	100
《现代汉语词典》收录	33	8	5	0	5	51
被收比例（%）	50	57.14	83.3	0	38.46	51

在《儿女英雄传》的 ABB 式状态词中，A 是成词语素的占 A 总数的 81.69%，构成的 ABB 式状态词占状态词总数 87%，所构成词语的出现例次数占总例次数的 90.45%。这说明，在 ABB 式状态词构成中，A 为成词语素的，占有绝对优势。

(二) ABB 式状态词中 BB 的情况

《儿女英雄传》的 ABB 式状态词中，出现在 BB 位置的成分绝大多数具有特异性，只有一个搭配成分的有 70 个，有 2 个及以上搭配成分的，只占 30%。最多的有 6 个搭配成分，不过只有 1 个。以下分别说明（中括号内为异形形式，圆括号内为能与之搭配的成分 A）。

(1) 只有 1 个搭配成分的，有 70 个，例如：

（白）嫩嫩　　（悲）切切　　（颤）巍巍　　（沉）颠颠
（喘）吁吁　　（簇）新新　　（恶）狠狠　　（孤）另另
（好）端端　　（和）蔼蔼　　（黑）暗暗　　（黑）洞洞

(2) 有 2 个搭配成分的，有以下 7 个：

（大、热）剌剌　　　　（忙、絮）叨叨
（红、热）扑扑　　　　（热、粘）呼呼 [糊糊]
（硬、直）橛橛　　　　（眼、窄）巴巴
（鼓、乱）蓬蓬

(3) 有 3 个搭配成分的，有以下 2 个：

（尖、俏、窄）生生　　　（乱、热、旺）腾腾

(4) 有 4 个搭配成分的，有以下 1 个：

（滴、光、酸、直）溜溜 [柳柳]

（5）有6个搭配成分的，只有1个：

（金、乱、闹、怒、臊、着）哄哄［烘烘/轰轰/哗哗］

100个ABB式状态词，处于BB位置上的成分共有81个，平均每个BB构词1.23个，BB与A组合搭配的特异性很强，不具有类推性。

（三）ABB式状态词的内部结构

对于ABB式状态词中的BB，王力《汉语史稿》[6]、赵元任《汉语口语语法》[7]、吕叔湘主编的《现代汉语八百词》[8]、朱德熙《语法讲义》[9]等都将其看成重叠词缀，高校通行现代汉语教科书提到这个问题的，一般也是这样看的①；有的看作意义有些虚化的重叠的词根语素，邵敬敏先生把它看作处于向词缀发展过程中的成分，称之为"类后缀"或"准后缀"[10]；马庆株先生将"白皑皑""光闪闪"和"喘吁吁""硬邦邦"中的"皑皑""闪闪""吁吁""邦邦"看作叠音实义成词语素，因为这些形式可以作为一个词来使用，而将其他形式，如"黑乎乎""红通通""羞答答""直瞪瞪"中后边的重叠形式看作词缀[11]。我们不同意这种观点。理由有以下三点。

（1）词缀具有构词的普遍性，比如单音节动词后边加"－子"构成名词；而ABB式状态词中的BB特异性很强，组合能力很低，最多只构成6个ABB式状态词，而构成一个词的比例竟高达70%。

（2）后缀读轻声，而BB不读轻声，即便是AB中B读轻声，如"忙叨""絮叨"，但"忙叨叨""絮叨叨"中的"叨叨"并不读轻声，而读高平调（阴平）。

（3）作为词缀，在构词上表达附加的意义或色彩，而ABB式状态词的BB很多都有比较实在的意义，与典型的词缀不同。比较下边的例子：

---

① 黄伯荣、廖序东主编：《现代汉语》（增订六版下），国家"十一五""十二五"规划教材高等教育出版社2017年版，第13页；刘叔新主编：《现代汉语理论教程》，国家"九五"规划教材，高等教育出版社2002年版，第146页；周一民主编：《现代汉语》，国家"十一五"规划教材，北京师范大学出版社2007年版，第236页；邵敬敏主编：《现代汉语通论》（第三版下）国家"十一五""十二五"规划教材，上海教育出版社2016年版，第10页。

(12) 真个的,热呼呼的。(第三十五回)

(13) 大家热刺刺的听了"作别"二字,受恩深处,都不觉滴下泪来。(第十回)

(14) 老爷转过身来,才合他对了面儿,便觉那阵酒蒜味儿往鼻子里直灌不算外,还夹杂着热扑扑的一股子狐臭气。(第三十八回)

(15) 那一个里面是香喷喷①热腾腾的两碗热汤儿面。(第二十八回)

"热呼呼"表示热的触感;"热刺刺"{形容像被火烫着一样}[12]1094,在这里表示一种强烈的心理刺激;"热扑扑"表示温热的挥发感;"热腾腾"{形容热气蒸腾的样子}[12]1095。

从以上三点考虑,我们认为,《儿女英雄传》ABB 式状态词中的 BB 不是词缀,而是实义性的重叠式构词语素。

BB 既然不是词缀,那么 BB 与 A 之间就不是附加关系。那么,两者之间是什么性质的构词关系呢?我们认为,BB 与 A 之间,是描写说明性关系。如上面所列举的含有"热"的 ABB 式状态词,"呼呼""刺刺""扑扑""腾腾"从不同的角度对前边的"热"进行描写说明,从而形成各自词义上的差别。再如,《儿女英雄传》中出现以"直"为 A 构成的 ABB 式状态词有 4 个"直矗矗、直橛橛、直柳柳(直溜溜)、直挺挺":

(16) 他拳头已经打出去了,一眼看见那女子背上明晃晃直矗矗的披着把刀,(第六回)

(17) 大爷直橛橛的跪着给老爷磕头陪不是呢!(第四十回)

(18) 姑娘此时是怎么教怎么唱,捧了香炉,恭恭敬敬直柳

---

① 人民文学出版社弥松颐校注本《儿女英雄传》2014 年第 2 版第 542 页作"香喷喷",新疆人民出版社 1996 年根据光绪三十二年(1906 年)上海书局石印本出版的《儿女英雄传》第 396 页作"香喷喷"。笔者向张涌泉先生请教,张先生认为应该是人民文学出版社本排版错误。我们采信张先生的说法并致谢意。另外,现代北京话中也没有"香喷喷"这种说法。

柳的跪在那边。(第二十四回)

(19) 说着,扎煞着两只胳膊,直挺挺的就请了一个单腿儿安。(第十五回)

《现代汉语词典》收录了上列中的3个词,其中一个作为方言词收录:

【直橛橛】(～的)〈方〉形 状态词。形容挺直。

【直溜溜】(～的)形 状态词。形容笔直的样子。

【直挺挺】(～的)形 状态词。形容僵直的样子。[12]1681

从《现代汉语词典》释义并结合《儿女英雄传》中的用法,我们知道,"直橛橛"中的"橛橛"从僵硬而不弯角度描写说明"直","直溜溜"中的"溜溜"是从光滑笔直角度描写说明"直","直挺挺"中的"挺挺"是从僵直角度描写说明"直",而"直蠹蠹"中的"蠹蠹"是从高高突起角度描写说明"直"。因此把ABB式状态词中的BB说成词缀,没法解释带有同一个"直"带上不同的重叠形所构成的不同的ABB式状态词彼此之间在词义上的区别。

(四)带"的"的情况

《现代汉语词典》在描述ABB式状态词时,都有"(～的)",亦即认为这类词语在运用中一般都带有"的"。在《儿女英雄传》中,220例次的ABB式状态词运用中,带有"的"的有180例次[含共带,如上文例(5)和例(15)],不带"的"的用法有40例次。其分布情况如下表所示。

表5　　　　　　　　ABB式状态词带"的"的情况

	定语	状语	谓语	补语	宾语	小句	例次
例次	63	98	45	6	4	4	220
带"的"	59	82	29	4	2	4	180
带"的"所占比例(%)	93.65	83.67	64.44	66.67	50	100	81.82

在《儿女英雄传》中，ABB 式状态词带"的"的用法占出现总例次的 81.82%，应该说这个比例是比较高的。也就是说，ABB 式状态词在运用中，以带"的"为常态。

这说明，在处于近代汉语晚期的《儿女英雄传》中，古汉语中的 ABB 式状态词，与以《现代汉语词典》为代表的现代汉语状态词"ABB 的"更为接近。

三　《儿女英雄传》ABB 式状态词的句法分析

在《儿女英雄传》中，ABB 式状态词可以作谓语、定语、状语、补语、宾语和小句，没有作主语的用法。以下分别加以说明。

（一）作谓语

ABB 式状态词作谓语，共有 45 例次，占总例次的 20.45%。例如：

（20）到了家，只见门前冷静静的，众家人都不在跟前，只有个刘住儿在那里看门。（第三十六回）

（21）你们这么年轻轻儿的，心里就肯送到这件事上头，难为你们俩。（第四十回）

（22）老爷等闲不曾开过这个眼，只慌得局踏不安，才待回避，邓九公一把拉住说："老弟，你这又嫩绰绰了，这有甚么的呢。"（第三十九回）

（二）作定语

ABB 式状态词作定语，共有 63 例次，占总例次的 28.64%。例如：

（23）我看姐姐这等细条条的个身子，这等娇娜娜的个模样儿，况又是官宦人家的千金，怎生有这般的本领？（第八回）

（24）只见黑压压的树木丛杂，烟雾弥漫，气象十分凶恶。

（第十一回）

　　（25）只见他眉宇开展，气度幽娴，腮馦桃花，唇含樱颗；一双尖生生的手儿，一对小可可的脚儿。（第十二回）

（三）作状语

ABB式状态词作状语，共有98例次，占总例次的44.55%。例如：

　　（26）（那女子）那副热泪就在眼眶儿里滴溜溜的乱转，只是不好意思哭出来。（第五回）

　　（27）（那少妇）便在方才安太太坐的那个坐褥上跪下，娇滴滴悲切切叫了声："姐姐，你想得我好苦！"（第二十回）

　　（28）正在心里踌躇，只见张进宝喘吁吁的跑来禀道……（第二十四回）

（四）作宾语

ABB式状态词作宾语，共有4例次，占总例次的1.82%：

　　（29）不怕星光月下，看着那人家是黑洞洞的，下去必得手。（第三十一回）

　　（30）张太太又是一番气象了，除了绸裙儿缎衫儿不算外，头上是金烘烘黄块块，莫讲别的，只那根烟袋，比旧日长了足有一尺多。（第二十九回）

　　（31）不怕夜黑天阴，看着那人家是明亮亮的，下去不但不得手，巧了就会遭事。（第三十一回）

在《儿女英雄传》中，ABB式状态词作宾语很受限制，只出现作判断词"是"的宾语一种用法。

（五）作补语

ABB式状态词作补语（含补语的中心语），共有6例次，占总例

附录三 《儿女英雄传》中的 ABB 式状态词及其在现代汉语中的继承与发展

次的 2.73%：

(32) 我听你说的要紧，方才闹得那等乱哄哄的，我只怕有些失闪，如今幸而无事，原包交还。(第九回)

(33) 一段话，说了个乱糟糟，驴唇不对马嘴，更来的不着要！(第二十五回)

(34) 这个人来得有点子酸溜溜，还外带着挺累赘。(第十七回)

(35) 姑娘左右扶定了两个喜娘儿，下了轿，只觉脚底下踹得软囊囊的，想是铺的红毡子。(第二十八回)

(36) 这些话我心里也有，就是不能像他说的这么文诌诌的。(第一回)

(37) 这个当儿，邓九公暗暗的用那大巴掌把安老爷肩上拍了一把，又拢着四指，把个老壮的大拇指头伸得直挺挺的，满脸是笑，却口无一言。(第十七回)

ABB 式状态词作补语或补语中心语，都是组合式述补短语的补语，前边有结构助词"得（的)"或结构助词"个"[1]，后者如例 (33)。

（六）作小句

作为话语的构成成分，小句可以简单界定为"话语中，处于前后两个停顿之间，书面上有逗号或分号与其他成分隔开的言语片段"。全部 ABB 式状态词作小句的用法，共有 4 例次，占总例次的 1.82%：

(38) 姑娘上了轿子，只觉四围捂盖了个严密，里边静悄悄的，黑暗暗的，只听得咕咚咕咚的鼓声振耳。(第二十七回)

(39) （只听说金子是件宝贝……）你看看，黄澄澄的，怪爱

---

[1] 我们把"说了个乱糟糟"中的"个"看作结构助词，"个"前的"说了"是述语，"个"后边的"乱糟糟"是补语。参见聂志平《有关"得"字句的几个问题》，《语言文字学》1992 年第 7 期。

人儿。(第九回)

(40) 那书房自从腾给邓九公住了,这一向那些书还不曾归着清楚,乱腾腾的,他一个人扎在那里作甚么?(第三十三回)

(41) 忙伸手摸了摸他的脑袋,说:"真个的,热呼呼的。"(第三十五回)

对于上述分析,可用表6概括。

表6　　　　　　　　ABB 式状态词句法功能对比

	定语	状语	谓语	补语	宾语	小句	例次
例次	63	98	45	6	4	4	220
比例(%)	28.64	44.55	20.45	2.73	1.82	1.82	100

这说明,ABB 式状态词在《儿女英雄传》中最主要是作状语,其占比高于处于第二位的作定语近16个百分点。使用例次占20%以上的是状语、定语和谓语三种功能,合计达93.64%,这说明 ABB 式状态词的语用功能基本是描写。

[本文2018年6月在"第十六届全国高校现代汉语教学研讨会"(贵阳)上,曾得到刁晏斌、邵敬敏、赵春利先生的指正,谨致谢意]

参考文献

[1] 向熹:《简明汉语史》(修订本,上),商务印书馆2010年版。

[2] 龚千炎:《〈儿女英雄传〉是〈红楼梦〉通向现代北京话的中途站》,《语文研究》1994年第1期。

[3] 齐沪扬:《谈〈儿女英雄传〉中的形容词重叠》,《淮北煤炭师范学院学报》(社会科学版)1993年第2期。

[4] 陈烁:《〈儿女英雄传〉状态词研究——从〈儿女英雄传〉与〈红楼梦〉的比较看〈儿女英雄传〉中状态词的若干特点》,硕士学位论文,西北师范大学,2001年。

[5] 杨倩:《〈儿女英雄传〉形容词重叠形式研究》,硕士学位论文,河南大学,2013年。

[6] 王力：《汉语史稿》（修订本），中华书局1980年版。

[7] 赵元任：《汉语口语语法》，吕叔湘译，商务印书馆1979年版。

[8] 吕叔湘主编：《现代汉语八百词》（增订本），商务印书馆1999年版。

[9] 朱德熙：《语法讲义》，商务印书馆1982年版。

[10] 邵敬敏：《ABB式形容词动态研究》，《世界汉语教学》1990年第1期。

[11] 马庆株：《现代汉语词缀的性质、范围和分类》，《汉语语义语法范畴问题》，北京语言文化大学出版社1998年版。

[12] 中国社会科学院语言研究所词典编辑室编：《现代汉语词典》（第7版），商务印书馆2016年版。

附录 《儿女英雄传》中的ABB式状态词

（100个词语，出现220例次。有下画直线者为《现代汉语词典》收录者，下画波浪线者为字形不同于《现代汉语词典》的异形词语。词后数字为出现例次数）

白嫩嫩1	悲切切1	颤巍巍6	沉颠颠2	喘吁吁3
簇新新1	大剌剌1	滴溜溜1	恶狠狠2	孤另另1
鼓蓬蓬1	光溜溜1	好端端20	和蔼蔼1	黑暗暗1
黑洞洞2	黑漆漆1	黑糁糁1	黑魆魆1	黑压压3
红暗暗1	红扑扑1	慌张张2	黄澄澄1	黄块块1
活跳跳1	急煎煎1	假惺惺3	尖生生1	娇滴滴2
娇娜娜1	金烘烘1	静悄悄6	空落落1	冷静静1
冷清清2	冷森森4	乱哄哄（乱烘烘1）2		乱蓬蓬1
乱腾腾1	乱糟糟3	忙碌碌4	忙叨叨（忙兜兜1）3	
闷沌沌1	明晃晃3	明亮亮1	明闪闪1	闹轰轰1
嫩绰绰1	年轻轻2	怒轰轰（怒吽吽）2		暖溶溶1
飘细细1	凄惨惨1	气昂昂3	齐整整（齐臻臻）2	
俏生生1	青焰焰1	轻飘飘1	热呼呼1	热剌剌2
热扑扑1	热腾腾3	软囊囊1	臊轰轰1	闪烁烁1

<u>湿漉漉</u>1	瘦怯怯1	<u>酸溜溜</u>1	铁铮铮2	旺腾腾1
文诌诌（文绉绉1）7	威凛凛1	细条条3	<u>香喷喷</u>1	
小可可1	笑呵呵6	笑嘻嘻23	笑吟吟6	<u>笑盈盈</u>2
<u>兴匆匆</u>4	雄赳赳2	<u>羞答答</u>1	絮叨叨1	<u>血淋淋</u>2
<u>眼巴巴</u>1	眼睁睁4	硬触触1	硬橛橛1	硬强强1
圆彪彪2	窄巴巴1	窄生生1	<u>粘糊糊</u>1	战兢兢3
着烘烘1	<u>直蠢蠢</u>1	直橛橛3	<u>直柳柳</u>1	<u>直挺挺</u>3

［本文载《浙江师范大学学报》（社会科学版）2019 年第 2 期。收入本书时删去英文摘要并补充了词表附录］

附录四 萧红作品中ABB式状态词结构、功能及语言风格初探

[摘要] 本文通过定量和定性相结合的方法，分析现代白话文重要作家萧红作品中的ABB式状态词的使用状况。萧红作品进入ABB式状态词A位置的成分形容词超过一半，BB只出现一次者高达76.47%；BB不是重叠词缀，而是表实义的构词语素；在句法功能方面，ABB式状态词占第一位的是作定语，占总例次的近1/3；通过统计发现，作为一个语言单位使用的不是ABB，而是"ABB+的"。通过与老舍白话文经典作品《四世同堂》对比可以发现，萧红作品中的ABB式状态词具有使用频率高、临时创造性强和在小说与散文中运用有很大差异三个特点。这些特点与萧红小说景物描写比重高、情感内敛而寓情于景、借景抒情的写作风格相关。

[关键词] 汉民族共同语；萧红；状态词；词汇学；语言风格

[中图分类号] H146　　[文献标识码] A

[文章编号] 2095-7602（2019）07-0099-08

出身北京官话区[①]的黑龙江籍作家萧红（1911—1942，黑龙江呼兰人），是中国现代文学史上的重要作家。她在不到十年的创作生涯中，留下近百万字的作品，为典范的现代汉语白话文宝库留下了一大

---

① 根据音韵结构、调类和调值的基本一致，林焘先生把北京、承德、东北的大部（辽南、辽东半岛以及吉林南部通化一带除外）以及内蒙古的部分地区（赤峰、林西，和满洲里以东、以南地区）划为以北京话为代表的北京官话区。参看林焘《北京官话区的划分》，载《方言》1987年第3期，第166—171页。

笔遗产，其文学和语言都值得我们学习、研究。其语言运用不仅可以为东北方言研究、北京官话研究，也可以为汉民族共同语研究提供重要的参考。

章海宁主编的五卷本《萧红全集》①是目前收录萧红作品最全的文集，它收录了萧红小说、散文、诗歌、书信、戏剧和谈话，其中前三卷是小说，第四卷是散文，第五卷是其他部分。考虑到语体和语言使用的因素，杂合他人语言运用的第五卷不纳入本文考察范围。本文语料及数据统计来自前四卷，即萧红小说和散文部分，其中第三卷中的短篇小说《红玻璃的故事》是骆宾基根据萧红的讲述于其去世一年以后追记的，故不取。另外，在语料检索中，我们排除了鲁迅、茅盾、胡风等人为萧红作品所作的序和读后记等文本形式，同样也是考虑到文本的纯粹性。

本文行文中作为对词语的说明，义项放在"{ }"内；例句出处标明篇名和《萧红全集》卷数。

一 萧红作品中 ABB 式状态词的基本情况

根据我们所做的语料库，萧红全部小说、散文共有 64.6 万字（不含目录），其中小说 46.7 万字，散文 17.9 万字。从中共检索到 ABB 式状态词 262 例次，其中词形 125 个。从读音和意义两个角度合并异形词，分析出 ABB 式状态词 117 个，其中合并异形词语 8 个，具体如下（括号内为异形词语）：

  黑乎乎（黑忽忽、黑糊糊、黑虎虎）
  火辣辣（火刺刺、火喇喇）　　红澄澄（红橙橙）
  金乎乎（金呼呼）　　　　　　毛茸茸（毛绒绒）

根据我们的统计，《现代汉语词典》（第 7 版）共收录 ABB 式状态

---

① 章海宁主编：《萧红全集》（五卷本），北京燕山出版社 2014 年版。

词208个。萧红作品中出现的ABB式状态词与《现代汉语词典》(第7版)完全同形者45个,异形者4个,共计49个。具体情况如下。

词形相同者:

白茫茫	白花花	赤裸裸	潮乎乎	滴溜溜
黑洞洞	黑乎乎	黑沉沉	黑黝黝	黑漆漆
黑压压	红通通	红扑扑	黄澄澄	静悄悄
空洞洞	懒洋洋	亮晶晶	冷清清	冷森森
绿茸茸	绿油油	乱纷纷	毛茸茸	毛烘烘
慢吞吞	明晃晃	麻酥酥	闹嚷嚷	气冲冲
轻飘飘	热辣辣	热烘烘	热腾腾	湿漉漉
甜丝丝	稀溜溜	笑呵呵	笑嘻嘻	笑吟吟
笑盈盈	阴森森	圆滚滚	圆溜溜	直挺挺

词形相异者(括号内为第7版《现代汉语词典》中的词形):

碧悠悠[①](碧油油)　　孤伶伶(孤零零)
厚敦敦(厚墩墩)　　热忽忽(热乎乎)

也就是说,萧红作品中有41.88%的ABB式状态词为75年后的《现代汉语词典》(第7版)所收录,或者说,第7版《现代汉语词典》中有23.56%的ABB式状态词在75年前的萧红作品中出现过。

ABB式状态词在萧红作品中的出现频率相差较大,出现频率最低的只有1例次,有71个词,占词语总量的60.68%;有5个词出现8例次以上,其中出现频率最高的13例次;在1—8例次,出现频率与词语数大体成反向相关。详见表1。

[①] "碧悠悠"在萧红作品中用于形容水:"但是那边东湖的碧悠悠清水,她每一想起来,她总起着无限的怀恋的心情,从前她每天在东湖上划船。"(卷三《马伯乐》),与《现代汉语词典》第73页中"碧油油"的意义相同,故看作"碧油油"的异形词。

表1　ABB式状态词出现频次对比

出现次数	1	2	3	4	5	6	7	8	9	11	12	13	总计
词数	71	21	9	3	2	4	2	1	1	1	1	1	117
百分比(%)	60.68	17.95	7.69	2.56	1.71	3.42	1.71	0.86	0.86	0.86	0.86	0.85	100
例词	白生生、痴呆呆	黑压压、红通通	白花花、火辣辣	蓝瓦瓦、笑吟吟	黄澄澄、慢吞吞	黑乎乎、甜蜜蜜	亮晶晶、笑盈盈	闹嚷嚷	白亮亮	黑洞洞	黑沉沉	静悄悄	

二 萧红作品中 ABB 式状态词的词法分析

(一) ABB 式状态词中 A 的情况

在萧红作品中,构成 ABB 式状态词中 A 的,有形容词、动词、名词、区别词与其他成分。以下分别加以说明。

1. 形容词(括号内为构成 ABB 式状态词的数目。下同)

能进入 ABB 式状态词 A 位置的形容词有 30 个。

颜色类形容词,共 8 个:

白(5) 黑(8) 红(6) 黄(5) 灰(1) 蓝(2)
绿(3) 青(1)

感觉类形容词,共 8 个:

热(3) 冷(1) 湿(1) 甜(1) 香(1) 潮(1)
亮(4) 软(1)

一般性质类,共 14 个:

高(1) 厚(1) 混(3, hún) 静(1) 空(1)
懒(1) 乱(2) 密(1) 慢(1) 胖(1)
轻(1) 阴(1) 圆(3) 直(3)

这 30 个形容词构成 64 个 ABB 式状态词,占 ABB 式状态词总量的 54.7%,平均每个形容词构词 2.13 个。这 64 个 ABB 式状态词出现 163 例次,占总例次的 62.21%。这说明,ABB 式状态词由形容词构成是有很强的语言心理基础的。

2. 动词

能进入 ABB 式状态词 A 位置的动词有 7 个:

胡（1，同"煳"｛烧焦｝）　活（1）　麻（1，｛麻木｝）
闹（1）　笑（5）　羞（2）　醉（1）

由动词构成的 ABB 式状态词共有 12 个，占 ABB 式状态词总量的 10.26%，平均每个动词构词 1.7 个。这 12 个 ABB 式状态词出现 34 例次，占总例次的 12.98%。

3. 名词

能进入 ABB 式状态词 A 位置的名词有 7 个：

火（1）　毛（4）　墨（1）　气（1）　土（1）　药（1）
油（3）

由名词构成的 ABB 式状态词共有 12 个，占 ABB 式状态词总量的 10.26%，平均每个名词构词 1.71 个。这 12 个 ABB 式状态词出现 22 例次，占总例次的 8.39%。

4. 区别词

能进入 ABB 式状态词 A 位置的区别词有 1 个"金"，构成 ABB 式状态词 2 个：

金洞洞（1）　金乎乎（1）

5. 其他

这种情况可以分作三个小类。

(1) A 成词，AB 成词，但 ABB 的意思更接近 AB

属于这种情况的有 19 个：

赤裸裸　痴呆呆　沉重重　沉实实　伏贴贴　粉红红
飘忽忽　年轻轻　甜蜜蜜　稀疏疏　稀溜溜　稀零零
旋转转　直爽爽　圆溜溜　冷清清　凉爽爽　热忽忽
颤抖抖

（2）A 不成词，AB 成词

属于这种情况的有 4 个：

  滴溜溜 忽闪闪 水灵灵 热闹闹

（3）A 不成词，AB 不成词

属于这种情况的有 4 个：

  碧悠悠 孤伶伶 明晃晃 乌洞洞

上列三类中，成词的 AB 都是形容词或动词；其中，形容词有"痴呆、沉重、沉实、粉红、冷清、凉爽、年轻、水灵、甜蜜、稀疏、热闹、热乎、直爽"，还有三个东北方言词语："稀溜、稀零（ling/leng）、圆溜"；动词有"赤裸、伏贴、飘忽、忽闪"。

对上述分析进行汇总，用三个表格表示如下。

表 2 ABB 式状态词中 A 的性质对比

	A 为形容词	A 为动词	A 为名词	A 为区别词	其他	总计
A 的数量	30	7	7	1	27	72
所占比例（%）	41.67	9.72	9.72	1.39	37.5	100

表 3 ABB 式状态词中不同性质的 A 的构词情况对比

	A 为形容词	A 为动词	A 为名词	A 为区别词	其他	总计
构词数量	64	12	12	2	27	117
所占比例（%）	54.7	10.26	10.26	1.71	23.08	100

表 4 不同性质的 A 构成的 ABB 式状态词出现例次对比

	A 为形容词	A 为动词	A 为名词	A 为区别词	其他	总计
词语例次	163	34	22	3	40	262
所占比例（%）	62.21	12.98	8.39	1.15	15.27	100

无论是从充当 ABB 式状态词中 A 构成状态词,还是所构成的词语的出现频率来看,形容词都具有绝对优势,这也是人们把 ABB 式状态词看作由单音节形容词扩展构成的词语的现实心理基础。

(二) ABB 式状态词中 BB 的情况

根据确定语言单位的同一性原则,通过语音和语义两个方面的相同或相似,我们对 ABB 式状态词中的 BB 进行归并,比如:

(1) 他的白了一半的头发高丛丛的,从他的前领相同河岸上升着的密草似的直立着。(《莲花池》卷二)

(2) 连爷爷的胡子也一向就那么长,也一向就那么密重重的一堆。(《莲花池》卷二)

在《现代汉语词典》中,"丛"有｛聚集｝｛生长在一起的草木｝[1]219的意思,而"重重"有｛一层又一层｝[1]181的意思,所以与"密重重"意思不合,作为北京官话的一部分,东北方言有些地方平翘舌相混,而且北京作家老舍也有"从新"(平舌音)、"重新"(卷舌音)并用的用法,所以,我们把"密重重"中的"重重"与"丛丛"作归并处理,看作同一个构词成分。经过这样处理,得出 BB 共有 84 个。

出现两次及以上的 BB 共有 18 个,构成 ABB 式状态词 51 个;有 66 个 ABB 式状态词都是由只出现一次的 BB 构成。例如:

白茫茫	白煞煞	白生生	痴呆呆	沉重重	沉实实
伏贴贴	粉红红	活鲜鲜	黑漆漆	黑压压	红堂堂
忽闪闪	胡焦焦	黄宁宁	混沌沌		

作为构词成分只出现一次的 BB 占所有 BB 的 78.57%,所构成的词语占所有 ABB 式状态词的 56.41%。这说明在 ABB 式状态词中,BB 具有较强的特异性,而类推性比较差。

构成两个及以上 ABB 式状态词的 BB 情况如下。

构成 2 个词的 BB 有 12 个（方括号内为异形成分；圆括号内为与之组合的 A。下同）：

- 澄澄［橙橙］（红、黄）　　- 沉沉（黑、墨）
- 丛丛［重重］（高、密）　　- 烘烘（毛、热）
- 昏昏（黑、黄）　　　　　　- 亮亮（白、油）
- 爽爽（凉、直）　　　　　　- 扑扑（红、香）
- 蓬蓬（乱、毛）　　　　　　- 茸茸［绒绒］（绿、毛）
- 洋洋（黄、懒）　　　　　　- 黝黝（黑、青）

构成 3 个词的 BB 有 3 个：

- 刺刺［辣辣、喇喇］（红、火、热）
- 溜溜（滴、稀、圆）
- 油油［悠悠］（碧、绿、亮）

构成 4 个词的 BB 有一个：

- 森森（黑、冷、绿、阴）

构成 7 个词的 BB 有 2 个：

- 乎乎［呼呼、忽忽、糊糊、虎虎］（潮、黑、黄、金、热、药、飘）
- 洞洞（黑、红、金、空、混、亮、乌）

（三）BB 是后缀吗？

对于 ABB 式状态词中的 BB，王力《汉语史稿》[2]、赵元任《汉语口语语法》[3]、吕叔湘主编的《现代汉语八百词》[4]、朱德熙《语法讲义》[5]等都将其看成重叠词缀，高校的现代汉语教科书一般也是这样看的①。此外,邵敬敏先生把它看作处于向词缀发展过程中的成分,看作"类后缀"或"准后缀"[6];马庆株先生将"白皑皑""光闪闪"和"喘吁吁""硬邦邦"中的"皑皑""闪闪""吁吁""邦邦"看作叠音实义成词语素,因为这些形式可以作为一个词来使用,而将其他形式,如"黑乎乎""红通通""羞答答""直瞪瞪"中后边的重叠形式看作词缀[7]。我们不同意这种观点,理由有以下三点。

(1) 词缀具有构词的普遍性,但 ABB 式状态词中的 BB 特异性很强,组合能力很低,最多只构成 7 个 ABB 式状态词,而构成一个词的比例竟高达 78.57%。

(2) 后缀读轻声,但 BB 不读轻声。即使 AB 中 B 读轻声,如"热乎",但"热乎乎"中的"乎乎"并不读轻声。

(3) 作为词缀,在构词上表达附加的意义或色彩。比如"-巴"放在单音节动词后,只是使整个"V 巴"与 V 相比增加了 ｛比较随意、轻松｝[8]的附加意义。例如:

(3) 你脸光擦巴擦巴就得了,也不好好洗洗?
(4) 这本书一天就看巴完了。

而 ABB 式状态词的 BB 很多都有比较实在的意义,与典型的词缀不同。比较下边的例子:

(5) 她长得好看哩!她有一双亮油油的黑辫子。(《生死场》卷一)
(6) 马伯乐又笑了笑,他的眼睛是亮晶晶的,含满了眼泪。(《马伯乐》卷三)

---

① 黄伯荣、廖序东主编:《现代汉语》(增订六版下),国家"十一五""十二五"规划教材高等教育出版社 2017 年版,第 13 页;刘叔新主编:《现代汉语理论教程》,国家"九五"规划教材,高等教育出版社 2002 年版,第 146 页;周一民主编:《现代汉语》,国家"十一五"规划教材,北京师范大学出版社 2007 年版,第 236 页;邵敬敏主编:《现代汉语通论》(第三版下),国家"十一五""十二五"规划教材,上海教育出版社 2016 年版,第 10 页。

（7）她扬起头来看一看房顶，就在头上有一块亮洞洞的白缝。（《山下》卷三）

（8）四小时都是白昼，亮通通的，电灯好像小太阳似的照着他。（《马伯乐》卷三）

从语料来看，"亮油油"表示油质感，可以用来描写头发、土地；"亮晶晶"｛形容物体明亮，闪烁发光｝[1]818；"亮洞洞"描写"白缝"，"－洞洞"对应说明｛缝隙｝；"亮通通"说明｛很亮｝，这可以与"红通通"相对比：｛形容很红、红得通透｝[1]540。

从以上三点考虑，我们认为 ABB 式状态词中的 BB 不是词缀，而是实义的重叠式构词语素。

（四）作为语言单位被使用的是重叠式 ABB 还是"ABB＋的"？

《现代汉语词典》（第 7 版）在《凡例》中对状态形容词有个说明："状态形容词或某些重叠式在口语中经常带'的'或'儿的'，条目中一般不加'的'或'儿的'，只是在释义前面加'（~的）'或'儿的'。"[1]3 那么，从萧红作品来看，是一种什么情况呢？

萧红作品共出现 262 例次 ABB 式状态词用例，因 20 世纪三四十年代，状语后的"地"常常写作"的"，所以状语后边的"地"与定语后边的"的"以及作其他成分时后边出现的"的"，我们处理成一个成分。根据这个原则统计，在萧红作品 262 例次 ABB 式状态词用例中，不带"的"的用法共有 7 例次，带"的"的用法有 255 例次。具体分布如表 5。

表 5　　　　　　　　ABB 式状态词带"的"的情况

	定语	状语	谓语	补语	谓宾	小句	总计
例次	86	52	56	10	26	32	262
带"的"	84	51	54	10	26	30	255
比例（%）	97.67	98.08	96.43	100	100	93.75	97.33

不带"的"的用法具体例子如下：

（9）市镇的声音，闹嚷嚷，在500步外听到人哄哄得就有些震耳了。(《莲花池》卷二)

（10）窗子在墙壁中央，天窗似的，我从窗口升了出去，赤裸裸，完全和日光接近。(《饿》卷四)

（11）他笑呵呵。他故意的平静着自己。(《马伯乐》卷三)

（12）从门口望出去，借了灯光，大雪白茫茫，一刻就要倾满人间似的。(《飞雪》卷四)

（13）但是那边东湖的碧悠悠清水，她每一想起来，她总起着无限的怀恋的心情，从前她每天在东湖上划船。(《马伯乐》卷三)

（14）马车停在喇叭声中，大门前的白幡、白对联、院心的灵棚、闹嚷嚷许多人，吹鼓手们响起呜呜的哀号。(《祖父死了的时候》卷四)

（15）我正在台灯下读着一个剧本时，听到郎华和什么人静悄悄在讲话。(《新识》卷四)

其中的 ABB 在例（9）、(10) 中作小句，在例（11）、(12) 中作谓语，在例（13）、(14) 中作定语，而在例（15）中作状语。这 7 个 ABB 式状态词在萧红作品中除了"碧悠悠"只出现一次以外，其他例次 ABB 后都有"的"，而在《现代汉语词典》中的"碧油油"词条解释中也有"（~的)"，说明口语中"碧油油"也是以带"的"为常的。同时，我们还发现，带"的"与否，同语体有一定的关联：ABB 式状态词不带"的"的用法，有 4 例次［上列（10）(12)(14)(15) 例］是出现在散文中的，占不带"的"的用法总例次的 57.14%；而小说中 3 例次不带"的"的用法，仅占小说 ABB 式词语用例 246 例次的 1.22%。这说明，不带"的"的用法可能与散文语言比较"文"或书面化程度较高有关。但即便在散文中，不带"的"的用法也只占散文总例次 16 例次的 1/4。

因此，我们认为，ABB 一般带"的"，构成的状态词为"ABB 的"。因此"ABB 式状态词"实际上指的是"ABB＋的"状态词。一般说 ABB 式状态词，大概因为是"的"的出现率高，以至于在对构词成分的理解中忽视了"的"的存在，比如，词典上就不收录口语中常用的带"的"表示某种职业的"X的"，比如"养蜂的""说相声的"。

三　萧红作品中 ABB 式状态词的句法功能分析

作为状态词，萧红作品的 ABB 式状态词与现代汉民族共同语中状态词的使用一样，有作定语、状语、谓语、补语、谓词性宾语和小句六种功能，而没有出现作主语的用法。具体说明如下。

（一）作定语

ABB 式状态词作定语，是状态词的一种常见用法，萧红作品也是如此。例如：

（16）行在归途上，前面白茫茫的一片，他在最后的一个羊背上，仿佛是大将统治着兵卒一般。(《生死场》卷一)

（17）太阳一出来了，那些在夜里冷清清的丝蔓，一变而为温暖了。(《呼兰河传》卷二)

（18）心里开始感到过份的平静，一刻时间以前那旋转转的一切退去了，烟消火灭了。(《山下》卷三)

在萧红作品中，ABB 式状态词作定语例次最高，共有 86 例次，占 262 总例次的 32.82%，比作状语和谓语分别高 12.97 和 11.44 个百分点。

（二）作状语

作状语也是 ABB 式状态词的一项主要功能。例如：

（19）那手镯好像风车似的，滴溜溜地转，手镯太大了，我的手太细了。(《呼兰河传》卷二)

（20）磨房也一点没有改变，风车也是和他刚来时一样，黑洞洞地站在那里，连个方向也没改换。(《后花园》卷三)

（21）太太在楼上自己还是哭着，把一张亲手做的白花蓝地的

小手帕也都哭湿了,头发乱蓬蓬地盖了满脸。(《马伯乐》卷三)

在萧红作品中,ABB 式状态词作状语例次较高,共有 52 例次,占 262 总例次的 19.85%。

(三)作谓语

作谓语也是萧红作品中 ABB 式状态词的常见用法。例如:

(22)屋子里黑黝黝的,月光从窗子透进来,但,只是一小条,没有多大帮助。(《广告副手》卷四)

(23)那店铺红堂堂的,简直像过年了。(《马伯乐》卷三)

(24)他把我领进去了,那里边黑洞洞的,最里边站着一个人,比画着,还打着什么竹板。(《家族以外的人》卷一)

在萧红作品中,ABB 式状态词作谓语次数是 56 例次,占 262 总例次的 21.38%。

(四)做补语

在萧红作品中,ABB 式状态词作补语共有 10 例次。例如:

(25)那小手掌连掌心都和地上的灰上扣得伏贴贴的,地上好像有无数滚圆的小石子。(《莲花池》卷二)

(26)她脸长得黑忽忽的,笑呵呵的。(《呼兰河传》卷二)

(27)那万道的光芒射在马伯乐的脸上,马伯乐的脸照的金乎乎的,好象他的命运,在未卜之前已经是幸运的了。(《马伯乐》卷三)

ABB 式状态词作补语用法在萧红作品中占总例次的 3.82%,是其功能中使用最少的。

(五)作谓词性宾语

在萧红作品中,ABB 式状态词作谓词性宾语共有 26 例次,占 262 总例次的 9.92%。例如:

(28) 光线一条条地从窗棂钻进来，尘土在光线里边变得白花花的。(《莲花池》卷二)

(29) 夜深了，住在河边上，被河水吸着又特别的凉，人家睡起觉来都觉得冷森森的。(《马伯乐》卷三)

(30) 赵三第一年不种麦，他家是静悄悄的。《生死场》(卷一)

在萧红作品中，ABB式状态词作宾语，前边的动词述语有"是、变得、觉得"3个，其中"是"使用最多，共出现23例次，占宾语总例次的88.46%，此外，"变得"出现1例次，"觉得"出现2例次。因此，可以说萧红作品中作宾语的ABB式状态词都是谓词性宾语。

(六) 作小句

对于小句，我们简单地定义为：句子中，前后有停顿，书面语上用逗号或分号与其他部分隔开的语言片段。依这个判断标准，在萧红作品中，我们检索到ABB式状态词（带"的"或不带"的"）作小句共有32例次，占262总例次的12.21%。例如：

(31) 从后花园透进来的热气，凉爽爽的，风也不吹了，树也不摇了。(《后花园》卷三)

(32) 槽子底上长了不少的蘑菇，黑森森的，那是些小蘑；看样子，大概吃不得，不知长着做什么。(《呼兰河传》卷二)

(33) 四小时都是白昼，亮通通的，电灯好像小太阳似的照着他。(《马伯乐》卷三)

对ABB式状态词句法功能的分析数据，用表格概括如下。

表6　　　　　　ABB式状态词句法功能对比

	定语	状语	谓语	补语	谓宾	小句	总计
例次	86	52	56	10	26	32	262
占比（%）	32.82	19.85	21.38	3.82	9.92	12.21	100

四 萧红作品中 ABB 式状态词运用的风格特点

按《现代汉语词典》（第 7 版）的解释，风格是指："①气度，作风；②一个时代、一个民族、一个流派或一个人的文艺作品所表现的主要的思想特点和艺术特点。"[1]388 因此，我们所理解的萧红作品 ABB 式状态词的风格特点，是指萧红对 ABB 式状态词运用所表现出来的语言特点。在萧红作品中，ABB 式状态词的运用有以下三个特点。

（一）使用频度高

萧红全部小说、散文共有 64.6 万字，ABB 式状态词出现 262 例次，平均每万字出现 4.06 例次。我们取同是北京官话区作家老舍的 20 世纪 40 年代的作品《四世同堂》① 来对比。《四世同堂》共计 65.3 万字（不含从英文翻译回来的后 13 章），ABB 式状态词出现 87 例次，平均每万字出现 1.33 例次。即便单从小说这种语体来对比，萧红小说共 46.7 万字中，ABB 式状态词出现 246 例次，万字比为 5.267，是公认口语化风格作家老舍小说《四世同堂》的 3.94 倍，比例相当悬殊。从而可以看出，萧红作品 ABB 式状态词表现出高频率的特点。

（二）临时创造性强

《现代汉语词典》（第 7 版）共收录 ABB 式状态词 208 个，萧红作品中出现的 117 个 ABB 式状态词，与《现代汉语词典》相同者有 49 个（包括 4 个异形词），占比为 41.88%。老舍《四世同堂》共有 ABB 式状态词 48 个，其中与《现代汉语词典》相同者 30 个（包括 4 个异形词），占比为 62.5%。老舍《四世同堂》中 ABB 式状态词被《现代汉语词典》收录的，是萧红作品被收录的 1.49 倍。也可以这样说，老舍作品中的 ABB 式状态词进入汉民族共同语的比例是萧红作品的近 1.5 倍。萧红作品中的 ABB 式状态词更呈临时性特点，很多 ABB 式状态词在东北话以及北京话中都不说，是萧红根据描写表意需要临时创造出来的。在 117 个 ABB 式状态词中，只出现一次的竟然有 66 个之

---

① 我们使用的《四世同堂》，是人民文学出版社 2013 年修订版《老舍全集》第 4 卷、第 5 卷。

多，占总词数的近 80%（78.57%）。本来不能组合、不能重叠的词语，在萧红作品中，都重叠使用进入 ABB 构词模式相互组合起来，构成 ABB 式状态词，如：

沉重重	沉实实	伏贴贴	粉红红	高丛丛	金洞洞
亮洞洞	金乎乎	土灰灰	软条条	乌洞洞	笑微微
羞惭惭	旋转转	热闹闹	药忽忽	圆隆隆	醉疯疯
直伸伸	直竖竖	直爽爽			

在萧红作品中，这种例子很多：

（34）那小手掌连掌心都和地上的灰上扣得伏贴贴的，地上好像有无数滚圆的小石子。（《莲花池》卷二）

（35）心里开始感到过份的平静，一刻时间以前那旋转转的一切退去了，烟消火灭了。（《山下》卷三）

（36）家人的衣服她不补洗，她只每夜烧鱼，吃酒，吃得醉疯疯地，满院，满屋她旋走；她渐渐要到树林里去旋走。（《生死场》卷一）

（37）马伯乐累得红头胀脸的，可是小雅格却笑微微地坐在爸爸的胳膊上。（《马伯乐》卷三）

"伏贴贴、旋转转"作为复合词"伏贴、旋转"重叠后一个构词语素而构成的状态词，表示增量并具有描写性和表态性；"醉"和"疯"本来不能够搭配、构词，却也在 ABB 词法模式的作用下临时构成了具有描写性的状态词；"笑微微"则由"微笑"语素前后互换，表情状的"微"后移并重叠，具有描写性，表示情态。在作家的笔下，语言成分以异于常态的形式创新搭配，满足摹景表情的表达需要。

（三）小说与散文 ABB 式状态词运用有很大差异

在萧红作品中，ABB 式状态词的分布并不均匀。ABB 式状态词出现的总例次是 262 例次，其中，小说中出现 246 例次，散文中仅 16 例次。ABB式状态词在小说中出现的万字比为5.267，散文为0.894。这意味着在小说中出现的ABB式状态词是散文的近6倍（5.89），两者相差非常大。再考虑到我们对《萧红全集》收录诗歌、戏剧、书信和谈话的第五卷的检索，其中仅有一篇书信出现过2例次的ABB式状态词，我们认为这种ABB式状态词在文本中万字比的显著差别，是小说与散文两种语体语言成分运用差别的重要具体表现之一。

萧红作品所呈现出来的ABB式状态词的使用特点体现了萧红作品的风格，或者倒过来说，这种词语使用是萧红作品风格形成的一个重要原因。一般说，语体作为语文的体式，是服务于不同的表达内容而对词语、句式的不同运用所形成的。而作为语言艺术的创造者，作家在不同的语体中对语言成分的运用，形成了自己的风格。一般对萧红作品语言风格的评价，是散文式（或散点式）、诗化的。我们认为，萧红散文与小说，语言风格也是不同的。散文的书面化程度高些，而小说更口语化一些。因此，ABB式状态词不带"的"的用法在散文中超过一半，而在小说中仅占1.22%。萧红的散文是自述式的，是以人，具体地说，是以"我"为中心，而小说是描写式的，是冷眼旁观、情感内敛、寓情于景、以景抒情的。因此，外在景物的描写在萧红小说中占有较大的篇幅，这给萧红小说带来很强的画面感，有一种田园诗式格调。萧红小说中，对景物描写的较高比重，应该与萧红有绘画爱好有很大关系，由此带来另外一个词语运用上的特点：表示光线与颜色的词语使用率比较高。茅盾为萧红代表作《呼兰河传》所作的序中，就其"不像一部严格意义的小说"作了这样一个说明："它这'不像'之外，还有些别的东西——一些比'像'一部小说更为'诱人'些的东西：它是一篇叙事诗，一幅多彩的风土画，一串凄婉的歌谣。"[9]这种整体的感觉是对的。另外，ABB式状态词使用频率高，也许是萧红创作中想通过ABB部分重叠所带来的韵律效果，达到一种音画结合的绘景抒情效果。这种语言表达策略，使小说中表现描写性主观性的ABB式状态词语大量出现，有时，甚至同一个句子中，ABB式状态词出现两次以上，这一点在萧红代表作《呼兰河传》中表现得尤为突出：

（38）正临着这热闹闹的后花园，有一座冷清清的黑洞洞的磨房，磨房的后窗子就向着花园。（《后花园》卷三）

（39）湖边上那小莲花池，周围都长起来了小草，毛烘烘的，厚敦敦的，饱满得像是那小草之中浸了水似的。（《莲花池》卷二）

（40）家家户户都是黑洞洞的，家家户户都睡得沉实实的。（《呼兰河传》卷二）

（41）这地方的火烧云变化极多，一会红堂堂的了，一会金洞洞的了，一会半紫半黄的，一会半灰半百合色。（《呼兰河传》卷二）

（42）她想着想着，因为手上涂了酒觉得凉爽，就要睡一觉，又加上烧酒的气味香扑扑的，红花的气味药忽忽的。（《呼兰河传》卷二）

参考文献

[1] 中国社会科学院语言研究所词典编辑室编：《现代汉语词典》（第7版），商务印书馆2016年版。

[2] 王力：《汉语史稿》修订本，中华书局1980年版，第317页。

[3] 赵元任：《汉语口语语法》，吕叔湘译，商务印书馆1979年版，第105—112页。

[4] 吕叔湘主编：《现代汉语八百词》（增订本），商务印书馆1999年版，第18、716、722—730页表二。

[5] 朱德熙：《语法讲义》，商务印书馆1982年版，第73页。

[6] 邵敬敏：《ABB式形容词动态研究》，《世界汉语教学》1990年第1期。

[7] 马庆株：《现代汉语词缀的性质、范围和分类》，《汉语语义语法范畴问题》，北京语言文化大学出版社1998年版，第154—202页。

[8] 聂志平：《黑龙江方言词汇研究》，吉林人民出版社2005年版，第73页。

[9] 章海宁主编：《萧红全集：第二卷》，北京燕山出版社2014年版，第259页。

附录 萧红作品中 ABB 式状态词表

（117 个词语，出现 262 例次。有下画直线者为《现代汉语词典》收录者，下划波浪线者为字形不同于《现代汉语词典》的异形词语。词后数字为该词语出现例次数）

白茫茫2	白亮亮9	白煞煞1	白花花3	白生生1
碧悠悠1	颤抖抖3	赤裸裸3	痴呆呆1	沉重重1
沉实实1	潮乎乎1	滴溜溜3	伏贴贴1	粉红红1
高丛丛1	孤伶伶2	黑洞洞12		
黑乎乎（黑忽忽、黑糊糊、黑虎虎）6		黑沉沉13	黑混混1	
黑森森2	黑黝黝3	黑漆漆1	黑压压2	厚敦敦3
红堂堂6	红澄澄（红橙橙）2		红辣辣1	红通通2
红洞洞1	红扑扑1	火辣辣（火刺刺、火喇喇）3		
黄澄澄5	黄宁宁1	黄昏昏2	黄洋洋1	忽闪闪1
胡焦焦1	黄忽忽1	灰秃秃2	活鲜鲜1	混沌沌3
混洞洞2	静悄悄11	金洞洞1	金乎乎（金呼呼）2	
空洞洞2	蓝瓦瓦4	蓝悠悠1	懒洋洋1	亮油油1
亮晶晶7	亮洞洞1	亮通通3	凉爽爽1	冷清清1
冷森森3	绿森森2	绿茸茸2	绿油油1	乱纷纷1
乱蓬蓬1	毛蓬蓬2	墨沉沉1	毛茸茸（毛绒绒）2	
毛烘烘2	毛嘟嘟1	密重重1	慢吞吞5	明晃晃1
麻酥酥1	闹嚷嚷8	年轻轻4	胖圆圆1	飘忽忽1
气冲冲1	青黝黝1	轻飘飘3	软条条1	热辣辣1
热烘烘1	热忽忽1	热闹闹1	热腾腾1	水灵灵1
湿漉漉2	甜丝丝3	甜蜜蜜4	土灰灰1	乌洞洞1
稀疏疏1	稀溜溜1	稀零零1	香扑扑1	笑呵呵6
笑嘻嘻2	笑吟吟4	笑微微1	笑盈盈7	羞惭惭1
羞怯怯1	旋转转1	药忽忽1	油乌乌1	油亮亮6

油渍渍1　　阴森森2　　圆胖胖1　　圆滚滚2　　圆溜溜1
圆隆隆1　　醉疯疯1　　直伸伸1　　直挺挺1　　直竖竖1
直爽爽1

（本文载《长春师范大学报》2019年第7期。收入本书时删去英文摘要并补充了词表附录）

附录五　现代汉语 ABB 式状态词说略

[摘要] 本文分析《现代汉语词典》(第 7 版) 中 ABB 式状态词，认为其中的 A 有 94.23% 是由成词语素充当，而形容词占 2/3 强；有近 70% 的 BB 只出现一次，构成一个 ABB 式状态词；B 或 BB 成词的，占 B 或 BB 的 53.45%；BB 不是词缀，而是表实义的构词语素，与 A 之间是说明性语义关系；而作为独立运用单位的，不是 ABB，而是"ABB + 的"。

[关键词] 现代汉语词典；状态词；ABB；构词法；普通话

中图分类号：H146　文献标志码：A

文章编号：1647 - 3555（2019）06 - 0089 - 07

本文以《现代汉语词典》(第 7 版) 为依据，分析其所收录的非方言的 ABB 式状态词。考虑到语言的系统性和语料的同质性，我们不采用一般常使用的从北大语料库等数据库中寻找语料的例证方式。

一　《现代汉语词典》对 ABB 式状态词的描写说明

2016 年出版的《现代汉语词典》(第 7 版) 收录 ABB 式状态词词形 221 个；通过合并异形词语，并剔除 5 个标有"〈方〉"的方言词语"尖溜溜、凶巴巴、硬撅撅、脏兮兮、直撅撅"，加上从对词语的说明"密密麻麻""也说'密麻麻'""密密匝匝"，"也说'密匝匝'"[1]900 中抽出两个词语"密麻麻、密匝匝"，共得到 ABB 式状态词 208 个。根据我们所理解的语言单位同一性原则[2]，我们合并了异形词语。

《现代汉语词典》(第7版)中ABB式状态词异形词语情况如下(括号内为异形词):

  潮乎乎(潮呼呼) 顶呱呱(顶刮刮) 黑乎乎(黑糊糊)
  黑压压(黑鸦鸦) 红通通(红彤彤) 金煌煌(金晃晃)
  蓝莹莹(蓝盈盈) 蔫乎乎(蔫呼呼) 暖乎乎(暖呼呼)
  清凌凌(清泠泠)

  对于上列词语,《现代汉语词典》(第7版)分列两个词条,但在一个词条后标有同"×××",在同音的情况下,我们把该词语看作"×××"的异形词,如:

  【潮乎乎】(~的)[形]状态词。微湿的样子:接连下了几天雨,屋子里什么都是~的。也作潮呼呼。[1]154
  【潮呼呼】同"潮乎乎"。[1]154

这种情况占绝大多数:

  潮乎乎/潮呼呼[1]154 顶呱呱/顶刮刮[1]306
  黑乎乎/黑糊糊[1]532 黑压压/黑鸦鸦[1]534
  金煌煌/金晃晃[1]675 蓝莹莹/蓝盈盈[1]776
  蔫乎乎/蔫呼呼[1]951 暖乎乎/暖呼呼[1]965
  清凌凌/清泠泠[1]1066

上列词语中,对于"金晃晃"的解释中没有"同":

  【金晃晃】(~的)[形]状态词。金煌煌。[1]675

  "金煌煌""金晃晃"虽然声调有所不同,我们还是把它们看作同一个词语。

稍特殊一点儿的是"红通通/红彤彤":

【红通通】(~的) 形 状态词。形容很红,红得通透:炉箅子被炭火烧得~的|小脸儿冻得~的。[1]540

【红彤彤】(~的) 形 状态词。形容很红:~的晚霞|~的朱漆大门。[1]540

我们认为,《现代汉语词典》对"红通通""红彤彤"意义解释的不同,只是过于注重字形上的分别了。

曹瑞芳先生曾根据1978年版《现代汉语词典》及1989年的《现代汉语词典补编》统计出普通话共有338个ABB式状态词,[3]而第7版中的ABB式状态词要少得多,仅为其不到三分之二。

《现代汉语词典》从第5版开始,对所收录的词语标明词性。对于所有单列词条的ABB重叠式状态词,《现代汉语词典》都是这样标注的:【×××】(~的) 形 状态词。

在字母B类中,所有的ABB式状态词词条是这样解释说明的:

【白皑皑】bái'ái'ái(~的) 形 状态词。形容霜、雪等洁白:~的白雪铺满了田野。[1]23

【白花花】báihuāhuā(~的) 形 状态词。白得耀眼:~的银子|收棉季节,地里一片~的。[1]24

【白晃晃】báihuǎnghuǎng(~的) 形 状态词。白而亮:~的照明弹。[1]24

【白茫茫】báimángmáng(~的) 形 状态词。形容一望无边的白(用于云、雾、雪、大水等):雾很大,四下里~的|辽阔的田野上铺满了积雪,~的一眼望不到尽头。[1]25

附录五 现代汉语 ABB 式状态词说略

【白蒙蒙】báiméngméng（~的）形 状态词。形容烟、雾、蒸汽等白茫茫一片，模糊不清：海面上雾气腾腾，~的什么也看不清。[1]25

【碧油油】bìyóuyóu（~的）形 状态词。绿油油：~的麦苗。[1]73

【病恹恹】bìngyānyān（~的）形 状态词。形容病体软弱无力、精神萎靡的样子。[1]96

整部第 7 版《现代汉语词典》，都是依这个体例，对 ABB 式状态词进行解释说明的。从中我们可以看出以下四点。

（1）所有的 ABB 式状态词中后边的重叠成分 BB 都不读轻声；即便是典型的被看作后缀并读轻声的"乎"重叠为"乎乎"进入 ABB 式状态词中也标有声调，不读轻声，如"潮乎乎"（cháohūhū）[1]154、"臭乎乎"（chòuhūhū）[1]187。

（2）所有的 ABB 式状态词后边有"的"，而且所举的例子中 ABB 式状态词后边都有"的"（含作定语后边的"的"）。按着《现代汉语词典·范例》中的说明："状态形容词或某些重叠式在口语中经常带'的'或'儿的'，条目中一般不加'的'或'儿的'，只是在释义前面加'~的'或'~儿的'。"[1]3 同时，如果把"的"去掉，就会显得别扭或不能说：

白皑皑的白雪铺满了田野～～*白皑皑白雪铺满了田野
白花花的银子～～*白花花银子
收棉季节，地里一片白花花的～～*收棉季节，地里一片白花花
白晃晃的照明弹～～*白晃晃照明弹
碧油油的麦苗～～*碧油油麦苗

（3）词性标注的都是形容词的下位词类状态词。

（4）在对词义的说明上，如果有与之相对应词语，就用对应词语

· 621 ·

或词语组合来解释，否则用"形容……"的方式解释，《现代汉语词典》中收录的该类词语，绝大部分使用这种模式解词。

二 ABB 式状态词中的 A 与 B

(一) ABB 式状态词中的 A

《现代汉语词典》中所收录的 ABB 式状态词，前边的 A 共有 102 种，分别由形容词、动词、名词、区别词、副词和不成词语素六种成分构成。其中占比例最大的是形容词，构成的词语数量也最多，两个比例都接近三分之二（64.71%、68.27%）。以下分别加以说明。括号中的数字为由某种成分 A 构成的词语的数量。

1. 形容词

能够进入 ABB 式状态词 A 位置的形容词有 66 个，占处于 A 位置成分总数的 64.71%；由形容词构成的 ABB 式状态词共有 142 个，占 ABB 式状态词总量的 68.27%。全部词语如下（括号内数字为构成词语数量。下同）：

颜色类：

白（5） 黑（12） 红（3） 黄（2） 灰（3） 蓝（2）
绿（5） 乌（2）

感知类：

潮（1） 沉（1） 臭（2） 干（1） 急（2） 辣（2）
凉（3） 亮（5） 冷（5） 麻（1） 闷（mēn，1）
闷（mèn，1） 木²（1） 暖（4） 闹（2） 热（4）
酸（1） 湿（2） 甜（3） 喜（4） 咸（1） 香（2）
响（1） 羞（1）

一般性质类：

矮(1)　恶(1)　肥(1)　蔫(1)　胖(3)　平(1)
齐(1)　清(1)　光²(2)　好(1)　厚(1)　轻(2)
假(1)　娇(1)　紧(2)　静(1)　空(3)　懒(1)
乱(5)　满(2)　慢(3)　忙(1)　美(1)　密(2)
黏(1)　软(1)　色(1)　傻(2)　稀(1)　虚(1)
阴(2)　硬(1)　圆(3)　直(5)

在这些词中，"光²"是形容词义项｛光滑；光溜｝和｛一点也不剩；完没有了；完了｝[1]486，它构成"光溜溜[1]486、光秃秃[1]487"两个ABB式；"木²"是形容词义项｛反应迟钝｝[1]926，它构成的ABB式是"木呆呆"[1]927。

由形容词构成的ABB式状态词中，以下这些词中AB也可以成词：

干巴巴　光溜溜　冷清清　黏糊糊　暖乎乎
阴沉沉　阴森森

上述AB为《现代汉语词典》所收录。此外，在下文的这些词语中，AB在北京官话中也可以成词：

急巴巴　紧巴巴　皱巴巴　潮乎乎　忙叨叨
胖乎乎　清凌凌　酸溜溜　圆溜溜　直溜溜

2. 动词

由动词构成的A，共有10个，占9.8%，构成词语19个，占ABB式状态词总量的9.13%。情况如下：

病(1)　喘(1)　颤(2)　赤(2)　活(1)　乐(3)
笑(6)　怒(1)　醉(1)　皱(1)

其中,"赤"是动词义项{光着},"赤裸裸"中的 AB 即"赤裸"也可以成词。

3. 名词

由名词构成的 A,共有 13 个,占 12.75%;构成词语 31 个,占 ABB 式状态词总量的 14.9%。情况如下:

光¹(2)　汗(2)　虎(2)　火(1)　泪(2)　毛(3)
气(7)　水(2)　肉(1)　雾(3)　血(2)　眼(2)
油(2)

在这些词语中,"光¹"是名词义项{通常指照在物体上,使人能看见物体的那种物质}[1]484,它构成"光灿灿[1]485、光闪闪[1]486"两个 ABB 式词语。

4. 区别词

由区别词构成的 A,只有一个"金",构词 ABB 式状态词 3 个,占总词量的 1.44%:

金灿灿　　金晃晃(金煌煌)　　　金闪闪

5. 副词

由副词构成的 A,只有一个"顶",构成词语一个"顶呱呱"。

6. 不成词语素

充当 ABB 式状态词 A 的不成词语素有 11 个,占 10.78%;构成词语 12 个,占 ABB 式状态词总量的 5.77%。具体情况如下:

碧油油　翠生生　滴溜溜　雄赳赳　兴冲冲
孤零零　骨碌碌　明晃晃　明闪闪　怯生生
文绉绉　贼溜溜

在上列词语中,"文绉绉"中的"文"是不成词义项{柔和,不猛烈}[1]1317，"贼溜溜"中的"贼"是不成词义项{邪的；不正派的}[1]1638。
"骨碌碌"中的AB（即"骨碌"），可以成词，表示{滚动}[1]465；"明、
怯、文、贼"在现代北京话中可以成词；"碧、翠、雄、兴、孤"这5
个现代汉语中不成词的语素，在近汉语中都是可以成词的。

上述构成ABB式状态词的A，以及由其构成的词语的情况，可以用表说明如下。

表1　　　　　　　　ABB式状态词中A的性质对比

A的词性	成词语素					不成词语素	共计
	形容词	动词	名词	副词	区别词		
A的数量	66	10	13	1	1	11	102
所占比例1（%）	64.71	9.8	12.75	0.98	0.98	10.78	100
所占比例2（%）	89.22					10.78	100

表2　　　　　　　ABB式状态词中不同性质的A的构词情况对比

A的词性	成词语素					不成词语素	共计
	形容词	动词	名词	副词	区别词		
构词数量	142	19	31	1	3	12	208
所占比例1（%）	68.27	9.14	14.90	0.48	1.44	5.77	100
所占比例2（%）	94.231					5.769	100

从表2统计中可以看出两点。

第一，从A为形容词在全部A中所占比例和由A作为形容词构成的ABB式状态词的数量以及所占比例两个角度来看，一般人认为ABB式状态词是由形容词构成，或者看作形容词的一种重叠形式，是有很强的语言心理基础的。

第二，无论是从进入A位置，还是由充当A而构成ABB式状态词角度来看，成词语素都占有绝对优势，成词语素充当A占A总数的近90%，而构成的ABB式状态词更占94%强的高比例。而如果算上汉民族共同语的基础方言北京话以及近代汉语中A的成词情况——因为这些词语毕竟是从近代汉语，乃至古代汉语继承下来的——那么仅

有"滴溜溜"和"骨碌碌"中的 A 是不成词语素，所占比例仅为 A 的 1.96%、ABB 的 0.96%，所占比例几乎可以忽略不计。所以人们一般认为 ABB 是词语 A 加上 BB 构成的，这种语言直觉也基本是正确的。

（二）ABB 式状态词中 B 的情况

1. ABB 式状态词中 BB 的出现情况（括号内为与之搭配的 A）

《现代汉语词典》所收录的 ABB 式状态词中所出现的 BB 共有 116 个，不同的 BB 出现的情况亦即构成 ABB 式状态词有很大不同，其中构词最多的是 15 个，而绝大部分只出现一次，亦即只构成一个 ABB 式状态词，平均每个 BB 构词 1.79 个。以下分别加以说明。

（1）BB 在构成 ABB 式状态词中只出现 1 次者

单一 BB 与 A 搭配者，共有 81 个，占全部 BB 的 69.83%，构词占 ABB 式状态词的 38.94%。也就是说，近 70% 的 BB 只出现 1 次，构成一个 ABB 式状态词。例如：

空落落	沉甸甸	黑压压	红扑扑	急匆匆
紧绷绷	麻酥酥	假惺惺	乱纷纷	软绵绵
胖嘟嘟	湿漉漉	甜腻腻	笑嘻嘻	圆鼓鼓
醉醺醺

（2）BB 在构成 ABB 式状态词中出现 2—4 次者

其中出现 2 次的 BB 有 12 个，占全部 BB 的 10.34%（括号内为与之搭配的 A。下同）：

冰冰（冷、凉）	洞洞（黑、空）	晶晶（蓝、亮）
辣辣（火、热）	眯眯（色、笑）	森森（冷、阴）
飕飕（冷、凉）	茸茸（绿、毛）	吁吁（喘、气）
飘飘（轻、虚）	莹莹（蓝、绿）	盈盈（喜、笑）

这 12 个 BB 构成 ABB 式状态词 24 个，占 ABB 式状态词总量的

11.54%。

出现 3 次的 BB 有 11 个，占全部 BB 的 9.48%：

墩墩（矮、厚、胖）　　茫茫（白、黑、雾）
晃晃（白、金、明）　　津津（汗、甜、咸）
灿灿（光、黄、金）　　汪汪（泪、水、油）
腾腾（乱、慢、热）　　滋滋（乐、美、喜）
洋洋（懒、暖、喜）　　呵呵（乐、笑、傻）
悠悠（颤、慢、轻）

这 11 个 BB 构成 ABB 式状态词 33 个，占 ABB 式状态词总量的 15.87%。

出现 4 次的 BB 有 6 个，占全部 BB 的 5.17%：

蒙蒙（白、黑、灰、雾）　　油油（碧、黑、绿、乌）
淋淋（汗、湿、水、血）　　丝丝（辣、凉、冷、甜）
闪闪（光、金、亮、明）　　冲冲（怒、气、喜、兴）

这 6 个 BB 构成 ABB 式状态词 24 个，占 ABB 式状态词总量的 11.54%。

(3) BB 在构成 ABB 式状态词中出现 5 次及以上者

其中，出现 5 次和 6 次的 BB 各有 2 个，各占 BB 总数的 1.72%：

巴巴（干、急、紧、眼、皱）
生生（翠、虎、活、绿、怯）
哄哄（臭、乱、毛、闹、热、暖）
沉沉［黑、灰、闷（mēn）、闷（mèn）、雾、阴］

这 4 个 BB 构成 ABB 式状态词 22 个，占 ABB 式状态词总量的 10.58%。

出现9次和15次的BB各有1个，各占BB总数的0.86%：

溜溜（滴、灰、光、酸、乌、稀、贼、圆、直）
乎乎（潮、臭、黑、辣、毛、蔫、黏、暖、胖、气、热、肉、傻、油、血）

前者构成的词语量占 ABB 式状态词总量的 4.33%，后者占 7.21%。

2. ABB 式状态词中 B 以及 BB 成词的情况

从 B 本身的意思与在 ABB 式状态词中所体现出来的意思相同或相近可以确定其具有同一性的角度来看，在 ABB 重叠式状态词中，有些 B 或 BB 可以作为词出现。B 成词者如：

裸（赤裸裸）	条（赤条条）	漆（黑漆漆）
艳（红艳艳）	昂（气昂昂）	冰（冷冰冰）
腻（甜腻腻）	呆（木呆呆）	鼓（圆鼓鼓）
绷（紧绷绷）		

能够成词的 B 共有 27 个，占构成 ABB 中的 B 的 23.28%。
BB 成词者共有以下 13 个：

皑皑（白皑皑）	悠悠（颤悠悠）	纷纷（乱纷纷）
匆匆（急匆匆）	涟涟（泪涟涟）	融融（乐融融）
铮铮（亮铮铮）	悄悄（静悄悄）	哈哈（笑哈哈）
呵呵（笑呵呵）	茸茸（毛茸茸）	堂堂（亮堂堂）
当当（响当当）		

只能以 BB 形式成词的，占构成 ABB 中的 BB 的 11.21%。
此外，还有一些既能以 B 的形式成词，也能以 BB 的形式成词的（与上两类不重叠），如：

嚷/嚷嚷（闹嚷嚷）　　　飘/飘飘（轻飘飘）
眯/眯眯（笑眯眯）　　　闪/闪闪（亮闪闪）

凡是表音的词（拟声词或表示发声的动词），都可以 B 或 BB 两种形式成词：

哄/哄哄（闹哄哄）　　　吁/吁吁（喘吁吁）
哼/哼哼（气哼哼）　　　飕/飕飕（冷飕飕）

B 以及 BB 都能成词的，共有 22 个，占 B 总数的 18.97%。

或 B 或 BB，以及 B 同时 BB，都可以成词的，共有 62 个，占 B 或 BB 总数的 53.45%。

三　ABB 式状态词的内部结构

（一）BB 是词缀吗？

王力[4]、赵元任[5]、吕叔湘[6]、朱德熙[7]等先生把它看作叠音词缀，通行的高校《现代汉语》教材涉及这个问题也都采用这种观点①。有的看作意义有些虚化的重叠的词根语素，邵敬敏先生把它看作处于向词缀发展过程中的成分[8]；马庆株先生将"白皑皑""光闪闪"和"喘吁吁""硬邦邦"中的"皑皑""闪闪""吁吁""邦邦"看作叠音实义成词语素，因为这些形式可以作为一个词来使用，而将其他形式，如"黑乎乎""红通通""羞答答""直瞪瞪"中后边的重叠形式看作词缀[9]。我们不同意这种观点。理由主要有三点。

第一，现代汉语中，后缀都读轻声，而从《现代汉语词典》的标

---

① 黄伯荣、廖序东主编：《现代汉语》（增订六版下），国家"十一五""十二五"规划教材，高等教育出版社 2017 年版，第 13 页；刘叔新主编：《现代汉语理论教程》，国家"九五"规划教材，高等教育出版社 2002 年版，第 146 页；周一民主编：《现代汉语》，国家"十一五"规划教材，北京师范大学出版社 2007 年版，第 236 页；邵敬敏主编：《现代汉语通论》（第三版下），国家"十一五""十二五"规划教材，上海教育出版社 2016 年版，第 10 页。

音来看，BB 都有声调，不读轻声，即便是使用本来读轻声的形式，如"乎"和"巴"，但重叠以后作为构词成分构成 ABB 式状态词，却不读轻声，而读阴平调。试比较：

热乎（rèhu）～～热乎乎（rèhūhū）
暖乎（nuǎnhu）～～暖乎乎（nuǎnhūhū）
干巴（gānba）～～干巴巴（gānbābā）
皱巴（zhòuba，〈方〉）～～皱巴巴（zhòubābā）

据曹瑞芳对《现代汉语词典》第一版（1978）和《现代汉语词典补编》的研究，两部词典 338 个 ABB 重叠式中的 BB 共有 160 个，本读阴平 95 个，其他声调变为阴平 42 个，阴平与其他声调并读的 11 个，纯粹不读阴平的有 12 个，仅占总 BB 个数的 7.5%。[3]

根据我们的统计，《现代汉语词典》（第 7 版）的 208 个 ABB 重叠式中《现代汉语词典》所收录的 ABB 式状态词中所出现的 BB 共有 116 个。其中，B 读其他声调但进入 ABB 中 BB 位置改读阴平调的，有 24 个；BB 不读阴平的共有 45 个，读其他声调但在词语解释中标出"口语中也读"阴平的，有 13 个。也就是说，《现代汉语词典》（第 7 版）收录的 ABB 重叠式状态词 BB 读阴平调或可以读阴平的，共有 84 个，占 ABB 重叠式词语 116 个 BB 中的 72.41%，不读阴平调的有 32 个，占 27.59%。这似乎可以说明，BB 进入 ABB 式状态词读阴平调，是 ABB 式状态词词法模式的要求。

第二，BB 具有词汇意义，是 ABB 整体词汇意义的有机构成部分。如由"茫茫"构成的"白茫茫、黑茫茫、雾茫茫"：

【白茫茫】（～的）形 状态词。形容一望无边的白（用于云、雾、雪、大水等）：雾很大，四下里～的｜辽阔的田野上铺满了积雪，～的一眼望不到尽头。[1]25

【黑茫茫】（～的）形 状态词。形容一望无际的黑（多用于夜色)：~的夜空｜眼前~的一片，看不清哪儿是道路。[1]533

【雾茫茫】（~的）形状态词。雾气迷茫的样子：~的山路上什么也看不清。[1]1395

从《现代汉语词典》（第7版）中可以查到"茫"与"茫茫"都是有实在意义的语素或词语：

【茫】①形容水或其他事物没有边际，看不清楚：渺~｜~无头绪。②无所知：~然。[1]879

【茫茫】形形容没有边际，看不清楚：~大海｜~的大草原｜前途~｜~一片白雾。[1]879

通过对比，可以看到"白茫茫、黑茫茫、雾茫茫"三个词的词义中的｛没有边际｝｛看不清楚｝的意思，都是来自"茫茫"，而"茫茫"的意思来自现在只能作为构词语素的"茫"。再如，"丝"由｛蚕丝｝义引申为｛表示极小或极少的量｝，所以由"丝"重叠构成的ABB式状态词都有｛微量｝的意思（着重号为作者所加）：

【辣丝丝】（~的）形状态词。形容有点儿辣。[1]771

【冷丝丝】（~的）形状态词。形容有点冷：细雨打在脸上~的。[1]794

【凉丝丝】（~的）形状态词。形容稍微有点凉：清晨的空气~的，沁人心肺。[1]814

【甜丝丝】（~儿的）形状态词。①形容微甜：这种菜~儿的，很好吃。②形容感到幸福愉快：她想到孩子们都长大成人，能为祖国尽力，心里~儿的。[1]1296

第三，如上节所述，B或BB，有一半多（53.45%）是可以成词的，明显不应被看作词缀。即便是从现代汉语角度来看，已经看不出意思的成分，在造词之初，也是有意义的。按石毓智先生的解释，"娇滴滴"中的"滴"，秦汉时写作"的"，形容词，表示｛鲜艳｝，重叠为"的的"，形容妇女艳丽的样子，"吴姬绰约开金盏，的的娇波流盼"，宋代构成"娇的的（娇滴滴）"，表示｛娇媚而艳丽的样子｝："娇滴滴香脸嫩如花，细松纤腰轻似柳"；本指颜色，后转指声音娇嫩。[10]

综上三点，我们认为，BB 不是词缀，而是具有实在意义的构词成分，是词根语素的重叠。

（二）BB 与 A 的语义关系

既然认为 BB 不是词缀，亦即 BB 与 A 之间不是附加关系，那么两者之间是什么关系呢？

我们认为，两者之间是说明性语义关系，亦即 BB 是对 A 的描写说明。[11] 如"白茫茫、黑茫茫、雾茫茫"三个词中"茫茫"从｛没有边际｝｛看不清楚｝对"白""黑""雾"进行描写说明；"丝丝"从｛微量｝角度说明"辣""冷""凉""甜"的程度。因此，我们所谓的"说明性语义关系"，实际上相当于句法上的"主谓关系"。再如：

【冷飕飕】（~的）形 状态词。形容风很冷或寒气逼人：初冬的风~的。[1]794

【凉飕飕】（~的）形 状态词。形容有些凉：早立秋，~；晚立秋，热死牛。[1]814

《现代汉语词典》是这样解释"飕"和"飕飕"的[1]1245：

【飕】①〈方〉动 风吹（使变干或变冷）：馒头让风~干了。②同"嗖"。

【嗖】拟声 形容很快通过的声音：汽车~的一声开过去了｜

子弹~~地从头顶飞过。

【飕飕】〈书〉拟声 形容风声。

这说明,"飕飕"是通过模拟风通过的声音,来补充说明前边的"冷"和"凉",使所构成的"冷飕飕"和"凉飕飕"表示的"冷"和"凉"不是本来意义上的意思,而是表示一种带有风感的"冷"和"凉"。

四 作为语言单位被使用的是重叠式 ABB 还是"ABB+的"?

在第一节中,我们看到《现代汉语词典》中对 ABB 式状态词的描写说明中,都列有其后边一般带"的"。按一般的理解,状态词、动词、性质形容词(只标"形"而未做特殊说明的形容词),都属于谓词这个大类,为什么其他的两类词语未标明后边一般要求带什么成分,而只有 ABB 式状态词后边一般要带"的"呢?这个"的"是什么性质?它是作为独立词语的助词吗?

如果按一般的理解,"的"是助词,那么就意味着在只有进入句法结构后,"的"才能附着在实词上使用,同时也说明它所附着的词也可以单独运用。但 ABB 式状态词则不然,它一般要带"的"才能作为一个独立单位而被运用。这说明,一般所谓的 ABB 式状态词不是作为"能独立运用的最小语言单位"而存在的,亦即**ABB 式状态词不是词,而作为词被使用的状态词是"ABB+的"**。这样在 ABB 式后边出现的"的",只能是作为"能独立运用的最小语言单位"的构成部分,亦即"的"的性质只能是附着的构词语素——词缀。正是由于"的"的这种词缀的性质,决定了 ABB 式一般要带"的"才能独立运用。

这一点,也可以从近代汉语的晚期作品《儿女英雄传》[11]、北京官话区重要作家萧红作品[12]以及白话文经典作家老舍作品[13]的语言使用中得到证明。

参考文献：

[1] 中国社会科学院语言研究所词典编辑室编：《现代汉语词典》（第7版），商务印书馆2016年版。

[2] 聂志平：《从同一性角度看词的分隶》，《通化师范学院学报》（人文社会科学版）2016年第2期。

[3] 曹瑞芳：《普通话ABB式形容词的定量分析》，《语文研究》1995年第3期。

[4] 王力：《汉语史稿》（修订本），中华书局1980年版，第317页。

[5] 赵元任：《汉语口语语法》，吕叔湘译，商务印书馆1979年版，第105—112页。

[6] 吕叔湘主编：《现代汉语八百词》（增订本），商务印书馆1999年版，第18、716、722—730页表二。

[7] 朱德熙：《语法讲义》，商务印书馆1982年版，第73页。

[8] 邵敬敏：《ABB式形容词动态研究》，《世界汉语教学》1990年第1期。

[9] 马庆株：《现代汉语词缀的性质、范围和分类》，《汉语语义语法范畴问题》，北京语言文化大学出版社1998年版，第167—178页。

[10] 石锓：《汉语形容词重叠形式的历史发展》，商务印书馆2010年版，第214页。

[11] 聂志平：《〈儿女英雄传〉中的ABB式状态词及其在现代汉语中的继承与发展》，《浙江师范大学学报》（社会科学版）2019年第2期。

[12] 聂志平：《萧红作品ABB式状态词结构、功能及语言风格初探》，《长春师范大学学报》2019年第7期。

[13] 聂志平：《白话文经典作家老舍作品中的ABB式状态词》，《通化师范学院学报》（人文社会版）2019年第5期。

附录 《现代汉语词典》（第7版）中的ABB式状态词（208个）

矮墩墩	白皑皑	白花花	白晃晃	白茫茫	白蒙蒙
碧油油	病恹恹	颤巍巍	颤悠悠	潮乎乎（潮呼呼）	
沉甸甸	赤裸裸	赤条条	臭烘烘	臭乎乎	喘吁吁
翠生生	滴溜溜	顶呱呱（顶刮刮）	恶狠狠	肥膪膪	
干巴巴	孤零零	骨碌碌	光灿灿	光溜溜	光闪闪
光秃秃	汗津津	汗淋淋	好端端	黑沉沉	黑洞洞

附录五 现代汉语 ABB 式状态词说略

黑乎乎（黑糊糊）	黑茫茫	黑蒙蒙	黑漆漆	黑黢黢
黑魆魆	黑压压（黑鸦鸦）	黑幽幽	黑油油	黑黝黝
红扑扑	红通通（红彤彤）	红艳艳	厚墩墩	虎彪彪
虎生生	黄灿灿	黄澄澄	灰沉沉	灰溜溜	灰蒙蒙
活生生	火辣辣	急巴巴	急匆匆	假惺惺	娇滴滴
金灿灿	金煌煌（金晃晃）	金闪闪	紧巴巴	紧绷绷
静悄悄	空荡荡	空洞洞	空落落	辣乎乎	辣丝丝
蓝莹莹（蓝盈盈）	蓝晶晶	懒洋洋	乐呵呵	乐陶陶
乐滋滋	泪涟涟	泪汪汪	冷冰冰	冷清清	冷森森
冷丝丝	冷飕飕	凉冰冰	凉丝丝	凉飕飕	亮光光
亮晶晶	亮闪闪	亮堂堂	亮铮铮	绿茸茸	绿生生
绿茵茵	绿莹莹	绿油油	乱纷纷	乱哄哄	乱蓬蓬
乱腾腾	乱糟糟	麻酥酥	满当当	满登登	慢腾腾
慢吞吞	慢悠悠	忙叨叨	毛烘烘	毛乎乎	毛茸茸
美滋滋	闷（mēn）沉沉	闷（mèn）沉沉	密麻麻
密匝匝	明晃晃	明闪闪	木呆呆	闹哄哄	闹嚷嚷
蔫乎乎（蔫呼呼）	黏糊糊	怒冲冲	暖烘烘	暖融融
暖乎乎（暖呼呼）	暖洋洋	胖嘟嘟	胖墩墩	胖乎乎
平展展	齐刷刷	气昂昂	气冲冲	气鼓鼓	气哼哼
气呼呼	气咻咻	气吁吁	怯生生	轻飘飘	轻悠悠
清凌凌（清泠泠）	热辣辣	热烘烘	热乎乎	热腾腾
肉乎乎	软绵绵	色眯眯	傻呵呵	傻乎乎	湿淋淋
湿漉漉	水淋淋	水汪汪	酸溜溜	甜津津	甜腻腻
甜丝丝	文绉绉	乌溜溜	乌油油	雾沉沉	雾茫茫
雾蒙蒙	稀溜溜	喜冲冲	喜洋洋	喜盈盈	喜滋滋
咸津津	香馥馥	香喷喷	响当当	笑哈哈	笑呵呵
笑眯眯	笑嘻嘻	笑吟吟	笑盈盈	血糊糊	血淋淋
兴冲冲	雄赳赳	羞答答	虚飘飘	眼巴巴	眼睁睁
阴沉沉	阴森森	硬邦邦	油乎乎	油汪汪	圆鼓鼓
圆滚滚	圆溜溜	贼溜溜	直瞪瞪	直勾勾	直愣愣

· 635 ·

直溜溜　　直挺挺　　皱巴巴　　醉醺醺

[本文载《温州大学学报》（社会科学版）2019年第2期。收入本书时删去英文摘要并补充了词表附录]

附录六　《金瓶梅词话》中指人他称的语用功能

指人他称是在言语交际中说话者所提到的除了说话者和听话者以外的人。相对于作为听话者的对称，指人他称的使用显得更为微妙、隐含，也更为庞杂一些。

刊行于明万历年间的《金瓶梅词话》，是我国文人独立创作的第一部世情小说。这部巨著在世态人情上刻画得细腻、真实、深刻，堪称我国长篇小说的典范。在刻画市井人物的语言方面，即便是到现在，亦无出其右者。其人物的语言，与《红楼梦》相比，更为口语化。作为现实生活的反映，我们认为《金瓶梅词话》能更好地体现近代汉语口语交际的系统性和真实性，本文拟就人物语言现象，分析一下《金瓶梅词话》中指人他称这种词汇现象的语用功能。本文所用版本为人民文学出版社 1985 年版、1992 年第一次印刷的《金瓶梅词话》。

一

通检全书，我们认为，《金瓶梅词话》中的指人他称可以从以下三个角度进行分类。

1. 从与说话者关系角度表现的指人他称

这类指人他称，在话语中是从与说话者的关系角度来指称说话者、听话者之外的第三者的。例如：

　　我兄弟、大哥、干娘、家下贱累、先妻、拙妻、拙夫、拙荆、贱荆、荆妻、姐姐、姐夫、俺爹、爹、娘、姑娘、大房下、哥、哥哥、夫主、家主、主子、俺五娘、房下、咱家孩子、咱家大姐、家中俺娘、舍侄女、我侄儿、哥哥武大、嫂子潘氏、我家桂姐、俺老公、我的汉子、俺平安哥、小娇、俺六姐、小价书童、咱孩儿、我的大老爹、房下、俺房下、舍亲、我家做官的、小的姐姐、大贱内、第三房下、第六小妾、第六房贱累、舍妹、奴婢男子汉

这类指人他称绝大多数由亲属称谓构成，基本都是表示与说话者有某种亲属关系的人。如果没有亲属关系，前面有"俺、咱/咱家、我的"之类表示领属的词语。后边词语如为表示长辈亲属的词语，则表示尊敬，如"俺爹、俺五娘、家中俺娘、我的大老爹"；如为表示平辈年长亲属，则表示尊敬、亲热，如"俺平安哥、俺六姐"；如为表示晚辈亲属，则只表示亲热，如"咱家孩子、咱孩儿"。此外，还有表示领有关系的词语，如"主"："主子、夫主"。个别不含上述词语的称谓，为借代性谦称，如"拙荆、大房下、家下贱累"。

2. 从与听话者关系角度表现的指人他称

这类指人他称在结构上绝大部分都带有第二人代词"你"，小部分带有表示尊敬的"令、尊"，由"你"或"令""尊"加其他词语构成，在话语中从与听话者关系角度来指称说话者、听话者之外的第三者。例如：

你家武大郎、你王奶奶、你杨爷、你爹、你大老爹、你儿子王潮、你女儿、你丈人、你老婆、你嫂子、你姐夫、你三姨、你姐姐桂卿、你家桂姐儿、你家大伯子、你瓶姨、你桂姨、你家孩儿、你大娘、你哥哥、你兄弟、你宅上大娘子、你三妈、你西门爹、你旺哥、你主人、你主子、你乔大爹、你妈妈、你六娘、你家姐姐、你家五娘子、你韩大叔、你家第五的秋胡戏、你家西门庆、你三娘、你春梅姐、你娘、你家旺官儿、你的媳妇儿、你的小娘子、你家小娘子、你女婿、令夫人、尊闻、尊夫人、令郎、令郎贤契、令侄、令侄长官

从与听话者关系角度表现的指人他称,大部分包含有亲属称谓。这类指人他称,有的与听话者有亲属关系,如"你儿子、你兄弟、你丈人、你家武大郎"等,有的与听话者没有亲属关系,如"你王奶奶、你爹(指西门庆)、你西门爹、你乔大爹"等;"你"后与具体指称之间如有其他词语,整个指人他称含有领属意义,如"你宅上大娘子、你家姐姐、你的小娘子"等。在这类指人他称中,如果作为对称的"你"与其后词语所指称的对象之间没有实际的亲属关系,而使用长辈或同辈而年长的亲属称谓,都是从对方的角度出发对他称所指称对象表示尊崇。

在现代汉语日常口语中,在文化程度较低的人的言语交际中常出现的从说话者、听话者复合关系角度使用的指人他称(可以称之为"复合指人他称"),如"你家我大哥、你家我叔"等,在《金瓶梅词话》中没有出现。

3. 非听说者关系指人他称

这类指人他称,是话语中在与听话者和说话者关系之外来指称第三者的。这类指人他称在《金瓶梅词话》中数量较多,可以将其分成以下 5 个次类。

(1) 一般称呼

这类指人他称不包含对指称对象的评价色彩。

①直称

用人名直接指称对象,如"西门庆、李娇儿、孙雪娥、春梅、来兴儿、潘金莲、王婆、小铁棍儿"等。

②间称

通过参照关系者来指称对象。这类指人他称中都包含表示领属性的限定性成分,如"他哥、陈郎中娘子、武大娘子、尚举人娘子、他大娘、他汉子、来旺媳妇"。有的还加上姓名之类的词语与前边的成分构成复指关系,如"他嫂子王氏、他媳妇宋惠莲、他娘潘妈妈、来昭媳妇子一丈青"。

③亲属称谓+姓名

如"男子汉杨宗锡、小叔杨宗保、头汉子武大"。

④代称

用代词来指代第三者，如"他、他三个、人"，或者"他"后边有复指性成分，如"他姐儿三个、他两口子、他老人家"。

⑤姓＋职业

如"蒋太医、顾银匠、傅伙计、韩伙计、任道士"。这类指人他称用于称呼略有社会地位的普通人。

⑥姓＋排行

如"武大、武二、何九、武大郎、孟三儿、潘六"。

⑦排行

如"六儿、第二个"。

⑧身份/职业＋名

如"卖炊饼武大郎、揽头李智、奶子老冯、仵作何九、女先生郁大姐、丫头小玉"。

⑨描写性称谓

如"当家的、出家人、吴家的、上房的、死了的、冤家"。

⑩领属性词语＋名字

如"李大姐房里绣春、他家迎春、上房里玉箫"。

（2）尊称

这类他称，表现说话者对他称所代表对象的尊崇性的评价。有以下一些小类。

①一般性尊称

如"官人、大官人、大娘子、娘子、老人家、大官儿、财主"。

②姓＋尊称

如"西门大官人、西门大人、西门员外、刘公公、乔大户、夏大人、吴神仙、黄真人、温师父"。

③姓名＋尊称

如"西门庆大官人、西门官府"。

④名＋尊称

如"保官儿、书官儿（取"书童"中的一个字）"。

⑤身份 + 尊称

如"施主官人、斋主娘子"。

⑥官职 +（姓）（老）爹/爷

如"掌刑夏老爹、巡监蔡爷、太师老爷"。

⑦姓 + 官职

如"武都头、夏提刑、吴驿丞、西门千户、蔡太师、杨府尹、吴道官"。

⑧身份 + 姓 + 爷

如"管家翟爷"。

⑨（姓）+ 字/号

如"任后溪、何岐轩、夏龙溪、龙溪、何天泉、温葵轩"。

⑩姓 + 亲属称谓

如"王奶奶、陈姐夫、乔亲家、杨姑娘、蔡老娘、贺老爹、西门老爹、西门爹、乔亲家、乔太太、潘姥姥、潘妈妈、薛嫂"。

⑪姓 + 排行 + 亲属称谓

如"傅二叔、花二哥、应二爹、孟三姐"。

⑫姓名 + 亲属称谓

如："李桂姨"。

⑬名 + 亲属称谓

如"春梅姐、来兴哥、惠莲嫂子、书童哥（书童无名，以身份为名）"。

⑭亲属性称谓

如"哥儿、姐儿、姐姐、亲家、亲家母、大妗子、姑父"。

⑮排序性尊称

如"大郎、大娘、大姐姐、二娘、五娘、六姐、大舅、二舅"。

⑯老 + 姓/排行

如"老冯、老韩"。这是对社会地位较低的一般人的客气称谓。

（3）下称

指对仆人的称谓，如"小厮、孩子、孩子每、丫头、丫头子、媳妇子、书童、画童"等。

（4）贬称

对指人他称所指代的对象的轻蔑称呼，如那厮、雌儿、武大老婆、婆子、小老婆、秋胡戏（"秋胡戏妻"之省）、老婆子、胡鬼嘴儿、姓甘的、老婆、后婚老婆、温蛮子、小油嘴、粉头等。

（5）詈称

在骂人时所使用的指人他称，例如：

> 淫妇、歪刺骨、行货子、老猪狗、老狗、小猴子、亡八／王八、小王八子、奴才、奴才淫妇、花子、贼奴才、贼三等儿九格的强人、贼小淫妇、贼小肉奴才、贼人、贼没廉耻的货、贼囚根子、贼泼妇、贼秃囚、业障丫头子、怎贼没廉耻的昏君强盗、没人伦的猪狗、这少死光棍、贼强人、小肉、狗肉、三寸货、这少死的化子、王八羔子、不得人意的攮刀子的、怪攮刀子的、贼没行止的狗骨秃、狗骨秃、贼短命、那班蠢材、没廉耻的小妇人、贼活人妻淫妇、贼瞎妇、王八花子、死鬼、贱人、杀才捣子

二

从言语交际角度来看，修辞是说话者为了提高交际效果而调整言语表达的活动。作为一部文学巨著，《金瓶梅词话》中人物的语言相对于说话者的身份、地位，以及说话时的情景和心理状态，都是很贴切的，可以被看作成功的修辞。以下我们从交际功能角度，分析一下《金瓶梅词话》中指人他称在言语交际中的作用。我们认为，在话语中，指人他称的基本功能是提供说话者、听话者之外的第三者的相关信息，表现说话者对指人他称所指对象的感情、态度，和说话者与之的相互关系，表现说话者通过指人他称所反映出来的对听话者的感情、态度，以及说话者与听话者之间的相互关系。

1. 指人他称基本的功能，是提供说话者、听话者之外的第三者的相关信息

在言语交际过程中，往往要提到说话者和听话者以外的人。这个说话者和听话者以外的人第一次出现的时候，说话者要用最简单有效的方式交代清楚这个第三者，因此必须提供有效的信息。这是指人他

称最基本的功能。

①武二告道:"小人哥哥武大,被恶豪西门庆与嫂潘氏通奸,踢中心窝;王婆主谋,陷害性命;何九朦胧入殓,烧毁尸伤。……见有这个小厮郓哥是见证。……"(第九回,P101)

这是第九回武松向知县告状时的一段话。在这段话里有6个指人他称,但表述是有区别的:"武大"前面有"小人哥哥","西门庆"前面有"恶豪","潘氏"前边有"嫂","郓哥"前面有"小厮"。这样前后两部分构成同位词组,指称同一对象。而另外两个指人他称"王婆"和"何九",前面没有同指性成分。之所以会有这种差别,是因为武松告状的重点是要交代清楚受害者、凶手和证人,而帮凶和仵作则退居次要地位,所以前边没有反映特点的同指性词语。

②那琴童笑了半日,方才说:"有看坟的张安儿,在外边等爹说话哩。"春梅道:"贼囚根子,张安就是了……你且教张安在外边等等儿。"琴童道:"张安等爹出去见了,说了话,还要赶出门去……"春梅道:"……你教张安且等着去,……"正说着,不想西门庆在房里听见,便叫春梅进房,问谁说话。春梅道:"琴童小厮进来说,坟上张安在外边,见爹说话哩。"(第三十回,P357—358)

在这段文字里,琴童最初对春梅说"看坟的张安",而后直接说"张安",前者是为了增加信息进一步明确对象,后者直呼其名是因为前边他称所指对象的信息已经明确了。而春梅对张安是谁不感兴趣,所以在与琴童的对话中直呼其名,而后对西门庆又说"坟上张安",也是为了使西门庆明确对象。

从以上两例可以看出,单独称名所传递的信息是很有限的,因此在对方对指人他称所指对象不是很明确的时候,可以在名字前边加上区别性的词语来增加语义的信息,以便缩小指人他称的所指范围,使听话者明确指人他称所指代的对象。

2. 通过对指人他称的使用，表现出说话者对指人他称所指对象的感情、态度，反映说话者与指人他称所指对象之间的相互关系

在第二回，西门庆看到潘金莲后想勾引，对王婆称之为"雌儿"["……你好交这雌儿会我一面。"（第二回，P31）]，表现出他对通奸关系中的女子的轻薄；在第八回，西门庆与潘金莲勾搭成奸并害死武大之后，请和尚做法事，叮嘱王婆时称潘金莲为"六姐"["……休叫他来聒噪六姐。"（第八回，P92）]，表现出他的"自己人"身份和对潘金莲的喜爱、亲热；刚梳弄李桂姐儿，为了平息李的醋意，对玳安骂潘金莲为"淫妇"["……家中那个淫妇使你来，……"（第十二回，P128）]，来讨李桂姐儿的欢心；在家里生气或因潘金莲调皮而显得可爱，也骂她为"淫妇""小淫妇"；为潘金莲向李瓶儿要东西，称其为"金莲"["寻一件云绢衫与金莲做拜钱；……"（第三十五回，P430）]，表示对潘金莲的喜爱和偏袒；在临死之前安排后事时，西门庆对月娘称潘金莲为"六儿"["六儿他从前的事，你耽待他罢。"（第七十九回，P1213）]，表现出对潘金莲一种亲人似的担心。这些都可以从一个侧面反映出西门庆对潘金莲的态度和感情的变化。

春梅是《金瓶梅词话》中一个比较主要的角色，原来是伺候潘金莲又被西门庆收用的丫鬟，在西门庆死后因袒护陈经济与潘金莲偷奸被吴月娘卖出，后来成了周守备夫人。前后地位的变化，也使作为西门庆大老婆的吴月娘对她的他称称谓发生了变化：

③月娘道："……相春梅后日来也生贵子，……"（第二十九回，P353）

④月娘道："……你家使的好规矩的大姐，如此这般，把申二姐骂得去了。"（第七十五回，P1101）

⑤（月娘）道："你领了奴才去……把丫头还与我领了来，……"（第八十六回，P1291）

⑥月娘听了便道："既然管着，老薛，就累你多上覆庞大姐

附录六 《金瓶梅词话》中指人他称的语用功能

说声，一客不烦二主，教他在周爷面前美言一句儿……"（第九十五回，P1417）

⑦吴月娘道："小大哥，还不来与姐姐磕个头，谢谢姐姐，……"（第九十六回，P1426）

⑧（月娘）"你把好曲儿，孝顺你周奶奶一个。"（第九十六回，P1429）

例③是在西门庆请吴神仙给自己家里的几个妻妾和春梅看相后吴月娘说的话，称呼一个地位低的奴妾，月娘直呼其名；例④是春梅骂走了弹唱的艺人申二姐后，月娘生气，向西门庆告状，埋怨西门庆没有管教好春梅，用的是对春梅的讽刺性称谓；例⑤是潘金莲与陈经济奸情被发现，月娘托薛嫂卖春梅被拖延后，月娘责怪薛嫂的话，称春梅为"奴才""丫头"；例⑥是月娘请薛嫂向春梅求情帮忙，使用了"姓+年长亲属称谓"这种尊称形式的他称；在春梅帮忙以后，月娘请春梅来面谢，面称春梅为"姐姐"，而后又对儿子孝哥儿称春梅为"姐姐"（例⑦）；而后，月娘吩咐妓女为春梅弹唱，从听话者和春梅丈夫角度，尊称春梅为"周奶奶"（例⑧）。

作为从前的丫头，尽管地位变了，面对面时春梅和月娘都自称"奴"，月娘口口声声叫她"姐姐"，但春梅却回避正面称呼月娘，而是从儿子角度使用亲属称谓"姥姥"称呼她，表示自己源于旧关系、旧情对吴月娘的尊重：

⑨月娘连忙答礼相见，没口说道："向日有累姐姐费心，……"春梅道："……一向要请姥姥过去……"（第九十六回，P1426）

在作为西门庆家里的丫头时，春梅背称月娘为"大娘"；作为周守备的夫人，在答复送礼的玳安时，春梅使用他称称月娘"你奶奶"["你奶奶免了罢，如何又费心，……"（第九十六回，P1422）]，而和对月娘有切齿之恨的陈经济谈到月娘时称"他"（第九十七回），表明已经不是过去的一家人，身份地位也大不同了，并且在陈经济面前

· 645 ·

表现出亲疏有别。

3. 通过对指人他称的使用，表现出说话者对听话者的感情、态度，反映说话者与听话者之间的相互关系

在言语交际过程中，说话者直接面对听话者。这种"面对"，是一种语言的面对：听话者可以是直接在说话者面前，也可以是通过电话、书信、网络或手机短信等方式相互沟通。正是因为这种"薄言的面对"，使在言语交际中对对方的称谓成为影响交际成功与否的重要因素。不仅如此，说话者在话语中提及第三者的方式（亦即对指人他称的使用），也会影响到交际的效果。作为反映市井生活的文学巨著，《金瓶梅词话》在通过人物语言刻画人物心理方面，细腻真切、丝丝入扣：

⑩西门庆又道："你儿子王潮跟谁出去了？"王婆道："说不的，跟了一个淮上客人，至今不归，又不知死活。"西门庆道："却不交他跟我，那孩子倒乖觉伶俐。"王婆道："若得大官人抬举，十分之好。"西门庆道："待他归来，却再计较。"（第二回，P27）

⑪谢希大道："哥到明日娶嫂子过门，俺每贺哥去。哥好歹叫上几个唱的，请俺每吃喜酒。"（第十六回，P190）

⑫（书童……在旁唱《玉芙蓉》道……）伯爵听了，夸奖不已，说道："相这大官儿，不枉了与他碗饭吃。你看他这喉音……"西门庆笑了。伯爵道："哥你怎的笑？我倒说正经话，你休亏了这孩子，……"……谢希大问西门庆道："哥，书官儿青春多少？"（第三十五回，P440）

⑬（应伯爵）："拿张纸来，我包两丸，拿家稍与你二娘吃。"（第六十七回，P927）

例⑩是西门庆想让王婆帮忙勾搭潘金莲时与王婆的一段对话。西门庆先从王婆的角度称第三者为"你儿子王潮"，明确对象，而直呼其名一般是一种不够客气，或者说有些生硬的语气，表现了西门庆高于王婆的地位角色，而后西门庆用"那孩子"来指称，用"他"来称代，有一种长辈亲属对晚辈说话的语气，表现出亲热和熟稔，但这并不代表西门庆与王潮感情好，而是借这个称呼拉近与王婆的距离，并通过给王潮"安排工作"来取悦王婆，以达到自己的目的。例⑪是众帮闲知道西门庆与他们从前的朋友花子虚之妻李瓶儿的奸情后哄闹取悦西门庆时谢希大对西门庆说的话。为了表示亲热，谢希大直接称西门庆为"哥"，并用一种类似于"超前夸张"的修辞手法称李瓶儿为"嫂子"，以此来取悦西门庆。例⑫是别人送西门庆一个家奴书童，听他唱曲后应伯爵和谢希大对西门庆说的话。奴以主贵，为了讨好西门庆，应伯爵和谢希大不惜降低身份尊称书童为"大官儿"和"书官儿"，而后应伯爵还以书童长辈亲属和西门庆朋友的双重身份称其为"这孩子"为书童争口袋，让西门庆不要亏待他。这是通过为书童说话讨好书童的婉曲方式间接地讨好、奉承西门庆。例⑬中应伯爵在西门庆家不仅吃，还要拿，明明说的是自己的老婆，却不从自己的角度出发称呼"俺房下"（如第 72 回），而是从小厮王经的角度出发称其为"你二娘"（他是"应二爹"喽），因为是从人家拿东西，所以强调和这家的关系，而不是和自己的关系，理直气壮，因为要吃丸子的是"你二娘"！

谦称也能很好地表现说话者对听话者的感情态度，以及与听话者之间的相互关系。在比较正规的场合，或比较客气的情况下，对官场同僚，或社会上有一定身份、地位的人，或想有意讨好的人，西门庆称呼家人一般用谦称，如拙荆（第四回，P48。对潘金莲）、舍下第五个小妾（第十二回，P128。对李桂姐儿）、房下（第十三回，P150。对李瓶儿）。而对比较亲密的人则随便一些，如第四十一回对李瓶儿提及月娘用了个描写性一般的称呼"上房的"（P520），或从对方角度来称呼为"你大娘""陈姐夫"。这里的区别是很明显的。

对官场同僚、上级，对有一定地位的人，对对自己友好的人，对自己家里有地位的人的他称，西门庆都用尊称；对官场同僚，或称对方的字或号（如"夏龙溪"），或称官职，或再加上长辈亲属称谓（如"掌刑夏老爹"），或"姓＋长辈亲属称谓"（如"你夏老爹"）；对上级，一般用"官职＋姓＋（老）爷/爹"尊称或官职（如"老太师"）；其他的，多用年长或长辈亲属称谓来称呼，如对应伯爵，除开玩笑以外，一般都从下人称其为"你应二爹"，或者从自己的角度称其为"应二哥"，而从不直称其名，表现出他对应伯爵不同于其他帮闲的感情。在第五十七回，西门庆和吴月娘到李瓶儿处，西门庆对李瓶儿说："娘儿来看孩子哩。"（P748）对月娘直接用亲属称谓"娘儿"（娘）来尊称，是从孩子角度，也是从李瓶儿角度来说的；而对孩子，没有在前边加上指李瓶儿的"你"，而是直接说"孩子"，表明这个孩子是西门庆、李瓶儿，也是吴月娘共同的孩子，是从一家人的角度来说的。话说得很巧妙。此外，除了对待下人，西门庆极少直呼其名，这也可以看作一种尊重。

这种对指人他称的使用，表现出西门庆在人际交往中的礼貌，从言语交际角度表现了这个有钱有势又善于和人打交道的地方一霸能够混得开的另一面原因。

三

有的学者认为，他称的使用受其所指对象是否在场的影响。[①] 我们认为，言语交际中指人他称的运用，和第三者是否在场关系不大。我们以西门庆生前和死后人们对他的他称变化作以说明。"世情看冷暖，人面逐高低"（第九十五回，P1423），"时来谁不来？时不来谁来？"（第三十回，P367），人在人情在，人不在人情不在。西门庆活着的时候风光无限，享受够了周围人们的阿谀奉承，死后众帮闲、小妾纷纷叛离，偷钱的偷钱、偷人的偷人、嫁人的嫁人，有的还重新回院里去干妓女的老本行，而应伯爵则把为西门庆联系的生意转给别人，把西门庆宠爱的男仆送人，就连不惜以各种下作手段取悦西门庆，而西门庆也帮其女儿找了个有身份有地位的老公的王六儿，前后对西门庆的称呼也变了：

---

① 骆峰：《交际中他称的使用》，《语文建设》1994 年第 2 期。

⑭妇人（王六儿）："第二的不知高低，……大官人见不方便，……"（第三十八回，P473）

⑮他老婆六儿与他商议："……也知财主和你我亲厚，……"……"老爹若进这屋里来，……"（第六十一回，P813。西门庆死前）

⑯老婆（王六儿）道："等西门庆家人来寻你，……"……"他家大老婆，那不贤良的淫妇，……"（第八十一回，P1239。西门庆死后）

同样是韩伙计夫妻私下的谈话，对西门庆的他称也发生了极大的变化。例⑭、⑮是西门庆死前王六儿对西门庆的背称，"大官人"是从做官的角度对西门庆的尊称，"财主"是从有钱角度对其的尊称，"老爹"是从长辈亲属角度对其的尊称。这些表示尊敬的指人他称的使用，并不因为西门庆是否在场而有所改变。而西门庆一死，称呼就变了，就可以直呼其名"西门庆"了，也可以自称"老娘"了。那么，在这种情况下，原来的"大娘"变成"他家大老婆""那不贤良的淫妇"也就不奇怪了（例⑯）。所以，王六儿对西门庆称呼的变化，取决于西门庆是死还是活着，取决于对她是否有利用价值。

我们认为，第三者在场与否虽然是影响指人他称使用的一个因素，但更重要的是取决于说话者对指人他称所指代的第三者感情、态度，以及与之的相互关系；取决于说话者对听话者的感情、态度，以及说话者与听话者双方之间的相互关系；取决于指人他称所提供的信息量使所指对象明确的程度；取决于说话者、听话者和第三者的综合关系，以及言语交际的场合语境。

综上所述，《金瓶梅词话》中指人他称的选择在修辞艺术上的成功，反映了作者对现实生活观察得仔细和反映得真实。通过对该书指人他称的研究，我们看到了指人他称所能带来的修辞效果。在言语交际中很好地使用指人他称，可以使表意更加微妙、含蓄，有利于更好地达到交际目的，因为它隐含着说话者、听话者、他称所指对象之间的种种信息，并能弥补自称、对称的某些缺陷或过于生硬、尴尬等不足。所以，我们在言语交际中应该有意识地注意对指人他称进行选择，正确、得体地使用指人他称，并注意理解对方对指人他称使用的微妙之处，这是取得好的交际效果的一个必要因素，不可忽视。

［本文压缩稿发表在《修辞学习》（现名《当代修辞学》）2005年第3期，原稿全文载中国修辞学会编《修辞学论文集》（第七集，张先亮、傅惠钧主编），新华出版社2005年版］

附录七 现代汉语四字词语缩略的制约条件[*]

[摘要] 本文讨论原型是四字格的双音缩略语，讨论构成这类缩略语的内部制约条件。我们认为，构成此类缩略语的内部制约条件主要有七种：语义忠实性条件、习用性条件、语形区别性条件、同构性条件、语境限制性条件、信息含量条件和序列顺向性条件。在这些制约条件中，语义忠实性条件和习用性条件为强制性条件，是原则上必须遵守且不可违反的条件；其余五项制约条件是非强制性制约条件，它们对强制性制约条件的结果进行评估和筛选。

[关键词] 现代汉语；缩略语；构词；制约条件

[中图分类号] H136.6 [文献标识码] A [文章编号] 1003－5397（2006）01－0064－07

一 引言

本文所讨论的汉语四字词语指的是"两两相连的四字词语"，如"严厉惩办""摆脱贫困""男子排球"等。本文中的"字"不是语言学概念，与"词"不属于同一层面；使用"字"而不严格称"单音节语素"，是为了行文简便。文中使用"词语"而不用"词""复合词"或"词组（短语）"，是因为对四字结构缩略问题的讨论与确

---

[*] 本文为与暨南大学外国语学院宫齐教授合作成果。论文承蒙邵敬敏教授和匿名审稿专家提出宝贵的修改意见，特致谢意。

定其性质到底是词还是词组（短语）关系不大，故不作区分。所讨论的两两相连四字词语的缩略形式主要为前一词语取一字与后一词语取一字相加构成缩略形式，如"严厉惩办→严办"①"北京大学→北大""摆脱贫困→脱贫"等。除此之外，还有其他几种形式（见表1）。在现代汉语的缩略形式中，此类缩略构词非常普遍，以往对此的讨论多集中在缩略构词形式的分类上，很少涉及对缩略制约条件②的讨论，如"严厉惩办"缩略时，为什么提取前一词语的第一字和后一词语的第二字略为"严办"？"北京大学"为什么取前一词语的第一字和后一词语的第一字略为"北大"？"摆脱贫困"为什么取前一词语的第二字和后一词语的第一字略为"脱贫"？这便是本文所要探讨的核心问题。

二 四字词语缩略的类型和分布

为了方便起见，我们在讨论中用字母 AB 代表四字词语中的前两字，用 XY 代表后两字。如果从 AB 中提取一字与 XY 中提取一字进行顺向组合（目前尚未发现汉语缩略语有逆向组合的词语）的话，可得出四种组合形式：AX、AY 和 BX、BY。加上 AB 取其中一字与后一词语两个字组合成 AXY 和 BXY，AB 与后一词语取其中一字进行组合构 ABX 和 ABY，以及前后词语或保留前者或保留后者的两种形式 AB 和 XY，一共可得出 10 种可能的组合形式。

---

① 文中"→"表示"可缩略成"，"←"表示"缩略式源于"。星号（"*"）表示"不合格的缩略形式"。

② 本文缩略语制约条件的概念主要源于现代语言学制约条件理论（特别是优选论）的启发，但本文的具体分析并未采用该理论的严格分析方法，同时对制约条件的定义亦有所不同。关于制约条件理论可参见 McCarthy, J. & A. Prince, 1993, "Prosodic Morphology I: Constraint Interaction and Satisfaction", Ms., University of Massachusetts, Amherst, and Rutgers University; Prince, A. and P. Smolensky, 1993, "Optimality Theory: Constraint Interaction in Generative Grammar", Ms., Rutgers University Center for Cognitive Science, Rutgers University; McCarthy, John edited. 2004, *Optimality Theory in Phonology*, Blackwell Publishing。目前，制约条件理论已被广泛地应用于音系、词法、句法、语义等诸多语言学研究领域。

表1　　　　　四字词语缩略的10种可能组合形式

	X	Y	XY
A	AX	AY	AXY
B	BX	BY	BXY
AB	ABX	ABY	AB / XY

根据表1列出的10种可能的组合形式，我们来看一下这些结构组合与现代汉语中实际缩略词语的对应情况。

表2　　　　10种可能形式与现代汉语缩略语的对应

类型	例词
1. AX	北大←北京大学　成教←成人教育
2. AY	严办←严厉惩办　联营←联合经营
3. AXY	北师大←北京师大　华师大←华东师大①
4. BX	脱贫←摆脱贫困　民警←人民警察
5. BY	育龄←生育年龄　影星←电影明星
6. BXY	尚未发现例词
7. ABX	批发商←批发商人　鞋帽商←鞋帽商人
8. ABY	百货店←百货商店　工商行←工商银行
9. AB	清华←清华大学　复旦←复旦大学
10. XY	师大←华南师大②

根据我们目前所掌握的缩略形式，尚未发现有BXY式。

三　四字词语缩略的制约条件

本文所说的制约条件，是指语言中普遍存在的产生合格表达形式，

---

① 需要注意的是，"进口出口→进出口""大便小便→大小便"等类缩略看起来与"北师大""华师大"貌似同形，但实际并不同构——"北师大""华师大"为AXY式，而后者为(AX)Y式，括号表示前面的A、X为并列关系。

② 如广州的"华南师大"可略称作"师大"，上海的"华东师大"在"上海师院"升格前，也可简称"师大"（但目前则略作"华师大"和"上师大"以相互区别）。有人认为"长城"也与此相同，可看作"万里长城"的缩略式。我们认为，"万里长城"并不是一个比较固定的格式，所以可否说因为有了"长城"的存在就认为它是"万里长城"的缩略呢？

同时限制产生不合格表达形式的系统性原则。在现代汉语中，这些制约条件的存在和作用，决定了其缩略词语的变化方向和变化形式。我们认为，现代汉语词语的缩略是有序、有规则和有条件的，而不是无序、任意、无条件的。这就是说，是现代汉语的内在制约条件决定了为什么一些缩略词语取 AX 而不是 AY 式，而另一些缩略词语则取 BX 抑或 BY 而不是 AX 式。以下我们来看一看，究竟有哪些基本制约条件决定着现代汉语四字词语缩略的不同形式。

（一）语义忠实性制约条件

语义忠实性制约条件要求缩略语应最大限度地忠实于原型四字词语的意义，所产生的缩略式在意义表达上是明确和完整的。如"北京大学"可以略作"北大"，但不能略为"北京"，因为北京指"北京市"，而"北京大学"只是用这一城市名命名的一所大学，不等同于"北京"，如果略作"北京"便违反了语义忠实性制约条件。同类的缩略还有：南京大学→南大（*南京）、武汉大学→武大（*武汉）、吉林大学→吉大（*吉林）等。与以上四字组专有名词结构相同的其他词语，如"教学用具""外语学院"等，也不能简单地提取 AB 或 XY 式。这是因为"教学用具"只是用具中的一种，但不等于"教学"或"用具"；"外语学院"则为"学院"中的一类，但不等于"外语"或"学院"。为了保持语义的忠实和完整，"教学用具"缩略为"教具"（用于教学的工具），"外语学院"略作"外院"，而其他组合形式"*教用""*学用""*学具"和"*外学""*语学""*语院"均无法完整地表达其原有意义。"批发商人"和"鞋帽商人"的缩略也与上述情况相同，二者均不能简单地选取 AB 抑或 XY 式缩略。由于"批发""鞋帽"为并列结构，与"教学""外语"两个词语的结构有所不同，所以缩略时不能单纯地提取"批、发"或"鞋、帽"中的任何一个单字进行缩略，那样必将导致语义丢失，违反语义忠实性条件。所以"批发商人"和"鞋帽商人"被缩略为"批发商""鞋帽商"（不能略作"*批发人""*鞋帽人"是因为"人"的内涵过于宽泛，无法传达"商人"的确切含义，而"商"则可代替"商人"，如古时有"晋商""徽商"等）。并列结构组合的缩略不能单取其一，亦见于四字组合，如"科学技术、调查处理、帮助扶持"等皆属此类,它们都不能简单地提取 AB 式或 XY 式。然而,这并不意味着所有的词语都不能略作 AB 式。例如,与上述四字词语结构相同的"清华大学"就可以略作 AB 式的"清华",且不违反语义忠实性条件。其原因在于"清华"一语在现代汉语语汇系统中没有具体的所指,只作为区别性成分和"大学"构成"清华大学"成为专有名词。尽管"清华大学"略作"清华"没有标示出"大学"的含义,表面上似乎违背了"语义忠实性条件",但它作为区别性成分,没有同形词语,因而可以负担整个专名的所指内容。同类的还有:复旦大学→复旦、同济大学→同济、北伐战争→北伐、三国演义→三国等①。

词语缩略时,首先考虑到对原型词语意义的忠实,是人们思维和心理现实的必然。由于"语义忠实"决定着所有缩略词语的合格性和可接受性,所以一旦脱离语义忠实,缩略也就失去了意义。当然,这并不意味着语义忠实性条件就是汉语词语缩略的唯一条件,因为除此之外汉语的词语缩略还受其他条件的约束。

(二) 习用性制约条件

习用性制约条件指利用已经习惯使用的简称形式来构成新的缩略语,这些形式已为人们所接受,并成为习惯的表达方式,一般不易改动。尽管此类缩略形式有时可能不符合某些制约条件,但是作为一种约定俗成的形式,一旦为社会所接受,便被相沿袭用下来。以地名为例,根据惯例,两字地名的缩略通常倾向于提取前字,如沈阳、大连、广州、深圳等分别略为"沈、大、广、深",而省略后字"阳、连、州、圳"(沈阳大连→沈大、广州深圳→广深等)。但有些地名则不取前字而取后字,如北京、天津、香港分别略为"京、津、港",而不是"北、天、香"(北京天津→京津、北京香港→京港等)。后一类地名的缩略基本是依据相沿袭用的简称形式,而利用这些简称形式构成的缩略语一般是不可改变的②。

---

① 外来语的译名缩略亦是如此,如"哈佛"(←哈佛大学)、"耶鲁"(←耶鲁大学)等。但能够缩略为 AB 式的四字格,只限于定中结构,尚未发现有其他结构。
② 如与北京构词相同的"南京"则不能简化为"京",否则将与北京相混淆,故别称为"宁"。

这种习用缩略的形式不仅见于专有名词，也见于其他词语。如"调整价格""调整时间""特别护理"中的双音节词语"价格""时间""护理"，在口语中都有单音节词"价""时""护"，它们比"格、间、理"在使用上独立性更强，如"什么价?"（*什么格?）、"到时我会去的"（*到间我会去的）、"护路"（*理路）等。因此上述四字词语被分别略作了"调价""调时"和"特护"。相反，一些其成分不具有独立性的四字词语往往没有缩略式，如"调整计划"（*调计、*调划、*整计、*整划）、"调整方案"（*调方、*调案、*整方、*整案）等。

（三）语形区别性制约条件

语形区别性制约条件要求词的缩略形式不能与词汇系统中现有词语在语形或发音上完全相同，以最大限度地避免造成语义上的混淆。比如，我们可以把"医科大学"缩略为"医大"（AX），但与它结构完全相同的"医科学院"却不能略为"医学"（AX），也不能略为"医院（AY）、科学（BX）、科院（BY）"。其原因在于"医学、医院、科学"三个词语是现代汉语词汇系统中已有的现成词语，它们具有各自固定的音、义形式，而"科院"通常也不单独使用，只见于"中科院"一类缩略，使用上很受限制。如果一定要缩略的话，"医科学院"只好略作 AB 式的"医科"，如"她今年考上了医科"。但需要注意的是，"医科"这一缩略语的所指不只局限于"医科学院"，还用于指代"医科大学"和"医科学校"。受语形区别性制约条件约束的缩略语还有许多，如"老年大学"不可以略为"*老大"（指"年老；排行第一的人；很，非常"）、"*老学"（指"一直在学"），所以该词语没有缩略式。此外，"电报挂号"不能略为"*报号"（"报号"是动宾结构，指"报出名号"），"体制改革"也不能略为"*制革"（"制革"亦为动宾结构，指"制造皮革"），因为"报号"和"制革"已经是语汇中存在的常用搭配形式，相同的缩略自然就违反了上述制约条件。

除了语形的区别外，缩略词语的构成在语音上也尽可能避免相同发音的情况，如"技术学校"可略作"技校"，但"技术学院"则不略作"技院"(音同"妓院",其中亦有避讳的因素)。再如,"南昌大学"尽管与"南京大学"结构相同,但其缩略式却迥然不同。由于后者略作"南大",所以前者只好略为"昌大",以示区别(另见语境制约条件)。

(四) 同构性制约条件

同构性制约条件是指四字格原型词语两部分之间的句法结构决定着缩略词语的内部结构,即缩略词语应与原四字词语保持相同的句法结构关系。如果原词语为偏正结构,缩略语也应为偏正结构;如果原式为述宾结构,缩略语也应是述宾结构;等等。如"人民警察"是偏正结构,就不能缩略成"*人察""*民察",因为"察"是动词,前面若加上名词便构成了主谓结构,就违背了同构性制约条件。而"人民警察"也不能缩略成"*人警",因为"人"是一个可以独立使用的词,它本身不包括"人民"的意思,所以违反了语义忠实性条件,这可以与"交警←交通警察""武警←武装警察"相对比。类似的例子还有:1. 偏正结构:甲型肝炎→甲肝,乙型肝炎→乙肝,男子篮球→男篮,女子足球→女足;2. 述宾结构:支援教育→支教,编写程序→编程,定制编制→定编,摆脱贫困→脱贫;3. 并列结构:帮助扶持→帮扶,劳动改造→劳改,遣送返回→遣返,调查处理→查处;4. 主谓结构:体制改革→体改,基础建设→基建,商品检验→商检,纪律检查→纪检;等等。同构性制约条件亦受语义忠实性制约条件的约束,或者说,它是以语义忠实性制约条件为基础的"同构,而不能脱离这一原则。

(五) 语境限制性制约条件

语境限制性制约条件是指某些缩略语只用于特定的语境范围,即在一个语境范围内指称某一对象,在另一语境范围内则指称其他对象。也就是说,特定的缩略形式一旦脱离它的具体语境,将失去具体的所指和意义。例如,"人大"这个缩略语在教育领域(尤其是大学范围)内使用时,常用来指"人民大学",但进入政府领域,则用于指代国家、省、地、市各级"人民代表大会"。"南大"在全国高校范围使用时,一般指"南京大学";在江西省(南昌市)指"南昌大学";在天津市则指"南开大学"。"南开大学"在全国高校领域通常略作"南开",但"南开"在天津的中小学系统则指"南开中学",而在天津市政府部门则用于指"南开区"或"南开区政府"。缩略词语的指称范围通常大于(或等于)原四字词语的这一特点,决定了某些缩略形式在一定程度上必然受其出现语境条件的制约。除此之外,缩略词语的形式也会因环境的变迁而发生改变,如上海的"华东师大"在"上海师院"未升格为"师大"前,可略称"师大",但是当"上海师院"升格为"师大"后,"华东师大"只能缩略为"华师(大)",与后者"上师(大)"相区别。然而,随着语境的扩展,如在全国高校范围内,"华东师大"则不能缩略为"华师大",因为它无法与"华中师大"和"华南师大"的缩略式相区别。此例也是避免缩略词语同形的又一例证。

(六)信息含量制约条件

信息含量制约条件指的是缩略时选取信息含量大的、起区别性特征意义的构词成分。如在"幅度""速度""温度""湿度"中,"幅""速""温""湿"字的信息含量大于后一字"度",因此"调整幅度""调整速度""调整温度""调整湿度"分别被略为"调幅""调速""调温""调湿"。相反,如果把"调整幅度"等略作"调度",便无法找出以上四词语缩略后的语义提示理据,也看不出缩略后这些词语之间的意义差别。此外,"节能"(←节约能源)、"节资"(←节约资金)、"男篮"(←男子篮球)、"体改"(←体制改革)等亦同理。需要说明的是,并不是所有的四字词语只要遵守信息含量制约条件便能得出合格的缩略形式,因为缩略的结果还要看语义忠实性等其他制约条件的评估结果。

(七)序列顺向性制约条件

序列顺向性制约条件指词语的缩略要遵循一定的方向性,即词语缩略受顺序排列的制约,如"从左至右"或"从右至左"。前者我们称之为"顺向式"或"自然向式",后者为"逆向式"或"逆自然向式"。在现代汉语中,词语缩略所采取的方向是"顺向式"的、由左至右的缩略。一个四字词语 ABXY 缩略时,如果同时并存几种缩略形式，且均符合其他必要条件的话，那么则按其排列的先后次序"AB→AX→AY→BX→BY→XY"进行筛选。在这一序列中，AB 居首，XY 居末。按理说最佳选择是排在前面的选项 AB，但如果在现代汉语中 AB 有具体所指，那么 AB 和 XY 一样，都会由于不能满足语义忠实性条件兼指 ABXY 而被淘汰，除非 AB 没有具体所指，在偏正结构中可以兼指 ABXY 的意思，如前边已作说明的"清华"（←清华大学）。一个最为典型的例子是 20 世纪 90 年代《语文建设》杂志上刊登的关于"邮编"和"邮码"何者更为合理的系列文章①。在"邮政编码"中，由于"邮政"和"编码"均不能单独涵盖彼此的意义，所以不能略作 AB 或 XY 式。排除了 AB、XY 两种形式后，"邮政编码"的缩略只有以下四种可能：邮编、邮码、政编、政码。根据"序列顺向性制约条件"，缩略的第一选择应为"邮编"。实际使用"邮编"的人数远远超过"邮码"，而且使用"邮编"的人数越来越多这一事实已经印证了这一点。如果实际情况与此相反的话，那么 AY 则应当排列在 AX 之前，其结果便是"邮码"优于"邮编"。作为一个比较常用的词语，尽管有竞争，但就"邮编"的使用远远多于"邮码"这一事实而言，词语排列的顺向性原则在一定程度上反映了讲汉语的人们的一种普遍心理趋向，这与人们的心理认知现实是吻合的。如果 AX 不违反必要的制约条件，是合格的缩略形式的话，便不再选择后面的 AY、BX 和 BY 等形式。类似的例子还有很多，如：中国信托→中信（＊国信）、货物运输→货运（＊物运）、站立姿势→站姿（＊立姿）、严厉惩罚→严惩（＊严罚）、严厉打击→严打（＊严击）、特别护理→特护（＊特理）、审阅批示→审批（＊审示）、体制改革→体改（＊体革）、彩色电视→彩电（＊彩视）、边境贸易→边贸（＊境贸）、纪律检查→纪检（＊纪查）、扶持贫困→扶贫（＊扶困）等。只有当一种缩略形式业已存在，缩略时与其他制约条件发生冲突，才会去选择另一种缩略形式，如

---

① 李苏鸣：《"邮编"还是"邮码"——小议"邮政编码"的缩略形式》，《语文建设》1991 年第 9 期；高元石：《说"邮编邮码"》，《语文建设》1993 年第 8 期；罗福腾：《无理的"邮编"打败了有理的"邮码"——"邮编"取代"邮码"的启示》，《语文建设》1996 年第 1 期。

"严厉惩办",由于"严惩"(←严厉惩罚)这一缩略式已经存在(与语形区别性制约条件发生冲突),故而选择了另一种缩略式"严办"。

四 制约条件的相互关系

在词语缩略过程中,语义忠实、习用、语形区别、同构、语境限制、信息含量和序列顺向这些条件的存在不是独立的,而是相互依赖的、交叉的,有条件、有次序地作用于词语缩略的整个过程,从中评估、筛选出正确的缩略形式。根据这些制约条件的性质,我们大体上可将其分为两类:强制性制约条件和非强制性制约条件。前一类指缩略语形成过程中原则上必须遵守且不可违反的制约条件,因为这些条件是最为基本的,一旦违反了这些条件,所产生的必然是不合格的缩略形式。"语义忠实"和"习用"条件便属于此类制约条件。后一类条件指词语缩略时,在不违反前类条件的前提下,择优筛选时所需要遵守的制约条件,这些条件对前者得出的缩略形式作进一步的评估和筛选,最终得出正确的缩略式。后一类条件包括语形区别、同构、语境限制、信息含量和序列顺向性制约条件。在缩略过程中,强制性制约条件在应用顺序上优先于非强制性制约条件,必须首先得到遵守,而非强制性制约条件则对那些不违反前者条件的缩略结果作进一步的评估和筛选。全部七项制约条件的排列顺序为:语义忠实>习用>语形区别/同构/语境限制/信息含量>序列顺向(">"表示"优先于","/"表示"排列不分先后")。限于篇幅,我们无法对所有条件之间的关系都一一详细说明,以下仅以语义忠实、习用、序列顺向和语形区别性制约条件为例,简要说明这种关系以及顺序排列的必要性。

首先看一下语义忠实、习用和序列顺向性制约条件之间的关系。以"广州深圳"(广深)和"北京天津"(京津)的缩略为例。如果假设序列顺向和语义忠实性制约条件列于习用性制约条件之前(序列顺向/语义忠实>习用)的话,三者中习用性制约条件必须以满足前两项条件为前提。根据序列顺向性制约条件的缩略次序(AB→AX→AY→BX→BY→XY),"广州深圳"和"北京天津"的缩略选择形式依次为"广州、广深、广圳、州深、州圳、深圳"和"北京、北天、北津、京天、京津、天津"。其中"广州"和"北京"分别为以上序列中的第一选择。但是我们知道,这一结果并不符合汉语的实际情况,因为二者均无法表达原有词语的整体意义,故违反了与序列顺向性制约条件等级并列的语义忠实性制约条件,结果被评估淘汰,最后符合上述两项条件的"广深"和"北天"胜出。然而,在实际的语言使用中,"广深"是合格的缩略式,但"北天"与实际情况不符。根据"习用性制约条件","北京天津"的缩略应分别取其后字"京、津",而不取"北、天"①。要限制不合格的缩略式"*北天",我们就必须将"语义忠实"和"习用"两条件列于"序列顺向"制约条件之前。

再以"严厉惩罚"(严惩)和"严厉惩办"(严办)为例,看一下"序列顺向"和"语形区别"两个制约条件之间的序列关系。按序列顺向性制约条件,"严厉惩罚"和"严厉惩办"分别有以下缩略选择:"严厉、严惩、严罚、厉惩、厉罚、惩罚"和"严厉、严惩、严办、厉惩、厉办、惩办"(其中 AB 式可首先排除)。可以假设,如果没有语形区别性制约条件,只有序列顺向性制约条件的话,那么两个短语的缩略形式势必既同音又同形,皆为"严惩"。同时我们还可以进一步预测,只有当语形区别性制约条件列于序列顺向性制约条件之前(而不是相反),才能够最大限度地限制"同形"缩略式的产生。鉴于"严厉惩罚"已先于"严厉惩办"略为"严惩",故后者只好选择位居次席的"严办"了。倘若后者先于"严厉惩罚"缩略为"严惩"的话,那么"严厉惩罚"将略为"严罚"。"老年大学""调整水平""调整计划"等没有缩略形式,以及"南昌大学"后来废弃使用"*南大"而改用"昌大"等均属此列。

我们认为,在词语缩略构词的过程中,无论是强制性制约条件还是非强制性制约条件,都是不可或缺的。尽管这些制约条件在次序上

---

① 从形式上讲,如果后者选择"北、天"的话,亦不构成语义冲突,所以也不违反语义忠实性制约条件。"上海"和"南京"别称"沪"和"宁"有其另外的理据;现代汉语以这种别称作为缩略的基础,亦是相沿袭用的结果,目的也是避免词语同形。

是有序的等级排列，但它们互为依赖、互为补充、互为制约。其中处于优先地位的制约条件需要优先得到满足，其他条件次之，它们在不违反优先条件的前提下对结果进行评估和筛选，最终得出合格的缩略形式。

（本文载《语言文字应用》2006年第1期。收入本书时删去英文摘要，并将原文末的"附注"改为随页脚注。）

后　　记

"词汇重要，词汇难"，这是前辈语言学家张志公先生的由衷感慨。①

与语法现象相比，词汇现象更加纷繁、复杂。21世纪初，于根元先生出版了一本书《语言是大海》②。如果借用这个比喻，那么，最能体现大海浩瀚无垠的，毫无疑问就是词汇了。

对待数量巨大、个性纷繁的词汇现象，本书没有更新潮的方法。我们只是采取如下的态度和方法：

（1）直面复杂，不回避矛盾；

（2）确定单位；

（3）穷尽地搜集语料；

（4）本证和旁证相结合；

（5）定性分析与统计分析相结合；

（6）语义分析与语法分析相结合。

而所依据的基本理论，是语言系统性理论、语言言语区分理论和语言单位同一性理论。

词汇研究，首先遇到的一个问题，就是对词的界定。曾有师友善意地告诫笔者："不要去碰词这个问题！你解决不了。"能不能解决，是能力问题；是否想去解决，是态度问题。几年间笔者断断续续地对

---

① 张志公：《词汇重要，词汇难》，载《中国语文》1988年第1期。
② 于根元：《语言是大海》，中国经济出版社2003年版。

词这个问题也做过一些思考。所形成的认识仍然是用语言单位同一性这个基本理论来解决词这个问题。不过，我们所理解的语言单位的同一性，是在索绪尔、斯米尔尼茨基等语言学先哲的理论的指引下，更为具体、更为明确了一些，是语音形式、语义内容和语法功能的三位一体；从词的角度来说，词义包括词汇意义和语法意义，语法意义与词的理性意义都是词义的核心部分；语音形式是语义的载体和保障，功能则是形式和意义完整性的表现。词类是语法意义的类别，代表不同的语法范畴。这样，从词的个体来说，所属词类不同或者说具有不同的词性，尽管意义有关联，却不能看作同一个词，对词的认识和判定，对词类以及词语兼类的认识，实际上都应该用语言单位同一性这一基本理论原则做通盘考虑。我们认为，词是话语的最小构成单位，是话语中处于两个可能的最小的自然停顿之间，具有完整的意义和固定语音形式，有着比较固定的用法，能够作为一个独立单位重复使用的最小造句单位。词是形式、意义和功能的统一体，具有形式、意义和功能的同一性。在这一认识的基础上，本书对词类和兼类现象做出统一的解释。面对丰富多彩、纷繁复杂的词汇现象，我们还根据索绪尔语言理论并结合经典作家的语言运用，阐述了对区分语言词和言语词问题的认识，以及认为现代汉语词汇学应该以言语词为研究对象的观点。

选择以老舍作品语言作为语料来源，是基于三点考虑：系统性、典范性和数据量足够大。

从系统性角度看待语言现象，早在笔者写作"得"字句研究的硕士学位论文《"V/adj + 得 + R"研究》时（1989）就予以了充分注意，那时纯粹手工翻检查阅16卷本的《老舍文集》、陈士和《评书聊斋志异》（第一、二集）以及郑万隆等当代北京作家作品。系统性在语音和语法方面表现得比较明显，而相对而言，在词汇方面则不够突出。实际上，系统性作为语言的性质之一，贯彻在语言的各个方面，只不过由于词语数量极其庞大而显得有些零散、杂乱无章而已。但如果没有充分考虑到语料来源的纯粹性和系统性，所做的概括必然是不可信的，只有在同质的文本中，才能保证对词语做出合理的

后 记

解释。

王力先生认为："我们所谓中国语法，是以国语为标准的；我国所定的国语，又是以北京曾受教育的人的语言为标准。"① 胡明扬先生认为："普通话实际上是在现代白话文的影响下，在北京话的基础上形成的，通行于广播、电影、话剧等群众性宣传渠道的汉民族共同语。普通话的基础方言不是哪一个地点方言，也不是泛泛的北方方言，而是一种在现代典范的白话文著作的影响下通行于北京地区知识阶层的社会方言。"② 我们赞同这种观点。老舍小说在20世纪30年代，就被誉为"宣传纯正国语的教本"，"他20世纪二三十年代小说中带有浓厚乡土气息的北京口语词汇，很大部分在六七十年后化入普通话"。③ 老舍作为受过中等教育的北京人，有着极强的语言天赋，具有"北京话（母语）+ 汉语书面语（文言、白话）+ 普通话（国语）+ 英语"四位一体的多样的语言基础与语言能力，同时又具有高超的语言策略和很强的语言自觉，非常善于多方面地吸收语言营养，非常用心地对自己的语言表达进行加工、提炼。这就造就了老舍作品语言的典范性。这是我们选择老舍作品作为分析依据的重要原因。

学术研究，可以有不同的侧重。2005年陆俭明、马真先生给浙江师范大学人文学院语言学研究生做讲座期间，笔者曾请陆先生题词留念。陆先生在我的笔记本上写下"语言研究如盲人摸象"的题词。陆先生的解释是，由于学术修养和个人精力所限，每个语言研究者所做的研究，只能研究到语言这座巨大冰山的一角。词汇研究也是如此，见仁见智；有通才、大才可以做更为全面的通论研究，而个人由于种种限制，只能就当时自己所感兴趣的几个问题用心琢磨，这就是本书所呈现出来的一点点心得。

作为文本，言语作品具有比较明显的个人性、时代性和地域性，

---

① 王力：《中国现代语法》，商务印书馆1985年版，第3页。
② 胡明扬：《北京话初探》，商务印书馆1987年版，第14—15页。
③ 张清常：《北京话化入普通话的轨迹——老舍作品语言研究的新途径之一》，《语言教学与研究》1992年第4期。

但作为全社会共同使用的语言，依然是个人言语作品的依据。这也就是本书中，既有编入正文中的对老舍作品语言中 ABB 式状态词研究，也有编入附录中的对现代汉语早期作品《儿女英雄传》中 ABB 式状态词、东北作家萧红作品语言中 ABB 式状态词，以及作为当代普通话词汇表现的《现代汉语词典》中 ABB 式状态词分别研究的单篇论文的原因。这样编排虽然显得有些烦琐，给人以重复感，但它们之间所展示的大方面的一致性与局部的差异性，可以让人看到一种很细节的词汇现象在时间和个人运用上的变异。

本书所研究的内容，主要依据笔者根据人民文学出版社 2013 年出版的 19 卷本《老舍全集》（修订本）自建的老舍作品语言语料库。其中老舍小说语言语料库，又根据当时所能找到的老舍小说初版材料做了校对，并利用分词软件自编词典对其进行了分词实践，发现一些一般没有注意到的词汇现象。这种校对和分词实践工作，都是由笔者独立进行的，持续了大约两年半的业余时间，冷暖自知。有同事曾建议笔者校对工作可以找研究生来做，笔者回复说：文本自己不多看两遍找不到感觉。词汇研究与语法研究有很大的不同，没有经过这种最最基本的工作，没有对具体词汇现象的感觉，就没有办法对所分析词语进行一一释义，也就没办法再进一步对同小类的词语进行概括。所以词汇研究很容易陷入细节、流于琐碎。

这本《现代汉语词汇研究》，是笔者继《黑龙江方言词汇研究》（吉林人民出版社 2005 年版）、《索绪尔语言学理论研究》（中国社会科学出版社 2023 年版）后出版的第三本学术专著。笔者的下一个学术目标，也算"银龄计划"，是希望能写出一部反映白话文经典作家老舍作品语言词汇全貌的《老舍语言词典》，从经典作家语言运用角度展现现代汉语词汇的一个面貌。这将是一个有现实意义，也有历史意义的工作。

感谢妻子金小平女士对我研究工作的理解和支持，感谢她在我生病的一年多时间里操心劳神对我的悉心照料，本书中四字格部分有两节也是她跟我共同完成的。

本书的出版得益于浙江师范大学人文学院学科建设经费的资助，

得益于院长葛永海教授和院班子的支持。

  特此致谢。

聂志平

2023 年 5 月 8 日

于金华半喇儿舍